中央财经大学“211工程”三期资助

2009/2010

中国税收发展报告

——经济与社会转型中的税收改革

Annual China Tax Report

- Tax Reform in the Economic and Social Transition

汤贡亮 主编

中国税务出版社

图书在版编目（CIP）数据

中国税收发展报告 . 2009~2010，经济与社会转型中的税收改革 / 汤贡亮主编 .
北京：中国税务出版社，2010. 9
ISBN 978-7-80235-539-2

Ⅰ. ①中… Ⅱ. ①汤… Ⅲ. ①税收管理—研究报告—中国—2009~2010 ②税制改革—研究—中国 Ⅳ. ① F812. 423

中国版本图书馆 CIP 数据核字（2010）第 164976 号

书　　名：2009/2010 中国税收发展报告——经济与社会转型中的税收改革
作　　者：汤贡亮 主编
责任编辑：朱承斌
责任校对：于　玲
技术设计：刘冬珂
出版发行：中国税务出版社
北京市西城区木樨地北里甲 11 号国宏大厦 B 座 18 楼
邮编：100038
http: //www.taxation.cn
E-mail: taxph@tom.com
发行部电话：（010）63908889 / 90 / 91
邮购直销电话：（010）63908837　传真：（010）63908835
经　　销：各地新华书店
印　　刷：北京天宇星印刷厂
规　　格：787 × 1092　1/16
印　　张：38.5
字　　数：766000 字
版　　次：2010 年 9 月第 1 版　2016 年 3 月北京第 2 次印刷
书　　号：ISBN 978-7-80235-539-2/F · 1459
定　　价：88.00 元

报告编写组

主　　编　汤贡亮

副 主 编　杨志清　刘　桓　樊　勇

执　　笔

总 报 告　编写组

分项报告

一、汤贡亮　行伟波　王春成

二、刘　桓　王雪静　裴崛中

三、汪　昊

四、樊　勇

五、梁俊娇　孙向阳

六、曹明星　汤贡亮

七、杨志清　张京萍　黄　云　曹明星　何　杨

专题报告

一、黄　桦　蔡　昌　林　卓　楼路辉

二、樊　勇

三、杨　虹　刘　桓　张美中

四、汪　昊　何　杨

五、高　萍

六、行伟波　郑　榕　唱英霞

统　　纂　汤贡亮　曹明星　行伟波

英文译校　曹明星

前 言

21世纪的第一个十年即将过去。

中国自1978年掀起的改革开放大潮及其给中国带来的巨大变化，无疑是20世纪后半期以来世界范围内最具影响力的伟大事件之一。今天，在以市场为取向的经济改革快速推进的过程中，实行市场经济与建设法治国家已经成为当代中国的两大主题。伴随着经济现代化进程，中国的市场机制不断发育和完善，政府的职能面临转换和调整，法治建设正在有序推进。中国的经济和社会发展正处于重大转型时期，建设一套适应和服务于现代市场经济运作的政策体系和法制体系是当今中国经济和社会体制改革与转型所面临的重大研究课题。

在中国经济体制整体改革全面推进的历史发展中，税收作为政权体系参加国民收入分配的主要渠道，是政府实施宏观经济调控的工具和市场配置经济资源的必要补充，在贯彻实践科学发展观中发挥着重要作用。税收不仅是政府组织财政收入的最佳、最有效的手段，而且在优化资源配置、贯彻产业政策、实现公平分配、促进经济增长等方面具有重要的调节作用；围绕税收经济活动而建立的税收法律制度是保障市场经济秩序的不可或缺的基础性规范体系。如果说财税体制改革是经济体制总体配套改革的重中之重，那么税制改革无疑是财税改革的突破口和先行军。

在中国的税收改革与发展实践中，从“利改税”、“利税分流”到“分税制”，从《农业税条例》的废止、个人所得税法听证会的召开、企业所得税“两税合并”的成功到增值税转型工作的迈进、《中华人民共和国税收基本法》起草工作的启动、《关于纳税人权利与义务的公告》的颁布、《税收征管法》修订工作的展开等各项事件，无一不是税制改革与税收法治建设的成功标志，标明中国的税收改革在科学发展观指引下正在有序地积极推进，不断地迈向成熟。

中央财经大学是教育部直属的国家“211工程”重点建设高校和“国家优势学科创新平台”高校，被誉为“中国财经管理专家的摇篮”，其前身是创建于1949年的中央税务学校，是新中国成立后国内最早建立的税务人才培养基地。1986年，中央财经大学经国家教育部批准在全国高校中首创了税务专业，并由国家税务总局领导主持成立了全国高校第一个税务系，2006年更是发展成为税务学院。税务专业目前是中央财经大学七个国家级特色专业之一。

在蓬勃发展的经济体制改革大潮中，中央财经大学税务学院的全体税收学人深深感受到中国税制改革的恢弘气势和税收法治建设跳动的脉搏，深深关注于税制改革与税收法治建设中的每一个理论与实践问题。在中国历史上，依法治税从来没有像今天这样深入人心，税制改革从来没有像今天这样为世人瞩目。我们为国家税收事业的蓬勃发展而欢欣鼓舞，更愿意积极投身这波澜壮阔的改革进程，以自己的不懈努力贡献我们的力量。

2009年下半年以来，在学校深入开展实践科学发展观的活动中，在校党委的领导下，通过“科学谋划促发展，突出特色创一流”的热烈讨论，税务学院教师们精神振奋，戮力共谋，集全院之力启动《中国税收发展报告》撰写工作，以期能够洞察经济发展与税收发展的趋势，记录中国税收改革与发展的进程，评析税制改革与税收法制建设的大事，探求税收改革与发展的大计，贡献税收科学前沿成果。

《中国税收发展报告(2009/2010）》是年度《中国税收发展报告》的第一集，预计今后将每年推出一集。本报告分为上篇“中国税收发展报告——总报告”，中篇“中国税收发展报告——分项报告”（包括宏观经济与税收形势、税收政策变化、税制改革发展、税收征收管理制度改革、税收管理体制、税收法治建设、国际税收协调与合作等七个分项）和下篇“中国税收发展报告——专题报告”（包括增值税、企业所得税、个人所得税、房地产税、环境税和烟草税改革等六个专题）。

作为税收发展报告的撰写者，我们的期望是：报告的推出能够对中国税收改革与事业发展有所裨益，能够对中国税收科学事业的繁荣有所建树。然而，编写这样规模宏大的专业研究报告，对于我们来说还是初次尝试，经验不足，时间紧迫，错漏之处在所难免，敬请读者批评指正。今后，期待在全国税收理论与实务界各位领导、专家以及各兄弟院校税务专业同行们的指导和帮助下，能够使报告的资料更加翔实、内容更为丰富、分析更加精到，从而把它建设成为我们共同的学术家园。

本报告的写作得到了中央财经大学党委书记胡树祥教授、校长王广谦教授、副校长李俊生教授、校长助理赵丽芬教授和中国税务出版社社长程永昌教授、总编辑贾绍华教授、编辑室主任朱承斌编审的热情关怀、指导与鼎力支持，并得到了中央财经大学“211工程”建设项目的资助，在此表示衷心的感谢！

汤贡亮

2010年8月8日

目 录

总报告

分项报告一：中国宏观经济与税收形势分析

分项报告二：中国税收政策变化

分项报告三：中国税制改革回顾与展望

分项报告四：中国税收征收管理制度改革

分项报告五：中国税收管理体制研究

分项报告六：中国税收法治建设

分项报告七：国际税收协调与合作

专题报告一：中国增值税改革

专题报告二：中国企业所得税改革

专题报告四：中国房地产税收

专题报告五：中国环境税改革

图表目录

A. 分项报告部分

B. 专题报告部分

CONTENTS

Itemized Topic 5: Tax Administration System in China

Itemized Topic 6: Developments of Rule of Law in China Tax

Itemized Topic 7: International Tax Coordination and Cooperation

PART III – FEATURED TOPICS

Featured Topic 1: VAT Reform in China

Featured Topic 2: Enterprise Income Tax Reform in China

Featured Topic 3: Personal Income Tax Reform in China

Featured Topic 4: Real Estate Tax Reform in China

Featured Topic 5: Environmental Tax Reform in China

Featured Topic 6: Tobacco Tax Reform in China

总报告

2008年，中国的改革开放刚刚走过30年波澜壮阔的伟大发展历程，奥运会的成功举办更是向世人展示了我们取得的辉煌历史成就；2009年，史无前例的全球性的金融危机又将中国推上了经济与社会转型的发展轨道，使我们认识到，保增长更要注重经济发展方式的转变，更要重视社会公平并最终以社会和谐为依归。税收作为经济与社会建设的重要基石，除了具有组织财政收入的基本功能外，还能够在现代经济与社会发展中起到优化资源配置、实现公平分配、稳定经济增长等方面的重要调节作用。我们理解，2008–2010年，税收宣传月的主题为“税收·发展·民生”，其精神是要不断完善税收制度，充分发挥税收的杠杆调节和服务保障作用，促进发展方式的转变，加大民生改善力度，促进经济社会又好又快发展。

遵循这样的发展思路，2009年中国的税收建设取得了一系列重大成就：

在宏观经济与税收形势方面，面对国内经济结构失衡、内需不振以及（后）金融危机时代吸引投资的国际税收竞争加剧的巨大压力，中国政府实行积极的财政政策和适度宽松的货币政策，全面实施并不断完善应对国际金融危机一揽子计划，最终在较短时间内扭转了经济下滑态势，实现了税收和经济的总体回升向好，取得了突破性的进展。

在税收政策变化与税制改革发展方面，我国制定并着力实现“结构性减税”的改革方针，并在具体税制中加以实施。2009–2010年，我国实施增值税从生产型增值税向消费型增值税的全面转型并展开扩大增值税征收范围的探讨；新企业所得税法将筹集财政收入与产业结构调整相结合，成为引导经济结构调整，贯彻国家宏观经济目标的有力工具；个人所得税在研究实行“综合和分类相结合”的税制，以有效地调节居民收入的差距；房产税（物业税）作为探索我国财产税制和地方税制建设是一个重要切入点，将有助于实现财产税调节贫富差距和地方税为地方提供主体财源的双重功能；环境税收制度建设力求在资源税、消费税、进出口税改革中充分考虑环境保护要求，运用税收杠杆促进资源节约型、环境友好型社会的建设；烟草税改革将重在协调好对国家财政收入和国民健康两个方面的影响，运用好筹集财政收入和控烟两大功能。

在税收征管改革与税收法治建设方面，2009年在确立构建和谐征管关系的征管目标，以及围绕法治环境、法制体系、权力规范和权利保护等各个方面的具体法治建设中均取得进展；2010年将以2009底纳税人权利公告的发布为契机，继续规范税收权力、积极推动税收公平、努力依法治税、加强税收法治建设。

我们相信，由于总体转型方略与具体改革措施的协调运作，在2009年实现了保持经济发展的良好态势和推进社会改革的公平状况的基础上，2010年以及最近的未来，我国将继续实施有利于经济与社会转型的税收改革发展战略，努力建立健全有利于科学发展的税收制度，在科学发展观的指引下推进经济社会可持续发展，发挥税收对促发展、调结构、推改革、惠民生的保障作用。

一、宏观经济与税收形势

2009年，受国际金融危机影响，世界经济出现了大幅波动，我国经济也受到了严重冲击，是新世纪以来我国经济发展较为困难的一年。2010年，面对困境，中国政府实行积极的财政政策和适度宽松的货币政策，全面实施并不断完善应对国际金融危机一揽子计划，在有效扩大内需的同时，较短时间内扭转了经济下滑态势，实现了经济的回升向好。

2009年，国内生产总值现价总量为340507亿元，按不变价格计算的增长速度为9.1%；财政收入6.85万亿元，增长11.7%。回顾2007年以来的经济增长趋势变化路径，我国宏观经济经历了十分明显的V形复苏轨迹。从物价水平来看，2009年各项价格指数升降各异，总体上稳中有降。经济结构调整尤其是产业结构优化获得重要进展，经济长期发展后劲明显得到增强。农业基础得到进一步夯实，工业增速稳定，轻重工业均衡增长，服务业得到较大发展。需求结构明显改善，一系列扩大内需政策成效显著，经济企稳回升过程中投资需求起主导作用，消费需求提供了有效支撑。外贸状况受外部经济环境的影响巨大并有超反应的现象，外贸状况同外贸政策导向变动之间存在较大的关联性，尤其是进出口税收政策对外贸起到了决定性作用。房地产业成为经济增长的重要动力。客观地说，房地产业的迅速发展带来了正负两个方面的双重影响：既成为经济增长和相关产业发展的有效推动力，同时高房价也是经济社会发展中的各项结构性矛盾在住房领域的反映。

2010年上半年，国内生产总值172840亿元，按可比价格计算，同比增长11.1%。国民经济总体态势良好，继续朝着宏观调控的预期方向发展。各项价格指数稳中有升，其中居民消费价格指数在2月份受春节等因素影响上涨幅度最大。以扩大内需为主体的应对金融危机一揽子计划的结构优化，尤其是4万亿投资的前期效果和后续结构平衡方面，仍有很大的推进空间。固定资产投资增速高位回稳，2008年年底以来的急剧上升态势有所缓和。从上半年进出口结构特征来看，进出口贸易中的国别结构有所优化，与各大贸易伙伴的贸易额度之间逐渐趋于均衡；商品结构中，出口商品附加值有所提高。从上半年房地产市场的表现来看，存在销售额增速超出销售面积增速或者销售额下降速度快于销售面积下降速度的矛盾。

2009年，受经济基本面的影响，税收发展同宏观经济一道，经历了一段极为艰难的时期。2009年全年，共完成税收收入63104亿元，比上年同期增加5241亿元，增长9.1%。从近年来税收收入增速来看，税收收入同宏观经济走势之间保持了较强的一致性，税收增速总体上仍超过 GDP 增速。从我国宏观税负走势来看，税收收入占 GDP 比重呈明显的上升趋势，1995 年至 2007 年的 13 年间宏观税负由 9.8% 上升到 19.2%。2008 年至 2009 年，宏观税负分别为 19.1% 和 18.5%。分产业来看，第二产业税收对收入增长的贡献再次超过第三产业。分税种来看，2009 年各税种收入增长势头普遍较好，税收形势较为乐观，各税种收入增势受经济基本面和税收政策调整两大因素影响，增长形势各不相同。分地区来看，四大经济地带区域税收实现全面增收，但地区间发展不平衡。由于西部地区经济开放程度偏低，其税收收入受金融危机影响较小，而东部地区经济外向度更高，从而其税收收入增速受到了较大冲击。中央与地方级税收收入均维持了较为稳定的增长态势，但总体来看地方级税收收入比重有所上升。出口税收政策调整使出口退税增长较快，关税、海关代征进口税收与一般贸易进口走势一致。我国为应对金融危机而出台的一系列结构性减税政策，体现了多税种并用、多手段并举、多环节并促的特点，其力度之大、范围之广、作用之深是前所未有的，其中包括调整内需结构的税收政策、促进外需回暖的税收政策、完善资源配置的税收政策、支持重点领域科学发展的税收政策等。

2010 年以来，税收收入快速增长，各项流转税收入形势较好，增值税、消费税、营业税实现全面增长。国内增值税和消费税的迅速恢复和反弹，是推动上半年税收收入增长的主要动力。受房地产市场调控影响，营业税有突出表现的预期并不强烈，如果下半年出现加息的政策动向，信贷规模会急剧收缩，预计营业税收入会进一步下降。受对外贸易恢复的影响，海关代征进口增值税、消费税，以及关税仍会有较大的增长空间。总体来看，2010 年税收收入压力较 2009 年有所缓解，此种情况下，税收政策调整将更加注重结构性。具体措施方面，将在坚持短期增长目标和长期发展目标有机结合的前提下，进一步统筹税收政策调整与推动税制改革。

二、税收政策变化

2009 年中国宏观经济经历了衰退、触底与强劲复苏。在国内经济刺激政策下，政府主导的固定资产投资迅猛增长，内需的强劲增长弥补了外需的萎靡，随着“保八”的目标实现，中国经济在全球率先走上了复苏之路。

为了避免我国出现严重经济危机，紧密围绕“保增长、扩内需、调结构”大局，实现 GDP“保八”目标，2008 年年底党中央、国务院采取了适度宽松的货币政策和积极的财政政策。结合改革和税制优化，实行结构性减税，减轻企业和居民税收负担，扩大企业投资，提高出口退税率，增强居民消费能力。如家电下乡、汽车购置税补贴等政策。这些政策的实施，在很大程度上缓解了金融危机对中国经济的影响。

1．2009年中国税收政策的主要改革

由于世界性的经济衰退仍在持续，对中国的影响还在进一步扩大，因此，2009年中国继续执行“积极的财政政策和适度宽松的货币政策”。通过在全国范围内实现增值税由生产型向消费型转型、加大涉农投入支持力度的税收政策、引导民间资本投资政府债券的税收政策等，拉动投资增长；通过暂停征收储蓄存款利息个人所得税，促进居民可支配收入增加。2009年1月20日至12月31日，通过对排气量1.6升及以下的乘用车，车辆购置税税率由10%降至5%，以促进汽车消费等手段，提升消费能力；通过大幅度提高出口退税率、积极鼓励离岸服务外包等手段，遏制出口下滑；通过《关于调整房地产交易环节税收政策的通知》、《财政部、国家税务总局关于个人住房转让营业税政策的通知》等一系列文件，全面贯彻落实了国务院关于支持居民首次购买普通自住房和改善型普通自住房、加大城市低收入居民廉租房、经济适用房建设的精神；通过降低证券交易印花税税率并由向买卖双方征收改为向卖方单边征收、对证券市场个人投资者取得证券交易结算资金利息暂免征收个人所得税、提高与证券投资者保护基金和期货投资者保护基金相关的营业税减免及企业所得税税前扣除的比例标准等手段，支持资本市场稳定发展；根据《关于提高成品油消费税税率的通知》、《关于提高成品油消费税税率后相关成品油消费税政策的通知》等文件精神，自2009年1月1日起，提高了部分石油制品的消费税税率，在促进资源综合利用及可持续发展方面，迈出了实质性步伐；通过《关于补充养老保险费、补充医疗保险费有关企业所得税政策问题的通知》、《关于企业手续费及佣金支出税前扣除政策的通知》、《关于证券行业准备金支出企业所得税税前扣除有关问题的通知》等文件，规范了企业所得税的管理；通过《关于印发〈房地产开发经营业务企业所得税处理办法〉的通知》、《关于印发〈土地增值税清算管理规程〉的通知》、《关于加强白酒消费税征收管理的通知》、《关于加强非居民企业股权转让所得企业所得税管理的通知》、《关于个人转让上市公司限售股所得征收个人所得税有关问题的通知》、《关于个人转租房屋取得收入征收个人所得税问题的通知》等文件的实施，加强了新经济环境下税收的征管工作。

2．2010年税收政策变化的基本取向

2010年，中央将加大经济结构调整力度，提高经济发展质量和效益，扭转当前经济增长过于依赖固定资产投资的局面。2010年宏观经济政策调整的着力点主要表现有三点：（1）转变经济发展模式，倡导低碳、节能、减排；（2）坚持扩大内需，刺激居民消费需求；（3）打击楼市泡沫，引导房地产业理性回归。

具体税制改革的重点将集中在以下八个方面：（1）完善资源税改革；（2）稳步推进房地产税制改革，抑制泡沫，打击过度投机；（3）试点推出碳税或环境污染税制度；（4）统一内外资企业和个人城建税、教育费附加制度；（5）完善消费税，调整征税范围；(6) 进一步完善企业所得税制度；(7) 进一步完善增值税；(8) 实施个人所得税制度改革。

三、税制改革发展

2009 年税制改革，是我国新一轮税制改革的组成部分，也是我国第十一个五年规划的组成部分。2009 年，我国税制改革在以下方面取得了实质性进展：

1. 全面实施增值税转型。2008 年 11 月 5 日，国务院第 34 次常务会议修订通过了《中华人民共和国增值税暂行条例》(以下简称《增值税暂行条例》)，自 2009 年 1 月 1 日起施行。条例主要作了 5 个方面的修订。其中允许抵扣固定资产进项税额，实现增值税由生产型向消费型的转换具有重大意义：有利于鼓励投资和扩大内需，促进企业技术进步、产业结构调整和经济增长方式的转变；还具有克服金融危机的不利影响的作用。同时，国家还对消费税和营业税条例进行了修订。同时，修订通过了《中华人民共和国消费税暂行条例》(以下简称《消费税暂行条例》) 和《中华人民共和国营业税暂行条例》(以下简称《营业税暂行条例》)，自 2009 年 1 月 1 日起施行。

2. 燃油税改革获突破。在历经 15 年的几度曲折之后，2009 年燃油税改革终于取得了重大进展。但这次改革并没有提出开征新的燃油税种，而是提高已有的成品油消费税税负。按照《国务院关于实施成品油价格和税费改革的通知》(国发〔2008〕37 号)，财政部和国家税务总局出台《关于调整部分成品油消费税政策的通知》(财税〔2008〕19 号)，自 2009 年 1 月 1 日起提高成品油消费税税率。在提高成品油消费税率的同时，取消了众多公路收费项目，实现了费改税。此次改革还具有如下积极效应：调节燃油消费，促进节能环保；明晰和平衡国家、石油企业和消费者之间的利益关系；增强政府对油价的间接调控能力；促进新能源和替代能源的发展等。

2010 年，资源税制改革也取得了突破性进展。6 月，财政部和国家税务总局联合下发了《财政部　国家税务总局关于印发〈新疆原油天然气资源税改革若干问题的规定〉的通知》(财税〔2010〕54 号)，资源税费改革于 2010 年 6 月 1 日起率先在新疆进行，标志着我国资源税改革迈出了坚实的一步。此次资源税制改革的一项重要内容是原油、天然气的资源税以其销售额为计税依据，实行从价计征。2010 年 7 月 5 至 6 日，在中共中央和国务院召开的西部大开发工作会议上，再次提出进一步将资源税改革推广到整个西部地区。

2009 年及 2010 年上半年的相关税制改革，对于推进新一轮税制改革和落实“十一五”规划具有重要意义，为进一步推进我国税制改革打下了坚实的基础，对于促进我国经济社会的发展将产生积极的作用。

我国当前的税收体系及其制度框架是在1994年分税制改革的基础上形成的，该税收体系在过去的17年间对我国的经济发展和社会进步发挥了重要的作用。17年间，我国虽然进行了很多制度的改革和完善，但是均是在该体系框架内进行的。17年间，我国经济社会形势发生了巨大的变化，金融危机又进一步暴露了我国经济和相关税收制度的深层次问题。因此，在“十一五”税制改革即将结束之际，有必要在现有基础上，找出我国税收制度存在的更深层次的问题，以期在“十二五”及更长的时期内，进一步推进我国的税收制度改革。

报告认为，我国当前税收制度还存在以下几方面的突出问题：

第一，税收收入规模不合理。我国税收收入规模持续快速增长，连续多年的大规模“超收”，以及县乡财政困难等问题，都反映了我国税收收入的总体规模和不同层级政府间规模的不合理，并带来一系列的问题。第二，现有税制调节公平的功能不足。我国现有税制中货物与劳务税所占比重过大，个人所得税则因比重过小、制度缺陷和征管落后等原因，调节贫富差距的作用有限，财产税的建设则更显不足。第三，现有分税制财税体制尚不适应经济发展方式转变。现有分税制对地方政府的激励作用，在某些方面不利于经济结构的优化；分税制的不完善也加剧了县乡财政的困难。

报告还分析了近年来发达市场经济国家税制改革的经验。最后，报告认为，我国税制应在“突出公平、优化规模、调整结构”方面进一步深化改革。并建议：以加强征管为突破点，推进我国个人所得税改革；以房产税（物业税）改革为切入点，带动财产税制和地方税制改革建设；以资源税改革率先在新疆“破冰”为契机，在全国积极推开资源税改革；在加快经济发展方式转变的进程中，研究开征环境税的方案，借助于开征环境税来实现减少温室气体排放和保护生态环境的目标；以改变地方政府行为为出发点，完善分税制财税体制。

四、税收征收管理制度改革

国际税制改革的成功经验表明，税制改革必须以不断改进的税收征管制度为基础，否则，再完美的税制设计也可能会因管理不力而在实施中流于形式。

目前我国税收征管制度建立起的相互联系但相对独立的管理体系实现了由计划经济体制下的传统征管模式向适应社会主义市场经济体制要求的新的征管模式的转变。征纳双方职责划分清楚，权利与义务关系明确；实行自行申报、集中征收有利于提高纳税人的纳税意识，提高征管效率；重视计算机运用，加快了我国税收管理现代化进程。但近年来的税务实践表明，目前的税收征管还存在以下问题：一是管理缺位。“集中征收、重点稽查”的模式忽视了管理的重要地位。出现稽查不问、征收无权、管理不管的情况。二是依托不准。“以计算机网络为依托”的提法不准确，过分夸大计算机的作用，忽视了征管基础建设和征管资料的收集整理工作。三是忽视个体差异。我国地域辽阔、各地经济发展水平和税收征管基础差别极大。东部地区和大城市税收征管基础扎实，起点高，实行新模式有良好的条件；而广大中西部地区及农村税收征管基础薄弱，用同一模式要求势必勉为其难，脱离实际。

此外，随着新公共管理理论的引入以及构建和谐征管关系的征管目标的确立，征管理念以及征管手段需要不断创新和发展，尤其是目前纳税评估、纳税服务、税收信息化的推进，迫切需要在理论上对其法律地位以及职能归属进行合理、明确的定位，以便协调与其他征管手段之间的关系，更好地发挥作用。

《中华人民共和国税收征收管理法》（下简称《税收征管法》）是我国税收征管制度的基础。近年来，随着我国社会经济的快速发展，税收征管面临的内部环境也发生了较大变化，广大纳税人、社会各界代表和税务机关以多种方式纷纷要求修改《税收征管法》。为适应新形势新任务要求，2008 年 10 月《税收征管法》修订被列入人大五年立法规划，修法工作正式启动。

目前《税收征管法》在实施过程当中，主要存在以下问题：第一，现行《税收征管法》未全面建立纳税人的权利保护体系，一些必要的权利尚未在立法中予以体现，纳税人权利保护规定不完善，对权利实现的具体程序、途径和救济方式等均缺乏必要的规定。第二，现行《税收征管法》仅对纳税主体原则上规定了有纳税人、扣缴义务人，但实践中存在其他第三人也可能因纳税义务的继承或转移承担缴纳税款的义务，未在法律中加以明确。第三，以电子商务和金融创新为代表的新经济交易形式、信息技术的广泛应用，对传统的税收征管方式带来了挑战，这主要体现在两个方面：一是电子商务的税务管理问题。首先，电子商务实行无纸化操作，订单、买卖双方的合同、作为销售凭证的各种票据都以电子数据形式存在，且电子凭证又可被修改而不留任何痕迹，导致传统的对凭证进行追踪审计失去了基础。其次，电子商务的迅速发展刺激支付系统的发展，联机银行与数字现金的出现，加大了税务部门通过银行的支付交易进行监控的难度。二是信息化背景下的税务管理问题。《税收征管法》对税务征管信息化过程中征纳双方的权利义务和法律责任，电子申报、电子档案的法律地位等没有明确的规定，如电子数据的提供形式、读取与隐私权的保护问题，电子签名的效力性与引发的法律责任承担问题，电子文档和数据在传输与接受过程中的纠纷处理问题等。对这些问题的处理没有相应的法律依据，给实际征管工作带来难题。第四，税收法律责任制度需进一步完善，这主要体现以下几个方面：一是对偷税行为的规定内涵过于宽泛，法律责任的设置有失公平。二是对偷税行为的处罚标准的设置存在缺陷，在税务执法中处罚标准、处罚结果缺乏一致性和公正性。三是对一些税务违法行为，如对第三人抗税、对税务代理虚假鉴证等税收违法行为，没有相应的处罚规定，存在法律空白。第四，税收管理程序制度需进一步完善。在现行征管法中，还存在部分制度设计不规范，缺乏公正、透明、法定、效率原则，需要进一步完善，如纳税申报、税款核定、税务检查、纳税评估等制度。

对《税收征管法》的修订首先应处理四对关系：一是《税收征管法》的修订应以明确税收征管的程序性制度为核心，减少实体性制度规定，调整税收程序法与税收实体法之间的关系，避免两者之间的矛盾、疏漏与重叠。二是《税收征管法》应以提高税务行政效率为目标，明确各级税务机关及其职能部门的管理权限与权责，调整部门配合与专业化分工之间的协作关系，优化税务管理资源的配置。三是完善税务第三方信息报告制度，调整税务机关与其他政府及相关部门的协作关系，完善护税协税网络。四是以确保依法征税为前提，切实保障纳税人权益，完善征纳双方权利义务关系，正确处理好保障税款征收与保障纳税人权利之间的关系。

具体来说，我们认为，新一轮《税收征管法》的修订，应考虑以下内容：第一，按照现代税收征管模式和实际征管程序的需要，调整《税收征管法》的章节设置。调整后的《税收征管法》可分为六章，分别是总则、税源管理、申报缴纳、纳税评估、税务稽查、法律责任和附则。章节及条款的安排基本按照税收征管过程的正常流程进行，符合现行征管模式和实际征管程序与过程的需要。第二，增加和完善纳税人权利，完善纳税人权利和保障制度体系。第三，引入“连带纳税人”、“第二次纳税人”概念，扩大纳税主体范围，健全税收主体的法律关系。第四，增加和完善“修正申报”、电子申报内容，健全税收申报制度。第五，降低处罚标准、重新界定逃税、漏税行为，完善税收法律责任制度。第六，完善第三方信息报告制度，健全税务机关与社会各部门的协作机制。第七，提升纳税评估的法律地位，完善纳税评估制度。第八，完善与个人所得税、财税改革相衔接的管理制度。

五、税收管理体制调整

税权是财政分权制度中的核心内容，与政府财政资源和财力配置状况密切相关。地方政府间的税权划分涵盖除中央政府外，省、市等地方各级政府间税收收益权、税收立法权、税收管理权的配置。1994 年我国的分税制改革，围绕着中央与地方之间税权划分这一核心，初步明确和规范了中央和地方间的财政分配关系。伴随中央与地方间财政分配关系的改革，中央也多次提出完善各级地方政府间财政分配关系的指导性意见。各地方比照中央与地方间财政分配关系，逐渐划分了地方各级政府间的事权、财权、税权，调整与规范了各级地方政府间的财政分配关系，改变了“财政包干”的财政分配关系，地方政府间财政分权体系和税权划分体系初步形成，为地方政府提供了一定的财源。但是当前地方政府财政困难、基层政府的债务问题、“土地财政”等问题的不断出现，暴露出当前我国地方政府间税权划分体系存在着一定的问题和不足，同时在近些年经济形势不断变化，社会不断变革的情况下，地方政府间税权划分体系需要进行不断的完善和调整。地方政府间合理、科学、规范的税权划分体系，对于本地区经济持续、稳定发展、基本公共服务的提供、区域经济的协调以及社会的稳定都具有重要影响，进而影响整个国家经济、社会的发展与稳定。

2009 年我国地方政府间税权划分的具体情况为：第一，在税收收益权方面，我国各个地区并没有形成统一的税权划分模式，彼此之间存在着或多或少的差异。全国 31 个省级行政区没有统一模式，大致上可分为以下三种模式：（1）在省级与地市级之间设共享收入，省级和地市级各有相对独立的税收收入来源；（2）在省级与地市级之间设共享收入，但省级具有相对独立的税收收入来源，地市级则没有；（3）在省级与地市级之间设共享收入，地市级具有相对独立的税收收入来源，而省级则没有。从以上三种模式来看，地方政府间税收收益权的划分以共享税模式为主，带有中央与地方间分税制的某些特征，中央与地方共享税税种多数成为地方政府间的共享税；收入分配中大体沿用了中央和地方税收收入分享方式，采用了企业隶属关系和所属行业确定税收收入归属的原则；沿用了中央与地方之间税收返还的做法，许多地区实行“定额返还，增量分成”的税收返还政策；省级与地市级政府主体税种趋于一致。第二，在税收立法权方面，我国的税收立法权集中在中央，地方政府具有的税收立法权相当有限，也就不可能存在彼此之间税收立法权的划分；第三，在税收征管权方面，沿袭中央税和地方税划分模式，与政府层级之间的关联性不大。

现有的地方政府间税权划分体系基本上符合各个税种的性质，体现了税权划分的普遍原则，规范了地方政府间的财政关系，保证了地方各级政府基本的财政需求，保障了基本公共产品和公共服务的供给，促进了辖区内经济和社会的稳定与发展。但是，不可否认的是，现有税权划分体系仍存在着一系列的问题和不足：地方政府间税权划分缺乏硬性的法律约束；税权划分中省级政府处于主导位置，地市级政府权力有限；各级政府主体税种一致化；各级政府间的财力和事权不匹配；地方政府间税收立法权有限；地方政府间税收征管权与税收收益权不协调等。

纵观国外一些国家地方政府间税收划分体系，其相关的制度和措施方法都比较完善，如：地方政府间税权划分均具备完备的法律依据、完善的地方税收体系，地方政府享有一定的税收立法权，享有与税收收益权相协调的税收征管权。

因此，在对我国政府间税权划分状况深入分析的基础上，我们结合国外相关经验，对我国地方政府间税权划分体系提出若干措施和建议，以期对其进行必要的调整和完善，其中主要包括：完善构建财政分权的法律体系和地方税收体系，增加地方政府的税收立法权或自主权，协调税收收益权和税收征管权，完善财政均衡的协调机制，等等。

六、税收法治建设

改革开放以来，中国逐渐进入了向社会主义市场经济转型的历史进程之中。在30多年的转型过程中，中国现代税收法治取得了重大成就，也面临许多新问题。2009年中国的税收法治建设是经济与社会转型大背景的一个缩影。在这个大背景下，我们对中国2009年税收法治建设的运行现状、成就与问题以及未来展望进行了全面分析和梳理。

经过30多年的实践，我国的税收法治已经成功探索出一条建设之路。在围绕法治环境、法制体系、权力规范和权利保护等各个方面的具体法治建设中均取得进展。2009–2010年我国税收法治建设在以下方面有着突出的表现：

1. 税收立法：《刑法修正案》将"偷税罪"改为"逃避缴纳税款罪"

修改内容与我国经济社会迅速发展的时代背景相适应，平抑了法律条款与经济社会现实之间的巨大落差，具有与时俱进的立法进步性，主要体现在以下几个方面：

第一，将"偷税罪"改为"逃避缴纳税款罪"名实相符，准确定性了该罪的本质特征。第二，从"叙明罪状"到"简单罪状"，清晰反映出该罪的行为特征。第三，将"数额加比例"的定罪标准改为"情节加比例"，适应了经济社会的发展状况。第四，初犯已受行政处罚的不追究刑事责任，体现了宽严相济的刑法政策。

2. 税收执法：《税收征管法》修改程序提速

2008年10月29日，重新修订《税收征管法》被列入全国人大常委会5年立法规划第一类立法项目，并被列入国务院2009年立法工作计划。《税收征管法》的修改努力反映以下趋势：（1）加强对纳税人权利保护的力度，构建起完善的纳税人权利体系；（2）针对《税收征管法》这一程序性法律的特点，完善税收征管的程序方面制度设计；（3）强化部门协调机制，建立税收行政协调制度；（4）实现税收民主立法，不仅要体现在税收实体法的制定过程中，而且要体现在税收程序法的制定过程中。

3. 税收司法："和解与调解"制度正式写进《税务行政复议规则》

2009年税收程序法的变化最为重要的是"和解与调解"制度正式写进《税务行政复议规则》。新修订的《税务行政复议规则》专章增设"和解与调解"制度，明确规定了和解与调解的适用范围和基本原则，设计了详细的程序和具体的要求。通过积极开展《税务行政复议规则》的宣传、培训，妥善处理各类税收复议和应诉案件，可以充分发挥行政复议化解税收争议的主渠道作用。这些变化对于维护社会稳定、构建和谐税收环境具有十分重要的意义。

4. 纳税人权利保护：国家税务总局发布纳税人权利与义务的公告

2009 年 11 月 6 日，国家税务总局第一次将纳税人的权利汇总、归纳，发布了《关于纳税人权利与义务的公告》，宣布纳税人依法享有 14 项权利，依法应当履行 10 项义务。公告反映了中国正在走向世界、国民权利意识正在觉醒的法治发展现状。纳税人权利保护发展的历程，不仅是时间过程和发展脉络，而且体现了实质性变革，从一般观念、理念，发展到征管模式，再进展到法律规范地位、组织机构保障、工作规范、全面工作部署、阶段性目标，直至权利保护制度和投诉监督制度建设。纳税人权益保护地位突显反映了我国税收法治建设的重大进步。

尽管成果显著，但在当前经济与社会深入转型时期，中国税收法治建设仍然面临全面的改革与完善需求。为了更好地引导整个经济与社会的法治方向，除了继续加强对税收权力的规范以满足税收领域形式的和程序的法治秩序需要，以及积极推动税收公平建设以实现法治的实质正义目标之外，未来的税收法治还必须寻求突破，努力提升到税收宪治层次，谋求新时代的经济与社会共和。为此，在 2010 年和最近的将来，我们必须着力进行以下改革：

1. 继续规范税收权力，完善税收形式法治

在程序和形式上规范税收权力部门行为，是现代税收事业的基础和灵魂，始终是一个迫切而重要的课题。一个重大的税收立法改革举措是，让立法权回归人大，规范税收立法。在税收执法方面，我们以加强征管为突破点推进我国个人所得税改革。在税收司法方面，改革行政复议前置程序，发挥司法的最终救济功能。

2. 积极推动税收公平，完善税收实质法治

形式的“法律之治”并不一定意味着善法之治，尤其是在社会急剧转型的时期，法律自身的良善与否本身就缺乏一个明确的评判标准。实质法治要求我们实施全面税制改革，平衡税权重建税收公平。首先，改革个人所得税，实行综合与分类相结合税制，推进税收公平，建立一个适应我国当前经济发展需要、设计科学、规范合理的个人所得税制势在必行；其次，以房产税（物业税）改革引领财产税制和地方税制建设，房产税（物业税）不仅仅是一个可以影响房地产市场的税种，更重要的是，它是一个调节贫富差距的财产税和为地方提供主体财源的地方税，房产税的改革对于我国财产税制和地方税制建设是一个重要切入点。

3. 提升法治水平，实现税收宪治突破

宪政主义兴起的一个根本原因就是形式法治主义的内在缺陷，宪政主义者希望通过对人权的尊重来弥补和消解单纯形式法治所带来的一些弊端。在税收领域，税

收宪法规定自身不足以完成税收法治和税收宪治的历史使命，税收宪治需要税收基本法律的有力支持。通过制定税收基本法，确立税收债权债务法律关系，以其衡平规则保护纳税人权利和维护地方政府税收立法权，实现中国在税收宪治上的突破。

七、国际税收协调与合作

2009–2010 年，在后金融危机时代全球经济曲折复苏的大背景下，国际税收领域呈现出与之相应的变化，各方的协调与合作也显得尤为活跃。一方面，由于国际贸易受到一定程度的抑制，为了拉动本国经济，不少国家采取一些贸易保护措施，在国际税收领域体现为包括关税在内的进出口税收政策调整，区域税收一体化进程放缓，吸引投资的国际税收竞争加剧。另一方面，受经济疲软影响，各国财政收入有所下滑，又纷纷出台经济刺激计划，财政支出需求加大，因此各国政府不得不想尽办法拓展财源，在国际税收领域体现为国际反避税力度加大，在税收情报交换、征管互助、反避税地等领域取得了突破性进展。同时，国际社会还加大了官方和非官方的国际税收交流与讨论，以加强各国税务机构的合作，共同应对金融危机背景下的国际税收挑战。

中国在这些国际税收协调与合作中发挥了积极的作用，主要表现在以下几个方面：

1. 继续推动税制国际化进程，加强国内税制与国际税收规则的适应与配合。

在新企业所得税法的实施过程中，国家税务总局出台和规范了关于境外所得的税收抵免和特别纳税调整等细则，在相关税收法律法规的制度设计和具体操作上注重与国际税收规则的协调。

2. 谈签或修订多个税收协定（含与香港、澳门行政区的税收安排），加大与企业“走出去”目的地国家（地区）以及避税地的协定谈判力度。

截止到 2009 年 12 月 31 日，我国已对外正式签署了 93 个《关于对所得避免双重征税和防止偷漏税的协定》，其中 89 个协定已生效。此外，《内地和香港特别行政区关于对所得避免双重征税和防止偷漏税的安排》以及《内地和澳门特别行政区关于对所得避免双重征税和防止偷漏税的安排》均已生效。

2009 年，我国新谈签 3 个双边税收协定，包括与埃塞俄比亚联邦民主共和国、捷克民主共和国和土库曼斯坦共和国正式签订的双边税收协定。

有 3 个协定在 2009 年生效，包括中国与卡塔尔国政府、中国与塔吉克斯坦共和国和中国与尼日利亚联邦共和国的双边税收协定。

同时，我国还对原有协定有更新，包括中国与新加坡共和国和布鲁塞尔的税收协定，以及内地与香港特别行政区和澳门特别行政区的税收安排。

2009–2010 年，国家税务总局还出台一系列关于税收协定执行的文件，如《关于执行税收协定特许权使用费条款有关问题的通知》、《关于执行税收协定股息条款有关问题的通知》等，有利于税收协定执行的进一步规范。

3. 强化税收情报交换、征管互助的制度化和规范化，国际反避税取得新的进展。

在国际金融危机的大背景下，以 G20 国为代表的国际社会，对加强国际税收合作，反对国际避税活动作出了明确的表态。以美国为代表的发达国家也开始通过税制改革加强自身的国际税收管理。在强大的压力之下，各个避税地不得不开始打开与国际社会合作的大门。老牌的避税地百慕大 2009 年 4 月 17 日与 8 个国家签订了新的税收信息交换协议，开曼群岛于 2009 年 4 月 1 日与 7 个国家签订了新的税收信息交换协议，直布罗陀也于 2009 年 3 月 31 日与美国签订了首个税收信息交换协议，连圣马利诺、马恩岛、泽西岛和根西岛等从未和其他国家签订双边信息交换协议的国家也都在 2009 年做出行动。OECD 相关人士坦言，2009 年国际社会在反避税地上取得的成绩超过了过去的十年。

2009 年 12 月 1 日和 12 月 7 日，中国国家税务总局分别与巴哈马群岛和英属维尔京群岛签订了关于税收情报交换的协议，开启了我国与离岸金融中心在税务磋商领域成功合作的新篇章。

4. 转让定价和预约定价工作取得新的进展。

2009 年，中国反避税全年共立案 179 户，结案 167 户，补税金额 20.9 亿元，增长 69%，是有史以来查补收入最多、增长最快的一年。2009 年的反避税调查的第一个特点是将反避税调查对象从以往的制造业向其他行业延伸，加强了对服务、零售、制药、汽车等行业的关注。另一个重要特点是关于转让定价同期资料准备的强化。

转让定价中关于成本分摊协议的磋商也开始启动。2010 年 5 月 27 日，由深圳市国家税务局承担的中美首例成本分摊协议的首次磋商在国家税务总局举行，这也是我国首例双边成本分摊协议。

2009 年 10 月 26 日，国家税务总局王力副局长与丹麦海关税务局局长欧乐·科杰分别代表中丹两国税务主管机关正式签署了两国间首例双边预约定价安排。该安排涉及一著名跨国公司在我国与丹麦之间的关联交易。这是继中日、中美和中韩成功签署双边预约定价安排后，我国与丹麦之间的首例双边预约定价安排，也是中欧之间首例双边预约定价安排。

5. 积极参与国际税收规则制定，税收国际交流活跃，提高了中国在国际税收平台上的话语权。

中国积极开展与有关国家和国际组织的税收政策对话和税收领域务实合作，包括中韩税收政策交流会、亚洲开发银行税收年会、国际财政文献局税收年会、国际税收对话机制（ITD）等双边、多边税收交流与合作活动，并于2009年9月成为全球税收论坛的成员，当选为全球税收论坛的副主席。

2009年10月26日，以“金融机构和金融工具——税收的挑战与对策”为主题的第三届国际税收对话机制（ITD）全球大会在北京举行，是目前中国举办的级别最高、规模最大、影响最广的国际税收对话与交流合作会议。

八、增值税改革

2009年、2010年，我国增值税改革主要是从生产型增值税向消费型增值税的全面转型的实施和增值税征收范围扩大的研究。本专题分两个部分分别探讨增值税的转型和扩围。

第一部分从我国增值税转型的历史背景出发，对其必要性、可行性与迫切性进行了剖析，并在此基础上对一年多来我国增值税转型进展情况及经济效应进行了分析，得出“在中国税制改革和宏观调控的大背景下分析，增值税转型作为一项拉动宏观经济增长的重大举措，起到鼓励企业投资和产业结构调整的积极作用，有助于扩大内需和实现经济增长方式转变，也有助于促进我国经济持续、稳定、健康发展”的基本结论。

我国增值税转型经济效应主要表现为：税收效应、投资效应、财务效应和宏观经济拉动效应。其中“税收效应”又分别体现为政府税收收入的减少和企业税负变化两个方面。2009年，政府增值税收入减少1200亿元，企业税负效应降低，体现了增值税转型的预期税收效应。增值税转型的“投资效应”一方面体现在转型会使固定资产投资项目的可行性边界扩大，使原来不可行的固定资产投资项目变得可行，导致新一轮技术改造、设备更新高潮的到来；另一方面，也必将对不同行业的固定资产投资产生重大影响。根据2009年、2010年上半年上海证券交易所和深圳证券交易所直接给出的上市公司行业分类结果及上市公司相关数据进行分析研究，可以看出，增值税转型对不同行业的影响与人们前期的预期有较大差别。例如，以前普遍认为增值税转型对金属和非金属业、石油化学塑胶塑料和采掘业的ROE影响理应较大，实证验证却表明：增值税转型对采掘业的ROE影响较小，对于金属和非金属业、石油化学塑胶塑料行业的ROE影响处于中游水平。增值税转型的“财务效应”表现为提升企业盈利水平、增加企业相关期间的现金流量、降低企业购进固定资产的入账价值和增强企业资产运营能力等几个方面。增值税转型的“宏观经济拉动效应”则表现为：有助于扩大投资规模，增加社会就业；有助于改善经济结构，促进经济繁荣发展；有助于改善经济增长质量，扩大消费在经济增长中的比重；有助于社会公平，缩小贫富差别，稳定人心，增加社会和谐度。

增值税全面转型实施时间较短，不可避免存在一些问题，本部分根据转型改革中出现的实际问题，在制度设计的进一步完善以及征收管理方面均提出一些建设性意见。

第二部分从我国增值税现行征收范围的成因分析入手，从理论与实践的不同层面阐述了扩大增值税征收范围的必要性和可行性，并借鉴了法国、新西兰、加拿大、日本等国实行大范围增值税的经验。

在对增值税扩围改革前景展望中，一方面，从交通运输业、仓储业、建筑业等增值税与营业税交叉最为严重的行业分析了其从现行营业税改为增值税后的税负变化，极可能对行业经营造成的影响；另一方面，也对近年来，我国专家学者对增值税扩围的不同观点进行了综述。其中赞成扩围改革的观点，主要考虑因素为"税负公平、降低征管成本、规范征管秩序明确国税、地税权责"等。反对扩围改革的观点，主要考虑因素则为"现行税收征管条件、财税体制基础、特殊的文化背景"等。

对增值税扩围改革的现实操作，本报告提出分步走的建议：第一步纳入增值税征收范围的行业可包括建筑业、交通运输业和不动产销售业。这几个行业是增值税与营业税交叉最为严重的行业，这些行业未纳入增值税征收范围对增值税抵扣链条的完整极其不利，也因此会导致税制设计的繁杂和实际征管中的多种漏洞。特别是，在增值税转型改革实施后，企业购进固定资产可以抵扣进项税额，因此增值税一般纳税人倾向于直接购进固定资产而不愿意接受建筑安装业发票，不利于建筑业的发展。第二步纳入增值税征收范围的行业可包括金融业、邮电通讯业和租赁业。第三步可将现征收营业税的行业均改征增值税。为减少增值税扩围改革的不确定性，本报告对上述不同行业企业改征增值税可能产生的实际税负变化都进行了量化分析，并为可能发生较大税负变化的行业改征增值税提出政策调整建议。

九、企业所得税改革

企业所得税在我国的税制结构中占有很重要的地位，该制度的运行与调整对宏观经济运行、各产业与企业的发展具有显著作用。

2008 年之前，我国企业所得税的特征是"两税并存"、"内外有别"。这种内外有别的企业所得税制在改革开放初期，对拉动国内投资需求、吸引外资、解决就业起到了至关重要的作用。然而，它带来的问题日益突出，成为阻碍内外资企业公平竞争的重要不利因素。内资企业的所得税负担大大高于外资企业，削弱了内资企业的竞争力，妨碍了我国产业结构升级和优化，加剧了区域间经济发展的不平衡，同时，也带来了“假外资”税收流失问题。新企业所得税法在2008年、2009年的运行中，在减轻内资企业税收负担水平、公平税负、筹集财政收入、促进地区间区域经济一体化方面发挥了积极重要作用，但也存在一些制度运行中的新问题、新情况。因此，很有必要考察分析新企业所得税法的实施情况，对实际运行中出现的新问题进行总结并制定有针对性的补充措施和精细化调整措施，在未来的政策调整中加以改进。

1950年1月30日中央人民政府颁布了《全国税政实施要则》，对企业所得征税的有工商业和存款利息征税，初步建立了企业所得税制度的雏形；1979年到1993年是我国所得课税体系初步形成的重要阶段，其标志性的举措是1980年9月10日《中华人民共和国中外合资经营企业所得税法》的颁布实施。从1994年开始是我国企业所得税制度的规范发展阶段。1991年4月9日，《中华人民共和国外商投资企业和外国企业所得税法》颁布实施；1993年12月13日，国务院制定了《中华人民共和国企业所得税暂行条例》；2008年，企业所得税制度进入了新的发展阶段，新的《中华人民共和国企业所得税法》（以下简称《企业所得税法》）于2008年实施，标志我国企业所得税制度的发展进入一个新起点。

我国企业所得税筹集财政收入的效应分析可以概括为充分性、弹性、及时性和稳定性。我们从两税合并前后的角度对其进行了理论上的解析并得出以下结论：第一，两税合并前后的企业所得税都符合充分性、弹性、及时性和稳定性的特征。第二，从短期来看，两税合并确实存在减收效果。“两税合并”后，如果2008年实行新税法，与现行税法的口径相比，内资企业所得税减收约1340亿元，外资企业所得税增收410亿元，两相抵后，财政收入净减少约930亿元。第三，以降低税负为主要内容的企业所得税改革虽然在短期内减少财政收入，但随着企业技术研发能力与自有资金能力的提高，会促进企业税基扩大，抵消税率与优惠制度变动带来的减收，那么两税合并也不会对财政收入产生太大影响。

企业所得税制度中的优惠政策会对经济主体税负的公平状况产生显著影响。两税合并之后，优惠制度的变化更对经济主体的税负产生影响。第一，新企业所得税法在优惠制度上倾斜于重点发展的高新技术产业、小型企业以及其他诸如创业投资等方面；第二，两税合并之后，实现了内外资企业的税基、税率、税收优惠以及税收征管的统一，在内外资企业之间具有非常强的公平效应。新税法的优惠制度极大地推动产业结构升级，保障我国经济结构调整的顺利实施，从根本上改善供给质量，有利于技术密集型产业的发展，并在长期起到稳定宏观经济的作用。而且，两税合并对在初次分配环节扭转区域发展不平衡具有非常显著的作用。

在新企业所得税实行后，企业所得税征管问题显得尤其重要，目前我国企业所得税征管方面存在以下问题：第一，新汇总纳税办法实施之后，有效促进了企业所得税的征管水平，提升跨区企业所得税的管理层次，然而，也存在着分支机构认定、清缴和预缴之间差异，影响地区税收分配、分级管理的职责划分等一系列问题，这需要我们在未来改进征管机制；第二，法人所得税制度的不完善、条文中部分文字表述不严密、二级分支机构的界定、一税两管体制以及“信息不对称”带来的征管问题等都会影响企业所得税的征管效果。因此，应该理顺管理体制，统一所得税管理主体，加强对总、分支机构的管理，完善企业所得税优惠政策的管理操作规程。

总体而言，新企业所得税法成为引导经济结构调整，贯彻国家宏观经济目标的有力工具，它将筹集财政收入与产业结构调整相互结合，不仅保证了现期财政收入的充分性、稳定性和弹性，也为未来财政收入的快速增长打下了坚实的基础。另外，它实行了内资企业与外资企业的无差别待遇，促进统一、规范、公平竞争的市场环境的建立。当然，任何制度都不是完美无缺的，未来应该着重研究非营利组织税收优惠、分支机构税收管理、工资薪金扣除、税收征管的反避税等一些与现实关联密切的问题。

十、个人所得税改革

自改革开放以来，我国经济得到快速发展，居民收入水平大幅度增加。2008 年我国国内生产总值是 1978 年的 82 倍；人均 GDP 是 1978 年的 60 倍；城镇居民人均可支配收入是1978年的46倍;农村居民人均纯收入是1978年的35倍。但我们也看到，在我国经济取得一系列成果的同时，居民收入差距也逐步扩大，并有继续扩大的趋势。据国家统计局公布，2000 年全国居民收入的基尼系数达到 0.417，首次突破 0.4 这一国际常用的警戒线标准，此后这一指标逐年继续上升。居民收入分配差距扩大，不仅会影响人们生产劳动的积极性，导致整个社会经济效率的下降，还会增加社会成员之间的社会矛盾，破坏和谐安定的社会环境。

在调节收入分配的税收政策工具中，个人所得税是其中的主力军，特别是在我国还没有开征遗产税、物业税和社会保障税等调节收入分配的相关税种的情况下，个人所得税担当的任务更为艰巨。在我国当前居民收入差距逐年扩大，并呈现继续扩大趋势的情况下，个人所得税改革的着力点应放在增强个人所得税的调节功能上。

在我国“十一五”规划中描述的新一轮税制改革方案中，个人所得税的改革方向被确定为“实行综合和分类相结合的个人所得税制”。个人所得税作为政府手中掌握的一种最重要的调节收入分配的手段,只有实行“综合和分类相结合”的所得税制，才能有效地调节居民收入的差距。个人所得税具有组织收入和调节收入分配的功能，就我国当前的经济社会的发展形势看，调节收入分配更趋重要。

2009 年为应对金融危机，我国经济工作围绕保增长，推出了一系列的宏观调控举措。这其中税收政策主要是围绕结构性减税进行的。2009年主要税种税负水平的减少主要体现在增值税和个人所得税上，就个人所得税而言，暂免征收储蓄存款和证券交易结算资金利息所得税，是本年度减税的重要举措。通过减税，增加居民收入，从而促进投资和消费。这一年个人所得税改革还体现在强调对高收入者的调节，更加注重民生和强化个人所得税征管三个方面。

我国个人所得税的改革目标应当按照宽税基、低税率、严征管的原则，简化税制，公平税负，强化个人收入分配，应适当降低最高税率，规范征税范围。进一步规范和拓宽税基，合理调整税率和级距，提高纳税人比重，合理计算纳税人的应税所得，适当降低工薪所得税负水平，加大对高收入的调节力度，使得纳税人税收负担公平合理。其中强化个人所得税调节收入分配的作用，促进社会的公平公正是极其重要的。我国个人所得税制改革会以渐进性改革的方式在“十二五”期间整体推进。

我国个人所得税的改革应遵循税收法定、税收公平原则和生存权保障原则。改革的内容主要包括以下五个方面：（1）调整必要费用扣除标准，引入家庭联合申报，实现综合与分类相结合的所得税模式。（2）可在减少累进税率档次的同时降低累进税率的最高税率，真正做到“低税率、少档次”，发挥个人所得税调节收入分配的作用。（3）在减少个人所得税税率档次的同时，应尽量减少和规范个人所得税的减免税项目。我国个人所得税免征税额可分为4个部分：一是个人基本生活费用和教育费用扣除；二是抚养子女、赡养老人费用扣除；三是特殊扣除，针对残疾人、慢性病患者；四是子女教育费用扣除。（4）健全税收征管体系，具体包括：全面建立纳税人编码制度、纳税人信用登记制度、个税申报代理制度、限制大额交易货币化和个人财富实名制。（5）进一步加强高收入者个税征管。

十一、房地产税改革

本报告首先回顾了近年来我国房地产市场运行情况和五次主要的税收调控历程。在此基础上，分析了以往税收调控的效果。报告认为，我国的历次税收调控不仅没有起到抑制房地产市场价格快速上涨的作用，反而助推了价格的上涨。其主要原因是，由于我国房地产市场特殊的供求状况，征收于流转环节的税收可以向前转嫁给消费者，并导致房价上涨。由于不同房地产市场供求状况的差异，导致价格上涨的程度不同。

报告认为，导致上述结果的重要原因，是我国现有房地产税制的缺陷。通过物业税改革，弥补现有房地产税制的缺陷，并推进相关配套改革，是优化我国房地产税收调控，促进房地产市场健康发展的必由之路。

报告分析了财产税税负转嫁的三种观点——“传统观点”、“受益观点”、“资本税观点”，并预测了物业税开征对不同地区房价、对持有多套自住房者、对房地产租赁市场、对房地产投资和投机者的不同影响。报告认为，物业税对房地产市场的影响同样非常复杂且效果受多种因素影响而不确定，试图通过物业税来抑制高房价和打击投机行为并不现实。不仅不利于房地产市场的调控，也不利于对物业税全面的认识。

报告认为，在讨论物业税功能时，社会普遍关注的是其调控房地产市场的功能，而对于其他功能则关注不足，并容易产生一种误导，即开征物业税就是为了调节房地产市场。全面客观地认识并宣传物业税的功能，及其在整个经济、社会、财税体制和制度改革中的作用，十分必要。在物业税功能定位上，笔者认为，物业税具有多重特性和功能，房地产税特性和调控房地产市场的功能只是其一，而财产税和地方税的特性，以及其调节居民存量财富差距和构建地方税体系的功能，同样具有重要意义。

报告认为，物业税的改革大体可有三种方案：一是小改，即将房产税扩大到普通居民住房；二是中改，即以物业税改革为切入点，对房地产相关税种进行重整；三是大改，即以物业税改革为切入点，对房地产租、税、费体系进行重整。而物业税改革牵一发而动全身，不能仅仅局限于小改。因为小改必然导致税收收入的来源结构、纳税人的负担结构等发生较大变化，在政府收入增加和纳税人负担增加的同时，必然要考虑调减相应收入和纳税人负担的问题。从改革的深入和彻底程度来看，三者依次增加。

物业税制度的设计是实现物业税功能的前提和保障，根据税制的基本原理，报告分析了物业税税制设计主要涉及的六个要素——纳税人、课税对象、计税依据、税率、税收优惠、征收缴纳。通过国际比较与借鉴，介绍了各要素的多种可能的设置及其优缺点，并结合我国实际，提出设置相关税制要素的建议。

相关税种的改革，主要是土地增值税。报告从获得土地增值收益的角度出发，并通过国际比较，分析了土地出让金、土地增值税、企业所得税在获取土地增值收益中的功能和组合，并认为现有土地增值税与企业所得税存在着重复征收，而流转环节的土地增值税与土地出让金也存在一定的重复征收。

土地出让金制度，对于发展我国土地市场，筹集城市建设资金等发挥了积极的作用，但是当前其弊端亦日益显现，不利于抑制地方政府卖地冲动，不利于房地产市场的健康发展，不利于土地资源的合理利用，故有必要加以改革。改革当前的土地出让金制度，改变政府行为，建立符合公共财政原则的收入制度，是实现科学发展的必然要求。报告认为，土地出让金制度可与物业税改革相结合，进行综合改革。

报告最后提出我国物业税改革的设想，且认为首先要明确定位物业税改革的目标，物业税不应以调控房价为直接目标，而利用物业税打击囤房和投机行为难度亦很大，建议以物业税改革为切入点，带动财产税制和地方税制建设。其次，物业税的改革，需要加快相关配套改革。第一是土地出让金的配套改革。香港实行的土地批租与年租相结合的混合制的做法值得借鉴。该制度可以解决我国当前土地出让金制度的众多问题。第二是相关税种的配套改革。应取消流转环节的土地增值税，同时开征保有环节的增值税——物业税（房产税）。第三是税收征管的配套改革。房地产价值评估是至关重要的环节，应完善评估手段、统一评估标准、采用科学的评估方法。同时，还要建立健全我国个人财产登记制度，实现政府各部门间的配合及数据共享，建立健全申诉和复议机制。

十二、环境税改革

完善环境税收政策是我国近期税制改革的重点内容之一。2007 年 6 月，《国务院关于印发节能减排综合性工作方案的通知》明确提出“研究开征环境税”；2007 年 11 月，《国务院关于印发国家环境保护“十一五”规划的通知》提出“在资源税、消费税、进出口税改革中充分考虑环境保护要求，探索建立环境税收制度，运用税收杠杆促进资源节约型、环境友好型社会的建设”。2009 年，经国务院批准，财政部、国家税务总局陆续出台了部分与环境保护相关的税收政策。如财税〔2009〕12 号规定自当年 1 月 20 日至 12 月 31 日购置 1.6 升以下排量乘用车，暂减按 5% 的税率征收车辆购置税；财税〔2009〕154 号规定，在 2010 年期间，购置 1.6 升以下排量乘用车，暂减按 7.5% 的税率征收车辆购置税；财税〔2009〕26 号规定，自当年 3 月 1 日起将新疆维吾尔自治区的煤炭（不包括焦煤）资源税税额标准提高为每吨 3 元；财税〔2009〕30 号对中国清洁发展机制基金及清洁发展机制项目实施企业有关企业所得税优惠问题予以明确；财税〔2009〕148 号《关于以农林剩余物为原料的综合利用产品增值税政策的通知》对 2009 年至 2010 年纳税人销售以“三剩物”、“次小薪材”等农林剩余物为原料自产的规定范围的综合利用产品的增值税优惠办法予以明确；财税〔2009〕166 号公布了环境保护节能节水项目企业所得税优惠目录，自 2008 年起施行等。

从我国近年来环境税收政策的调整及制度现状来看，我国的税收制度已越来越多地体现政府运用税收手段保护环境及资源的立法意图，税收在环境资源保护方面的作用逐步得到重视，但完整的环境税收体系尚未形成。从现行制度来看，尚无独立的专门用于环境保护的税种，只有为数很少的与环境相关的税种，如当初并非为了环境目的但在实际上具有一定环境效果的消费税，名称上似乎是环境税但税制设计出发点并不是为了限制资源开采使用的资源税等。大部分环保税收措施零星地散见于增值税、企业所得税等税种中，主要以税收优惠的形式鼓励对废弃物的再利用以减轻环境污染。总体来看，现有的与环境相关的税种以及其他税种中与环境相关的税收政策在环境保护方面存在较大的局限性，力度很小。由于独立的专门用于环境保护税种的缺位，我国环境税制缺乏主体税种，使税收作为国家参与企业分配、影响纳税人经济行为的主要工具仅仅初步、较为零散地体现了环境保护的思想，在产生负外部性的市场失灵领域还远远没有发挥其应有的调节作用。

本报告对制定环境税收政策与制度的理论依据，我国近年来环境税收政策的调整情况以及未来改革方向进行分析，共包括以下五部分内容：第一部分“环境税的理论依据与作用机制”，对制定环境税收政策的两大理论基石——外部性理论、公共物品理论进行了阐述，对环境税的作用机制进行了剖析。第二部分“我国制定环境税收政策的国际、国内背景分析”对国外“绿色税制改革”的基本情况进行了总结，从环境资源的巨大压力和环境治理方式转变两个层面对制定我国环境税收政策的背景进行了分析。第三部分“近期我国环境税收政策的调整与现状分析”对资源税政策的调整与制度缺陷，消费税政策的调整，增值税、所得税中与环境相关税收政策的调整进行了阐述，并对我国环境税收制度进行了总体评价。第四部分“进一步完善我国环境税收政策的总体思路”提出了环境税收政策应综合体现循环经济与末端治理的总体要求，从“排污费”的制度缺陷和税制结构优化角度阐明设立独立环境税是完善我国环境税收政策的重要内容，并对设立独立环境税的原则、政策目标和功能定位、征税范围的选择、税制模式的选择等进行了分析。第五部分“进一步完善我国环境税收政策的建议”重点对未来的独立环境税主要制度提出设想，并对资源税、消费税的进一步改革以及增值税、所得税中与环境相关的税收政策的进一步完善提出了建议。

十三、烟草税改革

烟草在为各国带来巨大经济利益的同时，也不时地引起人们对其加以禁止的诉求，这种斗争的结果是达成一个烟草生产的合适规模，取得维持经济利益和禁烟的平衡。烟草产业具有很强的维持能力和扩张能力。一方面，烟草行业在我国国民经济中处于重要地位。长期以来，烟草行业一直是我国的利税大户，连续多年居各工业行业创利税之首，并带来了大量的就业机会，在国民经济发展中具有重要地位。另一方面，烟草行业带来巨额财政收入的同时，也带来了极其严重的经济社会负担，包括危害人类身体健康、医疗成本的增加甚至生命的威胁等，采取有效的控烟措施是十分必要的。

随着国际上对人类健康更加重视，对烟草危害的认识更加清晰，控烟的呼声越来越高。2003年5月，世界卫生组织192个成员一致通过了第一个限制烟草的全球性公约——《烟草控制框架公约》。我国也于2005年成为履行《烟草控制框架公约》的一员。作为烟草生产及消费大国，我国肩负着减少烟草消费的重要责任，我国对烟草行业一直奉行的是“寓禁于征”的税收政策。

烟草税收是控制烟草消费的有效工具，在经济衰退时期也能有效地补充政府财政收入。随着国家在人民健康卫生福利方面的要求日益提高，国际社会在控烟方面给中国的压力不断加大，对烟草税制进行调整以强化其功能日渐成为社会各界的共识。对烟草行业征税正是各种控烟措施里应用最广、作用最大的一个。对烟草制品征收烟草消费税或具有类似性质的烟草特别税具有筹集财政收入和控烟两大功能，功能发挥的好坏直接关系到政府收入和国民健康受烟草影响的程度，在一国税收体系中具有特殊的地位。

我国对烟草行业征税具有悠久的历史。中华人民共和国成立后，人民政府逐步建立了新中国的烟草税制，自分税制改革以来又经历了四次较大的调整。目前在我国，烟草行业包括烟草种植业、烟草制品业、烟草制品批发业，实行统一领导、垂直管理、专卖专营的管理体制等，是一个受政策影响很大的垄断性行业。这种专卖体制直接影响着我国烟草行业的税收制度以及烟草制品的价格，逐渐形成了包括卷烟出厂价格、卷烟调拨价格、卷烟批发价格和卷烟零售价格等四大类价格的卷烟价格体系。目前我国烟草行业开征的税收主要包括：对烟叶征收烟叶农业特产税，对卷烟等烟草制品征收增值税、消费税，对烟草企业开征城市维护建设税、企业所得税等，构成了对烟叶和烟草制品的完整的税收调控体系。

在较为完备的烟草税收体系下，烟草行业税收负担的高低决定着一国烟草税收收入的多少和控烟效果的好坏，成为各政府部门及吸烟者关注的焦点。通过分析可以看出，我国烟草行业的总税收负担率与流转税收负担率总体呈上升趋势，与同行业相比，烟草行业也负担着各工业行业中最高的税收负担率；但与此同时，烟草行业的利润率并没有下降，反而逆势而上，税收并没有对烟草企业造成决定性的影响。

尽管国家一直通过各种方式控烟，但是卷烟销量依然在逐年递增。在2001年的税制改革中，卷烟销售价格略微有所上升，消费量上升幅度有所降低，但依然没有改变上升的整体趋势。烟草工业应缴税金总额占全国税收收入的比重呈逐年下降趋势，由1999年的6.8%降为2006年的4.5%，烟草行业对国家财政收入所作出的贡献已不如从前，而烟草工业上缴的消费税占全国消费税的比重一直维持在60%左右，在1998年到2002年呈上升趋势，此后有所下降，但幅度不大，2005年开始又有略微上升。可见对于全国税收来说，烟草行业的贡献度在下降。

2009年5月，我国对卷烟消费税进行了调整，甲类卷烟的消费税从价税率由原来的 45% 调整至 56%，乙类卷烟由 30% 调整至 36%，雪茄烟由 25% 调整至 36%；卷烟批发环节还加征了一道从价税，税率为 5%。税率的提高会降低烟草及其制品消费，增加政府财政收入，降低企业利润及企业就业人员人数，因此包括此次调整在内的几次大的税收改革调整都或多或少对经济产生了一定的影响。从 2009 年 5 月开始，企业销售利润开始逐年下降，其中非常重要的一个因素就是 2009 年 5 月份的烟草税调整，税负增加，而且国家规定增加的税金不影响卷烟制品的零售价格，增加部分完全由企业消化吸收，相当于把企业利润的一部分直接上缴国库，此政策直接影响了企业的销售利润率。

我国目前烟草税制仍存在很多问题，如地方财政收入与烟草行业挂钩不合理、从价税与从量税比例失调、对生产环节与销售环节所征税金不平衡、烟草行业税负偏低、烟草税政策改革力度小等。结合世界上其他国家的成功经验，针对我国烟草税制目前存在的问题，我们认为中国的烟草相关税制应该进行如下几方面改革：烟草行业上缴税金归中央政府统一支配、计征方式由从价计征逐渐过渡到从量计征、增加销售环节征收比例、提高卷烟消费税率、加大改革力度等。

分项报告一

中国宏观经济与税收形势分析

2009年，受国际金融危机影响，世界经济出现了大幅波动，我国经济也受到了严重冲击，经济发展艰难前行，是新世纪以来我国经济发展较为困难的一年。2009-2010年，面对困境，中国政府审时度势、总揽全局，实行积极的财政政策和适度宽松的货币政策，全面实施并不断完善应对国际金融危机一揽子计划，有效扩大内需的同时，在较短时间内扭转了经济下滑态势，实现了经济的回升向好。尽管当前部分数据显示下半年的经济形势较为严峻，但是在没有较大的负外部冲击下，中国的宏观经济仍然会保持8%以上的增长率。

一、2009-2010年宏观经济形势回顾及展望

（一）2009年宏观经济形势回顾

1. 经济增长总体情况

2008年四季度以来，世界经济险象环生，国际金融危机持续扩散蔓延，与我国经济中尚未解决的深层次矛盾和问题相交织，造成了对实体经济和衍生经济的严重冲击，宏观经济运行在这一大背景下经历了大幅波动。为了应对国际金融危机带来的不利影响，中央政府在不断加强宏观调控、促进经济平稳较快发展的同时，大力调整经济结构，深化改革开放，着力改善民生，实现了“扩内需、保增长、调结构、惠民生、促稳定”，尤其是大规模增加财政支出和结构性减税对经济复苏起到了重要作用。

2009年，国内生产总值现价总量为340507亿元，比初步核算数增加5154亿元，按不变价格计算的增长速度为9.1%①;财政收入6.85万亿元，增长11.7%。回顾2007年以来的经济增长趋势变化路径，我国宏观经济经历了十分明显的V形复苏轨迹。自2008年初国内生产总值增速出现首次明显下滑之后，宏观经济的低迷态势一直持续至2009年初。从趋势上看，2009年不但实现了经济在世界范围内率先回暖，同时也基本确立了继续企稳向好的态势。从2010年前两季度宏观经济的总体表现来看，经济增长动力稳定恢复，经济增速已大致回到2007年底、2008年初的水平。

全球金融危机爆发以来，我国各年度经济增长均呈现出较为明显的前低后高态势。2009年一季度延续2008年下半年低迷态势，GDP同比增幅跌至6.2%谷底，二季度开始宏观经济转入企稳回升通道，GDP同比增长回升至7.9%，三季度GDP同

① 国家统计局关于2009年年度国内生产总值(GDP)数据修订的公告，http://www.stats.gov.cn/tjdt/zygg/sjxdtzgg/t20100702_402654527.htm。

比增长 9.1%，积极因素继续增多，四季度 GDP 同比增长 10.7%，回稳复苏走势一直延续至今。GDP 同比增速的逐季加快，拉动了经济逐季累计增长速度逐季上扬，并最终保证了 2009 年经济增长“保八”成功。这种规律固然同经济固有的季节性周期有关，但从另一个侧面也说明了我国经济的宏观走势同政策调整与出台时间安排有着较强的协同性，并且或多或少带有在指标压力下突击完成增长任务之嫌，经济增长的内生性和内在协调性有待进一步提高。

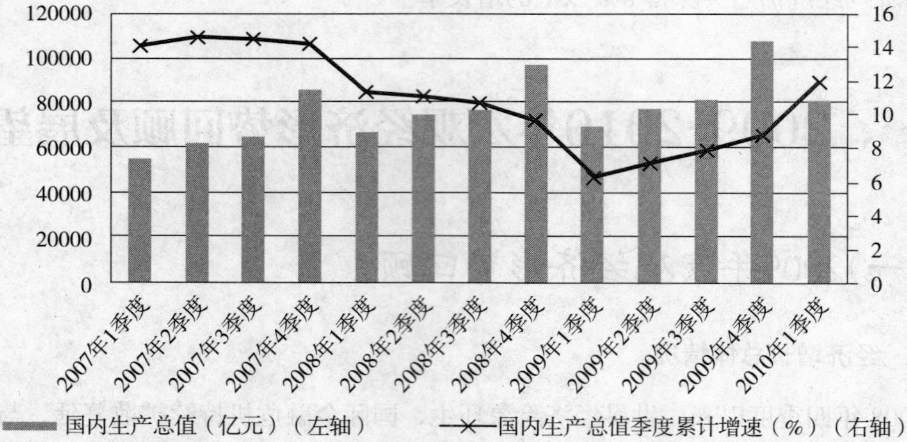

图A1-1　2007年1季度—2010年1季度国内生产总值及其季度累计增速①

2. 物价水平

从物价水平来看，2009 年各项价格指数升降各异，总体上稳中有降。物价水平下降主要集中在供给方，其中尤以原材料、燃料、动力购进价格下降最为明显，降幅达到 7.9%，固定资产投资价格、农业生产资料价格、工业品出厂价格、生产资料价格降幅亦分别达到 2.4%、2.5%、5.4% 和 6.7%。需要注意的是，在需求领域物价下降幅度较低，在增加居民收入任务依然艰巨，收入分配亟待格局调整和制度完善的背景下，商品零售价格仅下降 0.5%，全年居民消费价格比上年下降 0.7%，生活资料价格总体下降 1.2%，其中食品价格上涨 0.7%。生产成本与居民消费在价格变动趋势上的差异，尤其是在物价下滑的大背景下，食品价格指数不降反升，一定程度上体现了我国宏观经济中供需矛盾仍然存在，并且这一矛盾在民生领域较为集中。物价问题已成为牵动收入分配、经济和社会稳定的核心因素之一。

① 数据来源：国家统计局发布的季度统计数据。绝对额按现价计算，增长速度按不变价计算。其中，2007年一季度至2008年四季度为根据第二次全国经济普查结果修订的数据，其他各季度为初步核算数据。季度累计增速即该季度及此前当年各季度总计实现的增速（较上年同期），如2009年四季度累计增速即为2009年一至四季度国内生产总值较2008年同期的增速。2010年7月2日，国家统计局对2009年国内生产总值进行了初步核实，结果与初步核算数据有所差距，由于尚未发布核实后的季度数据，因此此处仍采用初步核算数据。

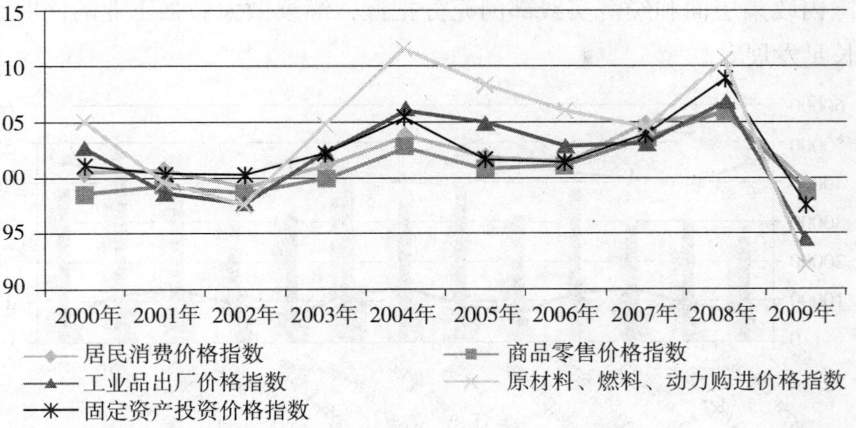

图A1-2　2000-2009年主要价格指数走势①

3. 产业格局

2009年，结构调整尤其是产业结构优化取得重要进展，产业水平提升，经济长期发展后劲明显增强。总体来看，农业基础得到进一步夯实，工业增速稳定，轻重工业均衡增长，服务业得到较大发展。

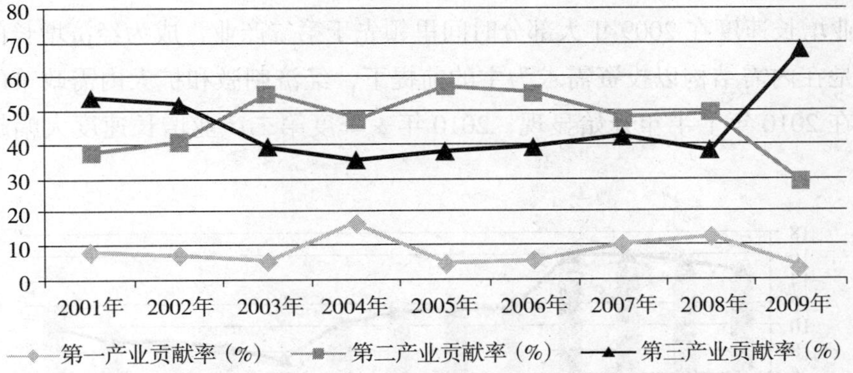

图A1-3　2001-2009年产业增加值对GDP增长的贡献率②

从产业对GDP增长的贡献度来看，第三产业2009年实现了7年来对第二产业的首次超越，第一、二、三产业分别拉动GDP增长0.3、2.6、6.2个百分点。这充分体现，在我国经济现有的虚拟化和金融化程度下，这些特征决定了本轮金融危机对我国经济实体方面影响更大，同时也反映出，金融危机所带来的产业结构调整机

① 数据来源：2001-2008年数据来源于《中国统计年鉴(2009)》。2009年数据根据《中华人民共和国2009年国民经济和社会发展统计公报》。

② 数据来源：2001-2008年数据来源于《中国统计年鉴(2009)》。2009年数据根据《中华人民共和国2009年国民经济和社会发展统计公报》，并根据《国家统计局关于2009年年度国内生产总值（GDP）数据修订的公告》进行了调整。

遇，为国内政策层面和经济实践部门充分把握，继续做大做强工业的同时，服务业得到了长足发展。

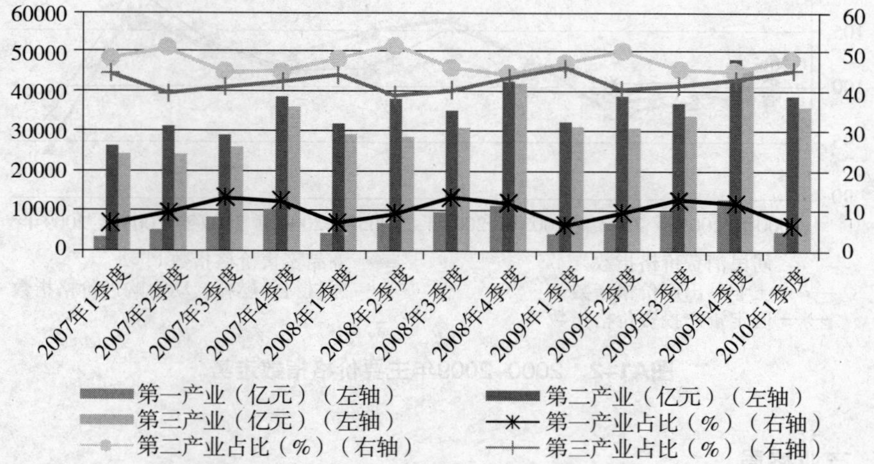

图A1-4　2007年1季度-2010年1季度各产业增加值及其在当季GDP中的占比①

从产业占比和产业增速来看，金融危机以来，第二产业，尤其是以制造业为主的工业行业，作为国民经济主要支柱的地位始终稳定。在保持第二产业稳步增长的同时，第三产业增速十分明显，在国民经济中的占比逐渐增加。从其增长态势上看，第三产业增长速度在2009年大部分时间里领先于第二产业，成为经济增长的主要动力。但是在内需结构以投资需求为主的前提下，经济刺激和扩大内需政策的投资扩张效应在2010年上半年开始显现，2010年一季度第二产业增长速度大幅超过第三产业。

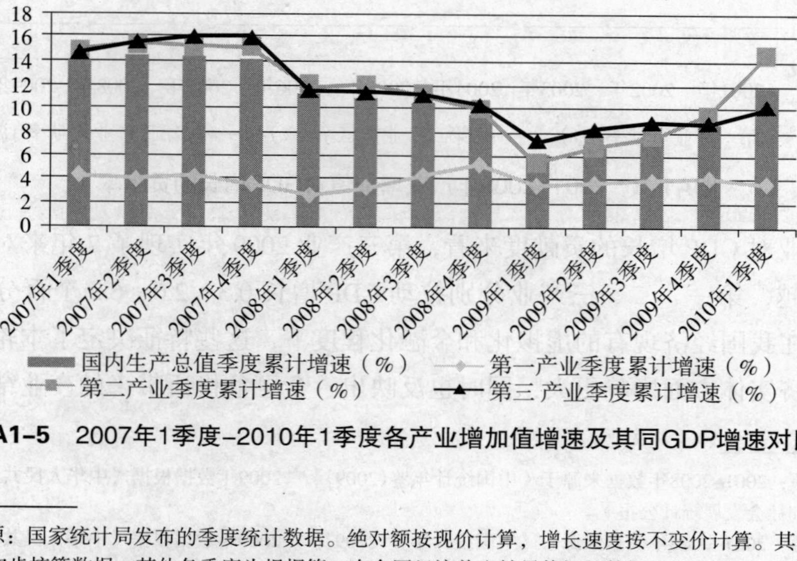

图A1-5　2007年1季度-2010年1季度各产业增加值增速及其同GDP增速对比②

① 数据来源：国家统计局发布的季度统计数据。绝对额按现价计算，增长速度按不变价计算。其中，2010年一季度为初步核算数据，其他各季度为根据第二次全国经济普查结果修订的数据。

② 数据来源及统计口径同①，相关指标解释参照①。

从工业结构看，经济效益提高的同时类型结构和地区结构有所改善，重要行业表现突出。2009 年工业行业的回升面明显扩大，产销衔接状况良好，全年规模以上工业企业产销率达到 97.67%。规模以上工业增加值增速比上年回落 1.9%，但仍达到 11.0%，其中：国有及国有控股企业增长 6.9%、集体企业增长 10.2%、股份制企业增长 13.3%、外商及港澳台商投资企业 6.2%；东、中、西部地区分别增长 9.7%、12.1% 和 15.5%，中西部增速较上年提高较明显；39 个大类行业全部实现同比增长，突出行业有电力、化纤、交通运输设备制造、建材、专用设备制造等①。

4. 需求结构

2009 年，我国宏观经济需求结构明显改善，一系列扩大内需政策成效显著，经济企稳回升过程中投资需求起主导作用，消费需求提供了有效支撑。受外部经济环境影响，2009 年经济增长的外需动力明显不足。在此背景下，内需的显著增强，一定程度上缓解了对外需的过度依赖，释放了经济增长的外向型风险，降低了外贸依存度。

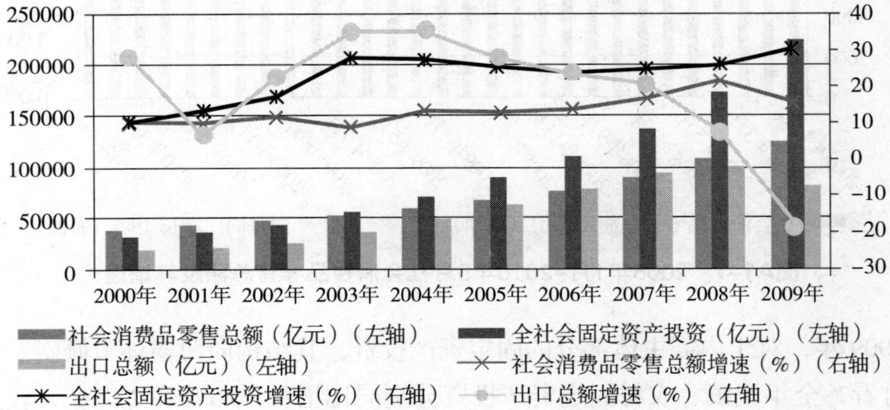

图A1-6 2000-2009年需求三驾马车及其增速②

从需求三驾马车贡献度来看，2009 年我国 GDP 增长中，投资贡献 92.3%，拉动 GDP 增长 8.0%，消费贡献 52.5 %，拉动 GDP 增长 4.6%，出口贡献 -44.8 %。2009 年消费需求的良好表现是保证经济稳步持续增长的关键，理论和实践界亦普遍认为，消费需求的强劲动力是 2009 年中国经济复苏历程中的最大亮点。2000 年以来，我国经济增长的动力结构中始终以投资需求为主体，投资需求增速始终领先于消费

① 相关数据引自《中华人民共和国2009年国民经济和社会发展统计公报》。

② 数据来源：2000-2008年数据根据《中国统计年鉴(2009)》，2009年出口总额根据海关总署发布的《2009年我国国民经济主要行业进出口情况》，采用1元人民币：6.8美元的汇率进行折算，并据以计算该年度增速，2009年其他经济数据根据《中华人民共和国2009年国民经济和社会发展统计公报》。

需求增速。尤其是2000–2003年间投资需求以超常规速度扩张，而消费需求增长速度波动中略有降低。2003–2008年间，二者增速差距有所收缩，协调程度明显增强。2009年，在投资增速高位徘徊，增长空间不大的前提下，消费需求在2008年基础上增长15.5个百分点，增长速度维持了2007年的水平，有效地保证了宏观经济的企稳向好。

从时间维度来看，2009年，全年全社会固定资产投资同比增长30.1%，各季度同比增速均高于上年同期，始终维持高位增长和强劲反弹；全年社会消费品零售总额同比增速15.5%，消费需求平稳增长，季度间波动不大；年内外贸降幅逐步收窄但全年仍负增长，进口同比下降11.2%，出口同比下降16%，外贸总额比上年下降13.9%，进出口严峻形势未能彻底改变。

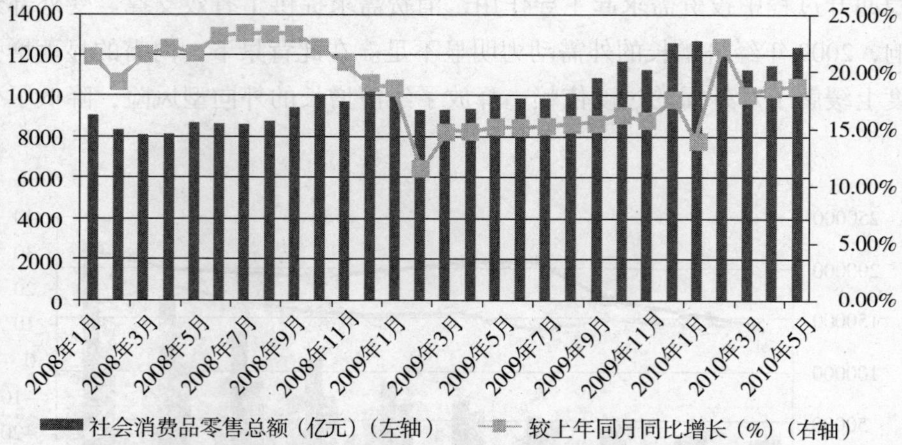

图A1–7　2008年1月–2010年5月社会消费品零售总额及其增速①

2009年，对于内需主体部分的固定资产投资，其结构向薄弱环节倾斜。分城镇和农村看，全年城镇、农村固定资产投资分别同比增长30.5%和27.5%，较上年均有所提高，农村固定资产投资同比增速提高幅度更大；东、中、西部地区固定资产投资分别同比增长9.7%、12.1%和15.5%，中西部地区明显快于东部地区；交通运输、水利环保、公共设施、教育卫生、社会保障等重要领域的投资增速均在50%以上②。

需要引起重视的是，2009年需求总体结构中，投资需求的地位有所强化，而消费需求则较大程度上受到居民收入增长情况的制约。首先，2009年我国居民收入稳定增长，社会就业稳中有升，但是收入分配的结构性失衡制约了边际消费倾向的提高，也不利于消费升级和居民生活水平的提升。2009年全年城镇居民人均可支配收入比上年增长8.8%，扣除价格因素，实际增长9.8%，农村居民人均纯收入比上年

① 数据来源：国家统计局发布的月度统计数据。
② 数据来源：《中华人民共和国2009年国民经济和社会发展统计公报》。

增长 8.2%，扣除价格因素，实际增长 8.5%。但是，从收入分配结构来看，呈现出明显的地域、城乡、人群间的分化和差异。其次，投资需求作为一种中间需求，在对应对危机起到重要作用的同时，其进退时机的选择和扩张力度的把握仍有待于进一步的考量。消费需求不但是经济增长的最终动力，而且直接关系到人民生活水平，中央相关会议精神中亦一再强调，要在扩大需求规模的同时大力优化需求结构，促进投资、消费、出口协调拉动经济增长。因此，促进居民消费仍是结构调整中的一项长期任务。

5. 对外贸易

国际金融危机以来，我国对外贸易表现出了两个十分明显的特征：其一是外贸状况受外部经济环境的影响巨大并有超反应的现象，即国际经济环境恶化时我国对外贸易的表现更加悲观。其二是外贸状况同外贸政策导向变动之间存在较大的关联性，尤其是进出口税收政策对外贸起到了决定性作用。

分月度来看，2009 年我国进出口总额在当年 2 月份跌至谷底，3 月开始连续环比增长，但直到 11 月才首次实现年内正增长，12 月份创 32.7% 的较高增幅。进口贸易在 2009 年全年低迷不振，始终没有实现正增长，并且萎缩幅度在 10 个百分点以上，年内最低增速出现在年初，即 2009 年 1 月份进口总额同比下降 43.1%。出口总额同比增速在 11 月份实现正向逆转，并且在 12 月份实现 17.7% 的同比增长。

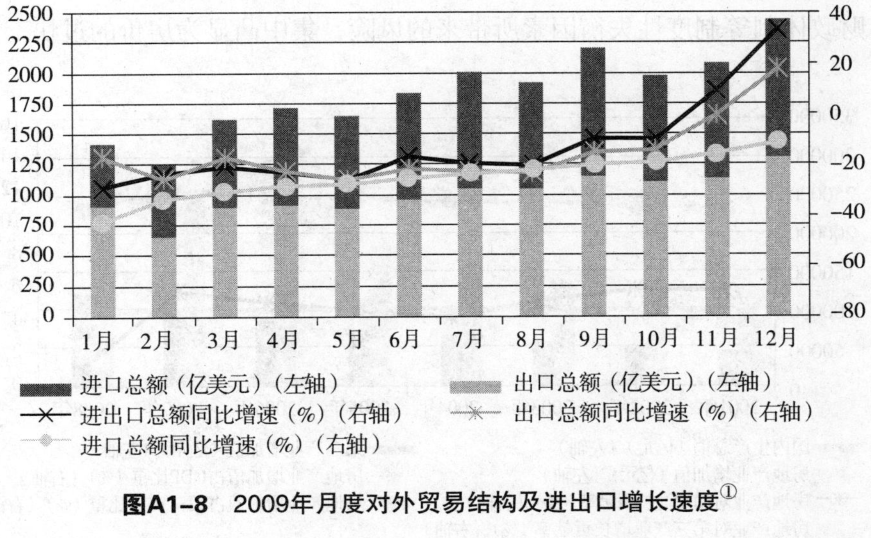

图A1-8　2009年月度对外贸易结构及进出口增长速度[①]

尽管 2009 年进出口形势总体来看不容乐观，但也有积极因素。首先，对外贸易进出口格局中，进口下降更为明显，出口所受到的冲击相对较小，这是 GDP 增速

① 数据来源：中华人民共和国海关总署公布的月度数据。

没有大幅下滑和“保八”成功的重要原因之一。其次，从历史数据分析来看，进、出口绝对额年内均呈上涨趋势，尤其是其同比增速呈现较为明显的回暖趋势，降幅均有不同程度收窄，并且在年内均实现了由负转正，进出口贸易呈现积极动向。

同时，对外贸易数据所反映出来的如下两点信息不容忽视：其一，根据具体数据，我国出口贸易呈现出十分明显的国别集中、商品种类集中的特征，出口对象方面更多的集中于欧、美、日等地，出口货物更多的是低附加值、处于产业链低端的劳动密集型产品。金融危机带来的既有冲击也有机遇，我们应该把握住时机，顺势而为，调整出口的产品和国别结构，分散对外贸易风险。其二，进口贸易长期以来在外贸结构中处于弱势地位，国际金融危机致使许多发达经济体受到严重冲击，资本品市场出现剧烈波动，这亦为我们提供了一个有利的时机，应该尽快加大战略性产品、技术和资源的进口，从战略全局出发促进进口贸易结构性扩展，缓解国内资源能源压力、提升产业水平、推动国内技术进步。总体来看，进、出口政策的调整均可定位于促进其结构性增长，对进口强调规模增长，对出口强调结构性调整。

6. 房地产市场

近年以来，房地产业成为经济增长的重要动力。客观地说，房地产业的迅速发展带来了正负两个方面的影响：一方面，房地产业具有较强的带动效应，成为经济增长和相关产业发展的有效推动力；另一方面，高房价也是经济社会发展中的各项结构性矛盾在住房领域的反映，城乡地域结构失衡、收入分配失衡以及户籍与人口流动、财政体制等制度性失衡因素所带来的风险，集中凸显为房价的过快上涨。

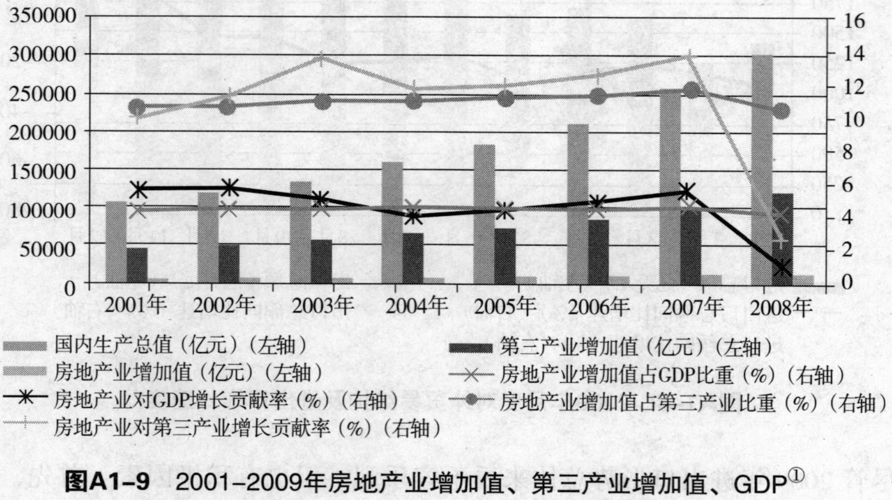

图A1-9　2001–2009年房地产业增加值、第三产业增加值、GDP[①]

① 数据来源：《中国统计年鉴（2009）》。

表A1-1　2009年商品房销售面积和销售额增长情况①

地区	商品房销售面积（万平方米）	销售面积增速（%）	商品房销售额（亿元）	销售额增速（%）
全国总计	93713.04	42.1	43994.54	75.5
东部地区	48248.21	47.6	29904.86	83.8
中部地区	21758.58	32.9	6507.81	55.6
西部地区	23706.24	40.2	7581.88	64.2

受国际金融危机影响，2008年下半年房价有所回落。2008年房地产业增加值在第三产业增加值、GDP中的占比，以及房地产业增加值增长对GDP和第三产业增长的贡献度，相对于2007年度均明显下降。2009年第二季度以来，房价迅速回升并大幅上涨，2009年房地产业增加值占国内生产总值的比重近5%，接近或超过了危机前的水平。数据显示，2009年全国住宅平均价格涨幅达25.1%。同时，商品房销售面积增长幅度达到42.1%，销售额增速达到75.5%。从地区结构来看，东部地区销售面积和销售额绝对额均占到全国一半以上，增速也均明显高于中、西部地区。同时从销售面积、销售额的绝对值和增速指标来看，2009年西部地区的房地产市场交易活跃程度略高于中部地区。

表A1-2　2009年房地产开发企业完成投资及增速情况②

地区	本年完成投资（亿元）		比上年同期增长（%）	
		其中：住宅		其中：住宅
全国总计	36231.71	25618.74	16.1	14.2
东部地区	21101.28	14445.66	12.3	9.1
中部地区	7938.46	5986.26	24.6	23.3
西部地区	7191.97	5186.81	19.0	19.4

① 数据来源：根据《中华人民共和国2009年国民经济和社会发展统计公报》和国家统计局公布的月度检测数据整理而得。东部地区包括：北京、天津、河北、辽宁、上海、江苏、浙江、福建、山东、广东、海南。中部地区包括：山西、吉林、黑龙江、安徽、江西、河南、湖北、湖南。西部地区包括：内蒙古、广西、重庆、四川、贵州、云南、西藏、陕西、甘肃、青海、宁夏、新疆。

② 数据来源：国家统计局发布的季度统计数据。绝对额按现价计算，增长速度按不变价计算。其中，2010年1季度为初步核算数据，其他各季度为根据第二次全国经济普查结果修订的数据。

2009年全国房地产开发企业共完成投资36231.7亿元，其中住宅投资达到25618.74亿元，在前者中的占比达到71%。全国房地产开发企业完成投资额及住宅投资完成额分别较上一年度增长16.1和14.2个百分点。从地区结构来看，受土地资源存量约束和土地成本限制，尽管东部地区房地产开发企业完成投资额和住宅投资额占全国的一半以上，但是相对于2008年的增长速度明显低于全国平均水平，中部地区增长幅度最大，西部在三大地区中则处于最低水平。

(二)2010年宏观经济分析与展望

1. 经济增长形势

2010年上半年，国内生产总值172840亿元，按可比价格计算，同比增长11.1%，比上年同期加快3.7个百分点。根据国家统计局基于上半年经济数据的判断,上半年国民经济总体态势良好,继续朝着宏观调控的预期方向发展①。不容否认，这是继续实施应对金融危机的一揽子计划，加快推进经济发展方式转变和结构调整带来的结果。但根据上半年的宏观经济走势，以及各产业、行业发展态势和市场的微观表现，我国经济发展面临的国内外复杂环境未能彻底改变，经济运行中仍面临诸多不确定性。产业结构和物价波动的现实情况是市场和理论界在年初对经济开局形势普遍乐观，随后对下半年经济走势及全年宏观经济预期持谨慎态度的主要原因。

保持经济平稳增长，妥善处理实体经济中各项矛盾，以及应对经济发展的社会环境和外部环境带来的冲击，仍然是下半年经济工作的重点。宏观调控工作的核心仍然要集中在：继续实施积极的财政政策和适度宽松的货币政策，保持宏观经济政策的连续性和稳定性，增强针对性和灵活性，把握好政策实施的力度、节奏和重点，着力推进经济结构调整和发展方式转变，着力深化经济体制改革，保持经济平稳较快发展。

综上，2010年宏观经济在上半年呈现出了一定的积极迹象，但是金融危机以来政策累积效应中的负面因素，以及实体经济中的结构性矛盾均使下半年的经济走势面临更加复杂局面，宏观政策在方向调整、着力点选择、力度把握和进入及退出时机方面均会出现艰难权衡的局面。

2. 物价水平

2010年上半年，各项价格指数稳中有升。其中居民消费价格指数在2月份受春节等时间性因素影响上涨幅度最大，此后连续实现了3个月的上浮，但幅度并不大，

① 上半年国民经济运行态势总体良好，http://www.stats.gov.cn/tjfx/jdfx/t20100715_402657414.htm。

食品价格指数涨幅在同期普遍超过居民消费价格指数。同时需警惕的是，2010 年上半年各项价格指数从城乡结构来看，农村地区均高于城市。如果 2010 年下半年延续当前的物价上涨局面，通胀因素的累积效应将在第四季度前后急剧凸显，当前已出现加息和通胀预期不断增强的情况。若物价结构仍维持当前现状，城乡经济运行的结构性矛盾将进一步激化。

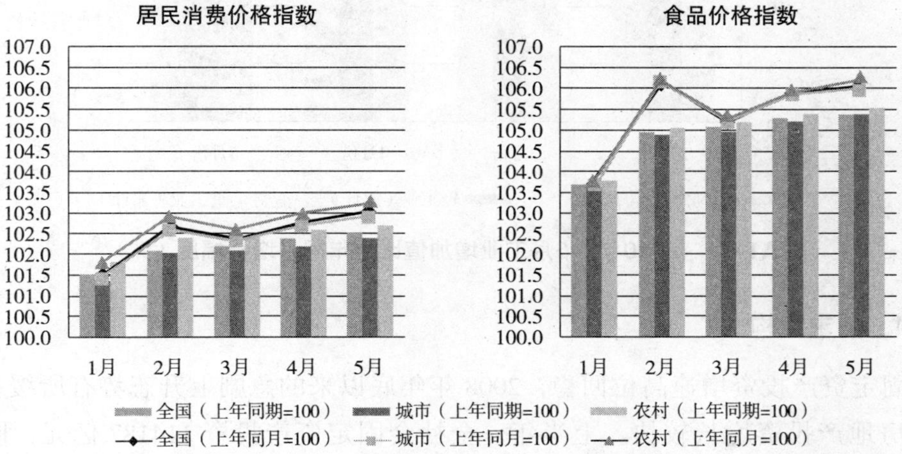

图A1-10　2010年1-5月居民消费价格指数和食品价格指数①

3. 产业结构

其中，第一产业增加值 13367 亿元，增长 3.6%；第二产业增加值 85830 亿元，增长 13.2%；第三产业增加值 73643 亿元，增长 9.6%②。三次产业全面实现增长，其中第三产业表现欠佳，增速虽然较 2009 年提高了 0.7 个百分点，但 2010 年上半年增速一直处于 GDP 增长水平之下，第二产业恢复为拉动 GDP 增长的主要动力。从季度数据来看，第一季度 GDP 实现较上年同期增长 11.9% 的增速，但前两季度累计较上年同期增长幅度则较第一季度下滑 0.8 个百分点，经济增长的后续动力并不十分乐观。

从第二产业内部来看，轻重工业格局同 2009 年出现较大差异，2009 年全年轻工业较 2008 年增长 9.7%，重工业增长 11.5%。而 2010 年仅上半年就已实现对上年同期重工业增长 19.4%，轻工业增长 13.6%。其中重工业增长尤其迅猛。从 2010 年上半年的月度数据来看，重工业较上年同月增速全面超过轻工业，但二者间差距有逐月缩小的趋势。由此看来，以扩大内需为主体的应对金融危机一揽子

① 数据来源：国家统计局公布的月度数据。

② 上半年国民经济运行态势总体良好，http://www.stats.gov.cn/tjfx/jdfx/t20100715_402657414.htm。

计划的结构优化，尤其是4万亿投资的前期效果和后续结构平衡方面，仍有很大的推进空间。

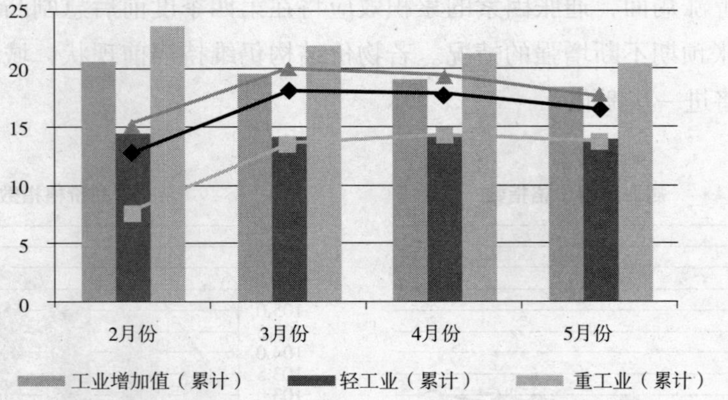

图A1-11 2010年2-5月工业增加值比上年同月增长幅度（%）[①]

4. 需求结构

固定资产投资增速高位回稳，2008年年底以来的急剧上升态势有所缓和，其中的房地产投资增长较快。上半年，全社会固定资产投资114187亿元，同比增长25.0%。其中，城镇固定资产投资98047亿元，增长25.5%；农村固定资产投资16140亿元，增长22.1%，城乡间固定资产投资差额有所缩小。分地区看，东部地区投资增长22.4%，中部地区增长28.0%，西部地区增长27.3%。西部地区上升十分明显，东部地区固定资产投资热度有所抑制，中部地区维持了投资规模上的领先位置。上半年，房地产开发投资19747亿元，增长38.1%，大幅超过固定资产投资总体增速。

表A1-3 2010年1-5月城镇固定资产投资情况[②]

项 目	实际完成		比重（%）	
	自年初累计（亿元）	比去年同期增长（%）	自年初累计	去年同期
投资完成额（亿元）	67358.3	25.9	100	100
其中：国有及国有控股	28064.37	21.7	41.7	43.1
其中：住宅	13917.41	38.2	20.7	18.8
1. 按产业分				

① 数据来源：国家统计局公布的月度数据。
② 来自国家统计局：http://www.stats.gov.cn/tjsj/jdsj/t20100630_402654147.htm。

续表

项　目	实 际 完 成		比 重（%）	
	自年初累计（亿元）	比去年同期增长（%）	自年初累计	去年同期
第一产业	1062.65	16.1	1.6	1.7
第二产业	28204.19	22.4	41.9	43.1
第三产业	38091.46	28.8	56.6	55.2
2. 按隶属关系分				
中央项目	5399.97	14.1	8	8.8
地方项目	61958.33	27	92	91.2

2010年上半年，全社会消费品零售总额达72669亿元，较上年同期增长18.2%，高于2009年全年增速，但在绝对量和增速上均大幅低于同期固定资产投资完成额。城乡居民收入继续增加，生活消费支出增势平稳，是支撑消费需求增长和内需扩大的主要动力之一。上半年，城镇居民家庭人均总收入10699元。其中，城镇居民人均可支配收入9757元，同比增长10.2%，扣除价格因素，实际增长7.5%，其中，财产性收入增长最快，增幅达到21.3%。农村居民人均现金收入3078元，增长12.6%，扣除价格因素，实际增长9.5%。此处城镇家庭人均数据是可支配收入，完全剔除税费支出，也不包含生产性支出，而农村居民家庭人均数据是总收入，农业生产资料支出和生产费用及相关税费全部包含在内。在剔除这两项影响因素的条件下，农村居民收入水平较城镇居民收入水平基本呈现出基数小、增长慢，并且长期徘徊于GDP增速之下的特点。

表A1-4　2010年5月社会消费品零售总额比上年同月增长幅度[①]　（%）

项　目	1月	2月	3月	4月	5月	1-6月
社会消费品零售总额	14	22.1	18	18.5	18.7	18.2
（一）按经营地分						
城镇	14.1	23.1	18.5	18.9	19.1	18.6
乡村	13.7	17.6	15.1	16	15.8	15.6

① 来自国家统计局：http://www.stats.gov.cn/tjsj/jdsj/t20100617_402653105.htm，以及http://www.stats.gov.cn/tjfx/jdfx/t20100715_402657414.htm。

续表

项　目	1月	2月	3月	4月	5月	1–6月
（二）按消费形态分						
商品零售	14.1	22.2	18.4	18.7	18.9	16.9
餐饮收入	13.7	21.2	15.3	17	16.7	18.4

上半年，扣除价格因素，城镇居民人均消费性支出实际增长 7.2%，农村居民人均生活消费现金支出实际增长 8.5%。尽管农村居民人均消费性支出在增速上超过了城市居民，但农村居民收入增长缓慢，消费需求低迷，成为制约内需扩大和居民消费能力总体提升的关键因素。因此全社会消费品零售总额在城镇较上年同期增长 18.6 个百分点，但在农村则仅为 15.6 个百分点。

2010 年上半年，外部需求恢复较快，并重新成为经济增长的主要动力。上半年，进出口总额 13549 亿美元，同比增长 43.1%。其中，出口 7051 亿美元，增长 35.2%；进口 6498 亿美元，增长 52.7%。进出口相抵，顺差 553 亿美元。[①] 综合来看，2009 年下半年以来，全球经济在多种不确定性因素影响下艰难复苏，在经济转型、投资拉动、消费升级和高储蓄率四大因素作用下，中国成为世界经济的重要稳定力量，其外部需求的回升主要得益于外部经济环境逐渐向好。

表A1–5　2010年6月全国进出口总值表[②]　（单位：亿美元）

项　目	当　月	1至当月累计	当　月		1至当月累计
			与上月环比（%）	比去年同期比（%）	比去年同期比（%）
进出口总值	2547.69	13548.81	4.4	39.2	43.1
出口总值	1373.96	7050.9	4.3	43.9	35.2
进口总值	1173.74	6497.92	4.6	34.1	52.7

5. 对外贸易

从贸易伙伴的国（地区）别结构上来看，2010 年上半年我国对外贸易中进出口总额占比最大的贸易伙伴为欧盟，占比达到 16.2%，其次是美国，占比达到 12.7,

① 上半年国民经济运行态势总体良好，http://www.stats.gov.cn/tjfx/jdfx/t20100715_402657414.htm。

② 根据海关总署月度监测数据整理，基础数据来源于：http://www.customs.gov.cn/publish/portal0/tab400/module15677/info231757.htm。

东盟和日本均为10.1%，大陆对香港行政区的进出口占总额的7.3%，这一比例与韩国相持平。值得注意的是，大陆同台湾地区在2010年上半年的贸易量占上半年进出口总额的5.1%，位列第七，但大陆对其进出口、进口、出口额度增幅分别为61.2%、60.2%和65.4%，远高于其他国家和地区。

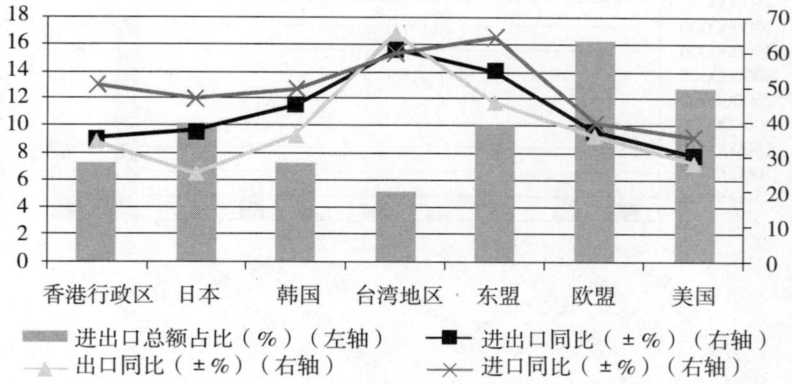

图A1-12　2010年1-6月进出口的国(地区)别结构[①]

从进出口商品贸易方式来看，2010年上半年贸易结构中仍然是以一般贸易为主，一般贸易进出口、进口、出口占比分别为50.2%、55.1%和45.6%。进料加工贸易占比也较大，仅次于一般贸易。来料加工贸易占比同前两者相比则规模有限。基本上一般贸易与进料加工、来料加工等三种贸易形式已经占据了进出口贸易的绝大部分。从增长速度来看，进出口贸易中，上半年增长最快的是均为保税区仓储转口货物，而紧随其后的分别是一般贸易、进料加工贸易、来料加工装配贸易。

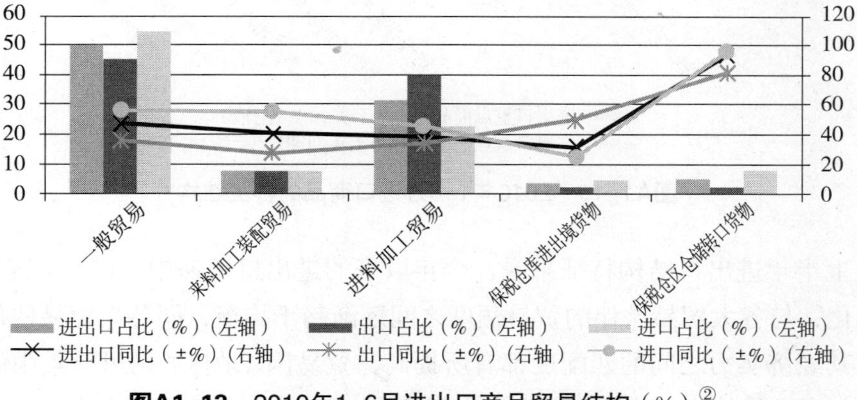

图A1-13　2010年1-6月进出口商品贸易结构（%）[②]

① 根据海关总署月度监测数据整理，基础数据来源于：http://www.customs.gov.cn/publish/portal0/tab400/module15677/info231760.htm。

② 根据海关总署月度监测数据整理，基础数据来源于：http://www.customs.gov.cn/publish/portal0/tab400/module15677/info231759.htm。

从商品种类来看，2010年上半年十大类重点出口商品中，机电产品金额最大，高新技术产品、自动数据处理设备等规模亦相对突出。十大类重点进口商品中，金额比去年同期增长幅度最大是的钢材，金额比去年同期增长最快的汽车和汽车底盘、原油。

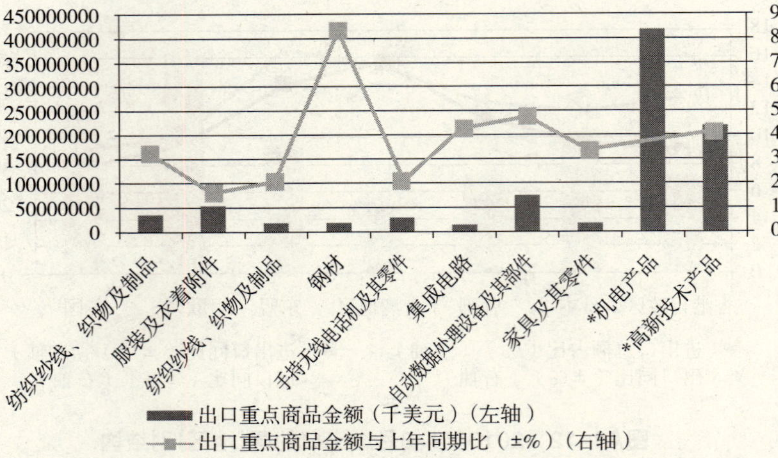

图A1-14　2010年1-6月出口商品的种类结构①

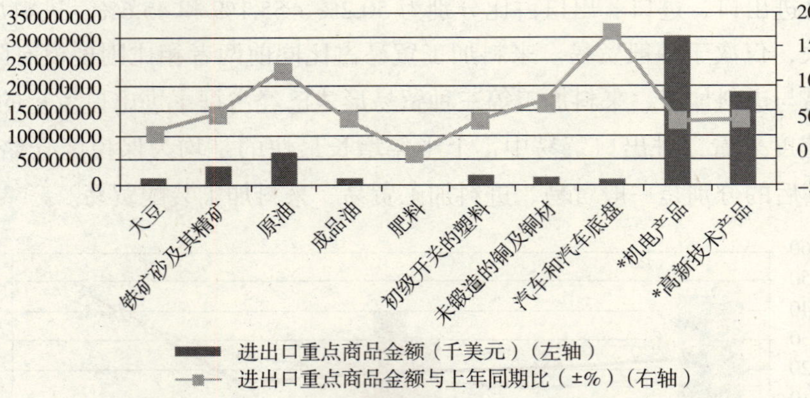

图A1-15　2010年1-6月进口商品的种类结构②

从上半年进出口结构特征来看，今年以来的进出口贸易中，国（地区）别结构有所优化，与各大贸易伙伴的贸易额度之间逐渐趋于均衡，同各大贸易伙伴的贸易额度与其经济实力之间的匹配度都有所提高，贸易国（地区）别风险集中的状况有所缓解。商品结构中，出口商品附加值有所提高，进口商品更进一步的向战略产品

① 根据《2010年6月全国出口重点商品量值表》整理，基础数据来源于国家统计局：http://www.customs.gov.cn/publish/portal0/tab400/module15677/info231761.htm。

② 根据《2010年6月全国进口重点商品量值表》整理，基础数据来源于国家统计局：http://www.customs.gov.cn/publish/portal0/tab400/module15677/info231762.htm。

倾斜。各种贸易方式增长速度较为均衡。就目前来看，我国进出口贸易领域确实能把握住金融危机带来的机遇，及时进行结构性调整，经济外向型风险有一定程度的降低。下半年如能继续保持上述积极走势，对外贸易结构将得到进一步优化。

6. 房地产市场

2010年上半年，国家加大了对房地产市场的调控力度，受其影响，房地产价格逐渐趋稳并出现回落迹象，房价过快上涨的势头得到初步遏制。1-6月份，新建住房销售价格环比涨幅分别为1.7%、1.3%、1.2%、1.4%、0.4%和0，呈明显下降趋势；二手住房销售价格指数连续两个月出现回落，各月环比涨幅分别为0.9%、0.4%、1.3%、1.7%、-0.4%和-0.3%。6月份北京、上海、广州等重点城市房价开始出现回落。总体上看，新建住宅价格指数水平高于二手住宅，而且后者的下降趋势也较新建住宅更为明显，成为房屋销售价格指数总体下降的主要拉动力。从地区结构来看，北、上、广三地中，广州房价下降幅度最大，趋势最为明显。

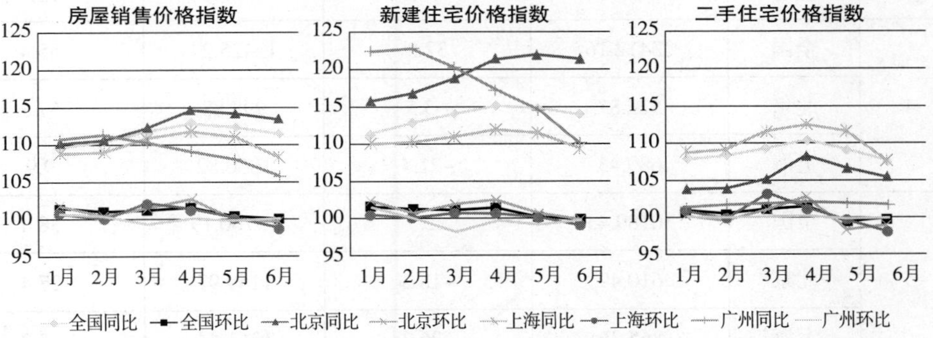

图A1-16 2010年1-6月全国及北、上、广房屋销售价格指数①

从商品房市场的交易情况来看，上半年全国商品房销售面积总计39353万平方米，比上年同期增长15.4个百分点，实现销售额19819.85亿元，比去年同期25.4个百分点。从重点城市来看，北京、上海商品房销售面积较上年同期均下降三分之一左右，北京商品房销售面积较上年同期增长9.3%，上海则下降21.9%。

从上半年房地产市场的表现来看，无论是全国范围，还是地区间，均存在销售额增速超出销售面积增速，或者销售额下降速度快于销售面积下降速度的矛盾，这一矛盾的内在原因在于房价增速的绝对值仍然偏高，还是商品房市场“有价无市”的状况，仍需要进一步的观察判断。继续做好房地产市场调控，坚决遏制部分地区房价过快上涨，切实做好保障性住房工作，满足广大人民群众特别是中低收入群体

① 数据来源：国家统计局公布的月度检测数据。其中同比以去年同月价格为100，环比以上月价格为100。

的基本住房需求，不但关系到经济平稳增长，而且关系到社会稳定。可以确定的是，上半年楼市调控已取得初步成效，特别是遏制部分城市房价快速上涨方面效果明显，同时对抑制投资性需求过快上涨起到了一定效果。

表A1-6　2010年商品房销售面积和销售额增长情况[①]

月　份（累计）	地　区	销售面积（万平方米）	比去年同期增长（%）	销售额（亿元）	比去年同期增长（%）
1–2	全国	7155.18	38.2	4115.74	70.2
	北京	214.37	46.4	352.23	113.4
	上海	321.68		449.55	26.9
1–3	全国	15360.92	35.8	7976.8	57.7
	北京	347.7	10.3	613.47	68.9
	上海	485.12	–17.3	696.06	13.7
1–4	全国	23412.16	32.8	12425.24	55.4
	北京	522.87	–3.5	998.88	57.3
	上海	689.43	–21.4	1056.82	9.9
1–5	全国	30189.43	22.5	15760.19	38.4
	北京	610.49	–18.3	1159.97	27.4
	上海	865.36	–26.2	1261.44	–5.3
1–6	全国	39352.53	15.4	19819.85	25.4
	北京	679.84	–31.5	1313.99	9.3
	上海	1009.13	–35.8	1465.55	–21.9

从上半年的调控措施与相关会议精神来看，本轮对于房地产市场宏观调控的决心很大，预期相关政策取向不会动摇，具体调控措施在下半年将保持一定的延续性。进一步的宏观调控和政策调整应在如下几个方面加大力度：局部地区房地产价格仍然持续上涨，尤其是二三线城市上涨较快，房地产行业现有存量投资规模有向这类地区转移的迹象；房地产信贷市场和土地市场监控与调控力度亟须进一步加强；须尽快寻求破解地方财政困境的有效之路，防止地方政府受利益驱动逆调控而行。

① 数据来源：国家统计局公布的月度检测数据。其中同比以去年同月价格为100，环比以上月价格为100。

二、2009-2010年税收形势回顾及展望

(一)2009年税收形势回顾

1. 税收增长与宏观税负

2009 年，受经济基本面的影响，税收发展同宏观经济一道，经历了一段极为艰难的时期。这一年里，为保障有足够的财力应对危机，中央对税收工作提出了增收要求，同时，作为经济政策的核心方面，结构性减税政策又对税收造成了减收压力。值得庆幸的是，随着宏观经济的逐步复苏，经济环境逐步转暖，在全国税务机关的积极努力和全国纳税人的大力支持下，全年税收形势总体良好，税收增势相对于最初预期更为乐观。

2009 年全年，完成税收收入（不含关税、船舶吨税、耕地占用税和契税）63104 亿元，比上年同期增加 5241 亿元，增长 9.1%。扣除成品油税费改革和卷烟消费税政策调整直接增加的消费税收入后增长 5.5%。全国办理出口退税 6487 亿元，增加 621 亿元，增长 10.6%。税务部门征收的契税、教育费附加、社保费收入、文化事业建设费等其他收入合计 8268 亿元[1]。

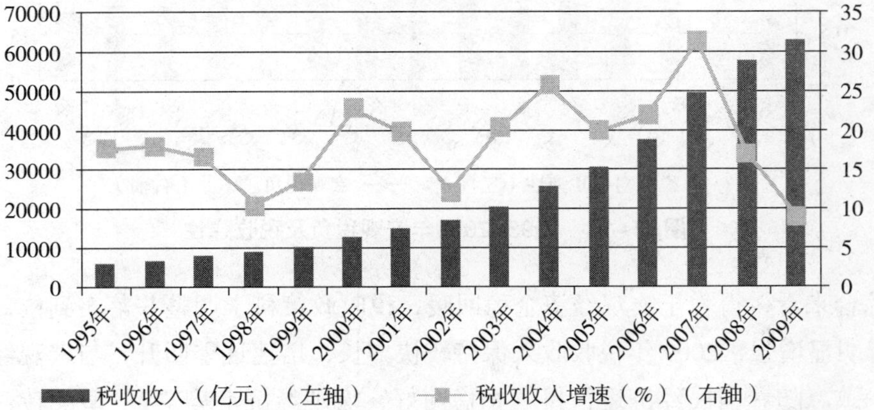

图A1-17　1995-2009年全部税收收入及其增速[2]

从近年来税收收入增速来看，税收收入同宏观经济走势之间保持了较强的

① 国家税务总局办公厅：http://www.chinatax.gov.cn/n8136506/n8136548/n8136623/9450140.html。

② 全部税收收入包括车辆购置税和燃油消费税，未包括农业五税，未扣除出口退税。这是国家税务总局定义的宏观税负口径。

一致性，2007 年危机以来，税收收入增长速度大幅下滑，2007 年税收收入增长 31.4%，2008 年、2009 年分别仅达到 17.1% 和 9.1%，增速分别下降 14.3 和 8.0 个百分点。税收增速总体上仍超过 GDP 增速，但差距有所缩小。尽管 2009 年税收收入增速减缓较 2008 年有所降低，但税收收入增长速度能否回到危机前的水平，还要看 2010 年经济复苏基础能否得到进一步的夯实，经济运行中的积极因素能否继续增多。

金融危机对税收格局的冲击是多方面而且微妙的，从我国宏观税负走势来看，1994 年税制改革以来，税收收入占 GDP 比重呈明显的上升趋势，1995–2007 年的 13 年间宏观税负由 9.8% 上升到 19.2%，提高了近 10 个百分点。但 2008–2009 年，宏观税负分别为 18.5% 和 19.1%。由于时间跨度较短，我们尚不能做出宏观税负将长期稳定在该水平上的判断。但是从税收增长对 GDP 增长的弹性来看，1999 年以来，单位 GDP 增长对税收收入增长的拉动力度稳中有降，尤其是 2007 年来，税收弹性连续下降，分别为 1.5、1.0 和 0.7。由是判断，即便是宏观经济在 2010 年继续上行，税收收入增势仍有缓冲空间，国民收入分配格局仍需进一步调整，税收收入占 GDP 的比重仍有不再反弹的可能。

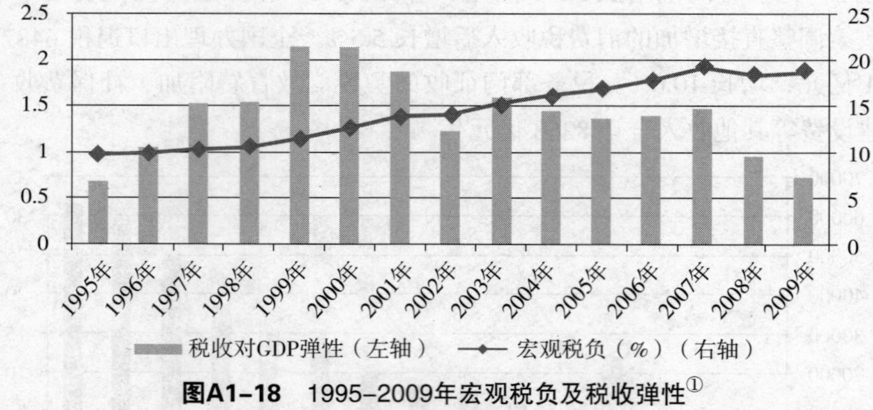

图A1–18　1995–2009年宏观税负及税收弹性[①]

综合来看，得力于宏观经济企稳回暖，税收政策科学调整并落实到位，以及税收征管明显增强，2009 年税收收入保持较快增长，增速逐季回升，与宏观经济发展态势一致。随着国民经济运行持续企稳向好，宏观经济走势“V”型反转，一季度全国税收下降 6.9%，二季度下降 0.7%，三季度增长 19.2%，四季度增长 32.2%，税收月度增幅自 6 月份由负转正，累计降幅也在 8 月底首次实现由负转正。在时间序列上，税收收入形势复苏的迹象略晚于经济增长速度的复苏。

① 全部税收收入核算口径同29。2001–2008年GDP核算数据来源于《中国统计年鉴(2009)》。2009年数据根据《中华人民共和国2009年国民经济和社会发展统计公报》，并根据《国家统计局关于2009年年度国内生产总值(GDP)数据修订的公告》进行了调整。

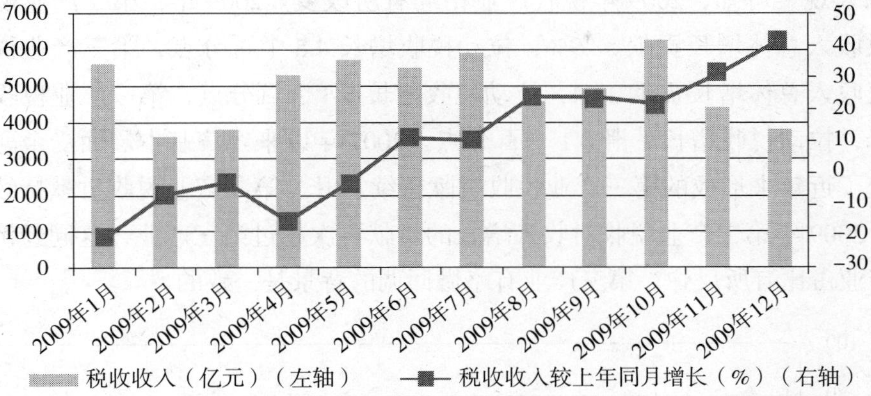

图A1-19　2008-2009年税收收入月度增减幅度①

2. 产业及重点行业税收

2009 年全年，第一产业形成税收 58 亿元，在全部税收中占比不足 0.1 个百分点，第二产业形成税收 33416 亿元，占全部税收收入的 52.95%，第三产业税收 29629 亿元，占全部税收收入的 46.95%。从格局上来看，第三产业税收延续了近年来比重不断上升的趋势，第二产业税收所占比重较以前年度略有下降。从增速来看，第二产业税收增速自 2005 年至今持续低于税收总收入增速，而第三产业税收增长则持续超过税收总收入增长速度，值得注意的是 2007 年金融危机以来，二、三产业税收增速的差额急剧缩小。

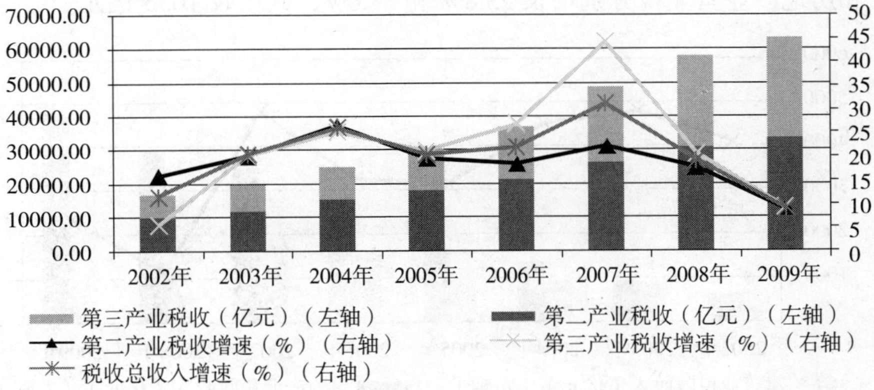

图A1-20　2002-2009年税收收入产业格局

① 各项数据根据财政部税政司如下资料提供的基础数据整理：2009年一季度税收收入的结构性分析，http://szs.mof.gov.cn/zhengwuxinxi/gongzuodongtai/200904/t20090422_135789.html；2009年上半年税收收入的结构性分析，http://szs.mof.gov.cn/zhengwuxinxi/zhengcejiedu/200907/t20090715_182355.html；2009年1-9月税收增长的结构性分析，http://szs.mof.gov.cn/zhengwuxinxi/gongzuodongtai/200911/t20091103_226618.html；2009年税收收入增长的结构性分析，http://szs.mof.gov.cn/zhengwuxinxi/gongzuodongtai/201002/t20100211_270552.html。

深入观察可知，2009年税收产业格局有所改变。2009年，第二产业税收增长对税收收入总体增长贡献58.9%，拉动税收增长4.8个百分点，第三产业税收增长对税收收入总体增长贡献48.4，拉动税收增长4.4个百分点，第一产业税收收入有所下降，拉动税收增长下滑0.1个百分点。2007年以来经济基本层面受金融危机冲击改变了近年来形成的第三产业税收贡献持续上升、第二产业税收贡献持续下降的格局。2009年第二产业税收对收入增长的贡献再次超过第三产业，这同经济增长中第二产业占比有所反弹、第三产业有略微回调的背景是一致的。

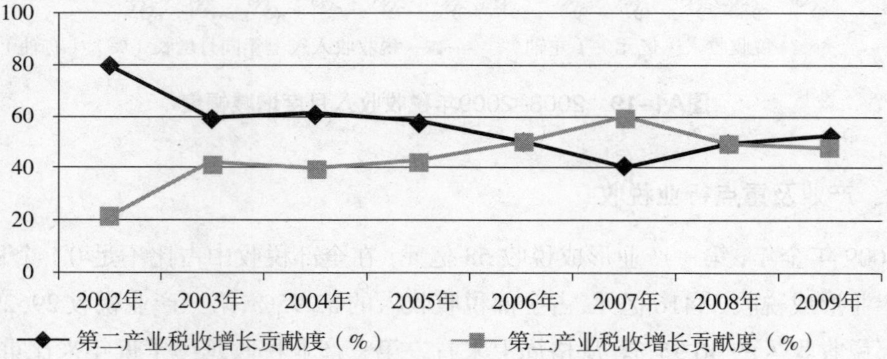

图A1-21　2002-2009年二、三产业税收贡献度

2009年，建筑业实现税收收入2913亿元，比上年同期增长24.2%。其中房屋和土木工程建筑业实现税收收入1146亿元，较2008年增长23.4%，增速略有下降。房地产业实现税收收入4821亿元，比上年同期增长22.9%。受房地产热影响，来自建筑业和房地产业营业税分别增长23.8%和38.6%，共增收1035亿元。

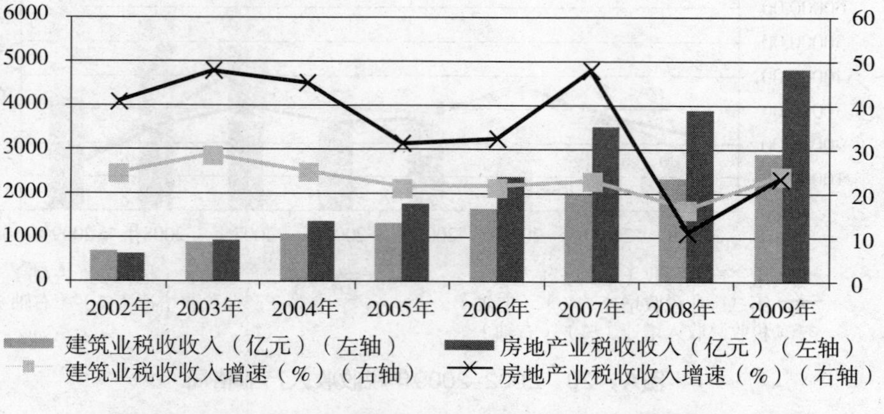

图A1-22　2002-2009年建筑业、房地产业税收增长状况

就金融业而言，税收增长同其发展状况，内部呈现较为复杂的格局。2009年金融业总体实现税收收入6141亿元，较2008年增长6.5%。尽管绝对额呈现增长趋势，但其增速较2008年下滑了41.3个百分点，延续了2008年的走势，增速下降幅度同

2008 年大致相同。金融业细分行业中，2009 年，尤其是下半年，人民银行几次调低基准利率，全社会信贷规模扩大，银行业全年实现税收 4173 亿元，较 2008 年增长 21.3%，但其增速较 2008 年下滑了 29.6 个百分点，其中营业税全年仍增收 59 亿元，增长 5.6%。证券行业是 2009 年受冲击较大的行业，全年实现税收收入 1021 亿元，较 2008 年下降了 37.1%，增速同 2008 年落差达 82.8 个百分点。保险业 2009 年全年共实现税收收入 484 亿元，与 2008 年基本持平。

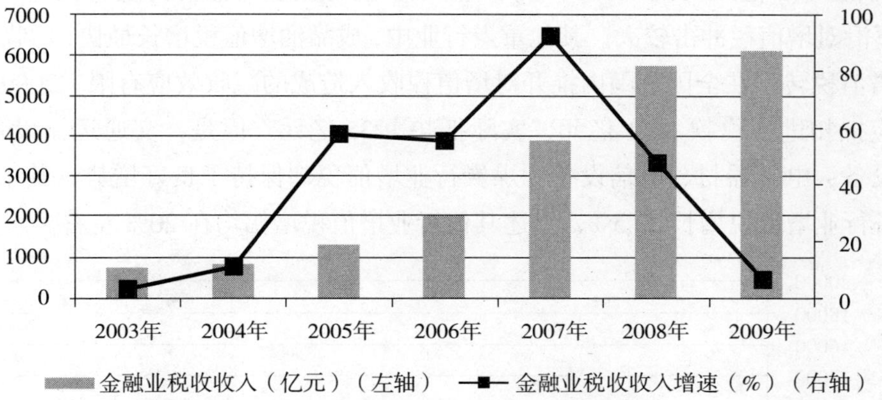

图A1-23　2003-2009年金融业税收增长状况

3. 分税种税收收入格局

分税种来看，2009 年各税种收入增长势头普遍较好，税收形势较为乐观，各税种收入增势受经济基本面和税收政策调整两大因素影响，增长形势各不相同。2009 年全年大税种收入增长的亮点，集中于国内消费税和营业税，其中国内消费税完成 4761 亿元，增长 85.4%；营业税完成 9015 亿元，增长 18.2%。

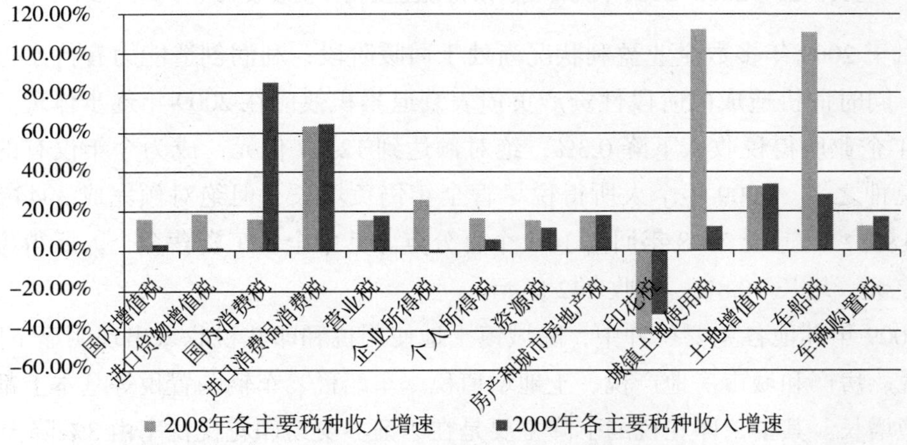

图A1-24　2008年、2009年各主要税种收入增速对比

2009年，国内增值税完成18819亿元，较2008年仅增长3.8%，增速明显下滑。增值税收入增长幅度较低的主要原因是受工业产品价格波动影响。因为2009年全社会消费品零售总额同比增长15.5%，与之相应，商业增值税完成3824亿元，同比增长19.0%。而同时期全国规模以上工业增加值同比增长11.0%，但工业品出厂价格同比下降5.4%，受此影响，工业增值税共计完成14996亿元，同比仅增长0.5%。工业内部，采掘业价格水平下降幅度最大，较2008年下降约15.9%，与此相应，该行业实现税收3633亿元，较2008年下降15.3%，该行业以增值税为主要税负，因此其价格下滑对增值税冲击较大。其他重点行业中，成品油增值税增长最快，增收1.8倍。

增值税转型在全国范围内推开对增值税收入造成的减收效应有限。2009年全年累计应抵扣进项税款1711亿元，实际抵扣1235亿元。但是，交通运输设备行业、专用设备、电气器材、电信设备和煤炭行业增值税却保持了良好增势，其中交通运输设备行业增值税增长33.5%，上述其他行业增值税增幅均在20%左右。

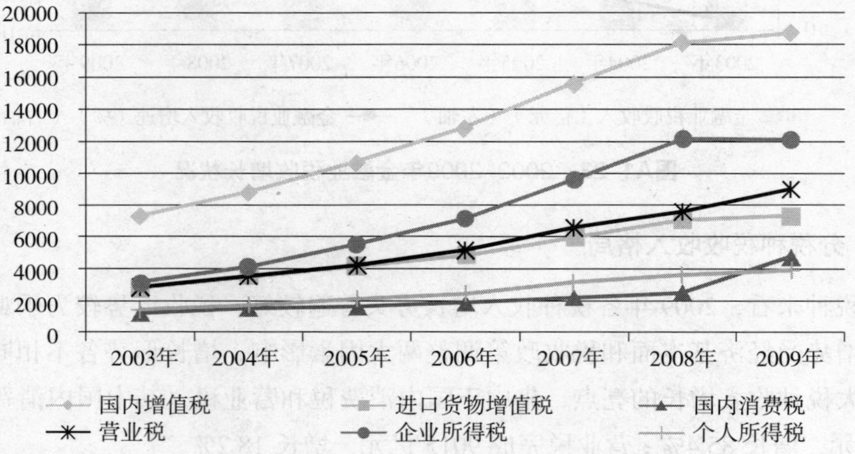

图A1-25　2003-2009年流转税、所得税主要税种税收收入（单位：亿元）

由于2009年多数企业盈利状况尚处于回暖阶段，利润创造能力有待于进一步恢复。同时危机造成的阶段性资产负债表衰退累积效应在2009年逐步体现。因此2009年企业所得税收入下降0.3%，绝对额达到12157亿元，成为今年仅有的两个减收税种之一。2009年个人所得税尽管全年仍负增长，但绝对额完成3944亿元，增长5.9%，增速较2008年回落10.7个百分点。其中全年工资薪金个人所得税完成2483亿元，增长10.8%，增收242亿元。

2009年其他各主要税种中，除城镇土地使用税和印花税收入出现明显下降外，资源税、房产和城市房地产税、土地增值税、车船税、车辆购置税等基本上都实现了平稳增长。其中，印花税的下降主要是在于证券交易印花税税率由3‰降至1‰，并由对买卖双方征收改为向卖方单边征收，按2008年税基不变推算，此项改革在

2009 年共造成减收约 880 亿元。受此影响，2009 年印花税收入实现 902 亿元，较 2008 年下降 31.7%，从下降幅度来看，比 2008 年 41.6% 的降幅收缩了 10 个百分点。

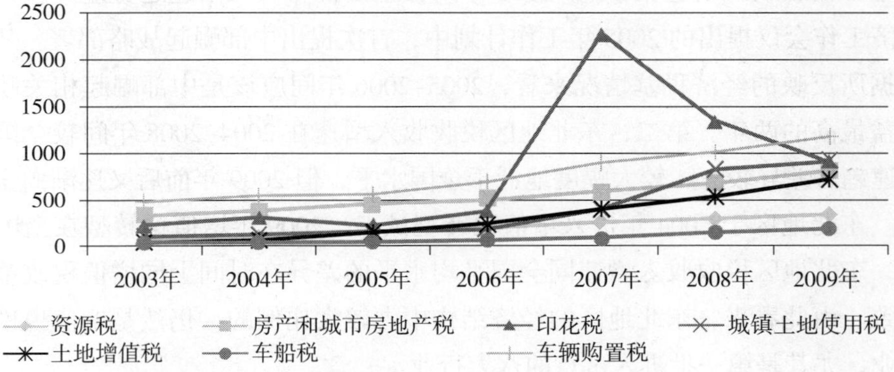

图A1-26　2003-2009年其他主要税种收入（单位：亿元）

4. 分地区税收收入格局

2009 年，四大经济地带区域税收实现全面增收，但地区间发展不平衡。分地区税收收入中，来自东部地区的税收收入 40877 亿元，同比增长 7.5%，占全国税收收入的 66.0%；来自中部地区的税收收入 7546 亿元，同比增长 9.9%，占全国税收收入的 12.2%；来自西部地区的税收收入 9083 亿元，同比增长 14.0%，占全国税收收入的 14.7%。来自东北地区的税收收入 4434 亿元，同比增长 10.3%，占全国税收收入的 7.2%。税收收入增速由高到低依次为西部地区、东北地区、中部地区、东部地区。2009 年税收收入增速呈现这一格局是由我国地区经济开放度的基本格局造成的。金融危机对我国经济的影响更多地体现为外部冲击，由于西部地区经济开放程度偏低，其税收收入受金融危机影响较小，而东部地区经济外向度更高，因而其税收收入增速受到了较大冲击。

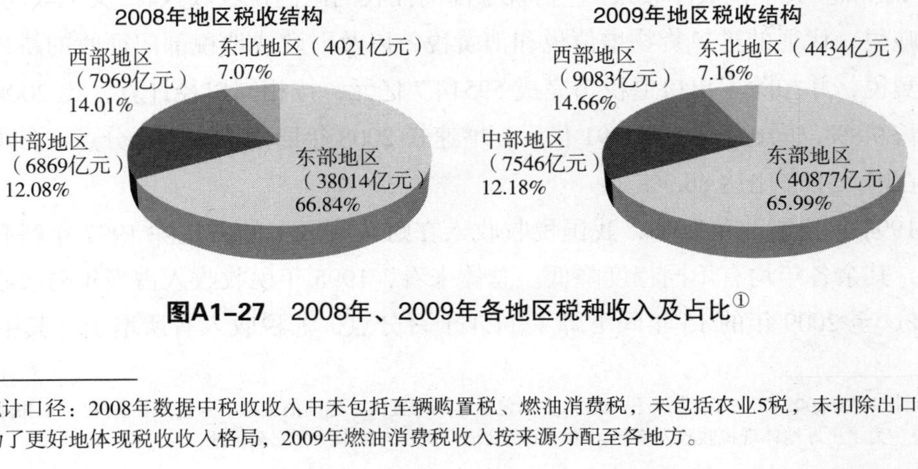

图A1-27　2008年、2009年各地区税种收入及占比[①]

① 统计口径：2008年数据中税收收入中未包括车辆购置税、燃油消费税，未包括农业5税，未扣除出口退税，为了更好地体现税收收入格局，2009年燃油消费税收入按来源分配至各地方。

从更长的时间跨度来看，四大经济地带税收收入增速格局也一定程度上反映了税制改革的效应,尤其是增值税转型,以及区域经济规划等政策性因素的影响。第一，中部地区税收收入增速在2005–2006年间较全国税收收入增速趋势差异较大。在中央经济工作会议提出的2005年工作计划中，首次提出中部崛起战略部署。从税收收入数据所反映的经济税基情况来看，2005–2006年间应该是中部崛起相关政策的边际效益最高的两年。第二，东北地区税收收入增速在2004–2008年间较全国税收收入增速趋势差异较大，较大幅度地低于全国水平，但2009年前后又逐渐向全国水平靠拢。东北地区于2004年进入增值税转型试点，2009年增值税转型在全国范围内推行，东北地区税收收入增速同全国平均水平的差异在时间上同增值税改革进程高度一致。由此看来，东北地区的经济结构中占较大比例的，仍然是增值税税基相关的行业，尤其是第一批进入试点的八大行业。

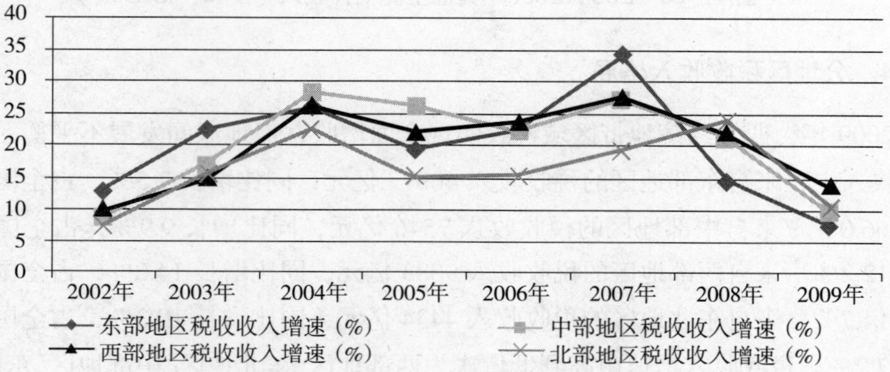

图A1–28　2002–2009年各地区税收收入增速①

5. 中央和地方级税收收入格局

2009年全国财政收入68476.88亿元，比2008年（下同）增加7146.53亿元，增长11.7%。其中税收净收入(包括税务部门征收的国内税收收入,海关征收的关税、船舶吨税、代征的进口货物增值税和消费税，以及财政或地税部门征收的耕地占用税和契税，并扣除了出口退税）完成59514.7亿元，按相同口径计算，比2008年同期增长9.8%，同比增收5290.91亿元，增速较2008年回落了9个百分点。各项税收收入在财政中占比达86.9%。

1994年税制改革以来，我国税收收入在财政收入中的占比除1997年略有反弹之外，其余各年均有不同程度降低。总体来看，1995年税收收入占当年财政收入的98.3%，至2009年的15年间下降了11.4个百分点，非税收入有所增加。其中2009

① 统计口径：2002–2008年数据中税收收入中未包括车辆购置税、燃油消费税，未包括农业5税，未扣除出口退税，为了更好地体现税收收入格局，2009年燃油消费税收入按来源分配至各地方。

年非税收入扩张的主要原因是清缴企业欠缴的石油特别收益金等增加了收入。

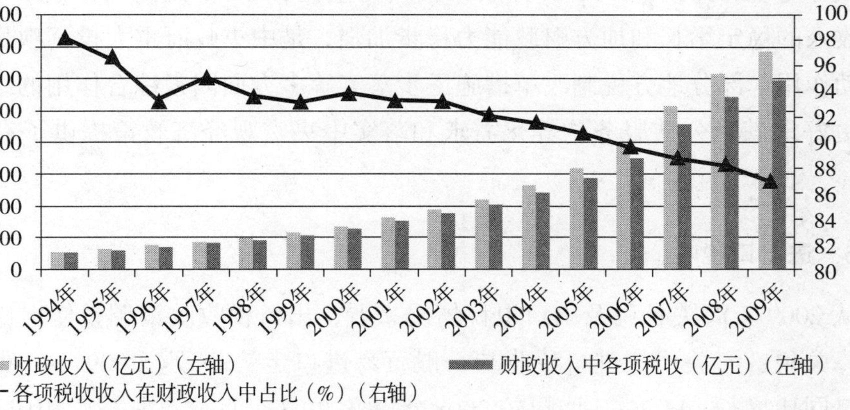

图A1-29　1994-2009年国家财政决算中各项税收及其增速①

2009年，中央与地方税收收入均维持了较为稳定的增长态势，但总体来看，延续了2008年地方级税收收入增长快于中央级税收收入的格局，地方级税收收入比重有所上升。2009年全年地方级财政决算收入中共含各项税收收入26470亿元，增长13.8%，占全部税收收入的比重为44.5%；其中财产和行为各税总体保持增长，成为拉动地方级税收收入增长的主要因素，尤其是土地增值税、资源税、城市建设维护税等其他地方各税完成4981亿元。2009年全年地方级财政决算收入中共含各项税收

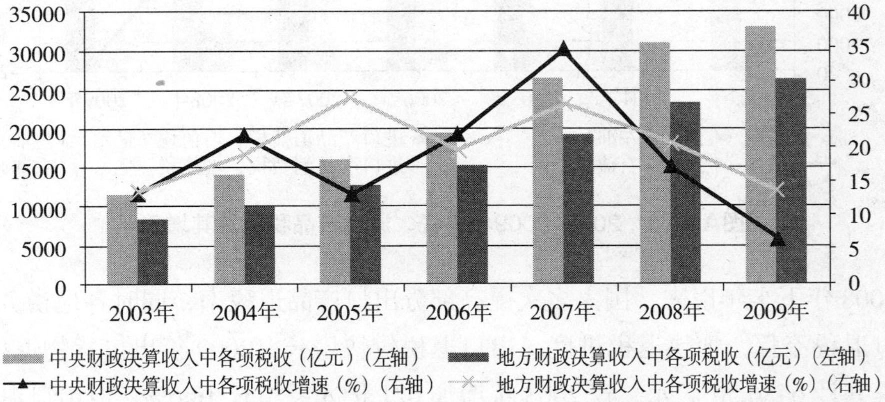

图A1-30　2003-2009年中央、地方财政决算中各项税收及其增速②

① 数据来源：2003-2008年数据根据中经网在各年度统计年鉴数据基础上整理的统计数据库，2009年数据根据财政部发布的《关于2009年中央和地方预算执行情况与2010年中央和地方预算草案的报告》。此处统计采取与财政部发布的数据一致的口径，税收收入按现行财政体制在中央和地方间划分，包括税务部门征收的国内税收收入，海关征收的关税、船舶吨税、代征的进口货物增值税和消费税，以及财政或地税部门征收的耕地占用税和契税，并扣除了出口退税，为税收净收入数。

② 同上。

收入 33045 亿元，增长 6.7%，占全部税收收入的比重为 55.5%。地方级税收收入增幅快于中央级收入 7.1 个百分点，收入比重比 2008 年提高 1.6 个百分点。地方税收收入的稳定增长和地方财政能力稳步加强，是中央政府重大投资项目陆续实施的拉动作用，部分地方税制改革措施逐步落实等多方面因素综合作用的结果，同时也为更好地满足公共服务均等化需求和落实中央宏观经济政策提供了有力的财力保证。

6．进出口税收

从 2009 年海关各税及出口退税情况来看，出口税收政策调整使出口退税增长较快，关税、海关代征进口税收与一般贸易进口走势一致。2009 年，我国一般贸易进口同比增长 -11.2%，增幅较 2008 年跌落 29.7 个百分点。与此相应，2009 年，进口货物增值税、消费税收入共计 7729.15 亿元，较 2008 年增长 4.6%，但增幅较 2008 年降低 15.5 个百分点。关税收入共计 1483.57 亿元，较 2008 年下降 16.2%，增幅较 2008 年降低 39.8 个百分点。

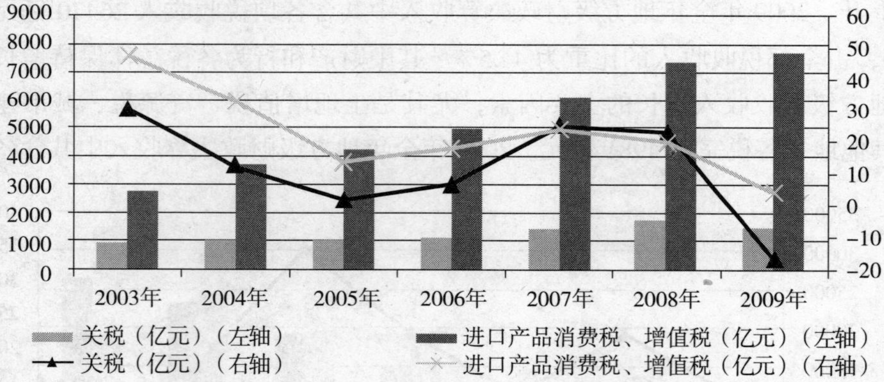

图A1-31　2003-2009年关税、进口产品税收及其增速①

2008 年下半年以来，国家多次提高部分出口产品退税率，同时各地税务机关优化出口退税流程，加快退税进度，出口退税较快增长。2009 年出口货物退增值税、消费税共计 6486.56 亿元，较 2008 年增加 621 亿元，增长 10.6%，但出口退税完成额度低于预算数 3.3%，在政策预期范围之内。

① 数据来源：2003-2008年数据根据中经网在各年度统计年鉴数据基础上整理的统计数据库，2009年数据根据财政部发布的《关于2009年中央和地方预算执行情况与2010年中央和地方预算草案的报告》。此处统计采取与财政部发布的数据一致的口径，税收收入按现行财政体制在中央和地方间划分，包括税务部门征收的国内税收收入，海关征收的关税、船舶吨税、代征的进口货物增值税和消费税，以及财政或地税部门征收的耕地占用税和契税，并扣除了出口退税，为税收净收入数。

7. 税收征管

2009年，在经济增长放缓，政策减收因素较多的情况下，全国各级税务机关全力抓好组织收入工作，税收征管为确保税收收入持续平稳增长做出了巨大贡献，达到了预期目标，纳税服务进一步优化，和谐税收建设取得良好局面，队伍建设得以强化，形象树立工作取得积极进展，惩防体系进一步健全，反腐败工作迈出新的步伐。一年来的税收工作实践表明，要把服务经济社会发展大局作为税收工作的根本方向，把优化纳税服务和坚持依法征管作为推动税收事业健康发展的重要基础，把管理创新作为提高税收征管质量和效率的有效途径，把造就政治坚定、业务精良、勤政廉洁的干部队伍作为推动税收事业发展的坚强保证①。

税源管理方面，全面清查漏征漏管户。对部分行业开展税收专项检查，对部分重点税源企业开展审计检查，强化重点税源专项评估和重点工程税源监控。落实大企业定点联系制度，深化大企业税源分析，引导大型企业集团开展税收自查，加强汇总纳税企业管理。推广应用财产行为税税源监控平台。发票管理方面，严格规范措施，严厉打击发票违法犯罪行为。推进增值税专用发票和其他抵扣凭证管理改革。主要税种的具体征管方面，强化成品油、卷烟、白酒消费税征管。加强建筑业、房地产业和交通运输业营业税管理。实施企业所得税分行业征管，调整企业所得税预缴和汇算清缴办法，规范股权转让和股权激励个人所得税管理。规范车船税代收代缴，深化房地产税收一体化管理，开展土地增值税清算和城镇土地使用税清查。国际税收征管方面，强化关联申报管理、转让定价调查和预约定价安排。加强反避税工作，规范非居民提供劳务收入的税收管理，发挥税收情报交换作用，防范税收协定滥用。

2009年，全国共查补税款收入906亿元，比上年增加405亿元，增长81%；各级税务机关切实加强欠税管理，积极预防新欠发生，大力清缴陈欠税款，年末欠税余额比上年下降7.9%，当年新发生欠税比上年下降17.1%，缓征税款余额比上年下降39.1%；非居民税收完成560亿元，比上年增收176亿元，增长45.9%。

(二)发展方式转变视野下的结构性减税政策回顾

总体来看，我国为应对金融危机而出台的一系列结构性减税政策，体现了多税种并用、多手段并举、多环节并促的特点，其力度之大、范围之广、作用之深是前所未有的。

---

① 肖捷：发挥税收对促发展、调结构、推改革、惠民生的保障作用，http://www.chinatax.gov.cn/n8136506/n8136548/n8136623/9414978.html。

1. 调整内需结构的税收政策

扩大内需的同时调整和优化内需结构，是发展方式转变的重要内容，也是近年来宏观经济政策制定和调整中极为重要的一个方面。扩大内需是维持经济持续平稳增长，分散经济外向型风险的根本举措，调整内需结构，努力扩大消费需求，才能更有效地发挥扩大内需政策的效果，更好地促进经济平稳较快发展。近年来，我国投资率持续升高，消费率不断走低，大部分时间内投资需求对 GDP 的贡献率及拉动作用超过消费需求，内需结构中投资需求、消费需求的比例失衡与结构性矛盾问题日益突出。投资过度扩张和消费低迷造成了产能过剩、重复建设和居民消费水平提高缓慢等严重问题，这不但造成了经济风险的集中，同时也不利于人民生活水平的提升和社会稳定。

2009 年，财税改革有序推进，结构性减税措施作为积极财政政策的重要组成部分，在工作实践中得到了贯彻落实，在应对金融危机过程中起到了重要作用。作为税收政策的一个重要取向，2009 年税制改革和税收政策调整在扩大内需和调整需求结构方面采取了诸多切实有效的措施，取得了良好的政策效果。

（1）投资需求方面

2009 年 1 月 1 日起，修订以后的《中华人民共和国增值税暂行条例》实施，明确在全国范围内推行增值税转型的重大税制改革决定。

这项改革首先对增值税一般纳税人购进机器设备的进项税款允许抵扣，这对于设备类固定资产投资起到了重要的推动作用。数据显示，2009 年全年累计应抵扣进项税款 1711 亿元，实际抵扣 1235 亿元。2009 年，国内通用设备、专用设备、电信设备、电气器材等设备制造业实现增值税同比分别上升 13.5%、21.2%、18.4%和 16.8%，远高于国内增值税总体增长 3.8%的水平，体现了增值税转型对机器设备制造业的带动效应。另外，从 2009 年 1 月 1 日起，降低了增值税一般纳税人认定标准，并将增值税小规模纳税人征收率由工业 6%、商业 4%，统一降至 3%。降低增值税一般纳税人认定标准和小规模纳税人征收率，对促进民间投资发挥了积极作用。

（2）消费需求方面

2009 年 1 月 1 日起，修订以后的《中华人民共和国消费税暂行条例》开始实施，调整了应税消费品的税目税率，并于年内多次进行相应具体政策措施的调整，有保有压地选择消费税政策在消费需求领域的着力点，加强了对消费需求的结构性调节。根据实施积极财政政策的财力所需，在符合国家宏观调控总体要求和保增长的前提下，相应采取了一些结构性增税措施。首先，利用金融危机中资源能源产品价格下跌的时机，在取消公路、水路等收费的基础上，实施了成品油消费税制度改革，提高了成品油消费税单位税额标准。通过这一改革，相关税费关系得到进一步协调，财政收入的科学性和规范性得到进一步提高。其次，2009年5月26日，经国务院批准，财政部、国家税务总局发出《关于调整烟产品消费税政策的通知》，7月23日，国家税务总局公布《关于加强白酒消费税征收管理的通知》，两项政策措施的主要内容是提高卷烟产品消费税税负、改进白酒消费税计税价格核定办法，这两项措施为应对财政收入下滑起到了重要作用。

2009年，还出台了一系列税收政策措施促进居民就业、增加居民收入、提高居民消费需求。首先，在促进居民消费，提高居民消费能力方面，个人所得税发挥了重要作用。根据相关规定，自2008年3月1日起纳税人实际收到的工资、薪金所得，适用费用扣除标准每月2000元，计算缴纳个人所得税；自2008年10月9日起，对储蓄存款利息所得（包括人民币、外币储蓄利息所得）暂免征收个人所得税。这两项税收政策在一定程度上增加了居民可支配收入，在2009年对提高居民收入和居民消费能力起到了重要作用。其次，2009年3月3日，国家税务总局《关于延长下岗失业人员再就业有关税收政策的通知》发布，对原定于2008年12月31日执行到期的下岗失业人员再就业税收优惠政策，延长一年执行期限，对符合条件的下岗失业人员从事个体经营和企业吸收下岗失业人员再就业，分别给予营业税、城市维护建设税、教育费附加和所得税方面的税收优惠。

1月16日，经国务院批准，财政部、国家税务总局发布《关于减征1.6升及以下排量乘用车车辆购置税的通知》，并同时发布《关于加强部分减征乘用车车辆购置税管理有关问题的通知》。根据这两项规定：自2009年1月20日至12月31日购置1.6升以下排量乘用车，车辆购置税税率由10%降至5%。按照2009年全年车辆购置税实际发生的税基计算，该项改革造成减收大约为203亿元，但较好地促进了汽车市场的扩大，提高了汽车消费需求。据统计，2009年1.6升以下排量乘用车共实现销售720万辆，同比增长71.28%。根据2004-2008年我国1.6升及以下排量乘用车年均复合增长率20.8%测算，2009年该类车型实际销量比正常年均增长水平高出213万辆。据相关部门估计，剔除汽车下乡等其他政策因素影响，车辆购置税减半征收拉动1.6升及以下排量乘用车销量增长约142万辆。

2. 促进外需回暖的税收政策

2008年下半年以来，我国先后7次提高出口退税，涉及商品种类上万余种。2009年1月1日，经国务院批准，国务院关税税则委员会开始实施2009年关税调整方案。2009年进口税则的税目总数从2008年的7758个增加到7868个，最惠国平均税率水平仍然为9.8%，对600多个税目实施较低的年度进口暂定税率，普通税率不变，出口税则税率不变。2009年2月5日，财政部、国家税务总局发出的《关于提高纺织品、服装出口退税率的通知》中规定，自当年2月1日起，纺织品、服装出口退税率提高到15%。此后，又分别于3月27日、4月29日、6月3日、6月19日、12月8日多次对进出口税率、出口退税率等进行调整。受连续多次提高出口退税率的影响，在全年外贸出口总量和价格分别下降11.8%、6.2%的情况下，2009年增值税出口退税仍实现6477亿元，同比增长10.6%，增加退税621亿元。

2009年5月24日，五部委《关于技术先进型服务企业有关税收政策问题的通知》做出规定，将苏州工业园区技术先进型服务企业税收试点政策推广到北京、天津、上海、重庆、大连、深圳、广州、武汉、哈尔滨、成都、南京、西安、济南、杭州、合肥、南昌、长沙、大庆、苏州、无锡等20个中国服务外包示范城市，即自2009年至2013年，在上述20个服务外包示范城市技术先进型企业从事离岸服务外包业务，给予营业税免征、企业所得税减按15%征收以及提高职工教育经费税前扣除比例的优惠。这一政策对提高我国服务贸易水平，调整外贸结构起到了有力的促进作用。

3. 完善资源配置的税收政策

2009年，针对金融危机所造成的中小企业发展中所遇到的困难，采取了一系列税收政策措施。首先，增值税改革中针对小规模纳税人的相关政策措施，改善了中小企业投资环境的税收政策。其次，加大了对中小企业金融贷款损失准备金的税前扣除和中小企业信用担保机构税收减免的力度，一定程度上降低了中小企业融资的成本。再次，2009年4月30日颁布的《关于实施创业投资企业所得税优惠问题的通知》规定，创业投资企业采取股权投资方式投资于未上市的中小高新技术企业2年（24个月）以上，凡符合相关条件的，可以按照其对中小高新技术企业投资额的70%，在股权持有满2年的当年抵扣该创业投资企业的应纳税所得额；当年不足抵扣的，可以在以后纳税年度结转抵扣。该政策所明确的创业投资企业所得税优惠政策，对促进创业投资企业的发展，构建和强化中小企业融资平台起到了重要作用。

2009年进一步完善了促进企业重组改制的企业所得税、契税税收政策。2009年4月28日，《关于企业改制重组契税政策若干执行问题的通知》发布；4月30日，财政部、国家税务总局又发布《关于企业重组业务企业所得税处理若干问题的通知》。上述政策进一步促进了企业资源整合以及规模效应的发挥，并对企业控制权市场的规范构建了税收制度框架。

为了活跃资本市场，2009年连续出台税收政策。对企业和个人取得的2009年发行的地方政府债券利息所得比照国债利息，免征企业所得税和个人所得税，引导民间资本投资政府债券。2008年4月24日起，财政部将证券交易印花税税率由3‰降至1‰，从2008年9月19日起，调整证券（股票）交易印花税征收方式，将原来的对买卖、继承、赠与所书立的A股、B股股权转让书据按1‰的税率对双方当事人征收证券（股票）交易印花税，调整为单边征税。自2008年10月9日起，对证券市场个人投资者取得的证券交易结算资金利息所得，比照储蓄存款利息所得，暂免征收个人所得税。2009 年 8 月 31 日，财政部、国家税务总局发布《关于期货投资者保障基金有关税收问题的通知》，提高了证券投资者保护基金和期货投资者保护基金相关的营业税减免及企业所得税税前扣除的比例标准，并明确了其他对期货投资者保障基金的企业所得税、营业税以及印花税税收优惠政策。

4. 支持重点领域科学发展的税收政策

（1）支持三农事业发展的税收政策

2009 年，切实加强了对涉农投入支持的税收政策。2009 年 8 月 21 日，财政部、国家税务总局发出《关于保险公司提取农业巨灾风险准备金企业所得税税前扣除问题的通知》，规定自 2008 年至 2010 年，保险公司经营中央财政和地方财政保费补贴的种植业险种的，按照不超过补贴险种当年保费收入的 25%计提的巨灾风险准备金，可以在企业所得税税前扣除，提高了金融企业涉农贷款损失准备金的税前扣除比例。12 月 7 日，《关于以农林剩余物为原料的综合利用产品增值税政策的通知》中规定：自 2009 年至 2010 年，纳税人销售以“三剩物”、“次小薪材”、农作物秸秆和蔗渣 4 类农林剩余物为原料自产的规定范围的综合利用产品，由税务机关实行增值税即征即退，退税比例 2009 年为 100%，2010 年为 80%。

（2）促进能源节约与环境保护的税收政策

2008 年 12 月 9 日，财政部、国家税务总局联合下发《关于再生资源增值税政策的通知》，为了贯彻该通知精神和落实相关政策规定，2009 年 9 月 29 日再下发《关于再生资源增值税退税政策若干问题的通知》，上述措施完善了促进资源综合利用的增值税优惠政策，在增值税转型的同时，将金属矿、非金属矿采选产品的增值税税率由 13%提高至 17%，加大了对矿产资源的保护和对资源综合利用的支持力度。

成品油消费税制度改革也较好地体现了在金融危机的严峻形势下继续坚定推进可持续发展的政策导向。成品油消费税制度改革，进一步发挥了税收促进节约用油的调节功能。2009 年，汽柴油消费税单位税额提高后，约占汽柴油零售价 14%~17%，在我国汽车销量同比增长 45.5%的情况下，2009 年汽柴油的总体消费量与去年同期相比基本持平，且增速大幅下降，其中：汽油消费增长 5.5%，增速比去年降低 9.4 个百分点，柴油消费增长 -0.2%，增速比去年下降 11.3 个百分点。从 2000 年以来我国成品油消费量的变化情况看，汽柴油消费增速的下降与 GDP 和国际原油价格的波动均不具明显相关性，其结果更多地反映了在国家促进节能减排的总体战略下，成品油价税改革取得了积极效果。

（3）房地产市场调控的税收政策

2009 年，我国对房地产保有环节税收政策做了相关调整。2009 年初，国务院废止了原《城市房地产税暂行条例》，外商投资企业、外国企业和外国人开始按照新的《中华人民共和国房产税暂行条例》缴纳房产税，1月12日，财政部和国家税务总局发出《关于对外资企业及外籍个人征收房产税有关问题的通知》。上述政策消除了房产税领域的税收待遇的内外失衡，增加了房地产市场的边际需求。

在住房消费方面，相关税收政策的调整对促进房地产市场回暖起到了重要作用。2008年12月2日，《财政部　国家税务总局关于调整房地产交易环节税收政策的通知》规定，从2008年11月1日起，先后将个人首次购买90平方米以下普通住房的契税税率下调至1%，个人销售或购买住房，对个人暂免征收印花税，个人销售住房，暂免征收土地增值税。2008年12月29日，财政部、国家税务总局下发的《关于个人住房转让营业税政策的通知》明确了个人住房转让营业税优惠政策的执行细则，规定自2009年1月1日至12月31日，个人将购买不足2年的非普通住房对外销售的，全额征收营业税；个人将购买超过2年（含2年）的非普通住房或者不足2年的普通住房对外销售的，按照其销售收入减去购买房屋的价款后的差额征收营业税；个人将购买超过2年(含2年)的普通住房对外销售的，免征营业税。2009年12月22日，财政部、国家税务总局发出《关于调整个人住房转让营业税政策的通知》，自2010年起，个人销售购买不足5年的非普通住房的，按照其销售收入征收营业税；个人销售购买5年以上的非普通住房或者购买不足5年的普通住房的，按照其销售收入减除购房价款以后的差额征收营业税；个人销售购买5年以上的普通住房的，免征营业税。上述税收政策对促进房地产消费起到了重要作用，尤其是90平米以下普通住房和二手房税收政策的放宽，对房地产市场回暖起到了一定的刺激作用。2009年，全国40个大中城市90平米以下新建商品住房销售面积同比增长60.6%，销售套数增长62.1%；二手房住房销售面积同比增长143.1%，销售套数增长134.1%。与此相应，房屋转让个人所得税收入同比大幅增长179%，反映了住房消费市场活跃程度显著上升。

5．简要评价

实施结构性减税政策所取得的积极效应，为应对国际金融危机挑战、促进中央宏观调控目标实现发挥了重要作用。结构性减税期总体要求是减税，具体操作层面需顾及经济结构调整、发展战略要求和财政收入的平稳增长与可持续性。从政策实践及其效果来看，2009年税收政策调整和税制改革很好地领会和贯彻了中央关于结构性减税的战略要求与精神。首先，各项税收政策协调配合，政策作用发挥渠道的选择注重向市场倾斜，激活各项市场因素的同时有力地保障了发展方式转变的宏观要求。其次，有增有减的税收政策设计，不但发挥了扩大内需、调整结构、促进民生和保证经济增长的作用，同时出色地完成了财政收入，满足了国家一揽子计划实施所提出的财力需求。再次，有效结合了税收政策调整的短期目标与税制改革的长期取向，政策调整能够置于制度改革的宏观视角考察和审视，政策前瞻性和有效性明显增强，为税制进一步改革奠定了基础。

但是，也要看到，一些政策出台时间较紧，考虑短期拉动增长因素较多，在实际运行中还存在一些值得关注和改进的问题。主要表现为：一是部分政策刺激作用明显但存在的负面影响亦不容忽视，一些短期看有效的政策，长期看不一定有利；二是短期应急性政策运用较多而制度性改革措施有所不足，容易带来一些短期行为，不利于运用制度手段促进经济运行中深层次问题的解决；三是在引导经济企稳回升的同时对民生改善的支持还需加强，特别是促进社会就业和公平收入分配方面的税收政策尚待改进；四是在优化税收政策环境的同时对政策落实的力度仍需加大，以确保政策尽快、全面、正确实施到位。

(三)2010年税收形势分析与展望

1. 税收收入增长趋势

2010年上半年，全国税收收入（包括税务部门征收的国内税收收入，海关征收的关税、船舶吨税、代征的进口货物增值税和消费税，以及财政或地税部门征收的耕地占用税和契税，并扣除了出口退税）完成38612亿元，增收9082亿元，比上年同期增长30.8%，较2008年同期累计增速提高了36.8个百分点。月度数据显示，2010年前6个月财政收入中各项税收收入较上年同期累计增速逐渐下降，2009年收入形势的翘尾效应逐渐消失。

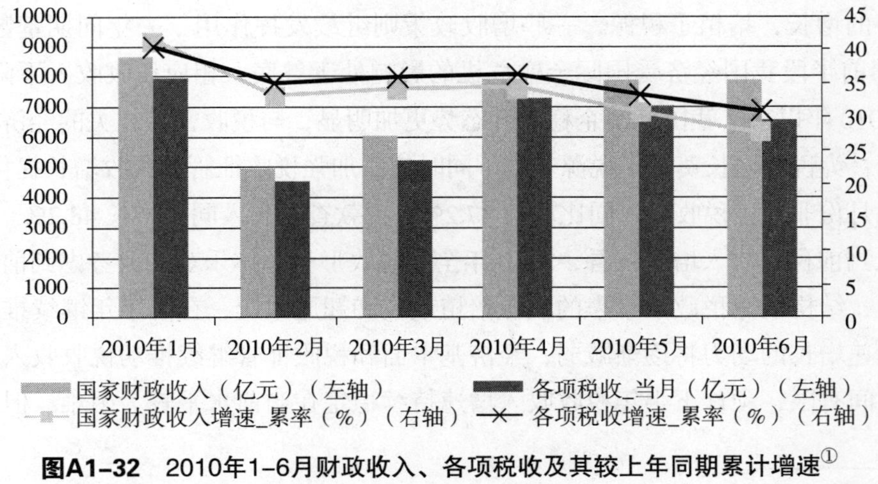

图A1–32　2010年1–6月财政收入、各项税收及其较上年同期累计增速①

① 数据来源：根据中经网统计数据库提供的基础数据整理。

从税收收入在财政收入及GDP中的占比来看，2010年上半年实现GDP现价172840亿元，较去年同期累计增长11.1%。税收收入占GDP比重为22.3%，较去年同期提高2.4个百分点。税收收入增速超同期GDP增速19.7个百分点。2010年上半年，全国共实现财政收入43350亿元，较2009年增加27.6%。其中税收收入占比89.1，比去年同期提升2.2个百分点，税收收入增速超财政收入增速3.2个百分点。分月度来看，税收收入在财政收入中的占比在上半年波动较为剧烈，4月份出现的最高值和6月份出现的最低值之间差值达8.6个百分点。而且分月度看，税收收入增速超财政收入总额增速的幅度在逐月拉大。

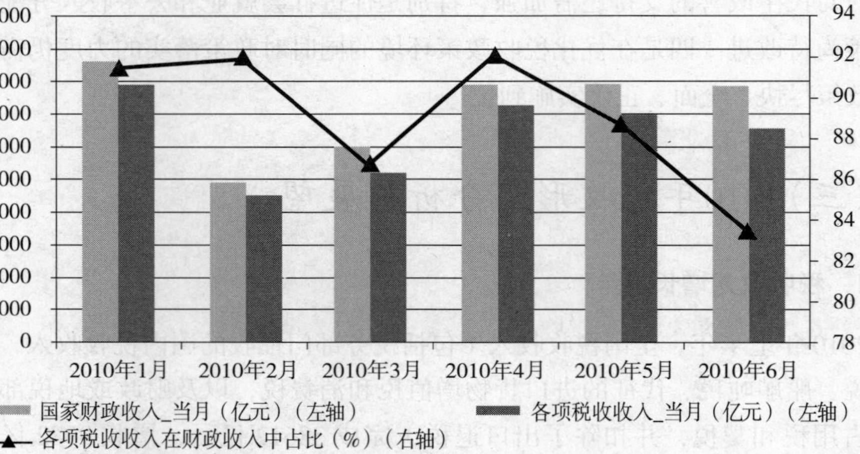

图A1-33　2010年1-6月财政收入中的税收收入[①]

按照国家税务总局对2010年前4个月税收收入的分析，2010年前期出现税收收入快速增长的主要原因在于[②]：2009年应对国际金融危机的结构性减税政策，促进了经济的增长，培植了税源，一些增收政策则继续发挥作用；去年同期基数较低，2009年前半段我国经济受国际金融危机的影响处于谷底，相应税收收入下降较快，进入2010年以来，我国经济企稳回升态势更加明显，与税收密切相关的经济指标较快增长，为税收增长奠定了税源基础；同时依法加强税收征管为税收增长提供保障，仅1-4月份非居民税收收入同比增长37.2%，税款查补收入同比增长48.2%。

从当前税收收入增速来看，2010年全年税收形势总体乐观，但考虑到前述几个原因中，结构性减税政策带来的税源培植效应和翘尾效应，在下半年继续推动税收收入快速增长的动力将逐渐减弱，经济基本面和税收征管继续推动税收收入高速增长的空间有限，预计下半年税收收入增速持续稳定在当前水平较为困难。但全年税

① 数据来源：根据中经网统计数据库提供的基础数据整理。

② 国家税务总局办公厅：2010年1-4月份全国税收收入情况简要分析，http://www.chinatax.gov.cn/n8136506/n8136548/n8136623/9688968.html。

收收入绝对额和增速大幅超过 2009 年应较为容易。全年财政收入中税收收入占比会有所降低，税收弹性将进一步降低，宏观税负有望维持在 2007 年以来的水平上。

2. 各税收入形势

2010 年以来，各项流转税收入形势较好，增值税、消费税、营业税实现全面增长。2010 年 1–6 月份，国内增值税共实现收入 10387 亿元，比上年同期增长 12.9%，累计增速较上年同期提高 15.9 个百分点。增值税增长状况的主要影响因素除了工业产品产销状况良好、工业品价格全面回升至外，还包括增值税转型对机器设备投资增长拉动作用明显。2010 年 1–6 月份，国内消费税实现收入 3128 亿元，比上年同期增长 42.4%，累计增速较上年同期下降 8.9 个百分点。上半年消费税增长的重要原因是成品油税费改革和卷烟消费税政策调整的翘尾效应。仅 1–4 月份国内消费税中的成品油和卷烟消费税分别增长 51.7% 和 58.9%，共增收 660 亿元，占增收总额 10.1%[①]。2010 年 1–6 月份，营业税实现收入 5747 亿元，比上年同期增长 33.4%，累计增速较上年同期下降 4.5 个百分点。

国内增值税和消费税的迅速恢复和反弹，是推动上半年税收收入增长的主要动力。分月度来看，增值税税收收入在 1–6 月份先降后升，但较上年同期累计增速则稳中有升。营业税税收绝对额月度间波动较大，但其增速则先上升而后略微下降，考虑到房地产业营业税在营业税收入中一直占比较大，粗略分析，营业税上半年的走势同国家对房地产市场的调控力度加强有关。2010 年上半年间消费税除 2 月份绝对额增幅较大外，其余时间皆稳定在年初水平，但其较上年同期累计增速则呈现较大幅度的下降，成品油、卷烟等税目消费税政策调整带来的增收效应逐渐减弱。

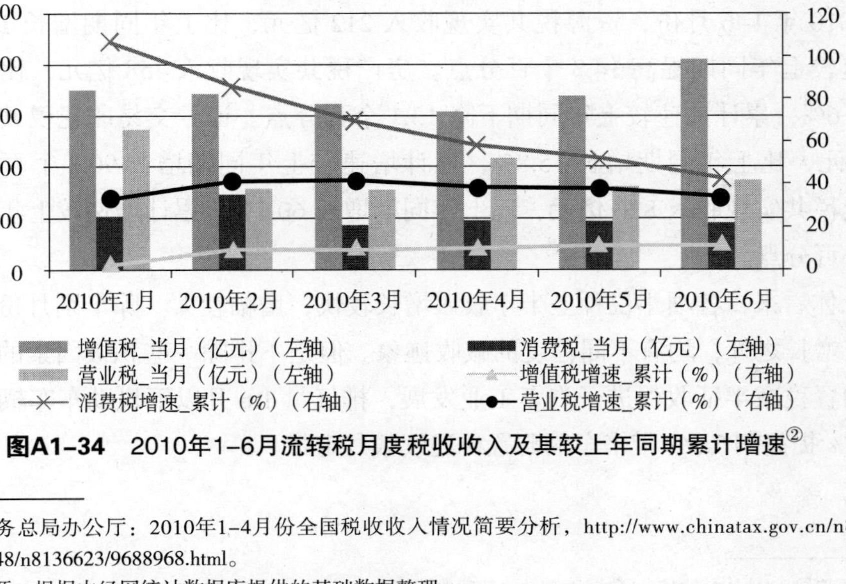

图A1–34　2010年1–6月流转税月度税收收入及其较上年同期累计增速[②]

① 国家税务总局办公厅：2010年1–4月份全国税收收入情况简要分析，http://www.chinatax.gov.cn/n8136506/n8136548/n8136623/9688968.html。

② 数据来源：根据中经网统计数据库提供的基础数据整理。

2010年1–6月份，个人所得税共实现收入2625亿元，比上年同期增长22.0%，累计增速较上年同期下降0.7个百分点。企业所得税共实现收入8080亿元，比上年同期增长18.5%，累计增速较上年同期下降0.6个百分点。总体上看所得税收入情况不如流转税乐观。

分月度看，2010年上半年各月度，个人所得税均较2009年同月实现了累计增长，但绝对额和累计增速在第一季度有较大波动，第二季度内收入形势十分稳定，有观点认为限售股转让所得征收个人所得税起到了一定的增收效果。受企业所得税汇算清缴影响，2010年上半年企业所得税收入形势波动十分剧烈，尤其是2月份受春节等季节性因素影响，收入增速大幅下滑，收入绝对额为负值，第二个季度内收入形势有所好转。

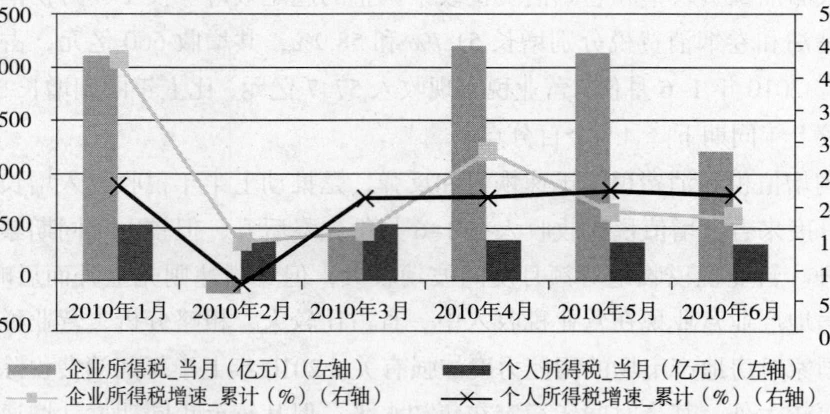

图A1–35　2010年1–6月所得税月度税收收入及其较上年同期累计增速①

2010年1–6月份，资源税共实现收入212亿元，比上年同期增长18.1%，累计增速较上年同期提高14.3个百分点。房产税共实现收入458亿元，比上年同期增长7.6%，累计增速较上年同期下降13.1个百分点。证券交易印花税共实现收入247亿元，比上年同期增长15.8%，累计增速较上年同期增长90.3个百分点。车辆购置税共实现收入826亿元，比上年同期增长60.1%，累计增速较上年同期下降66.3个百分点。

总体看来，各项小税种上半年收入增长较快，增幅较大。除个别月份个别税种实现正增长之外，均有不同程度的减收迹象。但是不排除一些积极因素的存在。如车辆购置税减半征收促进了汽车工业发展，排气量1.6升以下机动车车辆购置税税率由5%提高到7.5%带来车辆购置税连续数月走强。

① 数据来源：根据中经网统计数据库提供的基础数据整理。

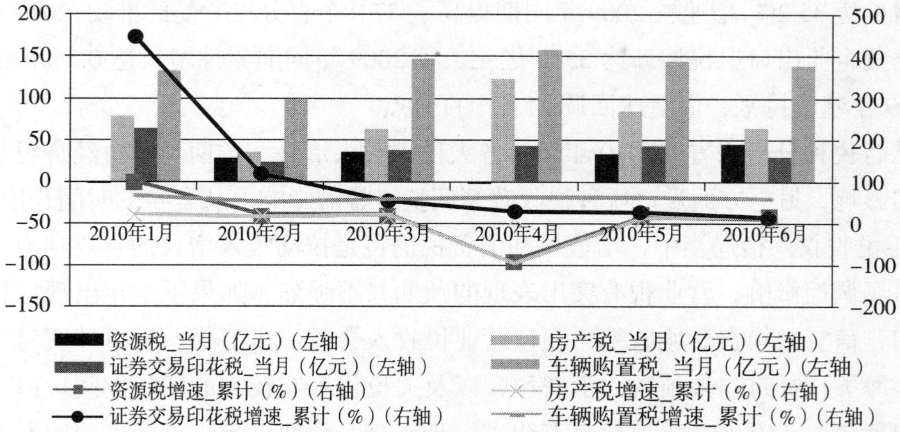

图A1–36　2010年1–6月部分小税种月度税收收入及其较上年同期累计增速①

2010 年上半年，对外贸易环境和状况明显好转，1–6 月份共发生进出口总额累计 13548 亿美元，较上年同期累计同比增速达 43.1%，增速提高 66.6 个百分点。受此影响，海关关税税基明显扩大，1–6 月份共实现关税收入 1022 亿元，较上年同期累计增长约 55.6%，增速较 2009 年同期增速提高 85.5 个百分点。2010 年 1–6 月份，共发生进口额累计值为 6498 亿美元，较 2009 年同期累计同比增速为 52.7%，比 2009 年同期增速提高 78.1 个百分点。与之相应，1–6 月份共实现海关代征增值税和消费税收入 5230 亿元，较上年同期累计增长约 55.0%，增速较 2009 年同期增速提高 69.9 个百分点。

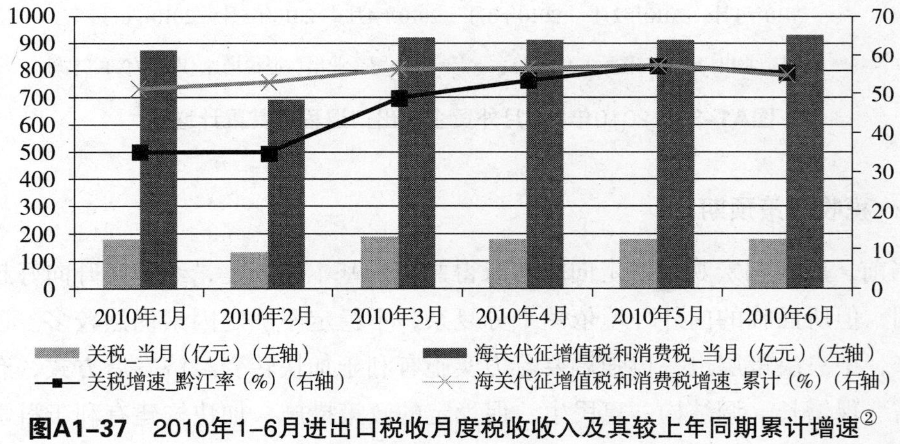

图A1–37　2010年1–6月进出口税收月度税收收入及其较上年同期累计增速②

近阶段提高出口退税率的税收政策，直接降低出口产品的税收负担，有效地促进了外贸出口增长。2010 年上半年共发生出口额 7051 亿美元，较 2009 年同期累计

① 数据来源：根据中经网统计数据库提供的基础数据整理。

② 同上。

同比增长达35.2%，增速较2009年同期提高了57.0个百分点。受此推动，2010年1–6月份外贸企业出口退税累计达3532亿元，较2009年同期累计增长达0.5%，绝对额于2009年基本持平，但增速回调21.4个百分点。

从各税种分析来看，2010年全年各大税种收入形势一方面受各自经济税基固有特征的影响，另一方面受该税种税收政策调整走势的影响。从全年的时间长度来看，2010年税收收入格局当中，增值税和消费税仍将是拉动收入增长的主要动力，受房地产市场调控影响，营业税有突出表现的预期并不强烈，如果下半年出现加息的政策动向，信贷规模会急剧收缩，预计营业税收入会进一步下降。受对外贸易恢复的影响，海关代征进口增值税、消费税，以及关税仍会有较大的增长空间。由于复苏基础尚待进一步夯实，出口贸易有待进一步恢复，预期下半年不会出现回调出口退税率的情况，因此出口退税可能会进一步增加。

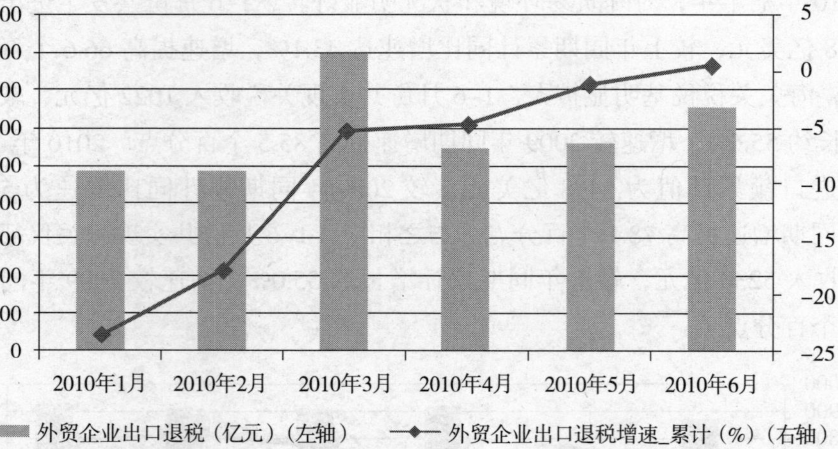

图A1–38　2010年1–6月外贸企业出口退税及其累计增速[①]

3. 税收政策预期

当前，就我国宏观经济走向能够取得共识的基本判断是，经济回升向好趋势不断巩固，但所面临的内外环境依然十分复杂，不稳定不确定因素仍然较多。近段时间以来，中央决策层也一再强调要着力实施有利于加快转变经济发展方式，有利于扩内需、保增长、调结构、惠民生、促稳定的政策措施，加快构建有利于科学发展的财税体制机制。

总体来看，2010年收入压力较2009年有所缓解，此种情况下，税收政策调整将更加注重结构性。在保证经济平稳较快发展的同时，促进发展方式转变将会在税

① 数据来源：根据中经网统计数据库提供的基础数据整理。

收政策调整进程中被空前强调，尤其是以培育内需型经济发展动力，开拓内涵式经济发展道路为把手，以提升国内需求潜力与拓展对外开放空间相结合为途径，引导经济结构调整将成为税收政策的主要目标。具体措施方面，将在坚持短期增长目标和长期发展目标有机结合的前提下，进一步统筹税收政策调整与推动税制改革。同时，鉴于国民收入分配问题日益引起社会各界广泛关注，并逐渐成为各项改革的核心目标之一，2010年后半年税收政策调整应将着力促进收入分配结构改善，缩小个人收入分配差距，积极夯实扩大内需基础，强化改善民生的内在机制。

参考文献

[1] 中华人民共和国国家统计局编. 中国统计年鉴(2009). 北京：中国统计出版社，2009

[2] 陈佳贵，李扬主编. 经济蓝皮书•2010年中国经济形势分析与预测. 北京：社会科学文献出版社，2009

[3] 王洛林，张宇燕主编. 世界经济黄皮书•2010年世界经济形势分析与预测. 北京：社会科学文献出版社，2009

[4]《中国税务年鉴》编辑委员会编. 中国税务年鉴(2009). 北京：中国税务出版社，2009

[5] 国务院发展研究中心"经济形势分析"课题组. 2010年上半年经济形势分析及全年展望. 中国经济时报，2010-8-6

[6] 吴庆. 下半年的不确定性在房价和出口. 中国经济时报，2010-8-5

[7] 高培勇. 新一轮积极财政政策：进程盘点与走势前瞻. 财贸经济，2010(1)

[8] 吴敬琏. "转方式"是根本之策. 中国经济和信息化，2010(4)

[9] 刘世锦. 中国经济远忧大于近虑. 财经国家周刊，2010-7-19

[10] 夏斌. 关于当前宏观经济形势与政策调控的思考. 金融时报，2010-7-17

[11] 陈道富. 对当前货币金融若干问题的思考. 中国发展观察，2010(7)

[12] 巴曙松. 利用金融危机发展中国金融业. 国研网 http://edu.drcnet.com.cn/DRCnet.common.web/docview.aspx?version=edu&docid=2271119&leafid=3074&chnid=2002

[13] 谢旭人. 实施积极的财政政策，促进经济平稳较快发展. 人民日报，2010-5-29

[14] 张平，刘霞辉主编. 中国经济增长报告：2009~2010•城市化与经济增长.

北京：社会科学文献出版社，2010

[15] 安体富，杨金亮．应对当前经济形势，理顺出口退税政策．税务与经济，2010(1)

[16] 印久青．世界经济，在缓慢复苏中艰难转型．中国信息报，2010-7-30

[17] 倪红日，谭敦阳．中国税收制度改革30年：进程、经验与展望．经济研究参考，2008(50)

[18] 财政部税政司税源调查分析处．2010年1-6月税收收入情况分析．http://szs.mof.gov.cn/zhengwuxinxi/zhengcejiedu/201007/t20100730_330841.html

[19] 谢旭人．关于2009年中央决算的报告——2010年6月23日，第十一届全国人民代表大会常务委员会第15次会议

[20] 贾康．我国财税改革的进展情况、经验、问题和深化改革的建议．审计与理财，2009(9)

[21] 国家统计局．中华人民共和国2009年国民经济和社会发展统计公报．http://www.stats.gov.cn/tjgb/ndtjgb/qgndtjgb/t20100225_402622945.htm

[22] 安体富．调整国民收入分配格局、提高居民分配所占比重．财贸经济，2009(7)

[23] 巴曙松．对2010年经济形势的几点担忧．经济参考报，2009-12-31

[24] 贾康，刘薇．财政刺激政策如何退出．中国改革，2010(4)

[25] 夏斌．房市调控12条原则与“改革路线图”．第一财经日报，2010-1-13

[26] 余永定．2010年中国宏观经济形势．CCER中国经济观察•二〇一〇年春季，2010，(21)

[27] 贾康．结构优化调整应充分运用经济手段．人民论坛•学术前沿，2010(3)

[28] 周小川．危机后全球经济的调整和政策应对．比较，2009，(42)

[29] 许召元，胡翠．出口对中国经济增长的影响分析．国研网

[30] http://edu.drcnet.com.cn/DRCnet.common.web/docview.aspx?version=Edu&docid=2120375&leafid=1&chnid=1002

[31] 刘世锦．促进经济更长一个时期平稳较快发展．经济日报，2010-1-18

[32] 李善同，高传胜，高春亮．中国经济发展的阶段特征与面临挑战——基于人均GNI增长过程的国际比较分析．国研网

[33] http://edu.drcnet.com.cn/DRCNet.Common.Web/docview.aspx?SearchRecordID=1688397&version=Edu&DocID=2025557&leafid=1&chnid=7&querystring=%c0%ee%c9%c6%cd%ac&searchquerystring=%E6%9D%8E%E5%96%84%E5%90%8C&SearchItem=author

[34] 巴曙松．2010年是新一轮经济周期的开始．南方日报，2010-1-22

[35] 张立群．2010年不会出现明显通胀．中国证券报，2010-1-25

[36] 高培勇．静心体味2010年的税收改革．中国财经报，2010-6-10

[37] 贾康，刘薇．金融危机后的中国财政政策．中国发展观察，2010(4)

[38] 安体富．对税收若干重要问题的思考．税务研究，2009(1)

[39] 贾康，程瑜．2010年财政政策要点的前瞻性探讨．经济纵横，2010(3)

[40] 倪红日．对当前经济形势下减税政策的评析．经济研究参考，2009(66)

[41] 李善同等．外贸对我国经济社会发展作用的定量分析．国研网 http://edu.drcnet.com.cn/DRCNet.Common.Web/docview.aspx?SearchRecordID=1688397&version=Edu&DocID=2198815&leafid=1&chnid=7&querystring=%c0%ee%c9%c6%cd%ac&searchquerystring=%E6%9D%8E%E5%96%84%E5%90%8C&SearchItem=author

分项报告二

中国税收政策变化①

① 本部分撰写者为刘桓、王雪静、裴崛中、杨婷婷、黄超群。

一、2009-2010年中国宏观经济形势和经济政策简析

(一)2009年我国宏观经济形势简析

2009 年，中国经济经历了衰退、触底与强劲复苏。在国内经济刺激政策下，政府主导的固定资产投资迅猛增长，内需的强劲增长弥补了外需的萎靡，随着“保八”目标的实现，中国经济在全球率先走上了复苏之路。

1. GDP：环比折年率 V 型反弹

2009 年，在投资和消费的失去下，强劲的内需弥补了外需的不足。GDP 同比增速最终演绎了 V 型反转，2009 年一季度的 GDP 环比折年率就已迈上 8% 的高度，迅速脱离了 2008 年四季度的衰退边缘；2009 年二季度，GDP 的环比折年率创纪录地达到了 15% ~17% 区域（计算方法存在差异）；最终 GDP 的同比增速在 2009 年全年出现了 6%、8%、9%、10%的增长节奏，逐步迈入我国长期的潜在增长水平，GDP 同比增速逐季回升。

2. 三驾马车，表现各异

消费：从韧性十足到消费升级。消费经历了偏向基础生活用品、城市消费全面复苏到消费升级亮点显现的过程。消费韧性在 2009 年表现突出：城乡消费指标再度倒挂；此后随着经济复苏，城市消费增速上升乃至全面恢复；在刺激消费政策与汽车消费周期的共同作用下，汽车消费在 2009 年度异军突起，表现出色。消费增长强势，消费逆势而行，实际增速（剔除物价水平）达到 17.1%，成为 GDP 增长的第二大贡献因素。

固定资产投资：政府主导投资带动经济强劲复苏。在扩张性的信贷政策和财政政策的推动下，投资迅猛增长，成为 GDP 增长的最大贡献因素。投资对 2009 年前三季度的贡献率高达 94.8%。2008 年四季度与 2009 年一季度，固定资产投资加快增长。扩大中央投资的政策推动了投资的增长。2009 年一季度，全社会固定资产投资 28129 亿元，同比增长 28.8%，比上年同期加快 4.2 个百分点，比上年四季度加快 6.4 个百分点。房地产开发投资增速最低降至 2009 年 2 月份的 1%，整个一季度处于个位数状态；在“四万亿投资”方案刺激下，固定资产投资猛增。在经济预

期最悲观的时刻，中央项目投资逆周期调控稳定预期，之后地方项目迅猛增长，带动经济强劲复苏；房地产投资方面，受到房屋销售大增、房价上涨影响，逐渐恢复危机前水平。

出口：2009年四季度进入显著复苏期。受经济危机影响，进出口贸易大幅萎缩，进口额在2009年1月最低跌至514亿美元，同比下跌43%；出口额最低跌至887亿美元，较2008年同期下跌26%。但是受到国内投资拉动，进口逐步恢复；尽管采取了出口退税政策刺激，但受外需低迷影响，直至2009年四季度，出口才开始进入显著复苏期。

3. 发电量：见证实体经济复苏

2009年一季度是我国经济“最糟糕的时刻”，市场对衰退是否触底分歧重重。最能够反映实体经济恢复的发电量、港口吞吐量等指标纷纷佐证经济走势。2009年的发电量指标印证了需求逐渐恢复、重工业逐渐复苏的过程：一季度大幅负增长—二季度小幅负增长—三季度小幅正增长—四季度出现两位数正增长。

4. 物价指数：“物价指数下行”转为“通胀预期抬头”

在经济反弹和信贷扩张的作用下，中国经济走出通货紧缩状态，CPI和PPI回升，通货膨胀预期抬头。

在经济加速下滑的过程中，中国于2009年2月步入通货紧缩状态，CPI和PPI同比增速双双步入负增长状态。但是在经济反弹以及货币极度扩张作用下，5月PPI环比由负转正；7月CPI环比由负转正，PPI同比增速、原材料价格同比增速触底回升；11月CPI同比转正。与此同时，标志着通货膨胀压力的核心指标：M2与GDP的增速缺口和M2与工业增加值的增速缺口都出现前所未有的急剧上扬。进入2009年，这两种指标一路上升，目前达到21.6个百分点和20.6个百分点，通货膨胀压力状态大幅上扬。

2009年，中国的货币政策达到前所未有的宽松状态。在宽松的货币政策和通货膨胀预期的刺激下，各类资产价格回升迅速。2009年10月末，广义货币供应量（M2）余额为58.62万亿元，同比增长29.42%，增幅比上年末高11.60个百分点。狭义货币供应量（M1）余额为20.75万亿元，同比增长32.03%，比上月末高2.53个百分点，1–10月人民币各项贷款增加8.92万亿元，同比多增5.26万亿元。这种极度宽松的货币政策在企业投资意愿和居民消费意愿下滑、流动性对实体经济的渗透性大幅下滑的环境下，使货币大量流向资本和投机领域，从而导致房地产、股票及黄金等投资品的价格大幅上扬。

5. PMI：从振奋人心至审美疲劳

作为经济的先行指标，理论上，非制造业商务活动指数（PMI）可以为我们提前判断经济走势。实际上在2008年12月，这一指标便已见底；2009年1月起，该指数一路向上，在2009年2月起站上50%的牛熊分界之后，一路呈现连阳局面。从一季度至四季度，PMI指数出现10连阳，其走势精准地反映了强劲复苏、环比势头逐渐减缓的走势；从心理冲击上看，PMI指数2009年经历了遭到质疑、振奋人心到审美疲劳。

6. 财政收入：前低后高，回增迅猛

财政收入呈现负增长态势，但降幅逐月收窄。经济减速和减税政策使财政收入呈现下降趋势。一季度，全国财政收入14642亿元，同比下降8.3%。在加强征收、成品油税费改革、消费税率提升、基数效应以及实体经济回暖等多重因素的作用下，财政收入先跌后升，增速回调迅猛，特别是2009年下半年财政收入增速达到了接近30%的水平。

(二)2009-2010年我国主要宏观经济政策

为了避免我国出现严重经济危机，实现GDP“保八”目标，2008年年底，党中央、国务院采取了适度宽松的货币政策和积极的财政政策，紧密围绕“保增长、扩内需、调结构”大局，统一部署，主要从以下方面调控经济：

1. 实行了积极的财政政策

扩大政府公共投资，着力加强重点建设。在2008年末增加安排保障性住房、灾后恢复重建等中央政府公共投资1040亿元的基础上，2009年中央政府公共投资安排9080亿元，增加4875亿元。

结合改革和税制优化，实行结构性减税，减轻企业和居民税收负担，扩大企业投资，增强居民消费能力。如家电下乡、汽车购置税补贴等政策。

（1）充分发挥财税政策作用，增加财政补助规模，重点增加中低收入者收入。通过提高低收入群体收入，大力促进消费需求。调整国民收入分配格局，提高居民收入在国民收入分配中的比重和劳动报酬在初次分配中的比重，增强居民消费能力，扩大消费对经济增长的拉动效应。

（2）进一步优化财政支出结构，保障和改善民生。中央财政用于“三农”支出和民生支出安排分别达到7161.4亿元和7284.63亿元。严格控制一般性支出，进一步降低行政成本。

（3）大力支持科技创新和节能减排，推动经济结构调整和发展方式转变。加大科技投入，促进企业加快技术改造和技术进步。增加节能减排投入，稳步推进资源有偿使用制度和生态环境补偿机制改革。改革完善资源税制度，促进资源合理利用。

2. 采取了适度宽松的货币政策

自2008年11月5日起，我国执行适度宽松的货币政策，采取灵活、有力的措施，加大金融支持经济发展的力度，保证货币信贷总量满足经济发展需要。

（1）适时适度开展公开市场操作，保持银行体系流动性总体充裕，稳定市场预期。

（2）延续2008年年底的低银行存款准备金率和低利率。

（3）增加货币和信贷投放总量，增加货币供应量，2009年上半年即新增信贷7.3万亿元。

（4）引导金融机构扩大信贷投放、优化信贷结构，坚持“区别对待、有保有压”。在保证符合条件的中央投资项目所需配套贷款及时落实到位的同时，加强对“三农”、就业、灾后重建、扩大消费、自主创新等领域的信贷服务。

3. 对2009年中国宏观经济政策效果的总体评价

（1）投资独力增长拉动经济复苏，但部分行业产能过剩延续。

在外需严重萎缩的情况下，内需特别是投资的高速增长成为2009年中国经济强劲反弹的重要保障。2009年前三季度，GDP累计同比增长7.7%，其中投资贡献7.3个百分点，贡献率达94.8%。2009年，中国经济的增长大部分来自投资的拉动，消费并没有太明显的增长，而出口则仍是负增长。“扩内需”可谓是中国政府此轮对抗经济下滑的最“硬”武器。但实际情况是，扩大内需在短期内仍受到不少制约，民间投资尚未实质性启动，政府主导的投资规模面临可持续性挑战。目前，中国扩大消费仍在较大程度上依赖于政策的刺激，居民消费进一步扩大的后劲不足；财政收支紧张的矛盾依然突出。

投资快速增长加剧了部分行业产能过剩。钢材、原煤、水泥、平板玻璃产量月度同比增速分别从2008年末的-1.7%、-1.3%、3.5%、-15.4%上升至2009年11月的46.4%、26.3%、18.0%和6.4%。为抑制部分行业产能过剩情况，2009年10月国家发改委出台文件，对钢铁、水泥、平板玻璃、煤化工、多晶硅、风电等六大产能过剩行业进行限制。

（2）信贷资金大幅度增加，同时通胀风险逐渐加大。

2009年全年信贷总量达到9万亿元，天量信贷带动中国经济强劲复苏，但由此带来的流动性过剩压力进一步显现。2009年11月末，M2同比增长29.7%，M1同比增长 34.6%，创 1996 年以来的历史新高。2009 年三季度，M2 增速与名义 GDP 增速之差达到 23.7%，货币增速远超实体经济的实际货币需求。

在信贷泛滥推动下，通胀风险也在逐步增加。尽管前三季度的经济数据并未显现通胀问题，如 7 月份、8 月份和 9 月份 CPI 分别同比下降 1.2%、1.2% 和 1.1%，同期 PPI 分别同比下降 8.2%、7.9% 和 7%，但这几个月来 CPI 和 PPI 环比都出现了上涨，这表明通胀的预期正在形成与强化。

事实上，当经济已出现实质性复苏之后，一系列市场迹象已显示，尽管产能过剩等因素促使目前 PPI 仍为负值，但 CPI 构成中食品价格的上涨、美元贬值导致过剩流动性及国内公共品涨价等因素，都预示了当前的通胀压力正在扩大，潜在的通胀风险不容忽视。

（3）中小企业盈利水平降低，失业问题加剧。

2009 年中国经济“成绩单”虽然靓丽，但在金融海啸冲击下，不少伤筋动骨的中小企业却仍未恢复元气，盈利依然低迷。中小企业恰恰是解决中国社会大部分就业的中坚力量，因此，在经济增长数据的背后，失业问题特别是隐形失业问题值得关注。

数据显示，2009 年应届的大中专毕业生为 611 万人，往年未找到工作“沉淀”的大学生大约在 300 万人，两者累计约为 900 万人。这些大学生的就业问题与农民工就业问题叠加起来，令政府相关部门不能小觑。

（4）宏观政策促进消费增长，但收入分配格局限制消费发展。

在家电下乡、汽车购置税补贴等消费政策刺激下，2009 年实际社会消费品零售总额增速达到 17%，创下近几年来的新高。

但人均收入水平、居民贫富差距和平均消费倾向是决定消费水平的重要因素，在目前人均收入水平并没有明显提高，贫富差距没有缩小甚至有所扩大，平均消费倾向没有明显提高的情形下，社会消费品零售总额难以跃升。

（5）出口退税稳定出口，经济结构调整和贸易摩擦压力加大。

为应付国际金融危机对中国出口造成的巨大负面影响，中国政府采取了提高出口退税率等一系列政策，对稳定出口具有重要意义。

出口退税政策稳定了出口，但同时带来以下的负面效应：一是经济结构调整压力加大。提高出口退税虽然避免了部分外贸型企业被淘汰的命运，但却加大了未来经济结构调整压力。二是贸易摩擦加剧。加大出口退税力度在一定程度上避免出口大幅下滑，但中国与欧盟和美国等发达经济体之间的贸易摩擦事件频发，导致一系列的政治、经济、金融问题。

二、2009年税收政策调整的主要内容

面对2008年以来国际经济形势的发展变化，中央对宏观调控政策取向作了重大调整：明确提出将保持经济平稳较快发展作为宏观调控的重点，果断地把“稳健的财政政策和从紧的货币政策”调整为“积极的财政政策和适度宽松的货币政策”。在此背景下，国家相继出台了一系列结构性减税政策。

(一)拉动投资增长的税收调节政策

1. 鼓励设备类固定资产投资的税收政策

从2009年1月1日起，在全国范围内实现增值税由生产型向消费型转型，对增值税一般纳税人购进机器设备的进项税款允许抵扣，未抵扣完的可结转下期继续抵扣。

2009年是我国由生产型增值税向消费型增值税转型的第一年，为了配合转型后的工作顺利开展，国务院、财政部、国家税务总局先后颁布了多条财税政策，这些积极的财政政策对遏制当时面临的经济危机，促进市场经济健康稳定发展起到了至关重要的作用。

2. 改善中小企业投资环境的税收政策

降低了增值税一般纳税人认定标准，并将增值税小规模纳税人征收率由工业6%、商业4%，统一降至3%。

加大对中小企业金融贷款损失准备金的税前扣除和中小企业信用担保机构税收减免的力度——《关于中小企业信用担保机构有关准备金税前扣除问题的通知》(财税〔2009〕62号)；《关于中小企业信用担保机构免征营业税有关问题的通知》(工信部联企业〔2009〕114号)。

为有效应对国际金融危机，扶持中小企业发展，自2010年1月1日至2010年12月31日，对年应纳税所得额低于3万元(含3万元)的小型微利企业，其所得减按50%计入应纳税所得额，按20%的税率缴纳企业所得税——《关于小型微利企业有关企业所得税政策的通知》(财税〔2009〕133号)等。

3. 加大涉农投入支持力度的税收政策

提高了金融企业涉农贷款损失准备金的税前扣除比例——《关于金融企业涉农

贷款和中小企业贷款损失准备金税前扣除政策的通知》(财税〔2009〕99号);《关于保险公司提取农业巨灾风险准备金企业所得税税前扣除问题的通知》(财税〔2009〕110号)。

对农产品初加工企业免征企业所得税。

对农民专业合作社在增值税和印花税方面给予了一定的免税优惠。

《关于印发〈种子(苗)、种畜(禽)、鱼种(苗)和种用野生动植物种源进口税收优惠政策暂行管理办法〉的通知》——种源进口免税政策旨在支持引进和推广良种,加强物种资源保护,丰富我国动植物资源,发展优质、高产、高效农林业,降低农林产品生产成本,增加农民收入,改善人民生活。

《关于印发〈林业产业振兴规划(2010-2012年)〉的通知》(林计发〔2009〕253号)——为贯彻落实中央林业工作会议精神,有效应对国际金融危机对我国林业产业的影响,按照党中央、国务院保增长、扩内需、调结构的总体要求,加快林业产业战略性调整,提高林业产业竞争力。

4. 引导民间资本投资政府债券的税收政策

对企业和个人取得的2009年发行的地方政府债券利息所得比照国债利息,免征企业所得税和个人所得税。

(二)提升消费能力的税收调节政策

1. 在提高工薪所得个人所得税费用扣除标准的基础上,根据《关于储蓄存款利息所得有关个人所得税政策的通知》(财税〔2008〕132号),暂停征收储蓄存款利息个人所得税,促进居民可支配收入增加。

2. 从2009年1月20日至12月31日,对排气量1.6升及以下的乘用车,车辆购置税税率由10%降至5%,以促进汽车消费——《关于减征1.6升及以下排量乘用车车辆购置税的通知》(财税〔2009〕12号)。

2009年底,上述鼓励政策调整为:对2010年1月1日至12月31日购置1.6升及以下排量乘用车,暂减按7.5%的税率征收车辆购置税——《关于减征1.6升及以下排量乘用车车辆购置税的通知》(财税〔2009〕154号)。

相关文件还有:《关于进一步规范二手车市场秩序促进二手车市场健康发展的意见》(工商市字〔2009〕212号);《关于加强部分减征乘用车车辆购置税管理有关问题的通知》(国税函〔2009〕25号)。

3. 拉动农村消费,提高农民生活质量——《关于配合做好家电下乡工作的通知》(国税函〔2009〕276号)以及《关于印发〈家电下乡操作细则〉的通知》(财建〔2009〕

155 号）。

4．为支持有线数字电视整体转换试点工作，推动有线数字电视的发展——《关于免征部分省市有线数字电视收入营业税的通知》（财税〔2009〕38 号）。

（三）缓解出口下滑的税收调节政策

1．大幅度提高出口退税率。2008 年下半年以来，先后 7 次提高了纺织品、服装、玩具、橡胶制品、林产品、有色金属加工品、部分化工制品等劳动密集型产品、机电产品和其他受金融危机影响较大产品的出口退税率，涉及的商品种类万余种。

2．积极鼓励离岸服务外包。从 2009 年 1 月 1 日至 2013 年 12 月 31 日，对全国 20 个城市的技术先进型企业从事离岸服务外包业务，给予了营业税免征、企业所得税减按 15%征收以及提高职工教育经费税前扣除比例的优惠。

（四）促进房地产健康发展的税收调节政策

《国务院办公厅关于当前金融促进经济发展的若干意见》（国办发〔2008〕126 号）第（十）条：落实和出台有关信贷政策措施，支持居民首次购买普通自住房和改善型普通自住房。加大对城市低收入居民廉租房、经济适用房建设和棚户区改造的信贷支持。支持汽车消费信贷业务发展，拓宽汽车金融公司融资渠道。积极扩大农村消费信贷市场。

在对廉租房、经济适用房和个人租赁住房给予税收支持的同时，根据《关于调整房地产交易环节税收政策的通知》（财税〔2008〕137 号），为适当减轻个人住房交易的税收负担，支持居民首次购买普通住房，从 2008 年 11 月起，对个人首次购买 90 平方米及以下普通住房的，契税税率暂统一下调到 1%；对个人销售或购买住房暂免征收印花税；对个人销售住房暂免征收土地增值税。

根据《财政部 国家税务总局关于个人住房转让营业税政策的通知》（财税〔2008〕174 号）：为贯彻落实《国务院办公厅关于促进房地产市场健康发展的若干意见》（国办发〔2008〕131 号）关于进一步鼓励普通商品住房消费的精神，促进房地产市场健康发展，自 2009 年 1 月 1 日至 12 月 31 日，个人将购买不足 2 年的非普通住房对外销售的，全额征收营业税；个人将购买超过 2 年（含 2 年）的非普通住房或者不足 2 年的普通住房对外销售的，按照其销售收入减去购买房屋的价款后的差额征收营业税；个人将购买超过 2 年（含 2 年）的普通住房对外销售的，免征营业税。

自 2009 年 1 月 1 日起，外商投资企业、外国企业和组织以及外籍个人，依照《中华人民共和国房产税暂行条例》缴纳房产税——《中华人民共和国国务院第 546 号令》。

其他文件包括：《关于对外资企业及外籍个人征收房产税有关问题的通知》（财税〔2009〕3号）、《关于做好外资企业及外籍个人房产税征管工作的通知》（国税函〔2009〕6号）、《财政部 国家税务总局关于个人无偿受赠房屋有关个人所得税问题的通知》（财税〔2009〕78号）等。

(五)支持资本市场稳定的税收调节政策

证券交易印花税税率先由3‰降至1‰，而后由对买卖双方征收改为向卖方单边征收，并对证券市场个人投资者取得证券交易结算资金利息，暂免征收个人所得税。

进一步完善了促进企业重组改制的企业所得税、契税和印花税税收政策。

提高了与证券投资者保护基金和期货投资者保护基金相关的营业税减免及企业所得税税前扣除的比例标准——《关于期货投资者保障基金有关税收问题的通知》（财税〔2009〕68号）。

其他文件包括：《关于个人金融商品买卖等营业税若干免税政策的通知》（财税〔2009〕111号）、《关于股权激励有关个人所得税问题的通知》（国税函〔2009〕461号）、《关于中国居民企业向QFII支付股息、红利、利息代扣代缴企业所得税有关问题的通知》（国税函〔2009〕47号）等。

(六)扩大就业和再就业的税收调节政策

对原定于2008年12月31日执行到期的下岗再就业税收优惠政策，延长一年执行期限，对符合条件的下岗失业人员从事个体经营和企业吸收下岗失业人员就业，分别给予营业税、城市维护建设税、教育费附加和所得税方面的税收优惠——《关于延长下岗失业人员再就业有关税收政策的通知》（财税〔2009〕23号）。

(七)促进资源综合利用及可持续发展的税收调节政策

为提高我国企业的核心竞争力及自主创新能力，推动产业结构调整和升级，促进国民经济可持续发展，贯彻落实国务院关于装备制造业振兴规划和加快振兴装备制造业有关调整进口税收优惠政策的决定——《关于调整重大技术装备进口税收政策的通知》（财关税〔2009〕55号）。

对清洁基金取得的下列收入，免征企业所得税：CDM项目温室气体减排量转让收入上缴国家的部分；国际金融组织赠款收入；基金资金的存款利息收入、购买国债的利息收入；国内外机构、组织和个人的捐赠收入——《关于中国清洁发展机制基金及清洁发展机制项目实施企业有关企业所得税政策问题的通知》（财税〔2009〕30号）。

规范完善促进资源综合利用的增值税优惠政策，并利用金融危机中资源能源产品价格下跌的时机，在取消部分道路交通收费的基础上，实施了成品油消费税制度改革，提高了成品油消费税单位税额标准。

自2009年1月1日起，将无铅汽油的消费税单位税额由每升0.2元提高到每升1.0元；将含铅汽油的消费税单位税额由每升0.28元提高到每升1.4元；将柴油的消费税单位税额由每升0.1元提高到每升0.8元；将石脑油、溶剂油和润滑油的消费税单位税额由每升0.2元提高到每升1.0元；将航空煤油和燃料油的消费税单位税额由每升0.1元提高到每升0.8元。

自2009年1月1日起对进口石脑油恢复征收消费税。2009年1月1日至2010年12月31日，对国产的用作乙烯、芳烃类产品原料的石脑油免征消费税，生产企业直接对外销售的不作为乙烯、芳烃类产品原料的石脑油应按规定征收消费税；对进口的用作乙烯、芳烃类产品原料的石脑油已缴纳的消费税予以返还。航空煤油暂缓征收消费税。对用外购或委托加工收回的已税汽油生产的乙醇汽油免税。用自产汽油生产的乙醇汽油，按照生产乙醇汽油所耗用的汽油数量申报纳税。对外购或委托加工收回的汽油、柴油用于连续生产甲醇汽油、生物柴油，准予从消费税应纳税额中扣除原料已纳的消费税税款——《关于提高成品油消费税税率后相关成品油消费税政策的通知》（财税〔2008〕168号）。

2008年12月9日，财政部、国家税务总局联合同时发布《关于资源综合利用及其他产品增值税政策的通知》（财税〔2008〕156号）和《关于再生资源增值税政策的通知》（财税〔2008〕157号），自2009年1月1日起执行。

《关于资源综合利用及其他产品增值税政策的通知》的主要精神：

（1）明确了新纳入享受增值税优惠的综合利用产品，主要包括再生水、胶粉、翻新轮胎等。

（2）明确了停止了采用立窑法工艺生产综合利用水泥产品的免征增值税政策。

（3）明确了对资源综合利用产品实行了4种不同的税收优惠方式，主要包括免征增值税、增值税即征即退、增值税即征即退50%、增值税先征后退等优惠政策。

《关于再生资源增值税政策的通知》的主要精神：

（1）取消原来对废旧物资回收企业销售废旧物资免征增值税的政策，取消利废企业购入废旧物资时按销售发票上注明的金额依10%计算抵扣进项税额的政策。

（2）对满足一定条件的废旧物资回收企业按其销售再生资源实现的增值税的一定比例（2009年为70%，2010年为50%），实行增值税先征后退政策。

在增值税转型的同时，根据《财政部 国家税务总局关于金属矿、非金属矿采选产品增值税税率的通知》(财税〔2008〕171号),将金属矿、非金属矿采选产品的增值税税率由13%提高至17%,加大了对其调节力度。

矿产品进口环节增值税税率进行相应调整,自2009年1月1日起,部分税目矿产品的进口环节增值税税率由13%提高到17%——《关于调整矿产品进口环节增值税税率的通知》(财关税〔2008〕99号)。

自2009年3月1日起,将新疆的煤炭(不含焦煤)资源税适用税额提高为每吨3元——《关于调整新疆维吾尔自治区煤炭资源税税额标准的通知》(财税〔2009〕26号)。

为鼓励科学研究和技术开发,促进科技进步,颁布了《关于研发机构采购设备税收政策的通知》(财税〔2009〕115号)。

(八)规范企业所得税管理的税收政策

自2008年1月1日起,企业根据国家有关政策规定,为在本企业任职或者受雇的全体员工支付的补充养老保险费、补充医疗保险费,分别在不超过职工工资总额5%标准内的部分,在计算应纳税所得额时准予扣除;超过的部分,不予扣除——《关于补充养老保险费、补充医疗保险费有关企业所得税政策问题的通知》(财税〔2009〕27号)。

为规范企业所得税税前扣除,加强企业所得税管理,颁布了《关于企业手续费及佣金支出税前扣除政策的通知》(财税〔2009〕29号)和《关于证券行业准备金支出企业所得税税前扣除有关问题的通知》(财税〔2009〕33号)。

在此期间,财政部和国家税务总局还针对存在的问题下发了一系列相关文件:

《关于保险公司准备金支出企业所得税税前扣除有关问题的通知》(财税〔2009〕48号);

《关于企业资产损失税前扣除政策的通知》(财税〔2009〕57号);

《关于企业重组业务企业所得税处理若干问题的通知》(财税〔2009〕59号);

《关于企业清算业务企业所得税处理若干问题的通知》(财税〔2009〕60号);

《关于金融企业贷款损失准备金企业所得税税前扣除有关问题的通知》(财税〔2009〕64号);

《关于执行企业所得税优惠政策若干问题的通知》(财税〔2009〕69号);

《关于安置残疾人员就业有关企业所得税优惠政策问题的通知》(财税〔2009〕70号);

《关于部分行业广告费和业务宣传费税前扣除政策的通知》(财税〔2009〕72号);

《关于专项用途财政性资金有关企业所得税处理问题的通知》(财税〔2009〕87

号）；

《关于非营利组织企业所得税免税收入问题的通知》（财税〔2009〕122号）；

《关于企业境外所得税收抵免有关问题的通知》（财税〔2009〕125号）；

《关于印发〈特别纳税调整实施办法（试行）〉的通知》（国税发〔2009〕2号）；

《关于印发〈非居民企业所得税源泉扣缴管理暂行办法〉的通知》（国税发〔2009〕3号）；

《关于印发〈非居民企业所得税汇算清缴管理办法〉的通知》（国税发〔2009〕6号）；

《关于加强企业所得税预缴工作的通知》（国税函〔2009〕34号）；

《关于明确非居民企业所得税征管范围的补充通知》（国税函〔2009〕50号）；

《关于实施国家重点扶持的公共基础设施项目企业所得税优惠问题的通知》（国税发〔2009〕80号）；

《关于企业固定资产加速折旧所得税处理有关问题的通知》（国税发〔2009〕81号）；

《关于实施创业投资企业所得税优惠问题的通知》（国税发〔2009〕87号）；

《关于企业所得税若干税务事项衔接问题的通知》（国税函〔2009〕98号）；

《关于企业所得税汇算清缴汇总工作有关问题的通知》（国税函〔2009〕184号）；

《关于资源综合利用企业所得税优惠管理问题的通知》（国税函〔2009〕185号）；

《关于企业所得税执行中若干税务处理问题的通知》（国税函〔2009〕202号）；

《关于实施高新技术企业所得税优惠有关问题的通知》（国税函〔2009〕203号）；

《关于技术转让所得减免企业所得税有关问题的通知》（国税函〔2009〕212号）；

《关于跨地区经营汇总纳税企业所得税征收管理若干问题的通知》（国税函〔2009〕221号）；

《关于企业所得税税收优惠管理问题的补充通知》（国税函〔2009〕255号）；

《关于2008年度企业所得税纳税申报有关问题的通知》（国税函〔2009〕286号）；

《关于企业所得税核定征收若干问题的通知》（国税函〔2009〕377号）；

《关于企业以前年度未扣除资产损失企业所得税处理问题的通知》（国税函〔2009〕772号）；

《关于企业向自然人借款的利息支出企业所得税税前扣除问题的通知》（国税函〔2009〕777号）。

（九）其他服务于特定行业、特定目标的税收政策

为体现国家扶持文化创意产业和进一步落实惠民政策的需要，2009年，财政部和国家税务总局还出台了一系列相关政策法规，主要有：

《关于2009-2011年鼓励科普事业发展的进口税收政策的通知》(财关税〔2009〕22号);

《关于支持文化企业发展若干税收政策问题的通知》(财税〔2009〕31号);

《关于文化体制改革中经营性文化事业单位转制为企业的若干税收优惠政策的通知》(财税〔2009〕34号);

《关于扶持动漫产业发展有关税收政策问题的通知》(财税〔2009〕65号);

《关于继续实行宣传文化增值税和营业税优惠政策的通知》(财税〔2009〕147号);

《关于经营高校学生公寓和食堂有关税收政策的通知》(财税〔2009〕155号);

《关于海峡两岸海上直航营业税和企业所得税政策的通知》(财税〔2009〕4号)。

为保障居民供热采暖,自2009年至2010年供暖期期间,对供热企业向居民个人供热而取得的采暖费收入继续免征增值税。自2009年1月1日至2011年6月30日,对向居民供热而收取采暖费的供热企业,为居民供热所使用的厂房及土地继续免征房产税、城镇土地使用税——《关于继续执行供热企业增值税、房产税、城镇土地使用税优惠政策的通知》(财税〔2009〕11号)。

(十)新经济形势下加强税收征管的相关政策

在一系列政策组合的作用下,强劲的内需弥补了外需的不足。GDP同比增速最终演绎了V型反转,消费、固定资产投资、出口均有所表现;"物价指数下行"转为"通胀预期抬头";财政收入回增迅猛。

2009年四季度,全国范围内商品房价格经历了猛烈的上涨,从而导致了"房产新政"的到来。通胀预期进一步上升,实际的物价指标开始转正,11月份CPI同比0.6%,结束了9个月的通缩;12月份PPI也转为正值(0.9%),与物价转正相结合的是资源品价格结束三季度的波段下跌,连续上涨。

在此经济大背景下,一系列强化税收征管、促进经济健康稳定发展的政策出台:

加强个人所得税征管,堵塞税收漏洞——《财政部 国家税务总局关于个人无偿受赠房屋有关个人所得税问题的通知》(财税〔2009〕78号)。

自2010年1月1日起,对个人转让限售股取得的所得,按照"财产转让所得",适用20%的比例税率征收个人所得税——进一步完善股权分置改革后的相关制度,发挥税收对高收入者的调节作用,促进资本市场长期稳定健康发展——《关于个人转让上市公司限售股所得征收个人所得税有关问题的通知》(财税〔2009〕167号)。

董事费、停止双薪、华侨身份认定等——《关于明确个人所得税若干政策执行问题的通知》(国税发〔2009〕121号)。

《关于加强个人工资薪金所得与企业的工资费用支出比对问题的通知》(国税函

〔2009〕259号)。

《关于加强股权转让所得征收个人所得税管理的通知》(国税函〔2009〕285号)。

《关于个人转租房屋取得收入征收个人所得税问题的通知》(国税函〔2009〕639号)。

企业年金的个人缴费部分，不得在个人当月工资、薪金计算个人所得税时扣除——《关于企业年金个人所得税征收管理有关问题的通知》(国税函〔2009〕694号)。

做好相关增值税政策规定的衔接，加强征收管理——《关于部分货物适用增值税低税率和简易办法征收增值税政策的通知》(财税〔2009〕9号)。

《关于调整增值税扣税凭证抵扣期限有关问题的通知》(国税函〔2009〕617号)。

加强部分行业增值税即征即退管理，堵塞税收漏洞，防范虚开增值税专用发票及骗税等涉税违法行为——《关于增值税即征即退实施先评估后退税有关问题的通知》(国税函〔2009〕432号)。

完善房产税、城镇土地使用税政策，堵塞税收征管漏洞——《关于房产税、城镇土地使用税有关问题的通知》(财税〔2009〕128号)。

《关于房产税、城镇土地使用税有关问题的通知》(财税〔2008〕152号)。

自2010年1月1日起，个人将购买不足5年的非普通住房对外销售的，全额征收营业税；个人将购买超过5年(含5年)的非普通住房或者不足5年的普通住房对外销售的，按照其销售收入减去购买房屋的价款后的差额征收营业税；个人将购买超过5年(含5年)的普通住房对外销售的，免征营业税——为促进房地产市场健康发展——《关于调整个人住房转让营业税政策的通知》(财税〔2009〕157号)。

加强从事房地产开发经营企业的企业所得税征收管理，规范从事房地产开发经营业务企业的纳税行为——《关于印发〈房地产开发经营业务企业所得税处理办法〉的通知》(国税发〔2009〕31号)。

为了加强房地产开发企业的土地增值税征收管理，规范土地增值税清算工作——《关于印发〈土地增值税清算管理规程〉的通知》(国税发〔2009〕91号)。

《关于加强白酒消费税征收管理的通知》(国税函〔2009〕380号)。

2009年7月17日，下发《白酒消费税最低计税价格核定管理办法(试行)》。

《关于加强非居民企业股权转让所得企业所得税管理的通知》(国税函〔2009〕698号)。

《关于加强税种征管促进堵漏增收的若干意见》(国税发〔2009〕85号)。

上述文件和管理办法的制定和执行，目的在于规范企业和居民纳税人的纳税行为，在扶持经济发展的同时，科学有效地防范较为严重的税款流失现象。

三、2010年税收政策变化的基本取向

(一)2010年上半年宏观经济运行情况

进入 2010 年以来，我国经济企稳回升态势明显，与税收密切相关的经济指标较快增长，一季度 GDP 同比增长 11.9%，比上年四季度增幅提高 1.2 个百分点。一季度我国城镇居民人均可支配收入 5308 元，同比增长 9.8%，扣除价格因素，实际增长 7.5%；农村居民人均现金收入 1814 元，增长 11.8%，扣除价格因素，实际增长 9.2%。百姓收入增长略低于经济增长速度（见图 A2–1）。

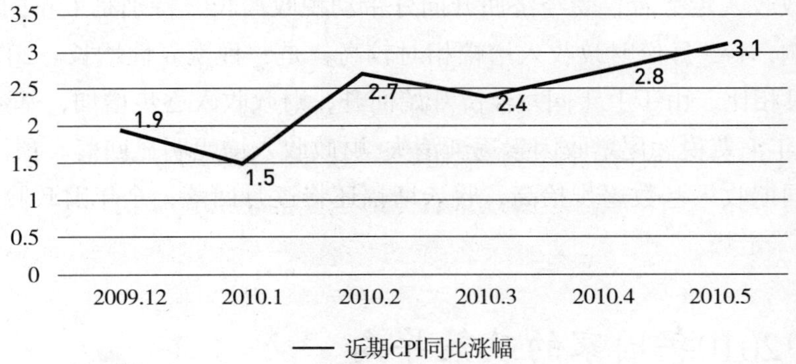

图A2–1 CPI同比涨幅

截至 2010 年 5 月的数据显示，5 月份居民消费价格指数（CPI）同比上涨 3.1%，创下 19 个月来高位，但属于结构性上涨；工业品出厂价格（PPI）同比上涨 7.1%，工业增加值同比增长 16.5%；5 月我国进出口值 2439.9 亿美元，增长 48.4%。从这些指标可以看到，虽然全球经济在经历美国次贷危机后又正遭遇欧元区债务危机，但中国经济从内外部来看，都未受到太大影响。中国宏观经济依然持续向好势头，经济运行整体态势良好。

国家统计局表示，5 月份规模以上工业的同比增速确实出现了回落，当月增速是 16.5%，比上个月增速回落了 1.3 个百分点。之所以会回落，主要有两个原因：一是因为六大高载能行业增速回落比较快，由此带动了工业同比增速回落了 0.6 个百分点，这跟我们国家的政策有关。二是上年基数的影响。上年 5 月份工业增速是 8.9%，比 4 月份加快 1.6 个百分点，增速由低到高，影响到了今年同比增速。工业增速回落并不意味着工业增长减速，更重要的是看它的环比，看它的日均产量。从

环比和出口来看工业尽管同比增速有所回落，但仍然处于平稳较快增长的正常区间。

投资增速确实也在回落，1–5 月份，城镇固定资产投资同比增长 25.9%，比 1–4 月份回落了 0.2 个百分点。但这个增速是在上年基数比较高基础上的一个增速，应该说还是相对比较快的一个增速。同时，投资方面也有很好的现象，就是民间投资一直保持比较高的增长速度，而且一些主要消费热点仍然比较活跃，比如汽车类消费还有石油制品业以及家电行业，增速都比较快。进出口继续保持了快速的恢复，5 月份当月进出口增长了 48.4%。无论是从实体经济还是经济增长的三大动力来讲，当前中国的经济仍然保持了平稳较快增长的态势，不存在发生滞涨的可能性。

2010 年 1–5 月累计，全国财政收入 35470.39 亿元，比上年同期增加 8361.72 亿元，增长 30.8%。其中，中央本级收入 18856.72 亿元，增长 32.6%；地方本级收入 16613.67 亿元，增长 28.9%。财政收入中的税收收入 32029.93 亿元，增长 33.2%；非税收入 3440.46 亿元，增长 12.4%。

从财政收入走势看，受经济回升向好带动税收增长，特别是上年同期基数很低等因素影响，1–5 月份财政收入增幅相对较高，是一种恢复性增长。2010 年 5 月份与前几个月相比，由于上年同月经济开始回升，财政收入逐步增加，基数有所提高，以及 2010 年消费税翘尾增收因素逐渐消失，财政收入增幅明显回落。预计后几个月，由于上年同期收入基数逐步抬高，收入增幅还将逐月回落，全年财政收入增幅将呈“前高后低”走势。

（二）2010年国家的政策导向

2010 年，中央将加大经济结构调整力度，提高经济发展质量和效益，扭转当前经济增长过于依赖固定资产投资的局面。上半年宏观政策导向的主要表现在三个方面：

1. 转变经济发展模式，倡导低碳、节能、减排

中国作为发展中的大国，在全球经济动荡不定的情况下，只有推动发展方式的实质性转变，才能保持经济持续、快速增长。

首先，从需求角度看，经济增长应从过度依赖出口、投资拉动逐步转变到依靠消费扩张上来。过去经济增长是一种过度依赖出口和投资拉动的经济增长，投资的持续高速增长带来了今天所面临的产能过剩问题，还带来了投资效率低下和财政金融风险的不断增加。我国已成为全球增长潜力最大的单一市场，立足于国内市场需求，发展我国经济具备得天独厚的条件。

其次，从供给角度来看，增长的主要动力将由工业制造业的快速扩张逐步转变

为服务业的改革与发展。过去 30 年中，由于工业制造业的快速发展，中国已从一个供不应求、短缺经济的国家，晋升为今天的世界工厂、全球制造业中心，这是过去 30 年中国经济增长的主要动力，而未来应靠服务业的发展。

第三，从资源高消耗、环境高污染的粗放型增长，转变为资源节约型、环境友好型增长。

过去通过环境破坏、资源消耗换来中国经济的快速增长。现在这种方式越来越难以为继。另外，随着居民收入水平的提高，人们对于生活环境和质量给予了更多关注。在应对全球变暖的过程中，全球对污染物的排放要求也越来越严格。在这种情况下,很难继续走传统的高消耗、高污染的道路。未来中国必须转变为资源节约型、环境友好型的经济发展模式。

第四，在中低端产业链上，中国具有明显的国际竞争优势，但应转变到产业链的中高端，提升竞争能力形成竞争优势。

2009 年底中央召开经济工作会议，确定了 2010 年中国经济发展的基调。会议强调，2010 年经济工作的重点在促进发展方式的转变上下工夫，在发展中促转变，在转变中谋发展。以扩大内需特别是增加居民消费需求为重点，优化产业结构，努力使经济结构调整取得明显进展。

2009 年中国在备受关注的哥本哈根会议上做出承诺，到 2020 年单位 GDP 二氧化碳排放比 2005 年下降 40% 至 45%，其中非石化能源占能源总量比例要达到 15%。要达到这一目标,实现“十一五”节能减排目标的“收官”之年的 2010 年尤为关键。在此之前，中国单位 GDP 能耗已经从 2006 年的下降 1.79% 变成 2009 年的下降 6%，四年累计下降超过 15%，但距离 40% 至 45% 的目标仍有巨大差距。

2010 年是“十一五”的最后一年,也是编制下一个五年规划的关键一年。“十二五”规划跨越 2011 年至 2015 年，将以国家战略宣言的形式，为这个崛起中的东方国度未来五年的迈步确立方向。下一个五年规划将带来从外需到内需，从高碳到低碳，由国强到民富的变化。调整国民收入分配格局、进一步推进城市化、节能减排，将是解决现存问题的着力点。

2. 坚持扩大内需，刺激居民消费需求

中共中央政治局会议提出，2010 年中国将继续实施积极的财政政策，要促进国内需求特别是消费需求持续增长，增强居民特别是低收入群众消费能力，完善促进消费的政策。

重点需从三方面积极扩大国内需求，增强消费对经济增长的拉动作用。

首先，支持提高城乡居民收入。主要包括继续实施更加积极的就业政策，支持落实最低工资制度，促进提高低收入者劳动报酬。加大财政投入，积极运用财税政

策工具，完善社会保障体系，提高农民收入、城乡居民最低生活保障水平、部分优抚对象待遇和企业退休人员基本养老金。完善汽车摩托车下乡、汽车家电以旧换新政策，提高汽车以旧换新补贴标准。

其次，保持政府公共投资力度，着力优化投资结构。重点支持保障性安居工程、农村基础设施、教育医疗卫生等社会事业、节能环保以及企业技术改造等领域和欠发达地区。

此外，2010 年还将继续落实结构性减税政策，促进企业投资和扩大居民消费。减半征收小型微利企业所得税。对 1.6 升及以下排量乘用车暂减按 7.5% 征收车辆购置税。

3. 打击楼市泡沫，引导房地产业理性回归

2009 年许多行业深受金融危机打击，中国房地产市场却在危机中迎来了最辉煌的一年。2009 年年初还在低迷中徘徊的房地产市场，在政策刺激下逐渐复苏，并迎来爆发式增长，而房价也在市场的火速逆转中升至历史新高。

2010 年 1 月 10 日，国务院办公厅下发《关于促进房地产市场平稳健康发展的通知》（简称“国十一条”），要求进一步加强和改善房地产市场调控，稳定市场预期，促进房地产市场平稳健康发展。“国十一条”通篇不是打压原有房地产市场的供应体系和价格，而是通过提高首付款比重来疏导非理性需求和投机性需求；通过加大保障性土地、保障性住房的供给，实现加快土地有效供应、完善住房供给市场进而最大限度满足有效需求的目标。

2010 年 1 月 20 日，财政部发布《关于印发〈投资性房地产评估指导意见（试行）〉的通知》，以规范注册资产评估师执行资产评估业务行为，维护社会公共利益和资产评估各方当事人合法权益，自 2010 年 7 月 1 日起施行。这是自国务院办公厅发布《关于促进房地产市场平稳健康发展的通知》后，房地产调控政策执行细则的首次出台。《投资性房地产评估指导意见（试行）》在评估要求、评估对象、评估方法和评估披露方面做了明确的规定。

2010 年 3 月 23 日，国资委要求 78 户不以房地产为主业的中央企业，要加快进行调整重组，在完成企业自有土地开发和已实施项目等阶段性工作后要退出房地产业务，并在 15 个工作日内制定有序退出的方案。

从 2009 年年底和 2010 年年初政府连续出台的这些政策，我们可以勾勒出政府 2010 年整个房地产市场调控的思路：以增加供给为主要手段，以遏制过度投资、遏制过度热炒土地和增加保障性住房为辅助手段。

管理层将会从综合角度考量整个房地产的宏观调控政策，而不是仅仅一个方面出发，搞好综合平衡。因为房地产业是当前经济的支柱，如果在没有新的消费和投

资需求增长点出现的情况下打击房地产投资，势必会投鼠忌器，为了避免“惊群”现象发生，主要采取增加供给的措施；另外，在地方政府财政已经得到补充的情况下，遏制地王行为也应采取增加土地供给和打击囤地相结合的办法。总而言之，从最近一系列的调控政策来看，主要是搞好综合平衡，既不想过早地扔掉拐杖，也不想让房地产过热尾大不掉，挟持整个经济。

2010年初，上一轮中央出台的一系列遏制房价过快上涨的房地产调控政策效果开始显现，1–2月商品住宅销售面积增长36.6%，增幅比上年全年回落7.3个百分点；全国70个大中城市新建住宅销售价格虽然同比上涨13.0%，环比上涨1.3%，但环比涨幅比1月份缩小0.4个百分点；二手住宅销售价格环比涨幅比1月份缩小0.5个百分点，出现了交易量萎缩、房价上涨趋缓的形势。但进入3月份情况发生变化，尤其是3月15日后北京土地招拍挂中土地价格不断创新高，先后拍出三块“新地王”，导致周围的房价纷纷上涨，改变了市场的节奏和预期。随后，杭州、福州、长春等地土地拍卖价格不断刷新，北京等一线城市住房市场出现明显反弹。据国家统计局统计数据显示，2010年3月份全国70个大中城市房屋销售价格同比上涨11.7%，超过2008年1月11.3%的涨幅，其中新建商品住宅销售价格同比上涨15.9%，房价再一次创出新高、呈现量价齐涨的局面，并向二、三线城市传导和蔓延。

2010年4月14日，国务院总理温家宝主持召开国务院常务会议，分析一季度经济形势，研究部署遏制部分城市房价过快上涨的政策措施，并确定了四项政策措施，被舆论称为“新国四条”：一是抑制不合理住房需求，实行更为严格的差别化住房信贷政策，二套房贷款首付款比例不得低于50%；二是增加住房有效供给；三是加快保障性安居工程建设；四是加强市场监管，严格查处土地闲置、捂盘惜售的企业行为。“新国四条”拉开了新一轮房地产市场调控的大幕，一场针对炒房客的“精确打击”随即展开。这次政策的精准性就在于直接针对了炒家，直接打击的就是利用银行杠杆来赚钱的人。

2010年4月17日，国务院颁布《关于坚决遏制部分城市房价过快上涨的通知》（国发〔2010〕10号）（“新国十条”），这个被业界称为“新国十条”的楼市新政从政府监管、金融政策、交易税费、土地交易、房源供应等多方面作了严格规定，被称为“有史以来力度最大的一次楼市调控”。“新国十条”要求，对购买首套自住房且套型建筑面积在90平方米以上的家庭，贷款首付款比例不得低于30%；对贷款购买第二套住房的家庭，贷款首付款比例不得低于50%，贷款利率不得低于基准利率的1.1倍；对贷款购买第三套及以上住房的，贷款首付款比例和贷款利率应大幅度提高。要严格限制各种名目的炒房和投机性购房。商品住房价格过高、上涨过快、供应紧张的地区，商业银行可根据风险状况，暂停发放购买第三套及以上住房贷款；对不能提供1年以上当地纳税证明或社会保险缴纳证明的非本地居民暂停发放购买住房贷款。地方人民政府可根据实际情况，采取临时性措施，在一定时期内限定购房套数。

短短四天里，“政策组合拳”接连打出，且力度远超市场预期，政府连续出台的调控房地产的系列政策，其力度比历史上任何一次房地产调控政策都更严厉和具体。

那么房地产新政到底能够走多远，会不会又像两年前一样在经济大幅收紧和滑坡中走出“过山车”行情，现在尚难确定。但只要投机性购房冲动能压制下来，房价能快速稳定下来，以时间换空间，对地产行业未来发展造成的影响就相对有限。毕竟城市化进程需要房地产这个支柱行业建造更多的房子，提供更多的投资、就业机会，国家也不会希望房地产行业整体崩盘。

(三)2010年税收政策变化的主要趋势

2010年上半年税收政策的变化主要集中在以下几个方面：

1. 能源、环境

2010年5月6日，国家税务总局发出《关于进一步做好税收促进节能减排工作的通知》。节能减排是实现科学发展,构建资源节约型和环境友好型社会的重要举措。当前，我国节能减排工作取得积极成效，但面临的形势依然十分严峻。目前，我国已出台了支持节能减排技术研发与转让，鼓励企业使用节能减排专用设备，倡导绿色消费和适度消费，抑制高耗能、高排放及产能过剩行业过快增长等一系列税收政策。需要加强对政策执行情况的调研分析，提出进一步完善的意见和建议，努力建立健全税收促进节能减排的长效机制，充分发挥税收调控作用。

财政部和国家税务总局6月22日联合下发《关于取消部分商品出口退税的通知》，明确从7月15日开始，取消包括部分钢材、有色金属建材等在内的406个税号的产品出口退税。此次取消出口退税的产品主要分成六大类，包括部分钢材，部分有色金属加工材，银粉，酒精、玉米淀粉，部分农药、医药、化工产品，以及部分塑料及制品、橡胶及制品、玻璃及制品。这是继2009年6月份第七次上调出口退税率后，财税部门首度改变出口退税率政策。

此次取消出口退税的主要目的就是通过经济手段来推进节能减排，抑制过剩产能，加快产业结构调整，确保实现“十一五”节能减排目标。同时，此次出口退税的结构性调整也将有助于缓解贸易争端，实现出口产品的升级转型。

2010年5月，资源税改革率先在新疆施行。这可以说是促进全国资源税改革从酝酿走向实施的一个突破口。此次资源税改革的主要措施是：新疆原油、天然气资源税由过去从量计征转变为从价计征，税率为5%。同时规定了三类减免税项目：一是油田范围内运输稠油过程中用于加热的原油、天然气，免征资源税。二是稠油、高凝油和高含硫天然气资源税减征40%。三是三次采油资源税减征30%。

那么资源税改革能带来哪些好处？为什么要选择新疆作为试点地区呢？

资源税是对在中国境内开采应税矿产品和生产盐的单位和个人，就其应税数量征收的税种。我国现行资源税采用从量计征，征税范围包括原油、天然气、煤炭、其他非金属矿原矿、黑色金属矿原矿、有色金属矿原矿、盐共7类。在近年来资源价格不断攀升的情况下，从量计征的方式已经脱离实际。资源税收入已不能随着资源产品价格和资源企业收益的变化而变化，税负水平过低，难以反映资源的稀缺程度，造成资源浪费。

而资源税改革首选新疆，具有天时地利人和的优势。天时，就是指资源税的改革迫在眉睫，已经到了呼之欲出的关键时刻。地利，就是新疆坐拥广阔的资源。在这个地方进行资源税的先行先试，效果最明显。改善人民生活，增加地方财力，节约资源的效应最大。所谓人和，就是我们对新疆发展的期待，我们对资源税改革的期待已经异常迫切，已经拥有最广泛的共识。

新疆率先进行资源税费改革后，将当地资源优势转变为经济优势和财政优势，将推动当地的经济社会发展，改善民生。

目前中国已基本具备在全国范围内推行资源税改革的条件：一方面是因为中国越来越重视节能环保，减少碳排放；另一方面，现在资源价格水平比较适中，是推行资源税改革的一个比较好的时机。资源税改革的准备工作已经相当充分，尽快推广开应该是水到渠成的事。2011年，资源税改革有望在全国全面推开。

2. 房地产市场

2010年3月9日，财政部和国家税务总局下发《关于首次购买普通住房有关契税政策的通知》（财税〔2010〕13号），明确规定：对两个或两个以上个人共同购买90平方米及以下普通住房，其中一人或多人已有购房记录的，该套房产的共同购买人均不适用首次购买普通住房的契税优惠政策。

2010年5月25日，为深入贯彻《国务院关于坚决遏制部分城市房价过快上涨的通知》（国发〔2010〕10号）精神，国家税务总局下发《关于加强土地增值税征管工作的通知》（国税发〔2010〕53号），要求把土地增值税预征和房地产项目管理工作结合起来，把土地增值税预征和销售不动产营业税结合起来；把预征率的调整和土地增值税清算的实际税负结合起来；把预征率的调整与房价上涨的情况结合起来，使预征率更加接近实际税负水平，改变目前部分地区存在的预征率偏低，与房价快速上涨不匹配的情况。通过科学、精细的测算，研究预征率调整与房价上涨的挂钩机制。

文件明确：东部地区预征率不低于2%，中部和东北地区不低于1.5%，西部地区不低于1%；核定征收率原则上不得低于5%。

作为2010年楼市调控的重要内容，发挥税收政策对住房消费和房地产收益的调节作用，正逐步明朗起来。清算土地增值税可以减少囤地、捂盘等投机行为，房产税征收则是使市场更多地回归到自住性需求、改善性需求决定的轨道上来。

从长远来看，遏制投资购房比例以及打击靠房产升值而获取暴利的炒房客最简单而又直接有效的方式，就是尽快征收物业税（房产税）或不动产税。按照国际惯例，物业税主要是针对土地、房屋等不动产，要求其承租人或所有者每年都缴纳一定税款，且税值随着不动产价值的升高而提高。物业税其实是把原有涉及房地产的土地出让金、土地增值税、契税、印花税等多种税费统一，把一次性的大额费用转化为分年度支出，其本质上则是对房地产征税方式的调整。一旦开征物业税，就会大大降低购房者在购买、流转过程中的成本，而其在持有环节的成本将大大提高。这也必将抑制投机型房产投资行为的冲动，从而起到净化市场秩序、防范泡沫的作用。

3. 金融证券行业

2010年是农村金融机构全面深化改革、迈向现代化农村金融企业的关键之年。当前，经济回升过程中仍然面临诸多不确定因素，农村金融机构经营中的新老矛盾相互交织、相互影响，进一步加大了银行业的潜在风险和监管难度。

2010年1月31日，指导“三农”工作的第七个中央一号文件推出了一系列强农、惠农新政策，首次提出要在3年内消除基础金融服务空白乡镇；拓展了农业发展银行支农领域，政策性资金将有更大的“三农”舞台。3月，银监会要求农村中小金融机构严防金融风险，不断巩固和持续提升支农服务主力军地位。

为支持农村金融发展，解决农民贷款难问题，财政部、国家税务总局联合下发《关于农村金融有关税收政策的通知》（财税〔2010〕4号），明确农村金融有关税收政策：自2009年1月1日至2013年12月31日，对金融机构农户小额贷款的利息收入，免征营业税，在计算应纳税所得额时，按90%计入收入总额。对保险公司为种植业、养殖业提供保险业务取得的保费收入，在计算应纳税所得额时，按90%比例减计收入。自2009年1月1日至2011年12月31日，对农村信用社、村镇银行、农村资金互助社、由银行业机构全资发起设立的贷款公司、法人机构所在地在县（含县级市、区、旗）及县以下地区的农村合作银行和农村商业银行的金融保险业收入减按3%的税率征收营业税。

根据财税〔2010〕35号文件，中和农信项目管理有限公司和中国扶贫基金会举办的农户自立服务社（中心）从事农户小额贷款取得的利息收入，按照财税〔2010〕

4 号文件第一条、第二条规定执行营业税和企业所得税优惠政策。

在证券市场方面，从 2010 年 1 月 1 日起，经国务院批准，对个人转让上市公司限售股所得征收个人所得税，但激励股除外。

4. 高新技术产业

研发机构采购国产设备可予以退税，应退税额按照增值税专用发票上注明的税额确定。属于增值税一般纳税人的研发机构购进国产设备取得的增值税专用发票，应在规定的认证期限内办理认证手续。2009 年 12 月 31 日前开具的增值税专用发票，其认证期限为 90 日；2010 年 1 月 1 日后开具的增值税专用发票，其认证期限为 180 日。

从 2010 年 3 月 22 日起，为鼓励外商投资设立研发中心，积极开展技术创新，对列入公告名单的外资研发中心，进口科技开发用品免征进口税收，采购国产设备全额退还增值税。

5. 进出口贸易

2010 年 3 月 30 日，经国务院批准，对融资租赁企业经营的所有权转移给境外企业的融资租赁船舶出口，在天津市实行为期 1 年的出口退税试点。按照规定，凡在内蒙古、辽宁、吉林、黑龙江、广西、新疆、西藏、云南行政区域内登记注册的出口企业，以一般贸易或边境小额贸易方式从陆地指定口岸出口到接壤毗邻国家的货物，并采取银行转账人民币结算方式的，可享受应退税额全额出口退税政策。

6. 农业、交通基础设施

2010 年 3 月 26 日，根据国务院批准的“十一五”期间对进口种子（苗）、种畜（禽）、鱼种（苗）和种用野生动植物种源的税收优惠政策，经审核，农业部 2010 年度种子（苗）、种畜（禽）、鱼种（苗）和种用野生动植物种源免税进口。

自 2010 年 1 月 1 日起，对中华人民共和国境内单位或者个人提供的国际运输劳务免征营业税。国际运输劳务是指：在境内载运旅客或者货物出境；在境外载运旅客或者货物入境；在境外发生载运旅客或者货物的行为。

7. 就业、社会保障、民政、民族

2010 年 1 月 5 日，财税〔2010〕3 号文件规定，从 2009 年 1 月 1 日至 2013 年 12 月 31 日，对四川、甘肃、陕西、重庆、云南、宁夏等 6 省（自治区、直辖市）汶川地震灾区农村信用社继续免征企业所得税。

（四）新一轮税制改革提速

在当前中国加快深化经济体制改革、转变发展方式的大背景下，税制改革被提到一个前所未有的高度。出台资源税改革方案、逐步推行房产税改革、研究开征环境税方案等等，当前市场关注的几大热门税制改革，悉数出现在发改委《关于2010年深化经济体制改革重点工作的意见》中，这意味着新一轮的税制改革正在提速。

在2009年全面实施增值税转型、成品油税费改革等一系列税改的基础上，2010年深化财税体制改革的重点除了资源税、房产税和环境税，还包括统一内外资企业和个人城建税、教育费附加制度，研究实施个人所得税制度改革和完善消费税制度。当前税制改革的原则就是要公平税收负担，规范收入分配秩序，促进经济健康发展。

2010年税制改革的重点是：

1. 完善资源税改革，适时在全国范围内推广，对开发、利用应税国有自然资源的中外纳税人统一征税。

2. 完善房地产税制，稳步推进物业税。将现行的房产税、城镇土地使用税、耕地占用税、契税和某些合理的房地产方面的行政性收费合并为统一的房地产税；税率根据不同地区、不同类型的房地产分别设计，由各地在规定的幅度以内掌握。例如，中小城市房地产的适用税率从低，大城市房地产的适用税率从高。普通住宅的适用税率从低，高档住宅和生产、经营用房地产的适用税率从高，豪华住宅和高尔夫球场加成征税。待时机成熟时将房地产税转化为物业税。

3. 试点推出碳税或环境污染税制度。在全球气温受到温室气体排放不断上升和人们倡导低碳经济生活的前提下，绿色税收越来越受到各国政府的普遍关注，开征保护环境方面的税收不仅可以实现保护环境减少污染的目的，还可减少对商品征税等的依赖，优化税制结构，从而降低税收扭曲效应。

4. 统一内外资企业和个人城建税、教育费附加制度。为筹集城镇维护建设和发展地方教育的资金来源，国务院分别于1985年和1986年颁布了《中华人民共和国城市维护建设税暂行条例》、《国务院征收教育费附加的暂行规定》。城建税和教育费附加开征以来，征收范围仅限于内资企业和我国公民，对外资企业和外籍个人一直未征收。为公平税费负担，创造公平竞争环境，应将城建税和教育费附加征收范围，扩大到外资企业和外籍个人。

5. 实施个人所得税制度改革，实行综合和分类相结合的个人所得税制度。可以预见，我国的个人所得税在不久的将来会成为我国的主体税种，把现行分类所得税制度渐进改革为综合和分类相结合的个人所得税制度，是顺应时代发展，进行结构性税制改革的客观要求。

6. 完善消费税，调整征税范围。对未征税的各类奢侈品和高档消费品征税，比如私人飞机和高档家具等；从资源和环境保护的角度考虑，增设一些税目，例如电池、一次性塑料制品等；适当提高奢侈品、高档消费品和不利于资源、环境保护的应税消费品的税率（税额标准），以加大税收调节力度。

7. 完善增值税。一方面扩大增值税的征收范围，适时将交通运输业、建筑安装业等适宜征收增值税的税目纳入增值税的征收范围；另一方面推进增值税立法，建立健全税收法制。

8. 完善企业所得税制度。根据国家对高新技术企业的所得税优惠政策，公司获得高新技术企业认定后3年内，按15%的税率征收企业所得税。而高新技术企业的认定过程要经企业申报、地方初审、专家审查、公示等一系列烦琐程序，在未认定期间不能享受优惠政策。这不利于中小企业的发展。需进一步完善相关制度使认定过程更加透明高效。

四、"十二五"时期宏观经济发展及税制改革趋势

(一)"十二五"时期国际经济背景

为应对金融危机和严重经济衰退，国际上各主要经济体都不同程度地采取了规模和力度空前的金融救援和经济刺激政策。在这些措施作用下，国际金融市场趋稳，世界经济总体有所好转，主要经济体经济开始走出衰退。特别是以中国为代表的新兴市场国家，有效遏止了经济增长明显下滑态势，在全球率先实现经济形势总体回升向好。但是，影响世界经济全面复苏的不稳定和不确定因素依然较多，不能简单地将经济回升向好等同于经济运行根本好转，世界经济将在较长时期处于一个以缓慢、复杂和曲折复苏为特征的后危机时代，已经或即将呈现如下一些特征：

1. 需求乏力是后危机时代的显著特征。此轮危机，是发达国家过度消费、发展中国家过度生产带来的商品和资本的需求—供给结构长期失衡矛盾的总爆发。在全球经济的再平衡过程中，总需求的萎缩将是一个显著特征，推动世界经济增长的总需求引擎将有所减速。中央经济工作会议也认为，当前投资和消费增长较快，很大程度上是政策作用的结果，社会投资意愿仍然不强，居民消费后劲不足，进一步扩大内需难度加大。在相当长的一个时期内，需求乏力将是全球经济复苏的重大障碍。

2. 结构调整是后危机时代的核心主题。金融危机爆发以来，各国把产业结构调整升级作为应对危机的重要举措，作为争夺未来发展制高点的核心战略，第五次产业结构调整升级的序幕已经拉开。在这个阶段，制造业加速与现代服务业互动融合。目前，发达国家生产性服务业的增加值总量已经占到全部服务业增加值的一半以上。同时，以服务外包为特征的产业转移加速成长，服务业占跨国直接投资的比重已超过50%。金融、电信等行业跨国并购正成为跨国投资的主要领域，汽车、化工、医药等传统制造业和新能源、新材料、电子信息等高新技术产业的转移叠加，将带来世界范围内新一轮的产业结构调整。

3. 自主创新是后危机时代的发展引擎。科技创新是产业更迭和经济持续发展的内生动力，在应对危机中，各国正在进行抢占科技制高点的竞赛，全球将进入空前的创新密集和产业振兴时代。如美国提出，让科学在解决国家最紧迫问题的过程中发挥作用，把开发清洁能源和新动力汽车作为其振兴经济、扩大就业、创造新的经济增长点的战略方向。欧盟把2009年定为“创造与创新年”，作为在全球化环境下应对经济危机的主要对策。日本、印度等大企业加速低价收购国外企业，从而快速获得海外市场、管理经验以及高端人才。我国也专门下发了《关于发挥科技支撑作用促进经济平稳较快发展的意见》，提出了六项支撑措施和四项政策条件保障，并且出台了《国家中长期科学和技术发展规划纲要》，着力提出实施16个重大科技专项。

4. 低碳经济是后危机时代的主攻方向。自英国最早提出“低碳经济”以来，当今世界已处于新能源、新产业、新生活方式革命的前夜。以发展新能源和鼓励科技创新为重要特征的低碳经济，不仅符合当前油价高企、气候变暖等问题对节能和新能源技术的迫切要求，还将产生一轮强大的生产需求，成为经济复苏和重塑竞争力的主攻方向。2009年夏季达沃斯年会就此达成共识，认为发展低碳经济是金融危机下世界经济突围的必然要求，也是全球经济结构调整的结果。低碳经济逐步被纳入世界各国的战略发展规划当中。

（二）中国经济发展的路径选择

后危机时代的到来，对发展中国家既是挑战，也是机遇，为区域经济实现跨越式发展提供了前所未有的广阔前景。中国积极应对国际金融危机的挑战，必须根据世界经济发展的新趋势，基于对现阶段我国经济增长内在机理的客观认识，实施有针对性的政策措施，及时调整发展路径，力争走出一条全新的发展路子来。

1. 充分发挥内需的拉动作用。改革开放以来，外需增长对我国经济的拉动功不可没，但投资和消费更是拉动经济的主要动力。特别在危机影响短时期难以消除的背景下，全球总需求萎缩是一个不可避免的趋势，我国外贸增长速度很难恢复到过去的 20% ~ 30% 的水平。后危机时代，更加需要注重发挥内需在经济增长中的重要作用。一是要进一步扩大投资。新增投资的重点要逐步从传统的基础设施领域，转向经济社会发展薄弱环节，在保持中央新增投资的同时，应及时出台刺激民间投资的政策。二是要进一步促进消费，要加快建立健全就业促进和服务体系，形成合理的收入分配格局，加快完善社会保障体系，积极促进消费结构升级，更加注重扩大服务性消费，加强消费的软环境建设，充分发挥居民消费对经济增长的拉动作用。

2. 加速产业结构调整。目前我国总体上处于工业化中期阶段，产业结构调整的任务较重，国家及时出台了十大产业调整振兴规划，并将推进产业结构调整作为当前和今后一个时期的紧迫任务，作为转变发展方式的重要抓手。

3. 加强技术创新。2009 年中央经济工作会议强调了创新发展的概念，明确要求立足于我国经济长远发展和在国际竞争中掌握主动权，加大对自主创新的支持，不断提高研发能力，努力在制约经济社会发展的关键技术、核心技术方面取得突破性进展，支撑战略性新兴产业发展。

4. 积极培育现代服务业。中央明确提出要积极促进服务业发展，并将其作为扩大居民消费需求的重要增长点，结构调整的重要着力点。从现实看，现代服务业已经成为当代世界经济发展的潮流，服务的价值在产品价值链中所占比重越来越大，产品设计、原料采购、仓储运输、订单处理、批发经营、终端零售，创造 90% 的产值。目前我国餐饮、旅游等传统服务业发展较快，但信息、科技、金融、物流等现代服务业发展滞后。因此，必须加快现代服务业的发展：放宽行业准入；加快服务业支撑体系建设；大力培育现代物流业；不断拓宽服务外包业务；加快现代金融保险业的发展。

5. 提高对外开放的能力和水平。中央对未来一段时期外贸工作的总体思路是“保份额、调结构、促平衡”。我们认为，越是在外需萎缩的困难时期，越要坚持对外开放，抓住危机带来的机遇，不失时机地提高我国对外开放的能力和水平。

（1）树立坚持开放的意识。危机使发达国家正失去或退出一部分市场，同时经济刺激计划也增加了新的市场。我们应该从国际国内条件的变化中抢抓新的发展机遇，从国际国内优势的互补中创造新的发展条件，在不断强化的国际国内竞争中加快转变发展方式，更充分地利用好国际国内两个市场、两种资源，牢牢把握对外开放的主动权。

（2）提升开放型经济水平。在支持劳动密集型出口企业发展的同时，加快转变外贸增长方式，促进加工贸易转型升级，提高出口产品的科技含量和附加值。抓住国际低成本机遇，重点引进先进技术装备、关键零部件、重要能源资源和原材料，增加重要物资的战略储备。积极鼓励和引导外商投资先进装备制造业、现代服务业、现代农业、高新技术和节能环保产业，提升引资的质量。支持各类有条件的企业对外投资和开展跨国并购，充分发挥大型企业在“走出去”中的主力军作用，把工厂转移到对象国，由“产地销”变为“销地产”。

（3）切实维护国家经济安全。我们要善于利用国际通行规则，妥善处理分歧和摩擦，注意趋利避害，维护经济安全，在双赢和共赢中谋效益、求发展。

6. 加快体制机制改革步伐。我国现有体制有利于经济增长速度“铺摊子”，但对发展质量“上水平”的支持力度不足。下一步，要以深化市场化改革为基本路径，加快形成有利于科学发展的基础制度。收入分配制度方面，居民要成为收入分配的主体，不仅要有劳动收入，还应当有财产性收入，政策上应鼓励企业职工正常分享企业的经营利润，探讨社会财富由政府向民间转移的途径和办法。城乡体制方面，改变城乡二元结构，推进城乡基本公共服务均等化，加快农村土地管理制度改革，赋予农民永久土地使用权，推进土地流转，提高农民土地资本收益。投资体制方面，不仅要打破垄断，为民营经济创造良好的制度环境，还要建立资源要素市场化、环境成本内部化的制度安排。金融体制方面，积极探索、逐步放开人民币对境外贷款的限制，推进人民币对外投资，加快人民币国际化进程，尽快实现从比较优势向综合竞争优势的转变。行政体制方面，加快机构改革和职能调整，使政府成为公共产品的供给者、社会利益的协调者、公共安全的维护者，实现经济建设型政府向公共服务型政府的转变，更好地履行市场经济“守夜人”的职责。

（三）“十二五”税制改革的主要设想

1. 基于生产发展的税收政策

（1）进一步完善增值税

第一，要最大限度地把商品及劳务服务纳入增值税的征税范围。增值税征税范围的扩大意味着营业税征税范围的缩小，为避免中央与地方尚不稳定的利益关系再受冲击，可扩大增值税的税基和征收面，先将矛盾较为突出的交通运输业、建筑业及销售不动产等与增值税密切相关的劳务纳入增值税的征税范围，待条件成熟后再将其他劳务纳入增值税征税范围。

第二，在将不动产和建筑安装业改为征收增值税的基础上，将固定资产统一纳入增值税征扣税范围。同时，应该采取循序渐进的步骤，第一步仅对固定资产中的机器设备免征增值税，第二步再考虑对厂房以及其他固定资产免征增值税。固定资产是构成企业增值的一项重要内容，无论是实行欧盟型还是现代型增值税的国家均将固定资产纳入增值税扣税范围，这是实施完善增值税制的必然要求，是决定能否彻底消除重复征税的一个重要方面。此项改革将惠及所有经营单位，特别是对鼓励投资兴办新企业、鼓励技术改革、对振兴房地产业和装备制造业等高投入行业的发展，具有重要意义。

对于使用过的存量固定资产采用收入型增值税，对新增固定资产采用消费型增值税。使用过的存量固定资产是已经发生的投资行为，如果这部分进项税额予以抵扣的话，数额巨大，会对国家的财政收入产生严重影响。如果这部分税额不予抵扣的话，经营好的企业在同等条件下就宁愿购买新的固定资产，而不愿实施兼并，这样又不利于企业进行资产重组。在过渡时期可以考虑对使用过的存量固定资产采用收入型增值税，即在购进固定资产时，只允许扣除当期应计入成本的折旧，而不是像消费型增值税那样，扣除固定资产的全部进项税额。这样处理既可减轻财政收入的压力，又可在一定程度上消除不予抵扣的弊端。

第三，将目前已纳入增值税范围、达到征税规模以上的“小规模纳税人”，由目前的按全额征收增值税，统一改为按增值税征扣税办法征税，使这部分企业也可以把增值税从企业成本中分离出来，彻底消除因征税方式不同而产生的不合理税收负担，进一步增强企业的活力。采取此项措施，不仅对减轻中小企业的负担，扩大就业具有重大意义，而且对完善和规范我国增值税制同样具有重要意义。

第四，强化专用发票管理，适时推出增值税电子发票。借鉴欧盟等国家和地区关于电子发票管理的经验，依托日渐成熟、完善的“金税工程”，在增值税管理方面适时推出电子发票，提升专用发票电子化管理水平，从而降低增值税管理风险，减少税务机关的征税成本和纳税人的税收遵从成本。

（2）支持高新技术产业发展的税收政策

逐步实现税收优惠由以直接为主向直接优惠方式和间接优惠方式相结合的转变。直接优惠方式和间接优惠方式各有特点，也各有利弊，从国际税收实践来看，各国侧重于将二者结合使用。间接优惠对企业来说主要是延迟了应纳税的时间，相当于从政府那里获得了一笔无偿贷款，而且间接优惠有利于形成“政策引导市场，市场引导企业”的有效优惠机制，也有利于体现公平竞争原则。借鉴国外经验，我国对高新技术产业的税收优惠方式也应做出调整，不能仅以降低税率、定期减免税为主要优惠方式，而应广泛采用间接优惠办法。具体来说可实行以下几种方法：

第一，加速折旧和投资抵扣。为鼓励高新技术产业的发展，加速高新技术产业创新的过程，对供研究开发、试验或质量检验用的仪器设备，以及节省能源的机器备，可采用加速折旧的方法。同时，允许企业在计算缴纳所得税的同时，将一定比例的用于科技开发的固定资产和相关的研究开发费用抵扣其应纳所得税额。

第二，扩大税前扣除项目。为减轻高科技产业的税收负担，对高科技产业的技术性费用、研究开发费、新产品试制费、宣传广告费等允许税前扣除；对于高科技产业在税前按一定标准提取部分资金用于奖励科研成果的科技奖励资金允许税前扣除；对高科技产业在效益好的时候，按一定比例预提的风险准备金，应允许在税前扣除。

第三，实现税收优惠从以地域优惠为主向以产业优惠为主的转变。扶持高新技术企业发展的税收优惠应尽量少区域性税收优惠，而要以产业性优惠为导向，以项目优惠为主。首先看其是否从事高新技术产业，然后看企业所从事的研究开发项目、科技开发投入等。税收优惠应改变目前只对单位（如高科技企业、科研院所）和对科研成果的范围限制，而转向对具体研究开发项目的优惠。凡是符合条件的企事业单位，不论是否处于高科技园区，都应享受税收优惠。东部地区、高科技园区和经济技术开发区内应逐步取消税收直接优惠方式，采用税收间接优惠方式。在西部地区，配合西部开发“点面结合”的发展战略，开发初期可以在经济技术开发区和高科技园区实行一定的税收直接优惠。随着开发进程的推进，逐渐减少区域优惠，清理和调整东西部税收优惠差异，以便达到公平的效果。

第四，税收优惠要在企业所得税优惠的基础上兼顾科技工作者的个人所得优惠最终都要归结到对科技人员个人的科技税收优惠上。针对现行科技税收政策中对人力资本激励措施存在的缺陷与不足，应完善与高新技术企业发展相适应的税收优惠措施。要改革高新技术企业的计税工资标准，直接和彻底的办法是比照软件行业，对高新技术企业的工资费用予以税前扣除。在过渡期内，可以较大幅度地提高高新技术企业的计税工资标准，以减轻高新技术企业的实际税收负担。要强化对高科技人才个人所得税的优惠措施：对高科技人才在技术成果和技术服务方面的收入可比照稿酬所得，按应纳所得税额减征 30%；适当扩大对科技研究开发人员技术成果奖励的个人所得税的免税范围；对高等院校、科研机构以股份或出资比例等股权形式给予科技人员个人的有关奖励，予以免征个人所得税的优惠政策，并将这一政策规定的实施扩大到企业的范围。

（3）促进现代服务业发展的税收政策

① 在改革中，应当立足于对我国的税收制度和管理体制进行全面的调整。

我国现有税收制度和征收管理体制，从总体上看，还是建立在传统的加工制造业基础之上的，与现代服务业发展的客观需要存在着相当的差距。因此，在制定“十二五”计划过程中，要充分体现经济结构调整和经济发展方式转变的要求。

第一，对现代服务业的税收扶持，应制定国家层面的政策，整体设计，全面推进。

第二，税收制度的改革应当本着分步实施、重点推进的方针，扎实稳妥地逐步进行。

第三，应当比照 20 世纪 80 年代引进外商投资企业和现在鼓励高新技术企业发展的税收优惠政策，在“十二五”计划期间，制定和实施鼓励现代服务业发展的税收优惠政策。

第四，应当比照我国推进增值税转型的办法，对一些税种的改革在部分地区和部分行业先行先试。

② 关于涉及现代服务业总体发展共同的税收政策问题

a. 涉及服务外包业发展的税收鼓励政策问题

b. 企业所得税优惠政策问题

c. 扩大保税区税收政策问题

③ 促进金融业发展的税收鼓励政策

a. 关于营业税方面的政策建议

第一，银行发放各类贷款实行差别税率政策，具体建议是：

对现代服务业企业发放流动资金和中短期投资贷款按照 3% 的税率计征营业税；

对现代服务业中的中小企业和高风险企业按照 1%~3% 的税率计征营业税。

第二，保险公司保费收入实行差别税率政策，具体建议是：

对高风险投资企业投保费收入实行 3 年免税、3 年以后减按 3% 的税率计征营业税；对各类保险产品，按照赔付率的大小，实行 1.5%、3% 和 5% 的分级税率计征营业税。

第三，对数据处理、数据结算等金融服务业企业，按照实际营业收入征收营业税。

b. 关于个人所得税方面的政策建议

第一，金融企业的高级管理人员试点实行多元扣除标准，住房租金、继续教育费用、通讯交通费用等允许进行税前抵扣。

第二，海外引进的高级管理人才，允许按照未来改革后的个人所得税税率水平从低征收所得税（大约 5%~35%，5 级超额累进制）。

④ 促进航运及现代物流业发展的税收鼓励政策

a. 关于营业税方面的政策建议

第一，在全行业实行 3 年减半征收政策。

第二，明确划分企业经营收入和往来代收收入，彻底解决多环节重复征收的问题。

b. 关于个人所得税方面的政策建议

第一，高级管理人员试点实行多元扣除标准，住房租金、继续教育费用、通讯交通费用等允许进行税前抵扣。

第二，常年在外的远洋轮船海员的工资收入，可比照“非居民纳税人”的标准，将他们收入的一部分从海外机构发放，减按海外机构所在地的较低税率纳税。

⑤ 关于促进信息服务产业的税收鼓励政策

a. 关于增值税方面的鼓励政策

第一，淡化软件生产和软件服务的区别，让整个信息服务业都能够享受到增值税先征 17%，后返 14% 的税收优惠政策。

第二，软件出口同样享受出口退税的政策。

b. 关于个人所得税方面的鼓励政策

第一，高级管理人员试点实行多元扣除标准，住房租金、继续教育费用、通讯交通费用等允许进行税前抵扣。

第二，承接非本企业工作任务时，应当允许其个人收入按照“劳务报酬所得”项目，分别进行费用扣除和计征税款。

⑥ 关于促进文化创意产业的税收鼓励政策

a. 全面落实财政部、海关总署和国家税务总局《关于支持文化企业发展若干税收政策问题的通知》(财税〔2009〕31 号)，对文化创意产业在增值税、营业税和企业所得税等税种的优惠政策实施上采取切实可行的措施。

b. 关于个人所得税方面的鼓励政策

第一，高级管理人员试点实行多元扣除标准，住房租金、继续教育费用、通讯交通费用等允许进行税前抵扣。

第二，设计、创作人员的收入，应根据具体情况，分为工资部分和劳务报酬及稿酬等部分，实行分别计税，多元扣除。

2. 基于生态良好的税收政策

随着各国经济的高速发展，国际上环境污染和资源短缺问题越来越突出，为了实现可持续发展，绿色税收在各国应运而生。人们把以环境保护为目的而采取的各种税收措施形象地称为“绿色税收”。我国现行的“绿色税收”主要是有关环境保护的税收政策与措施，虽然也有助于环境保护，但其效果却有限。这主要是因为我国的“绿色税收”没有形成完善的制度，各税种自成体系，相对独立，且各税种的设计存在缺陷，并且没有设置专门的环境保护税种，此外，各种税收优惠形式单一、不成体系。这些都不利于对环境和资源进行保护。这就需要政府对现行“绿色税收”体系进行改革和完善。

（1）完善资源税

我国现行的资源税不是专门的环境保护税，只是对开采煤、石油、天然气、矿产品、盐等自然资源所取得的收益征收的一种税。由于资源税收入大部分归地方，往往会引起对自然资源的过度开发，加剧了生态环境的恶化。资源税的改革和完善要从三方面入手：

首先，应扩大征税范围，将水、森林和草场等可再生但已遭到严重破坏的资源纳入征税范围，以解决我国目前严重缺水、土壤沙化、水土流失等问题。然后扩大到所有矿藏和非矿藏资源，再将土地、海洋、地热、动植物等资源都纳入征收范围，建立一般性质的资源税，弱化原有调节级差收益的功能，向所有自然资源开采单位和个人普遍征收，最终实现政府通过征税调节自然资源的供给和需求、进而影响自然资源配置的目的。

其次，应完善计税依据。对从量定额征收的应税资源的计税依据，由现行的销售或使用数量改为实际开采或生产数量，使纳税人能够从成本或市场需求出发合理开采资源，提高资源的开发利用率，也便于从源头控制，防止税款流失。

最后，调整税率。对所有应税资源普遍调高单位税额或税率，适当拉大不同档次税率之间的差距，通过提高税负和运用差别税率强化国家对自然资源的保护和管理，防止资源的乱采滥用。

（2）开征环境保护税

我国当前最亟须解决的问题是企业对大气和水的污染问题、工业和生活固体废弃物的污染方面的问题，以及对城市环境和居住环境造成污染的问题。因此，在现阶段政府可以针对这些问题开征税收：

第一，大气污染税和水污染税。目前政府已经对二氧化硫征收排污费，在时机成熟时可以实施“费改税”，开征二氧化硫税，同时应该将征税范围扩大到二氧化碳等其他有害气体。目前政府只对水的开发和污水排放收费，应尽快“改费为税”，开征水污染税。

第二，固体废弃物税。政府可以先对工业生产排放的废渣以及各类污染环境的工业垃圾征税，然后逐步扩展到对农业废弃物、生活废弃物征税。具体税种可有润滑油税、旧轮胎税、饮料容器税、废旧电池税、一次性饮料瓶税等。

第三，对城市环境和居住环境造成污染的行为征税，比如噪声税、工业拥挤税、车辆拥挤税等。

（3）建立完整的燃油税

各种迹象表明，国际基本的能源局势已经发生了变化，高油价时代已经来临；加之国内中国石油与中国石化的双寡头垄断格局，在规避石油价格风险方面缺乏足够的动力。在国内外的双重力量影响下，决定了油价难以下滑。借鉴国外征收燃油税的经验，实行高油价政策，既可以抑制燃油的消耗，又能够促使汽车节油技术的发展和小型节能车型的普遍使用。所以，开征燃油税引起油价的上涨并不会影响我国经济发展的全局。相反，油价上涨的“积极效应”可以促使消费者节约用油，可以缓解我国对石油的需求。其次，燃油税不是简单的加税，而是上缴方式的改变，即从缴纳养路费改为缴纳燃油税。如果税率确定适当，对绝大多数车辆来说费用负担并不会明显增加。在油价高位时开征燃油税不会对汽车消费者带来额外的负担，不会对消费者心理承受能力造成冲击，反而能够增强消费者的责任意识和风险意识。

2009 年实施的所谓燃油税，实际上是对原来的燃油消费税的调整，并不是独立完整的新税种。只通过消费税提价并不能解决目前存在的问题，从长远来看，仍然需要建立一个独立完整的燃油税体系，针对汽油、柴油、煤油、液化气和重燃油等石油产品征收燃油税。同时由于我国燃油生产比较集中，中国石油天然气集团公司和中国石油化工集团公司集中了我国90%以上的成品油生产，并且这两家公司都属于中央国有企业，监管体系健全，内部治理规范，财务制度完善，有利于燃油税征收管理。因此，在生产环节征收燃油税，征管难度较小，能够保证税款足额征收。

随着中国经济的高速增长，能源消耗越来越大，我国已经成为世界上第二大石油消费国，同时汽车保有量迅速上升。道路基础设施建设已无法满足社会需求，大排量高耗油汽车超常增长，汽车尾气排放大量增加，环境污染日益严重。通过开征燃油税来解决上述问题将是我们必然的选择。开征燃油税可以有效地解决消费者追求高排量机动车、落后车型与超龄服役的车辆难以及时退出、车辆的维修保养不到位等问题，减少机动车对大气的污染，有效地达到节约能源、减少污染排放的目的。

3. 基于社会稳定的税收政策

（1）适时开征社会保障税

社保由费转税，主要是因为目前社保基金存在两大问题：首先，社保局征收的社保基金使用效果并不好。由社保局征收，必定要单独找一批人去进行企业财务核算，监控企业工资，通过类似税务总局的征管软件，去进行调查、稽核、征缴，这个过程就产生了行政工作的浪费。其次，是资金的安全问题。社保基金以费的形式进入地方金库，有可能产生贪污和浪费，造成社保基金损失。最典型的案例就是上海社保案。目前我国的国库是分层级的。如果费改为税，中央将把这笔资金统一调拨到中央财政金库，就不再是地方代理。如果是费，就要进入各级政府，政府可以掌控银行账户。社保由费转税有利于提高社保资金的统筹层级，打破各省“各自为政”的局面。

目前，我国的社会保障覆盖范围较为狭窄、保障水平低，城乡、区域社会保障差距较大等，成为社会突出的矛盾和热点问题。这些存在的问题，使得开征社会保障税对我国具有重要意义。开征社会保障税是完善社会保障制度的一种很好的做法。开征社会保障税可以扩大覆盖面、多方面筹资、实现专款专用等，也可以更加增强群众的社会保障意识，为我国将迎来的老龄化社会做好充足的准备。除此之外，开征社会保障税也为我国继续完善税制迈出了很大的一步。

我国大多数的城乡居民家庭收入比较稳定，为我国开征社会保障税提供了稳定的税源基础。随着我国对社会保障事业的关注，社会保险覆盖面有所扩大，人们的意识也逐渐增强，而针对我国面临经济危机时遇到的失业问题和农民工的社会保障等一些问题，都使得我国具有开征社会保障税的环境。

（2）进一步推进个人所得税制度的全面改革

我国现阶段个人所得税应以公平为主要目标，以调节收入为主要任务，这是由我国个人所得税的性质以及现阶段的国情所决定的。我国正处于经济社会发展的关键时期，目前的目标任务是建设团结稳定的社会主义和谐社会。适当的收入差距可以促进效率，但收入差距过大则会影响社会的不稳定。个人所得税的完善要实现公平与效率的最佳结合，并符合建设和谐社会的要求。

参考文献

[1] 刘佐．2009年我国税收政策与制度的重大调整（摘编）．税收与经济，2010(1)

[2] 安体富．当前世界减税趋势与中国税收政策取向．经济研究，2002(2)

[3] 夏杰长，尚铁力．自主创新与税收政策：理论分析、实证研究与对策建议．税务研究，2006(6)

[4] 倪红日．运用税收政策促进我国节约能源的研究．税务研究，2005(9)

[5] 马拴友．税收优惠与投资的实证分析——兼论促进我国投资的税收政策选择．税务研究，2001(10)

[6] 夏杰长．技术进步与经济增长的实证分析及其财税政策．财经问题研究，2002(11)

[7] 安体富，龚辉文．可持续发展与环境税收政策．涉外税务，1999(12)

[8] 高培勇．通货紧缩下的税收政策选择——关于当前减税主张的讨论．经济研究，2000(1)

[9] 曾国祥．税收政策与企业科技创新．财贸经济，2001(3)

[10] 漆亮亮．美国的生态税收政策及其启示．税务研究，1999(2)

[11] 邓子基，王道树．论转轨时期我国个人收入的分配及其税收政策．财贸经济，1997(8)

分项报告三

中国税制改革回顾与展望

税收制度是我国经济制度的重要组成部分，并随着经济社会的发展变化而不断进行改革调整，税收制度的改革又反过来作用于经济。可以说，我国对税收制度的改革一直没有停止，2009年税制改革只是我国"新一轮税制改革"和"十一五"规划的组成部分，对其回顾需要放在整个税制改革和"十一五"规划的背景下。近年来，我国税收制度进行了哪些重大改革？对于这些改革我们又该如何评价？现有税制还存在哪些问题和改革空间？发达市场经济国家有哪些税制改革经验可以为我们所借鉴？又该如何进一步完善我国现有税收制度？本报告将对以上问题进行分析。

一、2009年我国税制改革回顾

(一)改革背景

2009年税制改革，是我国新一轮税制改革的组成部分，也是我国第十一个五年规划的组成部分。因此，回顾我国2009年的税制改革，需要将其放在我国新一轮税制改革和"十一五"规划的背景下进行。

1. 中共十六届三中全会：开启新一轮税制改革

2003年10月14日，中国共产党第十六届中央委员会第三次全体会议通过《中共中央关于完善社会主义市场经济体制若干问题的决定》。其中对于新一轮税制改革进行了明确安排，要求按照"简税制、宽税基、低税率、严征管"的原则，稳步推进税收改革。具体包括如下八项内容：(1)改革出口退税制度。(2)统一各类企业税收制度。(3)增值税由生产型改为消费型，将设备投资纳入增值税抵扣范围。(4)完善消费税，适当扩大税基。(5)改进个人所得税，实行综合和分类相结合的个人所得税制。(6)实施城镇建设税费改革，条件具备时对不动产开征统一规范的物业税，相应取消有关收费。(7)在统一税政前提下，赋予地方适当的税政管理权。(8)创造条件逐步实现城乡税制统一。

2. "十一五"规划：推进新一轮税制改革

2006年3月16日发布的《国民经济和社会发展第十一个五年规划纲要》要求，在"十一五"期间从以下九个方面完善税收制度：(1)在全国范围内实现增值税由生产型转为消费型。(2)适当调整消费税征收范围，合理调整部分应税品目税负水平和征缴办法。（3）适时开征燃油税。（4）合理调整营业税征税范围和税目。（5）完善出口退税制度。（6）统一各类企业税收制度。（7）实行综合和分类相结合的个人所得税制度。（8）改革房地产税收制度，稳步推行物业税并相应取消有关收费。（9）完善城市维护建设税、耕地占用税、印花税。

3. 2009年的税制改革任务

2009年5月25日，《国务院批转发展改革委关于2009年深化经济体制改革工作意见的通知》（国发〔2009〕26号）对2009年税制改革做出安排：（1）加快推进财税体制改革，建立有利于科学发展的财税体制；（2）全面实施增值税转型改革；（3）统一内外资企业和个人城建税、教育费附加等税收制度；（4）研究推进综合和分类相结合的个人所得税制度；（5）研究制定并择机出台资源税改革方案；（6）加快理顺环境税费制度，研究开征环境税；（7）深化房地产税制改革，研究开征物业税。

4. 2010年税制改革任务

2010年5月31日，《国务院批转发展改革委关于2010年深化经济体制改革重点工作意见的通知》（国发〔2010〕15号）对2010年深化财税体制改革做出如下安排：（1）出台资源税改革方案；（2）统一内外资企业和个人城建税、教育费附加制度；（3）逐步推进房产税改革；（4）研究实施个人所得税制度改革；（5）完善消费税制度；（6）研究开征环境税的方案。

（二）新一轮税制改革的具体内容

1. 出口退税机制改革

我国原有的出口退税机制中一些亟待解决的矛盾和问题日益显现，如出口退税的负担机制不尽合理，出口退税缺乏稳定的资金来源等。这些问题的存在使出口退税资金无法及时得到保证，导致欠退税问题十分严重，而且呈现逐年增长的势头，并影响企业正常经营和外贸发展，也给财政金融运行带来隐患，损害政府的形象和信誉。为此，国务院决定，从2004年起对原有的出口退税机制进行改革。

此次改革的指导思想是，按照“新账不欠，老账要还，完善机制，共同负担，推动改革，促进发展”的原则，对历史上欠退税款由中央财政负责偿还，确保改革后不再发生新欠，同时建立中央、地方共同负担的出口退税新机制。根据《国务院关于改革现行出口退税机制的决定》（国发〔2003〕24号），改革的具体内容规定如下：

（1）适当降低出口退税率。本着“适度、稳妥、可行”的原则，区别不同产品

调整退税率：对国家鼓励出口产品不降或少降，对一般性出口产品适当降低，对国家限制出口产品和一些资源性产品多降或取消退税。

（2）加大中央财政对出口退税的支持力度。从2003年起，中央进口环节增值税、消费税收入增量首先用于出口退税。

（3）建立中央和地方共同负担出口退税的新机制。从2004年起，以2003年出口退税实退指标为基数，对超基数部分的应退税额，由中央和地方按75∶25的比例共同负担。

（4）推进外贸体制改革，调整出口产品结构。通过完善法律保障机制等，加快推进生产企业自营出口，积极引导外贸出口代理制发展，降低出口成本，进一步提升我国商品的国际竞争力。同时，结合调整出口退税率，促进出口产品结构优化，提高出口整体效益。

（5）累计欠退税由中央财政负担。对截至2003年年底累计欠企业的出口退税款和按增值税分享体制影响地方的财政收入，全部由中央财政负担。其中，对欠企业的出口退税款，中央财政从2004年起采取全额贴息等办法予以解决。

新机制在运行中也出现了一些新情况和新问题，主要是地方负担不均衡，部分地区负担较重，个别地方甚至限制外购产品出口、限制引进出口型外资项目等。为此，国务院决定，在坚持中央与地方共同负担出口退税的前提下完善现有机制。2005年，国务院出台《国务院关于完善中央与地方出口退税负担机制的通知》（国发〔2005〕25号），规定如下：调整中央与地方出口退税分担比例。国务院批准核定的各地出口退税基数不变，超基数部分中央与地方按照92.5∶7.5的比例共同负担。规范地方出口退税分担办法，各省（区、市）根据实际情况，自行制定省以下出口退税分担办法，但不得将出口退税负担分解到乡镇和企业；不得采取限制外购产品出口等干预外贸正常发展的措施。所属市县出口退税负担不均衡等问题，由省级财政统筹解决。改进出口退税退库方式，出口退税改由中央统一退库，相应取消中央对地方的出口退税基数返还，地方负担部分年终专项上解。

2. 企业所得税改革

为进一步完善社会主义市场经济体制，适应经济社会发展新形势的要求，为各类企业创造公平竞争的税收环境，根据党的十六届三中全会关于“统一各类企业税收制度”的精神，2007年3月16日，第十届全国人民代表大会第五次会议审议通过了《企业所得税法》，同日胡锦涛主席签署中华人民共和国主席令第63号，自2008年1月1日起施行。

《企业所得税法》实现了五个方面的统一，具体是：统一税法并适用于所有内外资企业，统一并适当降低税率，统一并规范税前扣除范围和标准，统一并规范税收优惠政策，统一并规范税收征管要求。与《外商投资企业和外国企业所得税法》及其实施细则、《企业所得税暂行条例》相比，《企业所得税法》及其实施条例的重大变化，还表现在以下方面：一是法律层次得到提升，改变了过去内资企业所得税以暂行条例（行政法规）形式立法的做法；二是制度体系更加完整，在完善所得税制基本要素的基础上，充实了反避税等内容；三是制度规定更加科学，借鉴国际通行的所得税处理办法和国际税制改革新经验，在纳税人分类及义务的判定、税率的设置、税前扣除的规范、优惠政策的调整、反避税规则的引入等方面，体现了国际惯例和前瞻性；四是更加符合我国经济发展状况，根据我国经济社会发展的新要求，建立税收优惠政策新体系，实施务实的过渡优惠措施，服务我国经济社会发展。

3. 增值税改革

增值税制的一大优点是能够避免生产专业化过程中的重复征税问题。根据对外购固定资产所含税金扣除方式的不同，增值税制分为生产型、收入型和消费型三种类型。1994 年，我国选择采用生产型增值税，一方面是出于财政收入的考虑，另一方面则是为了抑制投资膨胀。随着我国社会主义市场经济体制的逐步完善和经济全球化的纵深发展，推进增值税转型由生产型向消费型改革的必要性日益突出。

党的十六届三中全会明确提出要适时实施这项改革，"十一五"规划明确在"十一五"期间完成这一改革。自 2004 年 7 月 1 日起，在东北、中部等部分地区已先后实行了改革试点，试点工作运行顺利，达到了预期目标。2008 年 11 月 5 日，国务院第 34 次常务会议修订通过了《增值税暂行条例》，并以国务院令的形式发布，自 2009 年 1 月 1 日起施行。条例主要作了以下五个方面的修订：

一是允许抵扣固定资产进项税额。修订前的增值税条例规定，购进固定资产的进项税额不得从销项税额中抵扣，即实行生产型增值税，这样企业购进机器设备税负比较重。为减轻企业负担，修订后的增值税条例删除了有关不得抵扣购进固定资产的进项税额的规定，允许纳税人抵扣购进固定资产的进项税额，实现增值税由生产型向消费型的转换。

二是为堵塞因转型可能会带来的一些税收漏洞，修订后的增值税条例规定，与企业技术更新无关且容易混为个人消费的自用消费品（如小汽车、游艇等）所含的进项税额，不得予以抵扣。

三是降低小规模纳税人的征收率。修订前的增值税条例规定，小规模纳税人的征收率为 6%，根据条例的规定，经国务院批准，从 1998 年起已经将小规模纳税人划分为工业和商业两类，征收率分别为 6% 和 4%，修订后的增值税条例对小规模纳税人不再设置工业和商业两档征收率，将征收率统一降至 3%。

四是将一些现行增值税政策体现到修订后的条例中。主要是补充了有关农产品和运输费用扣除率、对增值税一般纳税人进行资格认定等规定，取消了已不再执行的对来料加工、来料装配和补偿贸易所需进口设备的免税规定。

五是根据税收征管实践，为了方便纳税人纳税申报，提高纳税服务水平，缓解征收大厅的申报压力，将纳税申报期限从10日延长至15日。明确了对境外纳税人如何确定扣缴义务人、扣缴义务发生时间、扣缴地点和扣缴期限的规定。

增值税转型改革，允许企业抵扣其购进设备所含的增值税，将消除我国当前生产型增值税制产生的重复征税因素，降低企业设备投资的税收负担，在维持现行税率不变的前提下，是一项重大的减税政策，有利于鼓励投资和扩大内需，促进企业技术进步、产业结构调整和经济增长方式的转变。在金融危机正在对实体经济产生重大不利影响的背景下，适时推出增值税转型改革，对于增强企业发展后劲，提高我国企业竞争力和抗风险能力，克服国际金融危机对我国经济带来的不利影响，具有十分重要的作用。

4. 消费税改革

随着我国经济的快速发展，现行消费税制的一些问题开始显现：一是征税范围只限于11个应税品目，范围有些偏窄；二是原来确定的某些属于高档消费品的产品，已逐渐具有大众消费的特征；三是有些应税品目的税率结构与国内产业结构、消费水平和消费结构的变化不相适应；四是消费税促进节约资源和环境保护的作用有待加强。

为此，根据十六届三中全会精神和“十一五”规划要求，2006年，国家对消费税制度进行了改革与完善。此次消费税政策调整遵循了以下三个基本原则：充分发挥消费税调节功能的原则，引导有关产品的生产和消费；优化税率结构、体现税收公平的原则，更好地发挥消费税的调节作用；便利税收征管、兼顾财政收入的原则，减少税收流失。根据《财政部 国家税务总局关于调整和完善消费税政策的通知》(财税〔2006〕33号)，消费税调整主要有两个内容：一是对消费税的应税品目进行有增有减的调整。(1)新增加了高尔夫球及球具、高档手表、游艇、木制一次性筷子、实木地板等税目，并将汽油、柴油两个税目取消，增列成品油税目，汽油、柴油作为该税目下的两个子目，同时将石脑油、溶剂油、润滑油、燃料油、航空煤油等油品作为五个子目征收消费税；(2)取消了“护肤护发品”税目，同时将原属于护肤护发品征税范围的高档护肤类化妆品列入化妆品税目。二是对原有税目的税率进行有高有低的调整。

2008年11月5日，国务院第34次常务会议修订通过了《消费税暂行条例》，并以国务院令的形式发布，自2009年1月1日起施行。条例主要作了以下两方面的修订：

一是将1994年以来出台的政策调整内容，更新到新修订的消费税条例中，如：部分消费品（金银首饰、铂金首饰、钻石及钻石饰品）的消费税调整在零售环节征收、对卷烟和白酒增加复合计税办法、消费税税目税率调整等。

二是与增值税条例衔接，将纳税申报期限从10日延长至15日，对消费税的纳税地点等规定进行了调整。

5. 营业税改革

2008年11月5日，国务院第34次常务会议修订通过了《营业税暂行条例》，并以国务院令的形式发布，自2009年1月1日起施行。条例主要作了以下四个方面修订：

一是调整了纳税地点的表述方式。为了解决在实际执行中一些应税劳务的发生地难以确定的问题，考虑到大多数应税劳务的发生地与机构所在地是一致的，而且有些应税劳务的纳税地点现行政策已经规定为机构所在地，将营业税纳税人提供应税劳务的纳税地点由按劳务发生地原则确定调整为按机构所在地或者居住地原则确定。

二是删除了转贷业务差额征税的规定。这一规定在实际执行中仅适用于外汇转贷业务，造成外汇转贷与人民币转贷之间的政策不平衡，因此，删除了这一规定。

三是考虑到营业税各税目的具体征收范围难以列举全面，删除了营业税条例所附的税目税率表中征收范围一栏，具体范围由财政部和国家税务总局规定。

四是与《增值税暂行条例》衔接，将纳税申报期限从10日延长至15日。进一步明确了对境外纳税人如何确定扣缴义务人、扣缴义务发生时间、扣缴地点和扣缴期限的规定。

6. 燃油税改革

在历经15年的几度曲折之后，2009年燃油税改革终于取得了重大进展。但这次改革并没有提出要开征新的燃油税种，而是提高已有的成品油消费税税负。按照《国务院关于实施成品油价格和税费改革的通知》（国发〔2008〕37号），财政部和国家税务总局出台《关于调整部分成品油消费税政策的通知》（财税〔2008〕19号），文件规定，自2009年1月1日起提高成品油消费税税率：（1）将无铅汽油的消费税单位税额由每升0.2元提高到每升1.0元；将含铅汽油的消费税单位税额由每升0.28元提高到每升1.4元。（2）将柴油的消费税单位税额由每升0.1元提高到每升0.8元。（3）将石脑油、溶剂油和润滑油的消费税单位税额由每升0.2元提高到每升1.0元。（4）将航空煤油和燃料油的消费税单位税额由每升0.1元提高到每升0.8元。

此次，成品油价税改革意义重大，具有以下六个方面的积极作用：

（1）实现费改税是此次成品油价税费改革的基本考虑，也是此次改革最重要的成果。我国的公路收费制度为促进公路建设大发展起到了极为重要的作用，但也带来一系列问题，诸如费用管理难度大，一些地方出现乱收费、资金挪用等问题；给人们出行带来不便，特别是二级及以下等级公路多在农村，增加了农民的支出；不能体现公平原则，在原有的收费体制下，用油多与用油少、用路多与用路少承担基本相同的费用，等等。费改为税后，这些问题就可以得到根本解决。由于费改税涉及全国十几万公路员工、中央与地方利益的调整、公路建设资金管理体制改革等多方面问题，此项改革自20世纪90年代提出，并进行了实质性推动，但由于种种原因，一直延至现在。此次燃油税费改革可谓十年磨一剑。

（2）调节燃油消费，促进节能环保。提高燃油消费税就是要向社会明确发出这样一个信号，即中国不能再维持一个低油价、低油税、高耗油、高石油依存度的石油消费格局，而要鼓励节能环保。对于高耗油群体就是要通过增加税负使其消费行为进行调整。如多开车的，税负增加了，就可能要少开车。中国的现实和城市交通状况不可能让我们长期延续一个美国式的石油消费模式。对于高耗油的产业，税负增加就可能改变企业的成本，如果企业因此不能再延续基于低成本的生产要素而形成的低成本优势，就必须进行转型，中国也不可能一直靠低油价来支撑一个粗放式的增长方式。对于汽车产业来讲，提高燃油消费税负，有利于节能环保汽车的开发与应用，这也向国内汽车企业发出明确的信号，如果无视全球汽车产业的升级与变革，很可能会步入美国汽车产业的后尘。

（3）明晰和平衡国家、石油企业和消费者之间的利益关系。长期以来，由于价税改革不到位，国家、石油企业与消费者之间的利益关系长期被扭曲。要么是政府得不到应得的税收，要么是石油企业因为价格管制而使炼油业务陷入亏损，要么是消费者因为价格问题而牢骚满腹。启动消费税制，就从法律意义上明确了政府在成品油上的所得和所用，明确了企业和消费者各自应承担的责任与负担，减少了因为规则和政策模糊而导致的利益冲突。

（4）增强政府对油价的间接调控能力。石油价格剧烈波动不利于经济和社会稳定，对价格过多进行干预也不利于发挥市场机制的作用。通过税收机制可在逐步减少政府对价格直接干预的情况下，增强政府对油价的间接调控能力。如油价过高时，政府可降低燃油税负；反之，则可提高燃油税负。有了这样一个新机制，就为我们下一步深化成品油价格机制改革奠定了重要基础。

（5）改变人们对成品油价格的评价理念。成品油价税改革之所以争论很大，一个重要原因是社会上对成品油价格的评价理念和评价标准混乱。在国外，成品油价格由两部分组成：一个是市场形成的价格，一个是政府附加其上的税收，二者合起来构成一国或一地的成品油零售价。由于各地税负差别大，所以各地成品油零售价差别也非常大。在国内，人们经常认为各国零售价就应该是一样的，或者认为美国零售价就代表全世界的水平，中国不应该对成品油征税，中国成品油税负过高，等等。这些误解一度时间甚至成为主导社会舆论的标准。通过提高燃油税负，最重要的目的并不在于税负会增加多少，而是要向消费者传递用油就要纳税、价税评价应科学的正确信号。

（6）促进新能源和替代能源的发展。中国石油对外依存度已接近50%，发展新能源和替代能源是必然选择。油价低时，新能源和替代能源的发展将会放缓。如果在油价之外增加或增强一个燃油税工具，就可通过对燃油加税、对新能源和替代能源减免税的这种税收对冲机制，来实现促进新能源和替代能源发展的目的。

7. 涉农税制改革

我国农业税制是在计划经济体制下形成的，在新中国成立以后，它曾经为积累原始工业资本、建立我国独立自主的工业体系做出了历史性贡献。但是，在国民经济发展进入新的历史阶段，在现代市场经济条件下，单独对农业开征农业税的这种城乡二元税制格局已经相当不适应形势发展的要求。

根据十六届三中全会“逐步实现城乡税制统一”的要求，中央提出2004年取消除烟叶以外的农业特产税，总体上降低农业税税率1个百分点，有条件的地方可以进一步降低农业税税率或免征农业税。温家宝总理在十届人大二次会议上明确宣布，将在5年内取消农业税。2006年，全面取消农业税的任务已实现，原定5年取消农业税的目标提前两年实现。这一在中国历史上绵延了几千年的古老税种终结，既反映了我国经济实力不断增强，也体现了推进统筹城乡经济社会发展、建设社会主义和谐社会的明确政策导向。

8. 资源税改革

资源税是以自然资源为征税对象的税种，其主要目的是调节资源级差收入，体现资源有偿开采，促进资源节约使用。改革前，我国资源税的征税范围包括原油、天然气、煤炭、黑色金属矿原矿、有色金属矿原矿、其他非金属矿原矿和盐等7个税目大类，均按量规定定额税负计征，如原油的资源税税额为每吨14元至30元，天然气为每千立方米7元至15元。近年来，随着我国经济持续、快速发展，资源产品日益增长的需求与资源有限性、稀缺性的矛盾越来越突出，资源税税制存在与经济发展和构建资源节约型社会要求不相适应的问题。一些资源产品，特别是原油、天然气等能源产品的现有资源税税额标准已明显偏低，不利于资源的合理开发和节约使用；在从量定额征税方式下，资源税税额标准不能随着产品价格的变化及时调整，不利于发挥税收对社会分配的调节作用；资源税属于地方税，由于资源税税负较低，地方所获受益不明显等。

资源税制改革在2010年取得突破。2010年6月，财政部和国家税务总局联合下发了《财政部 国家税务总局关于印发〈新疆原油天然气资源税改革若干问题的规定〉的通知》（财税〔2010〕54号），规定，资源税费改革于2010年6月1日起率先在新疆进行，标志着我国资源税改革迈出了坚实的一步。

此次资源税制改革的主要内容：一是原油、天然气资源税以其销售额为计税依据，实行从价计征，税率为5%。二是为了鼓励一些低品位和难采资源的开采，提高资源回采率，对稠油、高凝油和高含硫天然气和三次采油实施减征资源税的政策。三是为便于征管，对开采稠油、高凝油、高含硫天然气和三次采油的纳税人暂按综合减征率的办法落实资源税减税政策。

2010年7月5至6日，在中共中央和国务院召开的西部大开发工作会议上，再次提出进一步将资源税改革推广到整个西部地区。

9. 城镇土地使用税改革

1988年公布实施的《城镇土地使用税暂行条例》是依据20世纪80年代中期的经济发展水平、土地利用状况及相关政策制定的。近年来，随着土地有偿使用制度的实施、经济的发展和土地需求的不断增加，原城镇土地使用税的一些规定已明显滞后于经济形势发展变化的要求：一是税额标准太低，每平方米土地年税额最高只有10元，最低仅为0.2元，这与我国人多地少、土地资源极为紧缺的现状以及近年来日益攀升的地价水平是极不适应的；二是对外商投资企业不征税，税负有失公平。近几年，为了抑制投资过热，促进合理开发利用土地，中央采取了一系列宏观调控措施，特别加强了土地的管理，但一些地区和行业固定资产投资增长过快、乱占滥用土地的现象仍然严重。而城镇土地使用税作为我国目前在土地保有环节征收的唯一税种，长期以来税负偏低，2005年全国城镇土地使用税收入为137亿元，2006年177亿元，占全国税收总收入的比重不足0.5个百分点，难以发挥其经济调节作用。而且，城镇土地使用税税额偏低，也影响了地方政府根据经济发展状况及时调整土地等级和税额的积极性。此外，外资企业使用土地不缴纳城镇土地使用税，造成内外资企业用地成本的差异，不利于不同经济类型的企业共同协调发展，也不符合市场经济公平竞争的原则。因此，需要对原城镇土地使用税暂行条例的有关内容进行调整和完善。

为落实国家宏观调控政策和完善城镇土地使用税税制，2006年8月1日，《中共中央 国务院转发〈国家发展和改革委员会关于上半年经济形势和做好下半年经济工作的建议〉的通知》（中发〔2006〕14号）明确提出了“提高城镇土地使用税单位税额，严格控制减免税范围”的要求。8月31日，国务院下发的《关于加强土地调控有关问题的通知》（国发〔2006〕31号）又进一步明确指出：提高城镇土地使用税征收标准，财政部会同国土资源部、法制办要抓紧制定具体办法。经国务院常务会议审议，2006年12月31日，发布了《关于修改〈中华人民共和国城镇土地使用税暂行条例〉的决定》，提高了城镇土地使用税的税额幅度，明确对外商投资企业和外国企业征收城镇土地使用税，并相应修订了《城镇土地使用税暂行条例》。修改的具体内容是：

（1）提高了城镇土地使用税税额幅度

修订后的《城镇土地使用税暂行条例》将税额标准提高了2倍，调整后的土地使用税每平方米年税额：大城市1.5元至30元；中等城市1.2元至24元；小城市0.9元至18元；县城、建制镇、工矿区0.6元至12元。考虑到城镇土地使用税的税负水平应与各地经济发展水平和土地市场发育程度相适应，条例仍授权各省级人民政府根据当地实际情况在上述税额幅度内确定本地区的适用税额幅度。

（2）将外资企业纳入城镇土地使用税征税范围

修订后的《城镇土地使用税暂行条例》在第二条中增加了第二款：将第一款中使用土地的单位和个人定义为:“前款所称单位，包括国有企业、集体企业、私营企业、股份制企业、外商投资企业、外国企业以及其他企业和事业单位、社会团体、国家机关、军队以及其他单位;所称个人，包括个体工商户以及其他个人。”即:把在城市、县城、建制镇、工矿区范围内使用土地的外商投资企业、外国企业和外籍个人也确定为城镇土地使用税的纳税人，应当依照条例的规定缴纳土地使用税。

10. 车船使用税改革

1951年，政务院发布了《车船使用牌照税暂行条例》，开征车船使用牌照税。1986年，国务院发布了《中华人民共和国车船使用税暂行条例》，开征车船使用税。按有关规定，该暂行条例不适用于外商投资企业和外国企业，因此，对外商投资企业和外国企业仍依照《车船使用牌照税暂行条例》的规定征收车船使用牌照税。

以上两个税种自开征以来，在组织地方财政收入，调节和促进经济发展方面发挥了积极作用。但随着社会主义市场经济体制的建立和完善，尤其是我国加入WTO后，两个暂行条例在实施中遇到了一些问题。一是内外两个税种，不符合税政统一、简化税制的要求；二是缺乏必要的税源监控手段，不利于征收管理；三是车船使用牌照税税额55年没有调整，车船使用税税额也已20年没有调整，随着经济的发展，两个税种的税额标准已明显偏低。基于这种情况，国务院决定合并两个暂行条例，制定《中华人民共和国车船税暂行条例》（以下简称《车船税暂行条例》），开征车船税以取代原车船使用牌照税和车船使用税。

新的车船税针对车船使用牌照税和车船使用税存在的问题，在适用范围、税收性质、税目税额、减免税范围和征管等几个方面进行了完善：

一是合并两个税种。将现行的车船使用牌照税和车船使用税合并为车船税，统一适用于各类纳税人。同时，将纳税人由现行的“拥有并且使用车船的单位和个人”改为“车辆、船舶的所有人或者管理人”，这样既有利于界定纳税人，也有利于建立和完善我国的财产税体系。

二是适当调整了税目分类和税额标准。将车辆、船舶税额表合并为《车船税税目税额表》，将二轮和三轮摩托车合并为一类，将不同吨位的机动船合并为一类。条例没有对车船的税目进行分类，而是授权财政部、税务总局在《车船税税目税额表》规定的税目范围内具体明确，以便将来财政部、税务总局综合考虑车船税的性质和节能环保等方面的要求，制定具体税目分类及税额或税额幅度。考虑到改革开放以来我国经济发展迅速，以及目前各地实际执行情况等因素，条例对车船的年税额标准也进行了适当调整。

三是对车船税的减免项目进行了调整。考虑到公平税负、拓宽税基的原则要求，条例一方面取消了对经营性车船（如港作车船、工程船）、由财政负担经费的单位（如国家机关、事业单位、人民团体）的自用车船免税的规定，取消了确有困难的纳税人由省级政府予以定期减免税的规定；另一方面，为了保护环境，照顾低收入群体，落实中央关于建设社会主义新农村的精神，将非机动车船（不包括非机动驳船）、拖拉机和捕捞、养殖渔船列入免税范围，并授权省级政府可以对城乡公共交通车船给予定期减免税。

四是加大了税收征管力度。条例规定，从事机动车交通事故责任强制保险业务的保险机构为机动车车船税的扣缴义务人，在销售机动车交通事故责任强制保险时代收代缴车船税。

11. 耕地占用税改革

1987年国务院发布了《中华人民共和国耕地占用税暂行条例》（以下简称“原条例”）。原条例实施后的一段时间，曾对保护耕地、促进土地资源合理利用起到了积极的作用。有关数据显示，1982年～1986年的5年间，全国耕地每年减少600万亩。开征耕地占用税后，各项非农业建设占用耕地呈逐年减少的趋势。1987年全国非农业建设占用耕地267万亩，这一数字仅相当于原条例实施前的一半，1988年减少为244万亩，1989年又减少到132万亩，耕地占用税的开征有效控制了耕地占用的规模和速度。由于当时国家还没有开征土地出让金，耕地占用税在用地成本中的比例一般在20%左右，调节作用十分显著。但在随后的近20年内，我国经济经历了一个高速发展时期，根据当时背景确定的税率现在看来已明显偏低，耕地占用税在用地成本中所占的比例越来越低，2006年对全国40个重点城市的抽样调查显示，这一比例均不到1%。耕地占用税征收范围偏窄、税负偏轻、税负不公的问题也日益突出，其保护耕地的作用日益弱化，调节职能的发挥也受到了制约。在当前国家实施最严格的耕地保护制度形势下，修订耕地占用税条例，进一步加大税收调节力度，保护耕地，势在必行。

作为加强耕地保护，缓解我国耕地资源紧缺问题和土地供需矛盾的政策“组合拳”的一部分，国务院于2007年12月1日批准了修订后的《耕地占用税暂行条例》（以下简称“新条例”），并以国务院第511号令形式发布。主要作了四个方面的修改：

（1）提高税额标准

新条例提高了征收标准，将每平方米税额在原条例的基础上提高了4倍。新条例同时规定，占用基本农田的，适用税额应当在当地适用税额的基础上提高50%。新条例将耕地占用税的征收标准提高了4倍，主要考虑了以下因素：一是物价上涨因素。根据国家统计局公布的统计数字，2006年居民消费价格指数比1987年上涨了2.2倍。二是地价上涨因素。根据抽样调查结果显示，2006年平均地价水平比1987年上涨了6倍多。除去一些误差因素，地价上涨幅度也远远高于物价上涨幅度。耕地占用税占用地成本的比例越来越低。1987年时耕地占用税占用地成本的比例一般在20%左右，但据抽样调查，2006年全国40个重点城市这一比例均不到1%。耕地占用税税额幅度提高4倍，可基本保持1987年时的实际税负水平，发挥耕地占用税保护耕地、调节占地的应有职能。三是贯彻落实国家最严格的耕地保护制度因素。通过提高耕地占用税税额幅度，减少占用耕地，充分利用城市现有土地。四是更多的筹集用于“三农”的资金。2006年中央1号文件要求“提高耕地占用税税率，新增税收应用于‘三农’”。综合上述因素，这次修订将耕地占用税征收标准提高4倍。

（2）将外资企业纳入征税范围

将外商投资企业和外国企业纳入征税范围，是市场经济条件下公平税负的要求。在社会主义市场经济条件下，市场主体需要在一个平等、公平的环境中进行竞争。外资企业和内资企业，都是平等的市场主体，应该公平地承担税负。取消对外资企业的税收超国民待遇，并不是对外资企业的税收歧视，而是公平税负的必然要求。统一内外资企业的耕地占用税制度，为市场主体提供统一的税收环境，有利于市场机制功能的发挥。

（3）扩大了征税对象范围

新条例第三条第一款对征税对象作了如下规定：“占用耕地建房或者从事其他非农业建设的单位和个人，为耕地占用税的纳税人，应当依照本条例规定缴纳耕地占用税。”按此规定，耕地占用税的征税对象是指占用耕地建房或从事其他非农业建设的行为。其中，决定耕地占用税征税对象有两方面要素：一是建设行为，二是被占耕地。按照用途，应税的建设行为可分为两种，一是建房，不管所建房屋是从事农业建设，还是从事非农业建设，只要占用耕地建设永久性建筑物，都要缴纳耕地占用税。二是从事非农业建设，不管是否建房，均应课税。从征税对象方面来讲，将征税对象扩大到了整个农用地。纳税人占用除耕地以外的农用地，比如林地、牧草地、农田水利用地和养殖水面等，均应按照条例规定，缴纳耕地占用税。

（4）计税依据按批准和实际占地面积孰大原则确定

耕地占用税是从量定额的税种，依据纳税人占用耕地的实际面积计税。但现实征管中，一般情况较为复杂。因此规定耕地占用税的计税依据应按照批准面积和实际占地面积孰大的原则确定，即：纳税人实际占地面积（含受托代占地面积）大于批准占地面积的，以实际占地面积计税；批准占地面积大于实际占地面积的，以批准占地面积计税。

按照国务院关于“严格控制减免税”的要求，遵循公平税负的原则，新条例对原政策中有关减免税项目进行了调整，取消了原条例中有关铁路线路、飞机场跑道、停机坪、炸药库等项目占用耕地免税的规定，增加了享受低税额优惠的项目，即铁路线路、公路线路、飞机场跑道、停机坪、港口、航道占用耕地，减按每平方米2元的税额征收耕地占用税。

（5）加强了对耕地占用税的征收管理

据介绍，原条例没有明确规定耕地占用税的纳税义务发生时间，只规定了耕地占用税的缴款期限为“经土地管理部门批准占用耕地之日起的30日内”。在实际征管过程中，纳税人经土地管理部门批准后，倘若不去缴税，征收机关就很难掌握情况，更难以对其进行有效控管。因此，如何在纳税人领取农用地转用审批文件前，就将耕地占用税税款征收入库，是保证耕地占用税征管质量的重要前提。新条例对缴款期限作了重新规定，即：“土地管理部门在通知单位或者个人办理占用耕地手续时，应当同时通知耕地所在地同级地方税务机关；获准占用耕地的单位或者个人应当在收到土地管理部门的通知之日起30日内缴纳耕地占用税；土地管理部门凭耕地占用税完税凭证或者免税凭证和其他有关文件发放建设用地批准书。”通过这样规定，一方面将缴纳耕地占用税作为领取农用地转用审批文件的先置条件，可以有效控管税源；另一方面，也明确了土地管理部门的协税护税义务，强化土地管理部门和征收机关间的配合协作，可以实现对耕地占用税的有效征管。

12. 物业税改革

从2003年至今，物业税的改革时刻牵动着各方的关注。物业税的改革牵扯的问题颇多，其影响也较大和较深远，所以也显得颇为谨慎，进展较为缓慢。其中若干标志性事件如下：

（1）2003年10月，物业税改革在中共十六届三中全会上正式提出，该次会议通过的《中共中央关于完善社会主义市场经济体制若干问题的决定》提出："实施城镇建设税费改革，条件具备时对不动产开征统一规范的物业税，相应取消有关收费。"由此"物业税"的概念开始正式进入国人的视野。

（2）国家税务总局于2005年开始在北京、深圳、重庆、宁夏、辽宁和江苏对物业税实行"空转"。2007年9月初，国家税务总局和财政部在第一批"空转"的省市之外又批准安徽、河南、福建和天津4省市作为第二批物业税"空转"试点地区。

（3）2009年5月25日，国务院在批转发改委《关于2009年深化经济体制改革工作意见》的通知中提出："深化房地产税制改革，研究开征物业税"。

（4）2010年4月，重庆针对住房保有环节开征的"特别房产消费税"上报财政部。

（5）2010年5月，上海提出拟将持有的多套住房解释为经营性房产，并依据现有《房产税暂行条例》，对其征收保有环节的税收。

（6）2010年5月31日，国务院发文要求"深化财税体制改革"和"逐步推进房产税改革"。

13. 个人所得税改革

我国个人所得税虽然近年来在加强征管等方面出台了不少的政策文件。但是改革的目标——实行综合和分类相结合的个人所得税制，仍未实现，尚处于研究过程中。

14. 环境税改革

环境税的设置是经济社会发展的要求，亦符合世界税收制度发展的趋势。环境税的设置同样是一个涉及面广，影响深远的税种。目前，尚处于研究过程中。

（三）对新一轮税制改革的评价

由上可见，自十六届三中全会以来和"十一五"期间，我国税收制度改革取得了众多突破性的进展，如企业所得税统一、增值税转型、消费税完善、营业税制修订、城乡税制统一、出口退税机制改革、燃油税改革实现、资源税改革推进、城镇土地使用税改革、车船税改革、耕地占用税改革等。上述改革均取解决了一些亟须解决的重要问题，取得了重大进展。虽然未来仍需要不断改革调整以适应经济社会发展的需要，但从目前来看，在跟上经济社会发展的步伐上取得了进步，"拖后腿"的问题不再明显。

而物业税、个人所得税和环境税的改革离预期的目标尚有一定距离，仍在进行之中，其原因是多方面的。但改革的方向是完全正确的，符合科学发展的要求和经

济社会的需要。

总之，我国新一轮税制改革的成绩有目共睹，基本实现预期任务，对我国经济社会的发展必将发挥积极的作用，同时也为进一步深化税收制度改革打下了坚实的基础。

二、我国当前税收制度存在的主要问题

税收制度是我国社会主义市场经济制度的重要组成部分，需要不断地随着经济社会的发展变化而改革。我国当前的税收体系及其制度框架是在 1994 年分税制改革的基础上形成的，该税收体系在过去的 17 年间对我国的经济发展和社会进步发挥了重要的作用。17 年间，我国经济社会形势发生了巨大的变化，金融危机又进一步暴露了我国经济和相关税收制度的深层次问题，因此，在“十一五”税制改革即将结束之际，有必要在现有基础上，找出我国税收制度存在的更深层次的问题，以期在“十二五”及更长的时期内，进一步推进我国的税收制度改革。

(一)现有税制导致税收规模持续增长不合理

1. 税收收入规模不合理的表现

税收收入规模是衡量税收制度是否合理的一个重要指标。根据公共财政的原理，税收收入的合适规模应根据经济社会发展阶段所需的公共产品和服务来确定。过低的税收收入规模必然影响政府职能的实现和经济社会的运行，如我国 1994 年分税制改革前出现的“两个比重”过低的现象。过高的税收收入规模则意味着私人部门收入规模的下降，从而影响私人投资和消费，同样影响经济和社会的运行，近年来，我国税收收入规模持续高速增长即引起关注。

我国税收收入规模存在的问题可以从以下两组数据看出：第一，1995–2009 年的 15 年间，不扣除物价因素的 GDP 平均增幅为 13.9%，而税收收入的平均增幅为 17.9%，也即税收以年平均超出 GDP0.4% 的速度增长，税收占 GDP 的比重也由 1995 年的 9.9% 一路上升，最高为 2008 年的 18%，2009 年略有下降为 17.7%①。第二，我国财政收入的“超收”规模不断增大，2003–2009 年超收规模分别为 1214 亿元、

① 以上数据为作者计算得出，1994–2008年数据来源于《中国统计年鉴》(2009)，2009年数据来源于国家统计局网站和财政部网站。

2826亿元、2394亿元、3337亿元、7094亿元、2809亿元、2246亿元[①]，而税收的增收又是财政超收的主要原因（2008年税收收入占全部财政收入的比重为88.4%[②]），这反映了我国税收收入超出了年初预算的支出需要。

2. 税收收入规模不合理的危害

税收收入持续快速增长，国库资金相对变充裕，政府有更多的钱可用于发展各项事业和推进各项改革，还可以消减财政赤字，但是其存在的问题与负面影响也不容忽视。

（1）体制复归危险与目标的缺失

在既定的GDP盘子内，财政收入的规模大了，企业和居民的收入规模就小了。财政收入的增速快了，企业和居民收入的增速就慢了。财政收入占的份额多了，企业和居民收入占的份额就少了[③]。同时，伴随着财政收入的增加，财政支出也呈同步增加之势，税收收入增长与财政支出膨胀相互推动、交相攀升。而我们计算的财政支出规模还只是预算内的政府支出，并非是政府的全部支出。若以实际发生的政府支出口径计算，还需加上当年未列入预算的偿还到期国债支出、统筹层次不一的社会保障支出、预算外支出和制度外支出等几个类别的支出项目。以2005年为例，政府支出规模占GDP的比重数字，起码要提升至30%左右。这个数字，已经接近或相当于1978年的水平。新中国历史上的最高水平发生在1960年，为39.3%。这不禁让人产生国家对资源配置格局出现“体制复归”的担心。

我们所面临的一个严峻的问题是：在改革之初，我们曾将降低财政支出占GDP的比重作为改革的目标。从1978年的30.8%降至1995年的11.3%。之后，这一比例开始持续提升，并达到目前这样的水平。而且只要财政收入的增速快于GDP的增速，财政收入在GDP中的占比就会不断增加，财政支出的比重也将不断增加，虽然金融危机暂时改变了收入上升的局面，但由于我国采取积极的财政政策应对金融危机，支出比重并未下降。同时，收入下降更多是受到金融危机的冲击而出现的被动下降，支撑税收高速增长的体制性和制度性因素仍然存在，一旦危机过去，那么税收收入持续增长的局面将可能重演。如果说1994年税制改革后的最初几年，财政支出占GDP比重的提升带有矫正性质，那么，在经过了持续十几年的提升之后，我们是否有必要继续提升这个比重？如果有必要，它的目标值又是多少？我们已经到了重新审视资源配置格局并重新评估目标取向的时候了[④]。

① 2006年前数据来源于《中国财政年鉴》（2007），2007年、2008年、2009年预算数分别来自于《关于2007（2008、2009）年中央和地方预算收入执行情况与2008（2009、2010）年中央和地方预算草案的报告》。

② 以上数据根据《中国统计年鉴》（2009）“中央和地方财政主要收入项目（2008）”数据计算得出。

③ 高培勇：《换一个角度看“增收”》，《经济》2007年第9期。

④ 高培勇：《中国税收持续高速增长之谜》，《经济研究》2006年第12期。

（2）削弱了预算的完整性和法定性

超预算收入由于脱离预算之外，破坏了预算的完整性。按照我国目前的规定，“中央预算超收收入可以用于弥补中央财政赤字和其他必要支出。如果在中央预算执行过程中，需要动用超收收入追加支出，应编制超收收入使用方案，由国务院财政部门及时向财政经济委员会和预算工作委员会通报情况。国务院应向全国人民代表大会作预计超收收入安排使用情况的报告。”[①] 也就是所谓的“报告制”。地方政府超预算收入的使用大抵也采用“报告制”。因此，在中国现行的预算管理体制下，“超收”收入的动用和决策基本上在行政系统内完成，而未纳入人民代表大会的审批视野。即便在形式上要走某些程序，通常的情形也是先支用，后通报。故而基本的情形是，每年形成的“超收”，都要不打任何折扣地转化为当年的“超支”[②]。这导致我国目前超预算收入的支出相对于预算支出而言，监督力度缺乏，这在一定程度上也增加了财政支出的随意性，并带来一系列的问题：

比如，年末突击花钱。按惯例，对于财政超预算收入的支出一般在年底作出安排，而近几年的实践表明，我国的超预算收入基本上全部用于追加当年财政支出，这样做极易导致年末突击“花钱”现象的产生，即年末特别是12月份的财政支出大幅超过以前月份水平。

又如，主动追求超收。由于超收多，就意味着政府可自由支配的支出就多。这导致一些政府部门对于“超收”的态度也走了样：由被动地接受“超收”的结果演化为主动地追求“超收”的目标。还有的在制定预算时，想尽办法降低预算收入数，从而为超收打“埋伏”。

再如，导致政府支出的膨胀。由于超收几乎都转化为了超支，因此，超预算收入的增长就导致了超预算的支出，从而导致政府支出的膨胀。这部分膨胀性支出使用不好，就不可避免地会带来财政资金的浪费和低效率。

3. 税收收入规模不合理的原因

关于税收的超常增长，存在“三因素”和“六因素”说。其中“三因素”是指：经济增长、政策调整和加强征管[③]；“六因素”是指，经济增长、物价上涨、GDP与税收的结构差异、累进税率制度、加强税收征管和外贸进出口对GDP与税收增长的影响差异[④]。

然而，在这些因素的背后，有些是基本因素（如经济增长），有些是短期因素（如

① 《全国人大常委会关于加强中央预算审查监督的决定》（1999年12月25日）。
② 高培勇：《中国税收持续高速增长之谜》，《经济研究》2006年第12期。
③ 金人庆：《中国当代税收要论》，人民出版社2002年版。
④ 谢旭人：《谢旭人答记者问》，《中国财经报》2006年6月13日。

政策调整），而导致税收长期大幅超过GDP增长的原因，一定是一些较为稳定且特殊的制度性因素。

表面上看，税收征管因素是导致我国税收持续高速增长的重要原因。来自国家税务总局的分析报告表明，中国税收的综合征收率从1994年的50%左右提升到2003年的70%以上。其中，占整个税收收入50%左右的第一大税种——增值税的征收率由1994年的58%提升到2004年的86%。进一步看，导致税务机关巨大的“征管空间”的深层原因，则在于税收制度。

中国的现行税制在其诞生时，就预留了很大的“征管空间”。1994年税改中，一个重要的考虑便是，为保证既定税收收入目标的实现，在当时税收的征收率偏低的实际情况下，税制的设计就必须留有余地，从而使我国法定税负①和实征税负②在1994年税改时便的形成巨大的差距，为后来的增收留下了巨大的空间。税务机关的工作目标之一，就是不断加强征管。可以预计，随着税务部门的人员素质和技术装备水平越来越高，税收征管工作的力度将会越来越大，法定税负和实征税负之间的距离将会越来越拉近。从而，由此而引发的诸方面矛盾也会越来越尖锐③。

当前，重新评估纳税人负担，并重新审视我国现有税制，已经十分必要。任何一个国家的税收制度，总要植根于一定的经济社会环境，并随着经济社会环境的变化而做相应调整。经济社会环境变化了而现行税制未变，是围绕税收收入的持续高速增长而牵动的种种矛盾现象的根本原因④。

(二)现有税制结构不利于调节贫富差距

1. 我国现有税制结构的特点

货物与劳务税、所得税和财产税是构成税收制度的三大主要税系，其组成结构也是衡量一个税收制度是否合理的重要内容。不同税种由于其特点和功能不同，对经济社会的影响也不同。如货物与劳务税很容易随价格转嫁，会产生效率损失，并且在调节公平方面也往往具有累退性；而一般认为所得税和财产税较难转嫁，不扭曲资源配置，且具有累进性。因此，税制结构的合理设置对于经济社会发展具有重要意义。

我国三大税系的结构特点可以概括为货物与劳务税占主体，个人所得税规模较

① 法定税负，即现行税制所规定的、理论上应达到的税负水平。
② 实征税负，是税务部门的征管能力能够实现的、实际达到的税负水平。
③ 高培勇：《我国税收持续高速增长之谜》，《经济研究》2006年第12期。
④ 同上。

小，财产税缺失。以2008年为例，国内增值税、国内消费税、营业税、关税占税收总收入的比重分别为33.2%、4.7%、14.1%、3.3%，合计达55.3%；企业所得税占税收总收入的比重为20.6%，个人所得税为6.9%[①]；直接以非经营性居民财产为课税对象的财产税尚为空白。

2. 现有税制结构存在的弊端

以上税制结构与我国改革之初的经济状况和征管水平相适应，是我国转轨时期“效率优先，兼顾公平”的思想的体现，对于筹集财政收入和调动各方积极性发挥了重要作用。但是随着经济形势的变化，这一税制结构的负面效应日益显现。

首先，货物与劳务税不利于调节贫富差距。其显著特点是税负可以转嫁，纳税人和负税人不一致，法定纳税人是生产销售货物和劳务的企业和个人，而实际的负税人则是广大消费者。这一特点加剧了不同人群、不同地区和城乡之间贫富差距。从不同人群的税负来看，一般认为穷人用于消费支出占其财富的比重要比富人要高，因此，其负担的货物与劳务税相对较高，不利于调节贫富差距。从不同地区来看，生产销售企业主要位于大中城市和经济发达地区，这些地区获得大量的货物与劳务税收入，而遍布全国的消费者（包括非生产销售地区和广大农村地区）却要负担相当部分的转嫁税负，而当地却未获得任何税收收入，不利于地区间和城乡间贫富差距的调节。

其次，个人所得税无法发挥调节贫富差距的作用。从收入规模来看，2008年我国个人所得税占全部税收收入的比重仅为6.9%，与不少成熟市场经济国家个人所得税为中央政府第一大税种的情况有很大差别。从纳税主体来看，我国个人所得税的纳税群体主要是工薪阶层和个体工商户，与成熟市场经济国家中占人口比例少数的富人是个人所得税重要来源的情况相去甚远。从税制设置来看，我国现有的个人所得税仍实行分类征收，不利于综合反映个人的收入情况，也无法将其合理支出在费用扣除中体现，因此，无法真正地对个人（家庭）收入差距进行有效调节。从税收征管来看，现有的信息获取和整合水平，尚不能掌握个人全部收入信息，尤其是在有多处获取收入、没有扣缴义务人等情况下，税款流失严重。

最后，居民财产差距没有税收进行调控。个人的贫富差距由反映财富流量的收入和反映财富存量的财产共同组成。从国际经验来看，财产中的不动产通常是税收调控的对象。通常对居民住房在保有环节征收财产税，过多占有房产者需要为其享受的公共服务支付更多的费用，同时对于房产的增值收益也部分地通过财产税收归国有。因此，财产税往往被认为是具有累进性的税种，具有调节贫富差距的作用。

① 以上数据根据《中国统计年鉴》（2009）“中央和地方财政主要收入项目(2008)”数据计算得出。

我国税收在这一领域的空白，不利于对居民房地产财产差距进行调节。

(三)现行分税制体制不适应经济发展方式转变

我国1994年分税制财税体制改革的一项重要内容便是建立一种新的中央地方税收收入的分配制度。该制度的设置有利于中央集中更多的收入以加强宏观调控和调节地区间差距，也通过对增值税和企业所得税等重要税种的分享调动地方发展经济的积极性。分税制在这些方面发挥了重要作用，然而，随着经济结构的变化，分税制的负面效应开始日益显现。这在两个方面表现得尤为突出：

1. 现有分税制不利于经济结构的优化

1994年分税制改革后，除营业税外其余税种均对地方财政的贡献有限，共享税分成收入则在地方收入中占有相当比重。以2007年全国平均水平为例，地方政府全部税收收入的43%来源于共享税分成收入（主要是增值税、企业所得税和个人所得税）①。在GDP考核和共享税收入的共同激励下，地方政府发展经济的积极性被充分调动，并且越来越热衷于投资大项目，导致汽车、钢铁、大型制造业企业在各地的纷纷上马，在发展地方经济的同时，也造成了我国产业集中度低，产业大而不强，内部竞争激烈等问题，不利于增长方式的转变和产业结构的优化。

2. 现有分税制加剧县乡财政困难

近年来，在我国财政领域中，还出现了一个矛盾的现象：一方面全国财政收入持续“超收”；另一方面县乡财政日益困难。这与我国分税制存在的制度缺陷相关。(1)1994年分税制财政体制改革明确了中央政府和地方政府的财力及财权划分后，省级和市级政府都仿效中央的做法，加强本级政府财力，而同时事权却有所下移，通过层层集中后，县级支出缺口越来越大，困难县的数量也逐年增加。这与现行分税制对各级政府的事权划分模糊和转移支付制度的缺陷有关。(2)分税制在税收增量分成制度设计上存在问题：一方面中央将主要税种，如增值税75%和所得税60%加以集中；另一方面在增量部分采取了1:0.3的分成办法，这种方法导致中央与地方间，分得的新增税收的绝对规模上，差距越来越大。(3)现有的转移支付制度作用有限，其对困难县的转移支付主要以税收返还和专项转移支付为主，而一般性转移支付比重过低。这种情况下，旧体制遗留下来的基数分配不均对整个财政分配的影响很大。经济不发达地区，收入能力差的县乡得到的转移支付有限。

---

① 根据《中国统计年鉴（2008）》数据计算得出。

三、税制改革的国际经验

(一)收入与调节功能并重

典型市场经济国家均强调税制的收入与调节功能并重，在保证财政收入的同时，通过税制来实现对公平与效率的调节。收入功能与调节功能往往呈现互为因果的关系，不同的收入规模产生不同的调节功能，不同的调节功能又要求不同的收入规模。这通过美国的经验可见。

从世界范围内看，美国宏观税收负担属于比较高的水平，为25%左右，如果加上联邦社会保障缴款比例，则税收总负担约为35%左右，高于国际货币基金组织（IMF）测算的世界大多数国家宏观税负的平均水平。但是，美国的宏观税负与法国、丹麦和瑞典等欧洲高福利国家相比却要低很多，这些国家的宏观税负在50%以上。

与美国相比，法国及北欧国家的税制总体上倾向于更加公平的高福利功能，这决定了其税收收入占GDP比重高，而美国税制总体上更加注重经济效率，因此其税收负担相对要轻。

在具体的税制设计中，美国十分注重调节功能：

如个人所得税，布什总统在2003-2004财政年度，为落实减税方案，将个人所得税的最高边际税率从38.5%下降为35%，以平衡不同收入水平纳税人在实现经济增长和公平分配之间的均衡。

又如公司所得税，美国自1996年采用公司所得税的四档累进税率，但是税率级距不是递增的，呈现倒“U”形趋势，应税所得超过一定数额后，税收水平有所下降，以降低高收入公司应税收入的边际税率，增加经营激励。这不但可以促进社会分配的公平，而且对效率水平的提高也有促进作用。

还如环境税和奢侈品消费税，美国对境内制造、初次使用和进口破坏臭氧化学品的各类公司征收环境税，对污染环境行为的要求补偿，以实现公平和保护环境的目的；从1990年开始，对部分消费品征收税率为10%的奢侈品消费税，以达到税收调节和限制特定经济行为、“寓禁于征”，以及平抑社会分配的目的。

再如社会保障税，在促进美国经济稳定发展、健全保障制度、公平分配等方面功不可没。但是，由于美国崇尚自由、竞争，社会保障税水平和其他西方发达国家相比仍然是最低的。

同样出于收入与调节功能两方面的考虑，美国至今没有启动增值税，具体原因如下：一是因为增值税诞生比较晚，还有一定的缺陷；二是增值税征管成本初期投入和转型成本较高，课税比较复杂；三是美国标榜自由、平等，而增值税促进分配公平的功能弱于所得税；四是美国所得税税种成熟，增加新税种会增加交易成本；五是美国现有税源十分丰富，所得税收入相对比较丰沛，缺少挖掘新税种的激励。

（二）直接税与间接税互相配合

典型市场经济国家的税制十分注重直接税与间接税的配合，但由于在公平与效率之间的不同取舍，表现出直接税与间接税的不同组合结构。

美国：

美国明确将促进税收公平作为首要原则和目标，税收效率只是一个次要目标。体现在税收结构上，美国以直接税为主体税种，间接税只是比重十分弱小的补充税种。美国尤其注重个人所得税和公司所得税主导作用的发挥，联邦社会保障税缴款水平较高；以销售税和国内消费税为代表的间接税只起着补充和辅助作用。

首先，看美国的直接税。美国税种中直接税收入（不含联邦社会保障税缴款）一般为总税收收入的60%以上，其中最主要的特征就是个人所得税和公司所得税在税种结构中占据了重要位置，充分发挥二者的调节公平作用。

其次，看美国的间接税。间接税在美国税种结构中处于配角地位。美国的间接税主要包括一般销售税和国内消费税，在税收总收入中所占比例不大，主要归州和地方政府所有。20世纪90年代后，间接税在美国税收收入中更加萎缩。

最后，看美国的社会保障税。联邦社会保障税涵盖范围广泛、机制健全完善，涵盖了全国98%的工资收入者（包括个体职业人员）。联邦社会保障税采用比例税率，对职员和雇主分别征收。目前，该税种收入仅次于个人所得税，是美国诸税种中的第二大税种，基本保持在税收总收入的30%以上，对于公平收入分配起到了重要作用。

法国：

法国税收结构呈现出直接税与间接税“双高”的特点，有别于世界其他发达国家而呈现出自身特有的魅力。以增值税为代表的间接税有效发挥了主体税种的调节作用，直接税的调控功能也比较强。法国间接税在税收总额中所占比重较大。如果将社会保障税收入也包括在直接税中，法国税种结构中直接税和间接税基本持平。法国间接税在调节经济行为、资源配置方面所发挥的作用高于其他发达国家。

首先，看法国的间接税。法国是世界上最早开征增值税的国家（1954年），已经拥有十分完善的增值税税种体系。增值税课税范围广泛，几乎包括了所有商品经营和劳务收入，收入比重占法国各项税收的首位，占一般税收收入总额的50%以上。增值税收入占法国国内生产总值的10%左右，这一比例居西方发达国家前列。

其次，看法国的直接税。法国的直接税在税收总收入中比重同样较大。以所得税为代表的直接税同样具有比较重要的作用，其收入比重在一般税收收入（不含社会保障税）中接近40%。一是个人所得税。法国的个人所得税主要是针对薪金、工资和资本收益所得进行征收，目前的税率形式采用七档超额累进税率，最高边际税率为56.8%，呈现税率递增、级距相对平衡的特点。二是公司所得税。法国公司所得税课税对象是在法国取得经营收入和利润的企业和公司，从国外取得的收入不课所得税。法国公司所得税采用比例税率，税率为33.3%，实际税率是33.3%加年度公司税10%的附加（3.3%），即36.6%。同时对长期资本收益按照20.9%的税率计征公司所得税。

最后，看法国的社会保障税。该税在法国在税收收入总额中比重较大。20世纪60年代，法国的社会保障税负担只为10%左右，而到了1970年达到18.3%，1980年达到26%，1990年达到28.4%，增长比例较大。进入20世纪90年代，法国政府加强了社会保障的规范管理，注意削减不合理的社会保障支出，使社会保障收入维持比较稳定的水平。

(三)税收制度随着经济形势变化而调整

纵观各国税制的演变，其作为一项牵动整个社会的重要的经济制度，一直与整个时代的进步、经济发展方式、经济形势的变化紧密结合，并做出相应的调整。这从近年来典型市场经济国家税制的变革中可见一斑。

1. 所得税税率大幅度降低，减轻对效率的损害，但同时弱化了所得税的调节功能。

根据传统的财税理论，所得税具有明显的分配功能和自动“稳定器”功能。这种功能的主要体现是高而多级的累进税率。随着社会经济的发展和制度变迁，所得税的这种功能已经大大降低了。

如个人所得税。英国的个人所得税边际税率1978年为83%，美国1976年降到70%。进入20世纪80年代以来，由于世界经济长期发展缓慢，西方国家进行了以大幅度降低所得税税率为主要内容的税制改革。例如，美国的个人所得税边际税率2006年降到35%，英国降到40%。OECD国家个人所得税的最高平均税率，从2000年的39.99%，降到2006年的35.85%。

再如企业所得税。世界各国企业所得税的征收一般比个人所得税的时间晚，多实行比例税率，也经历了类似个人所得税的发展过程。例如，美国于1909年征收税率为1%的公司所得税，1916年该税成为稳定的税种，1935年税率提高到15%，1964年以前最高税率达到52%，1964年降到48%，2000年降到39.3%。OECD国家的平均最高公司税税率，从1985年的42.2%，降到2006年的28.4%，下降了13.8个百分点。

所得税的功能之所以呈现以上变化趋势，其主要原因有三点：（1）经济发展是永恒的主题，所得税虽然在促进公平方面发挥了重要作用，但同时对经济的发展具有明显抑制效应，在公平与效率的关系方面存在突出的矛盾；（2）在解决公平与效率关系方面，社会保障税和财政转移支付制度，其功能比所得税更加优化；（3）在一般性财政功能方面，增值税比所得税更加优化。

2. 社会保障税比重不断提高，调节功能受到推崇，在税制中的地位日益提高。

20世纪40年代以来，社会保障税在各国迅速发展，在建立社会保障制度的140多个国家中，已有90多个国家开征了不同形式的社会保障税，且开征范围不断扩大，在财政收入中的比重不断提高。社会保障税之所以呈现以上趋势，是因为它具有明显的公平功能，其主要表现是：（1）尽管许多国家的社会保障税制度规定了纳税的上限，但从总体上讲个人纳税的多少与工资收入水平相适应，而富人和穷人之间享受的社会保障支出却相对均等，在贫富之间进行自动调节。（2）在征收社会保障税的国家中，绝大多数将其作为中央收入，体现了在全社会范围内互助共济的公平原则。（3）许多国家的社会保障税实行不同形式的积累制，具有“蓄水池”的自动调节作用。

与此同时，各国的社会保障税也非常关注效率问题，主要是将纳税的多少与个人的社会福利直接或者间接挂钩。这种效率机制主要表现在三个方面：（1）明显提高了筹资效率。（2）可较好地解决政府收入与支出的矛盾。（3）该税对纳税人经济效率的影响，明显低于所得税对经济效率的影响。

由于社会保障税在兼顾公平与效率方面的明显优势，其在各国税制中的地位呈日益提高的趋势，这种趋势从社保税收入的比重日益提高和功能日益为人们所推崇中得以表现。

3. 增值税受重视程度日益提高。

自从法国1954年成功地把传统的营业税改为增值税以来，目前，世界上已有130多个国家开征增值税，且被越来越多的国家所重视。具体表现如下：

（1）实行增值税国家的基本税率呈现提高的趋势。欧盟早期的15国在征收增值税之初，基本税率平均为13.5%，以后不断提高，至2006年提高到19.8%，提高了6.3个百分点。2006年，欧盟15国中有80%的国家的基本税率在19%以上。

（2）各国增值税收入在税收总额中的比重日益提高。自20世纪80年代以来，许多发展中国家增值税收入已占本国税收总收入的40%～60%。OECD的报告显示，尽管各国的税收结构有差异，但从整体来说，在过去的35年间，成员国的税收结构已经发生明显变化，很多国家都转向了商品与劳务税（主要是增值税），2000年以来，增值税在大多数国家税收总收入中的比重一般在15%以上。

4. 遗产税有利于调节公平，但其弊端也非常明显，地位衰落。

近代遗产税起源于1598年的荷兰，以后其他发达国家和部分发展中国家陆续开征，遗产税作为调节社会成员财富分配的一种手段而受到推崇。但从20世纪70年代起，遗产税的作用开始受到质疑，公平功能不断遭到削弱。在30多年的时间内，至少有26个国家和地区在开征了遗产税后又取消了该税。目前仍有一些发达国家准备削减或废除遗产税。法国2007年通过了削减95%的继承税的法律。美国是世界上富翁最多的国家，其遗产税的发展历程有代表性地说明了世界遗产税的发展趋势。

美国1788年开征遗产税，1913年成为固定税种。开始税率较低，1935年提高到75%，1976年提高到77%，以后逐步下降，同时宽免额不断提高。克林顿及布什政府时期，曾多次提出废除遗产税的议案。布什政府于2001年通过了削减遗产税的法律，规定从2002年起进一步降低税率，提高宽免额，2010年暂停征收遗产税。

遗产税受到世界冷遇，各有各的理由，美国的理由具有一定的代表性：（1）从财政收入角度看，遗产税属于小税种。（2）从社会公平角度看，遗产税难以实现既定的公平目标，主要原因是富人可轻易地通过多种渠道规避纳税义务。（3）从经济效率角度看，遗产税几乎是存百害而无一利。征收遗产税事实上是对投资、工作和储蓄积极性的打击，美国1/3的小企业主不得不全部或部分出售企业来缴纳遗产税，70%的家庭企业主因遗产税不能将企业传给下一代。

（四）分税制在多级政府间普遍采用

分税制作为从总体上对各级政府财政收入进行一般性调整的规范化方法，其优点是中央与地方之间的收支关系容易确定，因而为各国政府所普遍采用。分税制是政府财源的第一次分配，在这种分配中，中央往往掌握超出其行使所应承担的职责必需的财力，形成“资金向上流动”的局面。也就是说，分税制并不要求中央和地方财政收支完全平衡，而是通过税源和税种划分从总体上规定各级财政收入。所以，这种“第一次分配”本身只是明确中央与地方税收收入的划分，并不决定在中央与地方关系上是集权还是分权，也不反映各级政府最终承担的职责大小情况。

(五)地方政府拥有独立的税权，且有主体税种

美国是实行分税制比较彻底的国家，在多级财政体制中，各级政府均有各自相对独立的税权、征税制度和税收体系；联邦有联邦税，州和地方有州和地方税，有些税目、税基甚至彼此重复；而且，在各州之间，由于税收立法上的差异，在征税和免税上的规定也各不相同。联邦政府在全国范围内征收的主要是个人所得税、公司所得税、社会保险税、销售税（包括关税）、遗产赠与税等税种。其中，以前三种直接税为核心，自20世纪70年代以来，三项税收一直占联邦税收收入的87%~93%，占联邦预算收入的85%~91%。州政府征收的主要是一般销售税，它占州政府税收总额的50%左右。地方政府征收的则主要是财产税，此外，还有少量的销售税（营业税）和个人所得税。地方政府拥有自己的主体税种，有助于调动地方政府发展经济的积极性，培植财税，还有利于政府根据当地经济状况进行相应的调控。

(六)转移支付制度：实现纵向与横向的财政均衡

政府间转移支付制度，是一种纵向和横向财政均衡机制。划分税收收入只是国家财政资金的基本的和初始的分配，而纵向的财政非均衡需要通过政府财源的第二次分配，即用一般性或专项性转移支付制度来解决。伴随转移支付制度的实施，形成“资金向下流动”的局面，增加地方可支配财力，并协调地方财政收支平衡关系，指导和规范地方政府的经济行为，保证中央政令的有效实施。对于地方之间的横向不平衡问题，则是通过横向的转移支付制度来加以一定程度的解决，以缩小地区之间在基本行政能力和公共服务水平上的差距。

美国转移支付制度体现了下述特点：(1) 没有固定的模式，主要缘于各项项目的补助拨款考虑的因素和要达到的目标有所不同；(2) 转移支付项目按法律程序立案、规定用途、专款专用；(3) 转移支付以有条件拨款为主，在有条件拨款中，又以分类拨款为主；(4) 转移支付资金拨付渠道多；(5) 大部分拨款项目按照法定的标准化公式进行。这种制度有利于增强联邦政府的宏观调控能力，使州和地方政府按照联邦政府的意图提供社会服务。

四、继续深化我国税制改革的设想

(一)突出公平、优化规模、调整结构

突出公平。1994 年我国建立税收制度时，面临的问题是调动地方积极性，加快发展，强调的是效率。因此，在税制设计中偏重的是效率问题，并对我国经济的长期快速发展作出了重要贡献。目前阶段，我国经济在关注效率和规模的同时，更加关注公平和结构。在这一背景下，原有的税收制度在促进效率方面的负面作用日益显现，如重复建设、产业集中度不高、重投资轻民生等；而其在促进公平方面的严重不足也日益突出，如不同社会群体间、不同地区间、城乡间的贫富差距。这些不利于我国当前的经济结构调整和社会的稳定发展。因此，在我国中长期税收制度建设中，有必要结合我国中长期经济社会发展的特点和主要矛盾，对税收制度的功能进行调整和重新定位，改革现有税收制度对效率的不利影响，并进一步加强对贫富差距的调节功能，以促进经济“又好又快”的发展和社会的和谐进步。

优化规模。税收收入规模的大小，对于社会经济发展具有重要影响，税收收入规模过大或过小，都会影响社会经济的发展：财政规模过大，会加重社会经济负担，拖累社会经济发展；税收收入规模过小，则会加剧财政收支矛盾，影响政府机构职能的发挥，难以满足社会公共需要，同样不利于经济和社会发展。因此，适度的税收收入规模是经济发展的客观要求，也是经济健康发展的重要保证。从理论上讲，理想的税收收入规模应达到以下状态：既能保证社会公共经济的运行和公共产品的有效供给，也有利于提高私营经济的运行效率，从而使整个社会的资源配置处于效率最大化状态。而经济社会发展的不同时期，社会对于公共产品和私人产品的需求规模不同，因此，税收收入规模不是一成不变的，而是要与经济社会发展阶段对政府职能和事权的需求，对公共产品和服务的需求相适应。同时，税收收入规模的调整还需要考虑非税收入规模，因为二者共同组成政府的财政收入。

调整结构。税收收入结构与税收收入规模同样重要，税收收入规模解决的是政府完成相应事权所需财力大小的问题，而税收收入结构解决的是财力质量的问题，二者缺一不可。税收收入规模是以税收收入结构为基础的，脱离了适合的税收收入结构，也就无所谓适合的税收收入规模。因此，税收收入规模的优化与税收收入结构的优化应是同步进行的，离开结构的优化来谈规模的优化是没有意义的，同样，离开规模的优化来谈结构的优化也是没有意义的，二者必须在“互动”中实现“共

同优化”。税收收入结构的调整需要与经济社会的发展相适应：一方面，经济社会发展的不同阶段和不同模式，要求不同的税收收入结构；另一方面，不同的税收收入结构又反过来影响着经济和社会的发展。当前应根据我国经济发展方式和政府职能转变的要求，来相应地调整税收收入结构，并通过税收收入结构的调整来促进经济发展方式的转变和政府职能的转变。

(二)以加强征管为突破点，推进我国个人所得税改革

我国个人所得税改革的目标已经明确，即建立分类与综合相结合的个人所得税模式。而其能否顺利推进，进而完善我国个人所得税的功能，取决于征管能力是否达到要求。借鉴成熟市场经济国家的经验，我国个人所得税征管应以信息化为依托，建立5个个人所得税信息管理系统，即个人收入银行监控系统、个人纳税申报管理系统、代扣代缴申报管理系统、个人所得税交叉稽核系统和个人税收违法发布与查询系统。具体设想如下：

第一，建立个人收入银行监控系统。需要在全国范围内实现数据的集中，可以考虑成立国家数据中心，独立于各部门之外，作为国家的重要基础设施加以建设，并出台相关法律，规定各部门有向中心提供相关数据的义务，同时，各部门根据权限可以从中心获得相关数据。此外，还要采取措施，减少现金交易，规定工资发放以及超过一定限额的收支划转只能通过银行转账，否则视为违法，给予相应的处罚。

第二，建立个人纳税申报管理系统。税务机关应该为每位纳税人设立一个类似于身份证号码的税务代码，并且在电脑中为每位纳税人都建立一个纳税档案。个人进行纳税申报时可能采取多种形式，税务机关在接受申报资料后，需要将其全部转为电子档案，为下一步的信息比对准备好基础数据。

第三，建立代扣代缴申报管理系统。该系统可为收入支付方和收入获得方进行信息比对提供数据，使税务机关不仅可以监控代扣代缴义务人，还可以通过比对有效地监控收入获得方。纳税人在进行年终汇算清缴时也可以准确地算出其应退补的税款，不需要纳税人到处去索取完税凭证，从而降低纳税人的纳税成本。

第四，建立个人所得税交叉稽核系统。个人所得税交叉稽核系统是建立在以上3个系统之上，以上述3个系统数据为基础，利用相关的程序进行比对、分析，检查纳税人申报资料的准确性和完整性，及时发现代扣代缴义务人和纳税人的偷逃税行为。目前，我国各地税务机关都在推行纳税评估，利用计算机对纳税人提供的数据进行评估，这为个人所得税的管理提供了基础。可以考虑以上述3个系统的数据和当前各地推行的纳税评估制度为基础，进一步深化信息整合和数据分析，形成我国个人所得税交叉稽核系统的雏形。

第五，建立个人税收违法发布与查询系统。对个人偷税行为，除进行罚款等相应的处罚外，还应记入个人的税收档案中，并向社会公布、供社会公众查询。同时，要在全社会大力提倡诚信纳税，银行在进行贷款、雇主在雇佣员工、客户在选择交易对象时都要养成查询其工作对象依法纳税情况的习惯，使依法诚信纳税与人们的生活息息相关，提高国民的税法遵从度。

（三）以物业税（房产税）改革为切入点，带动财产税制和地方税制建设

当前希望通过房产税来调控房价，打击投机行为只是人们的一厢情愿。税收不是影响房价的基本因素，且征收房产税后由于其税负转嫁受多种因素的影响，其对价格的影响是不确定的。因此，希望通过房产税来调控房地产市场并不现实。从房产税（物业税）的特性和功能来看，它不仅仅是一个可以影响房地产市场的税种，更重要的是一个调节贫富差距的财产税和为地方提供主体财源的地方税。房产税的改革只是一个切入点，而不是改革的全部。

在对当前房地产相关税收进行综合改革的基础上，应对居民住房征收房产税，以此填补我国财产税空缺的局面。在改革中应将当前主要集中在流转环节征收的房地产相关税收（如营业税、契税、土地增值税、耕地占用税、个人所得税、企业所得税等）进行撤并，以减轻流转环节的税负，同时，在保有环节开征财产性质的房产税，以发挥对财产占有多少的贫富调节。

房产税属于地方税收。在发达国家，无论是美国、法国等联邦制国家，还是日本、英国等君主立宪制国家，大多数房产税的税种均划归地方政府。房产税之所以成为地方税，与其课税对象固定的特点有关。由于作为房产税课税对象的房地产固定不动，因此与流动性较大的商品和所得相比，更适合由地方政府来征收。而且从公共财政的角度来看，房产税更有利于地方政府根据居民房地产来对公共支出的成本（税收）和受益原则进行分摊，有利于增进公平和效率。

应将房产税培育成地方财政的一项主体税种。未来还可以考虑，随着房产税的成熟和收入的增加，逐步减少地方对货物与劳务税的分成。一方面，可以减少地方政府的投资冲动，使地方政府将注意力由搞投资上项目转向提供优质的公共服务和良好的投资环境上来；另一方面，可以减少因货物与劳务税的累退性带来的不同地区间贫富差距扩大的效应，因此更适合在省一级（如营业税）和中央一级（如增值税）来统筹，并通过转移支付来调节地区间贫富差距。

此外，要以资源税改革率先在新疆“破冰”为契机，积极推进资源税改革；在加快经济发展方式转变的进程中，积极研究开征环境税的方案。借助于开征环境税

来实现减少温室气体排放和保护生态环境的目标。

(四)以改变地方政府行为为出发点，完善分税制财税体制

第一，改革共享税，同时完善地方税制。可以考虑将主要的货物与劳务税（增值税）和所得税（个人所得税、企业所得税）逐步降低地方共享份额，甚至取消地方共享。同时建立以财产税（物业税）为主的地方税体系，并相应改革转移支付制度。构建中央与地方新的税收收入途径，并以此来优化其行为。

第二，改革非税收入分配体制。原有的分税制财政体制主要对不同级次政府间税收收入进行了规范与划分。非税收入在地方政府所占的比重不断上升，如各地的土地出让金收入，这部分收入全部归地方的做法存在很大的问题，需要加以改革。一种思路是考虑中央与地方分成；另一种思路则是与当前的房产税改革相结合，将土地出让金由一次性收取改为按年租制，以减弱对地方政府的负激励，并优化地方政府行为。

第三，合理划分各级政府的事权与支出责任。应首先考虑对支出职责交叉和界定不清的重要支出项目进行改革，如教育、医疗、社会保障等基本公共服务领域。以义务教育为例，可以考虑适当上收县乡政府现阶段承担的部分支出责任，扩大省级政府在义务教育中的支出责任。同时，对于公共卫生、基本医疗服务、社会保障支出方面，也应加大中央和省级地方政府的支出责任。同时支出体制改革应与收入制度综合考虑，根据财权与事权相匹配的原则，将削减低层级地方政府事权与税收收入归属和分享制度调整、规范地方预算外收入、清理制度外收入相结合。

第四，进一步完善我国的转移支付制度。完善的转移支付制度对规范地方政府的收入行为，缓解县乡财政困难，实现城乡和区域统筹发展，促进公共服务均等化都具有十分重要的意义。在规范事权和财权的基础上，针对我国目前转移支付制度存在的问题，需改革转移支付规模测算方法。借鉴国际经验，我国应采取以一般性转移支付为主、专项转移支付为辅的模式。逐步取消税收返还（包括体制性补助）这一维护地方既得利益、拉大地区差距的做法。采用因素法代替现行的基数法，选择一些不易受控制，能反映各地收入能力和支出需要的客观因素，如人口数量、城市化程度、人均 GDP、人口密度等，以此确定转移支付额。

参考文献

[1] 高培勇. 税制改革何处去?（上）. 南风窗，2009-8-31

[2] 高培勇. 税制改革何处去?（下）. 南风窗，2009-9-7

[3] 高培勇. 我国税收持续调整增长之谜. 经济研究，2006(12)

[4] 高培勇. 为中国公共财政建设勾画路线图. 北京：中国财政经济出版社，2007

[5] 杨之刚等. 财政分权理论与基层公共财政改革. 北京：经济科学出版社，2006

[6]刘尚希，傅志华. 缓解县乡财政困难的路径选择. 北京：中国财政经济出版社，2006

[7] 汪昊，许军. 美国个人所得税征管制度的特点. 涉外税务，2007(12)

[8] 国家税务总局网站 http://www.chinatax.gov.cn

[9] 财政部网站 http://www.mof.gov.cn

[10] 中华人民共和国中央人民政府网站 http://www.gov.cn

分项报告四

中国税收征收管理制度改革

国际税制改革的成功经验表明，税制改革必须以不断改进的税收征管制度为基础，否则，再完美的税制设计也可能会因管理不力而在实施中流于形式。

近年来，广大纳税人、社会各界代表和税务系统以多种方式纷纷要求修改《税收征管法》。2008年10月，《税收征管法》修订被列入人大五年立法规划，修订《税收征管法》工作正式启动。国家税务总局2009年4月成立《税收征管法》修改工作小组，多次组织召开专家专题论证会和税务系统修法研讨会，从章节体例安排到具体条款进行全面修改讨论。

一、我国的税收征收管理制度

税收征收管理制度是税务机关依法行政、税务人员依法征税，纳税人依法履行纳税义务并维护自身权益，社会各界配合税务机关依法履行职责必须遵守的行为和程序规范。

（一）税收征收管理制度的形成与发展

新中国成立以来，我国税收征收管理制度建设主要经历了四个阶段：

第一阶段，从新中国成立到1986年4月。由于实行高度集中的计划经济体制，财政实行统收统支，税收的宏观调控功能被忽视，我国税收管理的制度规定则散见于各单行税收法规之中，比较庞统和简单，没有独立的税收征收管理法律、法规。

第二阶段，从1986年到1992年底。1986年4月21日，国务院审议通过并颁布实施了第一部独立的税收征管行政法规——《中华人民共和国税收征收管理暂行条例》，税收征管有了统一的、规范的标准和方法。

第三阶段，1993年到2001年。1992年9月4日通过、1993年1月1日开始实施我国第一部税收征收管理法律——《中华人民共和国税收征收管理法》，这是新中国成立后颁布的第一部税收征管法律，也是我国现行税收征收管理的基本法，标志着我国税收征收管理制度的法制化。为与增值税改革相适应，1995年2月28日，八届人大常委会第十二次会议通过决定，对有关发票管理的条文即原《税收征管法》第十四条进行了修订。

第四阶段，2001年4月28日至今，九届全国人大常委会第二十一次会议审议通过了《中华人民共和国税收征收管理法（修订案）》，于2001年5月1日开始实施，国务院也于2002年9月对《税收征管法实施细则》进行了修订。此次修订不仅加强了税务机关的执法手段，而且增加了纳税人的权利保护内容。此次修改基本形成了我国现行的税收征收管理制度基础，从指导理念与实际内容来看，不啻为一次意义深远的改革，对税收征收管理的法治化产生了深远的影响。

现行以《税收征管法》为基础的税收征收管理制度有利于保证税收法律主义的贯彻，保证税收各项职能的发挥；有利于保护纳税人的合法权益，促进纳税人依法纳税；有利于规范税务机关的征税行为，促进征管工作的顺利开展；有利于保证国家税款的征收与维护税法的权威。

(二)我国税收征收管理的制度体系及分类

1. 法律层面的税收征管制度

现行有关税收征管的法律规范，主要体现于《税收征管法》，其他的一些法律中也有关于税收征管的规定（如表 A4-1 所示）。如在《中华人民共和国企业破产法》（试行）中规定了破产企业的破产财产清偿顺序，其中确立了税款优先于一般债权得到清偿的原则，《中华人民共和国刑法》中规定了对偷税、发票违法的处罚规定。

表A4-1　法律层面的税收征管制度

名　　称	发文单位	发文时间
中华人民共和国主席令2001年第49号：《中华人民共和国税收征收管理法》	全国人民代表大会	2001年4月26日
中华人民共和国主席令第54号：《中华人民共和国企业破产法》第八十二条第三款	全国人民代表大会	2006年8月27日
中华人民共和国主席令第83号：《中华人民共和国刑法》第三章第六节危害税收征管罪	全国人民代表大会	1999年12月25日

2. 行政法规层面的税收征管制度

国务院制定的各种法规即为行政法规，其数量远远多于法律，其地位仅次于宪法和法律，是税收征管制度的重要渊源。

根据《税收征管法》的第九十三条的规定，“国务院根据本法制定实施细则”，国务院于 1993 年制定颁布了《税收征收管理法实施细则》，对《税收征管法》的有关内容进行了具体化，2002 年又对该实施细则进行了修订，这是税收征管制度的重要渊源（如表 A4-2 所示）。此外，国务院还以通知、决定的形式发布了一些在税收征管方面具有普遍约束力的规范性文件，如《国务院关于加强依法治税严格税收管理权限的通知》、《国务院关于地方税务机构管理体制问题的通知》、《国务院关于批转国家税务总局加强个体私营经济税收征管强化查账征收工作意见的通知》等，这些也构成税收征收管理制度。

表A4-2　行政法规层面的税收征管制度

名　　称	发文单位	发文时间
国务院令第362号：《中华人民共和国税收征收管理法实施细则》	国务院	2002年10月15日
国发〔1998〕4号：《国务院关于加强依法治税严格税收管理权限的通知》	国务院	1998年3月11日
国发〔1997〕34号：《国务院关于地方税务机构管理体制问题的通知》	国务院	1997年10月21日
国发〔1997〕12号：《国务院关于批转国家税务总局加强个体私营经济税收征管强化查账征收工作意见的通知》	国务院	1997年2月8日
国发〔1993〕51号：《国务院关于加强税收管理和严格控制减免税收的通知》	国务院	1993年7月22日

注：根据国家税务总局网站公示法规整理。

3. 部、委规章层面的税收征管制度

国务院所属的各部、各委员会根据法律和国务院的行政法规、决定、命令，在本部门权限内发布的有关税收征管的规章和规范性的命令、指示，也构成税收征管制度的效力渊源。这里所指的部委主要是财政部、国家税务总局。它们单独或联合发布了大量的对税收征管的具体事项作出规定的规范性文件，这类制度文件数量较多（如表 A4-3 所示）。如国家税务总局发布的《税务登记管理办法》、《中华人民共和国发票管理办法》、《个体工商户建账管理暂行办法》、《增值税小规模纳税人征收管理办法》、《税务代理试行办法》等，两部门联合或与其他部门联合发布的《外国公司船舶运输收入征税办法》、《邮寄纳税申报办法》等，这些都构成税收征管制度。

表A4-3　部、委规章层面的税收征管制度

名　　称	发文单位	发文时间
国家税务总局令〔2006〕17号：《个体工商户建账管理暂行办法》	国家税务总局	2006年12月15日
国家税务总局令第7号：《税务登记管理办法》	国家税务总局	2003年12月17日
国税发〔2000〕54号：《税务稽查案件复查暂行办法》	国家税务总局、邮政部	2000年3月22日
国税发〔1998〕126号：《境外所得个人所得税征收管理暂行办法》	国家税务总局	1998年8月12日
国税发〔1997〕147号：《邮寄纳税申报办法》	国家税务总局	1997年9月26日
财税字〔1997〕50号：《财政部 国家税务总局关于有进出口经营权的生产企业自营（委托）出口货物实行免、抵、退税收管理办法的通知》	财政部、国家税务总局	1997年5月21日
国税〔1994〕211号：《税务代理试行办法》	国家税务总局	1994年9月16日
国税发〔1994〕116号：《增值税小规模纳税人征收管理办法》	国家税务总局	1994年4月23日
财政部令〔1993〕第6号：《中华人民共和国发票管理办法》	财政部	1993年12月22日
财政部令第27号：《代理记账管理办法》	财政部	1993年12月9日

注：根据国家税务总局网站公示法规整理。

4. 地方性法规、地方政府规章层面的税收征管制度

根据法律规定，中央税、中央地方共享税以及地方税的立法权都集中在中央，但地方可以依据本地实际情况，制定一些只适用于本地区的税收征管制度，如重庆市政府发布的《重庆市农业特产农业税征收实施办法》、青海省政府发布的《青海省征收管理办法》、江苏省政府发布的《江苏省普通发票管理办法》等都属此类（如表A4-4 所示）。另外，筵席税的管理权下放到地方，地方有权对有关问题制定地方性规范性文件。

这类地方性法规、规章和有关规范性文件只有在满足以下条件时，才是有效的：第一，依照宪法、法律规定的权限加以制定；第二，与法律和行政法规没有抵触；第三，只在特定区域内。符合上述条件的有关税收征管的地方性法规、规章和有关文件构成税收征管制度的渊源。

表A4-4 地方性法规、地方政府规章层面的税收征管制度

名　　称	发文单位	发文时间
沪府发〔2007〕42号：《上海市人民政府关于发布〈上海市城镇土地使用税实施规定〉的通知》	上海市政府	2007年11月12日
粤地税发〔2007〕222号：《广东省地方税务局关于提高广东省营业税起征点的通知》	广东省地方税务局	2007年10月12日
渝地税发〔2004〕112号：《重庆市地方税务局地方税收定期定额征收管理办法（试行）》	重庆市地方税务局	2004年4月30日
京地税征〔2004〕61号：《北京市地方税务局个体工商户定期定额征收管理办法》	北京市地方税务局	2004年2月23日
辽宁省人民政府令（第131号）：《辽宁省农用机动车辆税费集中征收暂行规定》	辽宁省政府	2001年12月29日
苏政发〔1998〕118号：《江苏省教育费附加征收使用管理办法》	江苏省政府	1998年12月24日

注：根据国家税务总局网站公示法规整理。

5. 自治条例和单行条例层面的税收征管制度

自治地方的人民代表大会有权依照当地特点，制定自治条例。在这些自治条例和单行条例中，有关税收征管的法律规范也构成了我国税收征管制度的制度（如表A4-5所示）。

表A4-5 自治条例和单行条例层面的税收征管制度

名　　称	发文单位	发文时间
内地税字〔2008〕188号：《内蒙古自治区耕地占用税减免管理办法》	内蒙古自治区地方税务局	2008年7月10日
藏政发〔2008〕58号：《西藏自治区人民政府关于印发西藏自治区耕地占用税实施办法的通知》	西藏自治区政府	2008年6月13日
宁政发〔2007〕65号：《宁夏回族自治区人民政府关于印发〈宁夏回族自治区车船税实施办法〉的通知》	宁夏回族自治区政府	2007年4月20日
新政办发〔2003〕128号：《新疆维吾尔自治区农业特产税征收暂行办法》	新疆维吾尔自治区政府	2003年9月22日

注：根据各地方税务部门网站公示法规整理。

6. 条约中包含的税收征管制度

我国同外国缔结或我国加入并生效的条约虽然不属于我国国内法的范畴，但根据“条约必须遵守”的国际惯例，条约对各缔约国的国家机关和公民都具有法律上的约束力，也属于我国法的渊源。国际条约中，为防止重复征税而签订的双边或多边的税收协定占重要地位。这些协定中涉及税收征管问题的法律规范，也构成我国税收征管制度的效力渊源（如表 A4–6 所示）。如《税收征管法》第五十九条规定，“中华人民共和国同外国缔结的有关税收的条约、协定同本法有不同规定的，依照条约、协定的规定办理。

表A4–6　条约中包含的税收征管制度

名　　称	发文单位	发文时间
国税发〔2009〕124号：《非居民享受税收协定待遇管理办法（试行）》	国家税务总局	2009年8月24日
中华人民共和国主席令2001年第49号：《中华人民共和国税收征收管理法》第五十九条	全国人民代表大会	2001年4月26日
国税外函〔1997〕047号：《国家税务总局涉外税务管理司关于印发〈我国对外签订税收协定有关消除双重征税方法和饶让抵免规定一览表〉的通知》	国家税务总局	1997年7月15日
《中华人民共和国政府和日本国政府关于对所得避免双重征税和防止偷漏税的协定》	国家税务总局	1985年1月1日
《中国政府和新加坡政府税收协定议定书》	中华人民共和国政府	1986年4月18日

注：根据国家税务总局网站公示法规整理。

7. 司法机关及财政部门解释中包含的税收征管制度

作为税收征管制度来源的解释可分为两种：一种是司法机关所作出的关于税收征管的解释；另一种是财政部、国务院税务主管部门所作的解释。

最高人民法院对《税收征管法》的具体问题所作出的解释，对各级人民法院的审判活动具有约束力，是法院办理具体案件的依据，也构成税收征管制度的效力渊源之一。司法解释不能任意改变法律的规定，不能与宪法和法律相冲突，否则无效。

财政部等主管机关的解释，即对于《税收征管法》的行政解释。这种解释不属于法律规范的范畴，但对于下级税收机关及其公务员具有约束力，税务机关关于《税收征管法》的解释、适用，都按照解释来执行。因此，在现实的层面上，解释具有同法律相同的机能。

财政部和国家税务总局作为税务主管部门，发布了大量的关于税收征管的“通知”、“函”、“有关规定”等。这为保证《税收征管法》的统一公平实施、减轻税务人员适用法令的疑义起了重要作用（如表 A4–7 所示）。当然，这些解释在内容上不得与宪法、法律相抵触，不得通过发布通知对纳税人课以逾越法律规定之义务，同时若没有法律根据，也不得以通知的形式减轻或免除纳税人的义务。

表A4–7　司法机关及财政部门解释中包含的税收征管制度

名　称	发文单位	发文时间
国税函〔2009〕507号：《国家税务总局关于执行税收协定特许权使用费条款有关问题的通知》	国家税务总局	2009年9月14日
国税发〔2009〕127号：《国家税务总局 财政部 中国人民银行关于车辆购置税征缴管理有关问题的通知》	国家税务总局、财政部、中国人民银行	2009年8月28日
国税发〔2009〕114号：《国家税务总局关于印发〈进一步加强税收征管若干具体措施〉的通知》	国家税务总局	2009年7月27日
国税发〔2003〕47号:《国家税务总局关于贯彻〈中华人民共和国税收征收管理法〉及其实施细则若干具体问题的通知》	国家税务总局	2003年4月23日
国税函〔2000〕466号：《国家税务总局关于部队取得应税收入税收征管问题的批复》	国家税务总局	2000年6月16日

注：根据国家税务总局网站公示法规整理。

二、我国税收征收管理制度的实施效果评价

（一）现行税收征收管理制度实施的总体效果

1. 主要特点

（1）突出纳税人主动申报纳税的义务。《税收征管法》第二十五条规定：纳税人必须依照法律、行政法规规定或者税务机关依照法律、行政法规的规定确定的申报期限、申报内容如实办理纳税申报，报送纳税申报表、财务会计报表，以及税务机关根据实际需要要求纳税人报送的其他纳税资料。扣缴义务人必须依照法律、行政法规规定或者税务机关依照法律、行政法规的规定确定的申报期限、申报内容如实报送代扣代缴、代收代缴税款报告表以及税务机关根据实际需要要求扣缴义务人报送的其他有关资料。

（2）突出税务机关工作人员为纳税人服务的义务。《税收征管法》第九条规定：税务机关应当加强队伍建设，提高税务人员的政治业务素质。税务机关、税务人员必须秉公执法、忠于职守、清正廉洁、礼貌待人、文明服务，尊重和保护纳税人、扣缴义务人的权利，依法接受监督。税务人员不得索贿受贿、徇私舞弊、玩忽职守、不征或者少征应征税款；不得滥用职权多征税款或者故意刁难纳税人和扣缴义务人。

作为基础，税务机关普遍设立了办税大厅，使税务登记、纳税申报、税务咨询、发票领购和举报投诉等活动可以在一次完成，实现了集中征收，方便了纳税人。

（3）在税收征管中普遍应用计算机。为了适应“以计算机网络为依托”的要求，各级税务机关在硬件上配备了计算机，并自行开发了一些税收征管软件。经过“金税工程”，全国推广应用了税收征管综合软件（ctais），税务系统的信息化建设已进入全面提升阶段。

（4）税款征收上实行集中征收。“集中征收”对城市和农村有不同的做法：在城市和城镇建立办税大厅，实行税务宣传与咨询、税务登记、票证发售、纳税申报、税款入库、资料储存等一条龙作业与服务；在农村则采取以经济区划建立中心税务所（征收分局），并辅以若干定期征收点或代征点的方式，实现集中人员、时间等不同形式的集中征收。

（5）强调税务稽查的重要作用，建立了税务稽查体系。传统的税收征管职能存在重征收轻稽查、重税政轻服务的倾向，因而在组织结构上形成了大征收、小检查的格局。新的征管模式对稽查给予了重视。按规定，基层征管单位的人员比例上，

稽查人员的比例一般要占总人数的40%。各地税务机关按照要求重新组建了税务稽查体系，配备了更多的人员和办案设备。在稽查体系内部，按照选案、检查、审理、执行等职能设置分工协作、相互制约的机构，建立并实施了税务稽查工作责任制、稽查复查制、稽查错案责任追究制和稽查人员业务等级制等各项制度。

这一税收征管体系最终建立起相互联系但相对独立的五大分支体系：一是纳税人自行申报纳税制度体系；二是税务机关和社会中介组织相结合的服务体系；三是以计算机为依托的管理监控体系；四是人机结合的稽查体系；五是以征管功能设置机构划分职能的组织体系。

2. 主要优点

实现了由计划经济体制下的传统征管模式向适应社会主义市场经济体制要求的新的征管模式的转变。改革的涉及面比较广，注意对构成税收征管体系的要素的全面改革；征纳双方职责划分清楚，权利与义务关系明确；实行自行申报、集中征收有利于提高纳税人的纳税意识，提高征管效率；重视计算机运用，加快了我国税收管理现代化进程；开始由传统的分散征收、分兵把口的粗放型管理向现代化集中征收、重点稽查的集约型管理的转变。

3. 主要问题

一是管理缺位。“集中征收、重点稽查”的模式忽视了管理的重要地位。按照“统一登记、集中征收、分类检查”的三线分离原则，征收机关内部征管分局（所）负责征税，稽查分局（所）负责查补税，登记分局（所）负责税务登记。虽然专业分工明晰，但是登记与征管之间的信息资料交换手段很落后，稽查部门无税收压力，以查促管的作用未有效发挥，造成了登记、征收、稽核运行的链条扣得不紧，出现稽查不问、征收无权、管理不管的情况。同时，征税机关内很多人对管理和稽查的认识和理解有所偏颇，形成了重检查、轻管理的现象，造成了人力资源配置导向性不科学、不合理，严重影响税收征管的整体效率。

二是依托不准。“以计算机网络为依托”的提法不准确，过分夸大计算机的作用，忽视了征管基础建设和征管资料的收集整理工作。计算机及网络只是一种工具，它所做出的任何判断的准确性最终取决于人们采集的原始信息的准确性，因此在税收征管中所依托的不应是计算机本身，而是日常征管中掌握的纳税人的准确信息。而且目前我国的税务信息化水平还处于发展阶段，一部分税务部门的计算机使用效率低、政府部门间信息共享程度有限，如与工商、银行等部门未实现联网，外部涉税信息共享资源基本得不到，进一步限制了计算机网络的作用。

三是忽视个体差异。我国地域辽阔，各地经济发展水平和税收征管基础差别极大。东部地区和大城市税收征管基础扎实，起点高，实行新模式有良好的条件；而广大中西部地区及农村税收征管基础薄弱，用同一模式要求势必勉为其难，脱离实际，造成单纯追求形式而不顾实效的局面。即使是发达地区，各个地方也有其自身发展的个性特点，现行模式对此估计不足。

此外，随着新公共管理理论的引入以及构建和谐征管关系的征管目标的确立，征管理念以及征管手段需要不断创新和发展，尤其是目前纳税评估、纳税服务、税收信息化的推进，迫切需要在理论上对其法律地位以及职能归属进行合理、明确的定位。

(二)现行《税收征管法》在实施过程中存在的制度缺失

现行《税收征管法》从税务管理、税款征收、税务检查及其法律责任等方面全面构建了我国的税收征管体制，通过税务登记、账簿、凭证管理、发票管理等制度的设置，加强对纳税人的管理和纳税信息的取得，通过完善纳税申报制度、税款征收制度、税务检查制度，加强对税务机关的征管能力，保护国家征税权的实现。

但当前我国社会经济领域正在发生广泛而深刻的变革，税收征管环境发生了很大变化，税制也处于不断改革和调整中，税收征管实践出现了诸多现行《税收征管法》不能解决的热点、难点甚至盲点问题，法律规定与税收征管工作实际需要之间的矛盾日渐突出。

1. 建设服务型政府背景下保障纳税人的合法权益制度需进一步完善

建设公共服务型政府是我国政府在行政管理体制改革中作出的重要战略决策，是社会主义市场经济发展的内在要求[①]。"服务型"政府就是要把"全能大政府"体制颠倒了的政府和人民之间的主仆关系校正过来，建设一个公开、透明、可问责的服务型政府[②]。建设服务型政府重要的在于建设对基本人权和对政府权力约束都有明确设定的宪政秩序，体现在《税收征管法》中，就应将保护纳税人的合法权益和为纳税人服务提高到更为突出的地位。

在2001年《税收征管法》的修订中，增加或修改了19个保护纳税人合法权益和为纳税人服务的条款，最终有30个条款直接涉及此项内容，还有多个条款通过规

① 在中国共产党第十七次全国代表大会上，胡锦涛在题为《高举中国特色社会主义伟大旗帜　为夺取全面建设小康社会新胜利而奋斗》的报告中指出：要加快行政管理体制改革，建设服务型政府。

② 吴敬链：《建设一个公开、透明和可问责的服务型政府》，《财经》，2003年6月20日。

范税务机关的行政来保障纳税人的权益，纳税人权利体系得到基本建立①。然而，该法的税收征管制度设计依然是以税务机关为主导，以税务机关的职权设置和纳税人义务的承担为基本主线，构建的是以程序性权利为主的权利体系。对纳税人享有的权利规定仍然不足，难以对纳税人的合法权利形成有效的保护，不利于和谐的税收征纳关系的构建。在税务管理实践中，随着公民权利意识日益增强，要求进一步保护纳税人权益的呼声会更为强烈。

2. 国民经济和社会信息化程度快速发展背景下的税收征管制度需进一步完善

信息化是当今世界发展的大趋势，是推动经济社会发展和变革的重要力量。近年来，我国不断提高的国民经济和社会信息化水平，如互联网的快速发展、以电子商务和金融创新为代表的新经济交易形式、信息技术的广泛应用，对传统的税收征管方式带来了挑战，这主要体现在两个方面：

一是电子商务的税务管理问题。传统的税收征管制度是建立在税务登记、账簿管理的基础之上的，税务机关通过对纳税营业场所、经营品种、经营规模及经营行为进行税务登记，并通过对各种凭证和账簿的审核来确定税种和税率，这种面对面的操作模式在电子商务时代已不能适应实际需要。首先，电子商务实行无纸化操作，订单、买卖双方的合同，作为销售凭证的各种票据都以电子数据形式存在，且电子凭证又可被修改而不留任何线索、痕迹，导致传统的对凭证进行追踪审计失去了基础。其次，电子商务的迅速发展刺激支付系统的发展，联机银行与数字现金的出现，加大了税务部门通过银行的支付交易进行监控的难度。最后，随着计算机加密技术的成熟，纳税人可以使用加密、授权等多种保护方式隐藏交易信息。

二是税务管理信息化背景下的税务管理问题。税务管理信息化是提升我国税务管理水平的重要途径，对降低税收征纳成本，提高税收征管效率具有重要的意义，因此成为税务管理现代化的重要标志。目前的《税收征管法》中与税务管理信息化相关的条款主要有两条：第六条，国家有计划地用现代信息技术装备各级税务机关，加强税收征收管理信息系统的现代化建设，建立、健全税务机关与政府其他管理机关的信息共享制度；纳税人、扣缴义务人和其他有关单位应当按照国家有关规定如实向税务机关提供与纳税和代扣代缴、代收代缴税款有关的信息；第二十六条，纳税人、扣缴义务人可以直接到税务机关办理纳税申报或者报送代扣代缴、代收代缴税款报告表，也可以按照规定采取邮寄、数据电文或者其他方式办理上述申报、报送事项。同时《税收征管法实施细则》第三十条对电子申报进一步规定：数据电文申报方式是指税务机关确定的电话语音、电子数据交换和网络传输等电子申报方式。

① 《税收征管法》第八条中明确规定了纳税人在税收征管过程中应当享有的知情权、保密权、申请减、免、退税权、陈述权、申辩权、申请行政复议、提起行政诉讼权、请求国家赔偿的权利、控告、检举权等。

从上述规定可以看出，征管法对税收征管信息化过程中征纳双方的权利义务和法律责任，电子申报、电子档案的法律地位等没有明确的规定，如电子数据的提供形式、读取与隐私权的保护问题，电子签名的效力性与引发的法律责任承担问题，电子文档和数据在传输与接受过程中的纠纷处理问题等。对这些问题的处理没有相应的法律依据，给实际征管工作带来难题。

3. 诉求社会公平正义价值理念背景下的税收法律责任制度需进一步完善

社会公平正义，是社会主义法治的价值追求。随着社会主义民主法制建设的不断发展，广大公民的民主法制意识不断增强，对社会公平正义的现实要求也迅速增长，社会公平正义成为新时期广大公民的强烈愿望。从法治体系来看，社会公平正义制度内容主要包括合法合理、程序公正、平等对待、及时有效等四个方面，涉及立法、行政和司法多个环节，这体现税收制度的设计中，除了建立公平的课税制度外，还需要建立公平正义的税收法律责任制度。

《税收征管法》关于税务法律责任的规定，主要存在以下几个方面的问题：

（1）对偷税行为的规定内涵过于宽泛，法律责任的设置有失公平。现行征管法将“进行虚假的纳税申报”列为偷税行为的构件之一。“进行虚假的纳税申报”是指在纳税人进行纳税申报过程中，制造虚假情况，如不如实填写或者提供纳税申报表、财务会计报表以及其他的纳税资料等，少报、隐瞒应税项目、销售收入和经营利润等行为。按照这一规定及解释，不论是主观故意还是非主观故意，纳税人只要没有如实填写纳税申报资料，造成少缴或不缴税款的行为都是偷税行为。这一规定把所有非主观故意的不缴或少缴税款的行为都视为偷税，名称上与事实不符，让这部分纳税人承担偷税的法律责任，处罚上也存在过严之嫌，这不仅严重影响到税务机关的依法治税水平，也引起了广大纳税人和社会各界的非议。因为从“偷税”的内涵理解，主观故意性是其必要条件，如不具有这一条件，不能被看做是“偷”的行为。在我国，纳税人因为不懂税法，或不能及时了解税法的变动等非主观故意行为，而造成不能如实填写申报表的情况不在少数，这些行为社会俗称为“漏税”，性质与偷税有所区别，从执法公平的角度看，自然承担的责任应该相对较轻。

（2）对偷税行为处罚标准的设置存在缺陷，在税务执法中出现处罚标准、处罚结果缺乏一致性和公正性。这表现在两方面：一是处罚标准的上限过高，名义标准远远高于实际处罚标准。征管法中对偷税的处罚规定了处不缴或者少缴税款 5 倍的罚款最高幅度。从全国多年的实际执法情况来看，对偷税行为的处罚都在 50% 至 1 倍之间，很少案件的处罚标准在 1 倍以上，因为过高的经济处罚将极大增加纳税人的负担能力，从而加大税务执法的难度。二是处罚标准的幅度过宽，影响处罚结果的公平性。征管法中对偷税的处罚规定处不缴或者少缴税款 50% 以上 5 倍以下的罚款幅度，其目的是为了在对偷税处罚时能区别情节，恰当选择处罚的倍数，对偷税能够罚当其过，但由于处罚幅度过宽，而且没有对偷税处罚的“上限”、“下限”情节作明确规定，税务机关难以掌握恰当的标准，很容易产生处罚的随意性，往往会出现某两个纳税人出现同样的偷税行为，由于地区或执法人员的不同，而所受到的处罚结果不同的情况。

（3）对一些税务违法行为，如对第三人抗税、对税务代理虚假鉴证等税收违法行为，没有相应的处罚规定，存在法律空白，需要增加相应的处罚条款，维护税务管理的合法性和及时有效性。

4. 深化行政管理体制改革背景下的税收管理程序制度需进一步完善

建立行为规范、运转协调、公正透明、廉洁高效的行政管理体制是我国深化行政管理体制改革的目标，是经济、社会发展的客观要求。税务管理作为一项行政管理活动，应该与上述改革目标相一致。《税收征管法》是一部程序法，它不仅从总体上规定了税务管理的程序，而且对一些具体税务管理措施也规定了相应的程序，但与行为规范、运转协调、公正透明、廉洁高效的目标相比较，还存在以下几个主要问题：

（1）部分制度设计不规范，需要进一步完善。①纳税申报制度不规范。现行纳税申报的法律规定过于原则，使得纳税申报缺乏透明度和可操作性，应按照税收法定主义的要求，明确并区分申报主体、申报内容、申报期限、申报方式、申报程序以及罚则，便于税务机关统一行政，也便于纳税人全面理解、系统掌握，提高纳税人在申报中的意识和遵从度。②无限期追征制度不规范，与相关法律相冲突。《税收征管法》第五十二条规定，对偷税、抗税、骗税的，税务机关追征其未缴或者少缴的税款、滞纳金或者所骗取的税款，不受追征期限的限制。对无限期追征的规定与现实情况不符，与相关法律存在冲突：第一，《税收征管法实施细则》第二十九条规定：对纳税人的账簿、记账凭证、报表、完税凭证、发票、出口凭证以及其他有关涉税资料应当保存10年；但是，法律、行政法规另有规定的除外。第二，根据刑法的规定，偷税罪的最高刑期是7年，骗取出口退税罪的最高刑期是无期徒刑。按照刑法追诉时效的规定，两罪的追诉时效分别是10年、20年。由此可以得出，偷税、骗税行为构成犯罪最长的追诉时效都是有期限的。

（2）部分制度设计未体现公正透明原则，需进一步完善。①核定征收应纳税款的条件不明确。实践中，尤其是对核定征收方式确定条件的规定，暴露出一些问题：如“账目混乱”缺乏明确的标准、“成本资料”的范畴不明确、“明显偏低”和“正当理由”未能明确界定。对这些确定条件，实践中税务机关和纳税人往往有不同的认识，容易发生争执，给日常征管带来难度。因此，对有关规定中模糊不清的概念需要加以明确，制定具体的认定标准，方便基层执法人员严格执法，避免实际工作中出现随意性。②税收保全和强制执行措施适用范围不全。税收保全的适用对象仅限于从事生产经营的纳税人，而缴纳个人所得税的纳税人和负有代扣代缴或代收代缴义务的单位和个人不缴或少缴已经代扣、代收的税款的却被排除在税收保全措施之外。同时税收保全简易程序的执行方式仅限于扣押商品、货物，而一般程序不仅可以扣押商品、货物，而且还可以冻结存款和扣押查封其他财产，显然一般程序比简易程序严厉。

（3）部分制度设计不够协调，需要进一步健全。①税务检查制度不协调。征管法规定了对纳税人和扣缴义务人的检查，也规定了对第三人的检查制度。但对第三人检查的范围有限，仅限于车站、码头、机场、邮政企业和银行。如果税务机关对第三人的检查只能限于上述主体，对检查工作的开展非常不利。此外，税务机关可以对第三人进行检查，但却没有规定拒绝检查的法律责任。因此，应考虑规定纳税人以外的第三人的协助义务，规定任何掌握被检查人纳税信息的第三人，都可以成为税收检查的对象，并规定第三人（车站、码头、机场、邮政企业）拒绝检查应当承担的法律责任。只有这样，才能保障税务检查职权的顺利实施。②税收行政协助制度不协调。征管法虽然对公安、海关、银行等诸多的执法部门之间的配合提出了要求，但并未建立完备的行政协助制度，未形成相应的行政协助机制，仅仅依靠部门之间临时不稳固的所谓协税护税来完成行政协助义务，已远不能适应税收征管需要。另外，征管法对信息共享和税收情报交换制度的设计非常薄弱，虽然《税收征管法实施细则》和《税收情报交换规程》、《关联企业间业务往来税务管理实施办法》等相关规章已对国际、国内的税收情报交流等内容作出了一些规定，但这些制度规定法律层级较低，且非常有限，难以应对日趋复杂的经济贸易活动。

（4）个别重要的征管制度设计未能体现效率与法定原则，需进一步完善。纳税评估是近年来税收征管工作中一项创新手段，实践中越来越受到各级税务机关重视。现行《税收征管法》未规范纳税评估相关内容，实践中各地做法不尽相同，引起税务系统和纳税人以及人大、政协代表对其法律地位的质疑。目前，有些地方将其等同于日常检查，强化实地评估；有些地方仅进行案头评估，但由于数据采集和审核范围单一，评估人员在征管系统中将纳税评估模块运作完毕即可，发现申报异常户很少，使纳税评估流于形式，没有取得应有的效果，背离了纳税评估的初衷。

三、我国税收管理制度的完善建议:《税收征管法》新一轮修订

(一)《税收征管法》修订需调整的主要关系

1. 税收程序法与税收实体法的关系

《税收征管法》的修订应以明确税收征管的程序性制度为核心，减少其中的实体性制度规定，调整税收程序法与税收实体法之间的关系，避免两者之间的矛盾、疏漏与重叠。

《税收征管法》的修订应主要着眼于程序制度的修改，删除不必要的实体制度规定。鉴于税收活动的特殊性、大量性、经常性,《税收征管法》应当就有关税收征纳程序的基本问题等作出规定，适用于各个税种的征管活动。《税收征管法》也是对各税种实体法征纳程序的补充，并且不受某一实体法的税制要素变化的影响。

例如,《税收征管法》第二十八条中“农业税应纳税额按照法律、行政法规的规定核定”的规定属于实体法规定，当农业税废除以后该条文就失去了意义。减少实体制度规定，也能相应减少税制变动引起的重复修改。

再如《企业所得税法》规定，企业不提供与其关联方之间业务往来资料，或者提供虚假、不完整资料，未能真实反映其关联业务往来情况的，税务机关有权依法核定其应纳税所得额，而《税收征管法》第三十五条关于税务机关可核定征收的六个前置条件中并不包含该种情形。

2. 税务机关部门配合与专业化分工的关系

《税收征管法》应以提高税务行政效率为目标，明确各级税务机关及其职能部门的管理权限与权责，调整部门配合与专业化分工之间的协作关系，优化税务管理资源的配置。

(1)明确国税、地税的职责和权利。目前我国税收征管体系中，实行国税和地税分管的征管体制。国、地税之间中以税种划分管辖，垂直管理，彼此相互独立。在实际征管中，由于国税和地税部门各自利益不同，往往会对同一纳税人的同一经济行为作出不同的纳税要求或者解释，既增加了纳税人的税收负担，又影响税法的统一性和权威性。而对于国、地税之间税收管辖的争议解决机制,《税收征管法》中缺乏相应的制度设计，该项空白造成了税务系统内部管理权限划分上的混乱。

（2）明确不同级别税务机关之间、同一税务机关不同部门的职责权限。对于税务系统内不同级别的税务机关之间，以及不同行政区域的同级税务机关之间，如何划分税收管辖权，《税收征管法》没有明确，缺乏必要的法律依据。有必要对于税收管辖权进行明确的划分，并以法律、法规的形式进行规范。

3. 税务机关与其他政府相关部门的关系

《税务征管法》应借鉴国际做法，完善税务第三方信息报告制度，调整税务机关与其他政府相关部门的协作关系，完善护税协税网络。

目前征管法虽然对公安、海关、银行等诸多的执法部门之间的配合提出了要求，但并未建立完备的行政协助制度，未形成相应的行政协助机制，对相关协助部门缺乏约束力。某些情况下，相关的协助部门会出现同税务部门利益相冲突的情况，因此，依靠现有的部门之间临时不稳固的所谓协税护税来完成行政协助义务，其效果必然大打折扣。因此，要借鉴国际做法，逐步建立税务第三方信息报告制度及工作机制，完善护税协税网络。

4. 保障税款征收与保障纳税人权利的关系

《税收征管法》应以确保依法征税为前提，切实保障纳税人权益，完善征纳双方权利义务关系，正确处理好保障税款征收与保障纳税人权利之间的关系。

国家征税与纳税人纳税在形式上表现为利益分配关系，但经过法律明确双方的权利与义务后，这种关系实质上已上升为一种特定的法律关系，即税收法律关系，具体是指由税法确认和保护的在国家征税机关与纳税人之间基于税法事实而形成的权利义务关系。这种权利义务关系表现在税务机关与纳税人发生业务关系时，首先应确保国家税款及时足额入库。比如在行政复议过程中，纳税人应先缴纳税款再来复议或满足设置的前置条件后再来进行复议。

（二）《税收征管法》修订的具体建议

1. 按照现代税收征管模式和实际征管程序的需要，调整《税收征管法》的章节设置

现行《税收征管法》包括总则、税务管理、税款征收、税务检查、法律责任、附则等六章内容。近年来的税务实践表明，“税务管理、税款征收、税务检查”的体例结构，存在一些问题：一是“税务管理”的概念外延相对宽泛，与其他章节中的“申报、征收、检查”以及与此相关的具体程序性规定等“税收征管”内容不相符；二是随着社会经济的发展，税法遵从意识的逐步提高，信息技术在税收征管领域的广泛运用以及征管

程序制度化，税务机关的管理工作转变为以税源控管为主，强制征收为辅；三是随着大量税收征管实践经验的积累和对国外先进税收征管手段的借鉴，纳税评估已成为税收管理中的重要部分，但现行的体例结构未能反映这种变化发展；四是现行征管实践中，税务检查、税务稽查、纳税评估等征管环节之间存在职责不清、相互交叉的情况。

（1）将“税务管理”章节更改为“税源管理”章节。

税源管理是税收管理的基础和前提，在《税收征管法》中单设税源管理一章，能够体现我国政府和税务部门对税源重要性的认识程度及现实需求，同时改变现行“税务管理”概念过于含糊、宽泛的不足。税源管理章节中可包括税务登记、账簿、凭证管理、纳税评估等内容。

（2）将“税务检查”章节更改为“税务稽查”章节。

在实行征、管、查的管理模式下，税务稽查地位应在《税收征管法》中得到更加明确的强调。随着纳税评估被作为一种法定的税收管理手段，“税收检查”的概念显得较为广泛，容易与税务稽查混淆。税务稽查章节中可包括税务稽查的主体、程序、条件、手段等内容。

（3）将纳税人权利集中表述，在总则中增加纳税服务的一般性描述。

在2001年《税收征管法》的修订中，增加或修改了19个保护纳税人合法权益和为纳税人服务的条款，最终有30个条款直接涉及此项内容，还有多个条款通过规范税务机关的行政行为来保障纳税人的权益，纳税人权利体系得到基本建立。但这些条款散见于各个条款中，不便于征纳双方的掌握和理解。可以考虑将纳税人权利集中表述，在总则中增加纳税服务的一般性描述。事实上，在一些国家相关征管制度中，也是将纳税人的权益在相关法律文书中集中表述，如1986年英国《纳税人权利宪章》，1997年颁布、2003年修改的澳大利亚《纳税人宪章》等。

调整后的《税收征管法》可分为六章，分别是总则、税源管理、申报缴纳、纳税评估、税务稽查、法律责任和附则。章节及条款的安排基本按照税收征管过程的正常流程进行，符合现行征管模式和实际征管程序与过程的需要。

2. 增加和完善纳税人权利，完善纳税人权利和保障制度体系

保护纳税人合法权益的条款还应该在《税收征管法》中进一步得到完善。

一是按照遵循国际通行做法与我国公共服务水平相适应的原则，考虑增加和完善纳税人享有的听证、陈述申辩、知情、拒绝等正当程序权，扩大纳税人享有的基本权利①。纳税人享有正当法律程序，不仅指纳税人对税务机关未经合法程序实施的

① 受国情、历史文化等因素的影响，世界各国对纳税人享有的权利的规定并不完全相同，但一些基本权利大多数国家的相关法律中都有规定。纳税人权利一般应包括：保密、通知、合理的审计、解释、委托税务顾问、记录、证据公开、税务申诉、时效等（参见:《税法的起草与设计》第118页，国际货币基金组织，中国税务出版社2004年版）。

行政行为具有拒绝的权利，更蕴涵着纳税人通过法定程序，来监控税务机关依法实施税收征管行为，合法表达自己意愿，保护自己合法权益的精神，是知情权、要求回避权等许多纳税人具体程序权利的依据和统领。

二是增加对税务机关在纳税人行使知情权、保密权、陈述权时的不作为和造成损害行为的法律责任条款，明确规定不得要求纳税人履行额外义务的条款，完善纳税人权利保护机制。第一，现行《税收征管法》对保护纳税人的合法权益的措施主要通过行政复议或行政诉讼的途径，但它们的受理范围仅限于税务机关对纳税人作出的征税、处罚、税收保全、强制保全、强制执行等具体行政行为，而税务机关或其工作人员对纳税人的知情权、保密权、陈述权[①] 的不作为或造成损害的行为，并没有相应的处罚、赔偿等法律责任条款，使得纳税人享有的这些权利得不到切实保障。因此，《税收征管法》除进一步明确各项权利的权利内容、纳税人实现其权利所应当遵循的步骤、程序、权利的保护主体外，还应对税务机关所应当承担的义务及其未保护纳税人权利实现时所应承担的法律责任等作出进一步的规定，以保证纳税人能够通过法律的实施而真正保护其合法权利。第二，在实际工作中，税务机关随意要求纳税人履行义务的现象时有发生，各级管理机关在制定管理措施时往往重点强调纳税人的义务，基层税务机关以减少执法风险为由要求纳税人报送各种资料的行为普遍存在，既增加了纳税人的负担，也增加了税务机关负担。

三是可以考虑将有关保障纳税人权益的条款单独列为一章，突出《税收征管法》对纳税人权益保护的基本立法意图。现行征管法的保护纳税人权益的条款零散分布在6个部分近30个条款中，没有形成一个整体，这增加了完整理解和掌握纳税人权益的难度，进而影响对纳税人权益的保护意识。将有关保护纳税人条款相对集中在一部分或单列一章，不仅从法律形式上体现《税收征管法》对保障纳税人权益的重要功能，也使得征纳双方能更容易掌握纳税人应享有的权利内容，从而增加对纳税人权益的保护意识。

3. 引入“连带纳税人”、“第二次纳税人”概念，扩大纳税主体范围

现行《税收征管法》仅对纳税主体原则性规定了纳税人、扣缴义务人，实践中除直接承担纳税义务的纳税人外，其他第三人也可能因纳税义务的继承或转移承担缴纳税款的义务，在税收法律关系中处于与纳税人相当的地位。

一是引入“连带纳税人”的概念。连带纳税人是指依照法律规定，对同一纳税义务同时负全部履行义务的人。连带纳税人的设置，在于保障国家征税权的充分实现，扩展税收债务关系所涉及的主体范围，使与纳税义务有关的人，都能以其财产

① 在税收征管关系中，征税机关与纳税人之间的法律地位平等，享有对等的权利，承担对应的义务。纳税人的权利应得到税法同样的关注和保障。

作为税收债务清偿的担保，而税务机关可以根据其中人员或债务比例选择追缴税款的对象，每个连带纳税人都应对全部的纳税义务负责。具体条款表述为："对同一纳税义务，数人共同承担清偿或担保责任的，为连带纳税人。除法律、行政法规另有规定外，各连带纳税人对全部应纳税款负清偿责任。连带纳税人履行纳税义务，其效力及于其他连带纳税人。履行纳税义务的连带纳税人，对于超过自己责任的部分，可以向其他连带纳税义务人追偿。"

二是引入"第二次纳税人"的概念。第二次纳税人指在税法中规定某些关系人对于纳税人的义务承担补充责任。当税务机关对纳税人强制执行仍无法实现税款时，可要求第二次纳税人承担补充纳税责任。第二次纳税人与连带纳税人的区别在于连带纳税人承担连带纳税义务没有时间的先后顺序，而第二次纳税人与纳税人存在履行义务时间的顺序，纳税人未能履行纳税义务后，第二次纳税人才补充履行。引入该制度，有利于保障税款的最终完全实现。增加的条款表述为"纳税人滞纳税款，税务机关对纳税人的财产强制执行仍无法实现纳税义务时，其纳税义务由法律、行政法规规定的关系人承担。独资企业业主及其家庭、总公司、清算组织、财产实际管理人、遗产执行人，以及法律、行政法规规定的关系人，为税法上的第二次纳税人"。

三是引入公司法人人格否认制度和向股东追缴欠税制度。法人人格否认制度本为公司法规定的一项法律制度，是指为了阻止公司独立人格的滥用，就具体法律关系中的特定事实，否认公司的独立人格与股东的有限责任，责令公司的股东对公司债权人或公共利益直接负责的法律制度。在《税收征管法》中引入此项制度，是针对股东滥用公司法人人格逃避缴纳税款的行为进行的规制。可规定：公司股东滥用公司法人独立地位和股东有限责任，逃避纳税义务，造成税款流失的，由税务机关责令公司承担流失税款的缴纳责任，股东对此承担连带责任。这就从法律层面解决了对所欠税款纳税人的股东追缴税款缺少法律依据的问题。

4. 增加和完善"修正申报"、电子申报内容，健全税收申报制度

一是引入"修正申报"内容。申报修正制度是指纳税人在向税务机关就应纳税款进行申报后，认为申报有误，需要对前次申报进行修正的规定。在税收法律中，应该给予纳税人、扣缴义务人自我更正因各种不同原因造成的申报不实的机会。如果纳税人、扣缴义务人对以前纳税期内少缴的税款在税务机关实施税务检查之前进行了补充申报并补缴了税款和滞纳金，可视为纳税人对自身违法行为进行了纠正。这样的行为，无论其原来少缴税款的原因如何，都应该予以考虑允许其进行补充申报并补缴税款及滞纳金，对其处罚也相应减轻。这样的处理方式，符合国际税制惯例（许多国家都有修正申报制度），符合社会发展的客观规律，同时符合建设和谐社会的大局，体现更加宽松的执法环境。

二是完善电子申报制度。电子申报纳税属于电子政务的一部分，电子申报资料法律效力问题，关键在于确立电子签名在电子政务中的法律效力。《电子签名法》第三十五条规定：国务院或者国务院规定的部门可以依据本法制定政务活动和其他社会活动中使用电子签名、数据电文的具体办法。但到目前为止，国务院以及相关部门并没有颁布具体的适用于电子政务问题的电子签名具体办法。但从解决实际问题出发，如果在《税收征管法》中明确电子申报资料的法律效力，既从法律层面解决了税务行政管理中的电子政务数据电文效力问题，同时也给税务机关进一步推进电子政务活动提供了法律依据。

5. 降低处罚标准，重新界定逃税、漏税行为，完善税收法律责任制度

一是减轻滞纳金负担。按照现行《税收征管法》规定，对未按照规定期限缴纳或解缴税款的，从滞纳税款之日起，按日加收滞纳税款万分之五的滞纳金。此项规定对督促纳税人按期缴纳税款，确保税款及时入库起到一定作用，但在实践中存在滞纳金累计过高、纳税人负担较重、纳税人因承受不起而采取“软”抗税、税务机关清缴滞纳金难度大等问题。可以考虑参照2007年十届全国人大常委会第三十次会议第二次审议的《行政强制法》（草案）关于对罚款不得超出本金的表述，对滞纳金加收数额设定上限，增加“滞纳金加收不超过所欠税款的数额”的规定。

二是降低处罚标准。现行《税收征管法》是2001年修订实施的，在当时打击税收违法行为，强化税务机关执法措施的大背景下，对税收违法行为的处罚标准也相对较高，目前社会经济形势已发生变化，主要强调通过提高政府服务质量和提高纳税人遵从度，加强税收风险管理，营造和谐的征纳关系。同时，从征管工作实践看，对税收违法行为一直没有执行过税款本身5倍的处罚，对处罚上限为未缴少缴税款5倍的规定一直形同虚设。此次从实际出发，并从体现税收法律严肃性的角度考虑，一方面，降低处罚标准，减轻纳税人的负担，有利于和谐税收关系的构建，避免过去处罚不到位的现象发生；另一方面，合理规定处罚幅度，对税务行政处罚自由裁量权加以限制，符合现代行政法精神并有利于税务机关在实践中对同一问题作出比较一致的处罚决定。将处罚比例降低，对多数涉及罚款的条款由现行的“百分之五十以上五倍以下”，可以考虑修改为“百分之二十以上两倍以下”。

三是重新界定逃税、漏税行为。现行《税收征管法》采取列举式对一定方式下的少缴或未缴税款的行为定性为“偷税”，而取消原《税收征管条例》中“漏税”概念，使大量非主观故意造成的少缴未缴税款的情形被列入“偷税”，而受到过分处罚，这不符合法律对“偷税”规定的实质。可以考虑，一方面，为保持与《刑法》的衔接，按照《刑法修正案（七）》把原来的“偷税”修改为“逃避缴纳税款”，其行为特征也由过去列举具体偷税手段改为概括式规定“采取欺骗、隐瞒手段”；另一方面，在《税

收征管法》中明确规定“漏税”行为的定性和法律责任，结合《刑法修正案》，将少缴未缴税款行为，区分为“纳税人采取欺骗、隐瞒手段进行虚假纳税申报或者不申报，逃避缴纳税款”和“非因故意造成的少缴未缴税款”（即漏税）两种情形，其处罚程度也不同。

6. 完善第三方信息报告制度，健全税务机关与社会各部门的协作机制

以纳税人自我申报为主体的征管模式下，税务机关对纳税人申报纳税情况进行审核监督并进行风险管理的主要依据来源于纳税人的涉税信息。现在世界上多数国家都建立了有效的第三方信息报告制度，把来自与纳税人应税行为有关的第三方信息的采集和使用作为现代征管实现税源分析、进行风险管理的主要手段。借鉴日本、韩国、美国、英国等国家的成功经验，根据我国征管实践的需要，应增加“纳税人、扣缴义务人应当按照国家有关规定如实向税务机关提供与纳税和代扣代缴、代收代缴税款有关的信息及所掌握的其他纳税人、扣缴义务人的涉税信息”等具体义务性规定。对行政协助主体和非行政协助第三人分别规定未尽相关提供信息义务应承担的法律责任。

提供信息的具体内容应包括：一是特殊经济行为主体向税务机关报告的制度，可以规定在一个时间段内与纳税人有经济往来，且在一定数额人民币以上的单位和个人，应当按照相关规定向税务机关报告；二是规定政府职能部门的协作制度，即“各级人民政府有关部门和单位应按照税务机关要求的内容、格式、时限、口径提供本单位掌握的涉税信息”；三是规定相关法律对提供涉税信息有不同规定的情况下以《税收征管法》为准，解决部门法之间的法律冲突问题；四是规定未尽相关提供信息义务应承担的法律责任，而且责任明确，便于执行。

7. 提升纳税评估的法律地位，完善纳税评估制度

将纳税评估定性为与税务检查并列的一种征管方式，纳税评估的结果作为税务检查的案源；它既是税源管理的内容，也是服务方式的外在表现。将其作为税源管理的一部分，予以单独成节。

一是明确纳税评估的概念。对纳税评估进行法律定位，明确纳税评估的目的是通过褒奖纳税人原发性税收遵从行为，纠正纳税人无知性税收不遵从行为，预防纳税人自私性和对抗性税收不遵从行为，提高纳税人税收遵从度。确定纳税评估是对纳税人纳税申报质量的审核，既做定性判断也定量判断。同时将纳税评估作为税源管理的一项重要内容，为税务机关开展纳税评估提供法律保障。

二是明确当期评估原则，在时间上将纳税评估与税务检查进行区别，表述为“开展纳税评估，在纳税申报期届满之后进行，评估以当年纳税申报的税款所属期为主”，这样将纳税评估与税务检查置于并列地位。

三是引入税务约谈手段，强化约谈的法律地位。目前纳税评估主要有案头审核和税务约谈两个手段，与国外纳税评估原则相一致。强化约谈的刚性，摒弃实地评估，一方面避免了评估与税务检查混同，另一方面也有利于促进提升纳税评估质量。

四是明确评估与日常检查及稽查的移交环节，确立纳税评估与税务检查的关系。纳税人对评估结果有异议的，移交日常检查处理；通过日常检查发现纳税人有逃避缴纳税款、骗取出口退税、抗税或其他需要立案查处的税收违法行为嫌疑的，移交税务稽查处理。

8. 完善与个人所得税、财产税改革相衔接的管理制度

一是与个人所得税改革相衔接。按照个人所得税税制改革方案，个人所得税将逐步从分项目计算征收改为综合计算申报缴纳，从以源泉扣缴为主，改为源泉扣缴和自行申报相结合。《税收征管法》对个人所得税纳税人在申报、缴纳、税务检查、税款实现的保障以及相应的法律责任等税收征管的各环节进行了以下考虑和规定：（1）在税源管理环节，专门就个人所得税涉及的第三方信息提供进行规定。规定财产登记和管理部门向税务机关提供个人所得税纳税人的财产信息制度。（2）在税务检查环节，对现行《税收征管法》第五十四条第六项进行修改：取消原来税务机关只能对从事生产经营的纳税人的存款账户进行检查的限定，扩展为可以对所有纳税人账户的检查；取消税务人员对个人存款账户检查只能针对调查税收违法案件的前提，这样个人所得税纳税人与其他所有纳税人一样，其通过金融机构结算的应税所得被纳入到税源监控中。（3）在税款保障环节，取消对采取强制执行措施的对象关于“从事生产、经营”纳税人的限制，而是扩围到对所有纳税人扣缴义务人可采取税收保障措施，这样个人所得税的实现在保障环节纳入征管流程。

二是与财产税改革相衔接。尤其是在房产税的改革背景下，有必要在法律上明确房产税税基的核定权，以便下一步房产税的顺利推行。在税务管理中进行税基核定主要是由于涉税信息在税务机关和纳税人之间的不对称性和纳税人逃避纳税义务的动机。由于税收实体法对课税对象规定的差异和税种的差异，具体税基的核定方法和措施应该由各种税收实体法予以规范。《税收征管法》作为一种程序法，只能是在对纳税人的涉税信息有疑问的情况下，提出对纳税人信息资料的重新审核和鉴定评估的原则。因此，《税收征管法》中的税基确定应该是原则性的规定。

参考文献

[1] 汤贡亮著. 中国财税改革与法治研究. 北京:中国税务出版社,2008

[2] 樊勇,梁俊娇等. 国家税务总局税收征管法修改课题报告. 国家税务总局税收征管体制与模式研究,2009

[3] 刘剑文等. 国家税务总局税收征管法修改课题报告. 纳税人权利保护制度研究,2009

[4] 樊勇,赖先云. 现行《税收征管法》中需要修订的若干问题. 税务研究,2008(10)

分项报告五

中国税收管理体制研究

1994年我国的分税制改革，围绕着中央与地方之间税权划分这一核心，初步明确和规范了中央和地方间的财政分配关系。伴随着中央与地方政府间税权划分体系的建立和完善，我国地方政府间税权划分体系也得以逐步建立和规范。2009年我国地方政府间税权划分的具体情况为：在税收收益权方面，我国各个地区并没有形成统一的税权划分模式，彼此之间存在着或多或少的差异，但是也呈现出一定的共性，税收收益权的划分以共享税模式为主，带有中央与地方间分税制的某些特征，省级与地市级政府主体税种趋于一致等；在税收立法权方面，我国的税收立法权集中在中央，地方政府具有的税收立法权相当有限，也就不可能存在彼此之间税收立法权的划分；在税收征管权方面，沿袭中央税和地方税划分模式，与政府层级之间的关联性不大。

一、我国2009-2010年税收管理体制的现状

（一）立法权的划分

在税收立法和税收政策制定方面，我国一直强调税权集中，税政统一。目前有权制定税法或者税收政策的有全国人民代表大会及其常务委员会、国务院、财政部、国家税务总局、海关总署、国务院关税税则委员会等。

税收法律由全国人民代表大会及其常务委员会制定；有关税收的行政法规由国务院制定；有关税收的部门规章由财政部、国家税务总局、海关总署、国务院关税税则委员会等部门制定。

此外，根据我国法律的规定，省、自治区、直辖市人民代表大会及其常务委员会、民族自治地方人民代表大会和省级人民政府，在不与国家的税收法律、法规相抵触的前提下，可以制定某些地方性的税收法规和规章。

税收法律的制定要经过提出立法议案、审议、表决通过和公布四道程序，税收行政法规和规章的制定要经过规划、起草、审定和发布四道程序。上述程序都应当按照法律、法规和制度进行。

（二）税收管理权的划分

1．税收管理权的横向划分

目前我国税收执法机构主要有财政部、国家税务总局、海关总署等。

财政部与税收直接相关的主要职责包括：拟定、执行税收的发展战略、方针政策、中长期规划、改革方案和其他有关政策；提出运用财税政策实施宏观调控和综合平衡社会财力的建议；提出税收立法计划，与国家税务总局共同审议上报税法和税收条例草案；根据国家预算安排，确定财政收入计划；提出税种增减；税目税率调整；减免税和对中央财政影响较大的临时特案减免税的建议；参加涉外税收和国际关税谈判，签订涉外税收协议、协定草案；制定国际税收协议、协定范本；承办国务院关税税则委员会的日常工作；监督财税方针、政策、法规的执行情况。

国家税务总局的职责如下：拟定有关的税收法律、法规草案，制定实施细则；提出税收政策建议，并与财政部共同审议上报，制定贯彻落实的措施。参与研究宏观税收政策，中央与地方的税收权划分；研究税负总水平，提出运用税收手段进行税收宏观调控的建议；制定并监督执行税收业务的规章制度；指导地方税收征管业务，组织实施税收征管改革；制定税收征管制度；监督税收法律法规、方针政策的贯彻执行。组织实施中央税，中央与地方共享税和国家指定的基金的征收管理；编制税收计划；对税法执行过程中，总的征管问题和一般性税收问题进行解释；组织办理有关减免税事宜。开展税收领域的国际交流与合作；参加涉外税收的国际谈判，草签和执行有关的协定和协议。办理进出口商品的增值税、消费税的征收和出口退税业务。组织实施注册税务师的管理；规范税务代理行为。

海关总署的主要职责之一是，研究拟定关税征收管理条例及其实施细则，组织实施进出口关税、进口环节增值税和消费税的征收管理，依法执行反倾销、反补贴措施。

国务院关税税则委员会是国务院的议事协调机构，其主要职责是：审定调整关税税率；关税年度暂定税率、关税配额税率、特别关税（包括反倾销和反补贴税）税率和修订关税税则、税目、税号的方案；审议上报国务院的重大关税政策和对外关税谈判方案；提出制定和修订《中华人民共和国进出口关税条例》的方针、政策和原则，并审议其修订方案。

2. 税收管理权的纵向划分

适应分税制财政管理体制的需要，1994年税制改革时，我国对税收管理机构也进行了相应的配套改革。中央政府设立国家税务总局、省及省以下税务机构分设国家税务局和地方税务局两个系统。中央税、中央与地方共享税和地方税分别由中央税务机构（各级国家税务局和海关）和地方税务机构（各级地方税务局和财政局）负责征收管理。国家税务局系统负责征收管理的项目有：增值税，消费税，车辆购置税，铁道部门、各银行总行、各保险总公司集中缴纳的营业税、企业所得税、城市维护建设税，中央企业缴纳的企业所得税，中央与地方所属企业、事业单位组成的联营企业、股份制企业缴纳的企业所得税，地方银行、非银行金融企业缴纳的企业所得税，海洋石油企业缴纳的企业所得税，2002 年 1 月 1 日以后注册的企业、事业单位缴纳的企业所得税，外商投资企业和外国企业缴纳的企业所得税，对股票交易征收的印花税。地方税务局系统负责征收管理的项目有：营业税，企业所得税，个人所得税，资源税，印花税，城市维护建设税（不包括上述由国家税务局系统征管的部分），房产税，城镇土地使用税，土地增值税，车船税，耕地占用税，契税，烟叶税。此外，在部分地区，契税、耕地占用税由地方财政部门征收和管理。

（三）税收收益权的划分

目前中国的税收收入分为中央政府固定收入、地方政府固定收入、中央政府和地方政府共享收入。

中央政府固定收入包括：国内消费税，关税，海关代征增值税、消费税、车辆购置税。

地方政府固定收入包括：城镇土地使用税，耕地占用税，土地增值税，房产税，车船税，印花税，契税。

中央和地方共享收入包括：

国内增值税：中央政府分享 75%，地方政府分享 25%。

营业税：铁道部、各银行总行、各保险总公司集中缴纳的部分归中央政府，其余部分归地方政府。

企业所得税：铁路运输、国家邮政、中国工商银行、中国农业银行、中国银行、中国建设银行、国家开发银行、中国农业发展银行、中国进出口银行以及海洋石油天然气企业缴纳的所得税继续作为中央收入外，对其他企业所得税实行中央与地方按比例分享，中央 60%，地方 40%。中央企业所得税、地方银行和外资银行及非银行金融企业所得税归中央。

个人所得税：中央 60%，地方 40%。

资源税：海洋石油企业缴纳的部分归中央政府，其余部分归地方政府。

城市维护建设税：铁道部、各银行总行、各保险总公司集中缴纳的部分归中央政府，其余部分归地方政府。

印花税：股票交易印花税收入的 97% 归中央政府，其余 3% 和其他印花税收入归地方政府。

（四）2009年企业所得税征管权限的政策调整

根据《国家税务总局关于调整新增企业所得税征管范围问题的通知》（国税发〔2008〕120号）的规定，企业所得税征管权限调整如下：

以2008年为基年，2008年年底之前国家税务局、地方税务局各自管理的企业所得税纳税人不作调整。2009年起新增企业所得税纳税人中，应缴纳增值税的企业，其企业所得税由国家税务局管理；应缴纳营业税的企业，其企业所得税由地方税务局管理。

同时，2009年起下列新增企业的所得税征管范围实行以下规定：

1．企业所得税全额为中央收入的企业和在国家税务局缴纳营业税的企业，其企业所得税由国家税务局管理。

2．银行（信用社）、保险公司的企业所得税由国家税务局管理，除上述规定外的其他各类金融企业的企业所得税由地方税务局管理。

3．外商投资企业和外国企业常驻代表机构的企业所得税仍由国家税务局管理。

4．按税法规定免缴流转税的企业，按其免缴的流转税税种确定企业所得税征管归属；既不缴纳增值税也不缴纳营业税的企业，其企业所得税暂由地方税务局管理。

5．既缴纳增值税又缴纳营业税的企业，原则上按照其税务登记时自行申报的主营业务应缴纳的流转税税种确定征管归属；企业税务登记时无法确定主营业务的，一般以工商登记注明的第一项业务为准；一经确定，原则上不再调整。

二、地方政府间税权划分的意义

地方政府间税权划分是我国财政制度的重要组成部分，关系着各级政府间财政资源的配置状况，对各地区乃至整个国家经济发展、政治民主、社会和谐具有重要影响。

（一）合理规范的税权划分体系有利于促进各地区乃至整个国家经济发展

在我国，除了中央政府之外，还存在着四级地方政府，地方经济的发展状况和各区域间的均衡发展直接影响着整个国家的区域经济结构、经济发展状况、经济持续发展能力。而地方经济发展，各区域间的均衡发展则很大程度上依赖地方政府提供的财力支持和必备的公共产品。因此，合理规范的税权划分体系，有利于各级政府准确预测本级政府的税收收入和财力状况，制定长期的经济发展规划，合理地配置其手中的财政资源，有利于本地区经济持续、均衡发展，进而促进国家整体经济的持续、健康、均衡发展。

(二)合理规范的税权划分体系有利于推动政府行政行为的规范化和法制化

行政管理体制上，无论其政治、经济、文化、社会等具体情况有何差别，现代国家普遍采用多级政府的架构。相应地,在财政制度上,绝大多数国家采用财政分权。各级政府承担一定的公共事务和社会管理的职能必然需要相应的财力、稳定的财源提供物质保障。若各级政府间税权划分不合理，则必然会使各级政府采用行政收费、争夺税源等其他途径筹集所需财力，容易造成各地区各级政府之间的博弈，增加政府的运行成本，不利于行政体制的规范和法制化建设。因此，合理规范的税权划分体系有利于保障各级政府稳定的税源和财源，也避免各地区各级政府间相互博弈，降低政府的行政成本，推进行政行为的规范化和法制化。

(三)科学合理的税权划分体系有利于维持社会的稳定与和谐

我国各地经济、社会、文化、自然环境差异较大，经济、文化、社会发展水平参差不齐，中央不可能制定适合各地经济、社会发展的税收制度，也不可能有效了解当地居民的偏好和提供满足其偏好的公共产品。此外，调节各地区之间的差距，促进各区域均衡发展，增强基层政府公共服务的能力，将成为我国未来政府的一项重要任务。因此，科学、合理地在各级地方政府间划分税权，有利于充分发挥地方政府提供适合本地居民偏好的多样化公共服务方面的优势，有利于保障各地区居民享有基本的公共产品和公共服务，有利于维护我国的社会稳定和谐。

三、我国地方政府间税权划分现状

伴随着1994年中央与地方政府之间的分税制改革，在省、市之间的税权划分模式上各地进行了大胆的探索和创新，到目前为止已经形成了比较稳定且各具地方特色的税权划分模式。由于2009–2010年的税权划分模式与2008年相同，囿于

2009年各地税收收入数据获得的时间上的局限性，故暂以2008年数据作为分析基础。

（一）我国地方政府间税权划分体系——税收收益权划分现状

总体来说，我国地方政府间税收收益权划分主要采用分权的模式，但是不同地区各有差别，主要有以下特点：

1. 从总体上看，各地区各具特色，没有形成统一模式

关于地方政府间税收收益权划分，全国31个省级行政区没有统一模式，大致上可分为以下三种模式：

（1）模式一：在省级[①]与地市级[②]之间设共享收入，省级和地市级各有相对独立的税收收入来源。仅北京属于此种模式，将个人所得税、契税作为直辖市级固定收入，增值税、营业税、企业所得税、城镇土地使用税、土地增值税作为共享税，按50%：50%的比例划分，其余税种则作为各区县的固定收入。

（2）模式二：在省级与地市级之间设共享收入，但省级具有相对独立的税收收入来源，地市级则没有。目前，仅上海采用此种模式。上海除了将城镇土地使用税、耕地占用税作为省级固定收入外，其余均属于共享税。房产税、印花税、土地增值税、车船税按所属行业进行划分，

（3）模式三：在省级与地市级之间设共享收入，地市级具有相对独立的税收收入来源，而省级则没有。此种方式属于现行地方政府间税收收益权的主要模式。目前除上述2个直辖市外的其他29个地区均采用了此种模式。

我国31个行政区域税权划分概况见表A5-1：

表A5-1　我国各地区税权划分情况简表

地区	省级固定收入	共享税			地市级固定收入
		比例共享	按行业归属、企业隶属层级共享	两者兼而有之	
北京	个人所得税、契税	增值税、营业税、企业所得税、土地使用税、土地增值税			房产税、车船税、耕地占用税、资源税、城市维护建设税、印花税

① 为便于论述，本报告中如未特殊说明省级包括省级、自治区级、直辖市级政府。

② 为便于论述，本报告中如未特殊说明，地级市级包括地市级、县级（部分地区采取省管县财政体制或扩权县）、盟市级、直辖市区级。

续表

地区	省级固定收入	共享税			地市级固定收入
		比例共享	按行业归属、企业隶属层级共享	两者兼而有之	
上海	土地使用税、耕地占用税		房产税、城镇土地使用税、土地增值税、车船税	增值税、营业税、企业所得税、个人所得税、土地增值税、契税	
四川		增值税、个人所得税、资源税、印花税、房产税、城镇土地使用税、契税		营业税、企业所得税、	土地增值税、城市维护建设税、车船税、耕地占用税、烟叶税
江西		个人所得税、资源税、土地使用税、印花税、土地增值税、房产税	增值税、营业税、企业所得税		城市维护建设税、车船税、耕地占用税、契税、烟叶税
陕西		企业所得税、个人所得税、资源税、土地使用税、房产税	城市维护建设税	增值税、营业税	印花税、土地增值税、车船税、耕地占用税、契税、烟叶税
湖南		个人所得税、土地增值税、土地使用税、资源税	增值税、营业税	企业所得税	印花税、房产税、城市维护建设税、车船税、耕地占用税、契税、烟叶税
天津		土地增值税	城市维护建设税	增值税、营业税、企业所得税、个人所得税	印花税、房产税、土地使用税、资源税、车船税、耕地占用税、契税
海南		增值税、个人所得税、土地增值税、契税		营业税、企业所得税	资源税、城市维护建设税、印花税、房产税、土地使用税、车船税、耕地占用税
内蒙古		个人所得税、资源税	增值税、营业税、企业所得税	城市维护建设税	印花税、房产税、土地使用税、土地增值税、车船税、耕地占用税、契税、烟叶税
重庆		增值税、营业税、企业所得税、个人所得税、城市维护建设税、房产税			印花税、土地增值税、土地使用税、资源税、车船税、耕地占用税、契税、烟叶税

续表

地区	省级固定收入	共享税			地市级固定收入
		比例共享	按行业归属、企业隶属层级共享	两者兼而有之	
河北		增值税、企业所得税、个人所得税、资源税		营业税	城市维护建设税、印花税、房产税、土地使用税、土地增值税、车船税、耕地占用税、契税、烟叶税
山西		增值税、个人所得税、资源税		营业税、企业所得税	城市维护建设税、印花税、房产税、土地使用税、土地增值税、车船税、耕地占用税、契税、烟叶税
广东		个人所得税、土地增值税	增值税	营业税、企业所得税	城市维护建设税、印花税、房产税、土地使用税、资源税、车船税、耕地占用税、契税、烟叶税
辽宁		增值税、营业税、企业所得税、个人所得税、房产税			城市维护建设税、印花税、土地增值税、土地使用税、资源税、车船税、耕地占用税、契税、烟叶税
云南		企业所得税、个人所得税、城市维护建设税、耕地占用税	营业税		增值税、土地增值税、印花税、房产税、土地使用税、资源税、车船税、契税、烟叶税
湖北		增值税、营业税、个人所得税		企业所得税	土地增值税、城市维护建设税、印花税、房产税、土地使用税、资源税、车船税、耕地占用税、契税、烟叶税
广西		增值税、个人所得税		营业税、企业所得税	土地增值税、城市维护建设税、印花税、房产税、土地使用税、资源税、车船税、耕地占用税、契税、烟叶税
甘肃		增值税、营业税、个人所得税		企业所得税	土地增值税、城市维护建设税、印花税、房产税、土地使用税、资源税、车船税、耕地占用税、契税、烟叶税

续表

地区	省级固定收入	共享税			地市级固定收入
		比例共享	按行业归属、企业隶属层级共享	两者兼而有之	
吉林		增值税、企业所得税、个人所得税		营业税	土地增值税、城市维护建设税、印花税、房产税、土地使用税、资源税、车船税、耕地占用税、契税、烟叶税
山东			个人所得税	增值税、营业税、企业所得税	资源税、城市维护建设税、印花税、房产税、土地使用税、土地增值税、车船税、耕地占用税、契税、烟叶税
贵州		增值税、资源税	营业税、企业所得税		个人所得税、土地增值税、城市维护建设税、印花税、房产税、土地使用税、车船税、耕地占用税、契税、烟叶税
浙江 河南			增值税、营业税、企业所得税		个人所得税、资源税、城市维护建设税、印花税、房产税、土地使用税、土地增值税、车船税、耕地占用税、契税、烟叶税
青海		增值税	营业税、企业所得税		个人所得税、资源税、城市维护建设税、印花税、房产税、土地使用税、土地增值税、车船税、耕地占用税、契税
黑龙江		营业税	企业所得税	增值税	个人所得税、资源税、城市维护建设税、印花税、房产税、土地使用税、土地增值税、车船税、耕地占用税、契税、烟叶税
福建			营业税、企业所得税、契税		增值税、个人所得税、资源税、城市维护建设税、印花税、房产税、土地使用税、土地增值税、车船税、耕地占用税、烟叶税

续表

地区	省级固定收入	共享税			地市级固定收入
		比例共享	按行业归属、企业隶属层级共享	两者兼而有之	
江苏			营业税、企业所得税		增值税、个人所得税、资源税、城市维护建设税、印花税、房产税、土地使用税、土地增值税、车船税、耕地占用税、契税
安徽		企业所得税、个人所得税			增值税、营业税、城市维护建设税、印花税、房产税、土地使用税、土地增值税、车船税、耕地占用税、契税、烟叶税
新疆		资源税	营业税		增值税、企业所得税、个人所得税、城市维护建设税、印花税、房产税、土地使用税、土地增值税、车船税、耕地占用税、契税、烟叶税
西藏		资源税、耕地占用税			增值税、营业税、企业所得税、个人所得税、印花税、房产税、土地使用税、契税、土地增值税、车船税

注：1. 资料来源：根据中国财政经济出版社《中国省以下财政体制》(2008)归纳整理。
2. 表中模式三各省的排列顺序按照其共享税种的个数降序排列。
3. 上述未提到烟叶税的地区无此税源。

2. 共享方式是我国地方政府间税权划分的主要方式

总体来看，共享方式在我国地方政府间税权划分体系中具有举足轻重的作用，对于各级地方政府的税收收入有很大的影响。

（1）从涉及范围来说，各地方政府间税权划分模式各不相同，除烟叶税外的其余税种均不同程度采用共享方式分配，各个地区也都实行了不同形式和不同程度的共享。

（2）从涉及的税收收入来说，采用共享方式分配的税收收入占地方税收总收入的比重较大。根据我国省级、地市级间税收收入的税权分配模式测算，2008 年我国 36 个地区采取共享方式进行税权划分的税收收入占地方税收总收入的平均比重约为

70%，甚至个别地区采用共享方式划分的税收收入高达 90% 以上。而且对于占地方税收收入比重较大的增值税、营业税、企业所得税、个人所得税大多采用共享方式划分税权。

（3）省级、地市级税收收入主要来自共享方式。虽然在现有的模式中，大部分地区都拥有省级固定收入或地市级固定收入，但是这些固定的税收收入其总量和比重都相当有限。目前，在我国 31 个地区中，仅北京、上海这两个直辖市的个别税种属于省级的固定收入，且税收收入有限。除此之外，其余各省（市、自治区）的省级税收收入均来自共享方式中属于省级分成部分。而对于地市级来说，虽然财产行为税中的许多税种属于地市级的固定税收，但是这些税收收入较少，且税源分散、税收征管难度较大，主要的税收收入仍是通过共享方式取得的。

3. 地方政府间税收收益权划分带有鲜明的中央与地方分税制的特征

（1）中央与地方共享税税种多数成为地方政府间的共享税。在地方政府间税权划分体系中，对于中央与地方共享税税种增值税、营业税、企业所得税、个人所得税、资源税等，大部分地区也采取了共享模式。如有 25 个地区把增值税划入共享收入；30 个地区把企业所得税作为共享收入；22 个地区把个人所得税列入分享收入。此外，有 29 个地区也把营业税作为分享收入。

（2）从各地区的共享收入看，收入分配中大体沿用了中央和地方税收收入分享方式，采用了企业隶属关系和所属行业确定税收收入归属的原则。一方面，除北京外，其余地区都把铁路、民航、邮电通信、石油开采、金融保险、电力等关系国计民生的重点行业和重要企业的营业税、企业所得税或者与之相关的增值税、城市维护建设税作为省级固定收入；另一方面，大部分地区也把省直属大型企业或者是跨地区经营，集中缴库的中央下划的企业所得税作为省级固定收入。

（3）沿用了中央与地方之间税收返还的做法，许多地区实行“定额返还，增量分成”的税收返还政策。一些地区将中央与省之间税收返还政策向地市级政府延伸，以 1993 年上划中央增值税和消费税税额为基数，按照一定的系数计算返还数额。一些地区依据中央与地方的系数确定，一些由省级政府自行确定。除增值税和消费税之外，对企业所得税许多地区也采用了类似的方法，以某年为基数确定税收数额，同时对于增量收入则采用一定的比例分成，确定省级与地市级之间的分成收入。

4. 各地区采用共享方式分权的税种与其主体税种呈现大体一致的趋势

虽然各地区采取共享方式分权的税种并不完全相同，但总体来说，对于主体税种大多采用了共享的方式。本报告以 2008 年各地区地方税收收入数据进行测算，测算结果见表 A5–2。

表A5-2 各地主体税种

地 区	增值税	营业税	企业所得税	个人所得税	资源税	城市维护建设税	房产税
北 京	8.92%	36.71%	28.02%	9.65%	0.02%	3.60%	3.60%
天 津	20.08%	32.92%	18.98%	5.89%	0.14%	4.77%	3.52%
河 北	26.29%	28.99%	14.99%	5.67%	3.16%	6.50%	2.17%
上 海	15.06%	34.33%	24.65%	9.22%	0.00%	3.09%	2.35%
江 苏	21.20%	29.14%	17.51%	5.67%	0.24%	5.51%	3.03%
浙 江	19.47%	32.05%	16.87%	6.46%	0.38%	6.16%	3.36%
福 建	17.62%	32.21%	16.64%	6.39%	0.78%	4.76%	3.50%
山 东	21.77%	25.83%	14.94%	3.99%	1.88%	6.79%	3.08%
广 东	19.30%	33.35%	18.71%	8.25%	0.24%	3.71%	3.22%
海 南	11.26%	43.41%	12.68%	4.62%	1.06%	4.58%	3.10%
山 西	34.79%	22.90%	15.41%	4.53%	5.60%	7.59%	1.87%
安 徽	18.33%	33.66%	14.11%	4.06%	1.86%	7.21%	2.15%
江 西	17.96%	33.02%	13.20%	4.47%	2.49%	5.58%	1.90%
河 南	20.73%	28.23%	15.73%	4.35%	3.25%	6.61%	2.28%
湖 北	19.87%	31.63%	16.47%	5.22%	1.00%	7.74%	3.01%
湖 南	22.34%	40.38%	11.33%	6.59%	0.78%	9.31%	3.14%
内蒙古	22.25%	29.02%	12.66%	5.17%	4.75%	6.38%	2.71%
广 西	19.00%	35.20%	10.74%	5.62%	1.20%	6.29%	2.97%
重 庆	16.08%	40.26%	9.70%	4.95%	1.38%	6.62%	2.59%
四 川	15.95%	36.69%	12.67%	5.68%	1.19%	6.42%	2.58%
贵 州	21.14%	30.80%	13.63%	7.06%	2.04%	8.46%	2.41%
云 南	20.61%	28.32%	13.69%	4.81%	1.72%	10.51%	2.36%
西 藏	18.09%	52.36%	12.30%	4.64%	3.79%	4.72%	0.00%

与共享税种概况表

印花税	城镇土地使用税	土地增值税	车船税	耕地占用税	契　税	烟叶税	其　他
1.34%	0.87%	1.95%	0.58%	0.08%	4.67%	0.00%	0.00%
2.19%	1.91%	1.21%	0.68%	0.33%	7.38%	0.00%	0.00%
1.66%	3.69%	1.46%	0.84%	0.87%	3.69%	0.01%	0.03%
2.34%	1.53%	2.22%	0.19%	0.07%	4.95%	0.00%	0.00%
1.47%	3.87%	2.78%	0.58%	1.14%	7.86%	0.00%	0.00%
1.56%	3.23%	2.25%	0.54%	1.15%	6.53%	0.00%	0.00%
1.54%	4.12%	4.28%	0.59%	1.43%	5.62%	0.53%	0.00%
1.32%	6.75%	2.38%	0.82%	4.12%	6.21%	0.11%	0.00%
1.70%	2.89%	2.83%	0.75%	0.40%	4.63%	0.04%	0.00%
1.36%	5.17%	5.15%	0.51%	1.19%	5.89%	0.00%	0.00%
1.25%	3.55%	0.32%	0.39%	0.39%	1.37%	0.01%	0.02%
1.20%	4.17%	2.33%	0.65%	2.50%	7.68%	0.07%	0.00%
1.22%	3.43%	3.44%	0.46%	3.30%	9.19%	0.35%	0.00%
1.38%	5.01%	2.21%	0.51%	3.42%	5.62%	0.63%	0.05%
1.61%	2.79%	2.60%	0.53%	1.31%	5.71%	0.51%	0.00%
1.49%	1.71%	1.17%	0.66%	0.00%	0.00%	1.10%	0.00%
1.49%	7.33%	2.28%	0.68%	2.18%	3.01%	0.04%	0.04%
1.26%	2.46%	4.55%	0.56%	3.79%	6.13%	0.22%	0.00%
1.52%	3.65%	2.97%	0.33%	2.36%	7.11%	0.48%	0.00%
1.44%	4.47%	3.29%	0.82%	1.48%	6.76%	0.59%	0.00%
0.91%	3.79%	1.43%	0.56%	0.94%	3.01%	3.80%	0.00%
1.21%	2.82%	1.18%	0.72%	1.51%	5.23%	5.32%	0.00%
1.31%	0.00%	1.68%	0.83%	0.28%	0.00%	0.00%	0.00%

地 区	增值税	营业税	企业所得税	个人所得税	资源税	城市维护建设税	房产税
陕 西	24.12%	32.42%	12.94%	4.99%	3.72%	8.61%	2.39%
甘 肃	23.29%	32.65%	12.63%	4.99%	3.41%	9.55%	4.07%
青 海	26.06%	33.08%	12.75%	4.62%	7.04%	6.92%	2.13%
宁 夏	23.64%	38.70%	8.00%	5.18%	1.49%	7.47%	2.22%
新 疆	28.39%	31.90%	9.28%	6.34%	3.80%	9.90%	3.02%
辽 宁	16.99%	29.89%	14.00%	5.09%	2.78%	5.77%	3.48%
吉 林	20.44%	30.21%	13.67%	5.62%	1.34%	7.09%	3.43%
黑龙江	30.80%	23.77%	10.96%	5.29%	3.34%	10.05%	2.96%

注：1. 各地区各税种占其税收收入5%以上为加粗字体。
2. 下划线表明该税种为省级与地市级共享税种。
3. 数据来源：根据《中国统计年鉴（2009）》计算整理而得。

如表中所示，营业税、增值税、企业所得税、个人所得税在地方政府税收收入中居于主体地位，占地方税收总收入的比重较大，而大多地区都不同程度的将这些税种作为共享税种。对于财产行为税来说，这些税种税收收入比重较小，多数地区将其作为地市级的固定收入。

5. 各地区地方政府间税权划分存在着显著差别

（1）对于财产和行为税[①] 来说，各个地区税权归属差异较大

与营业税、增值税、企业所得税、个人所得税相比，各个地区对于财产行为税税权的划分差异较大。虽然不少地区将这些税权划归地市级固定收入，但是19个地区不同程度地将这些税种划为共享税，且各地情况差异较大。如北京、宁夏、湖南、贵州、陕西将土地使用税划为共享税，而天津、内蒙古、陕西、上海、重庆、云南则将城市维护建设税划为共享税。此外，上海和北京还将个别税种划归省级固定收入，上海的土地使用税、耕地占用税为其市级固定收入，北京的契税为其市级固定收入。

（2）对于共享税来说，各地区的共享方式存在差别

共享模式是地方政府间税权划分的主要模式，但是各个地区采用的共享方式也

① 财产和行为税包括房产税、城镇土地使用税、土地增值税、耕地占用税、车船税、资源税、城市建设维护税、契税、印花税（不含证券交易印花税）、烟叶税。

续表

印花税	城镇土地使用税	土地增值税	车船税	耕地占用税	契　税	烟叶税	其　他
1.52%	3.72%	1.21%	0.65%	1.26%	2.21%	0.25%	0.00%
1.85%	2.37%	1.80%	0.63%	0.68%	2.01%	0.08%	0.00%
1.23%	3.11%	0.24%	0.45%	0.52%	1.84%	0.00%	0.00%
1.48%	5.74%	1.21%	0.65%	0.07%	4.13%	0.02%	0.00%
1.18%	1.12%	1.26%	0.69%	0.09%	3.03%	0.00%	0.00%
1.61%	6.49%	2.44%	1.09%	2.39%	7.68%	0.05%	0.24%
1.27%	6.06%	1.27%	0.97%	2.23%	6.18%	0.22%	0.00%
0.98%	4.88%	0.85%	0.77%	0.44%	4.47%	0.43%	0.01%

有所不同，主要有按照企业隶属层级或者行业归属共享、按照比例共享或两者兼而有之。北京、重庆、西藏、安徽、辽宁按照比例共享方式，福建、河南、江苏、浙江按照企业的隶属层级和行业归属实行共享。其余各地区均采用两者并用的共享方式。

（3）对于采用比例共享的地区，其共享比例存在差别

在分享比例上，不仅不同地区之间分享比例模式存在很大差异，而且同一地区同一模式下，不同税种、不同地（市）、县（市区）之间的比例也存在差异。从分享比例的模式来说，一是不论税种，具有统一的分享比例，如：北京、内蒙古、安徽、广东、青海和新疆五个地区对按比例共享的税种均按统一的比例与地市分享，其中北京为 50：50，安徽为 37.5：62.5，广东按 40：60，青海按 50：50，新疆按 75：25 分享。二是同一地区不同税种、不同地（市）、县（市区）之间其分享比例不同。第一，同一地区不同税种的其分享比例不同。除上述五个地区外，其他地区根据不同税种按不同的比例与地（县）分享。如，广西企业所得税、个人所得税、增值税、营业税的分成比例分别为 25：75、37.5：62.5、32：68、40：60；湖北企业所得税、个人所得税按 37.5：62.5、增值税按 32：68、营业税按 30：70 比例分享。第二，同一地区不同地（市）、县（市区）之间的分成比例不同。如，海南省与海口、三亚、洋浦、其他市县的分成比例分别为 55：45，35：65，35：65，25：75；重庆与其主城区、郊县区之间也适用两个不同的分成比例。

(二)我国地方政府间税权划分体系——税收立法权划分现状

我国的税收立法权主要集中于中央，地方政府不具备税收立法权。我国的《立法法》、《国务院关于实行分税制财政体制的决定》和《国务院批转国家税务总局工商税制改革实施方案的通知》都明确了地方政府不具有税收立法权。尽管《税收征管法》规定:“税收的开征、停征以及减税、免税、退税、补税，依照法律的规定执行；法律授权国务院规定的，依照国务院指定的行政法规的规定执行。”也就是说，只有经税收法律、行政法规的授权（特别授权），地方人民代表大会及常委会才有权制定地方性税收法规。但目前，还没有这种特别授权的情况出现①。

虽然 1994 年中央将屠宰税和筵席税的开征、停征、征收办法的权力下放给了省级政府，但是目前没有地区征收这两种税，因此，地方政府对于这两个税种不具备实质的税收立法权。

目前，地方政府所具有的只是制定一些税种具体的实施细则、征收办法，一些税种的临时性税收减免等权力，如制定城市维护建设税、房产税、车船使用税、城镇土地使用税等税种实施细则。因此，可以说地方政府实际上不具有税收立法权，也就不可能存在与其下一级政府之间税收立法权的划分。

(三)我国地方政府间税权划分体系——税收征管权划分现状

在我国税收征管权的划分主要以中央税和地方税为依据，中央税、中央和地方共享税由国家税务局征管，地方税由地方税务局征管。在地方，税收征管权划分仍然沿用此种模式，按税种来划分，与地方政府层级关联不大，即国家税务局系统负责征收增值税、消费税、归属于中央收入的营业税和城市建设维护税、中央企业缴纳的所得税等；地方税务局系统负责征收营业税、城市维护建设税（不包括由国家税务局系统征管的部分），地方国有企业、集体企业、私营企业缴纳的所得税，个人所得税（不包括对银行储蓄存款利息所得征收部分），城镇土地使用税，耕地占用税，土地增值税，房产税，印花税，契税等。

在管理上，国家税务局系统由国家税务总局垂直管理，各级政府不具备管理权。对于地方税务局系统来说，省级地方税务局由省级人民政府和国家税务总局双重领

① 刘剑文等著:《中央与地方财政分权法律问题研究》，人民出版社2009年版，P77。

导，省级以下地方税务局实行垂直管理。国家税务局系统和地方税务局系统，相互独立，分别征收和管理不同的税种。同一纳税人需要缴纳的税收若涉及国税和地税，需要分别进行纳税登记，纳税申报，缴纳税款等。另外，两个系统之间没有明确规范的相互合作和协调的机制。

（四）我国地方政府间税权划分体系的评价

1. 现行地方政府间税权划分体系的积极意义

（1）规范了地方政府间的财政关系，保证了各级政府基本的财政需求

1994 年分税制改革使中央与地方之间形成了规范和顺畅的财政关系，但是一段时间内地方政府间的财政关系仍采用财政包干体制，未实行分税制。1996 年，省级政府通过多次的调整与改革，与地市级政府形成了现有财政关系，基本上实现了地方政府间的财权、事权、税权的划分。目前我国地方政府间的税权划分体系，按照属地原则、有利于经济发展原则，充分考虑各个税种的性质，调整和规范了省级与地市级税权划分体系，改变了以企业隶属关系和行业划分收入的状况，基本上实现了省级与地市级之间的分税，为各级政府提供了稳定的财力来源，保障了各级政府财政的自我保障与自我发展能力，为地方各级政府的各项财政支出和经济建设提供了稳定的财力，充分调动了各级政府培植财源、发展经济的积极性。

（2）基本上符合各个税种的性质和税权划分的普遍原则

从各地区对地方政府间税权划分的情况看，营业税、增值税、企业所得税和个人所得税等这些税种税额充足、税源广泛、流动性大、具有地区间差距具有调节作用的税种，被作为共享税或省级固定税收入，既有利于企业的发展和商品的流通，也有利于保证各级政府间财力均衡；房产税、城镇土地使用税、土地增值税、耕地占用税、车船税等，流动性小、与地方提供的公共服务密切相关、税源比较分散的财产行为税，则一般被作为地市级固定税收收入；对于关系国计民生的重要行业和重点企业的税收，跨地区缴库的中央企业或者省级国企的增值税、营业税、企业所得税和个人所得税以及其他相关税收一般都作为省的固定收入。这类企业往往对于当地经济社会具有较大影响、层级较高、分布不均衡、税源丰厚、税额充足，把这些企业若干税种的税收收入作为省级固定收入，由省级掌握，既有利于税款征收的顺利实现，又保证了省级政府对于本辖区内宏观调控政策的力度，避免了各地之间财力不均衡和差距的日益扩大。

（3）基本上体现了调节各地区间财力差异，保证辖区内财政均衡

对于我国 31 个省级行政区域来说，各地区地方政府间的分税体系，都充分考

虑了本级政府的实际情况和辖区内各地市的具体需求，采取了有差别的税权划分体系，各税种的具体分享比例上的差异，有利于调节各地区间差异、促进各地区经济社会均衡发展。比如在重庆，增值税、营业税、个人所得税、企业所得税、城市维护建设税和房产税属于共享税，根据次级政府的具体经济状况，采用了不同的分享比例：市级与主城区按 60∶40 分享，与经济较为落后的渝东南地区以外的郊区县按 40∶60 分享。又如甘肃，省与兰州、嘉峪关、金昌、白银和酒泉等几个经济相对发达，人口较多的地区按 70∶30 分享增值税，而与其他经济落后地区则按 20∶80 分享。这种差别化的分享方式，能够使省从经济相对发达的地区集中更多的收入，保证了省一级政府的财政收入。同时，相对落后地区保留相对较多的收入，一方面能够使他们有能力满足经济和社会事业发展的需要；另一方面由于它们能够从经济发展中享受更多成果，增加了发展经济的激励。在这种机制下，通过收入激励机制，有利于促进各地区经济社会均衡发展。

2. 现行地方政府间税权划分体系存在的问题

（1）地方政府间税权划分缺乏硬性的法律约束

目前关于地方政府间税权划分的有关规定，无论是对中央还是对 31 个地方行政区域来说，几乎处于法律空白的状态，缺乏严格的法律规范。从国家层面来说，相关的文件主要是于 1996 年发布的《关于完善省以下分税制财政管理体制的意见》和 2002 年发布的《关于完善省以下财政管理体制有关问题的意见》。从法律效力来说，这两个文件只属于规范性文件，不具有法律的强制约束力。同时，这两个文件只是提出了完善省以下财政管理制度的宏观目标和原则，并没有具体规定相关的体制和制度，对于税权划分的相关法律程序也未涉及。而且所提的目标和原则均是定性的，并未涉及税权划分、事权划分、转移支付的定量标准和规范。这虽然有利于各地区因地制宜根据本辖区的具体情况采用适合本地区的税权划分模式，但是对于目前我国这种行政主导的政府管理体制和“自上而下”税权划分模式来说，省级政府的行为缺乏相关的法律约束，往往会制定有利于省本级的政策，这将大大不利于地市级政府财政收入的筹集和财力的保障。

从各个地方行政区域来说，目前关于我国地方政府间税权划分的相关文件等都是省级政府财政部门制定并颁布的。根据我国行政法的相关规定：省、自治区、直辖市以及省、自治区的人民政府所在地的市和国务院批准的较大的市的人民政府，可以根据法律和国务院的行政法规，制定规章。在我国的法律体系中，法律效力最低一级为地方性规章，而这些文件作为地方政府间税权划分的重要依据，还不属于地方性规章，只能属于规范性文件，不具有严格的法律效力。这增加了不同层级地方政府间、同级地方政府间的博弈空间，将大大增加其相应的运行成本，影响其运行的效果。

（2）税权划分中省级政府处于主导位置，地市级政府权力有限

我国每一次地方政府间税权划分的调整与改革都是“自上而下”，由省级政府主导进行的，由省级政府制定相应的目标、原则、具体实施内容。目前在地方政府间税权划分体系中，共享方式具有重要的地位，无论是共享税税种的选择还是共享比例的确定，地市级政府都处于被动接受的地位。如对于房产税、土地增值税和耕地占用税等财产行为税，从税收性质上看，适合作为低层级政府的固定收入。但是目前我国仍有不少地区将其中的若干税种作为省级与地市级间的共享收入。再如一些地区确定的省级与地市级分成比例，规定省级分成比例逐年增加，税收返还中“定额返还”的基数也由省级确定且时常调整。

地方政府间现有的税权划分体系是自 1994 年分税制改革以来，逐步改革调整建立起来的。在此期间，各个地区每隔几年都会对原有的财政分配关系进行调整，有些地区甚至年年进行不同程度的调整。而且作为地市级固定收入重要组成部分的财产行为税，被赋予了太多的调控功能，每逢经济形势变化，中央首先就会调整这些税种的政策，这些税种的收入就会出现巨大波动。这与地方税以筹集地方财政收入为主的功能并不一致。

虽然我国近年来的经济发展和经济政策变动较大，但是地方政府间税权划分体系的调整过于频繁，而且对于税权调整的适用情况、调整标准、调整程序等没有严格规范的法律依据，次级政府难以预计未来税权划分的状况，进而难以有效的预测本级的财政收入，合理安排本级的经济和社会事务，不利于本地区的经济和社会的发展。

此外，我国关于各级政府间税权或财权划分相关法律的缺失和以行政主导的政府管理体制，层级越高的政府在税权划分中越占有优势，地市级政府在税权划分和税权调整的过程中，没有正常的渠道和方法对省级税权划分进行监督和反馈，参与权、话语权十分有限，处于被动接受的地位。

（3）各级政府主体税种呈现一致化趋势

虽然各地区划分了税权，省级、地市级形成了各自税收来源，但是从省级、地市级的税收收入构成来说，省级与地市级的主体税种大体一致，主体税种以外的税种其税收收入相当有限，容易造成不同层级政府间对税收收益权的争夺。

选取北京、山东、河南、广东、贵州等涵盖了东、中、西部的地区进行分析，具体情况见图 A5–1 至图 A5–3。

由分析可知，我国省级和地市级主体税种趋于一致，以增值税、营业税、企业所得税、个人所得税为主，其余税种在税收收入中的比重较小。省级与地市级税收结构的主要差别在于：财产行为税在省级税收收入中的比重很小，而在地市级税收收入中的比重较大。对地方政府来说，财产行为税虽然是其财政收入的重要来源之

一，但是，就财产行为税各个税种来说，其比重很小，均未超过10%，且在征管过程中税源分散，征管难度较大。两级政府的主体税种相似，且其余税种收入相当有限，这就为省级与地市级政府间税收收益权的争夺埋下了隐患。

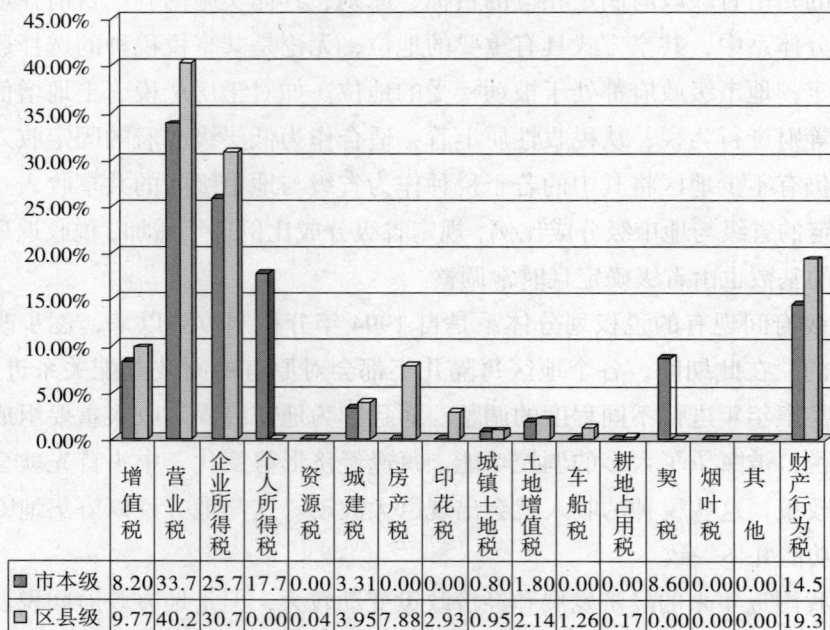

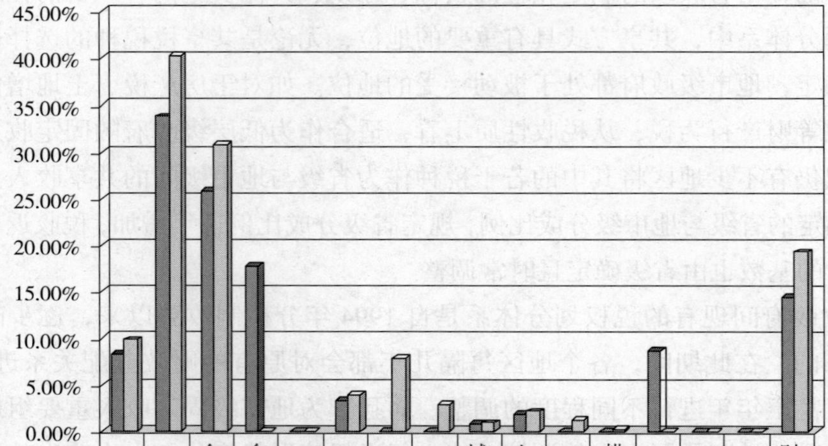

	增值税	营业税	企业所得税	个人所得税	资源税	城建税	房产税	印花税	城镇土地税	土地增值税	车船税	耕地占用税	契税	烟叶税	其他	财产行为税
市本级	8.20	33.7	25.7	17.7	0.00	3.31	0.00	0.00	0.80	1.80	0.00	0.00	8.60	0.00	0.00	14.5
区县级	9.77	40.2	30.7	0.00	0.04	3.95	7.88	2.93	0.95	2.14	1.26	0.17	0.00	0.00	0.00	19.3

图A5-1　北京市各级政府税收收入构成图（2008）

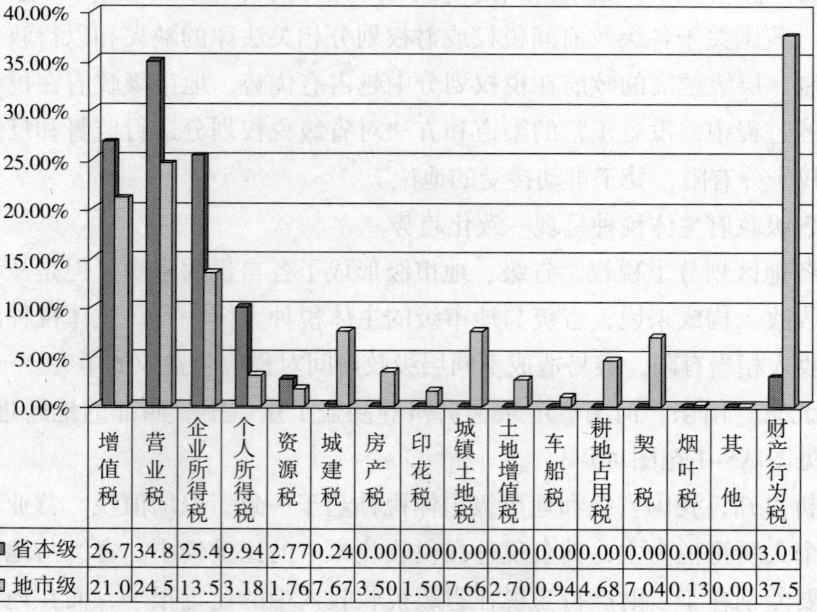

	增值税	营业税	企业所得税	个人所得税	资源税	城建税	房产税	印花税	城镇土地税	土地增值税	车船税	耕地占用税	契税	烟叶税	其他	财产行为税
省本级	26.7	34.8	25.4	9.94	2.77	0.24	0.00	0.00	0.00	0.00	0.00	0.00	0.00	0.00	0.00	3.01
地市级	21.0	24.5	13.5	3.18	1.76	7.67	3.50	1.50	7.66	2.70	0.94	4.68	7.04	0.13	0.00	37.5

图A5-2　山东省各级政府税收收入构成图（2008）

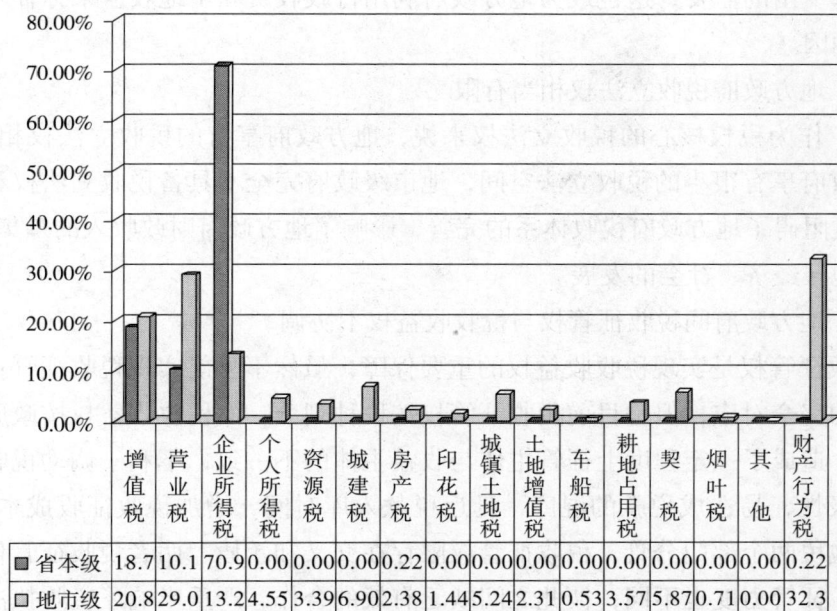

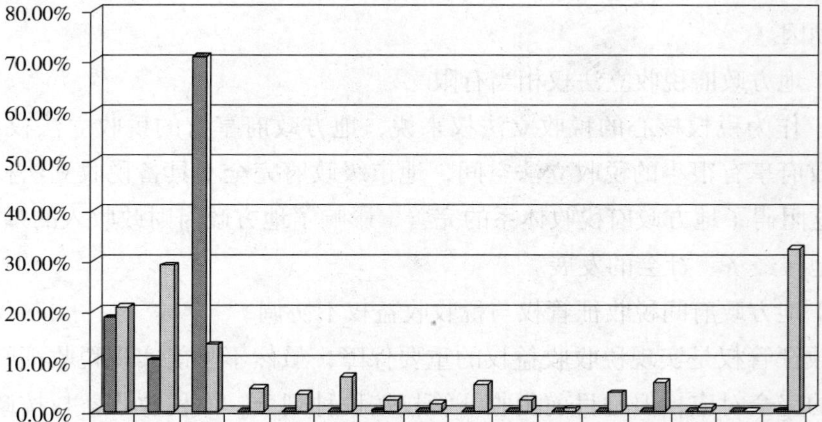

	增值税	营业税	企业所得税	个人所得税	资源税	城建税	房产税	印花税	城镇土地税	土地增值税	车船税	耕地占用税	契税	烟叶税	其他	财产行为税
省本级	18.7	10.1	70.9	0.00	0.00	0.00	0.22	0.00	0.00	0.00	0.00	0.00	0.00	0.00	0.00	0.22
地市级	20.8	29.0	13.2	4.55	3.39	6.90	2.38	1.44	5.24	2.31	0.53	3.57	5.87	0.71	0.00	32.3

图A5-3 河南省各级政府税收收入构成图（2008）

（4）各级政府间的税权、财力和事权不匹配

现行地方政府间的税权划分体系，理顺了省级与地市级政府之间的财政关系，为地市级政府提供了相对稳定的财源，增加了地市级、县级政府的财力。虽然增加了下级政府的财力，但是值得注意的是，下一级政府所承担的事权与其财力、税权不匹配。

从各地区预算收支状况进行分析，对于省级政府来说，其占地方预算收入的比重均高于占地方预算支出的比重；而对于地市级政府来说，其占地方预算收入的比重均低于占地方预算支出的比重。这说明各级政府掌握的财力、税收与其承担的事权、支出不协调，省级政府掌握的财力、税收收入较多，而未承担相应的事权、支出，地市级政府掌握的财力、税收收入较少，却承担较多的事权和支出责任。

预算收支对税收收入的依存度，很大程度上反映了本级政府的财力状况如何，是否能够满足其预算收支的需要。从各地区预算收支对税收收入的依存度分析，对于预算收入对税收收入的依存度来说，省级政府与地市级政府之间的差别不大，且依存度较高，经济发达的地区其依存度较高。对于预算支出对税收收入的依存度来说，省级政府均高于地市级政府，甚至某些地区的超过了100%，如北京、上海、广东；而地市级政府预算支出对于税收收入的依存度均未超过100%，且与经济发展状况呈现出明显的相关关系，对于经济发达地区，其依存度较高，而对于经济落后地区，其依存度甚至不足20%。呈现出政府层级越低，其依存度越低，税收收入不能满足本级预算支出的需要，这也成为地方政府利用行政收费和土地收益来弥补政府财力不足的动因。

（5）地方政府税收立法权相当有限

对于作为税权核心的税收立法权来说，地方政府享有的税收立法权相当有限，仅省级政府享有很小的税收立法空间，地市级政府完全不具备税收立法权和税收自主权。这阻碍了地方政府税收体系的完善，影响了地方政府财政收入的筹集和稳定，妨碍了地区经济、社会的发展。

（6）地方政府间税收征管权与税收收益权不协调

税收征管权是实现税收收益权的重要保障，虽然不可能实现税收征管权与税收收益权的完全对应，但是目前税收征管权按税种划分，而税收收益权按政府层级进行分配，造成了一定程度上征管主体与收益主体的不一致，不利于调动税收征管部门的积极性，易造成税款的混库，延迟税款入库时间，增加税收征收成本。另外，国税和地税两个部门分管，税收征管权限存在交叉和矛盾，两者税收征管任务、征管模式、征管力度也不同，彼此之间缺乏有效的合作，严重影响了税收执法的严肃性和税收征管效率的提高。

四、国外各级政府间税权划分经验借鉴

政府间税权划分是政府间财政分权制度的核心，直接影响着政府间财政分权的实施和运行。同样，政府间财政分权相关制度也制约着政府间税权划分体系和效果。因此，对国外政府间财政分权相关制度和经验进行介绍，从中可对我国地方政府间财政分权和税权划分完善得出若干启示。

（一）各国税权划分经验简介

税权的划分状况不仅与本国的经济发展状况、财政制度、政治制度密切相关，同时还受到本国历史、社会、文化等方面的影响。虽然各个国家税权划分状况各有不同，但就其分权程度来讲，可分为分权型、集权型、混合型三种。本报告分别选取了具有代表性的美国、日本、德国，对其税权划分状况和经验进行介绍和借鉴。

1. 美　国

美国的联邦财政体制由联邦、州、地方三级构成，每级均拥有各自相对独立完备的事权、财权体系。

（1）税收立法权

在美国，各级政府都享有一定的税收立法权限，地方政府独立行使本级政府的税收立法权。州、地方两级地方议会可以在联邦宪法规定的范围内行使税收立法权，并独立执行，联邦政府一般不予干涉。但是，这并不意味着州和地方政府的税收立法权没有限制，其享有的税收立法权受到联邦宪法、州宪法和法律的限制。当地方政府出现不适当课征时，联邦法院有权作出停征的判决。州对地方则有税率及税目等方面的规定。

地方政府的财政收支权都是由州立法机关授予的。州政府从自身的角度考虑，大多只是把财产税的课税权交给了地方。相应地，各级地方政府利用各自的权力在辖区内开征了不同税基和税率水平的财产税及其他税种。除财产税外，地方政府还根据各自获得的授权开征地方的销售税、消费税、个人所得税、公司所得税和社会保障税等税种。

（2）税收收益权

美国税种划分为联邦税、州税和地方税，自成体系，各级政府都有其自身的主体税种，主要税种实行同源分享。联邦税体系以个人所得税、公司所得税和社会保险税三大直接税为主体，辅之以消费税、遗产和赠与税、关税。

美国的地方税体系分为州税和地方税，州税的主要税种是销售税和个人所得税，销售税税收收入占州政府税收总收入的平均比重近 50%；个人所得税收入比重为 30% 左右。此外，州税还包括公司所得税、消费税、社会保障税、财产税、遗产与赠与税和资源税等。地方税以财产税为主体税种，全部 50 个州下辖的地方政府都开征了财产税。在美国，由于联邦政府不征收财产税，且州政府征收的财产税占美国财产税总收入的比重很小，因此，财产税实际上就是指地方的财产税。地方的财产税占地方财政总收入的 29% 左右，占地方税收总收入的 75%，占美国全部的财产税收入的 95% 以上。除财产税外，地方政府还根据各自获得的授权开征地方的销售税和消费税、个人所得税、公司所得税和社会保障税等税种。但这几个税种收入占地方总收入的比重很小。

在美国，各级政府间的税种划分并非绝对，一些主要税种也采用税率分享方法划分税收。如由三级政府同时开征的税种有个人所得税、公司所得税、工薪税、销售税、消费税等；由联邦和州政府共同开征的税种由遗产和赠与税；由州和地方政府共同开征的税种有财产税。但是三级政府的税收体系各有侧重点，主体税种各有不同，形成了较为完善的主体税种与辅助税种相结合的税收体系。

（3）税收征管权

美国的联邦税、州税和地方税，分别由对应的联邦、州、地方三级政府中各自的税务机构负责征收管理。联邦政府的税收管理机构主要是美国联邦税务局和海关署；州和地方政府的税收征管依据各自的税收分布情况单独设置，机构名称和工作范围并不一致，分别负责本级政府的税收征管，与联邦税务局在税款征收、纳税审计和税收情报等方面建有一定的协作关系。

州政府的税收征管机构一般称为“收入部”。许多州的税收征管还进一步细化，由不同的部门管理不同的税种。各级地方政府相应设置县税务局、市税务局等。

在美国的税收征管中，有许多税收协调机制和方法，如合作管理、协调税基、税收附加和集中管理，还有州际税收协调等。这些税收协调机制和方法为各级税收征管提供了较为充分的信息交流和信息共享平台，同时尽量使各级政府在税基尽量趋于一致，方便了纳税人，提高了整个税收征管的效率，降低了纳税成本和征税成本。

2. 日　本

日本政府由中央政府、都道府县以及市町村三级政府组成，其中地方政府包括作为广域自治体的都道府县和作为基础自治体的市町村两级，统称为“地方公共团体”。其财政体制也由中央、都道府县、市町村三级构成，实行一级政府一级财政，各级财政只对本级政府负责。从财权的划分来看，日本内阁必须每年编制一份被称作“地方财政计划”的文件来估算下一个财政年度地方公共团体的收入和支出总额，并将其公之于众提交国会，是地方公共团体财政运作的主要准则。同时，日本国会正式通过了关于地方税的法律——《日本地方税法》，其中包括地方税的通则，居民税、事业税、固定资产税等各种税收的规定，详细规定了地方政府的税收权限。

（1）税收立法权[①]

日本实行中央集中立法制度，地方政府无税收立法权，其税收权限由中央立法所规定，主要包括地方税课税及税率选择、制定地方税征收条例和地方税征管等。

但《日本地方税法》规定了都道府县和市町村政府可征收的地方税税目以及各种地方税的课税对象、计税依据与税率。从法律的角度讲，地方政府既可以选择不征《日本地方税法》中列示的税，也可以选择征收《地方税法》中未列示的税。《日本地方税法》第六条规定，“地方政府认为由于公益上的原因及其他事由而不宜课税时，可不课税”，把地方税的课税权给予地方政府。同时，以法外税的形式赋予地方政府在《日本地方税法》规定的税目之外课税的权限。税法的上述规定，实际上把地方税的课税选择权下放给了地方政府。除此以外，日本中央政府还允许地方政府对法定地方税的税率进行选择。

① 财政部税收制度国际比较课题组编著：《日本税制》，中国财政经济出版社1999年版。

概括来讲，地方税法规定的税率是标准税率，都道府县民税和市町村民税等主要税种，地方政府如不按标准税率征收，则需报中央审批，而对于固定资产税等在税法中规定了税率变动的幅度，在一定范围内，地方政府可自主选择，超过了一定幅度原则要报中央政府审批。

对于地方税来说，无论法定税还是法外税，都必须制定征税条例。这些征收条例由各地方政府起草，并经本地本级议会审批，需与中央政府协商并获批准的事宜必须在提交议会前进行。其内容包括税目、纳税人、课税对象、计税依据、税率及其他与征税有关的事项。对于法定地方税来说，地方税条例是将《日本地方税法》规定的税种，按法律规定的原则和当地市级制定出具体的征收细则，而对于法外地方税来讲，经中央政府和本级议会批准后就具有税法的效力。

因此，日本地方政府虽然不具备税收立法权，但是在制定税收条例时具有一定的选择权，同时对于一些税种课征与否、适用何种税率具有一定的自主裁量权。

（2）税收收益权

在日本，其国税和地方税是相互独立的体系，现行税收体系中共有59种国税，主要有法人税、个人所得税、继承与赠与税、消费税、酒税、烟税、挥发油税、地方道路税、石油天然气税、印花税、汽车重量税等。地方税包括都道府县税和市町村税，有32种[①]，主要有：个人和法人居民税、个人和法人事业税、不动产购置税、汽车税、汽车购置税、汽油交易税、固定资产税、特别土地持有税、事业税、城市规划税等。

在日本，各级地方政府的税收体系均采用双主体结构，都道府县以居民税和事业税为主，两项收入占总收入中的比重为65%；市町村税以居民税和固定资产税为主，两者合计约占市町村税总收入的80%。

（3）税收征管权

日本的国税，由大藏省负责其税政和征收工作。地方税的税政与税收征管工作由自治省以及地方政府负责。除地方消费税由国税部门代为征收外，其余地方税均由地方政府征收。各级地方政府除在政府机构上设置税务管理部门外，还根据需要设置一定的税务所，负责地方税征收工作。

自治省是管理地方行政事务的中央政府机构，负责地方税的税政以及地方税征管的指导监督工作。地方税法案的规划、调查与起草、法定外地方税的审批、规定资产折旧认定与评估标准的制定、跨地区地方税征收权的归属认定，以及国税与地方税关系协调等工作均由自治省内设税务局承担。税务局内设规划课、都道府县税课、市町村税课和固定资产税课。

① 顾红编著：《日本税收制度》，经济科学出版社2003年版。

都道府县一般设有财税局或在总务部下设税务课，负责都道府县税的征管工作。都道府县税务部门除负责本级税收的征管外，还有起草法外地方税征收条例以及法定地方税收征管细则，对辖区内市町村税务的协调工作等。一般市町村政府上报自治省的税收征管方面的问题，经由都道府县税务部门认定后上报。都道府县根据需要在区域内设有税收事务所，具体负责征收工作。

市町村政府一般设有财政局或在理财局中设税务课，负责市町村税的征管工作，市町村税务部门还负责法外地方税征收条例的起草等工作，都道府县个人居民税也由市町村税务部门代为征收。

3. 德　国

德国是联邦制国家，其行政管理体制分联邦、州和地方（乡镇）三级，其财政体制由联邦、州地方和市镇三级构成，实行彻底的分税制，明确划分各级政府的事权和财权，并以法律的形式保证两者的统一。在《联邦基本法》、《财政预算法》等几部主要法律中对三级政府分别应承担的责任与义务、事权与财权、三级财政各自的财政收入和支出范围都进行了明确的划分，各级政府的一切收支活动都严格依照法律进行。《联邦基本法》中规定，每一级政府都有权要求取得完成其任务所需要的财政资源。这就使得三级政府之间的财权划分上，各级政府的地位并未因其所处层级不同而都有所差异。

（1）税收立法权

根据《联邦基本法》第一百零五条的规定，联邦和州有税收的立法权，可以决定引入一项税收或者取消一项税收。一般来说，涉及税收的重要法律大多数是由联邦政府提出提案，再由联邦两议院通过。各州也通过其在联邦、联邦参议院的代理人而在税收立法中起到一定的作用。

德国税收的立法权基本上属于联邦政府，联邦议会有权对联邦的专享税、共享税以及州和地方专享税的主要税种进行统一立法。联邦财政部负责具体制定税法和税收条例、细则、法令。一些较大税种的开征或停征及其征税对象、税收分配等都是由联邦财政部提出议案，征求各州意见后，呈联邦议会审议确定统一立法。

由于德国是联邦制和地方自治国家，州和市镇（尤其是市镇）在本行政管理区内享有一定的税收立法权，有权决定某些地方性税种的开征、停征、税率、减免税优惠政策等，例如：地方有权对某些地方性税收根据实际情况规定起征点和加成比例；有权开征某些特殊捐税，如娱乐税、狗税等；有权对地方性税收采取临时性减免措施等。但是，措施都应根据《联邦基本法》制定，以保证全国税法和税制的统一性。此外，地方政府在执行全国统一的税收政策和法令时，按规定也有一定的机动权限，但仅限于某些地方消费税和零星税种。对于州税、市镇税，税法都是统一的，市镇在限定的范围内有调整税率的裁量权[①]。

（2）税收收益权

目前，德国形成了欧盟税、联邦税、州税、地方税和联邦与州（联邦、州、区）共享税体系。欧盟税包括糖税、农业上缴、出口上缴等；联邦税包括关税、资本转移税、保险税、票据印花税、各类消费税等；州税包括财产类税收（遗产和赠与税、不动产购买税、地产购买税、土地收益税等），与联邦政府共享的工资和所得税、公司税和增值税，其中共享税是州级税收的主要来源；地方税主要是企业资本和收益税，包括土地税、企业资本利得税、货物税、地区贸易税、工商营业税，以及地方性的消费和奢侈性开支的税收，如娱乐税、渔猎税、狗税、零售酒许可证税等地方消费税。

同时，《联邦基本法》对于各级政府的税收权限进行了界定。对于地方税体系来说，《联邦基本法》第一百零六条规定了各税种的税收收益权，如该条第二款规定，州的税收包括财产税、汽车税、地产购置税、啤酒税、消防税、彩票税和赌场税等；一百零七款对地方税收收入的界定和分配以及财政平衡给予了法律依据；对于政府间税权划分来说，第三、四条第一百零六款规定了流转税在联邦与地方之间分配；第五条第一百零六款规定了地方在个人税收入中的分成比例以及为该分成比例而引入的税率自行确定权。

（3）税收征管权

在德国，承当税收征管责任的主要有联邦财政部、州财政部、高级财政管理局、地方财政局、地方税务局等。财政部与财政局之间没有政治和组织上的隶属关系，每一级财政为本级政权服务，各级财政部门归同级政府两道。德国财税机构设置实行收支结合、统一管理的模式，其三级财政部门内部都设有税务局，财政和税务合二为一。

联邦财政部是联邦政府主管联邦财政和税收政策的机构，主要任务是为国际筹措和管理资金，并使联邦的财政政策适应经济发展各阶段的需要。

州财政部主要负责制定少数州和地方税种的税收政策，并监督州和地方税种的执行情况，不直接进行税收征管，与各级税务机构也没有直接的领导关系。各州财政部下设税务局，负责征收属于州的固定税、共享税以及联邦委托的税收和一些常规税务工作。税务局下设直属税务所，具体负责各种州税（啤酒税由联邦税务部门征管）以及受联邦委托代征的资本转移税、保险税、外汇税、附加团结税等联邦税的征收，并征管个人所得税（含工资税）、公司所得税、增值税等共享税。

联邦财政部和州财政部都不负责税收的直接征管，负责税收直接征管的是分散

① 刘剑文等著:《中央与地方财政分权法律问题研究》，人民出版社2009年版，P114。

在全国各级地区的财政局和关税局。为了便于对这些地区财政局和关税局的管理，设置了高级财政管理局。高级财政管理局只就地区财政局和关税局在征收管理中遇到的重大问题发表意见，并不干预它们的日常业务工作。

地区财政局直接负责征收联邦税、州税和共享税。德国的税收除了关税和地方独享税外，其余都由这些地方财政局负责征收。其设置与行政区划没有直接关系，主要是根据经济发展水平和人口的分布情况决定。地方财政局下设地方税务局，负责征收地方独享税、以地方自留为主的营业税。州一级税务局及其下属税务局对地方税务局没有领导权，它们之间只存在相互交流税收征管情况的工作关系。

(二)各国税权划分经验对我国税权划分的启示

1. 政府间税权划分具有完善的法律依据

无论是分权型国家、集权型国家，还是混合型国家，其对于政府间税权划分都具有规范的法律依据。无论是具有最高法律效力的《宪法》，还是地方性的法律，对于地方政府间的财权与事权的划分，各自的财政收支范围，以及调整与变动的相关机制与程序都进行了规范，对地方政府间税权划分给予法律保障，为地方政府间税权划分的有效运行提供制度保障。

2. 地方政府具备一定的税收立法权

在财政立法权中税收立法权又居于最核心的地位，同时也是税收管理权限中最根本的权力。谁拥有完全的税收立法权，谁就不仅可以通过确定税收规模、选择税收结构、设置税收要素等来贯彻政策意图、配置和调度经济资源，而且可以在一定程度上控制税收征管权和税收政策制定权。从这个意义上讲，财政立法权实质上就是一种资源配置决策权，而财政立法权中税收立法权又居于核心地位[①]。因此，真正的税权划分应当赋予地方政府一定的税收立法权。

3. 具备完善的地方税收体系

拥有符合本国经济发展状况、符合税收基本原理、结构合理的地方税收体系，是地方政府间进行合理税权划分的基础。不同层级的政府应当根据自身所处层级的政府职能、提供公共的收益范围、征管的效率以及各个税种的性质，构建主体税种和辅助税种相结合的地方税收体系，避免不同层级政府主体税种趋于一致，造成不

① 刘剑文等著:《中央与地方财政分权法律问题研究》，人民出版社2009年版，P75。

同层级政府对同一税源的争夺，既不利于辖区内经济发展，又不利于政府财政资金的筹集。

4. 与税收收益权相协调的税收征管权

税收征管权是保证各级政府税收实现的关键。各级政府间合理的、运转有效的税收征管权分配体系是合理的税权划分体系的一部分。各国地方政府间税收征管权的分配主要以地方政府层级为主要依据，本级税收征管机构原则上只负责本级税收征管。在税收征管权的分配上，以税收收益权为主要依据，尽量与税收收益权相一致，同时考虑了税收征管的便利和效率。此外，各级税收征管机构之间还具有加强相互协调的机制和方法，提高了税收征管的效率，降低了税收成本。

五、完善我国地方政府间税权划分体系的若干建议

在税权划分体系中，税收立法权、税收征管权、税收收益权三者在各级政府之间的分配并非完全一一对应。应当以税权划分的根本目的——保障各级政府有效提供公共物品为出发点，合理配置各级政府的税权，保障各级政府的财政收入的有效筹集，为各级政府承担的公共服务和公共管理提供基本的物质基础。此外，税权的划分还涉及一些必要的配套机制进行配合和协调。因此，本报告将在对我国地方政府间税权划分体系研究的基础上，结合国外的一些相关制度和经验，对完善我国地方政府间的税权划分体系提出相应建议。

（一）构建财政分权的法律体系

财政分权是财政管理体制中至关重要的一个方面，涉及各级政府间事权、财权、税权的划分等财政关系，应当予以明确并以法律的形式进行规范和固定。同时这也是当前主要国家实行财政分权体制的一个突出特点和重要经验。纵观当前主要国家的财政管理体制，关于各级政府间财权的划分均是由不同层级的法律予以保障，保证了各级政府间财权分配制度的有效运行和各级政府间稳定的财源。而对于我国目前地方政府间的税权划分来说，面临着相关法律缺失，没有法律规范的境地，因此，应构建一定的法律体系，对财政分权进行规范，为税权划分提供规范的法律依据。

1. 建议增加《宪法》中的相关内容

保障各级政府的基本财力，是保障该辖区内公民享有基本权利的物质基础。国家应当保障其本国公民享有基本的权利，因此，宪法应保障各级政府基本财力，为公民享有基本权利所需财政收入提供法律保障。建议在宪法中明确界定不同层级政府的主要职能，制定各级政府间事权、财权、税权的划分原则，明确各级政府的事权范围和财权范围，为各级政府间事权、财权、税权的划分以及其他相关法律的制定提供宪法依据。

2. 制定全国性的财政分权制度

在实行集权制和行政占主导的中国，中央政府在国家的制度建设、社会运行、经济发展过程中起着主导的作用。省级政府处于中间位置，既与中央政府之间存在税权划分问题，又与地市级政府之间存在税权划分问题；既接受中央政府分配的税权和财力，又掌握着一定的财力和税权进行分配。因此，中央与地方之间税权划分的状况，既对地方政府间财力和税权划分模式产生示范效应，又对省级政府所掌握的财力和税权具有一定的限制作用。

因此，应当在宪法对各级政府的事权、财权、税权划分的基础上，结合原有的关于地方政府间财政管理体制的相关内容，制定全国性的财政分权制度，并将其法制化。该制度应当详细规定各级政府的财政收支范围，对中央税和地方税进行界定，明确中央税、地方税的税种、范围，规范政府间转移支付制度及财政均衡制度，并且制定相关的法定程序。为中央与地方之间的财政分权、税权划分提供法律依据和制度规范，为地方政府间财力和税权提供空间和模板。

此外，还应当包括地方政府间财力、税权划分的目标和原则，对地方税收收入进行界定，明确地方政府间税权划分的法律依据和法律规范，为地方政府间税权划分提供法律保障，同时也为监督各地方政府税权划分提供法律依据。

3. 各地政府应当制定本地区税权划分的法律规范

从地方政府来说，在宪法和全国性法规的范围内，根据本地的具体情况和实际需要，在本辖区内划分各级政府间的税权，应制定《地方政府间财政管理制度》之类的规范文件，并应提交省、自治区、直辖市人民代表大会讨论并通过，作为地方性法规固定下来。具体应当包括以下几个方面：（1）本辖区内各级政府间财权与事权划分的具体原则及详细标准，明确各级政府间财政收支范围；（2）界定省级固定收入、地市级固定收入、省与地市级的共享收入，以及共享收入的共享模式、分享比例等；（3）对各级地方政府间财权与事权划分范围、比例调整的适用范围和具体指标、实施程序等。

地方政府间的税权既需要统一的规范和原则，又需要根据各地的实际情况具体对待，因此，应构建不同层级、不同效力的法律体系，为地方政府间税权划分提供法律依据。

（二）完善地方税制，构建各级税收体系

地方税收体系是实行财政分权制度的重要保障。地方政府间税收收益权划分合理与否很大程度上依赖于是否存在一个重要完善的地方税体系。如果没有与本地区经济发展相适应、完善合理的地方税收体系，就必然造成各级政府间对税收收益权的争夺，不可能形成合理的税权划分体系。根据对我国地方政府间税收收益权划分的研究，可知目前我国地方各级政府均以营业税、增值税等流转税为主体税种，企业所得税、个人所得税次之。而从这些税种的性质和是否符合有利于经济的发展、各地区财政均衡来说，都不适宜作为地方税的主体税种。而被理论界和主要国家所公认为地方主体税种的财产税、环境税、城市维护建设税等税种，处于缺失或不完善的状况，难以成为地方独立、稳定的财政收入来源。这突出暴露了目前我国地方税收体系中存在的一个重要问题：税制结构不合理，地方税收体系中缺乏相对独立的主体税种，造成地方政府缺乏相对独立稳定的财政收入来源。因此，亟须完善地方税体系，为地方政府间税权划分提供空间和保障。

1. 构建省级税收体系

对于省级政府来说，需要承担本辖区经济发展的职能，同时还具有承担一定社会再分配的职能。从有利于经济发展和社会均衡来看，应当以营业税为其主体税种。营业税属于流转税，其流动性较大，适合作为高层级政府收入，有利于区域内经济的发展。此外，社会保障是政府提供公共物品的一个重要方面。当前社会保障资金的筹集以收费的形式存在，建议积极推进费改税，开征社会保障税，并作为省级政府的固定财政收入。之所以归属于省级，是便于社会保障资金在区域之间转移。

2. 构建完善的地市级税收体系

无论是从收益范围还是从征管效率来说，财产行为税均应作为地市级的固定收入，但是目前我国财产行为税存在着与经济发展状况不适应、税源分散等问题，因此应当对当前的财产行为税进行若干的改革和调整，优化地方税收体系。

目前国际上普遍将财产税或不动产税作为地方政府的主体税种。考虑到近年来我国经济和社会的不断发展，财产税这一税源有了很大的发展。同时现行税制的房

产税、城镇土地使用税等税种，以土地为载体，不具有流动性，具备财产税的性质，但是其相关的税收政策已不适应当今经济的发展，存在重复和交叉的地方，如房产税以房屋原价扣除一部分的折旧为计税依据，与房屋的市场价值脱节，因此，调整和完善房地产相关的税种，开征物业税（房地产税），成为地市级政府的主要税种。

改革现有的城市建设维护税使其成为地市级政府独立的税种。城市建设维护税主要为城市维护和建设提供稳定的资金来源。目前城市维护建设税是以纳税人实缴的消费税、增值税、营业税税额为计税依据，属于这三种税收的附加税。为本地区城市建设和发展提供公共服务是地市级政府的重要职能，从财权与事权相一致来说，城市维护建设税应当属于地市级政府的固定收入，但是在税权划分方面，虽然很多地区将城市维护建设税化为地市级的固定收入，但是也有不少地区将其作为省级与地市级的共享收入。因此，应改变城市维护建设税的附加税地位，将其作为一个独立的税种，作为地市级的税收收入。

环境的好坏直接关系着人们的生活，保证辖区内良好的环境是各个地市级政府的基本职能之一，既符合收益原则也体现了效率原则。但是当前我国的环境税还处于空白的状态，地方政府对于环境和污染方面主要以行政性收费为主，应当改革相关的行政性收费制度，开征环境税，并作为各地市固定的税收收入。

因此，地市级政府应建立以财产税、城市建设维护税、环境税为主体税种，同时与省级政府分享一定的所得税、流转税为辅助税种的税收体系。

(三)增加地方政府的税收立法权或自主权

税收立法权是税权划分的核心。地方政府拥有一定的税收立法权或税收自主权是其有效进行税权划分的保障，同时享有一定的税收立法权或税收自主权才是真正意义上的税权划分。我国各地区间自然、人文、经济环境差异较大，中央不可能也无法制定统一的税权划分模式，因此，需要赋予地方政府一定的税收立法权或财政自主权，使各地方能够根据本地的具体情况，制定出最适合本地区的税权分配模式。

对于地方税种的立法权，中央只给予一定的原则性规定和限度，具体的税收立法权应当下移至省级政府。各个省立法机关根据本区域的经济发展状况、资源状况以及国家的宏观政策，在中央规定的原则和限度内，自行决定开征和停征的税种、适用的税率、税率和税种的调整、税收的减免和优惠。对于市级政府来说，则可以在省级政府的授权下，赋予市级政府某些小税种税率、开征与否的选择权。

当然，地方政府的税收立法权和自主权并非完全自主，要受到中央的监督和限制。若地方政府所制定的税收法律法规与中央的法律法规、国家的产业政策、宏观经济政策有所冲突时，中央有权力对其进行调整和撤销，以此来保障全国税法的统一性。

（四）调整我国地方政府间税收征管权

税收征管权是实现税收收益权的重要保障。税收征管权的划分应当以效率、方便为原则，应使税收收益权和税收征管权相协调，尽量方便纳税，降低征税成本，提高征税效率。

1. 加强国税和地税之间的协调合作

目前我国国税和地税是两个相对独立的系统，但是在实际的税收征管中，存在着征管权限的交叉与矛盾，而且当前各级政府税收收益权也与税收征管权存在着不协调的地方，这些都影响了税收征管效率，增加了税收征管成本。因此，应当加强本级国税和地税之间的协调和合作，建立国税和地税之间信息共享平台和信息交换机制，实现对纳税人的有效管理，有效遏止偷税现象，减少税收流失；协调国税和地税的税收征管权，尽量与税收收益权相协调，保证税收收益与征管责任相一致，调动国税、地税税收征管的积极性。

2. 逐步合并两套税收征管系统

在我国地方各级税收体系不断完善的前提下，应当积极地推进国税、地税体系的机构改革，逐渐实现两套系统合二为一，统一管理。以各级政府税收体系为依据，以本级税收征管机关只负责本级政府税收征管为原则，结合税收征管的效率和便利性，明确各级税收机关的征管权限。同时，应当制定各级税收征管机构之间相互协调合作的机制和方法，加强各级税收机构之间的协作。

（五）完善财政均衡的协调机制

若要实现各级政府间财力、税权的划分与事权划分完全一致，是不可能的，需要一定的财政转移支付制度进行协调。目前我国的转移支付制度是1994年分税制改革形成的，为了减少改革的阻力，采用了过渡的转移支付方式，保留各地区的既得利益和一些原有的体制，存在着体制上解、定额分成等不规范的方式，没有很好地发挥转移支付制度调节各地区间财力差距的作用。因此，应改革和完善财政转移支付制度，调节各级政府间的财力差异，为政府间税权划分提供有效的配套制度。

我国政府间的转移支付大体上有两个基本环节，即中央对省级、省级对市县。而目前地方转移支付制度是随着中央转移支付的项目设置的，也具有相类似的特点。

其中税收返还是为了照顾地方的既得利益，与公平原则相悖。原体制补助是由于历史原因形成的，本身就是不公平的，影响了地方财政收入的积极性。因此，应针对现有的财政转移支付制度存在的问题，进行完善和改进。

第一，继续贯彻执行标准财政收入和财政支出的测算方法，为一般性转移支付数额提供依据。在标准收入的测算上，对已经进行标准化测算的增值税和营业税等大税种，要从征管成本和产业结构的角度，在考虑地区差异因素的基础上进行更精细的测算，以使结果更符合实际。在标准支出的测算上，还要考虑运输距离、人口密度、民族问题、宗教问题等地区差异因素，减少测算值与实际支出之间的差额，尽量精确化。

第二，逐步取消或改革现有体制中的不规范的相关制度。一是应取消原体制补助或上解，并对原体制补助地区由此所造成的财政缺归并到一般性转移支付中进行统筹，由此真正解决原体制补助或上解数额中的不合理因素，也可以通过对横向转移支付的归并，完善我国的均衡化转移支付制度。二是逐年降低直至最终取消税收返还。税收返还是为了减少改革的阻力所作出的妥协，保留了各地区的既得利益。但是这部分税收返还方式的转移支付却与转移支付制度的初衷相违背，不仅没有调节各地区之间财力的差距，反而增加了各地区之间的差距。因此，若想建立合理、高效的转移支付制度，必须对税收返还进行改革，逐步取消税收返还。三是对增加工资补助、农村税费改革转移支付补助进行归并。这类为了新出台政策能够顺利推行设置的转移支付，开始以专项转移支付的形式进行，随着财政收入的增长、财政管理体制的调整等外部环境的改善，已成为常规的政策，为推行这些政策仍然需要专项补助，应及时进行调整，实现专项转移支付向一般性转移支付的转变。

参考文献

[1] Tiebout, G. 1956：A Pour Theory of Local Expenditures, Journal of Political Economy, 64(5), 416-424

[2] Musgrave, R 1959：Theory of Public Finance：A Study In Public Economy, New York：Micgraw

[3] Oates, W. 1972：Fiscal Federalism, New York：Harcourt, Brace, Jovanovich

[4] Qian, Yingyi, and Roland, G.1998：Federalism and Soft-Budget Constraint, American Economic Review, 88(5), 1143-1162

[5] Weingast, B. 1995：The Economic Role of Political Institutions：Market-Preserving Federalism and Economic Growth. Journal Of Law, Economics, And Organization, 11, 1-31

[6] Wildsin, D.1997：Externalities and Bailouts：Hard and Soft Budget Constraints In Inter-Governmental Fiscal Relations, Mimeo, Vanderbilt University

[7] Anka Kitunzi Fiscal Decentralization in Developing Countries：An Overview 2000

[8] 贾康，白景明．中国地方财政体制安排的基本思路．财政研究，2003(8):2-5

[9] 谷城．完善中国政府间税收划分的路径选择——基于对传统分税理论的考察．社会科学战线，2008(11)：73-77

[10] 邓子基等．地方税系研究．北京：经济科学出版社，2007

[11] 苏明．中国地方税税权划分研究．涉外税务，2000(5)：20-24

[12] 董玉明．我国地方税权研究．中国法学会财税法学研究会2007年会暨第五届全国财税法学学术研讨会论文集，2007：55-70

[13] 周济良．进一步完善我国地方分税制的四大问题．财会研究，1997（9）：10-12

[14] 贾康．地方财政问题研究．北京：经济科学出版社，2004

[15] 呼显岗，常云昆．完善省以下分税制财政体制需要的几项配套改革．财政研究，2005（6）：16-18

[16] Era Dabla-Norris．中国的政府间财政关系问题．国际货币基金组织，2005

[17] 周炼石．中国地方分税制的理论与实践．见：上海市社会科学界第五届学术年会文集（2007年度）经济·管理学科卷：125-135

[18]梁红梅，吕翠苹．国外政府间责任划分与支出分配的探析及启示．财会研究，2007(12)：16-18

[19]吕炜．政府间财政关系中的支出问题（上，下）——历史、数据与比较分析．财贸经济，2005（1，2）：54-60，48-52

[20] 赵长庆．论税权．政法论坛，1998(1)：74-81

[21] 中国税务学会“税权划分问题”课题组．关于税权划分问题的研究报告，财贸经济．2001(1)：19-24

[22] 张守文．税权的定位与分配．法商研究，2000(1)：44-49

[23] 刘剑文等著．中央与地方财政分权法律问题研究．北京：人民出版社，2009

[24] 财政部税收制度国际比较课题组编著. 日本税制. 北京：中国财政经济出版社，1999：45-52

[25] 顾红编著. 日本税收制度. 北京：经济科学出版社，2003：55-60

[26] 财政部税收制度国际比较课题组编著. 德国税制. 北京：中国财政经济出版社，1999：33-46，55-59

[27] 徐志. 关于中央政府与地方政府事权界定的基本思路. 当代财经，1996(1)：27-30

[28] 杨文利. 中国税权划分问题研究. 北京：中国税务出版社，2001

[29] 贾康. 分税制改革需要继续深化. 中国改革，2006(2)：45-47

[30] 郦志刚. 省以下财政体制改革构想. 经济研究参考，2006(15)：21-22

[31] 周飞舟. 分税制十年：制度及其影响. 中国社会科学，2006(6)：100-115

[32] 王雍君. 改进政府间税收划分：难题与选择(上). 涉外税务，2006(11)：9-13

[33] 吕炜，孙克竞. 省以下财政体制改革框架分析. 地方财政研究，2008(4)：15-19

[34] 于长革. 中国式财政分权的主要特征. 经济研究参考，2009(12)：9

[35] 贾鸿，何万波. 关于我国税权纵向划分的探讨. 经济体制改革，2008(6)：122-125

分项报告六

中国税收法治建设[①]

① 感谢武汉大学法学院熊伟教授、中国政法大学民商经济法学院翟继光副教授提供的写作建议与指导，特别感谢北京大学法学院经济法学博士研究生王文婷提供的资料支持。

改革开放以来，中国逐渐进入了社会主义市场经济的历史转型之中。在这个转型过程中，现代税收法治成为一种必然的选择。在30多年的改革实践中，中国的税收法治取得了重大成就，也面临许多问题，其中最为迫切的是要建设税收公平和以税收基本法推动税收宪治发展。2009年的税收法治建设是我国第十一个五年规划的组成部分，而后者又只是我国建设社会主义市场经济过程中经济与社会转型大背景的一个缩影。只有在这个大背景下全面展开，对中国2009年税收法治建设的回顾与展望才能得到相对全面的认识和科学的结论。

一、我国税收法治建设的现状分析

经过30多年的实践，我国的税收法治已经成功探索出一条建设之路。在围绕法治环境、法制体系、权力规范和权利保护等各个方面的具体法治建设中均取得进展。当然，在取得显著成就的同时，我国的税收法治建设仍然存在许多不足之处。2009–2010年我国税收法治建设仅仅是整个实践中的一个组成部分，我们可以结合整个实践过程来分析当前转型阶段的税收法治状况。

(一)税法体系建设

中国税法体系是中国社会主义市场经济法律体系的有机组成部分。税法体系是指由不同形式的税法规范所构成的有机联系的统一整体，税法形式及其相互间有机联系的方式是税法体系的基本内容。通常把中国现行税法体系简单地划分为税收实体法体系和税收程序法体系两大部分。实际上，税法体系的基本内容有三个方面：(1)税法的表现形式;(2)税法形式的权限，即税法事项规定的具体内容和事项;(3)税法形式的地位及相互关系，即在所有税收法律规范中，谁占主导地位，谁处于辅助的和次要的位置。经过多年的法治实践，中国税法体系基本构成可以从立法权限体制和税法形式体系两个方面进行概括。

1. 税收立法权限体制构成

中国税法体系是由中国现行的“一元、二级、三层次、四分支、多主体”[①]的税收立法权限体制所决定的，是一个由宪法性规范、各种单行税收法律、法规和规章构成的综合体，是在原有税制基础上，经过1994年工商税制改革逐渐完善形成的。

① 刘剑文：《税法专题研究》，北京大学出版社2002年版，P126–128。

所谓“一元”是指依法享有税收立法权的各级人大及其常委会是唯一的税收立法机关。“二级”是指税收立法权由中央和地方两级立法主体行使。“三层次”是指立法权限在每一级又分为三个层次，中央一级的三层次是指全国人大及其常委会、国务院和财政部、国家税务总局及海关总署；地方一级的三层次是指省、自治区、直辖市的人大及其常委会，省、自治区、直辖市人民政府，省、自治区人民政府所在地的市和经国务院批准的较大的市的人民政府。“四分支”是指中央税收立法权在地方派生出省级地方税收立法权、民族自治地方税收立法权、经济特区地方税收立法权和特别行政区地方税收立法权四大分支。“多主体”，即从上述税收立法权限的划分和配置可以看出它是多主体、多样性的。

2. 税法形式体系

现行税法体系中，税收实体法是其基本组成部分，由 25 个税种（遗产和赠与税未立法开征）的法律、法规构成。

（1）税收宪法规范。我国《宪法》第五十六条规定：“中华人民共和国公民有依照法律纳税的义务。”另外，需要注意一个重要的宪法性税法授权决定。1984 年，全国人大常委会曾授权国务院在改革工商税制进程中“拟定有关税收条例，以草案形式发布试行，再根据试行的经验加以修订，提请全国人民代表大会常务委员会审议”。1985 年，全国人大通过《关于授权国务院在经济体制改革和对外开放方面可以制定暂行的规定或者条例的决定》。

（2）税收法律。税收法律共有 5 部:《农业税条例》（2006 年 1 月 1 日停止施行）;《外商投资企业和外国企业所得税法》（2008 年 1 月 1 日停止施行）;《税收征管法》;《个人所得税法》;《企业所得税法》（自 2008 年 1 月 1 日起施行）。

（3）税收行政法规。主要有《增值税暂行条例》、《消费税暂行条例》、《营业税暂行条例》、《城市维护建设税暂行条例》、《企业所得税暂行条例》（2008 年 1 月 1 日停止施行）、《房产税暂行条例》、《契税暂行条例》、《资源税暂行条例》、《城镇土地使用税暂行条例》、《土地增值税暂行条例》、《耕地占用税暂行条例》、《印花税暂行条例》、《车船税暂行条例》、《屠宰税暂行条例》、《筵席税暂行条例》、《海关进出口关税条例》等 30 多个，并根据这些条例规定开征了 19 个税种，包括关税在内。此外，国务院根据法律的授权，对前文所述相关税法也制定了实施条例。

（4）税收规章。税收规章主要是由财政部、国家税务总局颁布的关于税收行政法规的实施细则以及税法的行政解释。实施细则主要包括企业所得税、增值税、消费税、营业税、资源税等暂行条例的实施细则。税法的行政解释主要有消费税征收范围解释、营业税税目注释、增值税、资源税若干具体问题规定等 90 多个。

（5）税收地方性法规和规章。省级人民政府在不违反税收法律规定的情况下，根据授权可以对税收问题做出实质性的规定。集中表现为全国人大授权经济特区制定的仅仅在经济特区范围内适用的经济特区税收地方性法规和规章。

（6）香港、澳门特别行政区的税收法律、法规。根据香港、澳门特别行政区基本法的规定，香港和澳门回归祖国后实行独立的税收制度，所以这两地区的税收法律、法规是我国的特殊组成部分。

（7）我国政府缔结的国际税收协定。国际税收协定对协调各国的税收管辖权以及解决国际重复征税问题有重要作用，这些税收协定也是我国税法的重要组成部分。

(二)税收权力规范

1. 税收立法：《刑法修正案》将"偷税罪"改为"逃避缴纳税款罪"

全国人大及其常委会和国务院依法行使立法权，积极推进依法治国方略，不仅适应经济社会发展需要、抓紧制定有关法律、法规，而且配合深化改革开放要求、适时清理修改有关法律、法规，国家经济、政治、文化和社会生活各个方面基本上做到了有法可依，2010年中国特色社会主义法律体系基本形成，将有力地保障和推进中国特色社会主义事业健康发展[①]。与此同时，税收立法也取得了长足进步，现行税制自1994年实施以来，根据经济社会发展和税收实践，不断得到修改和完善，特别是企业所得税"两税合并"立法自2008年1月1日起施行，增值税、消费税、营业税暂行条例同时于2008年修订并自2009年1月1日起施行，以及2009年2月28日第十一届全国人大常委会第七次会议第七次修正刑法，对"危害税收征管罪"一节有关条款加以完善，等等，税收法律体系逐步完备。

《刑法修正案》将"偷税罪"改为"逃税罪"是这种立法进步性的最重要表现[②]。

2009年2月28日，第十一届全国人民代表大会常务委员会第七次会议通过的《刑法修正案》对《刑法》第二百零一条进行了重大修改，将原来的"偷税罪"改为"逃避缴纳税款罪"。

修改前的第二百零一条的内容为："纳税人采取伪造、变造、隐匿、擅自销毁账簿、记账凭证，在账簿上多列支出或者不列、少列收入，经税务机关通知申报而拒不申报或者进行虚假的纳税申报的手段，不缴或者少缴应纳税款，偷税数额占应纳税额的百分之十以上不满百分之三十并且偷税数额在一万元以上不满十万元的，或者因偷税被税务机关给予二次行政处罚又偷税的，处三年以下有期徒刑或者拘役，并处偷税数额一倍以上五倍以下罚金；偷税数额占应纳税额的百分之三十以上并且偷税

① 郭勇平：《"偷税罪"改为"逃避缴纳税款罪"——解析〈中华人民共和国刑法修正案（七）〉第三条》，《涉外税务》，2009年第5期。

② 同上。

数额在十万元以上的，处三年以上七年以下有期徒刑，并处偷税数额一倍以上五倍以下罚金。”“扣缴义务人采取前款所列手段，不缴或者少缴已扣、已收税款，数额占应缴税额的百分之十以上并且数额在一万元以上的，依照前款的规定处罚。”

修改后的内容为：“纳税人采取欺骗、隐瞒手段进行虚假纳税申报或者不申报，逃避缴纳税款数额较大并且占应纳税额百分之十以上的，处三年以下有期徒刑或者拘役，并处罚金；数额巨大并且占应纳税额百分之三十以上的，处三年以上七年以下有期徒刑，并处罚金。”“扣缴义务人采取前款所列手段，不缴或者少缴已扣、已收税款，数额较大的，依照前款的规定处罚。”“对多次实施前两款行为，未经处理的，按照累计数额计算。”“有第一款行为，经税务机关依法下达追缴通知后，补缴应纳税款，缴纳滞纳金，已受行政处罚的，不予追究刑事责任；但是，五年内因逃避缴纳税款受过刑事处罚或者被税务机关给予二次以上行政处罚的除外。”

以上修改内容与我国经济社会迅速发展的时代背景相适应，平抑了法律条款与经济社会现实之间的巨大落差，具有与时俱进的立法进步性。其进步性主要体现在以下几个方面：

第一，将“偷税罪”改为“逃避缴纳税款罪”名实相符，准确定性了该罪的本质特征。

通常意义上讲，“偷”是将别人的财产通过秘密窃取的手段据为己有，而在税收问题上，偷逃税行为则是因为纳税人没有依法履行缴纳税款的义务。因此，将这种行为称之为“偷”不够准确，也有失公允，应当将偷税行为和一般的盗窃行为区分开来。我们认为，将“偷税罪”的罪名改为“逃避缴纳税款罪”，反映出我国当前税收理论的进步和税收理念的创新，说明立法者对该罪的性质有了新的认识。“逃避缴纳税款罪”可以说是名实相符，准确定性了该犯罪行为的本质特征。

第二，从“叙明罪状”到“简单罪状”，清晰反映出该罪的行为特征。

“叙明罪状”是指法律条文对具体犯罪行为的基本构成特征做出详细的描述，特别是在客观要件的描述上采用列举的方式。“简单罪状”是指对犯罪构成的特征只做简单描述，对客观要件采用概括的方式。从立法技术的角度来看，这两种罪状无所谓优劣，关键要看实践中哪种方式更有利于打击犯罪。我国《刑法》对偷税罪或逃避缴纳税款罪的罪状走过了从“简单罪状”到“叙明罪状”再到“简单罪状”的过程。从国外和我国台湾地区的立法状况来看，这些国家和地区往往不具体罗列偷税的行为方式，而将偷税行为概括为通过欺诈或不正当手段进行逃税的行为。随着我国经济社会的发展和税收制度的不断变革、创新，纳税义务成立所依存的各项税收要素也在变化，原《刑法》第二百零一条把税收征管工作中最常见的几种现象作为对所有偷逃税行为的概括，已难以适应当前税收工作的需要，而“简单罪状”方式更能适应我国税收工作的客观现实，具有时代进步性。

第三，将“数额加比例”的定罪标准改为“情节加比例”，适应了经济社会的发展状况。

偷税数额的认定，也就是罪与非罪的认定数额，这是一个动态的因素，纳税环境、纳税人的纳税意识、纳税人的数量、纳税人的经营模式、执法机关的执法水平等都会对其产生影响。我国1997年《刑法》将偷税1万元作为起刑点，源于1992年全国人大常委会《关于惩治偷税、抗税犯罪的补充规定》，至今已经有十多年。在这十多年间，伴随着我国经济的飞速发展，纳税人的数量、纳税人的经济规模都在快速增长。与此同时，严峻的税收环境，尤其是偷税行为，呈现出层面越来越广、数额越来越大的特点。在整个社会经济总量迅速扩张，纳税人数量、规模迅速增长的背景下，1万元的起刑点已经明显偏低而失去了现实意义，并导致《刑法》对经济的过度干预，也往往由于得不到社会公众甚至是执法者本身的认同，反而是法不责众、有令不行、有法不依，影响了法律自身的严肃性。《刑法修正案》对定罪数额的修改适应了当前我国经济社会的发展，应当说这是一个很大的立法进步，体现出了较高的立法技巧：既保证了司法机关可以随时根据经济社会发展的需要对不同情节的偷税数额做出解释和调整，又在维护刑法权威性的同时，为今后我国经济发展和具体情况的变化预留了适度空间。

第四，初犯已受行政处罚的不追究刑事责任，体现了宽严相济的刑法政策。

《刑法修正案》在原《刑法》第二百零一条中增加的第四款规定解决了长期以来困扰我们的“移送问题”，也给逃避缴纳税款者一个改过自新的机会，较好地体现了宽严相济的刑法政策。打击偷逃税犯罪的主要目的是维护税收征管秩序，保证国家税收收入。《刑法修正案》不仅体现了定罪量刑应考虑犯罪主观恶性的原则，同时体现了从犯罪的实质危害性定罪量刑的原则。可以说，在以往的《刑法》条文中，我们很少能看到关于初犯不追究刑事责任的规定，此次《刑法修正案》不失为我国刑事立法的一大亮点，表明了立法者在对经济犯罪处理时更多地通过行为人的危害结果和悔罪态度进行考量，对于挽回国家税收损失、促进依法纳税意识的养成将起到积极的推动作用。

2. 税收执法：税收征收管理法修改程序提速

国务院于1999年11月发布《关于全面推进依法行政的决定》，2004年3月印发《全面推进依法行政纲要》，明确经过10年时间基本实现法治政府目标。目前，全国人大已将行政程序法列入立法规划，希望运用法定正当程序控制行政权力，防止腐败和官僚主义，为市场经济提供公正、秩序和效率。同时，约束公权滥用，减少执法偏差，实现执法公正，从而保护公众利益和国家利益。在税收领域，自1988年提出依法治税指导思想及2001年全国税务系统依法治税工作会议以来，虽然仍然存在许多瑕疵和问题，但税务人员违法乃至税收犯罪已经初步得到遏制，税收执法秩序已经明显好转。

近期关于税收征收管理法修改的安排更是进一步推动了税收执法的规范化建设。

由于近年来我国经济社会环境发生了巨大变化，各方面改革不断推进，1992 年通过的税收征管法，自 2001 年修订以来在税收征管实践中不断面临新情况、新问题。2008 年 10 月 29 日，重新修订《税收征管法》被列入全国人大常委会 5 年立法规划第一类立法项目，并被列入国务院 2009 年立法工作计划。《税收征管法》修改的趋势：

（1）加强对纳税人权利保护的力度，构建起完善的纳税人权利体系。

长期以来，中国对纳税人权利并不十分重视。无论立法者还是执法者，都倾向于将税法视为保障国家征税权利的工具，缺乏保护纳税人合法权益的意识。尽管 2001 年 4 月 28 日修订通过的《税收征管法》，对于纳税人的权利的规定多达十几项，但是这些条款零星分布在征管法六部分几十个条款中，没有形成一个整体，对纳税人权利的规定既不系统，也不完善。这次修订，应该针对这一问题，对纳税人权利保护的条款进行系统完善的规定，构建起我国纳税人的权利体系。这对于保护纳税人权利、转变税收观念、实现税收法治具有重要的意义。

（2）针对《税收征管法》这一程序性法律的特点，完善税收征管程序方面的制度设计。

我国的《税收征管法》属于程序法。其目的是为了保障实体的税收债权的实现。其实施不应受到某一实体法税制的变化而受到影响。因此，应该制定出适应各种税种的税收征收管理程序，而不应该每出现一个新的税种，就要制定新的征收办法。这样极大地浪费了立法资源，而且不利于税收法治的建设。

我国《税收征管法》中，有一部分是关于税收实体法的规定，在程序法中存在实体性的规定，不仅不利于税收立法的体系性建设，而且会影响到税收程序法的顺利实施。因为实体性的规定在程序法中得到体现，必然会因为实体的税制的变动而带来程序法上的修改，这不利于税收程序法的稳定。因此，要在税收程序法中尽量减少实体性的规定。这需要在这次修订《税收征管法》中予以考虑。

（3）强化部门协调机制，建立税收行政协调制度。

研究和实践情况表明，《税收征管法》修订应以提高税务行政效率为目标，明确各级税务机关及相关部门的管理权限与权责，调整部门配合与专业化分工之间的协作关系，优化税务管理资源配置。要明确国税部门与地税部门的职责和权利。我国目前实行的是中央和地方的分税制，国税与地税以税种划分管辖范围，垂直管理，相互独立。在实际的税收征收管理中，往往会因为国税、地税的利益不同而发生管辖上的争议，影响了税法的统一性和权威性。这需要法律进一步明确二者的关系，建立起完善的利益协调机制，来树立和强化税法的权威。

在税款征收的过程中，会涉及税务部门与工商部门、银行、公安、法院等部门之间的相互协调。如果不通过法律建立起良好的部门协调机制，在税款征收实际操作的过程中是不能避免问题的出现的。

（4）实现税收民主立法。

税收立法要实现民主化，不仅要体现在税收实体法的制定过程中，而且要体现在税收程序法的制定过程中。《税收征管法》的修改同样要体现立法的民主化。要实现税收的民主化立法，就应该在立法的过程中，使不同利益主体的诉求得到充分的表达，立法应该公开、透明。要允许媒体对立法的过程进行报道，促进立法的透明度和公开化，让社会各界都了解《税收征管法》修改的进程和主要精神。

税收在国家收入中起着举足轻重的作用，税收工作的顺利完成依赖于完善且行之有效的税收征收管理方面法律的保障。因此《税收征管法》的修改显得尤为重要。只有在立法环节制定出良好的法律，使税收征纳做到有法可依，才会实现依法征税和纳税，保障纳税人的合法权利。

3. 税收司法："和解与调解"制度正式写进《税务行政复议规则》

2009年税收程序法的变化最为重要的是"和解与调解"制度正式写进《税务行政复议规则》。

国家税务总局局长肖捷日前签署第21号总局令，公布新修订的《税务行政复议规则》。修订后的《税务行政复议规则》共105条，比修订前增加53条，并将和解与调解制度正式写进。这一规则自2010年4月1日起实施。

实际上，税务系统的行政复议工作开展较早，成绩显著，在保护纳税人合法权益、监督税务机关依法行政方面发挥了重要作用。近年来，行政复议的职能定位有了新变化，基本制度有了新发展。与此同时，税务行政复议工作的经验做法也需要进一步规范，一些基本要求需要制度化。为此，国家税务总局对2004年实施的《税务行政复议规则（暂行）》进行了修订。在修订过程中，国家税务总局还首次通过国务院法制办和国家税务总局网站向社会公众征求意见，共收到意见330多条。

修订后的《税务行政复议规则》共12章。相关人士介绍说，此次修订专章增设"和解与调解"制度，明确规定了和解与调解的适用范围和基本原则，设计了详细的程序和具体的要求。允许申请人与被申请人在行政复议决定作出前自愿达成和解协议，经行政复议机构准许后终止行政复议，但申请人不得以同一事实和理由再次申请行政复议；行政复议机关可以按照自愿、合法的原则进行调节。另外，修订后的《税务行政复议规则》还充实、细化了原有证据制度，改变了行政复议审查以书面审查为主的审理方式，明确行政复议可以采取公开审理方式，规定了地方税务局的复议管辖制度，并设专章要求对行政复议工作进行指导和监督。

近年来，税务行政复议案件越来越多。据不完全统计，2005-2008年的4年间共发生2288件，平均每年572件，比1994-2004年的平均数增加73%，并且案件呈现出新型化和多样化的趋势，由过去主要针对征税、处罚逐步扩大到对行政许可、举报、行政不作为、信息公开以及执法依据等更加广泛的领域，对行政复议的专业化要求也越来越高。国家税务总局相关人士表示，行政复议工作是推动税务机关依法行政的一项基础性、全局性工作，对于维护社会稳定、构建和谐税收环境具有十分重要的意义。各级税务机关要积极开展《税务行政复议规则》的宣传、培训，妥善处理各类税收复议和应诉案件，充分发挥行政复议化解税收争议的主渠道作用。

据了解，为配合《税务行政复议规则》的实施，国家税务总局将组织专题培训班，统一并规范税务行政复议文书。

（三）纳税人权利保护

2009年12月29日，由人民网、央视网、中国法院网联合主办的，由网友投票评选产生的2009年中国十大法制新闻揭晓。国家税务总局发文解析纳税人权利与义务名列第六位。网络评论：这是国税总局第一次以发布公告的形式，将纳税人的权利汇总、归纳。尽管这些权利的最终实现还需要具体的操作规范，但这是纳税人权利保护的最新发展，其意义值得重视，进步值得赞赏。

此前的2009年11月6日，国家税务总局发布《纳税人权利与义务的公告》，宣布纳税人依法享有14项权利，依法应当履行10项义务。虽然，我们认为这些权利和义务仅仅是一种归纳、概括，并不完整，也不全面；而且，一些专家学者批评"公告"将权利义务限定在"纳税过程中"，缺乏整体性，缺乏广泛性，甚至是一种"克扣"行为。但是，我们也必须指出，国家税务总局以2009年第1号公告这种形式公开宣告"纳税人权利义务"，这是新中国成立以来财税执法领域第一次，不仅具有重大现实意义，而且具有历史意义，具有里程碑意义[①]。

1．纳税人权利公告的背景

（1）中国正在走向世界

从1215年英国《大宪章》确立"征税必须取得国民同意"以及税收法定原则开始，直到今天，国家征税、纳税人权利和法律救济问题，等等，一直是国家宪政发展过程中之焦点问题，核心问题，攸关经济发展、政治稳定、社会公平和人民福祉。

20世纪70年代以来，发达市场经济国家在纳税人权益保护方面又向前迈出了

① 靳万军：《中国纳税人权益保护概略》，《扬州大学税务学院学报》，2010年6月第15卷第3期。

重要一步，多数国家已就纳税人权益保护问题制定专门法律或者管理规范，明确规定纳税人权利。例如，1977 年，澳大利亚颁布《纳税人宪章》；1985 年，加拿大颁布《纳税人权利宣言》；1986 年，英国颁布《纳税人权利宪章》；等等。同时，国际组织也有所行动，2003 年，经济合作与发展组织制定《纳税人宪章范本》；2007 年，欧盟在《财政蓝图》中作出规划，要求各国公布纳税人权利与义务；等等。

2001 年，中国加入 WTO。之后，中国与世界经济、政治以及其他社会事务更加紧密地联系在一起了。在 WTO 争端解决机制安排中，中国已在司法管辖权方面作出了重要让渡。作为世界主要国家之一，中国必须与世界接轨，应当遵循国际惯例和通行做法，发布中国式《纳税人权利宣言》，向世界宣告中国纳税人之权利。

（2）国民权利意识正在觉醒

2009 年 11 月 27 日，中国法学专家表示，随着人们法律意识增强，中国各地诉讼案件急剧增加，甚至形成“井喷”趋势，中国正在进入诉讼时代。据统计，2008 年，全国法院受理各类诉讼案件突破 1000 万件，2009 年可达 1200 万件。如果平均以一个案件涉及 4 个当事人计算，全国一年就有近 5000 万人卷入诉讼。该专家认为，中国已经进入诉讼时代；而且，这种状况与 1986 年开始实施普法教育有关①。我们赞成这个判断。但又进一步认为，普法教育仅仅是一个因素。国民权利意识如此觉醒，也与许多其他因素有关，例如互联网迅速发展、资讯渠道日益增多、司法案例渐渐公开透明，等等。这些因素，促使人们法律意识增强，权利意识增强，并逐步从意识发展到行为，发展到法律行为、权利行为。自然，通过诉讼寻求权利救济、维护自身合法权益，也就成为必然。这是一件好事。一方面说明，建设“法治国家”这个宪法目标渐行渐近，国民权利意识觉醒和维权行为与国家利益高度一致；另一方面说明，国家机关作为权力行使主体正在受到监督，受到制衡。公民作为权利主体已经找到了准确定位，正在把自身合法权益摆在重要位置。

在宏观层面，中国逐步从“宪法”走向“宪政”。在微观层面，“权利”与“权力”正在良性互动，“公民社会”、“和谐社会”渐露曙光。从本质上分析，国家机关行使权力，是因为“受托”，受托于公民，是法定权力，是公权力，是 power，与履行法定职责密不可分，权力就等于职责，任何单位或者个人无权处分，更不允许用来“设租”或者“寻租”。公民（包括法人、其他组织）则有所不同，其权利，是 rights，是自有权利，是利益，是合法权益，当然可以行使，也可以放弃，可以自行处分。

在税收领域，纳税人已在事实上开始运用法律维护其合法权益。除税务行政应诉案件外，有关统计表明，1994 年至 2008 年，全国各级税务机关收到税务行政复议申请 5917 件，受理 4531 件，占比 81%。从时间分布看，2000 年以后收到税务行

① 张文显：《中国正进入诉讼时代诉讼案件形成井喷趋势》，新华网，2009年11月28日。

政复议申请4892件，占比83%。显然，申请件数与时间存在正相关关系[①]。随着税收事业不断发展，随着社会不断进步，纳税人权利保护还将不断得到完善，期待能够像宪法中规定公民基本权利与义务那样，在当前修订《税收征管法》或者将来制定《税收基本法》时，明确规定纳税人基本权利、基本义务，以具有普遍适用性。

2. 纳税人权利保护发展历程

必须指出，这个问题，一些发达国家已为我们提供了范本和经验，可资借鉴。实际上，随着包括立法、执法和司法等方面的中国税收法治建设的逐步完善，在中国，纳税人权益保护并非新生事物，只是由于纳税服务在近期提上议事日程变得更加令人关注。

1992年，《税收征管法》及其实施细则就开宗明义地规定了依法保护纳税人合法权益。之后，1995年和2001年两次修订，权利条款逐渐增加，权益范围逐渐扩大，保护力度逐渐强化。例如，与以往不同，现行《税收征管法》第三十八条规定，“个人及其所抚养家属维持生活必需的住房和用品，不在税收保全措施范围之内”。这种变化，既与世界步伐和发展趋势遥相呼应，也与中国发展进步息息相关，更与国家税务总局强调纳税服务、推进纳税人权益保护工作紧密相连。2008年7月，国家税务总局组建纳税服务司，专门负责纳税服务工作，专设纳税人权益保护处，以维护纳税人权益、实施法律救济为己任。

2009年7月，国家税务总局专门召开全国税务系统纳税服务工作会议，统一思想，提高认识，并具体部署纳税服务工作，强调各级税务机关必须采取有效措施保护纳税人合法权益。与过去相比，纳税服务和纳税人权益保护由于有了组织机构保障，有了全国性部署和纳税服务工作规划，效率和质量都发生了重大变化，可谓翻天覆地。回顾起来，中国纳税人权益保护工作经历了一个漫长发展历程，已有17年时间。而且，中国纳税人权益保护与纳税服务紧密联系，已经成为纳税服务工作一个重要组成部分。

（1）1993年12月，全国税务局长会议，第一次提出“为纳税人服务”概念，意味着观念开始改变。

（2）1996年7月，全国税收征管改革工作会议，提出“纳税服务”概念，表明税收工作观念进一步发生转变。

（3）1997年1月，国务院办公厅转发国家税务总局《关于深化税收征管改革的方案》，确立30字税收征管模式，明确“优化服务”在税收征管活动中具有基础性地位。

（4）2001年4月，《税收征管法》修订，第一次以法律形式对“纳税服务”作出规定，

① 国家税务总局政策法规司统计，2009年12月31日。

确立了其法律规范地位。

（5）2002 年 8 月，国家税务总局税收征收管理司成立纳税服务处，开始从组织机构上提供保障。

（6）2003 年 4 月，国家税务总局印发《关于加强纳税服务工作的通知》，强调转变服务理念，规范税收征收和缴纳行为，依法保护纳税人合法权益。

（7）2005 年 10 月，国家税务总局印发《纳税服务工作规范（试行）》，以税收规章形式制定工作规范，要求全国税务系统遵照执行。

（8）2008 年 7 月，国家税务总局组建纳税服务司，纳税服务机构从处级建制上升、扩大到司级建制，实现了高层组织机构保障。

（9）2009 年 7 月，国家税务总局召开全国税务系统纳税服务工作会议，全面部署纳税服务工作，确保通过纳税服务有效保护纳税人合法权益。

（10）2009 年 9 月，国家税务总局印发《全国税务系统 2010–2012 年纳税服务工作规划》，第一次就纳税服务作出 3 年规划，明确提出了阶段性目标。

（11）2009 年 11 月，国家税务总局发布《关于纳税人权利与义务的公告》，宣布纳税人依法享有 14 项权利，依法履行 10 项义务，正式、公开启动了纳税人权利保护制度建设。

（12）2010 年 1 月，国家税务总局发布《纳税服务投诉管理办法（试行）》，开始引入外部监督机制，实施纳税服务监督，认可纳税人享有纳税服务工作监督权利。

上述历程，不仅是时间过程和发展脉络，而且体现了实质性变革，从一般观念、理念，发展到征管模式，再进展到法律规范地位、组织机构保障、工作规范、全面工作部署、阶段性目标，直至权利保护制度和投诉监督制度建设，已经从根本上改变了工作格局，改变了工作性质，纳税服务已经成为核心业务，成为主业，成为制度，将与税收征管一样，经常化，日常化，法定化，纳税人权益保护也就地位凸显，日益重要。

3. 纳税人权利保护的状况

当前，纳税人权益保护工作正在有条不紊地开展，并已取得阶段性成果。

（1）服务和权利意识日益增强

以 2001 年《税收征管法》修订为契机，税务机关及其工作人员围绕规范税收执法、建立和谐征纳关系，逐步增强了纳税服务意识，逐步体认到征纳双方法律地位平等，纳税人不仅应当依法履行义务，而且应当依法享有权利。当纳税人合法权益受到损害时，税务机关应当为其寻求法律救济，依法保护其合法权益。

时代变迁了，经济社会发展阶段向我们提出了要求：税务机关应当提供纳税服务，税务人员应当为纳税人提供服务，应当把纳税人作为“客户”对待，纳税人合理需求已经成为工作导向，满足这种需求也就意味着提供优质服务，就能促进税收遵从，降低纳税成本，尊重纳税人权利，依法维护纳税人合法权益。而且，这种工作要求，与建设法治型政府、服务型政府紧密相连，是一种具体化政府实践。目前，这种认识已经逐步确立起来了，管理与服务已经逐步融为一体，在服务过程中强化管理，在管理过程中优化服务，逐步实现义务与权利高度一致。当纳税人合法权益受到损害时，税务机关应当查明情况，根据具体情形实施法律援助和法律救济，给予平等保护。

（2）组织机构提供了保障

自2008年7月国家税务总局组建纳税服务司以来，各地省级税务机关也陆续建立了纳税服务机构，专门负责纳税服务和纳税人权益保护工作。

由于成立了专门机构，配置了专门人员，落实具体服务职能就有了组织保障，纳税人权益保护工作也就提上了议事日程，特别是纳税人税收知情权、参与权、表达权、监督权和其他有关权利及其保护，也就能够逐步在法治轨道上开展起来。

不仅如此，与组建纳税服务机构及其启动纳税人权益保护工作遥相呼应，许多地方自发成立或者由税务机关主导成立纳税人权益保护组织，或者采取其他措施具体落实纳税人权益保护事项。例如，2004年以来，广东省地方税务局系统受理纳税人咨询、举报、投诉、建议事项累计1072万件，办理1051万件，办结率达到98%，有效地化解了税收争议，维护了纳税人合法权益；广东省国家税务局举办纳税人高层培训班，宣讲纳税人权利与义务公告，听取全省大型企业、重点企业税收权利保护意见与建议；山西省大同市成立纳税人协会，向全市纳税人发出倡议，主动依法纳税，维护税收秩序，强化税法遵从，积极依法维权；江苏省镇江市地方税务局不仅成立了镇江市地方税收纳税人权益维护协会，而且倡议并与9个城市兄弟单位发表了倡议书，召开了第一届全国10城市纳税人权益维护协作会议，就深化纳税服务、切实维护纳税人合法权益、履行义务更加方便快捷、享受权利更有尊严、征纳关系更加和谐有关主题进行交流和探讨①。

（3）服务内容不断拓展

在中国，税收宣传已经开展了19个年头，形式多种多样，从税法宣传到纳税咨询、办税服务、12366服务热线、在线访谈，一直到纳税人学校、“一窗式”、“一站式”、流动办税服务车、税务行政复议、税务行政诉讼、税务行政赔偿，工作重心不断调整，新兴内容不断增加。这一切，不仅是为了促进纳税人依法纳税，推进税收遵从，而且是为了给纳税人提供一个良好环境，降低纳税人税收缴纳成本，确保纳税人在办理税收事项过程中能够依法享受公共服务，享受税收权利，体现税收“取之于民，用之于民”，以提供纳税服务形式具体落实纳税人合法权益。

① 《城际联动携手维权》，《中国税务报》，2010年5月12日。10城市：广东湛江、吉林延边、江西抚州、四川乐山、重庆万州、浙江湖州、河北衡水、安徽马鞍山、江苏连云港和镇江。

以往，从税收宣传开始，许多服务内容主要是为了税收中心工作，主要是为了筹集收入，确保做到应收尽收。但是，在当前纳税服务工作中，纳税人合法权益保护已经成为一项主要内容，与纳税服务密不可分。做好纳税服务工作，不仅是为了应收尽收，而且是为了确保纳税人合法权益得到有效保护，税务机关不仅应当关注税收义务是否得到履行，而且应当关注纳税人是否享受了税收权利，以及是否获得了法律救济，合法权益是否得到了有效保护。

（4）服务监督和权利救济显著强化

以国家税务总局发布《纳税服务投诉管理办法（试行）》为契机，税务机关广泛开展服务质量监督，努力提高办税效率，努力降低纳税成本。

在依法行政这一宏观背景下，政务公开已经成为一项制度，“公开为常态，不公开为例外”也已成为政策制定和税收执法一项基本原则，纳税人有权知悉税务机关法定职责、执法程序、办事结果以及具体监督渠道和监督方式，可以通过税务网站、民主听证、监督评议、行政复议、行政诉讼、国家赔偿等方式实施有效监督，依法维护其合法权益，并追究税务机关及其工作人员法律责任。

以上仅仅列举4项工作，表明纳税人权益保护工作取得了阶段性成果。其实，阶段性成果还表现在其他许多方面，我们只是抓住了其中主要部分，很多具体工作尚在进行之中。因为，中国正式开展纳税服务与纳税人权益保护工作时间不长，目前仍然处于摸索、探索阶段，边实践，边总结，边扬弃，边前进。

虽然，与发达国家相比，与依法行政、依法治税要求对照，与纳税人需求、纳税人期望呼应，我国在纳税服务和纳税人权益保护方面仍然存在很大距离，但我们必须承认，当前的纳税服务和纳税人权益保护工作已经取得了一些重大的阶段性成果，值得我们肯定和重视，并以此为基础进一步推进这项工作的深入开展。

二、我国税收法治建设的成就与问题

在我国社会主义市场经济建设过程中，税收法治也取得了长足进展，当然，面对经济与社会转型的深入发展，还存在许多不足之处。

（一）我国税收法治建设的主要成就

1. 初步建立了税收法规体系

改革开放30年来，我国税收立法遵循社会主义市场经济规律，着眼于为市场主体创造公平的竞争环境，相继颁布实施了《税收征收管理法》、《企业所得税法》、《个人所得税法》以及《增值税暂行条例》、《消费税暂行条例》、《营业税暂行条例》等十几部税收法律法规。财政部、国家税务总局也相应制定了数以千计的部门规章和规范性文件。一个以法律、法规为主体，规章和其他规范性文件相配套，实体与程序并重的税收法规框架已经初步确立，“有法可依”的要求基本实现，初步形成统一税法、公平税负，简化税制、合理分权的税收法律制度体系，结束了税收工作完全依据政策的局面，税收法制基本贯穿于每项税收工作的始终。

2. 初步树立了税收法治观念

邓小平同志曾经就我国法制建设提出“十六”字方针：“有法可依，有法必依，执法必严，违法必究。”这既是依法治国方略的基本方针，也是依法治税原则的基本要求范式。尽管实践中存在这样或那样的问题，但是这种基本的思维范式和操作范式已深入人心是不可否认的事实，已经深刻影响并将长期指导税收法治实践。“聚财为国，执法为民”已成为税收工作的价值追求。“法治、公平、文明、效率”的治税指导思想已深入人心。经过多年的税法普及与宣传，依法治税观念也为社会各界熟知和接受。一方面，各级税务机关的治税理念基本上从“一人说了算、代表国务院”的典型的“人治”范畴，转变到了依法行政、规范高效、文明服务的“法治”范畴，实现了“质”的飞跃。各级税务机关普遍较重视税收法制的建设、教育、培训和宣传，广大公务员的法律素质逐步提高。另一方面，各级党委、政府及其他党政机关的税收法治观念也逐步增强。那种随意制定税收政策、乱开减免税口子、强权干预税收执法的“行为”已基本杜绝。再一方面，广大纳税人和社会各界依法纳税、依法护税的意识也有所提高。

3. 初步确立了税收权利本位机制

即在税收立法、执法或司法中，较突出地强调赋予纳税人更多的权利，并同时规定一系列法律制度和措施，维护、保障纳税人实现权利，限制、约束税收行政执法权力的扩张或滥用。如《税收征管法》就赋予纳税人以下十几种权利：延期申报权、延期缴纳税款权、申请减免税权、索取完税凭证权、追索赔偿权、索取收据或清单权、申请退税权、要求保密权、拒查权、拒付权、检举权、知情权、要求行政听证权、申辩权、委托税务代理权以及行政复议和诉讼权，等等，为税务行政执法权力的行使设定了“权利”界限。《中华人民共和国行政复议法》、《中华人民共和国行政诉讼法》、《中华人民共和国行政处罚法》、《中华人民共和国国家赔偿法》等还分别从救济角度、程序角度等，赋予纳税人对税务机关行使执法权力的监督、制约权利，并从执法程序机制上规范、制衡税务行政执法权力的膨胀。各级税务机关也广泛注意了执法的规范性，大力实施“阳光工程”和“教育工程”，力求执法与服务并举，执法中服务，服务中执法，最大限度地维护纳税人的合法权益。随着立法的逐步完善，赋予纳税人的权利会更多，维护纳税人合法权益的手段将更成熟，制约、防止税务机关滥用权力的措施将更有效，纳税服务将更加突出和规范，税收法治文明也会更发展。

4. 税收征管改革方向和模式选择符合法治精神

从取消过多过滥的临时性个案减免税，到变税收专管员管户为管事，实行“征、管、查”三分离或“二分离”管理模式，再到税收管理的专业化、信息化，税收征收管理进行了一系列改革和建设，其方向和模式选择符合法治精神。征管改革的历程，就是税收法治不断前进的过程。“以纳税申报和优化服务为基础，以计算机网络依托，集中征收、重点稽查”的税收征管模式的建立，基本划清了征纳双方的法律责任，纳税服务逐步优化，基本实现了“依靠制度管人”和依靠计算机网络控制执法行为的运行机制，减少了税收执法的随意性，推动了征管质量和效率的提高。税收检查力度不断加大，查处了一大批大案要案，为国家挽回巨大税收损失的同时，税收法律的威慑力、震慑力得到发挥。

5. 税务人员法制培训逐步加强，税收执法行为日趋规范

随着多项行政法律法规的逐步实施，各级税务机关紧密结合实际，注重以案说法，不断强化多层次、多视角、大规模的法律培训，税务执法人员的法治意识和执法水平不断提高。税务行政处罚、行政许可、行政审批日益规范化，税源管理日益法制化，纳税服务逐步制度化。各级税务机关努力探索、实践执法责任制，加强执法监督，追究过错责任，及时预防和纠正过错执法行为，促进税收执法行为日趋规范。

(二)我国税收法治建设的主要问题

1. 税收立法滞后制约着“有法可依”

进入新世纪，税收立法可以说进入一个新阶段。但是，税收“法”性不足的问题目前还没有彻底改变。

一是缺乏驾驭税务行政管理全局的税收基本法。税务行政管理的一系列基本原则、基本制度有的还没有形成，有的仍停留在规章的范畴上，效力不足。

二是缺乏税务行政组织法。税务行政主体的设立、变更、撤销基本上处于无法

可依的局面，随意性大，“人治”色彩仍相当严重。税务行政主体的规格体系、权责体系、制约体系相当不规范，国税地税不一，各省市不一，国税、地税关系协调不畅，税务管理跨地区协调相当困难，全国没有基本的规范统一的税务权责体系、制约体系及其标准使然。税务行政主体设立、变更、撤销及其规格体系、权责体系、制约体系的不规范，造成内部行政管理权力的“失控”和“滥用”，引起行使税收执法权力的失范，纵向越权、横向侵权的现象在所难免。

三是诸如增值税、消费税、营业税等主体税种的管理规范仍停留在行政法规或部门规章的层面上，法律层级偏低。从目前实施的税收法规体系看，仅有几部是经全国人大常委会通过的法律，多数为国务院制定的行政法规，还有相当数量的部门规章和规范性文件，税收法规体系总体上层级较低，“法性”不足。

四是大量的部门规范性文件仍在税务行政管理中扮演着重要的“角色”。规范性文件补充法律法规的不足，填充法律法规的空白，其作用不容否定。但是税收规范性文件既存在与税收法律、法规和规章相抵触、同级税收文件相矛盾的现象，又存在文件本身有漏洞、公布即实施、朝令夕改等现象。更严重的是，某些方面长期靠规范性文件调整和管理，即规范性文件作为执法依据，实际上就是执法者立法。这种局面长期不改变，势必影响人们对税收法制公信力和依法治税的信心，势必影响税收法治化进程。

2. 计划经济管理理念和模式仍制约着法治化治税理念的实践

毋庸置疑，上述税收法治建设四个方面的成就充分说明税收法治有了较大的发展、完善。但是，这些成就的某些方面，理论意义大于实践意义，“依法治税是税收工作的灵魂”仍有巨大空间停留于口号。税务行政管理实践仍然是以“征收管理”为主线，而不是以依法治税为主线，税务行政管理中的某些关键环节基本上仍停滞在计划经济管理理念和模式上。

一是税务行政由“管理型”向“执法服务型”的转变还没有彻底实现。许多税务机关和税务人员还没有认识到，税务行政作为执行和管理，其执行主要应该是执行国家法律法规，其管理主要是依法实施法律法规。税务行政的职能和任务是多方面的，但不管有多少职能和任务，执法应该是税务行政的基本要素。税务行政管理中“官本位”、管人不管己等传统管理思想，在一些税务机关和税务人员的脑海中仍占有相当的位置，仍主导着某些税务机关和税务人员的行政行为，“人格平等、公正公平、恪守规范、程序正当、诚实守信”等现代行政法治原则，还没有成为某些税务机关和税务人员的行为规则。“关系税”、“人情税”和随意作为、不作为、忽视程序等现象的大量存在就是例证。

二是组织税收收入“任务制”基本左右着税务行政实践。长期以来，我国实行组织税收收入"计划任务制度"，基层税务机关以完成税收收入任务为本职，形成了"以组织税收收入为中心"的工作理念、思路和机制，完成收入任务则"万事大吉"，一俊遮百丑,否则"一丑遮百俊",百无是处。故"寅吃卯粮"收过头税和"放水养鱼"有税不收同时存在，是不可避免的。依法治税、依法行政事实上成为无以考核的"软任务"，是顺理成章的、可以理解的。

三是简单图解税收的职能作用。税收具有财政职能、调节职能和监督职能，这是由税收的本质决定的。毋庸讳言，税务行政管理与税收的职能有密切的联系，税收的职能决定着税务行政管理的内容和方向，税务行政管理促进税收职能的实现。但是，税务行政管理与税收职能毕竟是两码事，不能混为一谈。税务行政管理的核心是执行国家税收法律、法规，依法实施税务行政管理活动，与理论上的税收职能在形式上有重大区别。只要税务机关坚持依法办事，依法实施税务行政管理，认真执行国家税收法律、法规，税收职能作用就会自然而然地发挥出来。如果片面强调税收的职能，尤其是片面强调税收的财政职能，势必扭曲或误导税务行政管理。实践中把税务行政管理与税收职能混为一谈，用税务行政管理图解税收职能的观念和做法，是有失偏颇的，一定程度上影响了税务行政管理的法治化、规范化进程。决定税收职能作用发挥程度的关键在于税制是否与经济社会发展相适应、相协调，而不是税收管理。

四是征纳双方的法律责任在某些管理措施上仍然没有划分清楚，导致执法违法现象时常发生。如纳税申报率、当期申报入库率、税务登记率等考核目标，就把纳税人的法律责任移植到了税务机关头上。主动进行纳税申报、主动缴纳税款、主动进行税务登记是纳税人的法律义务，纳税人是否主动进行纳税申报、缴纳税款、税务登记是区分其是否负法律责任的分水岭。对税务机关进行纳税申报率、当期申报入库率、税务登记率考核，无疑是让税务机关替纳税人进行纳税申报、缴纳税款、税务登记。纳税申报实践中的"一分钱申报"和"零申报"及其缴纳，许多是由税务机关为保障考核指标合格而所为，无疑是执法违法行为。税务机关的这类行为违背了依申请的行政行为的启动方式，混淆了依申请和依职权行政行为的性质。税务机关仍习惯于事前管理（审批），对事中、事后的监督、检查却跟不上，揽了许多不属于自己的责任，干了许多不该干的冤枉活。

3. 税务机关和税务人员执法能力较低制约着"有法必依"

一是普遍缺乏较系统的法律知识。一方面，整个税务队伍知识单一，人才结构不尽合理，比较缺少法律专业人才，法律基础知识难以普及应用于税收工作实践。据统计，全国税务公务员中，学习财税和其他经济专业的人员占95%以上，学习法律专业的人员则寥寥无几，不到1%，大多数县级局一名法律专业人才都没有。另一方面，税务人员普遍缺少较为系统的法律基本知识，多数人员较为熟练地掌握了税收经济基本知识，但对于相关税收法律知识却知之甚少，曲解、肢解法律规定的现象屡见不鲜，融会贯通地运用法律手段去处理税收事务的能力更差。

二是法律意识淡薄，税收法律思维模式还没有形成，辨法析理的能力很低，制约着税务行政管理的法治化转型。税务机关对税务人员的评价、考核体系还没有彻底转变到“法治导向型”上来,税务人员提高执法能力的自觉性受到一定程度的影响。绝大多数税务人员仍信守“以组织收入为中心”的工作理念，把税收的职能作用直接图解为税务机关的职责，没有认识到税务管理的执法特性，没有认识到税务机关为国家组织财政收入是税务行政执法结果的道理。

三是对法律程序重要意义的认识不足，轻视、忽视甚至讨厌依法行政程序。许多税务人员认为程序影响执法效率,认为程序是人为制造的“麻烦”,重实体,轻程序。有的甚至感情用事，凭关系征税，凭“权威”、凭“能耐”、凭“义气”办事，乃至拍拍胸脯“摆平”了事。税收信息化建设促进了税务行政执法的规范和效率，但是过度依赖信息化的倾向，尤其是税务行政执法要适应某些已经过时的软件系统的事实，又制约了税务行政执法的合法性。

四是税务检查中证据意识差，搜集证据不规范。其一，重视询问笔录，忽视其他证据的收集，缺乏有力的直接证据或间接证据。其二，证据收集操作不规范，证据缺乏合法有效性。如需要复制的有关账簿、凭证，仅复制了部分内容，没有全面复制；有的虽然复制的内容全面，但复印件上未注明复制的时间、地点、复制人员、复核人的签名等；在提取有关的发票、物品等其他证据时，不办理提取手续或手续不完整，无法证明材料的来源，使被复制、复印、提取、扣押的材料缺乏证据效果，无法在案件中起证明作用。其三，稽查底稿原始记录过于简单。在税务检查中，与案件有关的财务处理情况、凭证号码、会计分录、报表等不能认真完整清楚地记录在稽查底稿中，仅有简单的记录，而且不能分析所获取的资料之间的关系，不能为检查结论提供依据，使稽查底稿与案件审理成为两张皮。

五是忽视相对人的陈述、申辩意见。在许多税务机关的法律文书中，见不到税务机关告知相对人有陈述、申辩权利的证据，自然在案卷中见不到相对人的陈述、申辩意见。即使在有的案卷中见到相对人的陈述、申辩意见，也看不到税务机关对陈述、申辩意见的分析及采信情况。

4. 执法机制不够完善制约着“执法必严”

虽然征管制度逐步健全，征管机制不断改善，但是“淡化责任、疏于管理”的问题仍没有从根本上得到解决。我们认为问题的根源在于执法机制不健全、不完善。一是税务行政组织体系执法特点不足。税务行政执法主体资格制度还没有确立，税务行政执法责任制不健全、不完善，执法责任难以落实。岗位责任体系的设置没有实现权力制衡制约的要求，执法层次多，执法权相互脱节，没有达到税务行政执法组织体系建设权责明确、衔接流畅、高效便捷、互相监督的目标。二是暗箱操作依然严重，执法透明力度远远不够。执法主体、执法依据、执法程序、执法结果、执法责任及追究方式、过错执法救济的方式与途径等公开不足，难以保障税务行政相对人的知情权、监督权和参与权，难以保障税收执法的公正、公平。三是税收执法保障机制不健全。尽管税收信息化建设提高了税务机关对税收的监控、管理能力和效率，但是由于整个社会的信息化程度不高，信息技术需要的信息链环和技术链环没有形成，信息技术支撑下的税务机关的行政能力是有限的，存有许多“依法”不能办和办不到的事情，需要有关部门、社会各界的大力支持、配合。面对经济活动日益复杂、市场监管相对滞后的现实，税收管理更需协税护税组织积极的帮助和支持，最大限度地掌控税收经济信息。目前的协税护税制度和体制远远不能适应社会经济发展的要求。尤其是偷税、骗税、抗税和各种发票违法行为，手段翻新加快，技术性增强，反检查的意识和技能也大大提高，仅靠税务机关现有的行政能力和技术设备，很难有效获取合法的违法行为证据，没有证据也就不能予以惩处，无疑是放纵了税收违法乃至犯罪行为。故尽快建立税务警察队伍，建立健全税警管理机制，是我国目前税收执法形势所迫切需要的，也是发达国家税收管理经验之一。四是内部执法监督机制不健全，有利于执法监督的环境和氛围还没有形成。随着外部监督的加强，各级税务机关对内部执法监督日益重视，实行了诸如规范性文件会签制度、重大税务案件审理制度、执法检查制度、行政听证制度、行政复议制度等内部监督制度，取得了一定的效果。其中，上级对下级的层级监督做得相对较好，但深度和广度不够，而同级执法监督却刚刚起步、探索，在监督主体、监督权力、监督客体、监督内容、监督形式等方面还有许多问题亟待规范、完善。

5. 全社会税收法律遵从度有待提高

一是偷逃税款现象还较严重。据国家税务总局统计资料，2004 年以来全国每年查补税款、加收滞纳金、罚款都在 350 亿元以上，说明纳税人中有相当一部分不依法纳税。

二是骗取出口退税的违法犯罪行为较严重。2001 年 3 月 2 日广东省汕头市中级人民法院和揭阳市中级人民法院分别宣判的六起虚开增值税专用发票案，仅骗取出口退税额就近 6000 万元；2005 年 3 月福州市中级人民法院宣判福州福胜安全用品有限公司骗取出口退税 5469 万元，深圳鄂尔多斯实业有限公司系列骗取出口退税 1 亿元。其中有一部分骗取出口退税案件是纳税人与税务人员相互勾结造成的，说明防骗、打骗的任务相当艰巨。

三是虚开增值税专用发票和非法制售假发票违法犯罪活动猖獗。1998 年曝光的金华税案涉及 218 家企业参与虚开增值税专用发票，虚开发票 65536 份，价税合计 63.1 亿元，税额 9.2 亿元，波及 30 个省级行政区，造成税收损失 7.5 亿元。2001 年 3 月 2 日广东省汕头市中级人民法院和揭阳市中级人民法院分别宣判的六起虚开增值税专用发票案，共虚开税额两亿多元，给国家造成重大损失。2005 年 4 月 19 日国家税务总局向社会曝光的 10 起涉税违法大案，有 5 起涉及虚开增值税专用发票和非法制售假发票违法犯罪，波及 10 个省市。由此可见虚开增值税专用发票和非法制售假发票违法犯罪之一斑。近几年骗取出口退税和虚开增值税专用发票的大案要案件虽然呈下降趋势，但是从根本上遏制骗取出口退税和虚开增值税专用发票违法犯罪行为还需时日。

6. 税收法治理论研究相对落后

不可否认，许多学者对税收法治理论已进行了某种程度的探讨，亦有精到之处。但从总体上看，还没有形成独立的理论体系，税收、税收学、税法、税法学、经济法学、行政法学等学科仍交织在一起，许多概念、理念仍在混用。突出表现有四：

一是还没有真正脱离经济学税收的窠臼。许多学者习惯用经济学的语言、术语、理念来研究判断税收问题，而不习惯用法学的语言、术语和理念来分析判断税收问题。一些专著和文章，从题目和命题看，好似税收法学研究，而通读全篇却还是经济学税收文稿。税收法治理论实质上是税收应用理论，而有些文章实际上是工作总结、经验介绍，而不是应用理论研究。

二是仍相对依附于经济法学。用经济法学的理论来研究税收法治理论有许多实际问题解释不通：诸如执法程序问题，征纳双方的权利义务关系问题、税务纠纷的解决方式和途径问题等都不能用经济法理论去解释。

三是还没有形成很好的理论体系。许多税收法治理论研究成果只是星星点点，还没有形成有机的完整理论体系。

四是从事税收法治理论研究的力量相对薄弱。这是对税收应用理论研究忽视的结果。现有的许多研究成果，缺乏对基层征收管理实践的深入调查，理论性强，对实践的指导性不够。

三、我国税收法治建设的未来展望

在中国经济与社会的转型时期，税收法治建设面临全面的改革与完善需求。为了更好地引导整个经济与社会的法治方向，除了继续加强对税收权力的规范以满足税收领域形式的和程序的法治秩序需要，以及积极推动税收公平建设以实现法治的实质正义目标之外，未来的税收法治还必须寻求突破，努力提升到税收宪治层次，谋求新时代的经济与社会共和。

（一）继续规范税收权力，完善税收形式法治

关于税收法治的研究是在依法治国和建设社会主义市场经济体制的大背景中兴起的。税收法治作为建设法治国家整体工程中的一个子系统，是依法治国基本方针在税收领域中的具体体现。加强税收法治基本理论研究，进一步规范政府行为，特别是规范税收权力部门行为，是现代税收事业的基础和灵魂，始终是一个迫切而重要的课题。

1. 立法权回归人大，规范税收立法

在税收立法方面，一个总体的思路是：首先要确定科学的税收立法原则，遵循科学性、超前性和稳定性原则进行立法；其次设定严密的税收立法内涵，确定税收基本法、税收实体法和税收程序法的不同内涵，进行科学立法；再次要设置合理的税收立法框架，进行总体的框架式立法，而不能采取零打碎敲、随意立法的办法。

在此基础上，重点解决好以下几个方面：

（1）制定《税收基本法》，规范我国税收法律体系的基本内容通过制定《税收基本法》来细化《宪法》中规定的税收基本规范和原则，明确划分税收立法、执法、司法的权限，科学界定中央与地方的税收法律关系，确定征纳双方的权利和义务等等，以此来规范税收基本法律关系，并在此基础上建立起以宪法为根本指导、以税收基本法为基础、以税收各单行实体法、程序法和组织法为主体，配合以相关税法解释的完备的税收法律体系，建立正常的税收秩序，保证税收职能作用的最大发挥。

（2）提高现有税收行政法规的法律级次，增强税法的法律效力。从税法立法级次上看，我国税法多为行政部门立法，级次偏低，随意性较大，影响了税法的权威

性和严肃性。因此，这些长期使用并经实践证明符合我国税收实践的税收行政法规，应按照立法的程序尽早报请国家立法机关审议通过，使之成为正式的法律，提高我国税收法律的级次和效力，改变行政机关“自定法律自己执行”的现状，防止税法的误用和滥用。

（3）全面修订现行税法，以达到税法体系的内外统一。我国长期以来由税务机关起草税收法律法规草案，缺乏学者和法律专家的严格论证和科学检验，这导致了我国税收法律体系不但与其他的法律不相协调，而且也在其内部各法中甚至在同一法律中出现前后不一致甚至矛盾的状况，因此必须全面审核和修订现行的税法。一方面，把税法放在我国法律体系的大环境之中去，按照法律体系的基本要求，逐一检查每一部税收法律法规与宪法、刑法、民法、行政法、国际法、诉讼法在内容和形式上是否一致；另一方面，对税收法律体系内部进行审核，检查各税收法律法规之间和每一个税收法律法规内部是否存在着内容上的不一致、形式上不完善和表达上不规范的问题，并按照各法之间不同的效力等级来进行修订和完善，以达到税收法律体系的内外统一。

（4）完善各部门法，健全税收法律体系结构。税法的综合性决定了税收法律体系必须门类齐全、结构合理，因此，尽快制定所缺少的各部门法已成为当务之急，这些法律包括税务机构组织法、纳税人权利保护法、税务违章处罚法、税务代理法、税务争讼法或税务行政复议与诉讼法等。这些法律的制定对于规范税务机关的税收执法行为，净化我国的税收执法环境，增加国家的税收收入，减少税务行政争议，切实保护纳税人及其税务当事人的合法权益，都将起到十分重要的作用。同时要加强相关法律的配套，如银行法、会计法、工商行政管理法等，特别是银行方面要建立严格的现金管理和转账结算制度，禁止多头开户，开立基本结算账户要凭工商登记和税务登记，并接受税务机关的检查，堵住偷漏税的主要漏洞。

特别关注：

◆税收立法权回归人大①

2009 年 3 月 5 日，由天津财经大学财政学首席教授李炜光撰写初稿，上海财经大学蒋洪教授再稿后定稿的全国政协会议提案“让税收立法权回归人大”提交全国人民代表大会及其常务委员会。

提案指出：人民通过其代表机构来决定是否纳税、怎样纳税以及缴纳多少税的权力是人民当家做主的重要标志，也是人民当家做主的基本保证。我国《宪法》第二条规定：“中华人民共和国的一切权力属于人民。人民行使权力的机关是全国人民

① 参考网址：http：//jianghongvip.blog.sohu.com/120087901.html. 2009-07-07。

代表大会和地方各级人民代表大会”。第五十八条规定："全国人民代表大会和全国人民代表大会常务委员会行使国家立法权”。我国《立法法》第八条规定了“只能制定法律”的事项，其中有“基本经济制度以及财政、税收、海关、金融和外贸的基本制度”和“对非国有财产的征收”。税收的立法权属于人大，无论从道理上还是法律上来说都是无可争议的。

然而，长期以来，我国的税法的绝大部分都是国务院或国务院的所属部门——财政和税收部门所制定的暂行条例，这些条例在实践中取代了原本应该通过全国人民代表大会的立法程序来制定的法律。自上世纪80年代以来，除了《税收征管法》、《企业所得税法》和《个人所得税法》是由全国人大制定外，其他税收法规均为政府行政机关制定，涉及纳税人基本权利与义务的主要税种如增值税、消费税、营业税等等都是国务院颁布的暂行条例。

虽然，这种情况的产生是有法律依据并经过合法程序的。我国《立法法》第九条规定："本法第八条规定的事项尚未制定法律的，全国人民代表大会及其常务委员会有权作出决定，授权国务院可以根据实际需要，对其中的部分事项先制定行政法规，……”1985年，全国人大通过了《关于授权国务院在经济体制改革和对外开放方面可以制定暂行的规定或者条例的决定》，根据这一授权，国务院制定了一系列的税收暂行条例。

但是该项授权应该终止，特别是关于税收立法权的部分。理由如下：

一、《立法法》第十条规定："授权决定应当明确授权的目的、范围”。1985年授权是“为了保障经济体制改革和对外开放工作顺利进行”，这不是一个明确的、特定的目的；1985年授权范围是“在经济体制改革和对外开放方面”，这也不是一个明确的、界限清晰的范围，它涵盖了经济的所有方面。而且这项授权没有时间限制。

二、法律规定人大有权授权，同时也有权不授权或终止已经授予的立法权。《立法法》第十一条规定："授权立法事项，经过实践检验，制定法律的条件成熟时，由全国人民代表大会及其常务委员会及时制定法律。法律制定后，相应立法事项的授权终止”。

三、经过30年的改革开放，我国已经取得了制定和应用法律管理经济的大量经验。如果说在改革开放初期许多事情都还在尝试之中，缺乏把握，需要采取授权方式来制定法规的话，那么授权二十多年后的今天，完全可以说“经过实践检验，制定法律的条件成熟”了。继续无特定目的、无特定范围、无时间限制的授权已经完全没有必要，继续授权无异于人大在经济领域中立法权的全面放弃。

税收是政府提供公共服务的价格。公众是购买者，人大是购买者的代表，行政部门是公共品的提供者。税收立法的授权意味着让卖者决定价格，并且不管购买者是否愿意，他都有权从购买者的口袋里拿钱。虽然在很多时候人们愿意相信政府行政部门会为社会公众着想，但这样的制度安排有很大的潜在风险，这是人们的常识就能理解的。健全政府的管理体制，让税收立法权回归人大应该提到议事日程上来了。

◆增值税立法①

在国务院最新下发的《2010年立法工作计划》中，《增值税法》、《车船税法》两部法律草案及修订发票管理办法被列为力争年内完成的重点立法项目。此外，《税收征管法（修订）》和《船舶吨税暂行条例》也被立法工作计划列为需要抓紧研究、待条件成熟时提出的立法项目。据了解，上述5部立法项目都将由财政部和国家税务总局负责起草。其中《增值税法》和《车船税》法两部法律草案以及《税收征收管理法（修订）》在由国务院常务会议审议通过后，将提请全国人民代表大会及其常委委员会审议。

增值税立法成为年内力争完成的重点立法项目，此次进入2010年立法计划则意味着，尽管存在诸多分歧，但增值税立法工作将进入实质阶段。

此次立法致力于完善增值税税制，首先是将其国务院行政法规上升到国家法律层次，健全税收法律体系；另外一项实质重要内容是扩大征税范围，逐步将征收营业税行业纳入到增值税体系内，从而进一步实现增值税从生产型向消费型转型。

增值税转型和立法是财政部和国税总局一直以来推动的工作之一。从税收收入规模来看，增值税是我国目前最大的税种，尽快提升其法律级次非常重要。此外，2009年1月1日开始的增值税转型，主要针对第二产业的机器设备实施税前抵扣。这一改革预计可为企业减轻税负1200亿元。2008年年底的增值税转型并不彻底，它只允许扣除固定资产中所购进的机器设备，而占比更大的厂房建筑却不能抵扣。不过，这项改革被认为是增值税立法的前期准备，而下一步就是要通过立法工作把目前征收营业税的行业全部纳入增值税征收范围。

我国现行增值税的征税范围确立于1994年的分税制改革，将第一产业和第三产业的大部分行业排除在外，符合当时经济发展水平较低、第一产业天然“体弱”和第三产业尚不发达的现实国情。这种增值税属于商品增值税，即在生产销售商品的时候征收，不涉及劳务服务，对服务业是征收营业税。例如，属于第三产业的交通运输企业，在购进货物时就不能进行税前抵扣，同时对全额收入征收5%的营业税。这对服务企业来说形成了重复征税。建造房屋、销售不动产，也都在营业税征收范围。所以，企业建造厂房缴纳的税款也不能进行税前抵扣。增值税虽然为17%和13%的税率，但因为允许抵扣进项税，所以增值税的实际税负大概4%，而营业税的税负5%，

① 程志云、席斯：《增值税立法启动有望全面取代营业税》，《经济观察报》，2010年1月23日。

税负比增值税还要高。这样的税制不利于促进服务业的发展，而中国眼下正在努力促进第三产业的繁荣发展。

理想的增值税征收范围，应该包括所有创造和实现增值额的领域。从横向上看，增值税制应覆盖农林牧业、采矿业、制造业、建筑业、能源交通运输业、商业和劳务等各行各业；从纵向上看，应涵盖原材料、制造、批发和零售等全部环节。只有这样，才能保证税负公平，并且易于核查。

这里一个重要的问题是，营业税属于地方税，增值税大头属于国税，如果营业税被增值税替代，那么地方收入将受到影响，这就需要财税体制改革来协调解决。营业税大约占地方税收的70%，是地方税的支柱性收入。如果征收营业税的行业全部被纳入增值税征收范围，那这项改革不亚于1994年分税制改革，需要对整个财税体制都进行调整。改革首先得确定思路，分几步走，一次全部替代非常难。

2. 修改《税收征管法》，规范税收执法

在税收执法中，通过深化税务政务公开、建立有效的税收执法队伍建设机制、健全税收征管权力监督制约机制、完善税务行政执法的全程监督机制和强化行政执法过错责任追究制措施等规范管理行为，是税收法治常抓不懈的工作。

（1）完善税收计划体系

制定科学合理的税收计划，既有利于改变重税收任务、轻征管秩序的做法，促进依法治税的环境的形成，而且有利于地方各级财政预算的圆满完成和促进地方经济的发展。在目前我国还没有科学合理地评定税收“应收尽收”的标准，尤其是税收法制环境不完善、纳税人依法纳税意识不强、税务干部依法行政能力有待提高的情况下，取消计划指标体系必将造成税收征管工作的秩序混乱，因此，建议采取逐步弱化税收计划的办法，改指令性计划为指导性计划，弱化税收计划的刚性，根据区域经济税源结构分解落实并适时调整税收指导计划，建立并完善考核税收执法质量指标体系，强化税收行政执法的刚性。

（2）建立税收管理质量体系

根据征收方式和业务流程的需要，科学设置机构，建立起上下协调一致、横向联系紧密、互相监督制约、运转高效有序的组织机构体系，进一步明确征、管、查各序列之间以及各序列内部的各个岗位和环节之间的岗位设定和职责划分，建立起一个科学、严密、高效的岗责监督制约和协作体系，既能密切各岗位间的协作，又在各岗位间形成有效的权力分解和制衡、各岗位之间监督和制约，实现各行其是，各负其责，标准具体，程序规范。

（3）提高执法主体的法律素质，强化执法主体的依法行政观念

税务人员在执法过程中出现这样或那样的问题，原因是多方面的，其中最重要

的是正确的法治观念还没有完全确立起来，因而导致在工作中出现违法的行为。在依法治国的大环境下，税务人员应树立牢固的依法行政观念。

一是职权法定观念。在依法治国的大环境下，税务机关必须严格依据宪法和法律的规定行使职权，即凡是宪法和法律规定的职权就可以行使，宪法和法律规定了多大的权力，就可以行使多大的权力，反之就是违法的。二是法定职责观念。税务机关在宪法和法律上所获得的权力，其相对于被管理者的公民而言是职权，而相对于国家而言则是一种职责。权力伴随着职责，由于权力的法定性，职责也具有法定性。如果不履行应履行的法定职责，就构成失职，失职就要相应地承担法律责任。三是正当法律程序观念。税务机关人员在行使职权时，必须具有正当性及程序上的正当性。正当法律程序即法律在设置行政机关行为程序时要符合正当性，同时，行政机关在行使权力的过程中要符合正当性。四是尊重当事人程序权利观念，在法治的原则下，“有权利必须有救济”，“没有救济的权利就不是权利”。税务机关的行政行为可能侵犯当事人的法律上的实体权利，为了维护当事人的程序性权利，如了解权、陈述权、申辩权、申请听证权、质证权、辩论权、申请复议权等。当事人的程序性权利也就是行政机关的法定义务，行政机关在进行行政行为时必须充分尊重当事人的程序性权利，如果不履行自己的义务，将承担相应的法律后果。

（4）加快税收信息化建设，实现税收信息与社会相关部门的联通与共享

随着知识经济、信息技术的飞速发展，特别是我国加入WTO后，仍然依靠传统的手工操作，已难以对日益复杂的征纳行为进行有效的管理，必须加大税收执法工作的科技含量，将信息技术应用于税收行政执法的全过程，按照国家税务总局提出的“科技加管理”的要求，建立适应新时期税收工作需要的信息化的税收行政执法体系，统一税收征管软件，实现全国范围内的、贯穿税收执法全过程的信息共享，同时以信息化为依托，推行税收执法公开性和透明性，促进税收执法行为的规范化发展。尽快实行税收信息与社会相关部门信息的联通与共享，有利于全方位的税源监控，提高社会整体协税能力，推进税收法治的进程。一是与海关、外汇管理部门实现进出口报关、外汇结算等信息的交流。通过全国海关各口岸电子执法系统，不断提高运行效率，彻底遏制利用假出口、假报关单等方式骗取出口退税，重点控制涉及进出口税收的信息，打击偷骗税行为。二是与工商行政管理等部门联网。监督纳税人办理工商登记，实现全国企事业单位机构编码的信息交流，与银行、保险、建设、土地管理、交通（车辆管理）部门交流纳税人经营、资产状况，从源头控制漏征漏管户，追查“失踪户”，防止利用假报停、假手续的偷漏税行为。三是国、地税联网。交流相关税种申报缴纳和其他经营状况指标情况，为纳税评估、反避税、稽查选案、税收保全和查处“非正常户”提供资料。四是与财政、银行、国库实现联网。实现申报缴纳一体化和自动流水作业，减少纳税人到办税服务厅、银行户头

办理有关部门手续的工作量，减轻一线征收人员的工作量和办税服务厅的压力，为提高申报入库率、信息集中度、实现集中征收奠定基础。

特别关注：

◆ 以加强征管为突破点推进我国个人所得税改革①

个人所得税的小步微调时时都在进行着，税务征管部门加大征管力度的举措也频频出台，但大的税改动作目前还无法预期。就此，中国社科院财贸所副所长高培勇认为，加强征管的举措，应当也必须同未来的作为改革目标的个人所得税综合制相对接。我国个人所得税改革的目标已经明确，即建立分类与综合相结合的个人所得税模式。而其能否顺利推进，进而完善我国个人所得税的功能，取决于征管能力是否达到要求。借鉴成熟市场经济国家的经验，我国个人所得税征管应以信息化为依托，建立五个个人所得税信息管理系统②，即个人收入银行监控系统、个人纳税申报管理系统、代扣代缴申报管理系统、个人所得税交叉稽核系统和个人税收违法发布与查询系统。

由此，若能以加强个人所得税的征收管理为契机，谋划一场税收征管上的革命性变化并由此破解实行综合与分类相结合的个人所得税制的重重障碍，从而实现税制与征管的“双管齐下”，那么，我们在当前的行动中所收获的，将是事半功倍之效。我们期待，目标定格于实行综合与分类相结合的个人所得税制，现在必须有所行动。

◆纳税人在税收征管中权利的实现

2009年11月30日，国家税务总局公告了纳税人的14项权利，这些基本是在税收征管中的权利，对于保护纳税人在征管过程中的权利和利益具有重大历史意义。然而，对于如何完善和实现纳税人权利，还是有许多研究工作可以做。

有学者提出，在税收征管中，一方面需要从立法方面进一步加强和明确纳税人的权利，另一方面也要通过规范纳税机关权力的行使限制纳税机关的权利来保护权利③。

首先，《税收征管法》应当更为全面地规定纳税人的权益。现行的《税收征管法》规定了比较多的纳税人权利，其中包括税收知情权、税收保密权、陈述与申辩权、税收救济权、税收监督权、延期申报与缴纳税款权，等等。但从总体上考量，《税收

① 《中国财经报》，《2010年税改稳步推进》，国家税务总局网站：http://www.chinatax.gov.cn/n8136506/n8136548/n8136748/9774628.html. 发布日期：2010年07月14日。

② 具体设想另见报告第三部分《2009年中国税制改革回顾与展望》，“四、继续深化我国税制改革的设想(二)以加强征管为突破点，推进我国个人所得税改革”。

③ 黄煜琳：《纳税人在税收征管中的权利现状及实现途径》，中国财税法网：http://www.cftl.cn/show.asp?c_id=24&a_id=8575.

征管法》远未能全面界定纳税人所应当享有的权利。那么出于保护纳税人权利的需要，应当考虑在修订《税收征管法》时，增加相关的纳税人权益：

关于基本生存权，现行《税收征管法》只是体现了对纳税人基本生存权的保护，并未明确地予以规定，而且，对纳税人生存权的保护仅限于税收保全措施和强制执行措施范围。在国外，对纳税人生存权的保护还体现在税收处罚中。比如说，日本税法即规定：因执行滞纳处分将会造成滞纳人的生活显著穷困时，税务署长可以决定对滞纳人停止执行滞纳处分。那么我们是否也可以借鉴这种做法呢？即如果纳税人能够有充分的证据证明相关处罚与滞纳金加收威胁到其生存时，相关处罚与滞纳金加收也应当取消。另外，还需要在实体法上考虑对生存困难的纳税人给予适度减免税优惠。

关于依法纳税权，依法纳税权即是指纳税人享有的只需按照税收法律的规定缴纳税款的权利。这其实是税收法定原则的要求。税收法定原则是整个税收立法、执法与司法的黄金法则，它为国家权力的行使设定了严格的界限，也为纳税人权利的维护树立的基本的准则。目前，世界上为数众多的国家都已经将课税法定原则写入了法律，甚至是写入宪法。在我国，虽然《税收征管法》中也包含有依法征税与依法纳税的精神，但却并未将其作为一项明确的法律原则，税收征纳双方所依据的基本上都是规范性文件。在税收法定没有写入宪法之前，《税收征管法》中增加纳税人依法纳税的权利，明确规定：纳税人有权依照税收法律、法规的规定缴纳税款，对于明显违背税收法律、法规的税收政策，纳税人可以拒绝执行。

关于诚实推定权，所谓诚实推定权是指税务机关在没有真凭实据证明纳税人存在税务违法事实或行为的情况下，应首先认定纳税人是诚实的，是可以信赖的和无过错的，直到有足够证据并由执法机关来推翻这一认定为止。在我国，税务机关在更多的时候总是推定纳税人存在过错，总是推定纳税人是不诚实的。比如说在核定征税方面，常常不出示任何的证明材料，就对纳税人实施核定征税。再如在报送申报资料方面，税务机关常常要求纳税人出具中介机构的鉴证报告，而要求纳税人出具鉴证报告本身就是对纳税人申报资料的怀疑，是对纳税人不诚实的假定。

其次，《税收征管法》应当将纳税人权利转换为税务机关的义务。现行《税收征管法》虽然也规定了很多纳税人权利，但是这些权利更多地停留在法律上，纳税人并不能真正地享有这些权利。

第一，纳税人很少能够全面了解和理解《税收征管法》所规定的权利。虽然各级税务机关也进行了纳税人权利方面的宣传，但由于《税收征管法》所规定的纳税权利比较分散，特别是未设置专门的章节进行规定，因而纳税人根本不能够全面理解和掌握纳税人权利，甚至于对一些权利根本就不了解，对于自身权利的保护更无从谈起。

第二，纳税人不愿以正当的途径维护其权利。虽然有很多的纳税人也知道并能够理解《税收征管法》所规定的纳税人权利，但多数纳税人普遍不愿以正常的渠道维护其权益。其中的原因主要包括:《税收征管法》并未明确规定税务机关侵权责任；税务机关与纳税人处于不平等的地位，税务机关拥有强权，而纳税人却处于弱势地位，即便纳税人能够维护其权益，但总担心受到税务机关及税务人员的打击报复。

第三，由于制度方面的原因纳税人难以真正地维护其权益。因为在税务行政复议中税务机关既是规则的制定者，又是裁判员；而在税务行政诉讼中，虽然裁判员交由司法机关担任，但司法机关裁判的依据却仍然是税务机关的规范性文件。

要解决上述问题，需要转变观念，变纳税人的权利为税务机关的义务。具体来讲，可以从以下两个方面设定或者完善税务机关的义务：(1) 在税法上规定纳税人权利的同时规定税务机关的义务。比如说为了确保纳税人自由委托代理的权利，就必须规定税务机关不得指定代理、不得变向指定甚至强制代理，更不得在规范性文件中规定纳税人在办理事项中必须提供或者出具税务中介机构的鉴证报告。(2) 在法律责任中增加税务机关不履行相关义务的责任条款。从防范税务机关不依法履行其义务的目的出发，必须规定税务机关不履行纳税人权利保护义务的具体的法律责任，从而对税务机关行政执法产生制约。

3. 改革复议前置程序，规范税收司法

建立完善的税收司法保护体系，一方面可以为纳税人权利提供最后的法律救济，约束税收执法机关的行政行为；另一方面可以发挥国家司法力量的强制、威慑作用，对破坏国家税收秩序的严重违法犯罪行为严厉制裁，做到有法可依、有法必依、执法必严、违法必究，保证国家税法的贯彻实施。为此，需要做到坚持以下几点：

（1）坚持法律面前人人平等的原则。在处理税务违法案件时：一是以事实为依据，以法律为准绳，在事实的认定和法律适用上要公平，也就是罚当其罪；二是在处罚上体现同罪同罚，在人情、权力、金钱面前，执法的天平不能有丝毫的倾斜。

（2）消除税收司法法律障碍。对税收司法方面存在的问题，特别是在税收民事司法保障制度、税收刑事司法保障制度、税收行政司法保障制度中列举的种种问题，全国人大及其相关部门应根据国际惯例和国内的经济政治形势，制定和完善相应的措施，以保证法律的严肃性、完整性、科学性，让税收司法工作能够在实际工作中有条不紊地开展。

（3）推进税务行政救济制度建设。一些发达国家比较重视税务行政救济，纳税人的权益受到侵害时，也善于利用这一渠道来维护自己的合法权益。目前，中国为了有效解决税务执法不当而导致纳税人合法权益受到损害，或者纳税人认为其合法权益受到损害的问题，虽然建立了税务行政复议和税务行政诉讼等行政救济制度，

但实际执行效果不太理想。因此，我们应更加重视税务行政救济制度建设，以维护纳税人的合法权益。具体措施是：一是进一步完善税务救济制度。应借鉴发达国家的经验，进一步完善中国的税务行政复议、诉讼和赔偿制度，修订税务行政诉讼规则，制定税务行政赔偿规则，以解决目前税务赔偿争议无规则可循的问题。二是依法开展税务行政救济工作。纳税人对税务机关的税务执法行为不服，向其上级税务机关申请复议，税务复议机关应依法进行审理和裁决；纳税人对税务机关执法行为不服向法院起诉，税务机关应做好应诉准备工作，并积极出庭应诉，依法提请法院作出公正的判决；纳税人认为税务机关的执法行为违法侵害了自己的合法权益，向该税务机关或法院起诉要求赔偿，税务机关应依法受理并决定是否赔偿。三是鼓励纳税人进行税务行政救济。应大力宣传税务行政复议、诉讼和赔偿制度，消除纳税人的疑虑，解决纳税人不愿或不敢与税务机关较真的问题。

（4）建立相对独立的税务司法机构。目前，经济发达国家都比较重视税收监督职能，其中不少国家税法的立法、司法、执法监督机构是分别设立、互相制约的。例如法国设有财政总监、税务监察官、账目法庭三个机构，分别对各部门和企业单位进行财政税务监督。一些国家的税务征管机构和人员不仅负责税收征管工作，而且拥有税务监督的职责和权力。例如美国不但拥有5万人的“税务警察”，而且联邦税务局专门设置税务犯罪调查部门，专门负责税务案件的调查，并有较强的权威。因此，中国应在借鉴吸收的基础上从以下方面考虑：一是设立“税务警察”，作为税务机关的内部职能部门，由税务机关领导，受公安机关监督，根据法律赋予的权力，对妨碍执行正常公务的犯罪分子和涉税犯罪行为依法惩处；二是建立比较独立的税务检察机构，由税务机关直接领导，受人大监督，独立行使检察权，专门负责税务犯罪案件的调查，不受其他行政机关、社会团体和个人的干涉；三是建立税务法院，独立行使审判权，专门负责审理税务行政诉讼案件和税务刑事案件。

（5）理顺税务司法程序。一是建立类似日本的税务司法程序。法律赋予权限的税务人员对税务案件进行调查后，将结果报告税务局长，构成犯罪的，移送税务检察机构提起公诉，税务法院按程序受理、审判、裁决、执行；二是建立类似美国的税务司法程序，即由税务人员对案件进行调查，并直接上诉税务法院，再由税务法院负责审理。

特别关注：

◆改革行政复议前置程序

税务行政复议制度是解决纳税人与税务机关关于税务争议的一种准司法制度，该制度对于解决纳税人与税务机关关于税务争议起到积极作用。不论是中国，还是西方国家，大都在法律中对此制度作了规定。税务行政复议制度在我国法律中的规定主要体现在《税收征管法》、《行政复议法》、《税务行政复议规则》等规定中。税务行政复议制度在中国实施以来，对于解决税务争议起了积极作用，但也在一些缺陷，这里就其中两个问题进行探讨。

1．税务行政复议前置条件合理性问题。

根据《税收征管法》第八十八条规定“纳税人、扣缴义务人，纳税担保人同税务机关在纳税上发生争议时，必须先依照税务机关的纳税决定，缴纳或解缴税款及滞纳金，或者提供相应的担保，然后可以申请行政复议，对行政复议决定不服的，可以依法向人民法院起诉。”上述规定表明，纳税人对税务机关的纳税决定不服时，必须先行缴纳税款或提供相应担保，否则将不能提起行政复议，换句话说，先行缴纳税款或提供担保是税务复议的前置条件。

对于该前置条件是否合理，在理论界有两种截然相反的观点。赞同者主要持以下两个观点：一是我国目前税制不太完善，税务争议比较普遍，加之征管力量不足，征管手段弱化，为了保证税款及时足额入库，防止纳税人借口申请复议而故意拖延税款，在复议前要求纳税人缴清税款是合理的，也是必要的。二是法律之所以如此强硬地要求，当事人只有在缴纳税款及滞纳金后才能申请复议，主要是考虑税款的及时安全入库。如果当事人直接申请复议，按照现行税务争讼程序，从复议到诉讼，从一审到二审，至少要经历半年以上的时间。在这段时间内，税款可能面临各种各样的风险，对国家利益可能造成损害。不仅如此，如果当期的税收不能当期入库，必须等讼争程序结束才能实现，这完全是增加税收管理的难度。与此相反，反对者认为：在复议前附加限制条件，不仅不符合行政复议的便民原则，而且有可能剥夺纳税人申请法律救济的权利。

上述两种观点皆有其合理性，但总体上看，税务行政复议规定的前置条件是不当的。理由如下：(1) 该前置条件设置有违我国《宪法》规定的平等原则。我国宪法明确规定“中华人民共和国公民在法律面前一律平等。”如果因为当事人有贫富之差，是否缴得起税款或担保而决定其是否有权获得法律救济权利，显然对当事人是不公的，也是有违宪法赋予公民的平等权利。(2) 该前置条件规定与我国《宪法》及其他法律规定的公民享有的控告、申诉的权利是相冲突的。我国《宪法》第四十一条规定，中华人民共和国公民对于任何国家机关和国家工作人员的违法失职行为，有向有关国家机关提出申诉、控告、检举的权利。上述规定表明申诉是我国宪法规定的公民宪法权利，而《税收征管法》关于税收争议前置条件的规定有违宪之嫌。(3) 该前置条件的设置有违“有权利、必有法律救济”的公理。有权利即有救济，无救济则无权利，此乃法律基本公理。而税务复议前置条件与这一公理是明显相悖的，故此规定是不符合法律的基本公理的。(4) 该前置条件的规定在实践中运用弊端很大。在实践中，假如税务机关的征税行为确属违法，而当事人又因征税机关征税过多而无力缴纳税款或提供相应的担保，也可能因有特殊困难而不能缴纳，在这种情况下，当事人是不能申请行政复议，更无法向人民法院起诉，这样一来，当事人受到的侵害都无法获得法律的救济，等于变相剥夺当事人的诉权，而且税务机关的违法行为也因此得以躲避相关的审查，这样一来显然与设立税务行政复议制度的初衷相背离。

综上，可以认为，税务行政复议前置条件的设置虽然有其合理性，但总的来讲由于其可能会成为妨碍当事人获得救济的障碍，故从保障当事人诉权和制约行政机关滥用权力角度出发，应对此进行修改。当然，为了维护税收的正当性和国家利益，可以相应规定，如果纳税人有利用税务复议制度的时间来转移财产以逃避纳税义务的履行，税务机关有权先行予以强制执行税款。

2．税务行政复议与税务行政诉讼衔接模式选择问题。

以税务行政争议是否将税务行政复议作为税务行政诉讼的前置程序为标准，可以将税务行政复议与税务行政诉讼衔接模式划分为两种模式：一种为复议前置模式，即把复议作为诉讼必经程序；另外一种为选择复议模式，即复议、诉讼可自由选择。《税收征管法》第八十八条规定，纳税人、扣缴义务人、纳税担保人同税务机关发生争议时，必须先依照税务机关的纳税决定，缴纳或解缴税款及滞纳金，或者提供相应的担保，然后可以依法申请行政复议，对行政复议不服的，可以依法向人民法院起诉。当事人对税务机关的处罚决定、强制执行措施或税收保全措施不服的，可以依法申请行政复议，也可以依法向人民法院起诉。上述规定表明，我国法律对于因纳税决定引发的争议规定为复议前置程序模式，而对于纳税决定争议之外的其他税务争议规定为选择复议模式。对于复议前置模式的利弊理论上有两种不同观点，赞同者认为：复议前置程序较为简便迅速，便于发挥税务机关的专业优势，可以给税务机关提供纠错机会，可以审查征税行为的合理性，有利于减轻法院的诉讼负担等。反对者认为：复议前置程序剥夺了当事人的选择权，限制当事人的诉权，且效率不高等。

我们认为:复议前置程序客观上确有一定的优点，如程序简便、专业性强等优点，但相对于选择性复议模式，其缺点也是非常明显的。故我们赞同税务行政争议全部实行选择复议模式，具体理由如下:（1）复议前置模式剥夺了当事人的选择权。对于是选择复议，还是选择诉讼，本应属于当事人的正当程序权利，应由当事人自由选择，而不应强行规定。（2）复议前置模式下的行政复议机关缺乏独立性，其公正性、中立性不高，根据我国税法相关规定，税务复议机构为税务机关内设机构，其难以超脱税务机关整体利益关系，故其缺乏中立性，公正性也就当然很差了。（3）从实践来看，复议前置程序中复议机关的复议结果正确率较低，未能起到相应的作用。近几年来，税务机关的行政诉讼中的败诉率较高。上述事实表明税务复议机关未能公正有效地审查税务行政机关错误的行政决定，当事人最终还是依靠法院才公正解决税务行政争议。故复议前置模式实际效果不佳。(4)国外主要国家一般实行的是选择复议模式，而非复议前置模式[①]。

(二)积极推动税收公平，完善税收实质法治

囿于形式法治本身之局限，巨变时期的中国法律具有很大的局限性，往往不能及时准确地反映人们的生活规则的需求；实质法治则将人们对法律价值的追求融入形式法治，以一种实质正义的方式推动社会发展。

1. 从形式法治到实质法治[②]

在法治的分类问题上，根据法治所涉及的价值因素的不同可以将法治分为形式法治与实质法治。形式法治认为法治仅仅是"法律之治"，这里的法律是形式上的法律而不是价值法学意义上的法律。任何一部法律只要它是经过合法的立法程序制定的，那么它就要发挥法律的作用，对社会生活起指导作用，至于这部法律究竟是不是良善之法则不在法治所要考虑的范围。而实质法治认为，法治不仅仅是一种治理方式和制度形态，更主要的它还是一种价值理念，在这种理念下，法治首先应该是善法之治，那些限制人们自由、剥夺人们权利的法律根本没有资格成为法律，更不能成为治理社会的法律依据。

在现代化的语境下，法治概念开始超出了形式法治的范围，融入实质法治的内容，不仅要求法的权威性和依法而治的法的工具价值，而且强调立法对普遍认同的价值理念的追求、法内容的合理性等法的实质理性。法治概念已演进为一个综合的概念，融汇了民主、自由、平等、人权等诸多价值观念，包含着法律至上、民主政治、权力制约、司法独立、依法行政等丰富的制度意蕴，其核心是国家权力的依法行使。虽然这种界定可以有效地避免"恶法亦法"带来的价值困惑，但是从法治的本意上说，"法律之治"并不一定意味着善法之治，尤其是在社会急剧转型的时期，法律自身的良善与否本身就缺乏一个明确的评判标准。这种情况下，渴求法治的良善性也只能成为一种空想。因此，法治概念的形式意义的转向并不能完全消解法治主义的内在缺陷。要想真正克服形式法治的工具性所带来的潜在的对人权的危害，必须诉诸一个更高层次的价值目标——实质法治，让人的权利与自由成为社会发展的终极动力。

---

① 熊晓青:《问题与对策：税收争讼法律制度探讨》，见：刘剑文主编:《财税法论丛》第一卷，法律出版社，2002年版：P 284–291。

② 秦强、王文娟:《形式法治与实质法治——兼论法治主义与宪政主义的区别》，《甘肃理论学刊》，2005年第1期。

法治是指一种价值理念，是人们的价值选择在具体的治理模式中的体现。在这个层面上，法治并不单纯是一种治理方式、制度形态和法律秩序，它还隐含着一种精神意蕴：不论是何种层次上的法治都必须建立在一定的价值目标的基础之上。这些价值目标可能在每一个具体的社会中并不完全相同，但是在基本内涵上一定有共识。法治的这种价值理念实际上就是评价法律究竟是善法还是恶法的标准，也是法治是否完美的标志之一。

因此，与形式法治的概念相比较，实质法治的概念更多地融会了价值法学的基本理念，从理论渊源上可以将其归于价值法学的范畴，但是同传统的价值法学相比较，实质法治又有着明显的差别。这种差别主要体现为实质法治理论不再仅仅是一种纯粹的价值批评理论或社会批评理论，更重要的是对现实法治的建构。因而，实质法治其实是形式法治和价值法学相结合的完美结果。

由于实质法治具有强烈的价值气息，保障人权、维护自由成为法治主义的根本使命，因而在价值内涵上，实质法治与宪政主义具有相同的价值目标。在一定意义上说，实质法治的价值本质就是宪政主义。

2. 实施全面税制改革，平衡税权重建公平

经过 30 多年的改革开放，对于社会主义市场经济的追求使得我们更多地在努力建设一种完备的形式正义的法制体系。这种法制体系对于建立明确有效的市场规则具有重大的历史意义。然而，对于效率的过分追求和尊重却最终必然地、不由自主地伤害了经济与社会公平。既有税法体系的总体效率已经不用证明，其所带来的公平损失则必须通过大规模的系统的法治改革来弥补，以谋求建立经济与社会的新型共和。

（1）新一轮税制改革

随着社会主义市场经济体制的初步建立，国民经济的飞速发展，我国加入世贸组织后更大程度地融入世界经济发展主流，以及国内外经济形势发生的一系列重大变化，现行税制不适应经济发展的矛盾越来越尖锐地显露出来。为了适应国内与国际客观形势的要求，有必要进行新一轮的全面性税制改革，实现国家与纳税人之间、中央与地方之间、不同纳税人之间（城乡居民、国内外企业、不同财产占有者）的税收公平。

面对新的形势，党的十六届三中全会的《决定》启动了新一轮税制改革，并具体布置了各项任务，主要包括以下七个方面：第一，深化农村税费改革。第二，改革出口退税制度。第三，统一各类企业税收制度。第四，实施增值税转型，完善增值税制度。第五，完善消费税，适当扩大税基。第六，改进个人所得税，实行综合与分类相结合的税制。第七，实施城镇建设税费改革，对不动产拟征统一规范的物业税。

（2）已进行的改革对公平发展的追求

在当前已经进行的税制改革中，增值税转型、内外两套企业所得税制合并和统一城乡税制都是新一轮税制改革基本任务的重要组成部分。新一轮税制改革已经走出了这三大步，每一步对于实现税收公平都有巨大的实践冲击力和重大的历史意义。

第一，取消农业税，实现城乡共和，是落实统筹城乡发展要求的实际步骤，是我国工业化进程中的一个重要里程碑，是我国综合国力提升的重要标志。

第二，统一企业所得税，实现内外企业平等。统一税制有利于为各类企业创造公平竞争的税收制度环境，降低税率有利于提高企业的自主创新能力，统一企业所得税优惠制度有利于促进经济增长方式转变和产业结构升级，也有利于促进区域经济的协调发展。

第三，增值税转型，实现国家与企业共同发展。增值税改革促进企业技术进步、产业结构调整和经济增长方式的转变，有利于提升企业国际竞争力，加快企业国际化，有利于增强企业抗风险能力以应对金融危机。

（3）即将进行的改革的公平发展目标

即将进行的税制改革由于难度较大，也表现得比较缓慢和谨慎。但这种现象也正好说明了这些税制改革对于重塑经济与社会公平的重要性。由此，当前的物业税与个人所得税改革无疑具有重大的历史意义。

首先，以物业税改革引领财产税制和地方税制建设。

从房产税（物业税）的特性和功能来看，它不仅仅是一个可以影响房地产市场的税种，更重要的是一个调节贫富差距的财产税和为地方提供主体财源的地方税。房产税的改革对于我国财产税制和地方税制建设是一个重要切入点。

在对当前房地产相关税收进行综合改革的基础上，可以对居民住房征收房产税，以此填补我国财产税空缺的局面。在改革中应将当前主要集中在流转环节征收的房地产相关税收（如营业税、契税、土地增值税、耕地占用税、个人所得税、企业所得税等）进行撤并，以减轻流转环节的税负，同时，在保有环节开征财产性质的房产税，以发挥对财产占有多少的贫富调节。

房产税还属于地方税收。在发达国家，无论是美国、法国等联邦制国家，还是日本、英国等君主立宪制国家，大多数房产税的税种均划归地方政府。房产税之所以成为地方税与其课税对象固定的特点有关。由于作为房产税课税对象的房地产固定不动，因此与流动性较大的商品和所得相比，更适合于由地方政府来征收。而且从公共财政的角度来看，房产税更有利于地方政府根据居民房地产来对公共支出的成本（税收）和受益原则进行分摊，有利于增进公平和效率。

其次，以个人所得税改革推进税收公平。

个人所得税在调节个人收入、缓解社会不公、增加财政收入、促进经济发展、保持社会稳定等方面都发挥了重要作用，但是随着我国加入世贸组织和经济全球化迅猛发展，现行的个人所得税暴露出一些弊端，严重妨碍了其应有功能的发挥，因而改革和完善现行的个人所得税，实行综合与分类相结合税制，建立一个适应我国当前经济发展需要、设计科学、规范合理的个人所得税制势在必行。

实行综合与分类相结合的税制模式是经济全球化的需要。国际人员交流要求个人所得税的改革日益趋向世界主流，我国的个人所得税制既要适应中国的国情，又要与国际个人所得税法大趋势保持一致。配合我国个人分配制度的改革和存款实名制的实行，个人所得税采用综合和分类相结合的课征制，同时制定一套科学的扣除制度，可以迅速与国际惯例接轨，尽快融入经济全球化的进程。

(三)致力提升法治水平，实现税收宪治突破

宪政主义兴起的一个根本原因就是形式法治主义的内在缺陷，宪政主义者希望通过对人权的尊重来弥补和消解单纯形式法治所带来的一些弊端。要想改变法治自身的运行性质，必须跳出法治之外，依靠法治之外的另一种力量来对法治进行根据本性的修补。这就是从法治主义到宪政主义的转变，我们的社会发展目标也就从法治转变为宪治。

1. 从法治到宪治①

（1）重新引入宪治理念

早在 2002 年 12 月，时为新任中共中央总书记的胡锦涛同志在主持中央政治局首次集体学习时发表了关于宪法的重要讲话，并率领全体政治局成员集中学习了宪法。这一富有历史意义的新举动，表明了宪治意识在中国的新觉醒，标志着我国的国家治理理念开始由法治走向宪治。

从法治向宪治的历史发展宪治作为一种国家的治理理念，在中国的产生和发展经历了一个曲折的过程。回顾百年来的宪政之路，可以说中国的宪政史也是中国法制近代化和现代化的历史。不同时期的统治者对法治的认识和态度都或多或少地体现在他们所拟订的宪法或宪法性文件中，性质各异的历届政府对拟订宪法或宪法性文件的重视也透露出对宪法在法律体系中所处地位的看法。因此，中国宪政的过程在某种程度上讲也是法制的建设过程，宪政发展的逻辑必将是法治向宪治的转变。

① 李水金:《从法治到宪治：国家治理理念的重大转变》,《新视野》，2003年第5期。

从法治走向宪治，具有重要的意义，它意味着中国国家治理理念的重大转变。宪法作为国家的根本大法，具有最高的权威性，是其他一切法律的基础和保证，依宪法而进行的治理，是最高层面的治理，它表明法治的观念真正深入了人心。因此从依法治国到依宪治国，是国家治理理念的重大突破，表明我国治理理念达到了一个新水平。

（2）理解宪治的内涵与特征

要有宪治，首先要有宪政，宪治是宪政的外在表现形式。因此，要理解宪治，首先要理解什么是宪政。对于宪政，中外学者各有不同的看法。毛泽东认为，宪政是一种民主政治，他说："宪政是什么呢？就是民主的政治。"[①] 这是从民主政治的层面来理解宪政的。国内大多数学者则从公民权利和政府权力的角度来理解宪政，认为一方面是要保障公民权利，另一方面是要制约公共权力，包括执政党权力、立法、司法、行政权力都受到制约。美国学者路易斯·亨利则从权利、权力、制衡、法治、司法公正等多个角度来理解宪政。他认为：宪政意味着一种有限政府，那政府只享有人民同意授予它的权力并只为了人民同意的目的，而这一切又受制于法治；它还意味着权力的分立以避免权力集中和专制的危险；宪政还意指广泛私人领域的保留和每个个人权利的保留；另外，宪政也许还要求一个诸如司法机构的独立机关行使司法权，以保证政府不偏离宪法规定，尤其是保证权力不会集中以及个人权利不受侵犯[②]。

综上所述，宪治是基于宪政的治理，它是以宪法为核心，以法治为基础，以限制国家权力、保障公民权利为目的，以民主政治为基石的治理过程。宪治和法治的主要区别之处是宪治是从宪法的高度来进行国家治理的，是法治发展的高级阶段，它比法治更重视对公民权利的保障和对国家权力的限制。

必须深刻理解宪治的如下基本特征：

① 宪治是以宪法为核心的治理。宪法是国家的根本大法，它把人们的意志上升到了国家的意志并享有最高的权威，它在根本上为国家构建了总体的法律框架，是一切权力合法性的最终来源。在价值层面上，宪法体现社会正义，并以"人民主权"为最高原则，因此，依据宪法的治理是社会治理的最高表现。

② 宪治是以法治为基础的治理。法治就是指依法统治和依法治理国家和社会，而宪治则更强调宪法这个国家根本大法的作用。宪法是其他一切法律的基础，因此从一定意义上说，宪治是以法治为前提和基础的，是法治发展的逻辑结果，没有法治的社会也是没有宪治的，法治的不断发展必然导致宪治。

③ 宪治是一种"人民主权"的治理模式。表现为以下两方面：一是对公民权利

① 《毛泽东选集》（第2卷），人民出版社1952年版，P732。

② 路易斯·亨利：《宪政·民主·对外事务》，生活·读书·新知三联书店1996年版。

的保障。宪治一个基本的治理要求是：尊重人的尊严和自由，承认人生而平等并享有追求幸福的权利。二是对国家权力的制约。宪治的一个基本法则是：一切权力都是有限的，权利原则上则是无限的，宪治的目的就是要通过限制国家权力来保护个人权利，防止个人权利受到国家权力的侵害。因此，宪治的要义就是宪法至上，主张政府必须首先受制于宪法，任何法律法规、任何机关团体或个人，都必须在宪法的范围内进行活动，任何行为违反了宪法，都必将受到违宪制裁。

（3）遵循实现税收宪治的有效途径

从法治走向宪治，这是社会发展的必然趋势。在中国，要真正实现宪治，必须从以下途径入手：

① 必须完善宪法本身的税收制度。宪法作为国家的根本大法，是实现宪治的前提，宪法的完善程度直接决定着其他法律的完善程度，也决定着宪治能否实现以及实现到何种程度。完善宪法制度，一是要确认宪法至高无上的地位。只有树立宪法的权威，才能形成尊重宪法、维护宪法的良好税收环境。二是要完善宪法本身的具体税收条文。宪法条文必须以公民权利为基础充分体现纳税人权利，确认税收领域最基本的法律价值观念和宪治精神。三是要完善其他各项法律制度，其中最重要的是税收基本法。宪治是以法治为基础的，只有以税收基本法为龙头的其他各项法律制度完善了，才能真正实现税收宪治。

② 必须建立纳税人权利的保障机制。一是要建立纳税人权利的实现机制，使纳税人明确其作为主权者所享有的权利，帮助纳税人实现其所享有的一切权利。二是要构建纳税人权利的救济机制。无救济就无权利，要想方设法完善各项法律制度，保障纳税人的权利在受到侵害时能切实得到有效的法律救济。三是要保证司法的独立公正。要设法保证司法独立和权威，提高司法质量和服务水平，保障纳税人权利不受侵害。

③ 必须构建起权力的自我约束机制。宪法对纳税人权利的保障是通过限制国家权力来实现的，但是在实践中，权力对权利的侵害时有发生，这种侵害通常有以下几种表现：一是权力垄断，即从本部门、本地区保护主义的角度出发，在权力的管辖范围内排斥其他权力，排斥市场公平竞争，过度地追求部门、地方利益；二是权力扩张，表现为权力违背国家法律、法规的规定，任意为自己设定权利，为被管理对象设定义务并攫取其利益的行为。要解决这些情况，关键要对政府的权力进行合理的配置和监督，完善权力分工与制约机制，即要在宪法范围内建立一个有限的政府、一个内部有分权和制衡机制的政府、一个以纳税人参与和信息公开化的政府、一个以法律为基础的法治政府，以实现权力运作的公开化、透明化、法制化，防范权力的滥用。

④ 必须建立和完善宪法的监督约束机制。对宪法的监督审查是实现宪治的关键，

当前世界上存在三种宪法监督模式：一是议会型宪法监督模式，即由最高国家权力机关行使宪法监督权的一种宪法监督形式；二是普通法院宪法监督模式，即宪法监督权由普通法院行使的宪法监督形式；三是宪法法院型宪法监督模式，它是指宪法问题由专门设立的宪法法院或宪法委员会管辖的宪法监督形式。不管是哪种监督形式，都能使违宪行为受到法律的制裁。在我国，长期以来一直没有对宪法形成有效的监督，致使不少违宪行为未受到应有的制裁。中共中央总书记胡锦涛提出了“违宪审查”的重要思想，使我国的宪法监督提上了重要的议事日程。有学者提出：违宪审查可以分两步走，先在全国人大框架内设立一个违宪审查的机构，即宪法委员会，审查法律、法规的违宪情况，条件成熟时再设宪法法院；也有学者主张建立一个宪法监督委员会，它与全国人大常委会应是并列的机构，它只向人民代表大会负责，它日常的工作就是监督所有的立法机关。不论宪法的监督机构如何设置，它表明宪法监督正在受到重视，宪治正在走向成熟。

2. 以《税收基本法》实现税收法治突破

随着改革开放的不断深入，新旧生产关系之间的摩擦、断裂、冲突带来许多财政税收问题，而由于缺乏一种深刻全面的理念支撑，众多的改革措施无法对症下药，而是随着时间的推移带来更多的税收关系乱象，比如国民税收关系的失衡、政府单方面注重强化征管和税收调控的工具化。另外，《税收基本法》的缺失，导致目前我国《宪法》与一些单行税法之间的空当现象十分突出。有关税收立法权限、立法程序等最基本和最重要的问题散见于各单行法律规定中，缺乏统帅其他单行税法、规范国家税收立法、执法、司法活动的基础性法律，产生“立法倒置”、央地争权、授权泛滥等一系列不正常不规范现象。

在税收领域，税收宪法规定自身不足以完成税收法治和税收宪治的历史使命，税收宪治需要税收基本法律的有力支持。目前我国的税收基本立法还是一片空白，这使我国税法体系整体结构不完善，缺乏统领性的一般性规范，在很大程度上削弱了税法的权威性、严肃性。因此，应借鉴一些国家的有益做法，本着税收宪定原则，尽快制定《税收基本法》，全面规范我国税收法律体系的基本内容。只有制定一部《税收基本法》，把我国税收法定原则、税负公平原则、依法治税原则、税法构成要素、税制结构、税收管理体制、征纳双方的权利与义务等重大问题由法律明确规定下来，才能总揽和协调税收法律制度的全局，弥补各个税种单行规定的欠缺和漏洞，强化税法的系统性、稳定性和规范性，并为单项税收立法提供依据和范例，使税法具有更高层次的权威和法律效力，形成更加统一的税收执法环境，最终建立一个以《税收基本法》为统帅、税收实体法和税收程序法并驾齐驱的税收体系，提供一种稳定的税收秩序。

（1）定位《税收基本法》

由上观之，中国需要的是一场深思熟虑的全面税制改革。这种改革必须突破单纯财政视野，以关于税收的宪政原则为基础，通过调整税制、完善财政制度，为税收建立坚实的政治基础。

《税收基本法》正是这样的一般性税收规范总和，它是税法体系的主体和核心，用以统领、约束、指导、协调各单行税法、法规，具有仅次于宪法的法律地位和法律效力。它对税收的基本制度做出规定，对税收的公共问题进行规范，一般规定税收的立法原则、税务管理机构及其权利与义务、税收立法及管理权限、税收执法、税收司法、纳税人的权利与义务等，是关于税法体系建设的纲领性规范。

在《税收基本法》的整体框架方面，我们需要讨论几个问题，比如涉及范围、适用范围以及立法执法和司法系统性问题等，以研究如何进行组织安排。

关于涉及范围。一般而言，《税收基本法》是国家税法体系的母法，自然应当涵盖税收权利义务、税收立法、税收执法、税收司法、税收管理体制、税收管辖权等各方面内容。但也有学者提出税收基本法因“税法通则主要规定税收征管权的内容、权限划分、行使要求等”[①]，而将税权划分、税收管理体制等问题交由《宪法》具体规定，具体可通过启动税收立宪、制定财政法、全国人大常委会做出决定等途径实现。我们认为，在当前构建社会主义和谐社会对完善宪政的时代要求下，《税收基本法》完全可以通过其对《宪法》的支撑作用，变通处理关于税权划分和税收管理体制问题，而不必一定采取在《宪法》条文中进行具体规定的立宪模式。“基于推动宪政完善的考虑，税收基本法如果目前难以对我国税权划分和税收管理体制做出明确界定，至少可以退而求其次地对其确立、变更程序等做出原则性规定，并随着社会政治经济环境的变化不断调整完善，以改变此类事宜缺乏有力实施依据的不利局面”，而且这种做法，“从发展的眼光看，既是税收基本法发挥内在的职能作用，推动我国宪政完善的题中之义，也可为今后宪法或财政法体系此类事宜提供有益尝试”。

关于适用范围。这里存在一些争议，主要是两点：一是《税收基本法》是否应该包括关税等所有名称为“税”的收入；二是《税收基本法》是否应当包括无“税”之名实质为税的政府收入（收费、基金等）。我们认为，首先，对于关税之类的税，作为税收体系的有机组成部分，单独排除在《税收基本法》之外显然不合适。其在税权划分、立法执法程序等方面与其他税种具有相同的规范取向，必须纳入《税收基本法》提出相同的程序要求。只不过，可以将关税作为《税收基本法》的特别法，在其中专设一款“有关关税事宜《中华人民共和国海关法》另有规定的，依其规定

① 施正文、徐孟州：《税法通则立法基本问题探讨》，《税务研究》2005年第4期。他们与北京大学财经法研究中心主任、中国财税法学会会长刘剑文教授的观点一致，不同意制定税收基本法，而是选择税法通则的模式。

执行”。其次，对于税收性质的费金问题，必须纳入《税收基本法》调整范围，这既是我国税收法治和税收宪政的需要，也有国外早已成功的实践支持。这里不存在因为判别费金性质的技术难度较大而放弃的问题，也不能以会与财政立法重叠为借口而排除的问题。《税收基本法》的本质决定了这是其应当承担、能够承担而且必须承担的历史责任，也是其制度价值的根本体现。

关于立法、执法和司法的体系化问题。我们认为应当专章规定税收立法与司法，理由是：首先，专章明确立法本身就是税收法制化和法治化的要求，另外，税收执法无疑始终占据税法的重要篇章，相比之下，税收立法与司法反而容易被忽视，《税收基本法》必须将税收立法与司法明确规定下来，而不能以篇章的平衡性为由简单分散立法，这才是均衡立法的实现，篇章的平衡不是立法平衡的本质。在税收立法的具体问题上，我们相信，基于《税收基本法》的制度价值和历史意义，税收立法在其中的规范化与独立宣示本身就是税收宪政的巨大进步，而不会有与《立法法》相冲突与重复之嫌；在税收司法具体问题上，我们认为，在税务领域设立警察、检察院和法院问题应当分开考虑，如果说设立税务警察和税务检察院有意无意增加的都是征税力量，给纳税人带来更多负担而不宜设立的话（虽然也当然会有利于这些方面的规范化，但相比较效用较小），设立税务法院则正好符合为纳税人服务和增强纳税人权利救济与终极保障的现代理念，是完全应当加以重要考虑的立法内容。

综上，我们认为，《税收基本法》应该大致包括这样一些内容[①]：总则、权利与义务、税收立法、税收征纳、税务司法、法律责任和附则。

（2）设计《税收基本法》的衡平规则[②]

中国《税收基本法》的制定，一方面需要实现法制的全面性、系统性和明确性，另一方面需要彰显现代税收法治的衡平正义。因此，在进行制度设计的时候，既要注意整体性框架的安排，也有突出对衡平性规则的处理。

对中国而言，《税收基本法》最重要的衡平宪制价值是引入税收债权债务法律关系和通过基本分权对私人财产权的尊重以及对地方财政权的支持。为此，在《税收基本法》的衡平规则设计方面，我们重点讨论几个问题，比如税收法律关系性质、权利义务结构、税收管理体制等，以研究如何突出当代中国问题。

关于税收法律关系的性质问题。我们认为，在总体立法上贯彻何种税收法律关系的问题，应当支持权利关系的解释。对于税法领域中的权力法律关系学说，虽然由于国家的阶级压迫本性之一支持而不能完全淘汰，还会以各种机会各种面目出现在我们的生活中，但毕竟随着社会发展和法治的进步而逐渐式微。而“税收债权

① 王瑞：《宪政思维下的中国税收基本法问题研究》，中央财经大学博士后研究工作报告，2009年：P140–142。
② 曹明星：《现代财税法之辩证生成论》，中国税务出版社2009年版：P224–225。

债务关系说[①]”非常符合现代社会理念，而且已经是一种成熟的法律理论，应当大力加强普及和宣传。该学说把税收视为一种公法上的债，从而引发了税法的重大变革，在理论上，税收之债理论提供了税法学上的说理工具，使得我们可以重新审视税收实体法律关系的性质，重构税收实体法的体系，为现代税法规范结构的构建提供了新思路，赋予了税法以崭新的地位和体系；在实践上可以平衡纳税人与国家之间的法律地位，保障纳税人的合法权利，防止征税机关权力的滥用。《税收基本法》制定过程中无疑要全面贯彻这种进步的法律理念，对我们的衡平宪制建设将起到巨大的推动作用。

关于税收权利义务结构问题。我们认为，《税收基本法》的核心内容无疑是税收权利义务关系问题，它涉及税收的各个重要方面，其他的内容都是围绕这种关系展开的。当前，由于税收权利义务内容散布于现行各单行税法中，规定不够全面、系统，立法层次高低不等，整个税收权利义务关系较为模糊。突出的问题主要是关于税收权利的规范没有得到应有的重视。一方面，税务机关有哪些具体权利，特别是各级各类税收管理权的划分，缺少相应的法律界限；另一方面，我国税法作为义务性法规，片面强调其强制性，忽视纳税人正当权益的法律保障。近几年大家逐渐认识到，从体现税收法律主义、合作信赖主义及提高纳税意识的角度出发，强调保障纳税人的合法权利，有利于实现税收宪政，其实也是国家税收最有效的手段之一。理顺税收权利义务关系，应成为我国《税收基本法》的主要任务之一，组织《税收基本法》要以税收权利义务关系为线索形成完整的逻辑结构，并要将征税主体和纳税主体基本的税收权利义务直接在《税收基本法》中明确规定。为此，纳税主体的权利义务则应单独设立一章或一节集中反映，以便引起征纳双方的重视，易于掌握。纳税主体的义务在《税收征管法》中已有较详细的规定，略作修改，归并到《税收基本法》中即可。而纳税主体的基本权利则应参照国外税法的规定重新设计。需要强调的是，这些权利包括要求税务机关提供良好纳税服务和通过法定程序保证纳税人不承担法外纳税义务两方面。

关于税收管理体制问题。我们认为，税收管理体制是指中央和地方之间各种税收权限划分的有关制度和办法，它在整个税法体系中居于重要的地位。我国目前地方立法权较少，税种变动比较随意，严重制约了地方财税法制发展，也不利于中央与地方形成比较稳定均衡的法律关系。《税收基本法》对此须做出明确规定，应当确定以分税制为基本内容的税收管理体制，实现分设机构、划分事权、划分财权的

① 关于“税收债权债务关系说”，请参见［日］金子宏：《日本税法》，战宪斌、郑林根等译，法律出版社2004年版，P20-21；同见刘剑文：《财税法学》，高等教育出版社2004年版，P391-392；刘剑文：《税法专题研究》，北京大学出版社2002年版，P57-80。

三者统一[①]。按此要求，整个税收可以分为中央税和地方税、中央和地方共享税。《税收基本法》应当规定各税种划分的一般原则，对于中央税、中央与地方共享税以及一些事关全局、在全国范围内开征、影响到国家宏观调控的地方税，应由中央立法机关决定其开征、停征、减征和免征，保留这部分税收的中央立法权。而对另一部分税源分布区域化、不影响全局的地方税，则可将立法权下放到省级地方立法机关。这样既加强了中央的宏观决策能力，又兼顾了地方的实际情况，可以刺激和鼓励地方广辟税源，增加收入。如前所述，在这个问题上，即使《税收基本法》目前难以对我国税权划分和税收管理体制做出明确界定，基于推动宪政完善的考虑，至少也应对其确立、变更程序等做出原则性规定，以改变此类事宜缺乏有力实施依据的不利局面。

这是一种时代巨变的改革，其最终实现本身需要各方面的制度配合，已经超出了《税收基本法》的能力范围；但基于《税收基本法》的性质与功能，其完全有能力首先实现这些改革目标中的最重要的一些部分，比如确立税收法定主义的宪法原则；提升税收实体法的立法级次，改变层层授权立法的做法；赋予省级政府适当的税收立法权等，从而使其成为引领时代变革的启动力量。

参考文献

[1] 刘剑文．WTO 体制下的中国税收法治．北京：北京大学出版社，2004

[2] 汤贡亮．中国财税改革与法治研究．北京：中国税务出版社，2008

[3] 张守文．财税法疏议．北京：北京大学出版社，2005

[4] 刘剑文．税法专题研究．北京：北京大学出版社，2002

[5] 葛克昌．行政程序与纳税人基本权．台北：台湾翰芦图书出版有限公司，2002

[6] [日] 金子宏著．日本税法原理．刘多田译．北京：中国财政经济出版社，1989

[7] [法] 莱昂·狄翼．公法的变迁·法律与国家．郑戈，冷静译．沈阳：春风文艺出版社，1999

[8] 樊丽明，张斌．税收法治研究．北京：经济科学出版社，2004

[9] 曹明星．现代财税法之辩证生成论．北京：中国税务出版社，2009

① 刘剑文、熊伟:《税收基本法制定问题》,《税务研究》1997年第5期。

分项报告七

国际税收协调与合作

国际税收是协调国家之间税收分配关系的准则与规范，以达到避免国际重复征税、防止逃避税，使跨国经济活动建立在公平竞争、互利合作、有效发展的基础之上，达到资源在国际范围内的高效配置（杨志清，2010；杨斌，2003）。国际税收的发展与国际经济与贸易的发展密不可分，也和世界经济形势的变动唇齿相依。

2009年，尽管世界经济形势出现积极变化，开始缓慢、曲折的复苏，但应对国际金融危机，进一步实现全球经济复苏和稳定增长，仍是世界各国政府面临的一个共同课题。国际税收领域的协调与合作也呈现出与之相应的变化。一方面，国际贸易受到一定程度的抑制，为了拉动本国经济，不少国家采取一些贸易保护措施，在国际税收领域体现为包括关税在内的进出口税收政策调整，区域税收一体化进程放缓，吸引投资的国际税收竞争加剧。另一方面，受经济疲软影响，各国财政收入有所下滑，又纷纷出台经济刺激计划，财政支出需求加大，因此各国政府不得不想尽办法拓展财源，在国际税收领域体现为国际反避税力度加大，在税收情报交换、征管互助、反避税地等领域取得了突破性的进展。同时，国际社会还加大了官方和非官方的国际税收交流与讨论，以加强各国税务机构的合作，共同应对金融危机背景下的国际税收挑战。

中国在这些国际税收协调与合作中发挥了积极的作用：继续推动税制国际化进程，加强国内税制与国际税收规则的适应与配合；谈签或修订多个税收协定（含与香港、澳门的税收安排），加大与企业“走出去”目的地国家（地区）以及避税地的协定谈判力度；强化税收情报交换、征管互助的制度化和规范化，国际反避税取得新的进展；积极参与国际税收规则制定，税收国际交流活跃，有助于提高中国在国际税收平台上的话语权。

一、国际税收协调

国际税收协调是在经济全球化背景下，各主权国家或地区，为了促进资本、商品和劳动力的跨境自由流动，维护平等的税收主权，避免有害税收竞争，而进行的税收管辖权和税收制度的调整（世界税收发展报告，2008）。国际税收的协调以各国国内税制和国家之间的相互协商为基础，以有关国家对税收管辖权的相互限制和约束为前提，反过来也会对国内税制的变革产生影响。换句话讲，各国国内税制的变革需要考虑对国际税收规则的适应与配合，在最大限度地维护国家税收权益的前提下，尽可能地降低或减少与国际税收协定中各项征税权分配规则的差异和冲突，通过国际税收协调，促进国际投资与合作，推动国际经济向前发展。

2009年，国际税收协调主要体现在以经济合作组织（以下简称OECD）主导的《国际税收协定范本》的更新与完善。这些更新主要是在OECD2008年税收协定范本的基础上进行的，包括关于集体投资工具（collective investment vehicles）、主权财富基金以及跨境税收追索等前沿问题的探讨，这些新的内容将出现在OECD范本更新中。联合国税收事务国际合作委员会也在提高发展中国家的税收协定谈判能力等方面做了大量工作。这些国际税收规则的发展都会对中国产生一定的影响。

（一）国际税收协调动态对中国的影响

1. OECD税收协定范本修订

经过50多年的不断修订，OECD税收协定范本已经成为国际税收规则的重要组成部分。虽然范本只是为各国之间签订税收协定提供谈判的框架和讨价还价的基础，但是其构建的基本征税原则、税权划分依据、相互协商机制等已经得到了大多数已经签订和将要签订税收协定的国家的认可，在消除双重征税、构建国际税收秩序、加强税收征管互助、促进投资等方面都发挥了不可忽视的作用。最新的范本是OECD于2008年7月发布的，2009年在此基础上进行了进一步的讨论。

（1）如何解决居民身份判断的难题

OECD范本的第一条“人的范围”、第三条“一般定义”和第四条“居民”都对税收协定所涉及的“人”进行了定义和解释，一般是指“缔约国一方或者同时为双方居民的人”。这里的“人”不限于自然人，还包括由于住所、居所、总机构、管理机构、注册地或者其他特征在任何一方缔约国负有纳税义务的个人、公司和其他团体。明确协定对居民的定义，一是确定什么样的人可以享受协定的待遇或适用于协定所作出的规定，二是解决由缔约国的哪一方行使纳税人居住国家的税收管辖权并对纳税人境外所得的已纳税额，给予税收抵扣。

由于税收协定只是对居民认定作出原则上的规定，具体划分还要适用于各自的国内法，因此可能会出现一人既是缔约国一方居民，同时又是缔约国另一方居民的情况。为此，协定范本第四条第二款创造了裁决条款（tie-breaker，原意为网球比赛平分后的加赛），通过一定的标准将纳税人判定给其中的一国（获胜国），另一国（失败国）只能就该居民来源于本国的收入征税。对于自然人，主要根据永久性住所、习惯性住所、国籍等标准将其判断给予其经济、社会联系更加紧密的国家。对于法人，传统的判断标准主要是有效管理机构原则。2000年的OECD范本更新将有效管理机构定义为核心的管理和交易决策地，可能是管理机构所在地，也可能是管理人员如董事会的所在地。

实践中，这一裁决条款受到了两方面的挑战：一方面是双重居民可能变成“协定非居民”。如A注册在甲国，实际管理机构在乙国，在甲、乙、丙三国都有经营活动，三国之间的协定按照裁决条款判断居民身份，则A可能以注册地标准申请自己是非乙国和丙国的居民，以实际管理机构标准申请自己是非甲国和丙国的居民，使得自己成为协定中永远的“非居民”。为此，OECD新范本倡导国家之间加强情报交换，防止某居民对任何一国都不负担全面纳税义务。这对各国之间的情报交换和征管互助提供了新的内容。

另一方面，由于科学技术和交易形式的发展，尤其是电子商务蓬勃发展，对判断法人居民身份的有效管理机构标准产生了冲击。2001年开始OECD就公布了改善裁决条款下有效管理机构应用的工作论文。此次对第四条的注释更新强调，税务当局应该针对不同的案例，进行相互协商，这是解决争议的最好方法，还应该综合考量董事会办公地、主要决策人工作地、总部所在地、会计账簿主要保存地等多项标准。中国已经签订的税收协定中，有的是以总机构所在地为准，如中日（日本）①、中法（法国）②、中德（德国）③ 等协定，有的是以实际管理机构所在地，如中英（英国）④、中马（马来西亚）⑤ 等协定，有的主张协商解决，如中新（新加坡）⑥、中加（加拿大）⑦ 等协定，有的则明确协商不能确定时不能享受协定待遇，如中美（美国）⑧ 协定。新企业所得税法生效后，注册地标准和实际管理机构标准成为中国国内税法判断居民的依据，以总机构为判断标准的协定有待修订。同时，尽管有人担心协商可能会造成问题拖延不决，形成长期双方都对其按本国居民进行征税，加重纳税人被双重征税的负担，但是相互协商程序将成为未来解决国际税收争端的重要途径，对于确实协商不能达成一致的，还可以不给予协定待遇，从而促使纳税人适应协定作相应改变。

（2）常设机构的认定与营业利润的归属

OECD范本第五条“常设机构”关于常设机构概念的界定，和第七条“营业利润”

① 《中华人民共和国政府和日本国政府关于对所得避免双重征税和防止偷漏税的协定》，1983年9月6日签署，1984年6月26日正式生效。

② 《中华人民共和国政府和法兰西共和国政府关于对所得避免双重征税和防止偷漏税的协定》，1984年5月30日签署，1985年2月21日正式生效。

③ 《中华人民共和国和德意志联邦共和国关于对所得和财产避免双重征税的协定》，1985年6月10日签署，1986年5月14日正式生效。

④ 《中华人民共和国政府和大不列颠及北爱尔兰联合王国政府关于对所得和财产收益相互避免双重征税和防止偷漏税的协定》，1984年7月26日签署，1984年12月23日正式生效。

⑤ 《中华人民共和国政府和马来西亚政府关于对所得避免双重征税和防止偷漏税的协定》，1985年11月23日签署，1986年9月14日正式生效。

⑥ 《中华人民共和国政府和新加坡共和国政府关于对所得避免双重征税和防止偷漏税的协定》，2007年7月11日签署，2007年9月18日正式生效。

⑦ 《中华人民共和国政府和加拿大政府关于对所得避免双重征税和防止偷漏税的协定》，1986年5月12日签署，1986年12月29日正式生效。

⑧ 《中华人民共和国政府和美利坚合众国政府关于对所得避免双重征税和防止偷漏税的协定》，1984年5月30日签署，1986年11月21日正式生效。

一起，共同规定了非居民营业利润的税收归属。这一概念之所以重要，是因为来源国仅能就非居民归属于常设机构的营业利润进行征税。因此，对常设机构认定标准的宽与窄决定了来源国对非居民营业利润征税权的大与小。一般而言，常设机构是指非居民企业在一国境内进行全部或部分经营活动的固定场所。2000年的OECD范本第十四条"独立个人劳务"取消后，非居民个人通过固定基地提供专业性服务或者独立劳务取得的收入也按照常设机构的原则处理。在传统的判断常设机构的标准中，一看是否构成全部或部分的经营活动，二看是否有固定场所，条文中进行了列举式的定义并排除了临时性和辅助性的活动或设施。

2009年，OECD发布了"常设机构的利润分配"的修改草案，除传统的经营活动外，还对金融机构通过常设机构进行的交易，包括银行、证券、保险等活动进行了研究，其主要观点在协定范本中均得到体现，使得常设机构的利润归属更加体现经济全球化的要求。其提出的核心思想是如何更好地将在转让定价指南中得到普遍接受的"公平交易原则"运用到常设机构的认定和营业利润的归属中。

原协定对营业利润的协调规范主要有四条基本原则，包括常设机构原则，即"缔约国一方企业的利润应仅在该缔约国征税，但该企业通过设在缔约国另一方常设机构在该缔约国另一方进行营业的除外"；利润归属原则，也就是说缔约国另一方只能对设有常设机构进行营业的利润征税；独立企业原则，一般在第七条第二款明确对常设机构应"视同在相同或类似情况下从事相同或类似活动的独立企业"；合理计算原则，包括合理扣除常设机构进行营业发生的各项费用。

新的第七条引入了功能分析、使用资产和承担风险等公平交易原则对独立企业判断的方法。也就是说，常设机构只有构成独立企业，并能够和集团的其他部分区分开来，才可以将利润归属于常设机构进行征税。常设机构无论是同其总机构的营业往来，还是同联署企业和其他常设机构的营业往来，都应按照公开的市场价格计算。第七条的注释中还引入了1995年OECD公布的"跨国公司和税务部门转让定价操作指南"中所接受的转让定价调整方法，包括传统交易法和利润分割法。在计算常设机构利润中可以扣除的费用时，也应该采用符合常设机构所在国国内税法，并符合公平交易原则的计算方法。这一更新有利于公平交易原则在转让定价和常设机构管理中的协调，但是公平交易原则在转让定价征管中存在的问题，如可比价格难寻等问题，在常设机构利润分配中也同样存在。这势必会增加税务机关征管的难度和国际间的协调合作。在发展中国家税收征管水平还相对落后的情况下，以常设机构标准确定的来源地税收可能更加得不到保证，但是同时也强化了来源地税务机关按照公平交易原则对常设机构利润进行调整的权力。因此，加强税收征管和反避税能力建设对于保护来源地税收管辖权具有更加重要的意义。

（3）对服务征税的新条款

2008年的OECD范本更新对第五条“常设机构”的另一项重大变动，是提出了服务的征税问题，增加了协定注释从42.11到42.48的大量内容。

首先，范本将服务收入纳入了常设机构归属的范畴。现代经济中，服务收入的比重越来越大。修订提出协定中一国对另一国企业在该国境内的服务收入，如果不构成常设机构则不应该征税，理由是对非常设机构的服务收入征税会加重征管的困难和企业的纳税遵从负担。这一修订大大限制了来源国对非居民服务收入的征税权力，使得不少国家都提出保留意见。相对于传统生产经营活动而言，服务的提供更加灵活多变，网络、外包等多种形式的出现，位置不固定，时间也更灵活，使得常设机构的传统标准很难满足。尽管中国、印度等新兴国家在制造业等传统产业中发展迅速，但是咨询、管理、技术等服务提供中仍然主要处于接受国，这一修订使得发展中国家可能大大丧失对这些收入的管辖权。

其次，此次修订提出了涉及服务活动时判定常设机构的替代条款，即鼓励协定双方在服务活动采用新的标准。其一，通过个人在协定另一国活动的时间在连续12个月内超过183天，并且这些服务活动产生的总收入占到企业在此期间收入的50%以上；其二，通过一人或多人在协定另一国在连续12个月内活动总天数超过183天，并且这些服务主要为了一个相同的或相关的项目。这一新标准跳出了固定场所的框架，改为采用时间、收入比重和服务对象等指标，这一变化具有其进步性，有利于适应新的经济形式中固定场所变得越发不重要的现实，也使得常设机构的判定具有了更加量化的标准。但透过表面看实质，这一改进也使得来源国的征税变得更加困难：一方面，原有的标准中除了建筑工地外都没有时间的限制，而新标准之一中，183天在国内税法中一般已经构成了居民纳税人，也就是说把非居民纳税人基本都排除在征税范围之外；另一方面，要计算营业收入的比重需要该机构、场所建立规范的账簿，而很多“常设机构”大多财务上较为简单，不具备记账的要求，并且超过企业总收入一半以上的情况也不多见。可见发达国家所主导的国际税收规则制定又进一步缩小了来源国的征税范围。

（4）境外投资的财产收益和不动产投资信托

财产收益是指在所有权转移的情况下，由于处理或转让财产取得的所得，也称为资本利得。第十三条“财产收益”前三款通常容易被缔约国双方所接受，即不动产的转让所得以财产的坐落地为所得的来源地，常设机构转让的动产所得可以在常设机构所在缔约国征税，船舶或飞机则由其居住国独占征税权。存在争议的主要在对于以股权方式转让公司财产收益的征税问题。一般有两种处理方法：一种是转让一个公司股票所取得的收益，如果该公司的财产主要是由不动产组成的，可以按不动产转让所得的征税原则由不动产所在国征税；另一种是转让上述以外的其他股票，如果该项股份占到公司股权一定比例（其百分比可以由双方协商决定）即可以由该公司为其居民的缔约国征税。OECD 范本 2003 年更新将这一比例设定为 50%，中国只在部分协定中进行了明确，并把股权比例定为至少 25%，如中美、中法、中比（比利时），以及中国内地和香港地区的税收安排等。随着中国企业海外上市的步伐加快，尤其是一些国有优质企业在海外挂牌，海外投资者在分享中国企业发展红利的时候是否应该向中国政府缴纳资本利得税引发了很大的争议。尤其是一些绕道避税地进行注册的投资者，其股权结构、实际股票份额和国籍难以判断，增加了相关税收的征管难度。除了在税收协定中坚持对该财产所得的征税权外，加强与避税地和非避税地的情报交换、征管互助都显得更加重要。

不动产投资信托（REIT）是起源于美国的一种投资标的为不动产的证券化产业投资基金，使得没有庞大资金的一般投资者也能够参与不动产市场，且无须持有该不动产。在一般国家，REIT 都享受税收优惠，所分配的投资收入不用缴纳所得税，因此，出现了很多利用 REIT 进行避税的个人和企业。OECD 对该形式的研究结果被吸收到更新范本中，认为投资者通过 REIT 获得的收入分配，应该视同从企业获得的股息按照协定第十条“股息”的原则征税，如果大投资者（拥有资本占 REIT10% 以上的）是另一国的居民，则所征税款不应超过：如果受益所有人士直接拥有支付股息公司至少 25% 资本的公司，为股息总额的 5%；其他情况为股息总额的 15%。这样的规定在协定框架下规范了对 REIT 的征税规则，堵塞了利用其进行避税的空白。但是由于不动产投资信托在国内方兴未艾，国内税法并没有对其进行严格规制，协定的推进还有待于国内税法的完善。

（5）完善税收协定争端解决机制

由于税收协定所作出的涉及双方征税权益的协调规范，在很大程度上都是一些准则性或原则性的规定，在具体执行中必然会遇到很多条文的具体解释和一些未尽明确的问题需要处理。因此，协定往往通过专门条款建立缔约国双方的相互协商程序。

双方主管当局应开展活动进行协商的事项包括两个方面：一是对纳税人提出的不符合协定的征税问题进行协商。当个人、公司、合伙企业或其他团体认为，缔约国一方或者双方的措施已经导致或者将要导致对其进行不符合税收协定所规定的征税时，有权向缔约国主管当局提出申诉。二是对执行协定过程中所发生的困难或疑义进行协商。相互协商程序一方面明确了纳税人在保护跨国税收利益的权利与义务，另一方面对双方主管当局进行协商的范围、做法和达成协议的效力作出了原则性规定，这对于保证税收协定的正确贯彻执行，使纳税人能够充分得到税收协定所规定的待遇，都具有很重要的实际意义。

这次更新在第二十五条“协商程序”前四款的基础上增加了第五款，如果双方税收当局两年之内仍没有达成协议，纳税人可以就该未决的事项提请仲裁。OECD 从 20 世纪 90 年代起即开始提倡仲裁对于解决国际税收争议的作用，荷兰、奥地利等国已开始在税收协定中订立仲裁条款。2008年更新是首次将强制性仲裁列入了税收协定范本。尽管在实践中还存在诸多难题，但国际仲裁机制的第三方性、专业性和志愿性不失为国际税收争端解决的新途径。目前，我国税收协定中尚未引入仲裁条款，仲裁也不能作为解决税收争议的合法手段。随着国内仲裁机制的完善和对仲裁的广泛接受，很有可能在不久的将来在我国对外税收协定中正式引入仲裁程序。

2. 联合国推动国际税收协调的努力

2009年10月19–23日，联合国经济和社会委员会的税收事务国际合作专家组在日内瓦召开第五回合会议，对这一阶段的工作进行总结。中国国家税务总局派出专家作为24位专家之一参会。另外还有63名观察员参加会议。会议就联合国范本中关于常设机构的定义、对于服务的征税等条款、税收竞争对于吸引投资的有效性，以及双边税收协定谈判手册等议题进行了探讨。这些讨论体现了在国际税收规则制定中强调发展中国家税收利益保护、税收能力提高的主旨。中国专家在其中扮演了重要的角色，专门就“资本利得征税的协调”进行了主题发言，阐述了中国的立场和见解。

（二）国内税制与国际税收规则的协调

国内税收是国际税收的基础。其中，国内税法关于居民身份的确认规则，关于居民来源于境外所得和在境外拥有财产的征税规则以及非居民来源于本国境内所得和在本国境内拥有财产的征税规则，是构成国际税收关系的基本内容（杨斌，2003）。2009年以来，我国国内税法积极采纳国际税收发展的新成果，反映国际税收实践的新趋势，在税制国际化方面取得了新的突破。

1. 企业所得税制与国际税收规则的协调

2008年开始实施以及自此以来不断得到细化和完善的我国新的《企业所得税法》及其实施条例，更多地借鉴和采用了国际上的一些通行做法，在与国际税收规则的协调方面取得了突破性的明显进步。

（1）“居民”纳税人概念的引入和“实际管理机构”标准的采用

将企业所得税纳税人划分为“居民企业”和“非居民企业”，是国际上的通行做法，是确定企业是否负有无限纳税义务或有限纳税义务的前提，是世界各国对企业所得税行使居民税收管辖权或来源地税收管辖权的基础。尽管原外资企业所得税法中也有关于纳税人纳税义务范围的规定①，但是既没有采用“居民”和“非居民”的概念，

① 参见原《外商投资企业和外国企业所得税法》第三条。

也没有明确判断“居民”和“非居民”的标准。《企业所得税法》将纳税人划分为“居民企业”和“非居民企业”，在居民企业的判断标准上采用了“注册地标准”和“实际管理机构标准”,并对新引入的“实际管理机构”的概念作了解释。《企业所得税法》规定，居民企业是指依法在中国境内成立，或者依照外国（地区）法律成立但实际管理机构在中国境内的企业；非居民企业，是指依照外国（地区）法律成立且实际管理机构不在中国境内，但在中国境内设立机构、场所的，或者在中国境内未设立机构、场所，但有来源于中国境内所得的企业[①]。同时，税法还分别规定了居民企业和非居民企业的纳税义务。居民企业应当就其来源于中国境内、境外的所得缴纳企业所得税；非居民企业在中国境内设立机构、场所的，应当就其所设机构、场所取得的来源于中国境内的所得，以及发生在中国境外但与其所设机构、场所有实际联系的所得，缴纳企业所得税。非居民企业在中国境内未设立机构、场所的，或者虽设立机构、场所但取得的所得与其所设机构、场所没有实际联系的，应当就其来源于中国境内的所得缴纳企业所得税[②]。从而明确了对居民企业实行居民税收管辖，对非居民实行来源地税收管辖。

《企业所得税法》中“居民”和“非居民”概念的引入，使我国企业所得税纳税义务人与国际税收协定的基本用语表述一致，也使我国企业所得税在居民及其纳税义务范围的划分标准上与国际惯例接轨，为正确行使企业所得税的居民税收管辖权和来源地税收管辖权以及合理解决国际双重征税问题奠定了法律基础。

如何判断企业法人的居民身份呢？对此，国际上有采用“注册地标准”、“实际管理机构所在地标准”、“总机构所在地标准”、“股权控制标准”和“主要经营活动所在地标准”等标准的其中一个或多个标准相结合的不同做法，“OECD 范本”和“联合国范本”两个协定范本则都将“实际管理机构标准”作为首要标准。两个范本都建议，在企业法人发生双重居民身份冲突的情况下，以企业实际管理机构所在地国为其居住国。在关于判断企业是否构成中国居民企业的问题上，我国《企业所得税法》采用了“注册地标准”和“实际管理机构标准”两个标准相结合的办法，即两个标准符合其一即为中国居民企业，改变了原外资企业所得税法规定的“中国境内设立”和“总机构设在中国境内”双重条件同时符合的办法。这一改变合理地维护了国家税收权益，使我国税收管辖权更加广泛，同时也与两个协定范本的指导思想更加接近。

“注册地标准”在实际工作中比较容易判断和执行，而“实际管理机构标准”则不易判断。参考世界上大多数国家认可的判断标准，实施条例对“实际管理机构”进一步做出解释，明确实际管理机构是指对企业的生产经营、人员、账务、财产等

① 参见《企业所得税法》第二条。
② 参见《企业所得税法》第三条。

实施实质性全面管理和控制的机构[①]，这一规定强调了实质重于形式的原则，不过，这一解释仍然是比较原则性的。2009 年 4 月，国家税务总局明确规定[②]，对在境外注册的中资控股企业，判断其实际管理机构是否在中国境内，需同时符合四个条件：①企业负责实施日常生产经营管理运作的高层管理人员及其高层管理部门履行职责的场所主要位于中国境内；②企业的财务决策和人事决策由位于中国境内的机构或人员决定，或需要得到位于中国境内的机构或人员批准；③企业的主要财产、会计账簿、公司印章、董事会和股东会议纪要档案等位于或存放于中国境内；④企业 1/2 以上有投票权的董事或高层管理人员经常居住于中国境内[③]。该规定规范和细化了"实际管理机构"判断标准，有利于"实际管理机构标准"在企业所得税实际征管活动中的具体操作和执行。

（2）所得来源地的判断标准和"实际联系"原则的引入

居民企业应当就其来源于中国境内、境外的所得缴纳企业所得税，非居民企业仅就其来源于中国境内的所得缴纳企业所得税。界定和划分境内所得和境外所得，对于居民企业来讲，关系到境外来源所得和外国纳税义务的正确核算、外国税收抵免限额的计算以及外国税收的抵免；对于非居民企业来讲，关系到是否发生境内来源所得以及是否应该缴纳我国企业所得税；对于国家来讲，关系到是否能够准确行使居民税收管辖权和来源地税收管辖权，保护国内税基，保证国家征税权益。因此，正确合理地界定和划分境内所得和境外所得，具有十分重要的意义。

对此，《企业所得税法》借鉴了国际上比较公认的所得来源地标准和原则，最大限度地保证了我国的税收权益。具体从不同性质所得分别来看：销售货物和提供劳务所得，主要采用了两个协定范本以及国际上通行的常设机构原则，按照销售货物或提供劳务的场所，即经营活动的实际发生地来判断来源地；在财产转让所得中，对于不动产转让所得、转让常设机构或固定基地资产的所得以及转让从事国际运输的船舶或飞机及其附属动产的所得，目前在两个协定范本以及各国的双边税收协定中，已经形成普遍一致的来源地规则，即分别以不动产所在国、常设机构或固定基地所在国以及从事国际运输的船舶或飞机所属企业的实际管理机构所在国为来源国，因此对这几项财产转让所得来源地的确定，《企业所得税法》采用了国际通行做法，规定不动产转让所得按照不动产所在地确定，动产转让所得按照转让动产的企业或者机构、场所所在地确定[④]；对于股票、债券等财产转让所得的来源地判断标准，两个协定范本以及各国的双边税收协定仍存在一定分歧，两个范本就所转让股票的

① 参见《企业所得税法实施条例》第四条。

② 参见国家税务总局《关于境外注册中资控股企业依据实际管理机构标准认定为居民企业有关问题的通知》（国税发〔2009〕82号）。

③ 同上。

④ 参见《企业所得税法实施条例》第七条。

公司的财产构成形式或者所转让的股份占公司股权的比例提出了不同的建议[①]，在这一点上较多国家的双边税收协定采用了联合国范本的规则。对此，《企业所得税法》采用了比较原则而宽泛的标准，规定权益性投资资产转让所得按照被投资企业所在地确定[②]；股息、利息、特许权使用费所得，OECD 范本和联合国范本以及各国的双边税收协定，都认同由权利的提供方所在国和权利的使用方所在国双方分享征税权、对权利的使用方所在国征收的税率予以限制的办法。我国《企业所得税法》规定，股息、红利等权益性投资所得，按照分配所得的企业所在地确定；利息所得、租金所得、特许权使用费所得，按照负担、支付所得的企业或者机构、场所所在地确定，同时规定，将 20% 的预提税税率减按 10% 的优惠税率执行[③]，这一优惠税率与我国签订的税收协定中的预提税的基本税率大体保持了一致。这样既维护了我国对股息、利息、特许权使用费等所得的来源地税收管辖权，又照顾到了国际惯例和我国的对外税收协定，有利于协调国际税收关系。

进一步的问题是，非居民企业在常设机构所在国产生的所得，包括通过常设机构产生的和未通过常设机构而以其他途径产生的，来源国可以对哪一部分所得征税呢？换句话讲，如何归属非居民企业的境内所得？对此，OECD 范本采用的是“实际联系”原则，即来源国对非居民企业征税的所得范围仅限于通过其设在本国的常设机构取得的所得，对非居民企业通过常设机构以外的其他途径取得的所得不征税；联合国范本则在“实际联系”原则的基础上，增加了“引力原则”，即不仅对非居民企业通过常设机构取得的所得征税，而且对非居民企业不是通过常设机构，但其经营活动与常设机构的业务相同或类似而在常设机构所在国取得的所得也要征税[④]。在这一点上，我国对外签订的税收协定一般采取的都是 OECD 范本的“实际联系”原则。据此，我国《企业所得税法》引用了国际上通行的“实际联系”原则，即对于非居民企业通过其在中国境内设立的机构、场所拥有据以取得所得的股权、债权，以及拥有、管理、控制据以取得所得的财产而产生的所得，即使该项所得发生在境外，都应认定为来源于我国，征收企业所得税。因此，《企业所得税法》“实际联系”原则的引入，不仅考虑到我国税收征管实际，也符合国际惯例和我国的对外税收协定，是国内税法与国际税收规则协调的又一典范。

（3）外国税收间接抵免方法的引入

对本国居民境外所得已缴纳的外国税收在规定的限额内从其应向本国缴纳的所得税总额中予以抵免，是许多国家国内税法以及双边税收协定普遍采用的消除国际

① 参见《OECD范本》第十三条第四款、《联合国范本》第十三条第四款和第五款。参见《企业所得税法实施条例》第七条。
② 参见《企业所得税法实施条例》第七条。
③ 参见《企业所得税法实施条例》第七条、第九十一条。
④ 参见《OECD范本》第七条、《联合国范本》第七条。

双重征税的有效方法。抵免法按其适用对象不同分为直接抵免和间接抵免。直接抵免适用于同一纳税主体缴纳的外国税收，即境内总公司从其应纳税总额中抵免其境外分支机构已缴纳的外国所得税。间接抵免适用于不同纳税主体，即境内母公司将其境外子公司在子公司居住国缴纳的所得税中应由母公司分得股息承担的那部分税额来抵免母公司所得税。当然无论直接抵免还是间接抵免都是在本国规定的限额内予以抵免，超限额部分的外国税额可以结转到以后年度在当年的限额余额中抵免。我国也采用限额抵免法来消除国际双重征税，只是抵免限额和外国税收的抵免要分国计算。在我国对外签订的双边税收协定中都有直接抵免的规定，其中多数双边税收协定中也包括间接抵免的规定，间接抵免的条件一般是境内母公司对境外子公司的持股比例不低于10%；在我国原内、外两个企业所得税法（暂行条例）中，只允许直接抵免[①]，不允许间接抵免。新《企业所得税法》在保留直接抵免方法的同时，引入了间接抵免的方法，规定居民企业从其直接或者间接控制的外国企业分得的来源于中国境外的股息、红利等权益性投资收益，外国企业在境外实际缴纳的所得税税额中属于该项所得负担的部分，可以作为该居民企业的可抵免境外所得税税额，在规定的抵免限额内抵免。从国际惯例看，实行间接抵免一般都要求以居民企业对外国公司有实质性股权参与为前提，美国、加拿大、英国、澳大利亚、墨西哥等国规定，本国公司直接或间接拥有外国公司10%以上有表决权的股票的，实行间接抵免；日本、西班牙规定的比例为25%以上。我国税法中是首次引入间接抵免办法，参考其他国家的做法，将这一控股比例规定为20%[②]。间接抵免的方法的引入弥补了国内税制与我国对外税收协定的差距，考虑到近年来我国企业境外投资形式多以设立子公司或跨国控股并购为主的实际情况，更大程度上消除了国际重复征税，有利于鼓励中国企业“走出去”投资，增强其国际竞争力。

为使我国企业境外所得税收抵免制度更具可操作性，财政部、国家税务总局对《企业所得税法》及其实施条例中有关外国税收抵免的条款作了细化和解释，明确可抵免的下属外国企业的层级为三层[③]。而在我国对外签订的包含有间接抵免的双边税收协定中，一般并未明确间接抵免的层级，因此，这一规定也为今后我国对外税收协定的修订和执行打下基础。不过，对“居民企业直接或间接持有外国企业20%以上的股份”的间接抵免条件等问题，仍需要进一步明确。

（4）特别纳税调整与反避税法规的建立

① 参见原《外商投资企业和外国企业所得税法》第十二条、原内资企业《企业所得税暂行条例》第十二条。在该税法或暂行条例中，均表述为税额“扣除”。新企业所得税法改用税收“抵免”的概念，用语更加规范，与两个协定范本和我国对外税收协定以及国际上的用语协调一致。参见《企业所得税法》第二十四条、《企业所得税法实施条例》第八十条。

② 参见《企业所得税法》第二十四条、《企业所得税法实施条例》第八十条。

③ 参见财政部、国家税务总局《关于企业境外所得税收抵免有关问题的通知》（财税〔2009〕125号）。

20世纪90年代以来，随着国际税收竞争的加剧，跨国公司的国际避税活动亦愈演愈烈，对此，世界主要国家纷纷建立或完善本国的反避税法规，加强对跨国公司避税行为的管理。在此国际税收环境下，《企业所得税法》在总结我国反避税实践的基础上，借鉴国外反避税立法经验，制定了内容丰富的反避税条款，完善了原有的转让定价法规，引入了成本分摊协议、资本弱化、受控外国公司、一般反避税条款以及针对避税行为的罚息等全新内容，第一次形成了我国较为全面的反避税立法，为打击国际避税行为提供了法律依据，为我国对外税收协定相关条款的谈判或修订奠定了国内税制基础，维护了国家税收利益，符合国际税收发展趋势。

①转让定价法规的完善

我国原内、外两个企业所得税法（暂行条例）和《税收征管法》中，都有针对关联企业转让定价的规范条款，但表述不尽完整和准确。新《企业所得税法》全面改进了原有的转让定价条款的内容，主要有以下方面：

一是明确提出了“独立交易原则”。“独立交易原则”也称“正常交易原则”，其基本含义是，以可比的独立企业在相同或类似条件下的市场交易价格标准来衡量和判断关联企业内部交易往来的定价是否正常合理[①]。自1953年美国首先在其转让定价法规中确立正常交易原则以来，该项原则已经成为后来各国转让定价法律制度的基石，并为联合国经社理事会和OECD共同推荐为指导各国税务机关管制跨国关联企业转让定价行为的基本准则。之所以如此，主要是因为此项原则符合市场竞争规则和价值规律，能够在关联企业与独立企业之间实现平等的税收待遇，容易为征纳双方所接受。两个协定范本对“独立交易原则”的表述是，当两个关联企业之间的商业或财务关系不同于独立企业之间的关系时，那么，任何本应由其中一个企业取得，但由于这些情况而没有取得的利润，可以计入该企业的利润中，并据以征税[②]。

在我国以往的立法实践中，并没有明确提出“独立交易原则”，而是以一种解释性语言“企业与其关联企业之间的业务往来，应当按照独立企业之间的业务往来收取或者支付价款、费用”来表述的[③]，这一表述显然不能完整而准确地表达“独立交易原则”的内涵和外延，仅仅关注“收取或者支付价款、费用”即交易价格的高低是否合理，而没有考虑关联企业在价格之外的其他商业或财务关系。新《企业所得税法》明确提出了“独立交易原则”，规定“企业与其关联方之间的业务往来，不符合独立交易原则而减少企业或者其关联方应纳税收入或者所得额的，税务机关有权按照合理方法调整”[④]，不仅在概念表达上更为严谨，同时符合国际惯例。

① 廖益新：《国际税法学》，高等教育出版社2008年版，P289。
② 参见《OECD范本》第九条、《联合国范本》第九条。
③ 参见原《外商投资企业和外国企业所得税法》第十三条、原内资企业《企业所得税暂行条例》第十条和《税收征收管理法》第三十六条。
④ 参见《企业所得税法》第四十一条。

二是扩展了关联方的范围。转让定价是发生在具有关联关系的市场交易主体之间内部交易的定价，确定关联关系是转让定价税收管理的前提条件。原内、外两个所得税法（暂行条例）和《税收征管法》均将转让定价税收管理的适用范围界定为企业与其“关联企业”之间的业务往来，忽视了实际中企业的投资方和关联交易方有可能是其他组织或者个人的情况，从而造成管理上的漏洞。新《企业所得税法》将适用范围界定为企业与其“关联方”之间的业务往来，把“关联企业”的表述改为了“关联方”，不再仅仅局限于关联“企业”，从而填补了这一法律漏洞。

三是完善了转让定价调整方法。在正常交易原则指导下，各国在转让定价税收立法和管理实践中形成了一套对跨国关联企业间不合理转让定价进行审核和调整的方法，主要有可比非受控价格法、再销售价格法、成本加成法以及其他合理方法。其中，前三种方法又被称为传统交易法或价格法，这几种方法最先由美国采用，后得到OECD转让定价报告推荐，使其在世界范围内被广泛采用；其他合理方法又称利润法，主要有利润分割法、交易净利润法和可比利润法① 等，目前在各国的应用还存在差异甚至争议。OECD关于转让定价税收管理先后发表了一系列报告②，就转让定价的基本原则和方法及其应用准则、相互协商程序和相应调整、预约定价协议、无形资产转让等方面内容提出了建设性的意见。关于转让定价审核和调整的方法，OECD在1995年的《跨国企业和税务部门的转让定价准则》中强调指出，利润法只能作为转让定价调整的最后手段，只有当传统的价格法实在无法使用时，才能寻求使用利润法，一开始就使用利润法是不恰当的；在利润法中，只能使用利润分割法和交易净利润法，而不应采用可比利润法等总利润法，因为企业总利润水平的高低要受许多因素影响，可比利润法等总利润法是假定企业的总利润水平完全受价格因素影响，忽视了企业经营战略、管理水平等非价格因素对企业利润的影响，是不客观的③。

与以往税收法律的解释性语言不同④，我国新《企业所得税法》引入了各种转让定价调整方法在国际上通行的名称，如可比非受控价格法、再销售价格法、成本加成法、交易净利润法、利润分割法等，同时对以前税法中没有提及的“交易净利润法”和“利润分割法”进行了明确。在转让定价调整方法使用顺序的问题上，原先也要求“有序调整”⑤，现在已经取消了调整方法使用顺序的要求，规定“企业发生关联

① 可比利润法是美国倡议的，目前只有美国、新西兰、韩国等少数国家采用。

② OECD在1979年发表了第一份转让定价报告，题为《转让定价与跨国企业》，后来在1984年又发表了《转让定价与跨国企业：三个税收问题》，1995年发表了《跨国企业和税务部门的转让定价准则》（简称《转让定价最后准则》）并于1999年底公布了修订版。这些报告在指导各国转让定价立法实践方面发挥了积极而重要的作用。

③ 朱青：《国际税收》，中国人民大学出版社2009年6月第四版，P203。

④ 参见原《外商投资企业和外国企业所得税法实施细则》第五十四条。

⑤ 参见原《外商投资企业和外国企业所得税法实施细则》第五十四条、原《关联企业间业务往来税务管理规程》（国税发〔2004〕143号）第二十八条。国税发〔2004〕143号文已由《特别纳税调整实施办法》（国税发〔2009〕2号）规定自2008年1月1日起废止。

交易以及税务机关审核、评估关联交易均应遵循独立交易原则，选用合理的转让定价方法[①]”。对照 OECD 的转让定价报告，这些变革显示出我国转让定价税制在与国际接轨方面所做的积极努力。

四是增加了成本分摊协议条款。这也是以往的所得税立法中所没有的。根据《企业所得税法》对成本分摊行为的规定，企业与其关联方之间可以达成安排，就成本分摊协议参与各方在共同开发、受让无形资产，或者共同提供、接受劳务的活动中，如何进行成本和风险的分摊以及利益的分享做出约定。成本分摊协议应当符合独立交易原则，它要求参与各方对实际发生成本的承担份额应与其预期可获得的收益相配比。由于各方对成本分摊协议的活动共担成本与风险，因此对活动成果都拥有所有权，不必为使用该成果而向其他任何一方支付特许权使用费或其他费用。

五是补充了预约定价协议的内容。预约定价协议是一国或多国税务部门与某一跨国关联企业在其关联交易发生之前就转让定价方法达成的协议。1991 年美国率先在解决跨国关联企业转让定价问题中采用预约定价协议，随后，澳大利亚、加拿大、荷兰、德国、西班牙、比利时、日本、瑞士、法国等发达国家以及印度尼西亚、泰国等发展中国家纷纷效仿美国模式，建立了预约定价协议程序规则。OECD 在 1999 年修订的《跨国企业和税务部门的转让定价准则》中发布了《在相互协商程序下进行预约定价安排的准则》，作为跨国关联企业与有关国家税务机关之间达成预约定价协议的操作指南。我国最早在 1998 年的《关联企业业务往来税务管理规程》（国税发〔1998〕59 号）[②] 中规定，经企业申请，主管税务机关批准，可以采用预约定价的方法。2004 年 9 月国家税务总局颁布《关联企业间业务往来预约定价实施规则》（国税发〔2004〕118 号）[③]，正式确立了我国的预约定价制度。但是，在原内、外资企业所得税法（暂行条例）中，并没有预约定价协议的内容。新《企业所得税法》对此做了有益的补充，规定“企业可以向税务机关提出与其关联方之间业务往来的定价原则和计算方法，税务机关与企业协商、确认后，达成预约定价安排”[④]，这一规定与《税收征管法》[⑤] 有了很好的衔接，成为《特别纳税调整实施办法》（国税发〔2009〕2 号）规范预约定价安排管理的法律基础。由此看出，我国的预约定价法规建设与国际上的预约定价发展基本是同步的。

② 其他反避税法规的建立

受控外国公司法规。受控外国公司法规是针对跨国纳税人通过在避税地设立受控子公司来转移利润达到逃避或推迟缴纳母国所得税的反避税立法，也被称为对付

① 参见国家税务总局《特别纳税调整实施办法》（国税发〔2009〕2号）第二十一条。
② 该法规已由《特别纳税调整实施办法》（国税发〔2009〕2号）规定自2008年1月1日起废止。
③ 同上。
④ 参见《企业所得税法》第四十二条。
⑤ 参见《税收征管法实施细则》第五十三条。

避税地的法规。从国际上看，受控外国公司法规最早是美国在1962年颁布实施的，目前，全世界已经有加拿大、德国、日本、法国、英国、新西兰、澳大利亚、瑞典、挪威、芬兰、印度尼西亚、葡萄牙、西班牙、丹麦、匈牙利、墨西哥、南非、韩国、阿根廷、意大利、爱沙尼亚等20多个国家建立了这一法规。受控外国公司法规有三个核心内容：一是受控外国公司的判断，有控股比例标准和实质控制标准，在控股比例标准上，一般对单个居民持股比例和居民整体持股比例都要做出规定，其目的在于判断该居民确实有权参与决定受控外国公司的利润分配政策。二是受控外国公司应归属到境内母公司予以征税的所得范围的界定，一般限定为基地公司所得和消极所得，避免该法规对本国居民的境外积极投资经营活动造成不利影响。从征管效率考虑,各国一般都有“小额所得例外”的规定。三是受控外国公司所在的低税区（即所谓的避税地）的判断，这是利用受控外国公司实现国际避税的前提，各国一般采取实际税率比较法来判断，或者干脆列出所谓的避税地国家（地区）“黑名单”。我国《企业所得税法》首次设立了受控外国公司条款，规定由居民企业，或者由居民企业和中国居民控制的设立在实际税负明显低于12.5%的国家（地区）的企业，并非由于合理的经营需要而对利润不作分配或者减少分配的，上述利润中应归属于该居民企业的部分，应当计入该居民企业的当期收入予以征税①。关于受控外国公司的判断标准，规定为居民企业或者中国居民直接或者间接单一持有外国企业10%以上有表决权股份，且由其共同持有该外国企业50%以上股份；同时，为了防止纳税人通过非股权安排规避构成受控公司，规定如果持股比例没有达到上述标准，但在资金、经营、购销等方面对该外国企业构成实质控制的，也受该法规约束。关于应归属境内母公司予以计税的所得范围的界定，税法规定为“非合理的经营需要”。为便于执行，《特别纳税调整实施办法》进一步明确了三种例外的情况，即设立在国家税务总局指定的非低税率国家（地区）的；主要取得积极经营活动所得的；年度利润总额低于500万元人民币的②。这三种“例外”规定符合国际惯例，既维护了国家税收权益，又不至于对本国居民的积极跨国经营活动形成限制。关于低税区的判断，规定为实际税负低于12.5%的国家（地区）。为便于在实际工作中执行，同时为避免列举避税地国家（地区）“黑名单”引起不必要的国际纠纷，与有些国家列举“黑名单”做法不同的是，我国指定了12个国家为不受此法规约束的非低税率国家，它们是美国、英国、法国、德国、日本、意大利、加拿大、澳大利亚、印度、南非、新西兰和挪威③，这可以被看做是我国对付避税地的反避税法规的“白名单”吧。

---

① 参见《企业所得税法》第四十五条、《企业所得税法实施条例》第一百一十六条至第一百一十八条。

② 参见国家税务总局《特别纳税调整实施办法》（国税发〔2009〕2号）第八十四条。

③ 参见国家税务总局《关于简化判定中国居民股东控制外国企业所在国实际税负的通知》（国税函〔2009〕37号）。

资本弱化法规。资本弱化法规是针对跨国关联企业之间利用融资方式的安排来转移利润的避税行为。目前，美国、加拿大、澳大利亚、英国、法国、德国以及印度、韩国等许多国家都采取了限制措施，一般是规定关联企业之间的债股比，也称“安全港”比率，对于超过规定债股比的债权所对应的利息，不允许在所得税前列支，有的国家还进一步规定对该部分利息要视同股息支付，征收股息预提税。我国原内、外资企业所得税法（暂行条例）都没有这一针对资本弱化的限制性规定，新《企业所得税法》引入了规范资本弱化的条款，规定企业从其关联方接受的债权性投资与权益性投资的比例超过规定标准而发生的利息支出，不得在计算应纳税所得额时扣除（分配给实际税负高于企业的境内关联方的利息例外），也不得结转到以后纳税年度，应视同分配的股息计征预提税，如已按照利息支付扣缴了预提税且多于按股息支付计算的应征税款，多出的部分不予退税①。债权性投资既包括企业直接从其关联方获得的也包括间接从其关联方获得的，其中，企业间接从关联方获得的债权性投资，包括关联方通过无关联第三方提供的债权性投资、无关联第三方提供的由关联方担保且负有连带责任的债权性投资以及其他间接从关联方获得的具有负债实质的债权性投资②。对受该法规限制的关联债股比，我国规定金融企业为5∶1，其他企业为2∶1③。与其他国家相比，我国的对于资本弱化的限制性措施是比较适当的，起到了防范资本弱化避税的作用，同时也考虑到不要对企业正常的债务融资活动造成影响。

一般反避税法规。除了上述几项特别反避税条款外，《企业所得税法》还增加了一般反避税条款，以针对在转让定价、资本弱化、受控外国公司之外，企业实施的其他不具有合理商业目的的安排而减少其应纳税所得额的避税行为，例如滥用税收优惠、滥用公司组织形式、滥用税收协定、税收套利以及其他隐蔽的不可预见的避税行为。“不具有合理商业目的”是指“以减少、免除或者推迟缴纳税款为主要目的”④，也是就说，仅仅出于获得纳税利益的目的，而不具有商业运营实质及商业目的的安排，该安排在技术层面可行，在法律层面合规，但事实上是对税收法律的规避和滥用。因此在实际执行中，“合理商业目的”原则和“实质重于形式”原则是判断纳税人是否实施避税行为的主要原则。一般反避税条款填补了我国国内反避税立法在此方面的空白，对于完善我国的反避税立法具有重大意义。以反滥用协定避税为例，《企业所得税法》实行之后，对外资企业的优惠幅度有所降低，很多企业便将目光投向税收协定优惠，因此反滥用协定比以前变得更为紧迫。尽管在我国对外签

① 参见国家税务总局《特别纳税调整实施办法》（国税发〔2009〕2号）第八十八条。
② 《企业所得税法》第四十六条、《企业所得税法实施条例》第一百一十九条。
③ 参见财政部 国家税务总局《关于企业关联方利息支出税前扣除标准有关税收政策问题的通知》（财税〔2008〕121号）。
④ 参见《企业所得税法》第四十七条、《企业所得税法实施条例》第一百二十条。

订的双边税收协定中有的也订立了反滥用的条款①，但是在国内税法中一直没有制定反滥用协定的专门措施。《企业所得税法》中一般反避税条款的设立，弥补了我国国内税法没有反滥用协定法规的不足，与税收协定当中的反滥用条款相得益彰。进一步，国家税务总局还对税收协定中的“受益所有人”概念进行了明确:“受益所有人”是指对所得或所得据以产生的权利或财产具有所有权和支配权的人。“受益所有人”一般从事实质性的经营活动，可以是个人、公司或其他任何团体。代理人、导管公司等不属于“受益所有人”。在判定“受益所有人”身份时，不能仅从技术层面或国内法的角度理解，还应该从税收协定的目的出发，按照“实质重于形式”的原则，结合具体案例的实际情况进行分析和判定。同时列举了需要重点考察的疑为导管公司的七种情形②。这一举措对严格税收协定优惠资格审核和税收协定的实际操作具有指导意义，有利于防止税收协定滥用，维护国家税收利益。

2. 个人所得税制与国际税收规则的协调

我国个人所得税制自1994年改革至今16年来，除了工资薪金等所得项目的费用扣除标准进行了两次调整外③，征收制度基本未作根本性变革。不仅从个人所得税调节收入分配功能角度考察，现行的个人所得税分类课征制及其费用扣除办法和标准、税率结构和水平等一整套征收制度，与我国目前的社会经济发展、个人收入分配状况以及教育、医疗、住房、社保等体制改革对其实现公平税负等的客观要求不相适应，个人所得税制改革迫在眉睫；单是从与国际税收规则协调的角度考察，我国的个人所得税法规也已显落后，需要在修订时予以调整和补充。这里仅从与国际税收规则协调的角度，对修订我国《个人所得税法》及其实施条例以及相关法规提几点建议。

（1）采用“居民”纳税人的概念界定纳税义务。

“居民”是国际税收协定当中的重要概念，国家间税收协定的优惠或救济待遇仅适用于协定缔约国双方的居民纳税人，非缔约国居民纳税人不在此协定的适用范围。因此，国内税法中居民纳税人的法律规范是签订和执行国际税收协定的国内法基础，也是国家行使居民税收管辖权的前提。

我国《个人所得税法》第一条第一款规定，“在中国境内有住所，或者无住所而在境内居住满一年的个人，从中国境内和境外取得的所得，依照本法规定缴纳个人所得税。”第一条第二款规定，“在中国境内无住所又不居住或者无住所而在境内

① 例如，《中美税收协定的议定书》第七款规定“如果第三国居民的公司主要为享受本协定优惠的目的而成为缔约国一方居民，缔约国双方主管当局可经协商，不给予本协定第九条、第十条和第十一条的优惠”。

② 参见国家税务总局《关于如何理解和认定税收协定中“受益所有人”的通知》（国税函〔2009〕601号）。

③ 2006年1月1日从800元/月提高至1600元/月、2008年3月1日从1600元/月提高至2000元/月。

居住不满一年的个人，从中国境内取得的所得，依照本法规定缴纳个人所得税。”尽管该条款采用了国际上通行的住所标准和居住时间标准对纳税人的纳税义务范围已经有了明确的界定，但是，税法中没有正式采用“居民纳税人”和“非居民纳税人”的概念用语，没有明确该法第一条第一款所指纳税人就是“居民纳税人”，第二款所指纳税人就是“非居民纳税人”。因此建议作此明确，在用语上正式引入“居民纳税人”和“非居民纳税人”的概念，以便于我国居民税收管辖权的行使和与税收协定的协调。

（2）采用规范的外国税收“抵免”概念表述国际双重征税的免除方法。

免除国际双重征税的方法主要有“免税法（exception method）”、“抵免法（credit method）”、“扣除法（deduction method）”和“减税法（debate method）”。由于扣除法和减税法并不能完全消除国际重复征税，两个协定范本均没有建议缔约国采用这两种方法，仅推荐了免税法和抵免法。其中由于抵免法既能完全消除国际重复征税，又合理地照顾到了来源国和居住国双方的税收权益，因此在国际上得到广泛应用。在解决我国居民纳税人的国际双重征税问题上，我国采用的就是抵免法。

《个人所得税法》第七条规定，“纳税义务人从中国境外取得的所得，准予其在应纳税额中扣除已在境外缴纳的个人所得税税额。但扣除额不得超过该纳税义务人境外所得依照本法规定计算的应纳税额。”尽管示意明确，但用语不够规范，该条款当中的“扣除”、“扣除额”其实是指“抵免”、“抵免额”。在计算纳税人应纳税额中涉及的各个减项的概念，“扣除”（deduct）一般是指从应税收入当中减去，“抵免”（credit）则是指从应纳税额当中减去。因此，建议采用规范用语，将“扣除”改为“抵免”，以使表意准确，避免歧义，同时也与《企业所得税法》和税收协定当中的用语一致。

（3）完善所得来源地判断条款。

根据所得税的税收管辖权，对居民来源于境内、境外的所得都要征税，同时在规定的限额内抵免其境外来源所得已缴纳的外国税额；对非居民仅就其来源于我国境内的所得征税。因此，所得来源地的判断以及境内所得与境外所得的划分是行使所得税居民税收管辖权和来源地税收管辖权的前提。

我国《个人所得税法实施条例》第五条对纳税人“来源于中国境内的所得”根据所得的性质不同分别作了规定，包括非独立劳务所得、财产的出租或转让所得、特许权使用费所得、利息、股息、红利所得[①]。仍存在的问题：一是没有包括所有的所得形式。例如，常见的个人经营性的独立劳务所得，其“来源于中国境内”的标准是什么就未明确；二是与《企业所得税法实施条例》关于“来源于中国境内、境外的所得”的判断标准存在差异。例如，关于租金所得和特许权使用费所得，个人

① 参见《个人所得税法实施条例》第五条。

所得税的规定分别是出租财产或特许权的使用地，企业所得税的规定是租金或特许权使用费的负担者或支付者的居住地[①]。同一种性质的所得，来源地判断的标准不同，不利于维护我国税收权益，也有悖税收公平。因此，建议尽可能补充完善《个人所得税法实施条例》关于所得来源地确定条款的所得形式，同时比照《企业所得税法实施条例》第七条的做法，对无法穷尽列举的所得形式，增加“其他所得，由国务院财政、税务主管部门确定”这样一个兜底性条款。另外，注意与《企业所得税法》的规定以及税收协定的规定协调一致。

（4）引入特别纳税调整条款，建立相应的反避税法规。

从实际情况看，无论国际避税还是国内避税，其主体主要都还是跨国公司，自然人个人的避税活动安排不是主流，但这并不表明自然人不存在避税行为，随着我国个人收入形式的多样化和个人财富的积累，自然人的避税活动甚至跨境的避税安排也会增多。而且个人所得税的纳税人除了一般的自然人外，还有合伙企业和个人独资企业的经营业主型自然人，他们通过企业的形式参与经营活动，其避税的途径和空间可能会更大。我国《企业所得税法》已经包含有“特别纳税调整”条款，但无法规范和调整自然人的避税行为。因此，为了防范自然人避税，保护国际税收权益，实现税负公平，建议在《个人所得税法》中也增加“特别纳税调整”条款，研究并针对自然人避税活动的特点，建立相应的反避税法规。

（三）税收协定网络的完善

国际税收协定是两个或两个以上的主权国家为了协调相互间在处理跨国纳税人征税事务和其他有关方面的税收关系，本着对等原则，经由政府谈判所签订的一种书面协议或条约（杨志清，2005）。国际税收协定是处理国际税收事务的平台，也是沟通国际税收合作关系的管道。截至目前，世界各国累计已签订的各种类型的涉税国际协定已经达2000多个。

我国虽然开展协定谈签较晚，但是进展却很快。截至2009年12月31日，我国已对外正式签署了93个“关于对所得避免双重征税和防止偷漏税的协定”，其中89个协定已生效。此外，《内地和香港特别行政区关于对所得避免双重征税和防止偷漏税的安排》以及《内地和澳门特别行政区关于对所得避免双重征税和防止偷漏税的安排》均已生效。这些协定（见表A7–1、表A7–2）的谈签对改革开放、经济发展，特别是处理国际税收问题起到了重要作用。

2009年中国在税收协定谈签方面也取得了一定的进展，主要表现在以下几个

① 参见《企业所得税法实施条例》第七条。

方面：

1．新谈签三个双边税收协定

2009 年 5 月 14 日，中国国家税务总局局长肖捷和埃塞俄比亚联邦民主共和国财政和经济发展部部长苏菲安·阿赫迈德分别代表各自政府在北京正式签署《中华人民共和国政府和埃塞俄比亚联邦民主共和国政府对所得避免双重征税和防止偷漏税的协定》及议定书文本。

2009 年 8 月 28 日，中国国家税务总局局长肖捷和捷克财政经济与发展部部长苏菲安·阿赫迈德分别代表各自政府在北京正式签署《中华人民共和国政府和捷克民主共和国政府对所得避免双重征税和防止偷漏税的协定》及议定书文本。

2009 年 12 月 13 日，中国外交部部长杨洁篪和土库曼斯坦内阁副总理贾帕罗夫分别代表各自政府在阿什哈巴德正式签署《中华人民共和国政府和土库曼斯坦共和国政府对所得避免双重征税和防止偷漏税的协定》及议定书文本。

这三个税收协定及议定书还有待双方完成各自所需法律程序后生效执行。

2．三个协定生效

《中华人民共和国政府和卡塔尔国政府关于对所得避免双重征税和防止偷漏税的协定》，已于 2001 年 4 月 2 日正式签署。经双方外交部门分别于 2003 年 11 月 12 日和 2008 年 9 月 22 日互致照会，已确认完成生效所必需的法律程序。根据协定第二十八条的规定，协定自 2008 年 10 月 21 日起生效，自 2009 年 1 月 1 日起执行。

《中华人民共和国政府和塔吉克斯坦共和国政府对所得和财产避免双重征税和防止偷漏税的协定》[①]，已于 2008 年 8 月 27 日正式签署。经过双方外交主管部门分别于 2008 年 12 月 23 日和 2009 年 2 月 27 日互致照会，确认已完成生效所必需的法律程序。根据协定第二十九条的规定，协定自 2009 年 3 月 28 日起生效，自 2010 年 1 月 1 日起执行。

《中华人民共和国政府和尼日利亚联邦共和国政府关于对所得避免双重征税和防止偷漏税的协定》[②]，已于 2002 年 4 月 15 日正式签署。双方外交部门分别于 2003 年 12 月 3 日和 2009 年 2 月 19 日互致照会，已确认完成生效所必需的法律程序。根据协定第二十八条的规定，协定自 2009 年 3 月 21 日起生效，自 2010 年 1 月 1 日起执行。

① 参见：关于《中华人民共和国政府和塔吉克斯坦共和国政府对所得和财产避免双重征税和防止偷漏税的协定》生效及执行的通知（国税发〔2009〕92号）。

② 参见：关于《中华人民共和国政府和尼日利亚联邦共和国政府关于对所得避免双重征税和防止偷漏税的协定》生效及执行的通知（国税发〔2009〕64号）。

3. 对原有协定的更新

在谈签新的税收协定的同时，我国根据新形势的要求，对已有的税收协定进行了更新。

《中华人民共和国政府和新加坡共和国政府关于对所得避免双重征税和防止偷漏税的协定》第二议定书已于 2009 年 8 月 24 日正式签署①。双方外交主管部门分别于 2009 年 11 月 12 日和 2009 年 12 月 11 日互致照会，确认已完成生效所必需的法律程序。根据第二议定书第四条的规定，该议定书已于 2009 年 12 月 11 日起生效。该议定书对原协定做出了一些重要修改，如取消第五条“常设机构”条款中，第三款第（二）项中“六个月”的规定，用“一百八十三天”代替，使得计算更加精确。再如，第二十二条“消除双重征税”条款，将原规定“从新加坡取得的所得是新加坡居民公司支付给中国居民公司的股息，同时该中国居民公司拥有支付股息公司股份不少于百分之十的，该项抵免应考虑支付该股息公司就其所得缴纳的新加坡税收”中“百分之十”用“百分之二十”加以替代。这是为了与我国《企业所得税法》中境外已纳税款的抵免规定相一致。《企业所得税法实施细则》第八十条规定，《企业所得税法》第二十四条所称直接控制，是指居民企业直接持有外国企业 20% 以上股份，《企业所得税法》第二十四条所称间接控制，也是指居民企业以间接持股方式持有外国企业 20% 以上股份。

2009 年 10 月 7 日，中国和比利时于布鲁塞尔正式签署新税收协定。在该协定生效前，1985 年签订的中比税收协定继续有效。

2010 年 5 月 27 日，国家税务总局副局长王力与香港特别行政区财经事务及库务局局长陈家强在北京分别代表内地和香港签署了《内地和香港特别行政区关于对所得避免双重征税和防止偷漏税的安排》第三议定书。该议定书对两地税收《安排》信息交换条款进行了修订。

《内地和澳门特别行政区关于对所得避免双重征税和防止偷漏税的安排》议定书和谅解备忘录②，已于 2009 年 7 月 15 日由国家税务总局副局长王力和澳门特别行政区政府经济财政司司长谭伯源分别代表内地和澳门在澳门正式签署。该议定书还有待双方完成各自所需法律程序后生效执行。

4. 协定执行更加规范有效

2009–2010 年，中国国家税务总局还出台一系列关于税收协定执行的文件，有

① 参见：关于执行《中华人民共和国政府和新加坡共和国政府关于对所得避免双重征税和防止偷漏税的协定》第二议定书有关问题的通知（国税函〔2010〕9号）。

② 参见：关于印发《内地和澳门特别行政区关于对所得避免双重征税和防止偷漏税的安排》议定书和谅解备忘录的通知（国税函〔2009〕396号）。

利于税收协定执行的进一步规范。

2009 年 2 月，国家税务总局出台《关于执行税收协定特许权使用费条款有关问题的通知》(国税函〔2009〕507 号)，规定中国居民公司向税收协定缔约对方税收居民支付股息，且该对方税收居民（或股息收取人）是该股息的受益所有人，则该对方税收居民取得的该项股息可享受税收协定待遇，即按税收协定规定的税率计算其在中国应缴纳的所得税。如果税收协定规定的税率高于中国国内税收法律规定的税率，则纳税人仍可按中国国内税收法律规定纳税。2010 年，国家税务总局《关于税收协定有关条款执行问题的通知》(国税函〔2010〕46 号）又进一步明确，“转让专有技术使用权涉及的技术服务活动应视为转让技术的一部分，由此产生的所得属于税收协定特许权使用费范围。……如果技术受让方在合同签订后即支付费用，包括技术服务费，即事先不能确定提供服务时间是否构成常设机构的，可暂执行特许权使用费条款的规定；待确定构成常设机构，且认定有关所得与该常设机构有实际联系后，按协定相关条款的规定，对归属常设机构利润征收企业所得税及对相关人员征收个人所得税时，应将已按特许权使用费条款规定所做的处理作相应调整。”

同时，国家税务总局还出台了《关于执行税收协定股息条款有关问题的通知》(国税函〔2009〕81 号)，规定：中国居民公司向税收协定缔约对方税收居民支付股息，且该对方税收居民（或股息收取人）是该股息的受益所有人，则该对方税收居民取得的该项股息可享受税收协定待遇，即按税收协定规定的税率计算其在中国应缴纳的所得税。如果税收协定规定的税率高于中国国内税收法律规定的税率，则纳税人仍可按中国国内税收法律规定纳税。

为了规范和加强非居民享受税收协定待遇的管理，2009 年 8 月，国家税务总局出台了《非居民享受税收协定待遇管理办法（试行）》(国税发〔2009〕124 号)。办法规定，非居民需要享受税收协定待遇的，应按规定办理审批或备案手续，否则不得享受有关税收协定待遇。具体包括，非居民要适用税收协定股息条款、利息条款、特许权使用费条款、财产收益条款时，应向主管税务机关或者有权审批的税务机关提出享受税收协定待遇审批申请，填报并提交《审批申请表》、《身份信息报告表》等相关资料。这一办法的出台，在管理上将非居民对税收协定的适应比照减免税的程序进行，有利于管理上的规范和效率。

表A7–1　中国对外缔结的双边税收协定一览表

序号	国家	签署日期	生效日期	执行日期
1	日　本	1983.9.6	1984.6.26	1985.1.1
2	美　国	1984.4.30	1986.11.21	1987.1.1

续表

序号	国家	签署日期	生效日期	执行日期
3	法　国	1984.5.30	1985.2.21	1986.1.1
4*	英　国	1984.7.26	1984.12.23	1985.1.1
5	比利时	1985.4.18	1987.9.11	1988.1.1
6*	德国（联邦）	1985.6.10	1986.5.14	1985.1.1/7.1
7	马来西亚	1985.11.23	1986.9.14	1987.1.1
8*	挪　威	1986.2.25	1986.12.21	1987.1.1
9	丹　麦	1986.3.26	1986.10.22	1987.1.1
10	芬　兰	1986.5.12	1987.12.18	1988.1.1
11	加拿大	1986.5.12	1986.12.29	1987.1.1
12	瑞　典	1986.5.16	1987.1.3	1987.1.1
13	新西兰	1986.9.16	1986.12.17	1987.1.1
14	泰　国	1986.10.27	1986.12.29	1987.1.1
15	意大利	1986.10.31	1989.11.14	1990.1.1
16	荷　兰	1987.5.13	1988.3.5	1989.1.1
17	捷克斯洛伐克	1987.6.11	1987.12.23	1988.1.1
18	波　兰	1988.6.7	1989.1.7	1990.1.1
19	澳大利亚	1988.11.17	1990.12.28	1991.1.1
20*	保加利亚	1989.11.6	1990.5.25	1991.1.1
21	巴基斯坦	1989.11.15	1989.12.27	1989.1.1/7.1
22*	科威特	1989.12.25	1990.7.20	1989.1.1
23*	瑞　士	1990.7.6	1991.9.27	1990.1.1
24*	塞浦路斯	1990.10.25	1991.10.5	1992.1.1
25*	西班牙	1990.11.22	1992.5.20	1993.1.1
26	罗马尼亚	1991.1.16	1992.3.5	1993.1.1
27*	奥地利	1991.4.10	1992.11.1	1993.1.1

续表

序号	国家	签署日期	生效日期	执行日期
28	巴　西	1991.8.5	1993.1.6	1994.1.1
29	蒙　古	1991.8.26	1992.6.23	1993.1.1
30	匈牙利	1992.6.17	1994.12.31	1995.1.1
31	马耳他	1993.2.2	1994.3.20	1995.1.1
32	阿联酋	1993.7.1	1994.7.14	1995.1.1
33*	卢森堡	1994.3.12	1995.7.28	1996.1.1
34	韩　国	1994.3.28	1994.9.27	1995.1.1
35	俄罗斯	1994.5.27	1997.4.10	1998.1.1
36	巴布亚新几内亚	1994.7.14	1995.8.16	1996.1.1
37	印　度	1994.7.18	1994.11.19	1995.1.1
38	毛里求斯	1994.8.1	1995.5.4	1996.1.1
39	克罗地亚	1995.1.9	2001.5.18.	2002.1.1.
40*	白俄罗斯	1995.1.17	1996.10.3	1997.1.1
41	斯洛文尼亚	1995.2.13	1995.12.27	1996.1.1
42*	以色列	1995.4.8	1995.12.22	1996.1.1
43	越　南	1995.5.17	1996.10.18	1997.1.1
44	土耳其	1995.5.23.	1997.1.20	1998.1.1
45*	乌克兰	1995.12.4.	1996.10.18	中：1997.1.1/ 乌：股利特个人：1996.12. 17；企业所得税：997.1.1.
46*	亚美尼亚	1996.5.5.	1996.11.28	1997.1.1
47	牙买加	1996.6.3.	1997.3.15	1998.1.1
48	冰　岛	1996.6.3	1997.2.5	1998.1.1
49*	立陶宛	1996.6.3	1996.10.18	1997.1.1
50*	拉脱维亚	1996.6.7	1997.1.27	1998.1.1
51	乌兹别克斯坦	1996.7.3	1996.7.3	1997.1.1

续表

序号	国家	签署日期	生效日期	执行日期
52	孟加拉国	1996.9.12	1997.4.10.	中98.1.1. 孟98.7.1.
53*	南斯拉夫	1997.3.21	1998.1.1	1998.1.1
54	苏　丹	1997.5.30	1999.2.9	2000.1.1
55*	马其顿	1997.6.9	1997.11.29	1998.1.1
56	埃　及	1997.8.13	1999.3.24.	2000.1.1.
57	葡萄牙	1998.4.21	2000.6.7.	2001.1.1.
58	爱沙尼亚	1998.5.12	1999.1.8	2000.1.1
59	老　挝	1999.1.25	1999.6.22	2000.1.1
60	塞舌尔	1999.8.26	1999.12.17.	2000.1.1.
61	菲律宾	1999.11.18	2001.3.23.	2002.1.1.
62	爱尔兰	2000.4.19	2000.12.29.	中2001.1.1. 爱2001.4.6.
63	南　非	2000.4.25	2001.1.7.	2002.1.1.
64	巴巴多斯	2000.5.15	2000.10.27.	2001.1.1.
65	摩尔多瓦	2000.6.7	2001.5.26.	2002.1.1.
66	卡塔尔国	2001.4.2.	2008.10.21	2009.1.1
67	古　巴	2001.4.13	2003.10.17.	2004.1.1.
68	委内瑞拉*	2001.4.17.	2004.12.23.	2005.1.1.
69	哈萨克斯坦	2001.9.12.	2003.7.27.	2004.1.1.
70	印度尼西亚	2001.11.7.	2003.8.25.	2004.1.1.
71	阿　曼	2002.3.25	2002.7.20.	2003.1.1.
72	尼日利亚	2002.4.15	2009.3.21	2010.1.1
73	突尼斯	2002.4.16.	2003.9.23.	2004.1.1.
74	伊　朗	2002.4.20	2003.8.14.	2004.1.1.
75	巴　林	2002.5.16.	2002.8.8.	2003.1.1.

续表

序号	国家	签署日期	生效日期	执行日期
76	希　腊	2002.6.3.	2005.11.11	2006.1.1
77	吉尔吉斯斯坦	2002.6.24.	2003.3.29.	2004.1.1.
78	摩洛哥	2002.8.27.	2006.8.16	2007.1.1
79	斯里兰卡	2003.8.11.	2005.5.22.	2006.1.1.
80	特立尼达和多巴哥	2003.8.11.	2005.5.22	2005.6.1或2006.1.1
81	阿尔巴尼亚*	2004.9.13	2005.7.28	2006.1.1
82	文　莱	2004.9.21.	2006.12.29	2007.1.1
83	阿塞拜疆	2005.3.17.	2005.8.17	2006.1.1
84	格鲁吉亚*	2005.6.22	2005.11.10	2006.1.1
85	墨西哥	2005.9.12	2006.3.1	2007.1.1
86	沙特阿拉伯*	2006.1.23	2006.9.1	2007.1.1
87	阿尔及利亚*	2006.11.6	2007.7.27	2008.1.1
88	新加坡	2007.7.11	2007.9.18	2008.1.1
89	塔吉克斯坦*	2008.8.27	2009.3.28	2010.1.1
90	埃塞俄比亚	2009.5.14		
91	捷　克	2009.8.28		
92	土库曼斯坦	2009.12.13		

表A7-2　内地与香港特别行政区、澳门特别行政区的安排

序号	地区	签署日期	生效日期	执行日期
1	香港	2006.8.21.	2006.12.8	内地：2007.1.1 香港：2007.4.1
2	澳门	2003.12.27.	2003.12.30.	2004.1.1.

注：有*标记的协定包括对财产避免双重征税和防止偷漏税的内容。中国和比利时新税收协定已于2009年10月7日在布鲁塞尔正式签署。在该协定生效前，1985年签订的中比税收协定继续有效。

资料来源：国家税务总局国际司提供。

二、国际税收竞争与合作

竞争与合作一直是国际税收领域不可分割的两大主题。受国际金融危机的影响，2009年，这两大主题都呈现出一些不同于以往的特征：一方面，经济衰退造成的税收收入的减少，使得一些国家开始通过征收环境税、加强反避税等形式增加收入；另一方面，不少国家降低所得税税率，削减进出口关税，也增强本国税制的国际竞争力。

传统的国际税收合作主要包括在一定区域内，针对某一税种采取统一的征管措施，也包括有共同过境线的国家开展税务管理人员跨境执行公务，以及发达国家为发展中国家培训税务管理人员等。近年来，国际税收合作出现了一些新的动态，尤其是金融危机之后，各国在反避税和税收征管方面的互助合作得到了很大的加强。各种官方或非官方的国际税收会议也促进了国际税收领域的交流与合作。

(一)国际税收竞争及其对中国的影响

在国际金融危机的大背景下，以二十国集团为代表的国际社会，对加强国际税收合作，反对国际避税活动作出了明确的表态。以美国为代表的发达国家也开始通过税制改革加强自身的国际税收管理。

2009年5月4日，美国奥巴马政府公布了国际税收改革方案，一石激起千层浪。这一方案已经被业内人士称为继1962年肯尼迪政府出台F分部法案（受控外国公司法）以来美国加强跨境交易税收管理的突破性进展。鉴于美国全球最大资本输出国的地位及其在国际税收规则制定中的影响力，这次改革将对世界税收管理格局带来的变化，值得各国尤其是发展中国家的高度重视。

改革的具体方案体现在公布的《关于2010财年政府收入预算案的说明》中，概括而言，主要包括以下几个方面的内容：

1. 严格控制递延纳税

递延纳税主要是延迟收入在美国确认的时间，是跨国公司惯用的税收筹划手段之一。这一现象的产生和美国1997年出台的“打勾选择”法案密切相关。当时美国政府为了简化境外税收管理，允许美国公司对境外分支机构的税收身份进行自由选择，可以将其作为独立实体，也可以作为非纳税实体（如合伙公司等）。这样一来，跨国公司各国子公司之间的资金流动依据美国税法被视为内部交易，便利了公司通过转让定价将利润从高税国转移到低税国甚至避税地，逃避了F分部法案的控制，从而将利润长期滞留在海外，逃避美国税收。“打勾选择”法案一旦修正，与此相关的税收筹划都不再适用，据估计将为美国政府增加865亿美元的收入。

2. 限制税收抵免和费用扣除

税收抵免和费用扣除是避税跨境交易重复征税和平衡跨国公司税收负担的重要方式，但是利用这些条款进行避税往往花样百出。一方面，跨国公司可以通过转让定价将境外子公司利润的税负做高，使其高于美国的国内税率，这样即使利润汇回国内也不用补缴税款；另一方面，跨国公司在将利润滞留海外的同时，将海外的费用在境内扣除，从而减少境内的应纳税额。为此，改革方案提出，将对企业税收抵免实行总量控制，根据企业当年实际缴纳的外国税收和当年汇回美国的利润来确定当年企业能够申请的税收抵免额，并强化费用扣除的配比原则，只有与当年汇回美国收入相对应的费用才能在当年扣除（研发费用除外）。

3. 加强转让定价管理

迄今为止，美国已经形成了以《国内收入法典》482节为主的世界上最全面和系统的转让定价税收管理规程，但是仍然赶不上跨国公司在转让定价方法上的不断“创新”。目前国内收入局面临的几个难点主要在于企业通过无形资产、资本弱化和跨境重组进行转让定价。方案中为此提出了有针对性的改革措施：对于无形资产，建议将无形资产的范围明确扩大到商誉、持续经营价值、在册员工的转让上，同时明确以最大值对无形资产进行定价；对于资本弱化，建议加大对境内居民企业支付利息给关联企业的限制，取消现行的债务与股权比例（1.5∶1）的安全港规定，同时将支付给关联方的利息不能超出调整后应纳税所得的50%降为25%，对不允许扣除利息的结转限制为10年，取消超额利息结转；对于跨境重组，建议对实际汇回股息、红利征税，避免企业将境外未缴纳美国税收的所得通过资本利得方式（其税率大大低于对股息、红利的法定税率）转移至境内，从而避免跨国公司将境外利润汇回美国时少缴美国所得税甚至不缴。

4. 改革对非居民纳税人消极所得的征税

对非居民纳税人消极所得的减税或免税，既遵循了消极所得主要由居民国征税的原则，也增强了美国对境外资金的吸引力。现行政策下，一方面如果居民纳税人至少80%的收入是境外收入且是通过境外积极营业活动取得的，则该居民纳税人向境外非居民分配股息和利息时不缴纳30%的美国预提所得税；另一方面，境外非居民证券投资者通过投资银行推出的权益交换协议等衍生金融工具，所取得的等同于资本增值和股息的收入被认定为境外收入，不缴纳美国预提所得税。方案建议，除部分符合规定的情形之外，对这两种预提所得税的免税都应该取消，并提出建立可退还的预提所得税制度，即凡是通过非合格中介机构从美国接受投资所得的，均需要暂时征收20%~30%的预提所得税，当账户持有人出示材料证明其为非美国居民纳税人时，可以退还上述预提所得税。

5. 打击个人利用避税地进行避税

如果说加强对企业的跨境交易税收管理在是否影响美国企业的国际竞争力上还存在着颇大的争议，那么对于个人利用避税地避税在美国可以说是同仇敌忾。相对而言，方案中关于打击个人避税的措施也是更容易得到通过实施的。首先，美国将强化合格中介机构对纳税人的监控。由于美国人的绝大部分投资都是通过基金、投资银行等中介机构运作，而美国财政局有权对合格中介机构进行认定，并将其名单对社会公布。方案要求合格中介机构向国内收入局披露其所有美国人账户的收入信息。另外，任何中介机构代表美国个人或者其控制的公司组建或者购买外国公司的信息也都需要向国内收入局披露。另一方面，在一年一度的所得税申报中，方案建议美国个人必须申报所有超出10000美元的转让交易或收入，不论是通过其个人账户还是控制的公司账户。进行此类交易的美国金融机构或合格中介机构均有相应的信息披露义务。

撇去这些改革措施将增加的财政收入（方案预测在未来10年内为美国政府增加约2100美元的税收收入）和管理成本（如10年内财政部从事国际税收业务的职员起码增加800人）不谈，目前争论的焦点仍主要集中在对美国及其跨国公司的国际税收竞争力上。作为全球化资本流动的主要推动者，近几十年来美国跨国公司的扩张、跨境贸易的增长和境内资本市场的活跃都在很大程度上受益于其松紧有度的国际税收政策。奥巴马改革方案中一些过于严厉的措施，如强化居住国对公司境外积极所得的征税和对非居民消极所得的征税等，违背了美国一直坚持的税收中性原则，势必将影响美国资本的对外投资，同时降低美国对国际流动资本的吸引力。甚至有反对者把奥巴马上述国际税收改革方案归结为新的投资保护主义，进一步加深了人们对金融危机后贸易保护主义抬头的忧虑。诚然，方案中针对企业和个人不合理避税的措施对于弥补美国颇受诟病的国际税收制度漏洞，增加财政收入还是必要和紧迫的，如有条件地限制费用扣除、延期纳税和税收抵免、加强信息披露等。但这些措施一旦出台，美国跨国公司在转让定价等税收筹划上的战略可能将会发生较大的变化。

对于美国这次税改对中国等仍以吸引外资为主的发展中国家产生的影响还有待

时间的验证，但是只要境内外成本的差异仍然存在，资本的逐利性难以避免地将使得美国公司继续把部分环节保留在或转移到境外。但是发达国家这些带有贸易保护主义和投资保护主义倾向的政策或多或少将使得资本流动的总量和方向发生变化。除了扩大国内需求减少对外资的依赖外，不断改善投资环境等，在国际税收竞争实际存在的全球背景下，增强中国的国际税收竞争力对中国吸引国际资本显得尤为重要。

（二）税收情报交换与相互磋商

1. 情报交换

OECD从20世纪90年代即开始领导各国针对避税地的反有害税收竞争运动，虽然陆续取得了不小的成绩，但国际间合作的障碍依然存在。面临的共同危机使得在2009年4月2日召开的G20国会议上，包括美国和中国在内的世界最大经济体们以前所未有的统一态度向离岸避税地宣战，表示要对拒绝与国际社会进行税收信息交换的避税地国家实行严格的制裁，并采取行动“使得发展中国家更容易地保护他们在新的税收合作环境中的利益，包括信息交换的多边渠道”。作为回应，OECD和欧盟起草了协定“多边税收征管互助范本”[①]的议定书，提出了税收相关信息交换的国际标准，并向OECD和欧盟的非成员国开放。截至2010年5月27日，在巴黎召开OECD主管年会时，有11个成员国家签署协定范本，包括德国、芬兰、冰岛、意大利、法国、荷兰、挪威、瑞典、乌克兰、英国和美国。另外，韩国、墨西哥、葡萄牙和斯洛文尼亚同时签署了范本和修订议定书。在原有范本的基础上，新的议定书按照国际认可的税收信息交换标准进行了修订，主要体现在不得以银行保密和国内税收利益为由阻止一国提供以税收为目的的交换信息。并且，原有的范本中包括了多个限制被交换信息使用的条款，议定书将这些限制全部取消，使得它和国际接受的信息交换标准完全一致。

在强大的压力之下，各个避税地不得不开始打开与国际社会合作的大门。老牌的避税地百慕大2009年4月17日与8个国家签订了新的税收信息交换协议，开曼群岛于2009年4月1日与7个国家签订了新的税收信息交换协议，直布罗陀也于2009年3月31日与美国签订了首个税收信息交换协议，连圣马利诺、马恩岛、泽西岛和根西岛等从未和其他国家签订双边信息交换协议的国家也都在2009年做出行动。OECD相关人士坦言，2009年国际社会在反避税地上取得的成绩超过了过去的10年。

① “多边税收征管互助范本”1988年出台，是OECD和欧盟起草的一个多边协定范本，内容包括自发信息交换、同期检查、海外税收调查、文件提供以及税款征缴的协助和保护办法等，目的在于支持国际反避税的斗争，已有OECD和欧盟的14个国家同意签署。

表A7-3　全球接受OECD税收信息国际交换标准的国家(地区) (2009年4月)

完全接受税收信息交换国际标准的国家			
阿根廷	德 国	韩 国	塞舌尔群岛
澳大利亚	希 腊	马耳他（欧洲岛国）	斯洛伐克
巴巴多斯	格恩西岛	毛里求斯（非洲岛国）	南 非
加拿大	匈牙利	墨西哥	西班牙
中 国	冰 岛	荷 兰	瑞 典
塞浦路斯	爱尔兰	新西兰	土耳其
捷 克	曼岛（英国属地）	挪 威	阿拉伯联合酋长国
丹 麦	意大利	波 兰	英 国
芬 兰	日 本	葡萄牙	美 国
法 国	泽西岛	俄罗斯联邦	美属维尔京群岛
同意接受但是没有实质性实施的避税地			
国家（地区）	接受时间（情报交换协议数量）	国家（地区）	接受时间（情报交换协议数量）
安道尔	2009（0）	马绍尔群岛	2007（1）
安圭拉岛	2002（0）	摩纳哥	2009（1）
安提瓜及巴布达	2002（7）	蒙特塞拉特	2002（0）
阿鲁巴	2002（4）	瑙 鲁	2003（0）
巴哈马群岛	2002（1）	荷属安迪里斯群岛	2000（7）
巴 林	2001（6）	纽埃岛	2002（0）
伯利兹	2002（0）	巴拿马	2002（0）
百慕大	2000（3）	圣基茨和	2002（0）
英属维尔京群岛	2002（3）	尼维斯	2002（0）
开曼群岛	2000（8）	圣卢西亚	2002（0）
库克群岛	2002（0）	圣文森特和格林纳	2002（0）
多米尼克	2002（1）	格林纳丁斯	2002（0）
直布罗陀	2002（1）	萨 摩	2002（0）
格林纳达（拉美岛国）	2002（1）	圣马利诺	2000（0）
利比里亚	2007（0）	特克斯和凯科斯群岛	2002（0）
列支敦士登	2009（1）	瓦努阿图	2003（0）
同意接受但是没有实质性实施的金融中心			
奥地利	2009（0）	危地马拉	2009（0）
比利时	2009（1）	卢森堡	2009（0）
文 莱	2009（5）	新加坡	2009（0）
智 利	2009（0）	瑞 士	2009（0）
没有接受国际税收情报交换标准的地区			
国家	情报交换协议数量	国家	情报交换协议数量
哥斯达黎加	0	菲律宾	0
马来西亚（纳闽）	0	乌拉圭	0

资料来源：OECD税收政策与管理中心，www.oecd.org/tax/progressreport。

根据2010年6月3日新进展报告，已有包括中国在内的74个国家（包括避税地国家和离岸金融中心）开始实质性地执行税收情报交换，比2009年的40个增加了34个国家。并且，所有国家都表示接受税收信息交换标准，一些没有完全执行的国家也签署了一些双边信息交换协定。

2009年12月7日，中国国家税务总局副局长钱冠林与英属维尔京群岛总理兼财政部长奥尼尔先生在英国伦敦分别代表两国政府正式签署了《中华人民共和国政府和英属维尔京群岛政府关于税收情报交换的协议》。这是继中国与巴哈马于12月1日签署第一个情报交换协议后，中国与离岸金融中心签署的第二个情报交换协议，开启了我国与离岸金融中心在税务磋商领域成功合作的新篇章。

2. 相互协商程序

中国的征管互助工作以2004年《中国居民（国民）申请启动税务相互协商程序暂行办法》（国税发〔2005〕115号）颁布为标志进入了一个新的时期。

办法规定，下列情形可以申请启动税务相互协商程序，包括“（一）需申请双边预约定价安排的；（二）对联属企业间业务往来利润调整征税，可能或已经导致不同税收管辖权之间重复征税的；（三）对股息、利息、特许权使用费等的征税和适用税率存有异议的；（四）违背了税收协定无差别待遇条款的规定，可能或已经形成歧视待遇的；（五）对常设机构和居民身份的认定，以及常设机构的利润归属和费用扣除存有异议的；（六）在税收协定的理解和执行上出现了争议而不能自行解决的其他问题；（七）其他可能或已经形成不同税收管辖权之间重复征税的。”

近年来，通过税收协定的争端解决机制，中国税务部门已成功解决了境外投资经营的我国企业与目的地国家税务当局之间发生的数起税收案例，涉税数额从几十万欧元到上千万美元不等。2009年2月，华为技术有限公司在俄罗斯经营过程中产生了税务纠纷。俄罗斯税务局认定华为在俄罗斯构成常设机构，应该在当地缴纳税款，需补缴所得税、增值税和滞纳金共计2000多万美元。实际上，华为在经营过程中为了避免被国外税务机关认定为常设机构，在境外销售和售后服务过程中，均采用“由当地子公司签订服务合同，由总机构签订商品销售合同”的经营方式，这种经营方式按照两国的税收协定不应认定为常设机构。由于已经在国内完税，如果按照俄罗斯税务当局的要求补缴税款，将导致相关业务在中国和俄罗斯出现双重征税。为此，华为按照中俄两国税收协定申请启动两国税务机关之间的相互磋商。经过两国税务机关多个回合的磋商和谈判，俄罗斯联邦税务局于2009年11月底复审裁决撤销原判罚，认定华为在俄罗斯构成常设机构的证据不足，无需缴纳相关税收。这个案例已成为我国通过启动税收协定相互协商程序解决跨国税收争议的经典案例[①]。

(三)反避税合作

1. 国际动态

跨国公司通过转让定价等方式转移利润已经引起了各个国家的广泛关注，近年来也不乏 IBM 公司、微软公司、辉瑞制药公司（Pfizer）等大公司落马。但是在这次国际金融危机中，无论是财政收入的压力还是国际税收竞争的压力，发达国家在反避税方面的合作有了一些新的进展。比如说，到目前为止，美国政府对避税地施加的压力已经产生了一定的效果，瑞士信贷银行（UBS）不得不答应就帮助美国公民藏匿资产而向美国政府支付 7.8 亿美金的罚款，美国国内收入局（IRS）实行的自愿申报计划也吸引了一些企业和个人主动申报自己在避税地的资产以避免更严重的处罚。美国的积极参与对于国际社会反避税地的斗争无疑有着重大的推动作用。

安永会计师事务所公布的“全球转让定价调查”（2009）表明，各国税务机关转让定价管理的资源普遍增加。不少国家开始建立和培养专业化队伍，如芬兰近两年组建了由 45 名专家组成的小组参与转让定价调查；澳大利亚、印度尼西亚和斯洛文尼亚等国正在组建专业的转让定价调查队伍。更多的国家着重于扩展它们的能力，包括增加全职的人手、引进外部机构培训人员以及提高收入等。这一方面是由于税务机关预见到未来可能增加的关于转让定价的争议，也由于双边以及多边预约定价协议需求增加的需要。其次，各国正在适应转让定价审计增加、转让定价的处罚提高以及转让定价争议增多的情况。再次，转让定价审计的行业管理进一步加强。在被调查的 49 个国家中，有 16 个国家表明有一些特别关注的行业，包括汽车业、消费品业、金融服务、石油天然气和制药业。日本表明继续关注医药设备和高科技相关的行业，其他更有经验的税务机关则积极注意金融机构的转让定价行为。

2. 中国转让定价

2009 年，中国反避税全年共立案 179 户，结案 167 户，补税金额是 20.9 亿元，增长 69%，是有史以来查补收入最多、增长最快的一年。全年转让定价调查调整个案补税超千万元的案件 40 个，其中超亿元的案件 4 个。平均个案补税金额 1252.14 万元，首次突破了千万元大关。反避税查补收入排在前十位的地区分别是江苏、天津、广东、北京、山东、上海、深圳、浙江、厦门和福建[②]。

① 《扬帆出海　税收护航》，《中国税务》2010年第6期，有OECD和欧盟的14个国家同意签署。

② 国家税务总局国际司反避税处提供。

2009年反避税调查的第一个特点，是将反避税调查对象从以往的制造业向其他行业延伸，加强了对服务、零售、制药、汽车等行业的关注。针对不同行业进行转让定价研究和征管，是转让定价向纵深发展的必然要求。2009年，税务机关主要针对制鞋、电脑代工、高速公路、轮胎制造、零售百货、酒店连锁等行业进行联查。其中，制鞋和笔记本电脑代工行业联查已基本结束，案件办理质量和调整效果显著；轮胎制造行业联查已实现重点突破，部分地区开始制定调整方案；零售百货及酒店连锁行业已基本完成全国情况摸底调查，为下一步制定全国统一的调整方案奠定了基础①。

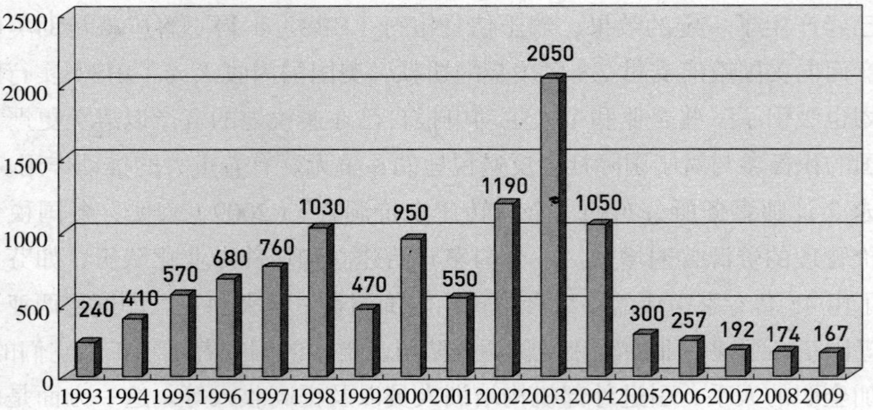

图A7-1　中国税务机关历年转让定价审计数量(1993-2009)

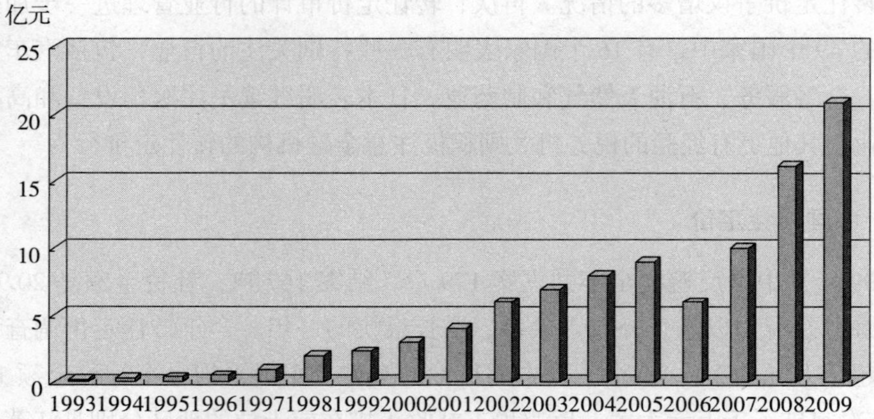

图A7-2　中国税务机关历年转让定价调整金额(1993-2009)②

① 参见：国家税务总局关于2009年反避税工作情况的通报（国税函〔2010〕84号）。
② 数据来源：安永会计师事务所和国家税务总局国际司数据。

另一个重要特点是，关于转让定价同期资料准备的强化。出台的三个相关文件包括：(1）国税发〔2009〕2号文件，当中要求符合规定的纳税人在关联交易发生年度的次年的5月31日之前准备好同期资料。(2）国税函〔2009〕188号文件，要求企业自2008纳税年度起，在跟踪管理期间的企业应该向税务机关提供年度同期资料。(3）国税函〔2009〕363号文件，跨国企业在中国境内设立的承担单一生产（来料加工或进料加工）、分销或合约研发等有限功能和风险的企业如出现亏损，无论是否达到准备同期资料的标准，均应在亏损发生年度准备同期资料及其他相关资料，并于次年6月20日之前报送主管税务机关。

转让定价中关于成本分摊协议的磋商也开始启动。2010年5月27日，由深圳市国家税务局承担的中美首例成本分摊协议的首次磋商在国家税务总局举行，这也是我国首例双边成本分摊协议。我国在2008年开始实施的《企业所得税法》中引入了成本分摊协议，国家税务总局发布的《特别纳税调整实施办法（试行）》对成本分摊协议的实施范围、程序等做出了具体规定。

3. 中国预约定价

2009年10月26日，国家税务总局王力副局长与丹麦海关税务局局长欧乐·科杰分别代表中丹两国税务主管机关正式签署了两国间首例双边预约定价安排。该安排涉及一著名跨国公司在我国与丹麦之间的关联交易。这是继中日、中美和中韩成功签署双边预约定价安排后，我国与丹麦之间的首例双边预约定价安排，也是中欧之间首例双边预约定价安排。

随着经济全球化和跨国公司的发展，双边预约定价作为解决跨国公司转让定价问题的一种手段，日益受到各国税务部门和跨国公司的关注，已经成为解决国际税收争端、避免国际双重征税的有效措施，可以为跨国公司的经营提供确定性。在当前经济背景下，双边税务磋商工作在提高纳税服务水平、缓解金融危机对企业影响等方面具有重要意义。

2009年，中国共签订7个双边预约定价安排、4个单边预约定价安排和2个转让定价相应调整双边协议。到目前为止，中国已正式签署了9个双边预约定价安排。另外还有约50个双边预约定价安排正在审核评估中。

4. 转变对待避税地态度

从1996年开始，OECD把防范有害税收竞争作为一项重要的研究课题并采取了一系列行动，其中避税地是重要的内容。1998年OECD通过了题为《有害税收竞争：一个正在出现的全球性问题》的报告，以及《执行1998年关于有害税收竞争报告的指南》，率先提出制裁有害税收竞争的原则和建议。此后，OECD分别于2000年、

2001 年、2004 年和 2006 年[1] 相继发布了有关该项工作进程的专题报告。随着经济形势的发展，避税地的形象正在逐渐改变，不少国家从谈"避税地"色变到实际上承认避税地。一方面，即使是列入 OECD 名单的避税地国家迄今为止也只是承诺加强政策透明度和信息交换，没有一个国家表示要放弃避税地税收政策；另一方面，税收竞争形式多种多样，无论是发达国家还是发展中国家都普遍采取了降低税率、增加税收优惠等方式来吸引跨国公司的跨国收益。这其中的原因既有全球化的力量，也有跨国公司的"用脚投票"，更有各国政府之间的博弈。

对于中国而言，对于避税地的态度也应该加以调整。一方面，我国仍是一个发展中国家，即使对于来自避税港国家和地区的投资，不论其实际投资者属于哪个国家，都应当继续敞开大门，实行国民待遇，但对其中的关联交易应当加强监管，如果存在不合理的转让定价问题，则应当展开反避税调查，依法进行调整和处理。而对于避税地国家，应该加强和他们的联系与沟通，争取彼此建立合作关系，签订税收协定，互通情报交换，充分利用国际社会的力量，共同打击非法避税行为，维护国家税收权益。

另一方面，若想真正取得反"有害税收竞争"的胜利，完全不与"避税港"国家或地区接触是不行的，单纯地"堵"未必彻底解决问题。我们应当形成疏导重于堵塞，实质重于形式的共识，立足于合作，着眼于与其合作的协定中定下何种条款，会起到什么客观作用。只要有利于消除双重征税，有利于打击跨国偷漏税，就可以大胆与其开展合作。

（四）国际税收会议

随着综合国力的不断增强，以及经济全球化、区域经济一体化的深入发展，中国税收领域的对外交流与合作不断拓展，在国际财经事务中发挥着越来越重要的建设性作用。2009 年，中国积极开展与有关国家和国际组织的税收政策对话和税收领域务实合作，包括中韩税收政策交流会、亚洲开发银行税收年会、国际财政文献局税收年会、国际税收对话机制（ITD）等双边、多边税收交流与合作活动，并于 2009 年 9 月成为全球税收论坛的成员，当选为全球税收论坛的副主席。通过这些活动，及时了解和掌握全球税制的最新发展情况和未来发展趋势，阐述了中国关于国际税收问题的主张和看法，促进了中国与相关国家在税收领域的政策协调，增强了中国对国际税收规则制定和国际税收事务决策的影响，扩大了中国在国际税收领域的话语权。

---

① http://www.oecd.org.

2009年10月26日，以“金融机构和金融工具——税收的挑战与对策”为主题的第三届国际税收对话机制（ITD）全球大会[①]在北京举行，是目前中国举办的级别最高、规模最大、影响最广的国际税收对话与交流合作会议。这次大会由中国财政部负责召开，国务院副总理李克强出席并发言，世界银行、国际货币基金组织、经济合作与发展组织、亚洲开发银行、欧盟、泛美开发银行等国际组织高级官员及其成员的财税高官出席大会。

在此之前，国际税收对话机制（ITD）已举行了两次会议。其中，第一次会议于2005年3月在意大利罗马举行，会议主题为增值税；第二次会议于2007年10月在阿根廷布宜诺斯艾利斯举行，会议主题为中小企业税收政策和管理。中国财政部和国家税务总局派代表参加了前两次会议。

这次会议的召开，有利于更好地落实二十国集团匹兹堡峰会领导人达成的共识，加强各国之间金融领域的税收政策协调，健全和完善公平良好的国际金融税收环境，积极推动世界经济健康复苏；有利于推动各国完善税收制度和政策，更好地发挥税收政策在降低金融风险、加强金融监管、推动金融创新、促进金融发展方面的重要作用;有利于促进税收对话，交流成功经验，推动各国之间加强沟通、增进理解、深化合作；有利于更好地介绍中国的税收法律制度和投资环境，全面阐述中国关于国际税收重大问题的看法、主张和举措，增强中国在国际税收领域的影响力和作用[②]。

同时，中国还积极与主要经济大国、周边国家和经济体开展双边、区域及全球性合作，促进了中国与相关国家和经济体在宏观经济领域的政策协调，推动了税收领域的务实合作。

三、国际税收协调与合作的前沿问题展望

（一）后金融危机时代促进企业“走出去”

金融危机爆发后，扩大内需、鼓励出口成为税收政策的着力点，政府由此推行了多方位的“结构性减税”措施，2009年主要的减税措施主要包括：全面实行消费

① 国际税收对话机制（ITD）是由世界银行、国际货币基金组织和经济合作与发展组织于2005年联合组织发起，并得到联合国大力支持，其后欧盟、泛美开发银行陆续加入成为联合发起人。该机制旨在建立一种畅通的国际税收对话平台和成功经验共享机制，寻求实现完善税收制度和增强税收功能的共同目标，并从发达国家和发展中国家的双重角度出发，建立更好的国际税收利益协调机制。

② 参见财政部部长谢旭人就国际税收对话机制全球大会接受记者的采访。

型增值税；实施成品油税费改革，取消养路费等六项收费；继续暂免征收储蓄存款和证券交易结算资金利息所得税；继续实施降低证券交易印花税税率及单边征收政策；落实降低住房交易税收政策；调高部分产品出口退税率；取消和降低部分产品出口关税；取消和停征100项行政事业性收费等。在上述措施中，让我国企业对外投资直接受益的莫过于增值税转型和出口退税率的提高。但随着全球经济逐步走出金融危机阴影，我国经济得到较好的恢复，单纯的减税措施难以支撑起企业对外投资与劳务的需求。事实上，后金融危机时代所表现出来的宏观经济特征至少对现行的中国对外投资与劳务税收提出了五个方面的要求：

一是对外投资与劳务税收政策的总体目标应鼓励中国居民企业通过股权的方式进行海外实体经济型并购重组。金融危机对于以增强核心竞争力为目的的实体经济型并购，可能存在难得的机遇。但对于试图以低价购买高风险资产，很可能就是陷阱①。值得注意的是，世界各国的税收政策鼓励企业通过债务而非股权的方式进行融资，在不经意间导致了全球金融危机进一步加剧②。为此，税收政策应发挥导向作用，引导我国企业将海外的行业龙头企业、技术领先企业、资源类企业作为并购重组的主要对象。

二是消除国内收购主体即国有企业和民营企业之间的税收差别性待遇。国有企业与民营企业相比，各有优劣。前者资金实力强，容易获得政府和银行支持，但也有决策慢、激励约束不足、人才不足、在国外并购阻力较大等缺点。后者处于资金少、受扶持也少的劣势地位，但也有明显的优势：如产权清晰、机制灵活、决策快、在国外收购的阻力小等。当前的对外投资与劳务方面的税收政策对于民营企业走出去的扶持力度应该加大，特别是那些既有良好声誉又有海外收购意图的民营企业。

三是补充专门针对联合体类型收购主体的对外投资税收条款。这些条款要引导、组织中国的实体企业与金融企业合作，组成联合体同船出海，提高对外投资的质量和效果。实体企业与金融企业对投资对象的关注点有所不同：前者往往注重与标的企业进行战略合作以提升自身价值，对短期财务收益看得相对较轻；而后者则恰恰相反，更注重目标企业的财务回报。如这两类企业组成收购联合体，可以起到取长补短、规避风险，在利益上各取所需的效果。但对于这类联合体的税收待遇问题目前尚未有充分考虑。

四是实施好新的《企业所得税法》。2008年内外资企业所得税法合并之后，中国居民企业的税负相较之前有不少空间的下降，这也代表了在国民收入蛋糕中，政府将更多的利益留存于企业，以便于企业有更多的资金用于扩大再生产或对外投资。新《企业所得法》对涉及企业对外投资的一些税收制度进行了修订和完善，首次引

① 王子先:《国际金融危机下中国企业走出去的“危”与“机”》，国家商务部网站。
② 德里:《竞争或协调：在全球重新估税》，美通社基金交易网．www.fundbuy.com。

入了间接抵免和受控外国企业管理规则，这无疑意在激励企业走出去。问题在于，良法只代表政府的政策意图，效果如何还取决于法律的实施和执行。所以，在后金融危机时代探讨中国居民企业对外投资与劳务税收问题，首先是用好和用足现行税法。

五是完善税收管理和服务体系。“走出去”的税收管理工作必须“有法可依”。在加强立法的同时，还须加强税务行政管理工作，以保证税收管理法规的贯彻实施。相对于在国内投资，企业对外投资的涉税困难比较突出，集中体现在对投资地东道国的税收法律制度缺乏了解、投资地东道国的税收法律制度不健全、对我国签订的国际双边税收协定内容不熟悉等方面。后金融危机时代既然被视为中国企业最好的“走出去”机遇期之一，优质的税收服务体系无疑将为企业添势添翼。

(二)对银行税的探讨

此次金融危机在给各国经济造成极大冲击的同时，还给有关国家带来了如高额救助资金的清偿、金融监管亟须的大变革、巨额财政赤字的削减以及银行高薪分红等问题，在此背景下，关于银行税的讨论引起了各方面的关注。

银行税的开征在国际社会引起了极大争议，各国以及有关国际组织基于各自在金融危机中所遭受的冲击、国情、立场等的不同，分别持有不同的看法，并由此做出不同的抉择。有的国家也提出了开征金融交易税和金融奖金税，在此与银行税进行比较。

1. 德国、法国、英国为首的欧洲国家和欧盟

以德国、法国、英国为首的欧洲国家正在积极推进银行税。二十国集团多伦多峰会前夕，英、法、德发表共同声明，高调宣布将联合开征银行税。德国政府已在今夏敲定征税草案；法国政府将在今年秋季把征税草案递交至议会，并将在2011年的预算中写入银行税细节；英国政府将在年底就银行税立法，并于2011年1月起实施。西班牙早先已表示，如果欧盟就征收银行税的问题达成一致，那么西班牙也将实施跟进策略。匈牙利政府也计划在新的经济方案中暂时引入银行税，该税从今年开始推行，并在3年内终止，这项计划将使匈牙利今年来自银行税的预算收入从130亿福林提高至2000亿福林，此举旨在帮助政府达到将今年预算赤字占国内生产总值(GDP)的比例降至3.8%的目标[①]。此外，瑞典于2009年已开始对本国金融机构征收债务税，其做法与美国计划征收的“金融危机责任费”类似。

---

① 《匈牙利将征收2000亿福林银行税》，《证券时报》，2010年06月09日。

在2010年6月18日的欧盟峰会上，欧盟已就其范围内开征银行税达成一致意见，它建议成员国向银行征税，所收款项将成立专项基金，用于确保一旦有金融机构倒闭，能够有序处理破产，以避免引发系统性风险。

2010年6月22日，德国、法国、英国三国发表联合声明，表示将联合开征银行税。现已出台的草案如下：

（1）德国的银行税草案

2010年6月德国公布银行税草案。该法律草案显示，德国政府计划每年对金融机构的资产与客户存款之间的差额征税，对银行分等级实施累进税率，其中，整个资产减去客户存款后的规模未达到100亿欧元的银行，适用税率为0.02%；这部分规模在100亿~1000亿欧元之间的银行，适用税率为0.03%；这部分规模超过1000亿欧元的银行，适用税率为0.04%。银行所缴税款将划入一项基金，以用来弥补金融救助成本，德国政府预计将在2010年年底开征该项税收。此外，银行每年还需为资产负债表外所持金融衍生品按其价值的0.00015%缴纳银行税。

（2）英国的银行税草案

2010年6月英国政府出台了紧急预算案。该预算案规定，英国将从2011年1月起对银行课以0.04%的银行税，所有的英国银行以及在英运营的外资银行都在征税范围内，预计将带来11.5亿英镑的收入。从2012-2013财年开始，银行税税率将提高到0.07%，税收收入也将增加到23亿英镑以上。

2. 美　国

美国提出征收金融危机责任费。虽然美国金融监管改革法案中剔除了银行税的内容，但美国占多数的参议院民主党议员已经表示，将单独解决银行税的问题。征收金融危机责任费的提议，由奥巴马政府于2010年1月首次提出，其缴纳者是2008年接受政府救助的、资产在500亿美元以上的大型金融机构，后者实际上是高度冒险的大银行，它们常常喜欢利用短期融资从事高风险的业务，比如衍生品和其他表外交易等。据悉，金融危机责任费的计算将基于银行的资产、负债和风险，即对资产超过500亿美元的银行股本和受政府担保存款以外的负债来征收，且风险越高的投资，适用的税率越高。该税期限至少为10年，征税总额预计约为900亿美元，直到政府收回这轮银行救助的所有成本[①]。

3. 其他二十国集团国家

这些国家反对或不支持开征银行税。一方面，它们的银行业大多稳健，未在此

① 美财长呼吁征金融危机责任费，中国证券网，2010年05月06日。

次金融危机中遭受严重冲击，没有发生高额的政府救助成本，因而也缺乏实施银行税的经济、政治和社会的压力和动力；另一方面，它们不希望因征收银行税而增加银行业税负，削弱本国银行业的全球竞争力，而且有碍于本国经济的复苏。具体来看：

（1）加拿大

该国反对向金融业征收银行税、金融交易税等惩罚性税收。一则，该国一直以来重视金融监管，银行业总体稳健，且在此次金融危机中受冲击不大，无需弥补政府救助银行的成本。二则，该国认为金融监管的改革应聚焦在诸如银行资本和负债额度等方面，而不是放在银行税等这类边缘问题之上。

（2）日本

日本不计划实施银行税。该国银行业同样未在此次金融危机中遭严重冲击，无意于参与实施全球银行税以迫使银行为未来潜在的救助方案买单。另外该国拥有存款保险计划，它认为这足以为经济提供良好的保护。

（3）澳大利亚

澳大利亚也不赞成实施银行税。虽然该国认为国际社会应力求保证全球银行系统未来可以自力更生，但由于该国金融系统并未爆发如美欧国家那样的问题，同样无意于银行税。

（4）印度

据印度财长普拉纳布·慕克吉表示，印度银行业很好地抵抗了金融危机，因此不赞成征收银行税[①]。

（5）中国

我国同样反对开征银行税。针对危机救助成本的分担问题，周小川表示，各国已采取或正在考虑不同的救助成本分担方式，但目前并没有通用的解决方案。各国国情不同，应根据各自的实际情况，实行不同的成本分担方式。

4. 国际货币基金组织（IMF）

IMF 提议开征“金融稳定贡献税”（FSC) 和“金融活动税”（FAT）。2010 年 4 月，国际货币基金组织（IMF）发给二十国集团一项提案，提议向全球银行和金融机构开征两个新税种：一是“金融稳定贡献税”，它对股本和受政府担保存款以外的银行负债征税，税款须缴纳给救助基金或纳入国家财政预算，规模可达各国 GDP 的 2% 至 4%，主要用于支付未来对银行和金融机构的救助；二是“金融活动税”，它对银行和金融机构的超额利润及薪酬总额课税，税款缴纳给应对金融危机基金或纳入国家财政预算，旨在打击其为追求高回报的高风险行为及限制高额奖金，税额可

① 全球征收银行税告吹　各国自寻金融救赎路径，新浪财经，2010年06月06日。

达GDP的0.2%至0.4%[①]。事实上,"金融稳定贡献税"与欧盟正积极推行准备的银行税以及美国以后有可能实施的"金融危机责任费"相类似,而"金融活动税"也与英法等国实施的银行奖金税有相近之处,而IMF的建议也正是在综合了这些国家的做法或设想的基础上提出的,只是从其立场出发,它建议这两个税种要在国际层面推行。

5. 开征银行税的意义及其可能产生的消极影响

(1)开征银行税的意义

一是要求金融机构清偿政府所支付的金融救助成本,并为控制未来的金融机构系统性风险设立激励机制。今年6月发表的德法英三国联合声明中提出,该税"旨在确保银行承担他们对金融系统和整体经济所造成的相应风险,鼓励银行调整资产负债表,减少风险"。紧随其后的欧盟峰会总结性报告也称:"欧洲理事会同意成员国必须引进对金融机构的征税体系,以确保公平地分担成本,并为控制系统性风险设立激励机制。这一税赋应该成为一个可靠的清算框架的一部分……"其中"公平地分担成本"是指,一旦危机再度发生,银行将用缴纳的税金支付自己的破产清算成本,而不是用纳税人的钱来救助银行,重蹈这次危机的覆辙[②]。

二是通过金融机构清偿政府所支付的金融救助成本,缓解有关国家的政治、社会压力。众所周知,此次金融危机欧美国家为救市投入了巨额资金,造成财政赤字高企(以英国为例,当前其预算赤字占国内生产总值(GDP)的比例已超过11%),增收以削减财政赤字已成为各国政府十分重要而迫切的任务,而开征银行税显然是一个不错的选择。另一方面,各国政府利用纳税人的钱救助银行的行为在西方世界受到广泛争议甚至抗议,显然,该税同时也是一种惩罚措施,这有助于平息公愤。

三是通过银行税加强金融监管。由于银行税锁定的征税对象主要是大中型银行,那么该税的开征还可成为丰富和强化金融监管的一个方式和渠道。

(2)开征银行税可能产生的消极影响

①开征银行税将对本国银行业产生的消极影响

实施银行税对征税国银行业可能产生消极影响。银行税预期将在欧盟区域推开,由于该税的计税依据将是银行资产规模而非盈利表现,尽管这能确保政府的税收收入,但可能导致包括本土银行在内的大型银行逐步减少在欧洲的资产,或许还会对银行补充资本的速度有所影响。

毋庸置疑,这样的消极影响不仅是所在国银行业本身极为关注,欧洲各国政府也是相当顾忌的。今年6月德法英三国在发表的联合声明中强调"公平的需求",后

① 《IMF要征银行税能否落实有待博弈》,《金融时报》,2010年05月14日。

② 《欧盟峰会战报:公布压力测试结果 推行银行税》,《第一财经日报》,2010年06月22日。

者含义之一即是要求全球主要经济体“采取相同措施”（即征收银行税），以避免三国银行业因为实施银行税而导致竞争力下降，这其实体现了欧洲国家的基本诉求。

②银行税的实施未必能取得预期效果

实施银行税的宗旨之一是让银行业为未来可能再度发生的危机预先支付财务成本，但此目标有可能落空：

一是实施银行税未必能使银行为未来潜在的救助方案买单。诺贝尔奖得主斯宾塞认为，即使开征此税，仍然不会消除因银行体系陷入困境而产生的公众责任①。

二是预先征收银行税有可能遭遇道德风险。根据全球银行业组织国际金融研究所的研究报告，预先征收此类税费会导致道德风险，一旦银行支付了税费，成立了救助基金，以后再要有关方面同意允许一家银行倒闭就会变得相当困难，因为这将意味要动用该基金，且日后将要重新给基金注资。该报告认为事后征缴费会较为可取②。

6. 关于金融交易税的讨论

金融交易税，通常又被人们称为“托宾税”，它是对现货外汇交易课征全球统一的交易税，旨在减少纯粹的投机性交易。该税种由美国经济学家托宾于1972年提出，其特征是单一税率和全球性。但是，金融交易税是一个颇具争议的税种。反对者认为，该税不仅打击了市场投机者，同时也伤害了正常的市场参与者，银行可能会将负担转嫁到客户身上。而且，金融业交易范围难以厘定，实行金融交易税的结果是出现大量的避税，这可能使税制过于复杂。同时，由于金融交易税属于惩罚性税收，在金融监管改革中不涉及核心问题（银行资本和负债额度等），只能解决“边缘”问题，无足轻重。

但是，这次金融危机中，仍然有国家提出通过开征金融交易税，以作为日后拯救金融体系危机时的储备金。在2009年11月召开的二十国集团财长及央行行长会议中，当时的英国首相布朗表示，金融业少数人获得巨额暴利，却在危机时将救市成本转嫁给纳税人，这种情形是不能允许的，金融机构应该对全球社会负责，故建议对金融交易开征全球性的“托宾税”，将该税收收入拨入特别基金，以作未来救市之用。2010年的二十国集团多伦多峰会前夕，法国总统萨科齐表示，如果将对银行征收的金融交易税款建立一项基金，就可以保证纳税人和储户不会再像原来那样承担银行破产的财务成本③。

实际上，自2009年以来，德国、法国和英国一直在努力推动金融交易税的准

① 诺贝尔奖得主斯宾塞：征收银行税出于政治意义，新浪财经，2010年06月25日。

② 欧盟：将宣布征银行税计划大纲 有序处理破产，中国新闻网2010年05月26日。

③ 《美国劝说二十国集团坚守“刺激政策”不支持向银行征税》，《经济参考报》，2010年06月22日。

备工作。2009年法国提议征收金融交易税，税率0.005%，预计在全球范围内每年可以募集到300亿至600亿美元。同年11月的二十国集团财长及央行行长会议中，英国提出向全球银行征收金融交易税。2010年5月，德国执政各党经过博弈最终就征收金融交易税达成一致意见。根据设计，金融交易税将覆盖金融市场上所有的交易和产品，包括股票、外汇、债券以及高风险的证券等。根据德国社民党预计，如果对每笔金融交易征收0.05%的交易税，欧盟每年可增收2000亿欧元，而德国可增加400亿欧元税收收入。

到目前为止，我们可以看到德国、法国、英国以及欧盟仍在坚持不懈地为推行金融交易税做准备，试图在欧洲区推广该税。欧盟及其成员在二十国集团多伦多峰会上力推全球实行银行税的同时，也将其计划已久的“金融交易税”提议摆上桌面。法国总统萨科齐此前甚至表示，法国已做好准备在未获得全球支持的情况下实施这一政策。虽然二十国集团多伦多峰会未能就征收金融交易税达成全球一致立场，但会后欧盟委员会表示，依旧继续研究在欧洲开征金融交易税的可能性，并计划于2010年秋季就最佳选择方案发布报告①。

与此同时，美国、加拿大、俄罗斯等其他二十国集团成员国以及国际货币基金组织都不赞成向银行征收金融交易税。美国明确反对开征金融交易税的提议，其立场自2009年11月引发争议直至今日都没有改变。美国财长盖特纳着重声明，“对于认可日常交易征税这种做法，我们尚未做好准备”②。IMF总裁施特劳斯－卡恩则指出鉴于金融业交易范围难以厘定，又非常容易出现避税，不见得有必要推行“托宾税”。加拿大财长弗莱厄蒂则认为该提议缺乏吸引力，俄国财长库德林亦持保留态度③。

至今为止，金融交易税的前景仍不明朗。如前所述，除德法英以及欧盟在力推金融交易税外，其他二十国集团成员国并不赞成该税种，即使是德法等国也十分清楚该税要在国际层面推行会相当困难。德国财政部长朔伊布勒2010年4月表示，金融交易税的全球协议似乎不太可能在可预见的未来达成。同年5月德国总理默克尔也指出，该项税收很难在国际间获得认同。事实上相比于银行税，欧盟内部对金融交易税的关注也相对较少。显而易见，如果该税缺乏全球协调行动，欧盟单独征收金融交易税，恐怕将在很大程度上损害欧盟国家对于金融机构的吸引力，那么开征此税的意义就值得商榷了。

7. 关于银行奖金税的讨论

众所周知，此次全球性金融危机的始作俑者是金融机构，而重灾区也是金融机

① 《欧盟：德法施压欧盟开征金融交易税》，《中国证券报》，2010年07月05日。
② 《美国：美财政部反对金融交易税提议》，《中国证券报》，2010年06月22日。
③ 开征全球金融交易税 美英分歧，中国新闻网，2009年11月09日。

构，受严重冲击的各国无不投入巨额资金对它们实施救助。然而令公众难以接受的是，在金融系统获政府救助甚至未满一年，银行业就安排发放高额的薪酬及红利，这也令美英等国政府深感愤怒。比如在英国，巴克莱集团 2009 年获利润超过 100 亿英镑，巴克莱计划安排向数十名交易员和管理人员发放高达数百万英镑的奖金，董事更因主导收购雷曼兄弟控股公司美洲业务而将获得超过 2000 万英镑的红利；而在金融危机中获得政府 200 亿英镑救助的苏格兰皇家银行计划在该年发放 40 亿英镑薪酬及奖金，每位员工平均可获得 24 万英镑，这一数字较 2008 年激增 66%，其中 20 名主管最高将领取 100 万至 500 万英镑的红利。据预计，英国银行业计划发放的 2009 年奖金可能达到 67 亿英镑，虽低于 2007 年 100 多亿英镑的水平，但远高于 2008 年的 40 亿英镑①。又如荷兰最大的金融机构荷兰国际集团，在 2009 年对约 4 万名员工发放了总额 3 亿欧元的 2008 年浮动奖金，并决定对新聘首席财务官帕特里克·福林除给予 65 万欧元年薪外，再提供 10 万股荷兰国际集团股份（按市价约合 40 万欧元）作为额外补偿，然而事实是该集团因遭受金融危机冲击，自 2008 年 10 月起先后获得荷兰政府 100 亿欧元注资以及政府对约 220 亿欧元的高风险美国房贷资产的风险担保，2008 年该集团净亏损为 7.29 亿欧元。这些国家金融机构的高薪举措引起社会公众和各国政府的极大关注和广泛争议。

无论是出于财政因素，还是政治因素或抑社会因素，有关国家政府决定对这些高分红银行实施重税——银行奖金税。

英国最早推出银行奖金税。它对奖金超过 2.5 万英镑（约合 4.1 万美元）的银行业者征收 50% 的一次性税收，税费由雇主承担。该项征税措施将以附加税的方式对银行征收，适用对象为在英国拥有业务运营的所有银行和建筑社团，其中包括在英国设有分支机构或子公司的外资银行。该措施自 12 月 10 日起实施，至 2010 年 4 月 5 日结束。根据英国财政部的预测，这项新征税措施可为政府带来 5 亿多英镑的税收收入，对大约 2 万名银行家造成影响②。

法国政府则紧随其后，2009 年 12 月宣布将对银行业员工该年度超过 2.75 万欧元的奖金征税 50%。美国总统奥巴马 2010 年 1 月则宣布，政府计划向资产超过 500 亿美元的大型金融机构（包括银行、保险公司和交易商等）征收占其债务 0.15% 的“金融危机责任费”。

开征银行奖金税的好处体现在以下方面：一是削减巨额财政赤字是债台高筑政府的首要任务，征税无疑是有效途径；二是此次金融危机的一个公认的重大诱因是银行业鼓励冒险的“薪酬机制”，政府也希望借奖金税新政在银行业发起“整风运动”，以对银行业进行根本的约束和改革。此外，改革银行业高薪和冒险文化也是全球大

① 英国政府征收银行业奖金税造成悲喜几何？新华网，2010年01月18日。

② 《英国开征50%银行“红利税”》，《国际金融报》，2009年12月10日。

势所趋，在这方面起带头作用的国家，虽然会经历短痛，但会获得长远利益[①]。

但同时，有关国家政府对金融机构的高薪举措征收银行奖金税，也是有后顾之忧的。比如英国，其经济高度依赖金融服务业，会不会因此受到影响？有人认为，英国政府征税的做法只会便宜了竞争对手，会让一些国际金融巨头撤离英国，从而削弱英国作为国际金融中心的地位。英国银行家协会首席执行官 Angela Knight 就警告称，“由于英国商业和就业机会已流失到海外，若政府加大征税力度，将对金融体系造成打击，并进一步削弱英国银行业在国际市场上的竞争力。”伦敦市长鲍里斯·约翰逊也直言，这种做法只会让更多银行从业人员离开英国。

显而易见，实施银行奖金税的国家希望全球采取协同一致的行动，以避免本国金融业在全球竞争中处于劣势。法国总统萨科齐和英国前首相布朗 2009 年底就曾在《华尔街日报》上联合撰文表示，全球应当建立一个协同一致的银行监管公约，对银行向员工发放的奖金课以特别税，并强调该项措施必须在全球范围内实行，任何国家都不应、也不可能单独行动。

比较上述三个税种，银行税更具有操作性，该税是灵敏并且实际的解决方案，最受重视和关注。金融交易税在国际层面操作性较差，税源易于转移，前景不明朗，该税的全球推行似乎不太可能在可预见的未来达成。银行奖金税在性质上属于一次性的附加税，并与政府的资金援助挂钩。

显然三个税种中，银行税最具潜力。从目前看，全球范围推行银行税已不可能，二十国集团所需要做的是提供一系列各国必须遵守的原则，在此基础上，由各国推出自己的解决方案。欧洲由于各国经济的同质性及目前所面临问题的相似性，故在欧洲范围内推广比较具有操作性。

（三）对电子商务征税的探讨

电子商务潮流正在席卷着当今社会每个角落，它的发展给人类社会现有的任何知识领域都带来了机遇和挑战。“电子商务与转移定价”问题，早在 1998 年就已成为 OECD 关注的电子商务税收四大问题之一，但几年来这方面所取得的进展却比较有限[②]。

“电子商务与转移定价问题”主要反映在两个方面：其一，电子商务的发展将如何影响现有的转移定价法律制度；其二，对电子商务进行转移定价调整应采用何种方法。

---

① 英国政府征收银行业奖金税造成悲喜几何？新华网，2010年01月18日。

② 王欢：《转让定价法律制度的晚近发展研究》，《南开学报》，2000年第6期。

1. 电子商务对现有转移定价法律制度的影响

电子商务将在何种程度上改变现有的转移定价法律制度？对这一问题，目前大致有两种不同的观点。流行的观点持较为保守的态度，认为电子商务的发展并不会给现有的国际税收制度，包括转移定价制度在内带来实质性的改变，现有的基于“正常交易”原则的转移定价法律体系仍可适用于电子商务，电子商务只是增加了“正常交易”分析的复杂性。但激进的观点认为，数字化革命将使现有的国际税收体制土崩瓦解，继续将原有的国际税收规则适用于电子商务领域只会加剧发达国家与发展中国家在国际税收分配上的不平等，因此，有必要重构新的国际税收法律体系，包括转移定价法律体系。

上述两种观点实质上反映了在国际税收问题上发达国家与发展中国家之间的对立。现行转移定价法律制度本来就构筑在发达国家维护其有效税基的基础之上，而发展中国家由于经济落后，转移定价法律规范不健全，实际上在承受着税源的相对流失，因此无论电子商务如何发展，发达国家都不会轻易放弃其既得的利益，而对发展中国家而言，能否抓住此次机会，迎接挑战，争取构建有利于自身的国际税收体系，还难以预料。

当然，现在对此问题下结论也许为时尚早，未来的电子商务将如何改变市场经济的游戏规则仍是一个未知数，有关电子商务的一般法律规范体系也仍在探索之中，到目前为止还没有任何正式的规范性文件涉及“电子商务与转移定价”问题，所有的研究结果只停留在设想或建议阶段。

2. 电子商务的转移定价调整方法

如何对电子商务进行转移定价调整是学术界讨论更多的一个问题，这些研究大多基于 OECD 现有的转移定价规则而展开。OECD 在 1998 年 9 月 17 日公布的“电子商务税收问题讨论稿”中，指出将现行转移定价规则适用于电子商务领域存在的主要困难在于：

（1）适用交易的途径；

（2）建立可比性和进行功能分析；

（3）适用传统的调整方法；

（4）一体化商务（Integrated Business）的税收待遇；

（5）决定和遵循适当的文件和信息申报要求。

电子商务的发展，使跨国公司内部信息交换的成本大大降低，企业一体化的程度大大提高。网上缴易具有瞬时性、匿名性，因此很难判断不同交易之间的差异，如果适用传统的交易方法，如何建立可比性以进行功能分析呢？对此，较为一致的看法是，对电子商务的转移定价调整，传统的价格调整方法将不再适用，而应当考虑采取“利润”的调整方法，因为“利润”方法在适用上可以不依赖于严格的交易基础。但究竟应如何采用“利润”方法，仍是一个有待探索的问题。现有的“利润分劈法”和“交易净利润法”如果适用于电子商务领域，必须做出一定的修改，甚至有建议认为应彻底抛弃现行的“正常交易”原则，直接适用“利润”原则，建立全球性的利润分配标准。

2009年4月，OECD关于电子商务征税的联合会议在巴黎召开，就跨境收入的冲突解决、消费者和政府的关系处理以及今后在电子商务征税上的进展进行了讨论。

总而言之，尽管理论和实践上进展十分有限，但电子商务的勃兴确给国际税收规则带来了新的机遇和挑战，在这股世界性的潮流中，发展中国家能否在全世界范围内重构平等互利的国际税收分配关系，也许会成为国际税收领域一个新的热点问题。

参考文献

[1] 杨志清. 国际税收. 北京：北京大学出版社，2010

[2] 朱青. 国际税收. 北京：中国人民大学出版社，2004

[3] 杨斌. 国际税收. 上海：复旦大学出版社，2003

[4] 邓力平. 国际税收学. 北京：清华大学出版社，2005

[5] 邓力平. 国际税收竞争：基本分析、不对称分析与政策启示. 北京：经济科学出版社，2009

[6] 廖益新，朱炎生. 国际税法学. 北京：高等教育出版社，2008

[7] 靳东升，龚辉文. 经济全球化下的税收竞争与协调. 北京：中国税务出版，2008

[8] 中国国际税收研究会. 2008世界税收发展研究报告. 北京：中国税务出版社，2009

[9] OECD：http://www.oecd.org/document/61/0,3343,en_2649_33767_45336893_1_1_1_1,00.html

[10] 何杨. OECD税收协定范本最新解析. 涉外税务，2008(10)

[11] 何杨，Leandra Lederman. 转让定价与避税地：唇齿还是盾矛. 涉外税务，2008(3)

[12] 杨峰. 中华人民共和国企业所得税法解读（一）. 涉外税务，2008(5)

[13] 夏霖．中华人民共和国企业所得税法解读（四）．涉外税务，2008(8)
[14] 黄晓里．中华人民共和国企业所得税法解读（七）．涉外税务，2008(11)
[15] 孙玉刚．国际税收协定与反避税．涉外税务，2007(4)

专题报告一

中国增值税改革

2008 年 11 月 5 日，国务院总理温家宝主持召开国务院常务会议，提出为进一步扩大内需，促进经济平稳较快增长，应在全国所有地区、所有行业全面实施增值税转型。2008 年 12 月 15 日，财政部、国家税务总局公布了修订后的《中华人民共和国增值税暂行条例实施细则》（财税〔2008〕50 号），规定从 2009 年 1 月 1 日起在全国所有地区、所有行业全面实行消费型增值税。至此，研讨多年的生产型增值税转为消费型增值税改革全面推开。2009 年、2010 年是我国全面推行增值税转型的关键时期：一方面，由于增值税涉及范围广，转型改革的全面推行无论是对企业生产经营、投资活动，还是对政府财政收入增减都会产生多重效应；另一方面，由于增值税转型是一种长远的税收基本制度改革，其效应将在较长时期内逐渐释放，而且，改革还需一些后续政策调整的考虑，因此，本报告关于增值税改革专题将焦点放在增值税转型上。

近年来，增值税改革的另一个主要内容是其范围的扩大与调整问题。我国现行流转税中增值税与营业税并行的模式构建有其历史原因，而这种模式显然与税制规范公平的要求相悖。在增值税转型改革完成之后，增值税扩围，并在各种条件具备后，逐渐实行涵盖所有行业的全方位增值税就将成为今后进一步改革的重点。近年来，关于增值税扩围的研究也在不断深入，本报告将对增值税扩围的必要性、可行性、改革步骤及可能遇到的问题进行综述和探讨。

一、增值税转型的背景与进展情况

增值税（Value-Added Tax，VAT）的概念最早是于 1917 年由美国耶鲁大学的托马斯·亚当斯（T. Adams）提出的，时称营业毛利税。1921 年德国企业家西蒙斯（Sicmens）在《改进的增值税》中正式提出增值税的名称并完整阐释其税制原理，但当时并未引起政府当局的关注。直到 1954 年，法国财政部官员莫里斯·洛雷推动法国政府率先采用增值税并取得成功，增值税才正式登上历史舞台，并在很短的时间内以其独有的魅力和优势风靡全球。目前，世界上已有 140 多个国家和地区实行增值税。增值税不仅成为构成各发达国家流转税的主体税种，而且在大多数发展中国家也成为财政收入的主要来源。

（一）增值税在中国的发展历程

1. 增值税立法情况

中国从1979年开始，选择了机器机械和农业机具两个行业及部分日用机械产品在部分城市进行增值税试点。自1983年起，对机器机械及其零配件、农业机具及其零配件以及缝纫机、自行车、电风扇3种产品，在全国范围内统一试行增值税。1984年10月，全国人大常委会授权国务院发布《中华人民共和国增值税条例（草案）》，标志着增值税制度在中国正式实施。1993年12月13日国务院颁布《中华人民共和国增值税暂行条例》，1993年12月25日财政部颁发《中华人民共和国增值税暂行条例实施细则》，增值税正式成为中国经济生活中的重要税种。此时实行的增值税是典型的生产型增值税，即企业在增值税应纳税款计算时，只允许抵扣购进原料等的进项税额，购进机器设备等固定资产所含税款不得作进项抵扣。1994年我国实行了分税制，国地税机构分设，从此以后，增值税一直就是我国收入规模最大的税种。2008年11月5日，国务院对原《增值税暂行条例》进行修订，并于同年12月15日由财政部、国家税务总局颁布修订后的《增值税暂行条例实施细则》，自2009年1月1日起在全国执行，生产型增值税转为消费型增值税由此开始。

2. 中国增值税的转型历程

增值税转型在我国经历了一个渐进的过程。2003年10月，十六届三中全会通过的《中共中央关于完善社会主义市场经济体制若干问题的决定》提出“逐步推行增值税由生产型向消费型转变，在东北地区部分行业先行试点”。随即，2003年10月底，中央出台《实施东北地区等老工业基地振兴战略的若干意见》，再次重申“在东北优先推行从生产型增值税向消费型增值税的改革”。2004年下半年，国家在东北地区的部分行业（装备制造、石油化工、冶金、汽车制造、船舶、高新科技产业、农产品加工业、军品工业等八大行业）率先进行了增值税转型改革的试点，内容主要包括：纳税人申报的允许抵扣的固定资产进项税额采取直接退税的办法，在2004年10月31日前和12月31日前分两次退还，2005年度延续了这一做法，按季度对允许抵扣的固定资产进项税额给予直接退税。2004年底进一步明确，当年由按照增量抵扣调整为按照应纳税额抵扣，将一部分存量收入给予退还，即对于纳税人在2004年7月1日至11月30日期间发生的固定资产进项税额抵减欠税后仍有余额的，可不再按照在新增增值税税额内计算退税的方法计算退税，允许在纳税人2004年实现并入库的增值税收入中计算退税，仍未抵扣（退税）完的固定资产进项税额留待下年抵扣。

2007年5月，增值税转型改革试点范围扩大至中部地区，涵盖了山西、河南、安徽、江西、湖南、湖北中部六省的26个老工业基地城市（山西省的太原、大同、阳泉、长治；安徽省的合肥、马鞍山、蚌埠、芜湖、淮南；江西省的南昌、萍乡、景德镇、九江；河南省的郑州、洛阳、焦作、平顶山、开封；湖北省的武汉、黄石、襄樊、十堰和湖南省的长沙、株洲、湘潭、衡阳）的八大行业（装备制造业、石油化工业、冶金业、汽车制造业、农产品加工业、电力业、采掘业、高新技术产业）。中部与东北执行政策的不同在于：一是东北实行的试点改革政策涵盖了东北三省全部，中部则规定了具体的地区即只在26个老工业基地城市地域范围内实行；二是行业方面有所不同，以中部优势产业电力和采掘业代替了东北地区的船舶与军工业。

2008年7月1日起，增值税转型改革试点范围扩大到内蒙古东部五盟市（呼伦贝尔市、兴安盟、通辽市、赤峰市和锡林郭勒盟），涉及行业及抵扣办法同东北地区，而特别就总分机构的相关执行制度做出了专门规定，即设有统一核算的总分支机构，实行由分支机构预缴税款总机构汇算清缴的纳税人，可由总机构抵扣固定资产进项税额，但需满足总机构设在内蒙古东部地区范围内、由总机构直接采购固定资产并取得增值税专用发票在总机构核算等条件。

2008年8月，汶川地震受灾严重地区也被纳入增值税转型改革试点的范围，主要涉及四川、甘肃和陕西三省被确定为极重灾区和重灾区的51个县（市、区）。此次增值税转型改革试点办法与以往相比，政策力度更大，具体调整和完善的主要内容有：一是取消增量限制，允许企业新购入的机器设备进项税金全额在销项税额中计算抵扣；二是取消行业限制，除国家限制发展的特定行业外，其他行业全部纳入增值税转型范围；三是将计算退税办法调整为正常抵扣办法，转型办法趋于规范，征纳双方操作简便；四是对统一核算的总分支机构制定更为优惠的政策，规定总机构不在受灾严重地区，由总机构购进并用于受灾严重地区分支机构的固定资产，可由总机构抵扣固定资产进项税额。

从增值税在中国的发展和转型演变来看，增值税为中国财政收入立下了汗马功劳。1994年以来，增值税一直在财政收入中占据主导地位，成为中国名副其实的第一大税。

(二)增值税的类型与转型背景剖析

1. 增值税的类型及其比较

从理论上讲，增值税的征收对象是商品和劳务的增值额，但在税收征管实践中，各国税法对允许扣除的外购项目存在很大差异，主要表现为对外购固定资产增值税是否允许抵扣的处理方式不同。据此，可以将增值税划分为生产型增值税、收入型增值税和消费型增值税三种基本类型：

（1）生产型增值税

生产型增值税，在计税时不允许扣除外购固定资产价值中所包含的增值税额，从宏观视角观察，课征增值税的增值额相当于工资、利息、租金、利润和折旧额之和，生产型增值税是以销售收入总额减去所购中间产品价值后的余额为课税对象计算增值税，即增值税 = 工资 + 利息 + 租金 + 利润 + 折旧 = 消费十净投资十折旧。由于增值额大体等同于国民生产总值，故称之为“生产型增值税”。

（2）收入型增值税

收入型增值税，在征收增值税时允许扣除外购固定资产价值中所包含的增值税额，但不允许在固定资产购入时一次性扣除，只允许按照固定资产的损耗程度扣除当期计提折旧部分所包含的增值税款。对全社会而言，增值额相当于社会总产品中的国民收入（V+M），即增值税 = 工资十利息 + 租金 + 利润 = 消费十净投资。由于增值额相当于国民收入，故称之为“收入型增值税”。

（3）消费型增值税

消费型增值税，在计税时允许一次性扣除当期外购固定资产价值中所包含的全部增值税额，纳税人用于应税增值税产品和劳务的全部外购项目的价值都可以彻底抵扣。对全社会而言，增值额相当于当期国民消费总额，故称之为“消费型增值税”。

由于生产型增值税对于企业购进固定资产所缴纳的增值税进项税额，在销项税额中不能抵扣，这样就形成重复纳税。重复纳税当然增加了企业的负担。目前我国生产型增值税的名义税率是17%，如果换算成消费型增值税，则税率高达23%。

消费型增值税有利于调动企业的生产积极性，彻底消除固定资产重复征税带来的各种弊端，进一步推动设备更新和技术革新。在经济越发达、资本有机构成和资本密集型程度越高的国家和地区，消费型增值税拉动经济增长的效果越明显。

增值税历经50年的发展，在当今国际税收实践中，采用消费型增值税的国家占统治地位，采用收入型的国家有阿根廷、摩洛哥及部分原东欧国家，而采用生产型增值税国家只有南非和印度尼西亚。消费型增值税作为一种先进、规范的增值税类型，最适宜采用发票扣税法，它是当今国际上最先进、最流行、最能体现增值税优越性的增值税类型，代表着增值税制度发展的世界潮流和方向。

2. 增值税转型的背景——必要性、可行性与迫切性的剖析

（1）增值税转型的必要性——生产型增值税的弊端

转型改革之前的增值税制度，是对当时立法背景下经济形势的反映，选择采用

生产型增值税，一方面是出于财政收入的考虑，另一方面则为了抑制投资膨胀。然而，随着我国社会主义市场经济体制的逐步完善和经济全球化的纵深发展，推进增值税转型改革的必要性日益突出。

从增值税制度本身来看，现行的增值税存在诸多弊端：

首先，在征税范围方面，增值税的覆盖面没有包括全部流通领域，致使企业购入劳务、接受服务的支出中所含的已征税款，除加工、修理修配外得不到任何抵扣。

其次，在纳税人方面，我国目前划分一般纳税人和小规模纳税人，对经营规模的确认方面主要采用年销售额作为衡量指标，由于标准高，从而将占我国经济总量相当数量的小规模纳税人排除在增值税规范课征范围之外。

第三，在“不准抵扣项目”上，对外购固定资产所含增值税款不予抵扣，存在一定程度的重复征税，不利于高新技术企业、资源开发企业和国有大中型企业的技术改造与技术创新；而抵扣不彻底造成我国出口产品以含税价格进入国际市场，削弱了产品的国际竞争力，制约了我国进出口贸易的发展。

第四，在税收优惠方面，我国部分商品的增值税率过高，而进口免税的规定实际上造成了国内商品的不利竞争地位，不利于自主创新、设备国产化和我国装备制造业的振兴。

（2）增值税转型的可行性——增值税转型试点的成功

党的十六届三中全会明确提出要适时实施增值税转型改革，“十一五”规划明确在“十一五”期间完成增值税转型改革。2004 年 9 月 14 日，财政部、国家税务总局正式启动增值税改革试点，对东北地区老工业基地的八大行业实行增值税改革试点。2007 年 7 月和 2008 年 7 月，又分别新增中部六省的 26 个老工业城市和内蒙古东部五盟市成为第二、三批试点。2008 年 8 月，汶川地震受灾严重地区又纳入试点范围，主要涉及四川、甘肃和陕西三省被确定为极重灾区和重灾区的 51 个县（市、区）。增值税转型试点工作进展顺利，达到了预期的效果，这为增值税转型奠定了坚实的基础。

随着增值税转型试点的逐步推行，2008 年国务院《政府工作报告》提出，要研究制定全国增值税转型改革方案。十一届全国人大一次会议审议同意的全国人大财经委关于预算草案审查结果报告，明确提出争取 2009 年在全国推开增值税转型改革，增值税法也列入人大的立法规划之中。2008 年 11 月，温家宝总理主持召开国务院常务会议，决定自 2009 年 1 月 1 日起全国范围实施增值税转型改革。

（3）增值税转型的迫切性——全球金融危机的压力

美国的次贷危机引发了全球性金融危机，全球经济增长出现明显放缓势头，甚至部分国家出现经济衰退迹象，作为全球制造业中心的中国自然不免牵涉其中。同时，由于我国企业以加工出口贸易为特点并且我国对出口的依赖程度较高，人民币的不断升值压力也对我国企业形成了巨大压力。正是在这样的背景下，国家为扩大内需，拉动经济而实施积极的财政政策。将生产型增值税变更为消费型增值税，对于增强企业发展后劲，提高我国企业竞争力和抗风险能力，克服国际金融危机对我国经济带来的不利影响具有十分重要的作用。

（三）一年多来增值税转型及进展情况分析

对我国2009年及2010年上半年增值税转型情况进行分析，可得出以下结论：

1. 固定资产抵扣进项税额呈增长态势，并趋于平稳

从一年多来抵扣的进项税额分析来看，固定资产抵扣进项税额保持较高水平，并呈现逐渐增长的态势，这说明企业固定资产投资趋于平稳，增值税转型带动了企业固定资产的更新和升级。

2. 政策优势由大型企业向中小企业扩展

固定资产进项税额抵扣企业户数持续增加，更多企业享受增值税转型优惠政策。这表明增值税转型政策已经实现由大型企业向中小企业扩展。

3. 行业相对集中，增值税转型政策的经济效应显现

固定资产进项税额抵扣额呈现出行业相对集中的特点，其中化学原料及化学制品制造业、黑色金属冶炼及压延加工业，电力、热力的生产和供应业等行业固定资产抵扣进项税额规模占据主导地位。由此可见，企业能够充分利用增值税转型政策，加大固定资产投入，优化升级生产设备，为下一步扩大生产提供保障，也为经济增长奠定了基础。可以初步判断，增值税转型政策对国家重点行业技改和优化升级作用开始显现。

二、增值税转型的经济效应分析

在中国税制改革和宏观调控的大背景下，增值税转型作为一项拉动宏观经济增长的重大举措，起到了鼓励企业投资和产业结构调整的积极作用，有助于扩大内需和实现经济增长方式转变，也有助于促进我国经济持续、稳定、健康发展。

（一）增值税转型的税收效应

增值税转型会对增值税征收产生显著影响，即降低增值税的征收总额，这恰恰是增值税转型的效应所在。据测算，2009年国家财政减少增值税收入1200亿元，减少城建税收入60亿元、教育费附加收入36亿元，增加企业所得税收入63亿元，增减相抵后将减少税收收入1233亿元。这是中国历史上单项税制改革减税力度最大的一次，增值税转型所体现的税收效应十分显著。

1. 对企业间接税税负的影响

增值税转型对企业间接税税负的影响主要是指对增值税的影响。在实行生产型增值税条件下，由于纳税人购进固定资产所支付的进项税额不能抵扣，也就是当期外购的固定资产价值不能从计算增值税的税基中扣除，增加了企业的税收负担。在实行消费型增值税条件下，纳税人购进的固定资产所支付的进项税额允许从当期销项税额中抵扣，与增值税转型前相比，企业的增值税负担大幅减轻。增值税负担的变化情况分析如下：

增值税应纳税额 = 当期销项税额 - 当期进项税额

其中：销项税额 = 销售额 × 法定名义税率

进项税额 = 购进额 × 扣除率

设应纳增值税额为 A，企业销售量为 Q，产品销售价格为 P，增值税法定名义税率为 T，生产要素采购量为 q，生产要素购进价格为 p，扣除率为 t。

则有：

$A=PQT-pqt$

一般情况下，企业购进生产要素的数量和产品销售量之间存在一个较稳定的比例关系，即 $q/Q=\alpha$，不妨将 α 定义为投入产出的数量比，而生产要素购进价格和产品销售价格之间也存在一个固定的比率，即 $p/P=\beta$，将其定义为投入产出的价格比。

$\alpha\beta=(q/Q)(p/P)=pq/PQ$，即 $\alpha\beta$ 表示购进额与销售额的比值。

设增值税实际税率为 r，则：

$r=A/P$

将 $A=PQT-pqt$ 代入，得：

$r=T-\alpha\beta t$

从理论上分析，影响增值税实际税率的因素主要有三个：T、$\alpha\beta$ 乘积、t，即在消费型增值税下，增值税名义税率越低，扣除率 t 越大，投入产出数量比 α 和投入产出价格比 β 越大，则增值税实际税率 r 就越小。即消费型增值税的实际税率取决于增值税名义税率、购进额与销售额的比值，以及扣除率的大小。同时，也表明增值税的实际税率与新增固定资产比例呈反向变动关系。

2. 对企业直接税税负的影响

增值税转型对直接税税负的影响主要是指企业所得税的影响，这种影响主要体现在两个方面：

一是对固定资产入账价值及其折旧额的影响，进而影响到企业所得税。在生产型增值税条件下，企业购进固定资产（含运费等其他价外费用）的进项税额不允许抵扣。假设固定资产的购进价格（不含税）为 P,增值税名义税率为 T,购进运费为 f,购进运费的扣除率为 t，则：

固定资产入账价值 $V_1 = P(1+T) + f(1+t)$

在消费型增值税条件下，企业购进固定资产所支付的增值税及相应运费均可以抵扣进项税额，则：

固定资产的入账价值 $V_2 = P + f$

显然，$V_1 - V_2 = PT + ft > 0$，即在消费型增值税下，固定资产的入账价值较小，且入账价值 V_1 与 V_2 的差额恰为增值税转型后允许抵扣的固定资产进项税额。因此，在相同折旧政策下，消费型增值税下企业每期计提的折旧额会比生产型增值税下每期计提的折旧额少，这使得固定资产折旧期间内利润增加，从而导致企业所得税负担增加，且所增加的企业所得税负担恰好为消费型增值税下允许抵扣的进项税额与企业所得税率的乘积，这样一来，增值税转型会降低企业的整体税收负担。从会计角度分析，由于消费型增值税下固定资产的入账价值相对较低，因此能够帮助企业保持一种稳健的财务结构。

二是对营业税金及附加的影响。由于消费型增值税下应缴增值税额会降低，则计入“营业税金及附加”的城建税和教育费附加也同比例降低,企业税前列支的“营业税金及附加”金额减少，最终导致企业所得税负担增加。

总之，增值税转型后，增值税的税基有所缩小，企业所得税的税基有所扩大，增值税占税收收入的比重略有下降，企业所得税占税收收入的比重略有上升。因此，税收结构会因为增值税转型而发生一定程度的改变。

(二)增值税转型的投资效应

1. 增值税转型背景下的投资分析

企业进行投资分析评价时，通常采用 NPV（净现值）法。在企业产品年销量、单价不变的情况下，两种不同类型的增值税对固定资产投资的影响主要取决于现金流入量现值与现金流出量现值之间的数量关系。若现金流入量现值大于现金流出量现值，即净现值为正，就会激励投资；反之亦然。

在确定投资固定资产所产生的现金流入量时，若将增值税销项与进项之差列入“其他现金流入量”项目，则应缴增值税（这里暂不考虑以增值税为税基计算的城建税和教育费附加）也要包括在内。假定企业购进生产性设备的不含税价为 A，增值税税率为 T，固定资产使用期限为 n，按直线法计提折旧，残值为 0，贴现率为 i，企业税前利润为 B，企业所得税税率为 M，增值税转型前后分别采用生产型增值税和消费型增值税，下面分析比较两种不同类型增值税下的现金流量及净现值，如表 B1–1 所示。

表B1–1　不同增值税类型下的NPV值

项目	生产型增值税	消费型增值税
可以抵扣的进项税额	0	AT
每年计提的折旧额	$A(1+T)/n$	A/n
每年缴纳的所得税	BM	$(B+AT/n)M$
累计缴纳所得税现值	$\sum_{t=1}^{n}\frac{BM}{(1+i)^t}$	$\sum_{t=1}^{n}\frac{(B+AT/n)}{(1+i)^t}\times M$
现金流量净现值	NPV_1	NPV_2

根据上述资料及 NPV 法分析可得：

$$NPV_2=NPV_1+AT-\sum_{t=1}^{n}\frac{(AT/n)}{(1+i)^t}\times M$$

若 T=17% 或 13%，M=25%，$AT-\sum_{t=1}^{n}\frac{(AT/n)}{(1+i)^t}\times M>0$ 成立，

则：$NPV_2>NPV_1$

若 T=17% 或 13%，M=20% 或 15%，亦有：$AT-\sum_{t=1}^{n}\frac{(AT/n)}{(1+i)^t}\times M>0$ 成立

则：$NPV_2>NPV_1$

故而，消费型增值税下的投资净现值总是大于生产型增值税下的投资净现值。所以，增值税转型会使固定资产投资项目的可行性边界扩大，使原来不可行的固定资产投资项目可能变得可行。可以认为，增值税转型带来的投资可行性边界的扩大，必将导致新一轮技术改造、设备更新高潮的到来，也必将对不同行业的固定资产投资产生重大影响。

2. 增值税转型的行业影响度分析

增值税转型哪些行业是最大赢家呢？根据增值税转型后的数据分析，增值税转型最大的受益行业是装备业和设备制造业，其受益程度取决于下游行业的设备投资力度。由于增值税转型带来投资可行性边界的扩大，对企业更新生产设备有着前所未有的激励作用，从而会优先带动设备制造业以及装备业的发展。具体分析如下：

（1）增值税转型使大量采购设备、固定资产投入比例高的行业受益，其中固定资产耗损越快、折旧年数越短的行业，增值税转型的获益也越大。因此，增值税转型对资本密集型企业和部分技术密集型企业来说，由于这些企业所拥有的资产中固定资产比重较大，相对于加工企业和劳动密集型企业而言，增值税转型对它们降低税收负担更为有利。

（2）生产型出口企业受益不大，因为出口产品尤其是装备制造业产品目前享受出口退税，其增值税负担本来就很轻，所以这些企业受增值税转型的影响不大。比如，船舶制造企业、集装箱出口企业的出口额占总销售收入比重很大，因此，它们从增值税转型中获益较少。

（3）建筑安装业、金融业以及交通运输业等行业由于目前并没有实行增值税，因而增值税转型对这些行业内的企业几乎没有什么影响，这些行业还普遍存在重复征税现象。

（4）由于增值税转型把房屋、建筑物等不动产以及容易混为个人消费的小汽车、摩托车和游艇等资产排除在增值税抵扣范围之外，因此，对未来购入车辆和不动产较多的企业来说，并不能从增值税转型中受益。

可见，对征收增值税、新购置固定资产较多的行业，增值税转型影响度最大。对各个行业固定资产的未来需求进行预测发现，增值税转型受益最大的是橡胶制品业、印刷业、采掘业、木材加工及其制品业、金属制品业、食品制造业、纺织业、家具业、电力、热力、煤气及水的生产和供应业、非金属矿物制品业等行业。根据2009年、2010年上半年上海证券交易所和深圳证券交易所直接给出的上市公司行业分类结果及上市公司相关数据进行分析研究，发现以下行业影响情况：

其一，增值税转型对食品和饮料业、批发和零售贸易行业、纺织服装皮毛业等三个行业ROE影响较大，以前普遍认为增值税转型对金属和非金属业、石油化学塑胶塑料和采掘业的ROE影响理应较大，实证表明：增值税转型对采掘业的ROE影响较小，对于金属和非金属业、石油化学塑胶塑料行业的ROE影响处于中游水平。

其二，增值税转型车辆抵扣政策对批发和零售贸易行业、纺织服装皮毛业ROE影响较大的原因是两个行业本身ROE的数值较低，增值税转型车辆抵扣政策将对金属和非金属业、石油化学塑胶塑料、食品和饮料业、机械设备仪表业等4个行业的影响比较突出，不允许车辆抵扣的政策将提高4个行业的相对税收负担。

其三，转型后的ΔROE（净资产收益率，不含运输）在0～1%区间的是采掘业、批发和零售贸易行业、信息技术业及医药和生物制品业四个行业，在1%～2%区间的是电力煤气及水的生产和供应业、电子行业、纺织服装皮毛业、金属和非金属业、机械设备仪表业、造纸和印刷业、石油化学塑胶塑料等7个行业，在2%～3%区间的是食品和饮料业。

2009年春，国务院审议通过十大产业振兴规划，该规划实施时间为2009年至2011年末，纳入产业振兴规划的十大产业分别是：钢铁产业、汽车产业、纺织工业、装备制造业、船舶工业、电子信息产业、轻工产业、石化产业、有色金属业和物流业（振兴规划产业及增值税转型的拉动效应如表B1-2所示）。其中绝大多数产业都受到增值税转型的重大影响，只有电子信息产业、物流业受到的影响较小。因此，增值税转型将对我国产业振兴起到重要的推动作用。

表B1-2　十大振兴规划产业、振兴措施及增值税转型的拉动效应

十大振兴规划产业	增值税转型的拉动效应与振兴措施
钢铁产业	振兴措施之一是加大淘汰落后产能力度，能发挥增值税转型的拉动效应
汽车产业	重点支持企业技术创新、技术改造和新能源汽车及零部件发展，能发挥增值税转型的拉动效应
纺织工业	加大对纺织企业技改资金和流动资金贷款支持，重点支持纺纱织造、印染、化纤等行业技术进步
装备制造业	支持装备制造骨干企业进行联合重组；充分利用增值税转型政策，推动企业技术进步
船舶工业	拟出台单壳油轮和化学品船以及老旧船舶的报废更新政策；提前实施进入中国水域的单壳油轮淘汰政策
电子信息产业	加大投入，集中力量实施集成电路升级、新型显示和彩电工业转型、第三代移动通信产业新跨越、数字电视推广、计算机提升和下一代互联网应用、软件及信息服务培育六大工程
轻工业	加快造纸、家电、塑料等行业的技术改造
石化产业	扩建产能，调整化肥农药生产结构，抓紧组织实施在建炼油、乙烯重大项目，扶植高附加值化工产品等
有色金属业	落实及增加收储计划、推动跨行业、跨地区兼并重组以及国外资源并购、落实直购电试点、降低电价、合理调整税费以及加强对重点企业技改的支持等
物流业	对我国物流园区布局进行合理规划等。因为物流业受到了世界经济危机的严重影响，规划将在一定程度上减轻金融危机对物流体系的冲击

(三)增值税转型的财务效应

1. 增值税转型直接提升企业盈利水平

增值税转型作为强大的政策推动力能够直接减少企业的增值税支出，提升企业盈利水平；同时，增值税转型会降低新增固定资产每期提取的折旧额及管理费用支出，虽然造成企业所得税有所增加，但企业净收益和税后利润率水平明显提高。因此，增值税转型不仅直接减轻增值税负担，而且对企业经营收益的影响也是直接的、重大的。

在投资额度不变的前提下，采用消费型增值税，由于新增固定资产的进项税额被一次性全额抵扣，使得固定资产的原价降低，折旧费用相应减少，投资当年的利润可能有较大幅度的上升。如果消费型增值税导致投资幅度大幅提高,那么,一方面，投资扩张当年，由于固定资产投资的建设周期各异，由消费型增值税刺激造成的投资增长反映在营业收入的增长幅度上会各不相同；另一方面，投资扩张当年，财务费用增加，将抵消部分由进项税额抵扣带来的利润提升，而以后年度由于不再享受增值税抵扣优势，利润状况将重新取决于新增固定资产的建设周期、投资回报与折旧和财务费用之间的关系。一般对于投资额较大，投资回收期较长的项目，次年的利润可能由于折旧费用和财务费用的增加幅度大于当年新增固定资产对经营利润的影响而有所下降，但是并不影响净利润的绝对上升趋势。可见，固定资产的不含税价格越高，折旧额越大，对净利润项目的影响就越大。总的来说，在消费型增值税下，企业的利润表年度波动较大。

2. 增加企业转型后相关期间的现金流量

增值税转型对企业的现金流量产生深远的影响。相对于生产型增值税，消费型增值税对企业生产性固定资产投资项目现金流的影响主要表现在三个方面：

（1）固定资产所含的进项税款可以从当期销项税额中予以抵扣，从而使企业当期缴纳的增值税额减少，经营现金流量由于增值税支付的大幅减少而有所上升，这相当于等量增加了企业的现金流入，但仅限于固定资产投资当年。

（2）由于增值税的减少引起以它作为税基的城建税和教育费附加的减少，同样会节省企业的现金流出，相当于获得等额的现金流入。

（3）由于固定资产原值以税外价入账，导致每年提取的折旧减少，在销售额不变的情况下，企业利润总额增加，相应地就要多缴所得税，这会等量增加企业各期的现金流出。如果不考虑货币的时间价值和未来因生产规模扩大而增加的现金流入，将这三种影响综合起来，企业当期因转型带来的现金流的节省正是企业当期因转型从国家所获得的税收减负，即：转型使企业当期节省的现金流 = 当年允许抵扣的固定资产税款 + 由此减少的城建税和教育费附加 – 因固定资产折旧减少而增加的所得税。

假设 A 为企业当年新增允许抵扣类固定资产的不含税价格，增值税税率为 17%，折旧率为 R，所得税税率为 25%，该企业适用 7% 的城建税率、3% 的教育费附加率，在不考虑时间价值的情况下，企业当期因转型带来的现金流的节省额为：

$$C = A \times 17\% + A \times 17\% \times 10\% - A \times 17\% \times (R + 10\%) \times 25\%$$

由以上分析可知，在投资额度不变的前提下，投资当年，消费型增值税由于增值税支付的减少而使企业的现金保有量提升，还可能由于新增固定资产的作用而使净经营现金流入有所增加，但以后年度的现金流不再受增值税的直接影响。考虑到消费型增值税对投资的刺激作用，企业的投资现金支出可能会大幅增长。在企业自有资金不足的情况下，还会带动利息支出的大幅增长。另外，不同建设周期的投资项目对营业收入的影响也不尽相同，因而企业以后年度现金流取决于新增固定资产对经营现金流的增加作用与利息支付及债务偿还所支出的融资现金流之差。

下面举例分析增值税转型前后企业现金流的差异情况，深度剖析增值税转型对企业投资当期现金流量所造成的影响。假定购入的固定资产价值 1000 万元，进项税额 170 万元；A 代表无固定资产进项税额可供抵扣；B 代表生产型增值税，进项税额计入固定资产成本，并按年限逐期计提折旧；C 代表消费型增值税，进项税额不计入固定资产成本，全部作为进项税额予以抵扣。在不考虑运费及城建税和教育费附加的情况下，不同增值税类型对企业现金流量的影响如表 B1–3 所示。

表B1–3　不同增值税类型下企业现金流量比较一览表　　（单位：万元）

项　目	行　次	A	B	C
一、产品销售收入	1	2000.00	2000.00	2000.00
减：产品销售成本	2	600.00	600.00	600.00
购入固定资产新增折旧费用	3	0.00	170.00	0.00
产品销售费用	4	100.00	100.00	100.00
产品销售税金及附加	5	50.00	50.00	50.00
二、产品销售利润	6	1250.00	1080.00	1250.00

续表

项　目	行 次	A	B	C
加：其他业务利润	7	0.00	0.00	0.00
减：管理费用	8	200.00	200.00	200.00
财务费用	9	50.00	50.00	50.00
三、营业利润	10	1000.00	830.00	1000.00
加：投资收益	11	0.00	0.00	0.00
营业外收入	12	0.00	0.00	0.00
减：营业外支出	13	0.00	0.00	0.00
四、利润总额	14	1000.00	830.00	1000.00
减：所得税（税率25%）	15	250.00	207.50	250.00
五、净利润	16	750.00	622.50	750.00
增值税销项税额	17	340.00	340.00	340.00
减：增值税进项税额（不含固定资产）	18	100.00	100.00	100.00
固定资产进项税额	19	0.00	0.00	170.00
应纳增值税额	20	240.00	240.00	70.00
增值税与所得税合计数（现金流出量）	21	490.00	447.50	320.00

3. 降低购进固定资产的入账价值

实行不同类型的增值税，对资产负债表的影响也不一样。实行生产型增值税，由于购进固定资产的增值税不能抵扣而只能计入“固定资产原值”，导致固定资产价值增加。相应地，由于购进增值税不能抵扣，导致企业应纳增值税额明显增加。而实行消费型增值税，企业固定资产投资当年，新增固定资产的进项税额允许一次性全额抵扣，使当期应纳增值税额明显减少；固定资产入账价值因不再包含购进的增值税而明显降低，从而导致当期及以后各期企业计提的折旧额减少，推动企业盈利水平不断提高。因此，增值税转型不仅有利于企业增强市场竞争力，还能帮助企业保持一种稳健的财务结构。

4. 对企业资产运营能力的影响

（1）资产运营指标的变化。固定资产周转率是一项重要的资产运营指标。固定资产周转率 = 营业收入 ÷ 固定资产。固定资产周转率越大，资产的运营效率越高。在营业收入不变的情况下，由于转型后固定资产减少，将使该比率上升。

（2）盈利能力指标的变化。净资产报酬率能反映企业的盈利能力。由于转型后净资产不变、净利润增加，因此，净资产报酬率增加。

（3）偿债能力指标的变化。利息保障倍数是衡量长期偿债能力的重要财务指标之一，流动比率和速动比率是衡量企业短期偿债能力的重要指标之一。同时利息保障倍数、流动比率和速动比率等也是银行向企业发放贷款和确定利率的重要指标。

利息保障倍数为税前利润与利息费用之和与利息费用之比，即：利息保障倍数 =（税前利润 + 利息费用）÷ 利息费用。一般来说，一家企业的利息保障倍数越高，其偿债压力就越小，公司债券等级就越高。高等级的债券不仅发行顺畅，而且利率较低，可以降低公司的财务费用。增值税转型抵扣固定资产增值税后，固定资产成本降低，计入损益的折旧费用减少，企业利润相应增加。因此，在利息费用保持不变的情况下，增值税转型必然会使企业利息保障倍数提高。可见，增值税转型有利于提高上市企业公司长期的偿债能力，降低财务风险。增值税转型在降低企业增值税税负的同时，城建税和教育费附加也相应降低，但企业所得税会随着利润总额的调增而有所增加。尽管如此，转型后使企业各种税收（含教育费附加）增减相抵后的总体税负仍然较转型前降低，企业上缴国家税金的现金（含银行存款）支出会因此减少，而流动负债保持不变，企业的流动比率会由此增加。由于银行存款是企业的速动资产，银行存款及流动资产的变化将引起流动比率与速动比率同方向的变化。因此，增值税转型将有利于改善企业的财务状况，增强企业的短期偿债能力。

（四）增值税转型的宏观经济拉动效应

消费型增值税有利于调动企业的生产积极性，彻底消除固定资产重复征税带来的各种弊端，进一步推动设备更新和技术革新。在经济越发达、资本有机构成和资本密集型程度越高的国家和地区，增值税拉动经济增长的效果越显著。

1. 减税对宏观经济增长的影响

经济学家萨缪尔森认为，“积极的财政政策即决定政府税收和开支的方法，有助于削弱经济周期的波动，维持一个没有过度通货膨胀和通货收缩的不断成长和高度就业的经济制度”。面对最近时期的金融危机及其对宏观经济的不良影响，中国采取减税政策可谓正当其时。减税政策是政府在经济衰退时期刺激经济增长的一种手段，和增加公共支出一样，属于扩张性财政政策的范畴。减税会产生税收乘数作用，即税收的减少会引起国民收入的成倍增长。从税收乘数效应角度分析，减税可以刺激国民收入增长。长期而言，减税不仅对最初的国民收入转化为消费起着刺激作用，还对已经由减税而产生的国民收入增长起同样的刺激作用。

在经济衰退时，政府应采取增加公共开支、减少税收和增加预算赤字等扩张性的财政政策，拉动宏观经济增长。但比较而言，减税政策则是中国目前更好的选择，因为减税政策具有多重功效：首先，减税有助于扩大投资规模，增加社会就业；其次，减税有助于改善经济结构，促进经济繁荣发展；第三，减税有助于改善经济增长质量，扩大消费在经济增长中的比重；第四，减税政策有助于社会公平，缩小贫富差别，稳定人心，增加社会和谐度。

2. 增值税转型对经济增长的拉动效应分析

增值税转型，允许抵扣购进设备所含的增值税，相当于给企业17%的财政补贴，调动企业增加机器设备、进行技术改造的积极性，也有利于企业进一步扩大再生产。消费型增值税制度下企业成本降低，相应地增加企业利润，无疑对企业发展更加有利。同时这一政策也将激励企业外部资金的投入，把企业更新设备的投资负担降下来，迅速提高企业更新改造能力。

在完全竞争条件下，市场均衡点是供给曲线和需求曲线相交的点，这一点为无增值税均衡点。如图B1-1所示，D代表需求曲线，S_1和S_2代表供给曲线，双方各有一定弹性。征税前均衡产量为OD，征增值税T以后，均衡产量为OC，产量减少了CD，若投入产出率不变，则投资也成比例减少。当实行消费型增值税时，由于只对消费品征税，对投资品免税，在税收收入一定的情况下，相当于把按流转全额征税下由投资品负担的税款转嫁给实行消费型增值税下的消费品负担，投资品的成本大大降低。在总收益一定情况下，成本的降低必然提高投资收益率，这有利于刺激投资，扩大投资需求，而长期投资需求改善了经济的长期前景，不断刺激经济增长，最终使得经济更加繁荣。

但应该引起注意的是，一般来说，投资活动在当期意味着需求，在下一期则意味着供给。也就是说，一段时间内增加投资需求，虽然可以拉动钢铁、水泥、能源等生产资料类商品的需求并进而促进经济增长，不过，几年后随着这些基础设施生产能力的形成，工业和消费产品的供应能力将会有比较大的提升。随即带来的一个问题是，如果下一期社会需求能力没有很大改善，整个经济很有可能因产能过剩而陷入通缩状态。这是增值税转型可能引起的未来负面效应，因此，增值税转型后还必须充分关注社会需求能力的改善与提高问题。

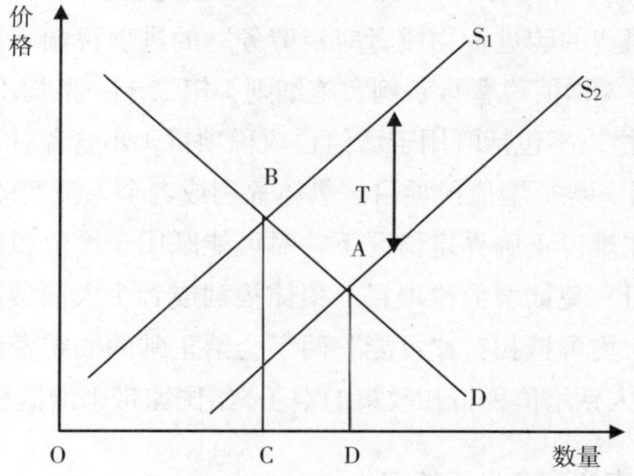

图B1-1　增值税转型前后的市场供求均衡分析

三、增值税转型改革存在的若干问题

增值税转型很好地发挥了增值税调节经济的优势，保证了国际金融危机条件下我国经济持续、稳定、健康发展。但从一年多来增值税转型的运行情况来看，增值税制度还存在着一些不容忽视的问题，尤其是实际操作中不可避免地存在操作失误、政策曲解等现象，甚至出现个别纳税人为偷逃税款而故意误解新政策的情况发生。

(一)增值税转型不彻底

从构建消费型增值税的终极目标来讲，目前的增值税转型政策未能彻底解决增值税重复征税问题。例如，目前只允许企业抵扣生产用的机器设备，不包括非生产用的机器设备和不动产。企业的大量资金用于不动产的基本建设，而现行税制对不动产无相关可以抵扣进项税额的税收政策，不动产的价值只能以折旧的方式渐次进入产品生产直至产品销售，其所包含的价值量在销售环节因不能抵扣购进环节的进项税而导致重复征税。据不完全统计，企业的固定资产投资中，不动产类固定资产的投资比重高达60%，这样一来，增值税转型的效果就会大打折扣。

1. 外购固定资产增值税抵扣项目的界定还比较模糊

《增值税暂行条例》第十条第一项“用于非增值税应税项目、免征增值税项目、集体福利或者个人消费的购进货物或者应税劳务”的进项税额不得从销项税额中抵扣。而与此对应的是《增值税暂行条例实施细则》第二十一条指出，“条例第十条第（一）项所称购进货物，不包括既用于增值税应税项目（不含免征增值税项目）也用于非增值税应税项目、免征增值税项目、集体福利或者个人消费的固定资产。”这是否意味着征管部门在难以正确界定情况下，对可能既用于增值税应税项目又可能用于非增值税应税项目、免征增值税项目、集体福利或者个人消费的固定资产（除摩托车、汽车、游艇）均可抵扣？“可能”两字会给正常的固定资产进项抵扣带来大问题，会使一些纳税人钻增值税抵扣政策的空子，给国家带来增值税税收收入的流失。

2. 不动产类固定资产含义不够细化

《增值税暂行条例实施细则》第二十三条规定：条例第十条第（一）项和第二十三条所称非增值税应税项目，是指提供非增值税应税劳务、转让无形资产、销售不动产和不动产在建工程。这里所称不动产是指不能移动或者移动后会引起性质、形状改变的财产，包括建筑物、构筑物和其他土地附着物。纳税人新建、改建、扩建、修缮、装饰不动产，均属于不动产在建工程。也就说明了不动产涉及的外购货物进项增值税不能抵扣。在不动产的定义中，对建筑物、构筑物的定义能让纳税人理解，最令人难以理解的是其他土地附着物，一些土地附着物如管道、管线、锅炉、中央空调、电梯、储油罐等是属于动产或不动产？增值税进项税额能否抵扣，目前仍不得而知，一些企业可能抵扣了，一些没有抵扣，导致“能抵的没抵，不能抵的却抵了”现象的发生。

3. 融资租赁固定资产陷入尴尬局面

增值税转型后，企业直接购进机器设备可以抵扣增值税进项税额，通过融资租赁方式“购进”的机器设备，因“出售”机器设备的融资租赁公司执行营业税政策而无法取得增值税专用发票，不能抵扣设备的增值税进项税额，大量企业将不再选择融资租赁方式“购进”机器设备，影响了这一新兴的“朝阳产业”的发展，造成新的税负不公平。

（二）增值税转型后征收范围太狭窄

从税制改革的大局看，增值税征税范围还显狭窄，没有充分体现增值税针对增值额征税的原则。目前，建筑安装、交通运输、不动产销售等行业和业务尚未纳入增值税的征税范围，在增值税计算中或者不予抵扣，或者按规定扣除率计算抵扣。一方面造成扣除不彻底，如建筑安装、不动产销售等行业已缴纳的税款不能得到扣除，造成重复征税；另一方面破坏了增值税链条的完整性，如运费按固定比率扣除，与实际税负不一致，弱化了增值税环环相扣的链条作用。

完全意义上的消费型增值税扣除范围很广，应当包括企业所有的资产项目支出。因此，彻底解决增值税转型后的重复征税问题，还有待于扩大增值税征收范围，不断完善增值税的相关政策和征管措施。

(三)增值税转型依然没有解决农产品收购发票税款抵扣问题

多年来，国家出于调动和保护农民积极性，解决农产品销售的难题，方便纳税人收购农产品时发票开具等考虑，允许从事农产品收购的纳税人自行开具农产品收购发票并可以抵扣税款，但其弊端是有目共睹的。例如：收购的品种、数量、金额等完全由纳税人自行掌握，税务机关对其收购情况难以核实，管理难度和执法风险很大。不法分子利用虚开的农产品收购发票虚抵税款进而使虚开增值税专用发票的大案要案时有发生，给国家税收造成了巨大损失。基层税务机关要求取消农产品收购发票和改变现行抵扣政策的呼声很高，但新修订的《增值税暂行条例》及其实施细则却依然保留了纳税人凭农产品收购发票抵扣税款的规定，没有从根本上解决农产品收购发票带来的弊端。

(四)增值税转型政策存在逃避缴纳税款漏洞

增值税转型政策存在操作层面的漏洞，很可能成为纳税人避税的手段。一些操作细节问题还不能彻底杜绝。

1. 企业将非抵扣范围的固定资产进行抵扣

按照增值税转型政策规定，一般纳税人购进的符合规定范围的机器、机械、交通工具等固定资产，可以从当期进项税额中抵扣。而房屋、建筑物，以及应征消费税的汽车、摩托车、游艇等是不允许抵扣的。但纳税人可能将购入的应征消费税的汽车、摩托车、游艇等，通过变换开票产品名称的方式进行抵扣，或者在建造房屋、基础设施等非抵扣范围的固定资产时，将购入的钢材、水泥等建筑用材料，通过向销售方索取增值税专用发票的方式进行抵扣。

2. 企业存在逃避增值税的机会主义倾向

（1）一般纳税人企业在固定资产抵扣时间方面钻政策的空子。比如，将取得的2009年1月1日以前购入并已索取普通发票的固定资产退回销售方，要求重新开具增值税专用发票进行抵扣税款；再如，存在以假进货退回的名义，请销售方开具红字普通发票冲减销售后再开具增值税专用发票进行抵扣税款，或者在前期购入且尚未索取发票的固定资产的情况下，于2009年1月1日以后索取增值税专用发票抵扣税款。

（2）一般纳税人企业在抵扣固定资产范围上钻政策的空子。如将非抵扣范围的固定资产变换花样进行抵扣。在建造房屋、基础设施等非抵扣范围的固定资产时对购入钢材、水泥等建筑用材料索取增值税专用发票进行抵扣。

（3）一般纳税人企业存在将其他纳税人购入的固定资产用作本企业进行抵扣，以及存在从小规模纳税人或增值税免税项目纳税人买入其购进固定资产的增值税专用发票进行抵扣等问题。

（4）小规模纳税人则将2009年1月1日以前销售的货物，通过虚构退货业务，开具红字发票后再重新开具发票，按新的征收率3%计算税款而达到少缴增值税的目的。

（五）增值税转型后征管环节发现的新问题

税务机关在增值税征管过程中发现以下新情况、新问题：

一是部分纳税人申报抵扣固定资产进项税额的数据填报错误，有的错将抵扣凭证份数填报在固定资产进项税额栏，有的将维修机器设备购进的零配件的进项税额填报在进项税额栏，造成从综合征管系统抽取的固定资产进项税额抵扣数据与企业实际申报抵扣数据不符。

二是固定资产“实际发生”时间确认难度较大：第一，纳税人普遍认为“实际发生”时间应以固定资产达到预计可使用状态或工程决算完毕交接使用时间来确认；而税法规定，应根据不同销售方式确定的销货方销售该固定资产的纳税义务发生时间来确认。第二，固定资产购货方以各种理由不提供该固定资产的实际购货时间资料，特别是固定资产投资规模大、建设周期长、设备品种多的项目尤为突出，这样一来，对销货方是外地的固定资产购进时间就难以核实确认。第三，付款方式、购进设备验收方式等的多样性也给“实际发生”时间的确认增加了难度。

三是发现销货方存在不按规定时间开具增值税专用发票问题，从而造成了购买方抵扣时间不确定或极易导致操纵现象的发生。

四、增值税转型改革及征纳环节的政策建议

（一）完善转型改革的政策建议：如何促进增值税制度的科学化与规范化建设

1. 完善增值税转型政策的操作细节

（1）明确外购固定资产增值税抵扣项目的范围。

在增值税转型过程中，税收政策及操作要求应予以明确。对用于非增值税应税项目、免征增值税项目、集体福利或者个人消费的固定资产，在纳税人没有明显证据举证说明确实同时用于增值税应税项目的情况下，应不予作增值税进项税额抵扣，因此，《增值税暂行条例实施细则》第二十一条应规定纳税人负有举证责任。

关于不动产类固定资产的界定，与建筑物、构筑物验收不可分割的设备、器具、工具等名义上的动产不能作增值税进项抵扣。相反，对于那些与不动产可以分割的设备、器具、工具等固定资产，其进项税额可以抵扣。总之，针对当前不动产界定方面存在的问题，可以采取两种办法解决：一是改革现有增值税税制，将固定资产统一纳入增值税扣税范围，这不但是与当前扩大内需、鼓励投资的宏观政策相一致，也是实施规范增值税制的必然要求；二是固定资产纳入增值税扣税范围短期内不能实现的情况下，对不动产及不可分割的配套设备范围进一步明确，便于统一标准，充分体现税收公平原则。

（2）完善融资租赁方式租入固定资产的进项税额抵扣政策。

对于企业融资租赁租入的固定资产，应视同自购行为，允许抵扣其增值税进项税额。在不改变现行融资租赁征税方式的前提下，可以采取租售方直接向承租方开具增值税专用发票的方法，在备注栏内注明融资租赁方式和货物所有权人，融资租赁单位凭增值税专用发票的发票联入账，承租方凭增值税专用发票的抵扣联抵扣增值税。

2. 进一步扩大增值税的征收范围

本次增值税转型中，仍未涉及建筑业、交通运输业等征税范围的调整，仍属于营业税的课征范围，但这几个行业与增值税的征管又密切相关。特别是在建筑业中，不依法取得发票或取得假发票的情况仍相当严重，但如果改营业税为增值税，则情况必有较大好转，能较好地带动上游行业发票的开具；又如交通运输业，在营业税

征收与增值税抵扣中，仍存在较大的税率差，这就不利于财政收入，也不符合增值税扣除环节的管理。因此，在目前增值税税基缩小且存在一定财政压力的情况下，可以把一些符合增值税要求的其他税种划入增值税纳税范围。

扩大增值税征收范围，即最大限度地把商品及劳务服务纳入增值税征收范围，理顺增值税计税链条。增值税征收范围扩大既可以优化流转税制，延伸增值税征收链条，规范增值税抵扣机制，又可以在一定程度上避免新的税负不公，还可以减少非增值税专用发票抵扣凭证管理中存在的漏洞，因此扩大增值税征税范围对优化增值税制，避免重复征税，提高税收管理水平，具有十分重要的意义。

3. 取消农产品收购发票，废止自开自抵税款制度

针对当前农产品收购发票和纳税人自开自抵税款带来的种种弊端，以及这种发票管理和抵扣制度对税务机关带来的执法风险，应尽快取消农产品收购发票，废止纳税人自行开具农产品收购发票、自行抵扣税款的规定。同时，应对农业生产单位和农民个人实行户籍地管理制度，可以设计一种农产品专用销售发票，收购农产品的纳税人可以凭农产品专用销售发票抵扣税款。

4. 根据不同行业税负状况确定小规模纳税人的征收率

首先应在调查研究的基础上对不同行业增值税一般纳税人实际税负进行测算，得出不同行业的平均税负率，并据此来从高确定相同行业的小规模纳税人征收率。同时，建议完善“简易征收”办法，确保公平税负。除此之外，还应加强小规模纳税人建账建制工作，细化税收监控，确保其生产经营的真实性；其次要完善和强化税务登记工作，严格注销涉税事项的管理，防止其以注销等办法来从事偷税漏税活动；第三要加强对小规模纳税人的纳税评估和税务稽查工作，从严打击涉税违法行为。

(二)企业纳税环节的政策建议：如何抓住增值税转型的历史性机遇

增值税实行由生产型向消费型转型，可以抵扣购进设备所含的增值税，相当于给企业 17% 的补贴，可以调动企业增加机器设备、进行技术改造的积极性，也有利于企业进一步扩大再生产。消费型增值税制度下企业成本降低，相应地增加了企业利润，无疑对企业更加有利。同时，这一政策也将激励企业外部资金的投入，把企业目前更新设备的投资负担降下来，迅速提高企业更新改造能力。

增值税转型是一次千载难逢的好时机，企业应抓住这个历史性的机遇、扩大企业规模、合理追加设备投资、调整企业资产结构，从而提高公司的盈利能力和核心

竞争力。企业应从以下几个方面着手，充分利用此次增值税转型机遇，正确合理地作出相应决策：

1．增值税转型下企业相应的投资决策

消费型增值税抵扣范围的扩大有利于增加可支配资金，提高投资报酬率，降低项目的投资门槛，通过允许设备进项税抵扣使企业的税负减轻直接刺激企业的设备投资，这是转型对企业的最大影响，其他方面的影响都是建立在此基础上的。

（1）适时扩大投资总水平，选择合适的投资方向与投资方式。

在现有增值税制度下，固定资产投资额为含增值税投资额。实行消费型增值税后，由于购进固定资产的进项增值税可以抵扣，固定资产投资额为不含增值税投资额。实行消费型增值税将减轻企业税负，降低投资成本，有利于企业增加投资，尤其是对于机器设备投资比重较高、资产耗损较快、投资回报率较低的行业，此次转型是企业更新设备、增加投资和扩大企业规模的一个良机。

对于投资方向的选择，一方面因为增值税抵扣直接减少了入账固定资产的成本，同时它又通过对损益表相关项目的调整影响企业税后净利进而提高以后年度的投资收益率，因而企业的投资应倾向于能够带来进项税抵扣的设备。另一方面，增值税转型是国家运用经济杠杆支持国有企业改革、加快产业结构调整、促进企业技术改造和向高新技术发展的背景下提出，并正在付诸实施的一项宏观调控政策。在投资策略上，不仅要考虑现有的存量资产和产品结构，还必须定位在国家产业政策鼓励的项目上，从投资资金上予以倾斜，促进产品结构的优化调整。对市场潜力大、技术含量高的项目给予优先投资；对效益低下及国家产业政策限制或不鼓励发展的项目，应定位为退出产业。在投资导向上，应加快对主营业务影响较大的设备的更新和改造力度，提高主要产品制造质量，保持对企业核心竞争力的投资支持，增强可持续发展的能力。

最后是选择合适的投资方式。不同投资方式的选择可能产生不同的税收负担，如企业对自建行为与并购行为的选择。因为被并购企业原有的固定资产不能抵扣，企业在可能的情况下，应尽可能自建。

（2）注意转型对投资决策指标的影响，避免投资决策的失误。

在财务理论上，NPV（净现值）法是基本的投资决策方法。在企业年销售量、产品价格不变的情况下，两种不同类型的增值税对投资方案的影响主要取决于其现金流入和流出现值的数量关系。若企业净现值为正，则激励投资；反之亦然。

在投资决策上，始终坚持谨慎性原则，防止盲目投资和低水平重复投资是科学投资的前提。尤其应该注意的是，固定资产投资必须以充分的流动资金作保证。尽管增值税转型后能够减少一部分资金的流出，但在我国资本市场尚不健全的现阶段，企业融资渠道狭窄、生产经营资金稀缺的状况依然十分严重。如果在固定资产投资完成后没有足够的流动资金推动固定资产的正常运转，造成固定资产相对过剩或绝对过剩，不仅会造成资金的大量沉淀，而且降低了总资产的收益率，增大了经营风险。

（3）固定资产的投资管理应讲求策略。

此次增值税转型对企业的固定投资总额产生较大影响，尤其对设备投资的比例将产生较为直接的影响，继而也会对资本的有机构成和产品的科技含量产生决定性的影响。一般来说，企业为扩大生产规模和提升产品的技术含量会不断地增加固定资产的投资，因而资本的有机构成也越来越高，每一个劳动力所支配的生产资料的数量也越来越多，产品的生产技术水平、劳动生产率和市场竞争的能力也得到提高。这对改变目前低技术产品过剩、高技术产品相对较少的产品结构和老企业设备陈旧、技术水平落后、生产效率低下的状况具有深远的意义。而企业在扩大固定投资总额中应注意以下几个方面，以降低企业投资成本并提高投资的有效性：

首先，要抓住增值税转型机遇，把握好固定资产购置时机。一般来说，企业应选择在出现大量销项税额时期购入，这样在固定资产购进过程中就可以实现进项税额的全额抵扣。否则，若在一定时期购进固定资产的进项税额大于该时期的销项税额，则会出现一部分进项税额不能实现抵扣，从而降低固定资产抵扣的力度。因此，增值税转型后，企业必须对固定资产投资做出财务预算，合理规划投资活动的现金流量，分期分批进行固定资产更新，以实现固定资产投资规模、速度与企业财税目标的相互配合。

其次，缩短固定资产建设周期，提高企业资金的使用价值。企业在进行固定资产投资时往往需要投入大量的资金，而其完工才允许抵扣的规定会影响其建设期资金的时间价值及企业对高投资回报率的追求，因此企业应尽可能地加快建设进度，缩短购建周期，提高资金的使用价值与投资回报率。

最后，企业需树立前瞻意识，不断优化固定资产投资结构。固定资产投资对企业生存与发展具有战略意义。应当明确，一旦投资形成，在科学技术不断进步，竞争环境急剧变化的冲击下，原有的技术优势会随着时间的推移不断衰减，甚至沦为劣势。因此，企业在投资时应有充分的前瞻意识，把投资政策与战略发展结构、提升核心竞争能力相结合，形成实现战略发展目标过程中不同时期、不同阶段的战术性投资行为，以持续的技术领先推动市场竞争优势。在保持固定资产投资增长或稳定的同时，使投资活动具有合理的弹性，以有效规避各种风险，促进投资收益的最大化。

2. 增值税转型下企业相应的融资策略

增值税的转型会刺激企业的投资，企业投资规模的增大，必然刺激企业的融资活动。设备投资所需资金量巨大，企业除了利用已有积累及内部融资来进行投资外，一般还需要通过发行新股、银行贷款、发行债券等外部筹资活动来筹集设备投资所需要的资金。筹资决策的关键是要在借款与权益资金之间作出选择。由于借款利息在一定时期内固定不变（不因企业盈利的增加而增加，也不因企业盈利的减少而减少），在投资报酬率高于利率时，企业应该多借款，从而提高权益资金的报酬率；如果投资报酬率等于利率，则筹资结构对权益资金的报酬率没有影响；如果投资报酬率小于利率，则多借款反而会降低权益资金的报酬率。增值税由生产型转向消费型，会提高企业的投资报酬率，在利率不变的条件下，企业的筹资结构中，可以适当增加借款的比重。

3. 增值税转型下企业相应的分配决策

增值税转型改革会减少企业的应纳税额，增加企业的收益，同时由于投资的增加也可能会带来收入与利润的增加，但企业能否增加利润分配的额度，取决于现金流量。在投资年度，由于转型会减少企业的纳税额从而减少了现金流出。但转型刺激企业增加投资力度，增加现金流出，两者相抵之后，企业总的现金流量反而会减少。在投资的以后年度，随着企业不断收到投资回报，企业的现金流状况应会逐渐改善。在投资当期，企业应根据自身的经营状况和财务状况，考虑企业的战略目标，合理地作出分配决策，不应仅仅因为增值税转型改革就盲目增加企业的利润分配。

此次增值税转型改革是中国历史上单项税制改革中减税力度最大的一次。转型改革除了对宏观经济产生刺激作用外，还针对性地产生以下三种效用：（1）消除生产型增值税制下产生的重复征税弊端，降低企业设备投资的税收负担；（2）降低外商投资企业享有的超国民待遇，推动内外资企业平等参与市场竞争；（3）缓解中小企业负担过重的不利状况，促进城乡劳动人口充分就业。

在增值税转型的政策环境下，面对如此发展良机，企业要充分地做好整体的经营规划，要对自身和所处环境进行全方位的深入分析。从宏观上企业应该进行充分的政策分析、市场分析、发展方向分析等，保证企业的发展定位准确，避免遭受政策变化引起的损失，并最大限度地享受政策优惠。在微观上，企业要正确认识自身的类型及所处的阶段，通过更新投资评价体系，制定合理的投融资计划，为企业经营提供强有力的支持。

（三）税务机关征管方面的政策建议：如何完善增值税转型后的征管措施

1. 加强对票流、款流、物流的人工审核，做好固定资产抵扣管理

加强审核检查，强化动态监控，确保固定资产抵扣真实合法。对于纳税人申报抵扣2009年1月1日以后购入固定资产取得的增值税专用发票，实行“单独申报、人工审核”等措施，对票流、款流、物流实施严格审核，确定其业务和发票开具时限是否为2009年1月1日以后实际发生。

固定资产进项税额抵扣审核内容包括：一是票据流审核，审核其票面货物所填列名称，是否属于抵扣范围内的固定资产，是否属于纳税人用于生产经营的固定资产，审核开具发票时间与纳税人购货验收入库时间是否一致等；二是资金流审核，审核资金来源和支付的真实性，是否按规定支付货款，如是否支付给了增值税专用发票所列的销售企业，防止从第三方取得发票；三是实物流审核，深入企业实地查看实物，验明生产厂家及具体用途，并与购货合同等逐项进行核对，防止虚假购进和骗抵税款。

除此之外，还要加强固定资产投入使用情况的后续跟踪监控。由于固定资产使用周期较长，企业购进固定资产后发生改变用途的情况在所难免。因此，主管税务部门要加强增值税一般纳税人固定资产的日常监管，辅导企业如实建立《固定资产税收管理台账》，将企业外购或自制固定资产的日期、名称、用途、使用期、存放地、抵扣税款等基本情况在台账中逐一列明，税收管理员定期或不定期对其进行检查，及时掌握企业已抵扣税额的固定资产改变用途、发生视同销售行为或损失等情况。

2. 加强红字发票监控，严格审核退货真实性

对机器设备销售企业和小规模纳税人在2009年1月1日前后开具的红字发票或者开具红字发票的申请，要严格进行审查，逐份查明原因，审查其是否属于真实退货，有无实际收到所退货物，是否将货款全部退给购货方，防止纳税人虚假冲销以前年度销售，重新开具增值税专用发票给购货方抵扣税款，或者重新开具普通发票，以低征收率3%计算而少缴应缴增值税。对不符合红字发票开具规定的，严格按照发票管理办法进行处罚。

3. 建立和完善与转型政策相配套的税收征管制度

一是将扩大固定资产抵扣申报表与增值税申报表合并，将扩大固定资产抵扣申报表作为增值税申报表的一个附表，随增值税实行按月申报；二是实行申报和退税审批相分离，一方面可以减少税务文书填报的工作量，同时也可以减少对税收系统的影响（目前扩大固定资产申报表录入后便直接体现为“应退未退”税金）；三是制定专门的增值税转型税收征管办法，对转型企业认定、核查、申报、退税的流程进行详细规定，提高办税工作质量和效率。

（四）引导经济发展的政策建议：如何实现技术更新与投资增长

1. 增值税转型的科学定位

增值税全面转型，意味着国家鼓励各地区主要靠“练内功”来发展经济，而不是主要依靠税收优惠政策发展经济。允许企业抵扣新购入设备所含的增值税，可以达到促进企业提高装备水平和稳定固定资产投资的双重目的。所以，国家财政、税务主管机关应当借助增值税转型调整经济发展思路,从“引外资”向“练内功”转变，在考虑“选商引资”的同时，要促进企业不断推动技术进步和革新改造，优化产业结构，提高企业产品技术含量。

2. 鼓励并引导传统企业加快技术更新

引导企业利用增值税转型机遇，加快固定资产购置和技术更新的投入规模，提升产业结构，不断适应市场需求，增强经济发展活力，扩大经济总量，推进高科技企业的升级换代和转向深层次发展。

3. 提醒企业防止投资的盲目性和无序性

增值税转型对基础产业、技术密集型企业和资本密集型企业，因行业因素，其允许抵扣外购设备的进项税额比劳动密集型企业大，获得的减税收入多（包括增值税和与其对应的城建税和教育费附加），有利于鼓励投资和扩大内需，促进企业技术进步、产业结构调整和经济增长方式的转变。因此，资本密集型企业和技术密集型企业的固定资产投入量大，购置设备多，此类企业是增值税转型的最大受益者。增值税转型将较好地发挥税收杠杆的调控功能，合理引导新增投资方向，优化新增投资结构，鼓励技术革新和结构调整，促进资本密集型产业发展。但要提醒企业注意避免固定资产投资的盲目性和无序性，不断提高投资效率和财务效益。

五、增值税现行征收范围和成因

(一)中国增值税和营业税的征税范围以及两税的衔接

1. 增值税的征税范围

增值税的征税范围包括：销售和进口货物，提供加工及修理修配劳务。这里的货物是指有形动产，包括电力、热力、气体等，不包括不动产。加工是指受托加工货物，即委托方提供原料及主要材料，受托方按照委托方的要求制造货物并收取加工费的业务；修理修配是指受托对损伤和丧失功能的货物进行修复，使其恢复原状和功能的业务。

此外，以下八种行为在增值税暂行条例中被视同为销售货物，均要征收增值税：①将货物交由他人代销；②代他人销售货物；③将货物从一地移送至另一地（同一县市除外）；④将自产或委托加工的货物用于非应税项目；⑤将自产、委托加工或购买的货物作为对其他单位的投资；⑥将自产、委托加工或购买的货物分配给股东或投资者；⑦将自产、委托加工的货物用于职工福利或个人消费；⑧将自产、委托加工或购买的货物无偿赠送他人[①]。其他较为特殊的增值税应税范围还包括：货物期货的实物交割、典当行业死当物品销售、非邮政部门集邮商品的生产与销售等。

2. 营业税的征税范围

营业税征税范围按税目分有9个：交通运输业、建筑业、金融保险业、邮电通信业、文化体育业、娱乐业、服务业、转让无形资产、销售不动产。各税目的具体征收范围是：①交通运输业：陆路运输、水路运输、航空运输、管道运输、装卸搬运。打捞比照水路运输征税；通用航空和航空地面服务业务比照航空运输业务征税；②建筑业：建筑、安装、修缮、装饰业务，以及代办电信工程、水利工程、道路修建、疏浚、钻井（打井）、拆除建筑物、爆破等其他工程作业；③金融保险业：贷款、融资租赁、金融商品转让、金融经纪业、其他金融业务和保险业；④邮电通信业：传递函件及包件、邮汇、报刊发行、邮务物品销售、邮政储蓄及其他邮政业务；电报、电传、电话、电话机安装、电信物品销售及其他电信业务；⑤文化体育业：表演、播映、其他文化业、经营游览场所；体育比赛及为体育比赛提供场地的业务；

① 参阅《增值税暂行条例》（2008年中华人民共和国国务院令第538号）及其实施细则。

⑥娱乐业：歌厅、舞厅、卡拉 OK 歌舞厅、音乐茶座、台球、高尔夫球场、保龄球场、游艺;⑦服务业:代理业、旅店业、饮食业、旅游业、仓储业、租赁业、广告业、其他服务业；⑧转让无形资产：转让土地使用权、转让商标权、转让专利权、转让非专利技术、转让著作权、转让商誉；⑨销售不动产：销售建筑物或构筑物、销售其他土地附着物[①]。

3. 增值税和营业税的衔接

我国现行税制对销售货物或者提供加工、修理修配劳务以及进口货物征收增值税，对除了加工、修理、修配劳务以外的一般劳务课征营业税，从而形成了流转税层面增值税和营业税并征的局面。其中，增值税由国税局征收，税收收入中央和地方按照 75% 和 25% 分配;营业税由地税局征收，税收收入归地方并且由省、市分成。

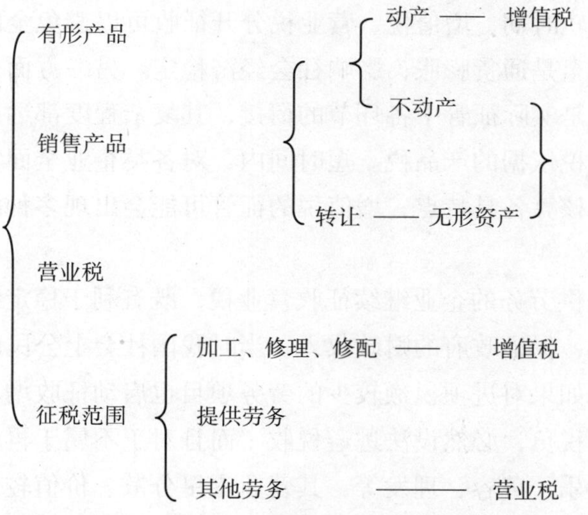

图B1-2　我国增值税与营业税征收范围划分

(二)增值税和营业税并存的历史原因

我国现行流转税税制结构框架创设于分税制改革的 1994 年。在此之前，我国流转税税制结构框架是主要工业加工企业销售收入征收产品税（只有制药、缝纫机、自行车等少数行业企业的产品试行征收增值税）；商业企业和各类提供劳务的企业营业收入征收营业税。产品税由于以全部流转额为计税依据产生的重复计税问题，是我们在 20 世纪 90 年代前期流转税税制改革要解决的关键问题。经多年试点，积累

① 参阅《营业税暂行条例》（2008年中华人民共和国国务院令第540号）及其实施细则。

了一定经验，我国决定将增值税推广至全部工业生产企业，并将商品批发与零售企业和提供加工、修理修配劳务的企业也纳入增值税征收范围，另选择部分消费品在征收增值税的基础上再征一道消费税；对交通运输、邮电通讯、金融保险、服务业等行业企业营业收入继续征收营业税；同时取消产品税和工商统一税。从而构建形成了增值税、营业税、消费税三足鼎立的国内流转税体系。从1994年施行至今，三税并征为消除重复征税、体现税制公平、规范税收秩序、奠定分税制财政体系等做出了重要贡献。

首先，20世纪90年代中期增值税范围的选择主要集中于工业生产和商业流通企业是由于这些行业加工、流通环节比较多，在以往产品税税制下重复征税问题最为严重，税制改革应首先从问题最突出的环节着手，故优先选择工业与商业企业实施增值税的征收。之所以在当时一步到位，像欧盟国家那样实行全面增值税，是因为考虑我国当时国民经济发展状况与国家税务机关的征管能力。一方面，1994年我国正处于经济体制转轨时期，增值税、营业税分开征收可以避免全面实行增值税可能引起的物价飞涨甚至是通货膨胀，影响社会经济稳定。另一方面，增值税无论是应纳税款的计算，还是实际征管中各环节的衔接，其复杂程度都远远超过原来简单地以全部流转额为计税依据的产品税。短时间内，对各类企业全面实行增值税，由于各行业企业经营、核算各具特点，增值税的征管可能会出现多种漏洞，增加税务机关的征管难度。

其次，对各类提供劳务的企业继续征收营业税，既有利于稳定纳税人负担，又便于税款的计算征收，保证政府的财政收入。当时我国社会上公民的法律观念和纳税意识都比较落后，如果对进项税额较少的劳务项目也启动征收增值税，这些纳税人将面临相对较重的税负，必然设法逃避税收；而且对于不属于再生产中间环节的一些劳务如客运、娱乐、美容、理发等，其营业零星分散、价值较低，会计记录不健全，征管难度很大。而营业税在各个环节征收更有效率也更有操作性[①]。

最后，将加工、修理、修配业务从劳务项目中单独征收增值税有助于维护增值税抵扣链条的完整性，同时也可以避免纳税人将加工、修理、修配后的销售货物行为在账务处理上按劳务行为处理，从而套用较低的营业税税率[②]。加工、修理、修配劳务必然作用于某些实物产品，对产品的定价很难明确界定修理修配的所增加的价值，一并征收增值税使纳税人不必做这种无谓调整，更便于税收征管。

---

① 财政部税政司编:《流转税的改革与政策选择——2000年商品和劳务税国际研讨会论文集》，中国财政经济出版社2002年版。

② 杨默如:《中国增值税扩大征收范围改革研究》，中国人民大学博士论文，2010年。

六、增值税扩大征收范围的必要性和紧迫性

从理论上讲，增值税的征收范围应该包括国民经济的各个行业，或说所有的商品和劳务。这样，一方面可以保证税负的中性和公平；另一方面可以保证在采用简便规范的“扣税法”条件下，增值税的抵扣链条不会中断，从而充分发挥增值税“道道征税，税不重征”的优越性。随着我国经济的发展，现行增值税与营业税各自划定征收范围，对货物和劳务分别课征的流转税制框架结构已逐渐显现出其与经济发展不相适应的弊端。

（一）增值税扩大征收范围的必要性

1. 在理论层面上，增值税、营业税两税分征不符合最优税制“公平”和“效率”原则

最优税制理论是研究如何以经济合理的方式征收税款的理论。从课税原则上说，尽管学术界有各种主张，但在公平和效率原则上存在共识，即以对资源分配的效率性和收入分配的公平性为准则，构建经济合理的税制体系。增值税作为一个年轻的税种，具有商品税和所得税的双重性质。根据效率和公平原则审视，我国增值税、营业税的两税分征有诸多缺陷。

（1）增值税和营业税并征对效率造成损失

两税并征不利于税收中性原则的体现，有损经济效率。增值税优点的充分发挥在于其征税范围能够覆盖经济活动各个领域，形成一个连接紧密、环环相扣的链条，链条中的各个环节形成足额抵扣的相互稽查、相互制约的有机整体，从而有效避免重复征税。然而，营业税的存在，使得某些行业上中下游间联合程度的松紧，直接影响该行业整体流转税负担的高低，分工越细越复杂，重复课征越严重。而出于减轻税负的要求，链条中的各企业有可能会进行纵向合并，这就扭曲了经济运行，造成效率的损失，不符合最优税制所倡导的“税收中性”。增值税和营业税并存使得税制复杂，尤其是对混合销售、兼营行为的规定，为纳税人留有较多逃避税款缴纳的空间；而且，营业税制比增值税制更加频繁地赋予一些行业较低的税率和较多的减免条款，不符合现代税制的简化要求。

（2）增值税和营业税并征对公平造成损失

首先，两税并征不利于税负公平。增值税在世界各国普遍开征的一个重要原因是其有着广阔的税源和税收中性的特质。但我国增值税和营业税两税并征导致增值税的课税范围仅限于货物的销售和加工、修理修配劳务，将服务业的大部分行业排除在增值税征税范围之外，不利于税负公平原则。部分行业生产的产品或提供的服务虽然不征收增值税，但在生产经营过程中，仍然需要外购货物和劳务，并成为这些货物和劳务的实际税负承担者。但由于其进项税额不能抵扣，导致其税负变得更加沉重，违背了增值税“税收中性”原则。

其次，难以消除流转税制的累退性。由于现行消费税是在增值税“普遍征收”的基础上“选择性征收”的，因此在营业税税基之上，尚无政策依据支持对“奢侈性”劳务消费同时课征消费税①。而在最优税制理论中，关于对扭曲性税收行为征税，科里特和黑格提出了可以考虑对闲暇征税的设想，对于同闲暇呈互补关系的商品课以较重的税，而对于同闲暇呈替代关系的商品课较轻的税，即“科里特－黑格法则”；同时，应使流转税具有一定累进性和再分配功能，即“扭曲性原则”②。因此，若营业税未能改为增值税，则消费税无法覆盖到营业税税目，现行税制无法达到最优税制中“科里特－黑格法则”和“扭曲性原则”的要求。

2. 在实践层面上，增值税、营业税两税分征对征纳双方造成不利影响

（1）对纳税人的不利影响

首先，增值税由于其征税范围不能够覆盖经济活动各个领域，无法形成一个连接紧密、环环相扣的链条，导致纳税人在生产经营活动中往往因为进项抵扣的无法实现导致不必要的经济损失。以交通运输业为例，在企业生产经营过程中，运费支出无法得到增值税专用发票，增值税抵扣链条因运输业不属于增值税征税范围而发生中断，针对这种情况采取了补救措施，即按照运输费用7%计算抵扣进项税额。对于纳税人来说，增值税一般纳税人适用税率为17%，因此产生少抵扣约10%，对于运输费用占成本费用较大的物资供销企业和部分制造业企业显然不公平。

其次，两税分征对某些行业上中下游间的纳税人相互协作造成不利影响。例如，提供产品的中游部门因为缴纳增值税，无法抵扣上游环节劳务中负担的营业税，而提供劳务的下游部门，因为缴纳营业税，也无法抵扣之前环节商品中的增值税和劳务中的营业税，不利于社会化大生产中纳税人的分工协作。

再次，对于营业税纳税人，一方面无法刺激其像增值税纳税人一样更换机器设备、进行技术改造，这对资本有机构成较高的行业影响尤其重大；同时，对于增值税纳税人，等量的资金投资于不可抵扣的不动产和投入可以抵扣机器设备或者其他

① 杨默如:《中国增值税扩大征收范围改革研究》，中国人民大学博士论文，2010年。
② 黄桦:《税收学》，中国人民大学出版社2004年版。

生产资料，虽然同样提高了资本有机构成，但其税后成本对于增值税纳税人而言却有 17% 的差异，这种现象也不尽合理。

最后，对于应纳增值税的中小企业和增值税小规模纳税人，两税分征导致税负不公。增值税转型后，小规模纳税人的简易征收率从工业的 6%、商业的 4%，下降到 3%；同时，营业税纳税人的税率相对更高，对于同样额度的一笔营业收入，增值税小规模纳税人只承担 3% 的流转税，另外还可以请税务机关代开专用发票，使受票方也可以抵扣进项税额；而营业税纳税人却要承担 3% 或 5% 的税负，受票方也不得抵扣税款，从而造成了营业税税负偏重①。

（2）对政府的不利影响

① 增加政府税收征管成本，影响财政收入

首先，混合销售行为和兼营行为税基难以确定。对于混合销售行为，企业经营中总有一些交易的范围处于应纳增值税或者营业税的边缘地带。例如在培训课程的同时售卖教材、资料，或者提供劳务同时转让无形资产。再如运输服务本身与货运代理业务、包装服务与包装物销售在定性上可能会引起争议。混合销售行为的大量存在导致税收政策复杂交错，在认定上往往会有争议，从而导致国税局与地税局重复课征或者同时漏管。对于兼营行为，在纳税人同时从事两个不同税种的应税交易，在分割营业税和增值税的计税依据时难以定量②。例如，餐馆及其门市部在向顾客提供熟食时，一边要缴纳营业税，一边要缴纳增值税，而兼营行为对应的税率却不同。大量稽查案例显示，餐饮企业在区分“食堂”与“外卖”收入方面，记账时常有猫腻③。

其次，营业税应税行为的发票、凭证由于主管权限集中在省级而不是国家税务总局，难以纳入全国税控联网，防伪能力也比较弱，有的不法人员利用营业税发票制假贩假，虚开代开的违法行为十分猖獗。税务机关管理难度比较大，征税成本也随之升高。

最后，由于增值税征税范围不能够覆盖经济活动各个领域，增值税和营业税在对商品和劳务的征收过程中带来诸多隔阂和不便，并在征收过程中造成财政收入的损失。更为严重的是普通发票进入抵扣链条也造成税款流失，近年来四小票（即农产品收购发票、运输发票、海关完税凭证、废旧物资销售发票）违法犯罪现象逐年上升，手段层出不穷。同时由于运输发票由地税部门管理，海关完税凭证由海关管理，而国、地税与海关之间尚未实现必要的信息共享，因而产生管理不到位，税收流失

① 杜静、林斌、陈文德:《增值税转型，营业税纳税人很“眼红”》,《海峡财经导报》，2009年2月2日。
② 杨默如:《中国增值税扩大征收范围改革研究》，中国人民大学博士论文，2010年。
③ 国家税务总局教材编写组:《税务稽查方法》，中国税务出版社2008年版。

问题也在所难免[①]。

以交通运输业为例，在企业生产经营过程中，运费支出无法得到增值税专用发票，而是按照运输费用7%计算抵扣进项税额，而营业税中交通运输业则是按照3%税率缴纳，国家损失了近4%的税收，从而形成“税收漏斗”。与此同时，有的企业还将货款混入运费，虚开运输费专用发票，而运输费专用发票由地税局委托交管站代开，交管站按照发票运费数额1%提取管理费，在利益驱使下，交管站不会起到有效监督作用，导致偷漏税的产生。更严重的是，该环节少缴纳增值税，下一环节虚开的运输费用发票又会多抵扣一部分增值税，形成多环节侵蚀国家税款的情况。

② 导致政府干预市场竞争

由于我国中央政府和地方政府对增值税按不同比例分成，营业税收入主要归地方政府，形成了现阶段各级政府以及同级政府间税源竞争的局面。地方政府的财政竞争更多着力于中央和地方财政分成时的地方收益较多的税种。地方政府在招商引资或者投资的过程中，出于GDP和财政收入增长的考虑，区分该项目是缴纳增值税还是营业税成为其重要考虑因素，并且通过各种形式对企业进行税收返还，形成了对不同税种纳税人区别对待。

以物流业为例，物流企业机构所在地往往设立在“总部经济”相对发达地区。但其业务范围往往涉及多个地区，由于营业税为地方税，归地方政府征收，因此有利于机构所在地政府而不利于业务发生地政府。这种税源和税收贡献相背离的现象产生了“劫贫济富”的效应，从而导致地方政府之间的借税、买税、引税的现象。

③ 导致国税机关和地税机关产生矛盾

分税制体制的建立要求国地税分工明确，国税局负责征收中央税，地税局负责征收地方税，国地税各自代表不同利益主体。随着经济的发展，纳税人经营活动越来越复杂，经营多元化和兼营、混合销售行为的增多导致劳务提供和商品销售联系更加紧密，给国税和地税征收管理权限划分带来更多困难，国地税双方为了各自的工作绩效，在争取将纳税人纳入自己管辖范围的同时必然产生矛盾。

(二)增值税扩大征收范围的紧迫性

现行增值税、营业税分别征收无法与日益复杂的税源情况相适应，随着我国经济的发展和增值税税制改革的推进，我国扩大增值税征收范围的条件趋向成熟。

1. 服务业的发展现状迫切需要增值税扩大征收范围

改革开放以来，我国服务业得到了快速发展，服务业占国内生产总值的比重从

① 杨小强:《中国增值税法：改革与正义》，中国税务出版社2008年版。

1978年的24.6%上升到2001年的40.5%，但进入2002年以后，服务业产值比重一直在40%左右徘徊不前甚至略有下降。针对这一现象，许多学者得出中国服务业发展落后的结论并呼吁加快提高我国服务业的产值比重。从整体上来说，我国服务业对国民经济发展的贡献率相对不高，与社会经济发展、产业结构调整升级和经济全球化的新形势不能够完全适应。

从国际趋势来看，营业税的征税范围在逐渐缩小，而增值税的征税范围在逐渐扩大。目前整个服务业执行的一般营业税率为5%，这比起同为流转税的工业企业实施的增值税负担要重，而增值税可以抵消或者减免。服务业税负重于商品流通的税负迫切要求将增值税链条覆盖至服务业，发挥增值税税税收中性的优势，促进我国服务业的发展。

2. 金融危机为扩大增值税征收范围提供了恰当时机①

由于金融危机的影响，我国商品出口大量减少，出口形势极其严峻。这既可能是一种消极因素，也可能成为我国经济转型，跨上更高平台的契机。此时，把握好税制改革的时机，适时推行扩大增值税征收范围改革，发挥增值税的优势，减少重复课税，公平税负，对我国产业结构的调整和技术升级，提经济竞争力，拉动内需具有重要意义。

3. 增值税转型和我国税收征管能力的提高为增值税扩大征收范围提供了保障

随着我国在全国范围内推行消费型增值税，减少了增值税非抵扣项目，消费型增值税的优势必将逐渐体现出来。在增值税转型改革完成后，下一步增值税改革的主要任务应着眼于扩大增值税征收范围，将目前征收营业税的行业逐渐纳入增值税征收范围。同时，随着我国“金税工程”的逐步推进，“以申报纳税和优化服务为基础，以计算机网络为依托，集中征收，重点稽查”的征管新模式逐渐明确，税收征管能力不断提升，增值税扩围条件趋向成熟。

七、增值税扩大征收范围的可行性分析

在确定扩大增值税征收范围目标之后，应该对改革中可能出现的问题加以分析，并提前设计好具体应对措施。

① 管朝龙:《进一步扩大增值税征收范围的思考》,《财税纵横》2009年第11期。

(一)具体税制要素的考虑

1. 通过税率的调整达到平衡税负的目的

为了充分发挥增值税税收中性的优势，达到平衡税负的目的，在增值税扩大征收范围改革中，首先需要考虑到改革前后税负的衔接，其次需要解决现有的税负不公平现象，最后与其他国家同行业税负水平接轨，以利于国际间经济交往和合作。

（1）为保证增值税改革的平稳进行，首先应考虑在维持原有税负不变条件下，对新纳入增值税征收范围的行业慎重调整其税率。根据国家税务总局近期重点税源数据，若交通运输业、房地产销售业、金融保险业改征增值税的税率为13%，则其税负相当于原营业税制下税率4.58%，4.72%，5.56%；若建筑业改征增值税的税率为17%，则其税负相当于原营业税制下营业税税率2.50%。因此，从保证各行业改革前后税负基本保持不变的角度出发，改革后第一产业和第三产业（即服务业）的增值税标准税率为13%，第二产业增值税标准税率为17%[①]。

（2）考虑到各行业税负的不公平现象，进一步细化增值税税率。对于一些特殊行业例如建筑业，其成本有相当大部分无法取得增值税进项税额抵扣凭证，若为17%增值税率则税负相对偏高；对于小规模纳税人，由于2009年之后工商业简易征收率统一降为3%，考虑到各行业平衡税负，营业税税率也应统一为3%，则各行业增值税率亦应当设定为13%[②]。

（3）考虑与世界上其他国家税负水平接轨。设计合理的增值税税率，有助于我国吸引外国投资，有助于提高我国出口产品的竞争力。相对于其他国家，亚太地区增值税税率偏低，如日本、新加坡为5%，韩国、印度尼西亚、越南等国为10%，因此在增值税扩围的改革中，应调低税率，和周边国家接轨。

因此，综合考虑各种因素之后，建议将我国各行业增值税标准税率改动为13%，低税率降为10%，小规模纳税人税率为3%。

2. 对小规模纳税人进行规范和监督

将小规模纳税人税率维持在3%的水平上，这样对增值税和营业税纳税人税负都相对公平，也可以保证增值税扩大征收范围的改革中，税负的平稳过渡。目前针对增值税小规模纳税人的划分标准是年销售额标准和会计核算标准，改革的方向应该是降低一般纳税人的准入门槛，逐渐推广增值税纳税人凭票抵扣的正常纳税机制。

① 杨默如:《中国增值税扩大征收范围改革研究》，中国人民大学博士论文，2010年。
② 同上。

因此，应有条件地放宽一般纳税人的认定标准，同时对于因放宽标准而取得一般纳税人资格的小规模纳税人，应加强其财务会计核算及管理的监督，通过年检，督促其达标。对于达不到放宽标准的小规模纳税人，维持原税负，向一般纳税人靠拢。目标是在统一规范的前提下，鼓励小规模纳税人到会计事务所和税务咨询事务所委托代理建账建制，成为小规模的一般纳税人。

3. 将“起征点”制度修改为“免征额”制度

现行增值税和营业税实行“起征点”制度，对销售额或者营业额达不到起征点的纳税人免征增值税或者营业税，达到起征点的全额纳税。这种具有全额累进性质的税制虽然征管较为便利，但容易造成起征点附近纳税人税负的巨大反差，不利于税负公平。因此，未来改革的趋势应当是修正为免征额制度，对达到免征额标准的纳税人只对超过免征额部分征收增值税。

4. 创造良好的纳税、治税环境

国际经验表明，良好的纳税、治税环境是实施增值税最有效的保障。一方面应加强宣传和舆论的监督工作，广泛宣传增值税改革内容，提高公众的认知水平，消除疑虑。同时，利用舆论工具加强社会监督。另一方面，做好征纳双方办税人员的业务培训，树立全局观念，征纳双方共同创造依法纳税、依法治税、依法用税的环境。

(二)增值税扩大征收范围后涉及的财政体制问题

中央税和地方税的划分是分税制财政体制的一个重要问题，在财政分权的前提下，税收划分将直接影响到各级政府财政收支平衡，宏观经济的稳定，公共产品和公共服务提供的质量和数量以及地区之间经济发展的均衡[①]。在增值税扩大征收范围的改革中，必然涉及税收收入的分配以及国地税机构改革问题。

1. 改革后增值税收入分配制度的优化

目前我国增值税通过中央和地方共享的方式将各级政府的税收利益相结合，从而使各级政府对每一行业的发展都能给予充分的关注。因此我国目前税制改革的趋势应该是扩大共享税比重，完善共享税机制。而增值税的共享制比营业税独享制更具有引导地方政府行为理性化的作用[②]。

由于营业税是我国地方财政收入的首要税种，2008 年我国营业税收入为

① 黄桦:《税收学》，中国人民大学出版社2004年版。
② 朱青:《从国际比较视角看我国的分税制改革》，《财贸经济》2010年第3期。

7626.39亿元，其中划分给地方营业税收入为7394.29亿元，占营业税总收入的97%[①]。增值税扩大征收范围后必然触动地方利益，需要通过调整增值税税收收入分成来满足地方财力的缺口。因此，可以考虑将改革后的增值税新增行业与现行增值税分成机制相结合，维持原有比例分成基本不变或者适当调整，略微提高地方级税收比重。同时，结合其他财政体制改革如中央对地方的纵向转移支付，地方之间的横向转移支付，调整所得税分成比例以及地方税种体系建立来弥补地方财力缺口。

2. 增值税扩大征收范围后涉及的国地税机构改革

我国现行增值税以及营业税中央收入部分由国税系统征收，营业税地方收入部分由地税系统征收。增值税扩大征收范围改革后，征收主体应主要取决于税基的性质，税基流动性强的行业如金融业、电子商务业应由国税系统征收；税基流动性不强的项目如建筑业、房地产业、文体业、娱乐业，应由地税系统征收。同时，统一国地税征管信息系统，降低征收成本，提高效率。

八、部分发达市场经济国家增值税制经验借鉴

(一)法国增值税制

作为增值税的发源国，法国增值税税制比较完善，对于我国增值税制的改革具有很重要的借鉴意义。法国增值税适用于生产者或经营者为取得报酬而提供有形动产或劳务的所有交易行为，即不但商业和工业活动要缴纳增值税，而且采矿企业、农业、自由职业者和民用及管理活动都需要缴纳增值税。法国增值税法规定的征收范围包括了农业、商业、工业、服务业和自由职业者，即境内所有有偿提供产品和服务的经营活动都应缴纳增值税，从社会产业部门来看，涉及第一产业、第二产业和第三产业；从流通环节来看，涉及从原材料和设备购进、半成品投入等生产环节到产成品的批发和零售各环节。可以说，法国的增值税范围非常广，包括了大部分流通的产品和服务。同时，法国也规定了增值税的免税范围，主要有金融和保险服务、医疗设备和服务、教育和培训、住房租赁以及针对非营利项目（活动）提供的产品和服务。

---

① 国家统计局:《中国统计年鉴》，中国统计出版社2009年版。

(二)新西兰增值税制

新西兰的增值税也称为货物与劳务税，于1986年开征，其税基广泛，不仅包括任何货物和劳务的提供，还包括政府的属于金融活动的收入。新西兰商品与服务税法案中规定，向政府及其部门提供的货物和服务与其他的应税销售一样在同样的基础上课税，且纳税人可以按常规对相应的进项税额予以扣除。将政府部门纳入增值税纳税人范围的做法，保证了税收的公平，有利于公共产品的合理配置。该法案中规定，享受零税率和免税的项目非常有限，只有出口商品享受零税率，免税范围仅限于金融服务、现有住宅的出租和销售、某些土地的提供以及黄金和纯金属提供。

(三)加拿大增值税制

加拿大于1991年1月1日起正式实施商品劳务税。税法规定，凡是境内销售或提供的商品和劳务普遍征收商品劳务税，税率为7%。这是一种增值税型的商品及劳务税，其税基是商品生产、批发直至零售各个流转阶段中的增加额。企业经营者在按销售额支付税收的同时，可以申报抵免在购入商品及劳务中所支付的税金。经营者在申请进项税金抵免时，要出示在购买产品时所支付商品劳务税的发货票，这实际上就是国际通行的增值税发票扣税法。为了抑制商品劳务税的累退性，更好地体现公平负担原则，加拿大税法规定对基本生活用品、药品、医疗器械、大部分农渔业产品和出口产品采取零税率，另外对长期住房租金、旧房再出售的收入等实行免税。区别于其他国家的一个特点，是加拿大对低收入的家庭和个人采取带有财政转移支付性质的税收抵免返还，抵免额的多少取决于家庭的人口和收入水平。

(四)日本增值税制

日本于1989年正式开征增值税，其税法对征税范围的规定是，在日本国内销售货物或提供应税劳务，从海关进口商品或接受应税劳务，都必须缴纳增值税。日本课征增值税的范围很广，除土地转让及教育、医疗、殡葬等社会政策性行为外，几乎所有的行为都要课征增值税。

借鉴部分发达国家增值税制度的做法，我们认为，为适应市场经济对税收制度提出的公平税负、平等竞争的要求，我们应该坚持推行增值税，并向国际规范化做法靠拢。具体做法是逐步扩大增值税课征范围，将现行营业税中的交通运输业、建筑业、金融业、服务业等逐步纳入增值税的征税范围，使增值税更加全面地覆盖全部经济活动的各个环节，这样既有利于实现税负均衡，又能保持增值税征收链条的完整。

九、增值税扩大征收范围改革前景展望

(一)预测增值税扩大征收范围改革的经济影响

有学者利用可计算一般均衡（Computable General Equilibrium，CGE模型）模型以2007年度的有关数据测算出增值税扩大征收范围改革的政策效应，通过两套方案来计算建筑业、交通运输业及仓储业改征增值税后的经济影响。

1. 交通运输业及仓储业改征增值税后的影响

由于仓储业重点税源数据无法获得，且物流企业大多混合经营交通运输业及仓储业，所以将这两个行业放在一起讨论。通过计算得出，如果将交通运输业及仓储业纳入增值税范围，税率设定分别为10%、13%、17%时，该行业总产出变动百分比为0.747%、0.672%、0.573%，即提高了总产出，但同时其他行业的产值有所降低，其中降低最多的是建筑业，其行业总产出变动百分比分别为-0.19%、-0.3%、-0.44%。分析其原因，在于将交通运输业及仓储业纳入增值税征收范围之后，完善了增值税抵扣链条的衔接，使得制造业与批发零售业购进物流劳务时可以抵扣相应的进项税额，有利于其降低成本，因此愿意更多地利用交通运输和仓储劳务，其最终结果是促进了交通运输业和仓储业的产值增长。同时，由于交通运输业和仓储业购进制造业与批发零售业的产品也可以抵扣进项税额，因此也相应地促进了制造业与批发零售业的产值增长，形成了互相促进的良性循环发展。然而，对于未改征增值税的营业税行业，其产值会有所降低，这是因为交通运输业及仓储业增值税税负的提高，会转嫁给使用这些劳务的行业，主要有农业、采掘业、能源业和缴纳营业税的行业，其中缴纳增值税的前三个行业由于大多数有免税、低税或简易征收办法的存在，使得进项税额无法抵扣，因此会降低产值。

2. 建筑业与交通运输业及仓储业同时改征增值税后的影响

计算原理与上一方案一样，通过计算得出，如果将建筑业与交通运输业及仓储业同时纳入增值税范围，税率设定分别为10%、13%、17%时，交通运输业及仓储业总产出变动百分比为0.737%、0.671%、0.585%，建筑业总产出变动百分比分别

为 -0.234%、-0.32%、-0.435%。这里主要讨论税率为 17% 的情况，交通运输业及仓储业的总产出变动与上一方案类似，对于建筑业，虽然产值下降了 0.435 个百分点，但比上一方案的 0.44 个百分点有所降低，因此可认为如果不考虑交通运输业的情况，建筑业单独改征增值税后其产值会增加。同时测算了建筑业单独改征增值税后建筑业的产值变动，在税率为 17% 时，建筑业产值上升了 0.015 个百分点。建筑业改征增值税后会使得制造业、批发零售业等其他行业的产值增加，其原因在于建筑业与这些相关行业的正相关联度较为显著，随着增值税链条的完善，既有利于建筑业增加对这些行业产品的需求，也有利于这些相关行业增加对建筑业的需求，相互促进产值的增长。

综合分析上述两个方案，可以得出以下结论：本行业改征增值税后，会相应促进本行业的总产出，而且对于原增值税行业和新增增值税行业的总产出也有正向影响，因此扩大增值税的征收范围，可以促进我国服务业和相关产业的发展。

(二)专家学者对于增值税扩大征收范围的不同观点

近年来对于增值税改革的呼声不断，在向消费型增值税改革完成之后，关注的焦点集中在了是否扩大增值税的征收范围，很多专家、学者表达了自己的不同意见。

1. 赞同增值税扩大征收范围

江西财经大学财政金融学院的刘汉屏与江西省国家税务局的陈国富（2001）认为，在增值税征税范围的选择和其他流转税的配合上，世界各国有一个共同的特点，即增值税征税范围与其他流转税种重叠，而不是并行关系，不存在划分范围征税的问题。尽可能地扩大征收范围是理想的增值税的特点之一。宽广的税基一方面体现收入原则，另一方面可以体现公平原则。他们认为，改革应分步进行，不宜将现行征收营业税的行业全面改征增值税，以利于改革顺利进行和平稳过渡。第一步，宜在近期内选择与销售货物紧密相关的交通运输业、建筑业、邮电通信业、融资租赁业纳入增值税征收范围，以减少或消除增值税“链条”的间隙，防止“链条”断裂。第二步，选择适当时机，将代理、广告、仓储、旅游业、销售不动产、无形资产销售等服务业纳入增值税征收范围。而对于金融服务业、文化体育业、娱乐业等行业在今后相当长时间内都没有必要行业纳入增值税的征收范围①。

中央财经大学袁春明和孟长安指出，现行增值税存在的主要问题有：税负不公平；对混合销售和兼营销售难以确认；国税和地税存在矛盾；征收管理成本加大。

① 刘汉屏、陈国富:《扩大增值税征收范围的思考》,《税务研究》2001年第1期。

逐步扩大增值税的征收范围是我国市场化改革的根本要求，具有理论的、现实国情的和国际惯例这几个方面的依据。我国增值税征收范围扩大对经济的预期影响是：对经济稳定的作用可能要超过消费税而仅次于所得税；使产业结构得到较合理的调整；将鼓励人们努力工作和起到限制消费、鼓励投资以及扩大投资需求的作用；财政收入的增长将得到保证；中央收入将得以增加，地方收入相对减少。根据我国实行增值税的经验和教训，考虑到各种征收范围扩大的制约因素以及现存的矛盾和问题，他们认为，增值税的征收范围必须扩大，其中期目标是将现行范围逐步扩大到交通运输业、建筑业和邮电通信业等与物质生产经营活动密切相关的领域，使增值税链条更加完整；其长期目标是在基本实现增值税征收范围中期目标的基础上，进一步扩大征收范围到第一产业和整个第三产业，实行全面型增值税[①]。

首都经济贸易大学郝如玉教授和中央财经大学曹静韬（2008）认为，中国现行的增值税将营业税劳务和农业销售排除在征收范围之外，而理论与实践都对这样的范围提出调整要求。中国当前应当将交通运输、建筑安装这两种与商品销售关系最为密切的劳务先纳入增值税课征范围，长期的趋势是涵盖所有的商品和劳务的销售[②]。

2. 反对增值税扩大征收范围

厦门大学的杨斌认为，规范化增值税制度需要建立在特殊的文化和体制基础之上，我国当前社会经济文化基础决定了西方模式增值税的不可行性。我国要推行全面型增值税，首先要解决农民问题和小规模纳税人问题。由于小规模纳税人和农民文化程度相对较低、经营分散，难以建立规范化的会计制度，如果纳入增值税的范围，很难保证抵扣机制的正常运行，会出现抵扣机制的不规范、税收征收成本过高等问题。其次，将增值税推广到目前征收营业税的领域也并非易事。目前营业税是地方主体税种，将其变为中央和地方共享税，会出现收入在中央和地方分配的技术上的麻烦；税率设计也会遇到困难，目前营业税多数项目实行3%或5%的税率，若改为增值税并按17%税率征收，即使考虑进项税额可以抵扣，税负也会大幅度上升，要么引起物价波动，要么导致纳税人税负过重。因此，他认为我国不适合实行西方的增值税制度，增值税征收范围不宜扩大[③]。

厦门大学财金系的童锦治指出，从增值税征收范围的国际经验考察，再看我国的实际，增值税征收范围的扩大必须审慎进行。从目前的情况看，即使仅是把增值税征收范围扩大到交通运输业和建筑业，也必须首先解决好以下两个基本问题：一

① 袁春明、孟长安：《我国增值税征收范围的扩大及其影响》，《内蒙古财经学院学报》2000年第2期。

② 郝如玉、曹静韬等编著：《当代税收理论研究》，中国财政经济出版社2008年版。

③ 杨斌：《中国税改论辩》，中国财政经济出版社2007年版。

是财政分配体制问题，营业税是地方财政收入的主体，在这种情况下，扩大增值税征收范围，意味着营业税征收范围和税基的缩小，从而营业税税收收入的减少，这就会给本不完善和稳定的地方税体系造成很大的冲击，地方税体系会因此失去支撑，分税制财政体制也会受到影响；二是从税收征管能力看，我国大部分的第三产业处于初始发展阶段，数量大，规模小，布局分散，对其改征增值税，若按一般纳税人规范的征税方法征税，依现行的税收管理水平，显然是无法胜任的，而若按小规模纳税人的简易征收办法征税，倒不如维持现行的营业税征收方法，更简便、更易于操作。因此，在现行财政体制未作调整，税收征管水平未得到提高的情况下，增值税的征收范围是不宜扩大的①。

在2000年财政部税政司召开的商品和劳务税国际研讨会上，一些外籍专家指出：所有行业与领域存在互动性，如果在某些行业进行试点，势必会导致行业间的不公平及增值税链条的混乱。而一些中方专家指出：增值税征收范围的大小，不是随意决定的，而是受经济发展水平、经济体制状况、政府的政策目标、社会因素等多种客观因素的影响。从中国的实践来看，一条重要的经验即是，要充分考虑征管能力的大小，而不能盲目扩大②。

十、增值税扩大征收范围的现实操作

增值税是对生产经营过程中增值额课征的一种税，其主要特点是税收负担的前后一致性。然而现行增值税征收范围将服务业排除在外，不符合税收的普遍性原则和增值税的中性特征，这不仅不利于企业和行业间的公平税负，也会阻碍市场一体化的形成，妨碍增值税抵扣链条的完整。因此，服务业全面纳入增值税征收范围是税制完善和市场经济发展的客观趋势，我们应该借鉴国际经验，结合我国的经济和社会发展状态，在法律层面和征管层面同时进行改革，逐步将服务业纳入增值税征收范围。

(一)首先纳入增值税征收范围的行业

由于建筑业、交通运输业和转让不动产业与商品销售有着非常密切的联系，因此，这三个行业与现行增值税征收范围存在严重的交叉。我国现行税制将其划入营

① 童锦治:《我国目前的增值税征收范围不宜扩大》,《涉外税务》2001年第4期。
② 财政部税政司:《流转税的改革与政策选择》，中国财政经济出版社2002年版。

业税征收范围，不利于增值税抵扣链条的完整，也不利于税收征管的高效、统一。同时，这三个行业在国民经济中占有较高比重，在生产、流通环节发挥着重要作用，所以有必要尽快将这三个行业纳入增值税征收范围，这将有助于促进整个经济的发展。

1．建筑业

建筑业属于第二产业，处在社会再生产的中间环节，在其下游有需要抵扣进项税额的增值税纳税人，而现行税制中建筑业需要缴纳营业税，阻碍了增值税抵扣链条的完整性。从企业角度看，随着增值税转型的成功，企业购进固定资产可以抵扣进项税额，因此增值税一般纳税人倾向于直接购进固定资产而不愿意接受建筑安装业发票，这不利于建筑业的发展。特别是那些新建、扩建项目，当企业购置需安装的生产流水线时，由于安装费用发票无法作进项抵扣，无论是对设备购置企业，还是对安装企业来讲都是不利的，会无形中增加设备使用实际成本。

《中国增值税扩大征收范围改革研究》中，通过 Excel 表测算出了建筑业改征增值税后的税负，作者采用国家税务局建筑业重点税源数据库的相关资料，根据会计原理，以重点税源企业主营业务收入总额为含增值税的销货金额（S），用其主营业务成本扣除其为职工支付的薪酬（含社保基金）以及累计折旧摊销后的数额作为含增值税的进货金额（C），如果预计改征后的增值税税率为 $R\%$，则用公式 $V=S\div(1+R\%)\times R\%-C\div(1+R\%)\times R\%$，估计出改征以后的增值税税额（$V$），进而，改征后增值税税额折合为营业税税负为：$V\div[S\div(1+R\%)]$，即得出了相当于现行营业税制的实际税率。通过使用这种方法，作者测算出全社会营业税改征增值税后的标准税率分别为 17%、13%、10% 时，建筑业增值税税负相当于现行营业税制的实际税率为 2.50%、1.91%、1.47%。同时，作者在文中通过测算得出：如果全社会营业税改征增值税后的税率统一为 17%，但给予建筑业较低税率 10% 或 13% 时，建筑业的增值税税负都为负[①]。因此，对于建筑业，将其纳入增值税征收范围后，不适合再给予税率上的优惠政策，否则会造成政府无法征收到税款，这也违背了增值税改革的初衷。

由于建筑业的一部分原材料供应商是类似于农业生产者性质的个人、个体工商户等，很难给建筑企业开具增值税专用发票，因此，建议采用类似“自产农产品”的增值税优惠待遇，即一般纳税人购进农产品可按照农产品收购发票或者销售发票上注明的农产品买价和 13% 的扣除率计算可抵扣的进项税额，进项税额计算公式为：进项税额 = 买价 × 扣除率。对于具体可以抵扣的原材料名单，需要在税法上列出

① 杨默如:《中国增值税扩大征收范围改革研究》，中国人民大学博士学位论文，2010年，第105页。

名单，允许纳税人按照税法规定来抵扣进项税额。只有完善建筑业纳入增值税征收范围后的征管机制，才能充分发挥税制上的有利因素的作用，促进行业的发展。

2. 交通运输业

我国交通运输业属于营业税的征收范围，适用税率为3%，然而由于交通运输业与企业的商品销售有着密切联系，运输费用是企业的一项重要成本支出，而如果交通运输企业开具的营业税发票不得抵扣进项税额，必然出现重复征税问题，影响税负公平。我国政府为了解决这个问题，在《增值税暂行条例》第八条中规定：纳税人购进货物或者接受应税劳务支付或者负担的增值税额，为进项税额。下列进项税额准予从销项税额中抵扣：购进或者销售货物以及在生产经营过程中支付运输费用的，按照运输费用结算单据上注明的运输费用金额和7%的扣除率计算的进项税额。进项税额计算公式为：进项税额 = 运输费用金额 × 扣除率。这种做法虽然降低了交通运输劳务购入企业的税收负担，但随之也产生了一个严重的问题，即交通运输企业开具营业税发票以后，需要按照营业额缴纳3%的营业税，而购入劳务的企业可以按照营业额的7%抵扣增值税进项税额，中间有4%的差额，导致有的交通运输企业与下游企业勾结，虚开运输发票，偷逃税款，造成国家税款的流失。因此，尽快将交通运输业纳入增值税征收范围是增值税下一步改革的重点。

根据前文中使用的相同的计算方法，采用国家税务总局交通运输业重点税源企业数据库的相关资料可以测算出：全社会营业税改征增值税后的标准税率分别为17%、13%、10%时，交通运输业增值税税负相当于现行营业税制的实际税率为5.99%、4.58%、3.52%。如果全社会营业税改征增值税后的标准税率分别为17%、13%，但给予交通运输业较低税率10%，则在前者情况下，交通运输业税负为负数；在后者情况下税负为1.80%[①]。通过借鉴其他国家对交通运输业征税经验，可以发现，大多数国家对于其中的货运业按照增值税法规定的标准税率课征增值税；但对于客运业，很多国家都有不同程度的优惠政策，如实行低税率、免税或者零税率。因此，结合我国实际情况，应当在增值税法中区别对待货运业和客运业，对于货运业可以实行标准税率，而对于客运业可以给予适当的优惠。

对于年营业额在50万元以下的交通运输企业，可以比照现行增值税制中的小规模纳税人的认定标准，将其划分为小规模纳税人，按照简易征收办法征收增值税，适用税率与其他小规模纳税人一样为3%。同时，为了使小规模纳税人与一般纳税人可以公平竞争，对一般纳税人从属于小规模纳税人的交通运输企业购进应税劳务时，可以由税务机关代开增值税专用发票，使其可以抵扣进项税额。

① 杨默如：《中国增值税扩大征收范围改革研究》，中国人民大学博士学位论文，2010年，第78页。

3. 不动产销售业

现行《营业税暂行条例》规定，销售不动产应当缴纳5%的营业税。在这里，不动产主要包括建筑物或构筑物和其他土地附着物，因此可以房地产业为例，说明销售不动产纳入增值税征收范围的影响。目前我国的房价居高不下，民众怨声载道，而税收政策在调节楼市价格上有着非常重要的作用，因此，房地产业的税制改革刻不容缓。当前我国房地产业税负"重转让而轻保有"，房地产转让环节税费较多较重，而在房地产保有环节税费较少，因此导致了大量的投机活动，引起房价的不断上涨。而且由于营业税、土地增值税等税种的存在，房地产转让环节存在严重的重复征税。因此，应在适当时机开征物业税，同时将转让环节的营业税改为增值税，取消土地增值税。

根据前文中使用的相同的计算方法，采用国家税务总局房地产业重点税源企业的相关资料可以测算出：全社会营业税改征增值税后的标准税率分别为17%、13%、10%时，房地产业增值税税负相当于现行营业税制的实际税率为6.17%、4.72%、3.63%[①]。房地产业连同全社会的增值税税率设定为13%时，其实际税负最接近现行营业税制下的税负。

欧盟大多数国家和拉美国家对于二手房销售和房地产租赁免征增值税，其主要原因是进项税额抵扣制度的执行问题。如果对二手房出售和房地产出租适用一般增值税征收办法，那么应允许房屋出售者和出租者，抵扣上一环节（即"未使用过的"房地产销售时）的增值税，就有可能出现"进项税额"大幅超过"销项税额"，进而要求政府退还税款的情况；免征的另一理由是，房子的购买价格可以被当做未来服务价格的资本化[②]。因此，对于我国房地产业纳入增值税征收范围后，应出台相应的政策，对于居住用房地产的出租和已使用过的居住用房地产的销售免征增值税。

为了能使增值税的改革顺利进行，还需要一些配套法规的完善，如尽快开征物业税，加大中央对地方政府的转移支付等。只有这样，才能减少房地产业纳入增值税征收范围的改革阻力，充分完善房地产业的相关政策，促进行业的发展。

（二）第二步纳入增值税征收范围的行业

在建筑业、交通运输业和转让不动产业纳入增值税征收范围后，应该尽快将金融业、邮电通信业和租赁业纳入增值税征收范围。这三个行业与生产、流通环节存在比较密切的关系，将其纳入增值税征收范围，有利于形成完整的增值税抵扣链条，实现公平税负。

---

① 杨默如：《中国增值税扩大征收范围改革研究》，中国人民大学博士学位论文，2010年，第95页。

② 张文春：《增值税的全球化趋势与存在的问题》，《税务研究》2000年第9期。

1. 金融业

现行税制对金融业征收营业税，首先违背了增值税普遍征收的立法精神，因为增值税是世界上第一个实现对商品和劳务一体化征税的税种；其次增值税的选择性征收也会对经济运行产生扭曲效应，不仅金融企业投入其他企业的营业税额无法扣除，而且金融企业购进货物中所承担的增值税额也不能抵扣，增值税抵扣链条的破坏导致金融业和下游行业的税负增加。因此,需要尽快将金融业纳入增值税征收范围。

根据前文中使用的相同的计算方法，采用国家税务总局金融业重点税源企业的相关资料可以测算出:全社会营业税改征增值税后的标准税率分别为17%、13%、10%时,金融业增值税税负相当于现行营业税制的实际税率为7.28%、5.56%、4.28%①。

将金融业纳入增值税征收范围后，应当使金融服务的购销双方与其他应税货物和劳务所承担的税负相似。对于不同的业务制定不同的税收政策：对于核心业务，如贷款等实行免税政策；对附属业务，如咨询服务等，按照标准税率征收增值税。

2. 邮电通信业

目前,邮电通信业发展迅猛,由于是垄断行业,价格居高不下,行业利润率很高,引发公众对其不满情绪日益严重。为了平衡行业之间税负水平，应该将邮电通信业纳入增值税征收范围。

由于邮政服务的特殊性，政府制定税制时可以考虑对邮政行业给予一定的税收优惠，如实行低税率或者免税待遇；而对于电信行业，应该按照标准税率依法征收增值税。

3. 租赁业

随着企业经营方式的多样化，租赁业在市场经济中发挥的作用越来越重要，将其纳入增值税征收范围，可以完善增值税抵扣链条，促进租赁行业的发展。

租赁可分为经营租赁和融资租赁，前者目前缴纳营业税，后者经中国人民银行、商务部批准的应缴纳营业税。在增值税改革中，可以在适当时机将两者都纳入增值税征收范围。

(三)第三步纳入增值税征收范围的行业

随着我国市场经济体制的不断完善，税收征管能力的不断提高和公众纳税意识

---

① 杨默如:《中国增值税扩大征收范围改革研究》，中国人民大学博士学位论文，2010年，第117页。

的增强，可以考虑在适当时机将服务业全面纳入增值税征收范围。

娱乐业、餐饮业和文化体育业等都是建立在一定的物质消耗基础上，其所消耗的商品属于增值税征收范围，因此存在重复征税问题，可以考虑将其全面纳入增值税范围。由于这些行业大都是个体户经营，经营分散、零散，会计记账能力有限，如果强行使用增值税专用发票，会大大增加纳税遵从成本和税收征管成本。因此，可以先考虑将他们归属为增值税小规模纳税人，适用3%的征收率，简化征收手续，在征管条件得到充分的改善时再考虑将他们纳入一般纳税人范围。

将服务业全面纳入增值税征收范围是税制完善的必然趋势，虽然我国现阶段存在很多不利因素阻碍增值税扩大征收范围的改革，但是为了长远利益，需要下定决心，排除一切困难，尽快将服务业全面纳入增值税征收范围，这样才能促进整个国民经济又快又好发展。

实际上，理论上的、全方位的增值税还涉及农业生产增值是否征收增值税的问题。显然，我国目前农业生产发展水平较低，财务管理也难以规范，而且我们刚刚在2006年年底全面停征了农业税，也是希望通过税收政策给予本处于弱势的农业必要的支持与扶助，在这种情况下，是不宜将农业生产纳入增值税征收范围的。当然，也并不排除较为长远的未来，农业生产发展水平大幅提高，农产品商品率较为充分时，实行包括农业在内的覆盖国民经济各环节的完整的增值税。

参考文献

［1］哈维·S·罗森．财政学．北京：中国财政经济出版社，2003

［2］刘剑文．机遇与挑战：全球经济危机下的中国增值税转型改革．中国税务，2009(1)

［3］蔡昌．增值税转型的经济效应与对策分析．中国税务报，2009

［4］蔡昌．增值税转型与纳税操作实务．北京：中国财政经济出版社，2009

［5］马斯格雷夫．财政理论与实践．北京：中国财政经济出版社，2003

［6］中华人民共和国增值税暂行条例．2008

［7］中华人民共和国增值税暂行条例实施细则．2008

［8］杨默如．中国增值税扩大征收范围改革研究．中国人民大学博士学位论文，2010

［9］朱青．从国际比较视角看我国的分税制改革．财贸经济，2010(3)

[10] 管朝龙．进一步扩大增值税征收范围的思考．财政监督，2009(21)

[11] 国家统计局．中国统计年鉴．北京：中国统计出版社，2009

[12] 杜静，林斌，陈文德．增值税转型，营业税纳税人很“眼红”．海峡财经导报，2009-2-2

[13] 国家税务总局教材编写组．税务稽查方法．北京：中国税务出版社，2008

[14] 李方旺．法国、荷兰的增值税制度及对我们的启示．经济研究参考，2007(17)

[15] 杨斌．中国税改论辩．北京：中国财政经济出版社，2007

[16] 黄桦．税收学．北京：中国人民大学出版社，2004

[17] 财政部税政司编．流转税的改革与政策选择——2000 年商品和劳务税国际研讨会论文集．北京：中国财政经济出版社，2002

[18] 刘汉屏，陈国富．扩大增值税征收范围的思考．税务研究，2001(11)

[19] 毕见行．扩大增值税征收范围要解决的几个问题．税收论坛，2001(10)

[20] 林祥．加拿大新西兰德国实行增值税情况简介．福建税务，1998(3)

[21] 王道树．日本的增值税制度及其启示．税务与经济，1996(2)

专题报告二

中国企业所得税改革

企业所得税在我国的税制结构中占有很重要的地位，该制度的运行与调整对宏观经济运行、各产业与企业的发展具有显著作用。新的《企业所得税法》于2008年开始实施，标志着我国企业所得税制度发展进入了一个新起点。在2008年、2009年的运行中，企业所得税制度在减轻内资企业税收负担水平、公平税负、筹集财政收入、促进地区间区域经济一体化方面发挥了积极重要的作用，但也出现了一些新问题需要在未来的政策调整中加以解决。

一、企业所得税研究综述

企业所得税作为我国税制的重要组成部分，其制度体系及其变动一直备受理论与实务界的关注。2007年3月，《企业所得税法》获得通过并于2008年1月1日起施行，这标志着我国内外资企业所得税归于统一，结束了我国长达二十多年的内外资企业差别税负的时代，对于我国的经济发展具有显著的影响。

目前企业所得税的研究集中于以下几个方面：第一，内外资企业所得税合并对经济主体的行为影响；第二，新企业所得税的优惠制度分析；第三，新企业所得税的征管问题；第四，关于合并前后企业所得税制度的比较分析。

（一）"两税合并"的经济效应

由于企业所得税与不同类型企业的利益都有关联，其变动肯定会对企业的行为选择产生一定作用。总的来说，两税合并会影响企业的投资、融资、分配等经营行为。

李成（2008）研究了两税合并对外资企业投资行为的影响。他运用了资本使用者成本模型，并搜集了29个省外资企业1998-2005年的数据进行了实证研究，估算了两税合并过渡时期外资企业投资行为的变化。结果表明：从全国范围与东部地区来看，两税合并不会引起外资企业投资的大幅度减少，而对西部地区来说，该项改革对外资企业投资行为影响较大。

江生忠、邵全权（2009）以中国保险业为分析对象，运用战略性贸易的研究思路，研究了企业所得税"两税合并"的经济效应。结果显示：我国国内某一行业的福利水平与外资企业所得税率呈现U形相关关系。对保险业而言，该产业尚处于曲线的下降区段，因此，我国保险业所得税"两税合并"现在开展还为时尚早，可以分阶段地调整外资保险企业的所得税税率。另外，应该加快发展中资保险业，改变当前保险市场结构，并运用新税法中的税收优惠条款争取发展空间，尽早使保险业所得税处于U形曲线的上升阶段。

由于宏观经济由各个不同微观主体组合而成，大量微观主体的行为发生改变势必会对宏观经济产生一定影响，包括财政收入、产业结构以及地区发展等各个方面。

程凌等（2008）运用动态递推可计算一般均衡模型测算了两税合并的经济效应。结果显示：在动态递归期内，税收政策的变化对投资影响有限，但是政策变化降低了投资，提高了消费，有利于我国经济增长方式的转变。对于居民福利和宏观经济而言，两税合并后，为了保持财政盈余不变，相对于增值税而言，消费税是较好的一种方式。

胡怡建（2008）阐述了新《企业所得税法》的实施对我国财政经济的影响。该项改革降低了内资企业税负，同时提高了外资企业的税负，并对外资来源结构、产业结构与地区发展也具有深刻影响；另外，它还会对财政收入、中央和地方以及地方与地方的财政管理体制产生一定作用。

两税合并的经济效应是多方面的，无论是企业还是政策制定者都应该密切关注税收政策变动给经济主体带来的影响：对企业而言，应该针对政策变动更好地采取适当的企业战略，以最大限度地减少负面作用；对政策制定者而言，应关注政策变动的有效性，及时掌握政策反馈信息，不断改进制度，实现宏观经济目标。

(二)新企业所得税的优惠制度分析

由于企业所得税优惠制度直接关系到企业的税收负担与实际可得的经营成果，所以优惠制度对微观经济主体的影响是显著的。现有研究主要关注了优惠制度本身的主要内容及其带来的影响。

崔军、张姗姗(2009)分析了企业所得税优惠变动对高新技术产业开发区的影响。他们指出，新税法优惠政策变动可以概括为“扩大”、“保留”、“替代”、“取消”、“过渡”。从长期来看，优惠政策对高新技术企业的认定更加严格，这有利于该产业的健康发展；但从短期来看，优惠政策变动会对其造成一定冲击。因此，应该科学定位高新技术企业，帮助企业加大研发投入，并发展集群优势、聚集特色产业。

完善企业所得税优惠政策课题组（2010）对新《企业所得税法》实施以来部分省份的数据进行了汇总，评估了优惠政策的实施效果，分析了存在的问题。他们指出新税法的产业优惠功能不足，区域优惠力度较弱，涉农税收、高新技术产业优惠、研发费用加计扣除、节能减排等仍存在诸多问题。因此，未来优惠制度调整方向应该是加大区域性优惠力度，完善涉农和第三产业优惠政策，并充分采用科技进步和高新技术企业优惠制度。

孙隆英（2010）从制度执行层面对企业所得税过渡优惠政策与新税法优惠政策

叠加的问题进行了分析，剖析了两种优惠叠加的范围以及叠加选择权的行使期间，并专门研究了专用设备投资抵免与境外所得弥补境内亏损的问题。

虽然学者们对新企业所得税优惠制度进行了关注，也取得了一系列成果，但是我们看到，现有研究仍然对制度运行缺乏定量化的分析，尚未提出一套体系来评价优惠制度变动对各种主体造成的影响，这一点也是未来研究着力提升的空间。

（三）新企业所得税的征管问题分析

税收制度的贯彻实施离不开税收征管水平，一项政策的出台，如果税收征管无法满足条件，那么该项制度的政策效果会大打折扣，因此，企业所得税征管也成为理论界与实务界共同关注的问题之一。两税合并之后，制度变化对征管提出了新的要求，针对新企业所得税法来设计和实施相应的征管制度，成为一个迫切需要解决的问题。

张炜、吴杰（2009）从企业所得税管理的目标、原则、核心与关键的角度分析新企业所得税法实施后税收征管的基本问题。他们认为，税收成本最小化应该是新企业所得税管理的目标，应该以优化征管效率为重要手段来合理控制税收成本；应该坚持公平优先的征管基本原则，以纳税评估为核心，对税源进行监控，解决税务机关与纳税人的信息不对称问题。

刘洪珠、陈玲（2009）对新《企业所得税法》出台之后的征管问题进行了剖析。他们指出，当前的征管问题主要包括：各部门之间（工商与税务、国地税之间）的信息交流不畅造成了企业所得税征管存在漏洞；税源管理的精细化程度不够，也造成了税收流失；企业所得税纳税审核的信息化程度低也使得征管效率无法有效提高；国际税收问题较为突出，各种避税手段提高了跨国征管难度。

（四）合并前后企业所得税制度的比较分析

王海勇（2008）对我国两税合并前后的企业所得税进行了比较研究。他认为，中国的新旧企业所得税在纳税人、纳税义务、税率、收入、成本扣除、资产的税务处理、应纳税所得额的计算、境外所得税税收抵免、税收优惠、反避税管理等各方面均有一些突出变化，然后，他详细分析了以上这些方面的新旧制度差异，并评估了这些制度变化的影响。

(五)部分国家的企业所得税制度综述

1. 近期世界各国企业(公司)所得税的改革趋势综述①

近期，国外纷纷对本国的企业(公司)所得税制度进行了改革，各国和地区都倾向于降低企业负担、拓宽税基，特别是在金融危机的冲击下，各国为了挽救本国经济，纷纷加快了公司所得税制改革步伐。2008年6月2日至2009年6月1日，45个经济体对公司所得税进行了改革，这些措施既降低了公司税收负担，又简化了税收遵从过程。近期各国和地区公司所得税改革的基本特点包括：

第一，一般公司所得税税率呈现明显下降趋势。以OECD为例，2000年至2006年间，在其30个成员国的税制改革中，公司所得税税率无上升趋势，呈现下降趋势的有25个，占全部成员国数量的83%，平均税率下降达5.2个百分点。

第二，公司所得税率在一个较低的水平上达到了基本趋同。受到税收竞争和引进外资的压力，2000年OECD国家的平均公司所得税率下降至32%，2006年又下降至29.0%。另外，我们选取2006年世界159个样本国家和地区所测算出的公司所得税税率的算术平均值为28.6%。可见，公司所得税率趋同于一个较低的税率水平。

第三，为了实现技术创新、鼓励中小企业的发展，解决失业问题和经济增长问题，很多发达国家降低了小公司的公司所得税率。以OECD国家为例，2005年该组织成员国中对小公司单独设置所得税率的国家有10个，其中就有6个国家降低了针对小公司的所得税率，占单独设置小公司税率国家的60%，特别是法国和英国，减税的幅度都超过了10个百分点。

第四，调整公司所得税优惠的范围，在清洁税基的同时又加大了对科技创新的税收优惠力度。为了鼓励技术创新和提高产业竞争力，近年来很多国家都主动加大了科技税收优惠政策的力度，表现为对研发活动和科技成果应用等方面给予税收抵免、加计扣除、加速折旧、提取投资准备金等所得税优惠政策。

2. 世界各国企业(公司)所得税的基本税率综述

本报告搜集了2010年度世界主要国家(地区)的公司所得税税率的有关数据，整理如表B2-1所示。

① 资料来源：安体富、王海勇：《世界性公司所得税改革趋势及对我国的启示》，《涉外税务》2007年第1期。

表B2-1 相关国家和地区的公司所得税税率

国家和地区	中央公司所得税率	地方企业所得税率
澳大利亚	30%	无
白俄罗斯	24%	3%
比利时	基本税率为33%，另加3%的附加公司所得税；年应税所得在32.25万欧元以下的，适用超额24.25%、31%、34.5%累进税率	无
巴　西	基本税率为15%，另加10%的附加税率	无
加拿大	2010年为18%，2011年将降至16.5%，2012年将降至15%	各省税率不同，平均为15%
埃　及	基本税率为20%，石油开采企业为40.55%，苏伊士运河管理局、埃及石油管理局和埃及央行为40%	无
法　国	基本税率为33.33%，另有若干关于中小企业、资本利得等不同收入类型的税率；另附3.3%的附加税率	无
德　国	基本税率为15%，另附加团结税为基本税率的5.5%	14%
希　腊	2010年1月1日起设为24%，以后每年降一个百分点，直到2014年的20%	无
中国香港	16.5%	无
意大利	27.5%	毛收入的3.9%
日　本	基本税率为30%，实缴股本在超过1亿日元为30%，不足1亿元的为22%和30%	住民税和企业税
韩　国	基本税率为22%，超过2亿韩元的应税所得部分为22%，不超过的部分为10%	10%

资料来源：龚辉文：《221个国家和地区的公司所得税和增值税税率表（2009/2010年度）》，国家税务总局内部刊物《税收研究资料》2010年第6期。

3. 世界各国企业（公司）所得税的优惠制度综述

不同国家发展状况不同，其侧重发展的产业差异较大，因此，企业所得税制度优惠的重点也有所不同。本部分将对各国企业所得税优惠制度的调控重点作综述，以对我国未来的优惠制度调整提供启示。

第一，重点促进技术进步和产业结构优化。各国对技术进步和产业结构优化都很重视，因此，也采取各种税收优惠促进技术创新、调整结构。

为了鼓励企业加强技术研究和开发，美国政府向企业所属科研机构提供了大量的科研经费和税收优惠，并在有关法律条款中明确规定，企业可以按照一定比例从应缴税款中扣除当年用于研究开发的经费。这一措施沿用多年，极大地调动了企业加大科研开发力度的积极性。经验数据表明，政府据该条款每免税1美元，企业就会平均额外增加0.35~0.99美元的研究开发投资。另外，政府为促进高科技产业的发展，不断推动科技进步，还在较长时期内对投资于高科技产业的风险投资征收较低的资本利得税。在促进人力资本投资方面的优惠，如韩国税法允许企业提取技术公积金并作纳税扣除，从1982年起又扩大了技术公积金提取的范围，增加了对职业训练费用的扣除，对提高劳动者素质有一定的激励作用。另外，许多国家税法允许提取投资、科研开发等各种类型的准备金。如日本允许计算机厂商可从销售额中提取10%作为准备金，以弥补发生的损失；韩国税法规定有关行业的企业可按收入总额的3%（技术密集型产业为4%，生产资料产业为5%）提取技术开发准备金，并允许在3年内用于技术开发费、技术信息及培训费以及有关技术革新投资计划资金等方面；印度税法规定凡符合条件的企业，其实现利润可扣减20%作为投资保证金；新加坡税法则规定对某些经过批准的企业，可将应纳税所得额的20%作为科研开发准备金。

第二，鼓励中小企业发展[①]。为扶持小企业的发展，增强其竞争能力，各国都在不同程度上给予小企业更多的税收优惠，以鼓励社会资金流向小企业。根据小企业自身存在和发展的特点，按照“对事不对人”的税收优惠原则对中小企业实施专门的税收优惠政策。

以美国为例，金融危机对美国经济影响较大，为了尽可能摆脱危机影响，该国的优惠制度放在了促进中小企业发展上，包括鼓励对小型企业的投资、降低中小企业的投资风险。例如美国税法规定，持有小型企业股票5年以上的企业在出售这些股权时，可以享受减半征收企业所得税的优惠，还通过降低资本利得税率、加大设备抵免等一系列措施来刺激投资。另外，美国还采取措施来鼓励创业投资。事实上，美国从20世纪80年代起，就已经颁布了一系列鼓励创业投资的税收政策，例如将风险投资的资本收益税率由49%降至20%，并允许创业投资公司冲抵8年内的一切资本利得。

再以英法为例。英国2009年将中小企业的公司所得税税率削减到21%（正常税率为28%），而且对中小企业的研发投入实行175%的加计扣除，对尚未盈利的中小企业，其研发投入可预先申报税收减免，获得相当于研发投入24.5%的资金返还。法国1995年颁布了振兴中小企业计划，把中小企业的利润税率由33%降为19%；

① 有关资料来源：周华伟：《中外企业（公司）所得税优惠政策比较研究》，《国家税务总局税收科学研究所研究报告》，2009年11月22日。

2003年起，法国又对从事贸易、餐饮、房地产和农业，且销售收入不超过25万欧元的中小企业资本利得免税等。

第三，支持环境保护。保护环境成为各国税收优惠共同选择的调控重点。法国为了鼓励节能减排，发展环保产业，将税收手段充分引入了这个领域，例如为鼓励发展可再生能源的发电项目，对太阳能、小型风电设备投资给予30%的投资抵免，对地热给予10%的投资抵免[①]。英国对投资于节能、节水的厂房、设备支出规定不需要提取折旧或者摊销，允许其在发生的当年一次性100%在税前扣除。加拿大为了治理空气污染和水污染，对节能设备和可再生能源设备的购置费实行30%的加速折旧。

第四，支持特定产业发展。很多国家面临着经济发展的现实问题，对特定产业也实行了企业所得税优惠政策。例如韩国的企业所得税优惠集中于鼓励高新技术产业发展。税法规定，投资于436种高新技术产业的企业可以享受中央税“七免三减半”的优惠以及地方税“八免”的优惠。它还对一些可以提高生产力的设施、技术和人力资源开发的投资进行抵免。日本鼓励发展信息产业，规定对一些信息产业的设备投资实行加速折旧法[②]；还规定，对生产诸如半导体、等离子体或者液晶显像管等信息产品的设备折旧年限缩短至5年。印度与中国情况相类似，面临着基础产业的发展瓶颈，特定产业优惠主要集中在电力能源、基础设施、电脑软件业等产业领域。例如该国规定，从事电力生产或传输、电讯、或者坐落于工业园区或经济特区的基础设施开发、运营和维修的企业可以在最初15年经营期内任意连续10年中，免征100%收益的税款。

二、我国企业所得税的制度现状

（一）我国企业所得税的形成与发展

新中国成立以后，随着我国社会主义经济制度的不断完善，企业所得税制度得到了长足的发展。

1950年1月30日，中央人民政府颁布了新中国税制建设的纲领性文件《全国

① 当然，这些优惠政策存在一定的时间限制，前者的优惠期间是2006年1月1日至2016年12月31日，后者的优惠期间是2008年10月3日至2016年12月31日。

② 例如该国在2003年1月1日至2006年3月31日间，对企业购置的与信息技术有关的软硬件可以采用买价50%的加速折旧法。

税政实施要则》，文件涉及企业所得征税的有工商业税（所得税部分）和存款利息税，对私营企业和集体企业征收工商所得税的办法几经修改，一直没有停止征收，但始终没有形成一套独立、完整、统一的企业所得税制度①。1978年以前，我国实行高度集中的计划经济，对占经济主导地位的国有企业的利润实行统收统支，根本谈不上企业所得税的征收。当时的企业所得税——工商所得税占财政收入的比重很低，如1950年、1958年、1973年、1978年工商所得税收入仅占当年税收收入的2.4%、7.9%、7.0%、10.4%，而同期税收收入占国内生产总值的比例最高的是1978年，也仅占14.9%，最低的年份是1950年，仅占2.1%②。可见，当时税收在国民经济中的作用极其弱小，企业与财政部门的分配关系基本上是以“利润全额上缴”的方式进行。

从1979年到1993年是我国所得课税体系初步形成的重要阶段。其标志性的举措是1980年9月10日《中华人民共和国中外合资企业经营企业所得税法》的颁布实施，这是我国适应对外开放的一项重大政策措施出台的。此后，随着农村联产承包经营责任制在农村地区推广运用，以国有企业改革为核心的城市经济体制改革又将国有企业的利润分配问题推到了风口浪尖，将国有企业的上缴利润改为按照固定的税收方式进行，更能够调动企业的生产积极性。1984年9月16日发布的《中华人民共和国国营企业所得税条例（草案）》，拉开了企业所得税制度建设的序幕。随后，1985年4月我国又发布了《中华人民共和国集体企业所得税暂行条例》，1988年6月25日建立了私营企业所得税制度，至此我国企业所得税制度的基本框架已经建立。同以往相比，所得课税在整个税收体系中的地位得到大规模提升，成为同流转税并列的主要税种。尽管它还存在税收负担不一、税收歧视现象，但总体上适应了当时经济发展的需要，特别是为我国所得税制度建设积累了宝贵经验。

1994年开始是我国企业所得税制度的规范发展阶段。1992年，中国共产党第十四次全国代表大会明确提出了建立社会主义市场经济体制的战略目标，为企业所得税的进一步改革提供了重要的契机。因为市场经济是法制经济，税法作为市场法律的重要组成部分，必须为市场主体创造公平竞争的外部环境。因此本着统一税法、简化税制、公平税负、促进竞争的原则，国家先后统一了各类外资企业所得税。1991年4月9日，第七届全国人民代表大会第四次会议上将原有的《中华人民共和国中外合资经营企业所得税法》和《中华人民共和国外国企业所得税法》合并，制定了《中华人民共和国外商投资企业和外国企业所得税法》，1993年12月13日，国务院将国营企业所得税、国营企业调节税、集体企业所得税、私营企业所得税合并，制定了《中华人民共和国企业所得税暂行条例》。改革以后的企业所得税制度在

① 刘佐：《曲折的历程——企业所得税回顾》，《中国税务》2001年第8期。
② 数据来源：根据《中国财政年鉴》、《中国税务年鉴》填列与计算。

社会主义市场经济体制中扮演了十分重要的角色，对社会经济发展的贡献在稳步加大，例如，各类企业所得税税收收入占税收收入的比重由 1994 年的 13.4%，上升到 2006 年的 18.9%[①]。

然而，在这个时期中，内外资企业适用不同的企业所得税制度，造成了内外资企业的税负不公平，严重影响了内资企业的竞争力和可持续发展能力。为贯彻公平原则，2007 年 3 月十届人大五次会议通过了《企业所得税法》，并决定于 2008 年 1 月 1 日起施行。新法根据科学发展观和完善社会主义市场经济体制的总体要求，按照“简税制、宽税基、低税率、严征管”的税制改革原则，实现了四个统一：内资、外资企业适用统一的企业所得税法；统一并适当降低企业所得税税率；统一认识和规范税前扣除办法和标准；统一优惠政策，实行“产业优惠为主、区域优惠为辅”的新税收优惠体系。新法的颁布与实行标志我国企业所得税制度的发展进入一个新起点。

(二)2008年企业所得税两税合并的基本动因

两税并存对于我国改革开放初期吸引外资和先进技术与经验起到了至关重要的作用，然而，随着经济阶段的不断跨越，两税并存越来越成为一个突出问题。

外资企业比内资企业享受更多的税收优惠，不利于内外资企业间的公平竞争。具体表现在：

第一，内外资企业所得税税基不统一，内资企业普遍存在成本费用扣除不足的问题。内资企业的劳动力成本、资本与利息费用、企业研发费用扣除都低于外资企业的扣除标准，这使得内资企业的成本大大高于外资企业，形成了横向不公平。第二，企业纳税人的选择标准不统一。内资企业所得税制是以独立核算作为纳税人标准，而适用于外资企业的所得税制是以法人作为纳税人标准的。第三，企业所得税率不统一。我国企业所得税税率名义税率是 33%，但实际税率远低于此，经测算，2005 年内资企业平均实际税负为 24.53%，外资企业平均实际税负为 14.89%。根据国际上各国降税的趋势和我国企业的实际税收负担情况，应调低名义税率。第四，企业所得税计税依据不统一。企业所得税计税依据的确定应该转向依靠税法，而非行业财务制度。行业财务制度主要是为规范国有（营）企业的财务行为而设立，依靠财务制度确定计税依据，在一定程度上影响了税法的独立性。因此，在设计企业所得税制时必须从市场经济的要求出发，通过完善税法来解决计税依据的确定问题。第五，税收优惠不统一。两税合并之前，内资企业税收优惠以免税期限与优惠税率为主，

① 数据来源：根据《中国税务年鉴》计算。

而外资企业的税收优惠则更加多样化，投资抵免、再投资退税的手段得到了充分应用。这使得内资企业的实际税负远高于内资企业实际税负。

由此看来，两税并存直接加大了内资企业的生产成本，降低了内资企业的盈利能力与综合竞争力，使得内资企业在吸引人才、技术研发方面呈现了劣势；其次，两税并存使得我国的产业结构升级乏力；再次，内资企业所得税在研发费用方面缺乏足够扣除，而且以区域优惠为主的优惠制度也无法使特定产业得到促进，这不利于内资企业技术创新的开展；最后，两税并存增加了税法的复杂程度，助长了税收侵蚀行为的发生，影响了税收征管的正常开展。

(三)新企业所得税的税制要素

2008 年 1 月 1 日起实施的新《企业所得税法》对税制要素进行了详细规定，具体包括纳税主体、课税对象、税率、税收优惠以及扣除项目等。

1. 纳税主体

企业和其他取得收入的组织均为企业所得税的纳税人，分为居民企业与非居民企业。居民企业是指在中国境内成立，或者依照外国（地区）法律成立但实际管理机构在中国境内的企业。非居民企业是指依照外国（地区）法律成立且实际管理机构不在中国境内，但在中国境内设立机构、场所的，或者在中国境内未设立机构、场所，但有来源于境内所得的企业。个人独资企业、合伙企业不是企业所得税纳税人，而是对投资人或合伙人征收个人所得税。

2. 课税对象

企业每一纳税年度的收入总额，减除不征税收入、免税收入、各项扣除以及允许弥补的以前年度亏损后的余额，为应纳税所得额。企业以货币形式和非货币形式从各种来源取得的收入，为收入总额。具体包括销售货物收入、提供劳务收入、转让财产收入、股息红利等权益性投资收益、利息收入、租金收入、特许权使用费收入、接收捐赠收入、其他收入。收入总额中下列收入为不征税收入：财政拨款、依法收取并纳入财政管理的行政事业性收费与政府性基金收入、国务院规定的其他不征税收入。另外，非居民企业取得的《企业所得税法》第三条第三款规定的所得，按照下列方法计算应纳税所得额：股息、红利和利息、租金、特许权使用费所得，以收入全额为应纳税所得额；转让财产所得、以收入全额减除财产净值后的余额为应纳税所得额。

3. 税　率

企业所得税的基本税率为25%。非居民企业在中国境内未设立机构、场所的，或者虽设立机构、场所但取得的所得与其所设机构、场所没有实际联系的，应当就其来源于中国境内的所得缴纳企业所得税，税率为20%；符合条件的小型微利企业，减按20%的税率征收企业所得税。另外，还规定了一些优惠税率：国家需要重点扶持的高新技术企业，减按15%的税率征收企业所得税。

4. 成本扣除规定

下列项目准予计算应纳税所得额时进行扣除：企业实际发生的与取得收入有关的、合理的支出，包括成本、费用、税金、损失和其他支出；企业发生的捐赠支出，在年度利润12%之内的部分；企业按照规定计算的固定资产折旧；企业按照规定计算的无形资产摊销费用；企业发生的一些支出作为长期待摊费用，按照规定摊销的，准予扣除；企业使用或者销售存货，按照规定计算的存货成本；企业转让资产，该项资产的净值，可以进行扣除。

下列项目不得进行扣除：向投资者支付的股息、红利等权益性投资收益；企业所得税税款；税收滞纳金；罚金、罚款和被没收财物的损失；新企业所得税法第九条规定之外的捐赠支出；赞助支出；未经核定的准备金支出；与取得收入无关的其他支出；企业对外投资期间，投资资产的成本；房屋、建筑物以外未经投入使用的固定资产；以经营租赁方式租入的固定资产；以融资租赁方式租出的固定资产；已足额提取折旧仍继续使用的固定资产；与经营活动无关的固定资产，单独估价作为固定资产入账的土地；其他不得计算折旧扣除的固定资产。

为了鼓励自主创新，新企业所得税法加入了加计扣除、税收抵免、再投资退税的一些规定：对企业研发费用实行150%加计扣除。应该说，加计比例是较高的。另外，税法还规定了企业可以按照高新技术投资额的一定比例抵扣应纳税所得额，从而引导社会资金更好地投资于中小高新技术企业，促进高新技术企业的成长与发展。

5. 税收优惠制度规定

现行企业所得税制度具有以下几个方面的税收优惠规定：

（1）关于扶持农林牧渔的税收优惠。企业从事农林牧渔项目的所得可以免征、减征企业所得税。其中免征企业所得税的所得：第一，蔬菜、谷物、薯类、油料、豆类、棉麻、糖类、水果、坚果的种植；第二，农作物新品种的选育；第三，中药材的种植；第四，林木的种植与培育；第五，牲畜、家禽的饲养；第六，林产品的采集；第七，灌溉、农产品初加工、兽医、农技推广、农机作业和维修等项目；第八，远洋捕捞。

其中减半征收企业所得税的所得为：花卉、茶以及其他饮料作物和香料作物的种植；海水养殖、内陆养殖。

（2）关于鼓励基础设施建设的税收优惠。企业从事国家重点扶持的公共基础设施项目投资经营所得，自项目取得第一笔生产经营收入所属纳税年度起，给予“三免三减半”的优惠。公共基础设施项目主要指港口码头、机场、铁路、公路、城市公共交通、电力、水利等项目，具体包含在《公共基础设施企业所得税优惠目录》中予以确定。

为了鼓励企业的投资行为，企业承包经营、承包建设和内部自建自用以上项目，不得享受企业所得税优惠。

（3）关于支持环境保护、节能节水、资源综合利用、安全生产的税收优惠。企业从事公共污水处理、公共垃圾处理、沼气综合开发利用、节能减排技术改造、海水淡化等项目的所得，自项目取得第一笔生产经营收入所属纳税年度起，给予“三免三减半”的优惠。

企业以《资源综合利用企业所得税优惠目录》规定的资源作为主要原材料并符合规定比例，生产国家非限制和禁止并符合和行业相关标准的产品取得收入，减按90%计入收入总额。企业购置并实际使用《环境保护专用设备企业所得税优惠目录》、《节能节水专用设备企业所得税优惠目录》和《安全生产专用设备企业所得税优惠目录》规定的环境保护、节能节水、安全生产等专用设备的，该专用设备投资额的10%可以从企业当年的应纳税额中抵免；当年不足抵免的，可以在以后5个纳税年度内结转抵免。

（4）关于促进技术创新和科技进步的税收优惠。为了促进技术创新和科技进步，《企业所得税法》规定了四个方面的优惠，具体包括：

第一，一个纳税年度内，居民企业技术转让所得不超过500万元的部分，免征企业所得税；超过500万元的部分，减半征收企业所得税。

第二，企业开发新技术、新产品、新工艺发生的研究开发费用，计算应纳税所得额时在据实扣除的基础上，再加计扣除50%。

第三，创业投资企业采取股权投资方式投资于未上市的中小高新技术企业2年以上的，可以按照其投资额的70%在股权持有满2年的当年抵扣该创业投资企业的应纳税所得额；当年不足抵扣的，可以在以后纳税年度结转抵扣。

第四，企业的固定资产由于技术进步等原因，确需加速折旧的，可以缩短折旧年限或者采取加速折旧的方法。包括两类：一是由于技术进步、产品更新换代较快的固定资产；二是常年处于震动、高腐蚀状态的固定资产。

（5）关于符合条件的非营利组织收入的税收优惠。符合条件的非营利组织收入，为免税收入。实施条例从登记程序、活动范围、财产的用途与分配等方面，界定了享受税收优惠的非营利组织条件。同时，考虑到目前按相关管理规定，中国的非营利组织一般不能从事营利性活动，为规范此类组织的活动，防止从事营利性活动可能带来的税收漏洞，对非营利组织的营利性活动取得的收入，不予免税。

（6）小型微利企业的税收优惠。符合条件的小型微利企业，减按 20% 的税率征收企业所得税。小型微利企业应从事国家非限制和禁止行业，并符合下列条件：第一，工业企业，年度应纳税所得额不超过 30 万元，从业人数不超过 100 人，资产总额不超过 3000 万元；第二，其他企业，年度应纳税所得额不超过 30 万元，从业人数不超过 80 人，资产总额不超过 1000 万元。

为了有效应对国际金融危机，扶持中小企业发展，自 2010 年 1 月 1 日至 2010 年 12 月 31 日，对年应纳税所得额低于 3 万元（含 3 万元）的小型微利企业，其所得减按 50% 计入应纳税所得额，按 20% 的税率缴纳企业所得税。

（7）高新技术企业的税收优惠。国家重点扶持的高新技术企业，减按 15% 的税率征收企业所得税。高新技术企业应拥有核心知识产权，产品服务属于《国家重点支持的高新技术领域》规定的范围，研究开发费用占销售收入的比例、高新技术产品（服务）收入占企业总收入的比例、科技人员占企业职工总数的比例不得低于规定比例，同时还要符合高新技术认定管理办法规定的其他条件。

（8）关于非居民企业预提所得税的税收优惠。未在中国境内设立机构、场所的非居民企业取得的来源于中国境内的所得，以及非居民企业取得的来源于中国境内但与其在中国境内所设机构、场所没有实际联系的所得，适用税率为 20%。对上述所得，减按 10% 的税率征收企业所得税。对外国政府向中国政府提供贷款取得的利息所得、国际金融组织向中国政府和居民提供优惠贷款取得的利息所得，以及经国务院批准的其他所得，可以免征企业所得税。

（9）民族自治地区的税收优惠。民族自治地区的自治机关对属于地方财政收入的某些税收优惠需要加以照顾和鼓励的，可以实行减税或者免税。为与国家产业政策相衔接，对民族自治地方内国家限制和禁止行业的企业，不得减征或者免征企业所得税。自治州、自治县决定减征或者免征的，须报省、自治区、直辖市人民政府批准。

（10）安置特殊人员就业的税收优惠。为进一步完善促进就业的税收政策，税法对鼓励安置就业人员的优惠政策有直接减免税的方式，如福利企业、劳动服务企业的税收优惠政策，调整为按照企业支付给符合条件的就业人员工资的一定比例加成计算扣除的办法。其中，安置残疾人员的工资支出，在据实扣除的基础上，加计 100% 扣除。

本报告将旧内外资企业所得税与新企业所得税的税制要素进行比较和归纳如表 B2-2 所示。

表B2-2　新旧企业所得税税制对比

税制要素	原内外资企业所得税	新企业所得税
纳税人	内资：国有、集体、私营、联营、股份制及其他企业与组织 外资：外商投资企业和外国公司	区分了居民企业和非居民企业
基本税率	内资：33%，外资：30%+3%	25%
应纳税所得额	内资：纳税人每一纳税年度的七类收入总额减去准予扣除项目后的余额 外资：每一纳税年度的收入总额，减除成本、费用以及损失后的余额	企业以货币形式和非货币形式从各种来源取得的收入总额，减除不征税收入、免税收入、各项扣除以及允许弥补的以前年度亏损后的余额
成本扣除标准	内资：利息支出、三费、捐赠、计税工资规定 外资：与生产经营相关的成本、费用以及损失可以于税前扣除	企业实际发生的与取得收入有关的、合理的支出，包括成本、费用、税金、损失和其他支出，包括捐赠、折旧、无形资产摊销、长期待摊费用等
优惠制度	内资：特定区域和特定类型企业 外资：区域性税收优惠、“三免五减半”	特定产业和项目优惠，包括重点扶持产业、节能环保、创业投资、资源利用、安全生产
优惠手段	税率优惠、再投资退税	税率优惠、再投资退税、加速折旧、成本加计扣除、税收抵免等多元化手段
征收管理	汇算清缴	分居民企业和非居民企业汇算清缴

三、我国企业所得税筹集财政收入的作用分析

企业所得税一直在筹集财政收入方面发挥着巨大作用。特别是两税合并之后，我们会看到，企业所得税不仅在短期内有利于筹集财政收入，而且其发挥着结构调整作用，会对未来的财政收入规模和结构产生巨大影响，有利于提高我国长期的可持续财政收入能力。

(一)两税合并之前企业所得税筹集财政收入的实证分析

1. 充分性

企业所得税的充分性可用企业所得税收入的增幅与财政支出的增幅相比较来衡量。这里要说明的是，之所以要用增幅比来作为衡量指标，而不用具体税种的收入和使用情况作为判断依据，是因为我国目前具体税种的收入与支出没有对应性，除城建税等少数税种的收入是指定用途外，其他大多数税种的收入都没有指定专门用途，收入与支出口径不能一一对应，只能以财政支出状况与各税种的收入状况相比较来反映税收的充分性问题。

税收充分性可以用下列公式表示出来：

$$Rt = \frac{\nabla E/E}{\nabla T/T}$$

式中：Rt——税收充分性系数；

E——财政支出；

ΔE——财政支出增量；

T——税收收入；

ΔT——税收收入增量。

当 $Rt = 1$ 时，表明税收收入与财政支出增长同步，税收具有充分性；$Rt > 1$ 时表明税收收入的增长快于财政支出的增长，可能出现税收收入过度的情况；$Rt < 1$ 时表明税收收入的增长落后于财政支出的增长，税收缺乏充分性。具体到各个税种的分析中，这一标准应根据不同税种的功能作用有所变化。对一些政府在设计税制时就是以筹集收入为主要目的的税种，如增值税、企业所得税，它们的税收增幅应高于财政支出的增幅，而对一些以调节为目的的税种，如个人所得税，消费税，其增幅应是低于财政支出的增幅，这样从总体上能够使税收与财政支出保持同比增长，从而体现税收的充分性。

第一，我国企业所得税的税源较为充裕，从数据本身对比来看，要强于流转税税源，这一现象有悖于在发展中国家流转税税基要宽于所得税税源的观点。对这一现象的解释是：在这一期间，我国企业的盈利水平逐步提高，经济效益得到大大改善，尤其是随着国企改革的深入，内资企业，特别是一些国有大中型企业经济效益得到了较大幅度的提高。数据显示，国有及国有控股企业利润总额从 2002 年的 2633 亿元增长至 2008 年的 9064 亿元，平均每年增长 918.74 亿元（表 B2–3），三资企业利润总额从 2002 年的 1877 亿元，增长到 2008 年的 5266 亿元，平均每年增长 484.1 亿元。

表B2-3 国有及国有控股规模以上企业、三资企业盈利情况表

（单位：亿元）

年份	国有及国有控股规模以上企业	利润增长率(%)	三资企业	利润增长率(%)
2002	2633	10.23	1877	30.1
2003	3836	45.70	2777	47.95
2004	5453	42.15	3876	39.55
2005	6520	19.56	4141	6.833
2006	8485	30.14	4659	12.51
2007	10795	24.07	5011	7.56
2008	9064	−16.04	5266	5.09

资料来源：2003–2009年《中国统计年鉴》。

第二，从整体上看外资企业所得税税源比内资企业所得税税源充裕，因为前者的充分度要高于后者。然而我们要是逐年考察的话，会发现这种趋势在2000年以前较为明显，即2000年以前外资企业的税收增长率要远高于内资企业，但在2000年以后的多数年份内资企业所得税的增长率要高于外资企业所得税，这里面还反映了外资企业所得税的税收流失问题，这部分内容将在最后一部分进行讨论。

表B2-4 企业所得税收入的充分性分析表

（单位：%）

年份	财政支出增长比例(%)	内资企业所得税增长比例(%)	内资企业所得税收入充分度	外资企业所得税增长比例(%)	外资企业所得税收入充分度	内外企业所得税增长比例(%)	内外资企业所得税收入充分度
1998	16.94	−8.09	−0.48	27.53	1.62	−5.41	0.67
1999	22.13	17.88	0.81	19.34	0.87	20.8	1.16
2000	20.46	43.11	2.11	49.72	2.43	45.68	1.06
2001	18.99	46.88	2.47	57.19	3.01	47.83	1.02
2002	16.67	−7.04	−0.42	20.17	1.21	−3.72	0.53

续表

年份	财政支出增长比例(%)	内资企业所得税增长比例(%)	内资企业所得税收入充分度	外资企业所得税增长比例(%)	外资企业所得税收入充分度	内外企业所得税增长比例(%)	内外资企业所得税收入充分度
2003	11.78	18.74	1.59	14.51	1.23	18.78	1.00
2004	15.6	34.13	2.19	32.19	2.06	33.98	1.00
2005	19.1	38.88	2.04	23.08	1.21	35.08	0.90
2006	19.1	27.11	1.42	33.73	1.77	30.30	1.59
2007	23.2	39.27	1.69	27.13	1.17	36.64	1.58

注：本表数据来自于国家税务总局网站。

2. 及时性与稳定性

对稳定性的分析采用统计学中变异系数，这一统计指标能够较好地反映研究变量的变动状况。

（1）收入增长的波动性分析

1994 年至 2005 年，我国企业所得税年平均数为 2116.5 亿元，反映整体波动状况的标准差为 1508 亿元，反映相对波动状况的波动系数为 0.7125，也就是说波动幅度为 71.12%；同期增长率的相对波动差、波动幅度分别为 17.74%、80.2%；而同期流转税增长率的相对波动差、波动幅度分别为 7.91%、55%。比较而言，我国企业所得税收入增长的波动性较大，波动幅度均超过 50%。从增长率看，企业所得税的增长率要高于流转税，但波动性要大于流转税，其中，1998 年、2002 年出现负增长，说明我国企业所得税收入缺乏稳定性，尤其是缺乏稳定的增长机制。这说明企业所得税收入的成长性要好于流转税，但流转税税基比企业所得税税基更稳定。

（2）税收弹性的波动性分析

1994 年至 2005 年，我国企业所得税税收弹性平均为 2.42，平均波动量为 1.747，波动系数为 0.722，而同期流转税税收弹性平均为 0.75，平均波动量为 0.75，波动系数为 1。比较而言，企业所得税的弹性系数要大于流转税，但波动幅度要小于流转税。这说明企业所得税参与国民收入分配的功能要强于流转税，而且这种功能的稳定性也要强于流转税。

通过以上分析可见，1994 年以来，我国企业所得税制运行仍然处在一个逐步完善的时期，无论是税收增加额，还是税收弹性，都处在一个强烈的波动中。

表B2-5　1994-2005年企业所得税、流转税收入与弹性波动状况表

（单位：亿元、%）

指　标	企业所得税收入		
	绝对额	增长率(%)	税收弹性
平均值	2116.5	22.1	2.42
标准差	1508	17.74	1.747
波动系数	0.7125	0.802	0.722

（3）收入弹性

衡量税收弹性也可以用公式表示：

$$Et = \frac{\nabla T/T}{\nabla Y/Y}$$

式中：Et——税收弹性系数；

T——税收收入；

ΔT——税收收入增量；

Y——国民收入（或是指 GDP，GNP 等）；

ΔY——国民收入增量。

当 $Et = 1$ 时，表明税收收入增长与经济支出增长是同步的；$Et > 1$ 时表明税收收入的增长快于财政支出的增长，税收有弹性，税收参与国民收入分配的比例有上升的趋势；这时，$Et < 1$ 时表明税收收入的增长落后于经济的增长，税收缺乏弹性。这时税收的绝对量有可能是增加的，但税收参与收入分配的比例有下降的趋势。

表 B2-6 反映 1994 年至 2007 年企业所得税的税收弹性，有如下主要特征：第一，企业所得税税收弹性较好，企业所得税收入高于 GDP 的增长速度，平均值为 1.80；第二，外资企业所得税弹性期间系数均高于内资企业所得税，且均大于 1，反映出外资企业所得税较强的收入弹性；第三，以平均值为界，内资企业所得税弹性表现为整体上升的态势，而外资企业所得税有下降的态势。

表B2-6　企业所得税税收弹性计算表

年份	GDP增长比例(%)	内资企业所得税增长比例(%)	弹性系数	外资企业所得税增长比例(%)	弹性系数	企业所得税增长比例(%)	弹性系数
1995	26.13	17.73	0.68	54.26	2.08	22.86	0.87
1996	17.08	7.75	0.45	40.7	2.38	9.3	0.54

续表

年份	GDP增长比例(%)	内资企业所得税增长比例(%)	弹性系数	外资企业所得税增长比例(%)	弹性系数	企业所得税增长比例(%)	弹性系数
1997	10.95	14.81	1.35	37.07	3.38	17.97	1.64
1998	6.87	–8.09	–1.18	27.53	4.00	–5.41	–0.79
1999	6.25	17.88	2.86	19.34	3.09	20.8	3.33
2000	10.64	43.11	4.05	49.72	4.67	45.68	4.30
2001	10.52	46.88	4.45	57.19	5.43	47.83	4.55
2002	9.74	–7.04	–0.72	20.17	2.07	–3.72	–0.38
2003	12.87	18.74	1.46	14.51	1.13	18.78	1.46
2004	17.71	34.13	1.93	32.19	1.82	33.98	1.92
2005	14.52	38.88	2.68	23.08	1.59	35.08	2.42
2006	15.78	27.11	1.72	33.73	2.14	28.49	1.81
2007	21.64	18.70	0.86	27.13	1.25	36.63	1.69
平均值	13.9	20.81	1.58	33.58	2.69	23.71	1.80

企业所得税弹性较好的原因有以下几点：第一，产业经济结构的优化。经济结构的优化有益于税收弹性的提高，我国产业结构的优化表现为第一产业比重持续下降，第三产业比重持续上升，第二产业比重稳中略有上升。第二，企业所得税名义税率实际实行的是一种累进税率，除标准的33%税率外，还对中小企业实行18%、27%的优惠税率，这也提高了企业所得税的弹性。此外也有企业经济效益提高，税务部门加强管理的原因。

(二)两税合并之后企业所得税的财政效应分析

前面分析到，两税合并对财政收入的影响具有短期和长期效应，因此，应该着重从这两个角度进行分析，才能更客观地把握我国企业所得税改革对财政的影响。

从短期来看，两税合并确实存在减收效果。原财政部部长金人庆在关于《中华人民共和国企业所得税法（草案）》的说明中表示："两法合并"后，如果2008年实行新税法，与现行税法的口径相比，内资企业所得税减收约1340亿元，外资企业所得税增收410亿元，两相抵后，财政收入净减少约930亿元。应该说这一减收规模，对于年收入增加七八千亿元的财政来说，是承受得了的。

从长期来看，两税合并有利于长期财政收入的增长。未来的财政收入还是会继续增长的，只是会降低增长速度，而这有利于使财政收入的增长速度与GDP的增长速度相适应，从长期看，这不见得不是一件好事。因为财税收入增速长时间超过GDP的增速，会影响居民收入的增长，这是目前我国消费不足，投资和消费关系失调的一个重要原因。据统计，1991–2005年，我国人均名义GDP年均增长15.3%，同期农村人均纯收入年均增长10.9%，城镇人均可支配收入增长13.8%，分别比GDP增长率低4.4和1.5个百分点。1996–2005年，在国民收入最终分配格局中，居民份额从69.3%下降到59.8%，而美国接近于75%，日本也在70%以上。通过适当降低财政收入的增长速度，有利于增加企业和居民的收入，提高这两个主体的分配份额，这有利于进一步扩大内需，增强消费对经济增长的拉动作用。长远来看，这有利于推动经济的持续增长，对财政收入可持续增长是有利的。

事实上，从2008年的财政运行来看，新《企业所得税法》的实施已经初步显示其积极作用，2008年全国税收收入完成54223.79亿元（不含关税、契税和耕地占用税），比上年增收8601.82亿元，增长18.9%。而2008年全国企业所得税完成11175.63亿元，比上年增收2396.38亿元，增长27%，远远高于全国税收收入的增长速度。可以预见，在以后年份中，新税法的优惠政策将有力促进高新技术、基础设施等产业的发展，拓宽税基，未来企业所得税收入还会呈现快速增长的势头。

（三）对企业所得税财政效应的评析

两税合并对于我国财政收入的影响不仅取决于税制改革本身，更取决于税制改革之后的宏观经济发展趋势。以降低税负为主要内容的企业所得税改革虽然在短期内减少财政收入，但随着企业技术研发能力与自有资金能力的提高，会促进企业税基扩大，抵消税率与优惠制度变动带来的减收，因此两税合并也不会对财政收入产生太大影响[①]。

第一，两税合并之前，我国宏观经济处于一个快速发展时期。2003年我国人均GDP突破了1000美元大关，一旦超过这个数量界限，国家的供给结构、产业结构、需求结构便会出现显著的结构性变化。技术研发水平将会有显著提升，供给结构将会由物质资本投入型转向技术研发依赖型，企业的利润实现将主要依赖于技术创新，

① 两税合并对财政收入的影响效果不仅要在短期观察，更重要的是能够提高长期筹集财政收入的能力，结构调整也许正是未来财政收入增长的保证，新企业所得税恰恰可以起到促进结构调整的作用，它可能对短期的财政收入产生不利影响。但从根本的观点来看，这种影响是具有长期良好效应的。

而技术创新则可以为企业带来更加稳定的经营成果。这个时期进行两税合并，对财政收入的影响并不显著。

第二，从两税合并之后的财政收入来看，新《企业所得税法》的实施也不会对其造成重大影响。对内资企业而言，两税合并之后的实际税率有所降低，那么其贡献的税收收入有所减少；对外资企业而言，两税合并之后实际税率有所提高，那么外资税收将会增加。由于内资企业比重大大高于外资企业比重，短期的总体效应也许是税收收入减少。然而，从长期来看，改革会增加财政收入：一方面，两税合并会减少逃税激励，促进税收征管效率的提高，降低税基侵蚀程度，提高纳税人的遵从度；另一方面，税率降低引导内资企业从外延型增长转向内涵型增长，内资企业税收负担的降低有利于增强再投资能力和技术研发活力，这不仅会增加现期财政收入，还会优化经济结构，为未来的财政收入大幅度增长奠定基础。

综上所述，新《企业所得税法》对财政收入的影响具有短期效应，但从长期、动态的角度来看，财政收入不仅不会减少，还会增加。从短期看，企业所得税收入可能会减少，但这种减收在当前财力条件下可以承受；从长期看，两税合并有利于企业收入的增加，减少利润侵蚀工资的动机，推动内需扩大，实现可持续的经济增长。因此，总体而言，新企业所得税法的实施对财政收入具有正面影响。

四、我国企业所得税制度对经济主体行为的作用分析

(一)对外商直接投资的影响①

两税合并后，减少了外资企业的税收优惠，提高了其实际税负，税收优惠政策将失去对外资的吸引力，对外商投资肯定会产生一定的影响，但影响程度需做具体分析。虽然，两税合并之后，外资企业税负有所上升，但这并没有从根本上改变吸引外资的能力。

首先，在其他条件没有发生改变时，税收制度对外商行为的影响并不是主要的。折中理论认为区位优势是决定一国吸引外资的最主要因素，这要求被投资国的政局比较稳定，宏观经济发展协调，法律逐步健全，投资者权利得到充分保护；而且我

① 部分资料和数据来源于：安徽省国家税务局课题组：《新企业所得税法实施效果分析》，国家税务总局内部刊物《税收研究资料》2009年第11期。

国的资源优势决定了外资的流向性，原材料、货币资本、土地与劳动力供应充足。另外，庞大的市场需求使得外资纷纷流入国内。相对于这些区域优势，企业所得税制度吸引外资的作用并不是非常明显，只是一种辅助性制度优势。

其次，新企业所得税制度构成了一种正向选择机制，它有助于提高我国外资质量。事实上，企业所得税优惠只对中小企业和发展劳动密集型产业有较大吸引力，大型跨国公司先进技术研发水平和管理手段，其投资动机具有长期性，其投资行为的目标注重整体利益与综合经营战略。因此，这些大型跨国资本更多地关心被投资地区的投资环境及投资条件的稳定性，新税法将有利于吸引大型跨国制造业外资进入我国。另外，合并之后，税收优惠制度不再一般性地给予各类企业，而是将优惠集中支持关系到国家战略发展、实施产业政策和技术经济政策的产业上。因此，符合我国产业政策的外资还是会享受很多的企业所得税优惠，而不符合我国政策的外资则经营成本增加。这在长期会提高我国引进外资的质量。

1．对外商投资信心的影响

企业进行海外投资出于各种考虑，诸如分散风险、国内市场不足、汇率区别、市场调整、资源供应等。但根本目的只有两个：一是获取市场；二是追求利润最大化。现选取反映企业盈利能力的净利润率、净资产收益率、投资报酬率等财务指标，来分析新税法实施对外资企业投资收益的影响。

表B2-7　2007和2008年内外资企业盈利能力对比情况　（单位：%）

		2007年（a）	2008年（b）	（b）-（a）
净利润率	内资	6.25	5.93	-0.32
	外资	7.96	6.27	-1.69
净资产收益率	内资	11.56	9.60	-1.96
	外资	19.94	15.74	-4.2
投资收益率	内资	2.09	1.89	-0.2
	外资	7.56	6.00	-1.56

数据来源：安徽省国家税务局课题组:《新企业所得税实施效果分析》，2010年研究报告。

从表B2-7中可以看出，与2007年税收调查样本相比，2008年内资企业净利润率为5.93%，同比减少0.32%；净资产收益率为9.6%，同比减少1.96%；投资报酬率为1.89%，同比减少0.2%。外资企业净利润率为6.27%，同比减少1.69%，净资产收益率为15.74%，同比减少4.2%；投资报酬率为6.00%，同比减少1.56%。

从上述数据可以看出，2008 年以来的全球金融危机对我国虚拟经济和实体经济已造成了一定的冲击，内、外资企业的投资收益水平较上年同期均有不同程度的下降，因其影响程度无法准确测算，也掩盖了新税法实施后对企业投资收益水平所产生的政策效应。尽管如此，我国外资企业的净利润率、净资产收益率及投资报酬率等指标均高于内资企业的同等指标，说明了外资企业的投资收益水平和发展能力普遍好于内资企业。这是由于较早进入中国的外资企业通过享受税收优惠政策，进一步强化了资金、技术、管理优势，提升了核心竞争力，具备了承受较高税负的能力。处于减免税期或执行低税率的外资企业，因为过渡性税收政策的执行而赢得了宝贵的缓冲期。新税法颁布后设立的外资企业，与内资企业享有同等待遇，心态平衡。

税收因素固然重要，但税负的高低并不是外资企业进入中国唯一的考虑因素，他们更关心的投资环境，如劳动力、基础设施、消费市场发展空间、商业法规环境、政府行政服务等，皆是影响外国投资者投资决策的重要因素，特别是随着我国综合国际竞争力的不断提升，加之作为世界工厂的地位已举足轻重，外国投资者更看中的是我国巨大的市场发展潜力。实施新税法后，外商在高科技、环保或者能源类的投资有了更大的空间，不会影响中国吸引外资的流入规模，同样也不会削弱外商来华投资的信心。

2．对外资投资结构和质量的影响

改革开放以来，我国实行以企业所得税优惠为核心的外商投资激励政策，加大对外资的吸引力度。截至 2008 年年底，外商投资企业占全国企业总数的 3%，创造的工业产值占全国的 29.7%，实现税收（不含关税和土地使用费）占全国的 21%，进出口额占 55%，吸纳就业 4500 万人，占全国城镇就业人口约 11%。外资企业已成为我国国民经济的重要组成部分。

表B2-8　2007和2008年外资企业行业分布对比情况　（单位：%）

外资前5位行业	2007年（a）	2008年（b）	（b）-（a）
制造业	72.21	70.34	-1.87
批发与零售业	6.25	7.89	1.64
房地产业	6.03	5.95	-0.08
信息传输计算机服务软件业	3.71	3.89	0.18
住宿和餐饮业	2.71	2.68	-0.03

数据来源于：2007年和2008年全国税收调查。

从表 B2-8 中可以看出：我国外资企业分布比例居前 5 位的行业依次是制造业、批发和零售业、房地产业、信息传输计算机软件业、住宿和餐饮业。与 2007 年相比，2008 年外资企业所在行业的分布比例发生了改变，制造业由 72.21%减少到 70.34%，下降 1.87 个百分点；房地产业由 6.03%减少到 5.95%，下降 0.08 个百分点；住宿与餐饮业由 2.71%减少到 2.68%，下降 0.03 个百分点。而批发和零售业由 6.25%上升到 7.89%，增长 1.64 个百分点；信息传输计算机服务软件业由 3.71%上升到 3.89%，增长 0.18 个百分点。

新税法实施前，我国外资企业主要分布在制造、批发零售、房地产等行业，其中：制造业 18996 户，占外资企业总数的 72.21%，其外商实际投资额 2007 年达到 440 亿美元，占外商直接投资总额的 60%以上，是外商投资最主要的领域。而对我国急需发展的基础性和瓶颈性行业，如农、林、牧、渔、建筑、交通运输等行业，外资则较少涉足，投资比重不高，外资投资结构不甚合理。这是因为过去我国只是注重引进外资的量的增长，而忽视外资结构和质量的改善，对外资的税收优惠只认身份和区域，只要是外资，在特定的区域内都能享受到较多的税收优惠，税收优惠产业导向性不强。同时，由于外资企业在税收政策上比内资企业享有更多优惠，在大量税收优惠的诱惑下，部分内资企业走上假外资之路，采取将资金转到境外再投资境内的返程投资方式，享受外资企业所得税优惠，取得政策性套利收益，造成了国家税款的流失。

新税法实施后，消除了内外资税负的差别，内资企业税负下降，外资企业税负上升，外资身份不再具有巨大的诱惑力，并且新税法对企业居民身份的认定采用了注册地和实际管理机构两个标准，在一定程度上减少了内资企业利用外资避税的可行性，有效遏制了假外资的滋生和蔓延。此外，新税法虽然减少了对外资企业的税收优惠，但产业优惠依然存在，尤其是高科技产业、环保、节能节水等行业，是新税法税收优惠的重点，这将引导外资转入这些产业，变“招商引资”为“招商选资”。那些试图将高能耗、高物耗、高污染的劳动密集型制造业全面移植到中国的外资，随着成本的提高可能重新选择投资地点，民营自主创新能力的提高也进一步挤压了技术落后外资企业的生存空间，使得外国资金在投资中国之前，需要权衡更多的利弊得失。2008 年下半年以来，全球金融危机导致经济寒流，大批以劳动密集型传统制造业和中小企业为主的外资企业关停并转，我国外资企业比重最高的广东省关闭或搬迁企业就达 2542 家，同比增长 14.1%，占新批准设立外商投资企业的 35%。税收调查数据测算显示，2008 年，尽管外资企业所在行业的前 5 位排序未变，但制造、房地产等行业的投资比重较上年有所下降，农林牧渔业的投资比重则较上年提高了 0.05 个百分点。当年新开业的外资企业投资结构有了明显变化，制造、房地产等行业的投资比重迅速下降，而农、林、牧、渔、建筑、交通运输等行业的投资比重稳步上升，实际使用外资金额增势明显。外资的结构和质量得到优化，新税法对外资经济的政策导向作用日益凸显。

(二)对产业结构的影响①

两税合并之后，新税法的制度设置会对不同产业产生差异化影响，不同类型产业的发展速度会出现差异，由此在未来一段时间之内，这种差异会慢慢显现出来，不同类型产业的增长速度不同，在长期内会产生产业结构的调整效应。据有关资料显示，两税合并之前，金融、饮料制造、通信产业、煤炭加工、钢铁加工、石油加工、房地产等产业的实际税率高于25%，合并之后25%的税率使这些产业的法定税率和实际税率都降低，而电力生产、有色金属冶炼、交通运输业、医疗生物产业、纺织服装、汽车产业、家电、电子元器件等实际税率低于25%，因此两税合并无法对这些产业产生明显的拉动作用，因而未来一段时期内，不同产业受到两税合并的影响不同，产业发展速度也会产生差异，这种调整会促进产业结构的变动。另外，新企业所得税法将以区域优惠为主转变为产业优惠为主的税收优惠格局，因此，企业所得税制度对产业结构的调整效应更加明显。当然，新税法的产业结构调整效应也许不会像理论设定的那样达到效果，但是我们可以在未来的产业结构调整中不断对税法进行调整，以最大可能地实现产业结构调整的目标。

税收调查数据显示，实行新税法以后，2008年度全国企业所得税政策性免税收入7303.56亿元，减计收入598.79亿元，加计扣除902.32亿元，减免所得额574.34亿元，抵免所得税额112.05亿元，减免税1899.42亿元，税收优惠幅度较大，优惠范围涉及社会经济各个方面。

1．新税法对产业结构调整的影响

新企业所得税实行以产业优惠为主，区域优惠为辅的税收优惠体系，税收优惠的重点是高新技术产业、环保、节能、农林、资源开发和综合利用等行业，在此从第一、二、三产业中分别选取税收优惠政策较为集中的农林、医药制造、信息传输计算机服务和软件业，通过对此3个行业的净利润率、净资产收益率、总资产报酬率等指标在新税法实施前后的对比，测算税收优惠政策对产业结构调节的影响。

① 部分资料和数据来源于：安徽省国家税务局课题组：《新企业所得税法实施效果分析》，国家税务总局内部刊物《税收研究资料》2009年第11期。

表B2-9　2007和2008年享受税收优惠行业的获利能力对比　（单位：%）

		2007年（a）	2008年（b）	（b）-（a）
净利润率	农林业	0.54	3.39	2.85
	医药制造业	8.88	9.73	0.85
	信息计算机软件业	21.7	26.83	5.13
净资产收益率	农林业	0.23	3.05	2.82
	医药制造业	10.55	12.71	2.16
	信息计算机软件业	22.78	24.64	1.86
投资收益率	农林业	0.12	0.98	0.86
	医药制造业	5.23	6.17	0.94
	信息计算机软件业	12.64	13.23	0.59

从表B2-9中可以看出，与2007年税收调查样本相比，2008年农林业的净利润率为3.39%，同比增加2.85%；净资产收益率为3.05%，同比增加2.82%；投资报酬率为0.98%，同比增加0.86%。医药制造业的净利润率为9.73%，同比增加0.85%；净资产收益率为12.71%，同比增加2.16%；投资报酬率为6.17%，同比增加0.94%。信息传输计算机服务和软件业的净利润率为26.83%，同比增加5.13%；净资产收益率为24.64%，同比增加1.86%；投资报酬率为13.23%，同比增加0.59%。

可以看出，2008年农林、医药制造业、信息传输计算机服务和软件业的净利润率、净资产收益率及总资产报酬率等指标均高于上年同期水平。这说明在农业、高新技术等企业所得税税收优惠政策的刺激下，农林、高新技术产业的投资收益水平、资金利用效果和企业发展能力均好于上年同期。

2. 以高新技术产业为例，税收优惠政策的产业结构调节效应

新税法对高新技术企业继续实行15%的优惠税率，并不再有区域限制，将优惠范围扩至全国，消除了企业之间的纵向不平等，带动了全国范围内的高新技术企业发展能力的整体提高。同时为贯彻落实国家科技发展规划纲要精神，鼓励企业自主创新，新税法对企业研发费用实行加计扣除优惠政策，并将优惠政策适用对象由工业企业扩大到所有企业；对技术进步，产品更新换代较快的固定资产采取加速折旧的方法。这一系列优惠政策的出台，有利于企业增加研发资金的投入，促进企业加快技术创新和科技进步，提高其自主研发能力和核心竞争力。2008年，面对国内

连续遭遇严重自然灾害，以及全球金融危机的不利影响，我国高技术产业总体上仍保持了较快增长，全年高技术产业实现总产值58322.03亿元，同比增长14.1%；增加值累计增长13.98%，略高于全国工业增加值12.89%的增速；高新技术产品出口4156亿美元，增长13.1%，实现顺差764亿美元，增长92.6%。高技术产业集聚化程度明显加速，企业自主创新能力进一步增强。如我国自主研发的TD-SCDMA实验网等一批奥运科技项目在第29届奥运会的广泛应用就是有力的佐证。由此可见，新税法以支持产业技术升级作为重点内容，既支持第一产业和第三产业的发展，又有利于第二产业的技术升级，为各类企业创造公平竞争的环境，促进了我国产业结构的优化和升级。

(三)对区域结构的影响

我国原内外资企业所得税采用了以区域性为主的税收优惠政策，过分倾向于东南沿海地区，对于西部地区的税收优惠仅仅体现在新办的电力及水利设施等项目上，优惠面窄，导致外商投资偏重于优惠政策多的东部地区。据商务部统计，我国吸收的外商直接投资中，东部沿海11个省市区占了绝大部分，中部8省市区次之，西部地区12省市区最少，由此造成东、中、西部经济发展差距越来越大，区域经济发展极不平衡，不利于国民经济的可持续发展。

表B2-10 2007和2008年全国各地区的税负比重 （单位：%）

年份	全国	东部	中部	西部
2007	23.28	23.42	26.54	18.92
2008	20.06	20.73	20.14	16.67

从表B2-10中可以看出，与2007年税收调查样本相比，2008年全国企业所得税平均实际税负率为20.06%，同比减少3.22%，其中：东部沿海11个省（市、区）平均实际税负率20.73%，同比减少269%，中部8个省(市、区)平均税负率20.14%，同比减少6.4%；西部地区12省（市、区）平均实际税负率16.67%，同比减少2.25%。

据测算显示，新税法实施后，东部沿海11个省（市、区）、中部地区8个省（市、区）的平均实际税负率均高于全国平均水平，西部地区12个省（市、区）的平均实际税负率则低于全国平均水平3.69个百分点，比东部沿海11个省（市、区）低了4.06个百分点。在全国31个省（市、区）中，以青海省的平均实际税负率最低，仅为10.7%，低于全国平均水平9.36个百分点。依靠国家西部大开发税收优惠政策的支持，青海省大力发展特色优势产业，加快以石油天然气、盐湖、有色金属等优势资源开发为主的特色产业勘探、开采的步伐。2008年，全省生产总值完成960亿元，较上年同期增长12.5%，该省经济步入了快速发展的轨道。因此，从建立全国统一市场出发，新税法将优惠重点由以区域优惠为主转向以产业优惠为主、区域优惠为辅，对西部地区需要重点扶持的产业继续实行所得税税收优惠，有利于推动西部地区加快发展，逐步缩小东、中、西部地区的差距。

受政治、经济、历史、自然资源以及地理位置等因素的影响，我国基本上形成了东中西三大经济区域。由于各地区的经济发展特点与发展水平不同，企业所得税优惠政策的效应也表现各异。

1. 东部地区：以天津和上海地区为代表①

企业所得税优惠政策鼓励和引导了企业的产业升级和发展，企业经济效益大幅度提高，企业所得税收入对当地税收贡献度不断提高。其相应表现在：

第一，天津企业所得税优惠以免税收入为主要方式。天津地税纳税户数为29512户，享受优惠企业5873户，受益面19.9%，企业所得税优惠共计50.7亿元。2008年，天津市地税企业所得税的主要优惠方式是免税收入，占全部优惠额76.3%，其中：以符合条件的居民企业间股息红利等权益性收益免税额为主，占49.3%；研发费用加计扣除占7.5%；农林牧渔服务业项目占5.4%；高新技术企业优惠额占3.7%。

第二，上海市高新技术产业优惠政策的力度相对较大。表现在：一是享受高新技术优惠政策的户数多，减免税额规模大。2008年全市认定高新技术企业1812户，仅次于北京、广东和浙江等省市，减免所得税34亿元。二是研发费用加计扣除政策覆盖面广。上海浦东新区2007年研发费用加计扣除额为15.84亿元，2008年增长至25.48亿元。三是高新技术企业盈利水平普遍提高。2008年浦东新区和闵行区高新技术企业盈利面分别达到84.9%和79.1%，高于区属企业的总和。

总之，新企业所得税对东部地区的产业结构形成了升级效应，有力促进了该地区经济总量的不断提高。

2. 中部地区：以安徽省为例②

该省份是农业大省，属于经济欠发达地区，企业规模整体偏小，新企业所得税对其影响有以下特点：

---

① 资料来源：国家税务总局税科所课题组：《完善企业所得税优惠政策问题研究》，国家税务总局税收科学研究所研究报告，2009年12月26日。

② 同上。

第一，农业企业受益较多。小型微利企业受益面较广。2008 年全省国税系统受益企业 23010 户，其中小型微利企业受益户最多 20975 户，占受益户 91.16%，但受益税额仅占 1.21%，户均受益仅 0.14 万元。第二，从受益税额看，高新技术企业受益额增长较快，过渡期优惠企业受益额较高。

总之，新企业所得税可以推动中部地区夯实第一、二产业，支持农业产业化和农业龙头企业发展，提高农产品精深加工水平。

3. 西部地区：以陕西为例[①]

从产业来说，新企业所得税主要影响该地区能源化工产业。2001–2008 年，石油、煤炭、天然气以及石化行业的减免额占全部减免额 70% 以上；机械、有色金属等行业所占比例不到 30%。西部大开发优惠政策促进了陕西省能源化工行业、装备制造业等优势产业的发展。

（四）对经济增长的影响

经济增长取决于经济能力的增强，而这最终取决于劳动力、资本投入与技术进步和制度因素。经济增长能力的上升取决于这些因素的外延与内涵的提升，在物质资本、劳动力状况无法改变的时候，经济增长能力的提高依赖于技术进步水平和制度因素。

首先，企业所得税制对于技术水平的促进是显而易见的。统一内外资企业所得税后，根据新税法，一些内资企业的企业所得税负担明显降低，这将有利于提高内资企业研究开发能力，提高他们研发的投入水平，有利于我国企业的技术进步和管理水平的提升；其次，合并之后，内资企业的利润随之增加，这会提高企业的再投资能力，降低企业积累动机，带动工人工资增加，形成更多的消费需求，明显地发挥扩大消费需求的积极作用。

（五）对企业所得税经济效应的评析

从宏观角度来说，新企业所得税法的实施将有利于我国经济增长方式的转变，这种正面影响将在未来一段时期内慢慢显现，随着我国经济总量的不断扩大，结构调整的呼声越来越强烈，两税合并正是响应了这种呼声，适应了经济结构调整的需要。随着我国区位优势的不断完善，该项改革对我国吸引外商直接投资的影响是微

① 详细资料可见：国家税务总局税科所课题组：《完善企业所得税优惠政策问题研究》，国家税务总局税收科学研究所研究报告，2009年12月26日，第8页。

弱的，而且，可以在根本上改善我国吸引外商直接投资的结构与质量，有利于我国长期可持续发展。从微观角度来看，新企业所得税法的实施会改变企业的投资行为，促进企业重视长期投资而减少短期投资行为的发生，对其融资行为也存在一定影响，它会引导企业更加注重对资本结构的调整。

五、我国企业所得税制度对各主体税负的影响

企业所得税制度中的优惠政策会对经济主体的税负产生显著影响，因此，对税收优惠的分析会影响各主体的税负。两税合并之后，优惠制度的变化更对经济主体的税负产生影响。

（一）两税合并前后企业所得税优惠制度的比较

两税合并前后的优惠制度在多个方面具有差异，主要体现在以下几个方面：

1．重点发展产业领域的优惠制度差异

第一，高新技术产业的优惠制度差异。合并前的内资企业所得税法对内资企业的优惠制度较为狭窄，即在国务院批准的高新技术产业开发区内经营的高新技术内资企业，按照15%的优惠税率征收企业所得税，新设立的高新技术内资企业自投产之日起免征所得税两年。而合并之前外资企业的优惠领域则非常宽泛，包括农业新技术、农业综合开发和能源、交通、重要原材料工业，属于高新技术、先进适用技术、能够改进产品性能、提高企业技术经济效益的新设备、新材料，适应市场需求、能够提高产品档次、开拓新兴市场或增加产品国际竞争力的生产技术、设备等，绿色能源技术，符合国家产业政策并能发挥中西部地区人力与资源优势的领域。新法则将区域优惠转向产业优惠，规定对全国范围内的高新技术企业实行15%的优惠税率。第二，基础设施产业。合并之前的企业所得税法对从事基础设施建设的外资企业具有如下规定：从1999年1月1日起，对从事能源、交通、港口、码头基础设施建设的生产性外资企业，减按15%的税率征收企业所得税，不受投资地域的限制；经营期在15年以上从事港口码头建设的中外合资经营企业，从获利年度起，享受“五减三减半”的优惠等等。这一系列优惠制度事实上造成了外资企业享受的优惠大大多于内资企业。而合并之后的新税法则将内外资企业的优惠制

度统一，而且优惠对象转向了国家重点扶持的公共基础设施项目。第三，对于环保、节能与安全产业的税收优惠对比。合并之前的税法有如下规定：凡在我国境内投资于符合国家产业政策的技术改造项目的企业，其项目所需国产设备投资的40%可从企业设备购置当年比前一年新增的企业所得税中抵免，当年不足抵扣的，可在5年内继续抵扣。新法则规定从事符合条件的环境保护、节能节水项目的所得可以直接减征或免征企业所得税。由此可看出，新法将旧法中的税收抵免方式转成了减征与免征优惠。

2．对小型企业的税收优惠对比

合并之前的税法对小型微利企业设置了两档优惠税率：内资企业应税收入小于3万元的，企业所得税税率为18%；年应税收入大于3万元小于10万元的，税率为27%。为了更好地发挥小企业在自主创新、吸纳就业等方面的优势，鼓励、支持与引导小企业的发展，合并之后的新法则将符合规定条件的小型微利企业实行20%的优惠税率，即将税率统一为一档。

3．其他领域的优惠政策对比

合并之前的税法对企业开发新技术、新产品、新工艺发生的研究开发费用没有充分扣除，而新法则规定了此类费用可以加计扣除；旧法中的投资抵免规定较少，而新法则规定，企业用于环境保护、节能节水、安全生产等专用设备的投资额，可以按一定比例实行税额抵免。另外，新法对创业投资的企业进行了专门的优惠规定，这有利于更多的社会资本进入创业投资领域，在更大范围内为科技型中小企业提供更大支持。

(二)两税合并后企业所得税优惠制度效应的评析：与旧制度的比较

1．两税并存的企业所得税优惠效应分析

两税合并之前的旧企业所得税优惠制度在早期吸引外资、促进我国经济结构调整方面发挥了巨大作用，然而，其本身的制度性缺陷导致我国很多新问题的产生，具体分析如下：

第一，内外资企业优惠差别太大，不符合市场经济体制下的公平竞争原则。税收优惠政策体现了内外有别的优惠色彩。因历史的原因，针对国内企业和外商投资企业与外国企业，旧法设置了内外不同的企业所得税法。两套税法最大的差别在于企业所得税优惠政策的制定上。最为典型的是，外商投资企业和外国企业可以享受

“两免三减半”的减免税优惠；在税前允许扣除的费用项目与标准上，外商投资企业与外国企业可以享受更多或更广的成本、费用扣除。例如，针对内资企业，绝大多数企业有计税工资标准，企业职工福利费、教育经费与工会经费的计提也受到限制，利息费用的列支、业务招待费等都规定了较外商投资企业更为严格的标准，对内资企业的公益与救济性捐赠，内资一般企业规定不得超过应纳税所得额的3%，金融保险业不得超过应纳税所得的1.5%，但外资企业与外国企业就没有这项规定等。

这种内外差别税制严重阻碍了内资企业的发展，束缚了其自主创新能力，成为影响我国经济效率提高的重大不利因素。

第二，所得税优惠政策体现了区域优惠政策为主，不利于统筹区域间协调发展。在两套企业所得税法以及随后颁布实施的各种补充规定与实施细则中，一条非常清晰的所得税政策制定思路是，突出了税收优惠的区域特征。我国的对外开放，在所得税优惠政策的制定上是从沿海经济特区起步的，试图通过经济特区这扇窗口，来吸引外商来华投资，从而形成了“经济特区——沿海经济技术开发区——沿海经济开放区——沿江与沿边经济开放开发区——内地”这样一个以沿海地区为重点的、多层次的对外开放格局。与这个格局相适应，我国的所得税税收优惠，也采取了分地区、有重点、多层次的做法，区域税收优惠政策强势特征明显。这种区域性优惠制度使得某些少数地区凭借优惠制度取得了巨大的发展机会，同时，也出现了区域差距不断扩大的问题。

第三，产业优惠政策偏重于资本与技术密集型产业。旧法中的企业所得税优惠政策，不乏产业优惠政策，但仔细分析一下，可以看到，对基础产业与高新技术产业实施较有力度的税收优惠。特别是基础产业，由于投入资本量大、资本周转期长，投资具有一定的风险，因此，对外商投资企业与外国企业制定了“五免五减半”的所得税优惠。同样，对高新技术企业，因其高新技术的产业特征，技术更新年限短、技术含量高、前期投入大，以及技术和市场的不确定性带来的预期风险大，因而享受两年免税以及免税期满后仍为先进技术的可以按照15%的企业所得税税率进行征收。这种优惠模式在一定程度上促进了第二产业（特别是基础产业）的发展，但是随着经济总量的不断提高和产业结构的不断升级，第三产业的税收优惠盲点和矛盾不断突出，这对我国未来的消费升级、扩大就业和产业升级具有不利影响。

第四，所得税优惠政策形式较为单一，注重减免税政策的运用。原税法在优惠政策的规定上主要使用减免税政策，常规做法就是给予企业一定时期的免税、减税或低税率优惠，例如，给予经济特区的生产性外商投资企业“两免三减半”以及享受15%的低税率优惠，结果是我国所得税利益的直接让渡。而较少使用税前列支、加速折旧、延期纳税、投资抵免等宏观经济杠杆引导性税收优惠。这种优惠模式在一定程度上起到了吸引外资的作用，但是引发了外商投资的短期行为，使得其不注重技术创新。

2. 两税并存的企业所得税优惠效应分析

两税合并之后，实现了内外资企业的税基、税率、税收优惠以及税收征管的统一，在内外资企业之间具有非常强的公平效应。

首先，企业所得税税基实现了公平统一。新税法规定企业实际发生的与经营活动有关的合理成本、费用、税金、损失与其他支出，可以在计算应纳税所得额予以扣除。第一，凡是符合企业生产经营活动中发生的合理的工资薪金支出，准予扣除。另外，新税法将“三费”的扣除标准依据的“计税工资总额”调整为“工资薪金总额”，这样“三费”扣除标准有所提高。第二，新税法规定企业发生的与生产经营活动有关的业务招待费支出按照实际发生额的60%进行扣除。第三，广告费与业务宣传费以及公益性捐赠支出的扣除标准都得到了统一。

其次，内外资企业的税率实现了公平统一。两税合并结束了内外资企业税率不统一的局面，对所有企业都实行了统一的企业所得税税率，为25%，这降低了内资企业所得税的实际税率。

再次，税收优惠制度实现了公平统一。两税合并之后，新税法改变了税收优惠方式，将区域性优惠为主转向了产业优惠为主的模式，实现了内外资的统一。具体表现在：第一，新税法规定对高新技术企业仍实行15%的优惠税率，然而该规定不再受地域限制，在全国范围内全部适用；第二，新税法对小型微利企业做出了特别规定，对符合条件的小型微利企业实行了20%的优惠税率，并对企业研发与创业投资实行了特别的税收优惠；第三，新税法加大了企业研发费用的扣除力度，对企业研发费用实行150%的加计扣除；第四，新税法规定按照企业投资额的一定比例抵扣应纳税所得额；第五，新税法将现行环保、节水设备投资抵免企业所得税政策扩大到环境保护、节能节水、安全生产等专用设备，并对农业、基础设施投资实行税收优惠政策。

最后，税收征管实现了公平统一。两税合并之后，企业所得税的征收管理由以往的内外资分散化管理转向了统一征收与管理。第一，统一征收方式与缴纳方式。两税合并之后，所得税征收方式统一为按年计算、按季预缴、年终汇算清缴的方式。第二，建立统一、规范化的税收法定征管制度。两税合并之后，原有的企业所得税法都得到了清理，企业在缴纳企业所得税中所要适用的法规将大幅减少，法规的体系化与透明度得以提高。

六、我国企业所得税管理中存在的问题与对策

(一)汇总纳税管理问题

跨地区经营总分机构的汇总纳税是企业所得税征管中的重要环节，汇总体制会直接影响企业集团的总体税负。

在两税合并之前，汇总纳税制度主要包括：对于总分公司，原企业所得税规定，内资企业设立的分支机构，即使不具备法人资格，只要符合独立经济核算标准，就作为独立纳税人实行汇总纳税；对于母子公司来说，母公司对子公司完全控股的，可由集团公司负责合并纳税。

两税合并之后，汇总纳税企业实行“统一计算、分级管理、就地预缴、汇总清算、财政调库”的征收管理办法。第一，统一计算是指企业总机构统一计算包括企业所属各个不具有法人资格的营业机构、场所在内全部应纳税税款；第二，分级管理是指总机构、分支机构所在地的税务机关都应承担企业所得税属地管理的责任；第三，就地预缴是指企业总机构和分支机构应当分月或分季度分别向所在地主管税务机关申报预缴企业所得税；第四，汇总清算是指年度结束之后，总机构负责企业所得税的年度汇算清缴，统一计算企业的应纳税所得额，抵减总机构、分支机构当年就地分期预缴的企业所得税款。

总体看来，新汇总纳税办法实施之后，可以有效促进企业所得税的征管水平，提升跨区企业所得税的管理层次，然而，由于该征管制度实施不久，其中也存在着分支机构认定、清缴和预缴之间差异影响地区税收分配、分级管理的职责划分等一系列问题。

第一，预缴税额计算有困难。一般来说，部分企业上年度会计决算时间可能在当年一季度之后，上年度企业所得税汇算清缴只要求在当年5月底前完成。企业按照上年度汇算清缴数据来预缴本年度一季度税款，就存在时间差异，结果是按实际利润额预缴有困难的，按上年度数据预缴仍有困难。另外，根据规定，新设立的分支机构设立当年不就地预缴企业所得税，第二年应就地预缴企业所得税，而设立第二年的分支机构是没有前两年度数据的，因而新设立的分支机构分配预缴税款计算有困难。

第二，挂靠的分支机构征管是难题。如果总、分支机构不报送分配表，分支机构所在地税务机关对分支机构如何征管，没有明确。税务机关对分支机构征税违背

了法人所得税制，不征税又出现税收流失，此外还存在如何征税的问题。

第三，分支机构的税收征管部门未明确。目前存在的问题：一是尚未办理税务登记的分支机构是向国税机关办理税种登记，还是向地税机关办理税种登记。二是总、分支机构已办理企业所得税税种登记的，如果登记的机关不一致如何解决，没有明确规定。

第四，计算数据不透明，争议不易解决。由于分支机构不进行企业所得税汇算清缴，因而总机构可以利用调节月度利润的办法减少分支机构应缴税款。此外，总机构还可以人为调整预缴税额分摊比例。由于企业数量众多，税务机关对总、分支机构的经营收入、职工工资和资产总额无法做到一一核查，特别是分支机构所在地税务机关只能被动接受预缴分摊比例。

对于以上存在的问题，可以考虑：第一，企业按实际利润额预缴有困难，实行按上一年度已纳税额预缴方式的，汇算清缴完成前的预缴税额允许企业合理预计，待汇算清缴完成后，再根据汇算清缴数据调整过来。对新设立的分支机构按实际利润额预缴的，设定第二年预缴税款分摊比例，按上年该分支机构的经营收入、职工工资和资产总额三个因素计算。第二，对分支机构不向所在地税务机关报送由总机构出具的《汇总纳税分支机构分配表》的，分支机构所在地税务机关区分情况，向总机构所在地税务机关反馈。同时，对分支机构作不按规定报送申报资料处理，全额据实或核定征收其企业所得税，督促总、分支机构履行职责，同时堵塞漏洞，防止国家税收流失。第三，完善管理机制，加强对总、分支机构的管理。一是强化税务登记管理。要求非法人分支机构办理税务登记或变更登记时，应同时提供核算地主管税务机关出具的汇总缴纳税款资格认定证明，逾期不提供的，可视同放弃，实行就地纳税。二是尽快建立对跨省区总、分支机构纳税人的管理办法。明确企业所得税分配监管、检查职责，杜绝部分企业利用这种特殊管理模式规避纳税的行为。三是制定对未纳入中央和地方收入分享范围企业的分支机构的税收分配管理办法。兼顾分支机构所在地的既得利益，改集中纳税为就地预缴管理，特别要照顾到对西部欠发达地区资源利用、环境污染、承担社会公共福利职责的税收利益补偿。四是尽快制定二级分支机构的界定标准和主体。完善监督、检查管理办法，防范利用地区间的管理空间，人为制造税收利益的转移。

（二）制度设计缺陷带来的问题[①]

第一，新税法明确规定实行法人所得税制度，但也带来了若干问题：（1）汇总

① 部分资料参考了以下文献：江苏省国家税务局课题组：《新税法框架下加强企业所得税管理的思考》，国家税务总局税收科学研究所研究报告，2009年9月26日，第7页。

纳税企业的管理问题。新税法规定对不具备法人资格的分支机构实行总机构汇总纳税，加剧了本来就已经尖锐的税收和税源背离和税收跨区转移的矛盾；(2)法人合伙企业征税问题。新税法规定合伙企业不适用本法，对其投资者征收个人所得税；而修订后的《合伙企业法》增加了有关法人合伙企业的规定，法人合伙企业如何纳税尚需明确。

第二，新法条文中部分文字表述不严密、欠科学，易造成理解和解释上的模糊混乱。如新法条文中很多地方出现了"合理支出"、"合理性"等表述，这为税收征管的争议埋下了伏笔。

第三，对二级分支机构的界定争议较大。根据国家税务总局发布的《跨地区经营汇总纳税企业所得税征收管理的暂行办法》规定：二级分支机构就地预缴企业所得税，二级以下分支机构不实行就地预缴。这样因"税收利益"驱动，导致总机构为了减少税收分配带来的麻烦，已经开始将二级机构逐步转化为三级机构；各分支机构所在地税务机关为增加就地预缴的税款额则设法使其他地区的分支机构变为本地区分支机构的下属分支机构，从而引发了征、纳双方之间，总、分机构所在地税务机关之间为税源而产生争议，给税务管理带来了不必要的利益之争。

企业所得税征管范围在国地税的划分不明晰，造成了税收征管"越位或缺位"。这个问题在2002年分享体制确立之后仍然存在，造成了税源偏紧地区争夺企业所得税管理权的问题，而税源丰裕地区则可能出现国地税都不管的漏征漏管户，造成了税收流失。

(三)"交叉"税收管辖引起的问题[①]

现行企业所得税征管范围经历了三个调整阶段：一是在1994年税制改革时，国税局只负责中央企业、外资企业的所得税征管，其他企业均由地税局管理，形成了"大企业"与"中、小企业"分别管理的模式；二是在2002年实行所得税分享体制改革以后，新办企业的企业所得税全部由国税局管理，形成了"新企业"与"老企业"分别管理的模式；三是新税法实施以后，国家税务总局下发了《关于调整新增企业所得税征管范围问题的通知》，自2009年起，按照主营业务缴纳的流转税划分企业所得税的征管范围，形成了以缴纳"增值税企业"与"营业税企业"为主体的企业所得税分别征管的新模式。

目前，这三种企业所得税管理模式的交叉并存，从运行效果看，引发了国、地

① 资料来源：宁夏回族自治区税务学会课题组：《新企业所得税法征收管理方面存在的问题及对策》，国家税务总局内部刊物《税收研究资料》2009年第11期；江苏省国家税务局课题组：《新税法框架下加强企业所得税管理的思考》，国家税务总局税收科学研究所研究报告，2009年9月26日。

税之间在企业所得税税源上的争执。从税收征管的效率看，造成国、地税税基核实和征管权限上的争议不断。如：2002 年以后，新办的交通运输企业由国税局征管，但是交通运输企业缴纳的主体税种是营业税，其运输发票由地税局管理，企业所得税又归国税局管理，为了解决运输企业在地税局代开发票、地税局按照每次开票额征收企业所得税，在国税局申报企业所得税的矛盾，国家税务总局在 2006 年专门下发了《关于货物运输业新办企业所得税退税问题的通知》(国税函〔2006〕249 号)，对“由国家税务局负责征收管理的企业所得税，但由地方税务局负责代开货物运输发票并统一代征税款的货物运输业代开票纳税人，其按照法律法规规定应退的企业所得税，退税事项由主管国家税务局办理，可直接抵缴该纳税人次年应纳企业所得税，也可在汇算清缴后办理退税，退税额不超过纳税年度主管国家税务局对其已征的企业所得税税额；超出部分，由代开货物运输发票的地方税务局办理退税事项。”诸如类似在国、地税间在登记、征管、缴税、退税上的扯皮问题，在建筑安装、餐饮服务业、房地产业、文化企业的税收管理中都有各种表现，再加上企业合并、分设、改组、改制等变化，由于国、地税在企业所得税采用的管理方式不同，不仅存在税源管理职责不清，互相争税源、抢管户的问题，而且造成同行业的纳税人之间税负不公。

解决这一问题的思路是理顺管理体制，统一所得税管理主体。企业所得税作为分享税种，其分配比例是既定的，无论由国税还是地税统一征收管理，都不影响中央与地方的既得利益。因此，建议将企业所得税的征收管理统一归并到国税或地税部门“一家”管理，或按照国地税分管的主体税种，进行重新调整，彻底解决征收管辖范围交叉大，业务混淆、税源分配混乱，管理职责不清、权限之争，消除因执法不统一、税负不公等问题。

(四)“信息不对称”带来的征管问题[①]

第一，主管税务机关对总、分支机构的信息难以全面掌控。跨地区总机构的主管税务机关与分支机构所在地的主管税务机关由于管理级别不平等，管理地域不一致，再加上沟通渠道和机制不顺畅，因而对各分支机构的涉税信息双方都不能全面、直接了解和掌握，对其涉税事项的真实性和准确性的相关证明只能依靠总机构提供，如总、分支机构分别在国、地税部门管理，双方的信息沟通不畅。

第二，监管地税务机关对分支机构无法实施有效监管和检查。由于对跨省区经营总、分机构的相关税收管理和监管制度不完善，总机构主管税务机关对跨地区经

① 部分资料来源于：宁夏回族自治区税务学会课题组：《新企业所得税法征收管理方面存在的问题及对策》，国家税务总局内部刊物《税收研究资料》2009年第11期。

营的分支机构在管理上鞭长莫及，对分支机构监管、检查责任不明确；所在地主管税务机关因对分支机构涉税事项既没有主导管理权，又没有实施监管检查的制度规定和操作程序，使分支机构长期处于“两不管”的境地。

第三，未纳入分享范围的行业分支机构处于监管的“真空”状态。未纳入所得税收入分享范围的行业，总机构大多在东部发达地区，分支机构遍布各省区，企业所得税在总机构所在地全额集中缴纳。对西部等欠发达地区来说，承受了环境污染、资源消耗、各种公共服务、基础设施及就业就医就学等社会保障负担，而企业创造的税收利益却转移到北京、上海、广东等东部发达地区，导致西部欠发达地区有税源而无收入，影响了分支机构所在地税务机关管理的积极性。至今对这类企业如何监管也未制定相应的监督管理办法，使分支机构主管税务机关有税源而无税权。这样，就会使那些未纳入收入所得税分享范围的行业所属的分支机构长期处于监管的“真空”状态，致使同一地区的同类企业，在所得税上享受不同的税收管辖权，主管税务机关对分支机构的“特殊”待遇，很容易造成税负不公。

(五)优惠政策管理问题

第一，优惠目录操作规定模糊，难以落实。新税法实施条例规定，企业购置并实际使用环境保护、节能节水和安全生产等专用设备投资额的10%，可以在企业当年的应纳税额中抵免。但三个“优惠目录”中所列专用设备需要达到的标准和型号应如何认定，应由哪个部门认定、怎样认定均没有明确规定，给税务机关贯彻税法带来了无法认定、无法操作的现实问题，进而影响税收优惠政策的落实。

第二，优惠政策操作规程不明确，难以统一管理。西部大开发税收优惠政策既体现了地域优惠，也体现了产业优惠，符合新税法以产业优惠为主的立法原则。这一政策体系在全国12个省、市、区的范围内已经执行了11年，但至今还没有一个统一的管理规程，各地在税收优惠政策的兑现上宽严尺度不一，操作程序不一，兑现流程不一。

第三，高新技术企业认定的门槛设置过高，致使税收优惠政策在中西部地区的兑现难度增加。《高新技术企业认定管理办法》规定，高新技术企业要同时符合6个条件才能认定，尤其是对核心自主知识产权、科技成果转化能力、总资产和销售额成长性指标等都设置了较高标准，而中西部地区的高新技术企业因起步晚、规模小、技术势力不强，且中小型企业占企业总数的85%以上，往往达不到这些标准，因而就无缘享受高新技术企业税收优惠政策，使税收优惠政策的扶持、孵化作用在这些地区不能很好地得到体现。宁夏地区在2008年之前被认定为高新技术的企业有55户，按新办法验收后，符合条件的仅有13户，且能够享受优惠税率的只有4户。由于高新企业认定的门槛过高，使大多数具有高新技术发展潜力，又具有专有技术队伍和专有知识产权的中小企业不能享受到税收优惠政策，使税法的本意走样，影响执法效率。

为解决这一问题，应完善企业所得税优惠政策的管理操作规程。具体包括制定全国统一规范的税收优惠管理操作指南，明确各类优惠政策所对应的审批类、备案类、确认类的管理操作程序；规范优惠政策的审批程序、报备资料、审批权限、档案管理等事项；明确专业技术含量较高的专用设备的认定部门及其职责；明确西部大开发税收优惠的操作规程，继续延长和扩大西部大开发税收优惠政策的期限、范围，尽量避免各级地方政府另行制定替代性优惠政策。

（六）非营利组织免税管理问题

新税法及其实施条例对非营利组织征免税的规定借鉴了国际上通常做法，对支持非营利组织履行社会公共服务和公共管理职责，堵塞税收漏洞具有积极的作用，但要在日常工作中执行好这些规定却比较困难。

首先，非营利组织纳税意识淡薄。我国事业单位转型的任务尚未完成，国家对事业单位、社会团体以及其他组织还没有出台类似《公司法》那样统一的、全面的管理法律、法规，更没有依法纳税的明文规定。现阶段大多数事业单位、社会团体存在上级行政机关或行政监管机构，具有行政垄断或资源垄断以及财政资金管理的特征。税收执法面临的将是其主管行政机关和财政部门，极大地影响了税收执法的权威和效率。可以预见，对非营利组织征税初期执法将会遇到严重的挑战。

其次，对非营利组织应税收入认定比较困难。我国非营利组织形式多种多样，由于财政拨款不到位，以及这些组织自身生存和发展需要，非营利组织从事营利活动，超范围、超标准收费现象非常普遍，加之相关配套规定还未出台，因此税务机关对非营利组织的认定以及其应税收入、非应税收入的划分比较困难，需要有一个与国务院对非营利组织管理办法相配套的资格认定以及收入认定管理办法。

最后，征收的税额将会比较少。按照新税法规定的计算公式，只有非营利组织的经营收入或不当收入超过其运营成本费用总额这个临界点时，才能产生应纳税所得额，缴纳企业所得税。

为更好地落实新税法对非营利组织征免税规定，应该在未来改革中作如下调整：第一，国家要加快事业单位、社会团体以及其他组织转换机制的改革进程，尽快建立起比较统一和独立的非营利组织管理法律、法规，对应税事项收入明确纳税义务，规范公共管理和公共服务，规范市场竞争秩序。第二，财政部、国家税务总局要尽快制定非营利组织认定和管理办法，尽快明确非营利组织征免税范围和条件，使税收执法有章可循。制定对非营利组织税收优惠规定，既要考虑非营利组织开展正常业务资金需要，又要加大运用税收手段调节非营利组织营利收入的力度。如：按照应税收入和免税收入的比例进行成本费用分摊，据以计算应税收入的应纳税所得额，征收从事营利活动收入及不当收入的企业所得税；对非营利组织征税免税的规定，还应考虑公平税负、堵塞漏洞。如：现行路桥收费，有企业经营的收费也有交通部门下属事业单位的收费，收费标准一样，但企业经营的要缴税，事业单位经营的不缴税。再如医疗单位，有民营医院也有事业单位医院，民营医院属营利组织要缴税，事业单位医院是非营利组织不缴税。总之，要根据我国经济发展现状，综合平衡、协调处理各方面的利益关系。

(七)合理的工资薪金支出扣除问题

新税法实施条例规定：企业发生的合理的工资薪金支出准予扣除。这个规定有利于增加职工收入和激发企业活力，限制企业不合理地向职工发放工资薪金以规避企业所得税，维护国家税收权益。但在日常税收征管工作中，对“合理的”工资薪金支出的具体范围和标准的把握，税务人员和企业财务人员存在不可确定性或不可操作性，亟待财政部、国家税务总局制发工资薪金支出扣除管理办法予以明确。用工资薪金支出扣除管理办法来规范企业工资薪金支出合理性问题，要解决以下几个方面的问题：

第一，工资薪金支出扣除管理办法要与个人所得税制相衔接，避免重复征税。对企业职工个人收入既征企业所得税又征个人所得税，是一种重复征税行为，避免重复征税是国际通行的做法，也是税制改革的方向。个人所得税作为税收参与国民收入分配的兜底性税种，实行累进税率，税负具有一定合理性。如果以我国个人征信体系建设和个人所得税征管工作比较落后为由，用企业所得税征收来弥补个人所得税征管不足，调节个人收入分配，不仅颠倒了所得税税种调节次序，也混淆了税种调节的对象和内容。因此，工资薪金支出扣除管理办法要尽可能避免对普通职工工资薪金收入的限制和影响。

第二，工资薪金支出合理性管理要突出重点。要加强对变相分配利润的行为、侵蚀企业其他劳动者和所有者权益行为的税收调控，避免国家税收利益受损。目前，一是要防止企业股东以工资薪金支出名义分配利润。二是要防止企业的经营者不适当地为自己开支高工资薪金。三是要防止特殊类型企业，如国有垄断企业对职工滥发工资奖金。工资薪金支出扣除管理办法可以根据社会整体工资水平、行业工资水平或本企业职工工资水平，对企业的股东、经营者的工资薪金收入，在平均水平之上设立一个增长幅度上限，超过幅度上限部分不准予税前扣除；根据社会整体工资水平、行业工资水平或以前年度工资水平，对少数国有垄断企业的职工工资薪金收入，在平均水平之上设立一个增长幅度上限，超过幅度上限部分不准予税前扣除。而且，工资薪金支出扣除合理性管理重点，要根据情况变化适时调整，其增长幅度根据实际情况定期发布，尽可能地有针对性，而不能一成不变地做出统一界定或机械式的标准。

参考文献

[1] 安体富．世界性公司所得税改革趋势及对我国的启示．涉外税务，2007(1)

[2] 樊勇著．企业（公司）所得税的制度效应：基于在中国的应用分析．北京：中国税务出版社，2009

[3] 安徽省国家税务局课题组．新企业所得税法实施效果分析．国家税务总局内部刊物《税收研究资料》，2010(5)

[4] 江苏省国家税务局课题组．新税法框架下加强企业所得税管理的思考．国家税务总局税收科学研究所研究报告，2009-9-26

[5] 宁夏回族自治区税务学会课题组．新企业所得税法征收管理方面存在的问题及对策．国家税务总局内部刊物《税收研究资料》，2009(11)

[6] 相关年份统计年鉴、财政年鉴、税务年鉴

专题报告三

中国个人所得税改革

我国个人所得税的改革既要服从于税收调节收入分配的总体目标，又要结合其自身调节功能的特点。个人所得税制度的改革首先要注重公平，同时兼顾效率。改革应围绕建立“分类和综合相结合的个人所得税制”展开，这是调节我国收入分配差距、实现社会公平的较为彻底的做法。但个人所得税的改革又受到制度环境的制约，使得个人所得税的改革不可能一步到位，而要分步骤、分阶段逐步推进。

一、2009-2010年个人所得税运行状况

基于本国国情与经济发展的不同阶段，各国税收征收首先是要保证日益增长的公共财政支出需要，特别是在当前全球性经济危机影响下，政府公共支出日益增大，税收的收入功能日益被强化。与此同时，税收还要调节收入分配和宏观经济运行。就我国个人所得税功能而言，除筹集财政收入外，还需要调节我国日益增大的个人收入差距。本报告的第一部分内容主要是分析1994年分税制改革以来我国个人所得税的实际运行状况。

(一)1994年分税制改革以来个人所得税运行的实证分析

1. 中国个人所得税收入总量与功能的实证分析

基于分析的需要选出八个指标系数：个税年度总量（1）、年度税收总收入（2）、商品零售价格指数CPI（3）、国内生产总值（4）、（1）/（2）反映个人所得税占年度国家税收总收入的比例（该指标可直观地反映出中国个人所得税当前的筹集收入功能大小）、（1）/（4）反映出个人所得税占GDP的比例（该指标反映出国民收入分配有多少向居民个人倾斜）、（2）/（4）反映出中国每年的通货膨胀情况（通过该指标可以大概反映出在通货膨胀没有指数化的情况下，中国存在多少虚增个人所得税），具体数据与分析如表B3-1所示。

从表B3-1可以看出以下两点重要内容：

第一，个税总量从1994年的72.7亿元上升到2006年的2452.32亿元。可见，实行分税制后，我国居民的收入确实是增加了。我国个人所得税的主要来源是工薪所得，而工薪所得适用5%~45%的九级超额累进税率，由于个税税率实行累进制度，在没有相应的通货膨胀指数化制度进行修正的情况下，必然会存在大量虚增个人所

得税的情况，其因在于：

（1）免征额的存在。1994 年到 2006 年的 13 个年度中，有 6 个年度属于通胀年份，其中 1994 与 1995 年 CPI 增长两位数或接近两位数。凡是存在通货膨胀的年度，在免征额以下本来不需要缴纳个人所得税的纳税人有可能也成为个人所得税的纳税人。

（2）由于个人所得税适用累进税率制度，本来适用低税率的纳税人由于通货膨胀的因素，可能适用了更高的税率，这也必然会虚增一部分个税税收收入。鉴于通货膨胀已是国民经济运行的正常现象，那么一个国家的税收制度设计中凡是涉及定额的部分是否要指数化，以克服居民个人虚增收入而多缴个人所得税的问题，是我国个人所得税制度设计与将来改革中所需要考虑的重大问题之一，也是衡量国家税收文明程度的一个重要指标。

第二，从个税占整个税收收入的比例来看，从 1994 年的 1.43% 经过 13 个年度才上升到 2006 年的 6.52%，个税占 GDP 的比例也仅是从 0.15% 上升到 1.16%，这反映出目前我国仍处于发展中国家，个人收入仍然较低，由此可见，我国个人所得税的收入功能尚不突出。

2. 我国基尼系数现状分析

基尼系数是意大利经济学家基尼于 1912 年提出的，用于定量测定收入分配差异程度，是国际上用来综合考察居民收入分配差异状况的重要分析指标。其经济含义是：在全部居民收入中，用于进行不平均分配的那部分收入占总收入的百分比。

表B3-1　1994-2006年中国

年　份	1994	1995	1996	1997	1998	1999
个税(1)	72.7	131.5	193.2	259.9	338.6	414.3
总税(2)	5070.8	5973.7	7050.6	8225.5	9093.0	10315.0
CPI(3)	310.2	356.1	377.8	380.8	370.9	359.8
GDP(4)	48198.0	60794.0	71177.0	78973.0	84402.0	89677.0
(1)/(2)	1.43%	2.20%	2.74%	3.16%	3.72%	4.02%
(1)/(4)	0.15%	0.22%	0.27%	0.33%	0.40%	0.46%
(2)/(4)	10.52%	9.83%	9.91%	10.42%	10.77%	11.50%
CPI增长	14.80%	6.09%	0.79%	-2.60%	-2.99%	-1.50%

注：此表数据根据国家统计局历年数据整理而成，其中CPI行以1978年基准100个单位，单位：亿元。

① 本表基于1994-2006可得到的官方数据整理而成，趋势图可以描述反映出将来个人所得税功能总体发展趋势。

基尼系数最大为“1”，最小等于“0”。前者表示居民之间的收入分配绝对不平均，即100%的收入被一个单位的人全部占有了；而后者则表示居民之间的收入分配绝对平均，即人与人之间收入完全平等，没有任何差异。但这两种情况只是在理论上的绝对化形式，在实际生活中一般不会出现。因此，基尼系数的实际数值只能介于0~1之间。目前，国际上用来分析和反映居民收入分配差距的方法和指标很多。基尼系数由于给出了反映居民之间贫富差异程度的数量界限，可以较客观、直观地反映和监测居民之间的贫富差距，预报、预警和防止居民之间出现贫富两极分化，因此得到世界各国的广泛认同和普遍采用。近年来，国内不少学者对基尼系数的具体计算方法作了探索，提出了十多个不同的计算公式。按照联合国有关组织规定，基尼系数若低于0.2，表示收入绝对平均；0.2~0.3表示比较平均；0.3~0.4表示相对合理；0.4~0.5表示收入差距较大；0.6以上表示收入差距悬殊。

经济学家们通常用基尼系数来表现一个国家或地区的财富分配状况。通常把0.4作为收入分配差距的“警戒线”。一般发达国家的基尼系数在0.24到0.36之间，美国偏高，为0.4。中国内地和香港地区的基尼系数都超出0.4。洛伦兹曲线反映的是市场总发货值的百分比与市场中由小到大厂商的累积百分比之间的关系，洛伦兹曲线的弧度越小，基尼系数也越小。

中国的基尼系数自2007年以来便达到了0.48，并且有日益扩大的趋势，早已超过了0.4的警戒线。世界银行发表了一份数据，最高收入的20%人口的平均收入和最低收入20%人口的平均收入，这两个数字的比在中国是10.7倍，而美国是8.4倍，俄罗斯是4.5倍，印度是4.9倍，最低的是日本，只有3.4倍。

个人所得税与其他国民经济指标[①]

（单位：亿元）

2000	2001	2002	2003	2004	2005	2006
660.4	996.0	1211.1	1417.3	1737.1	2093.91	2452.32
12665.83	15165.5	16996.6	20466.1	25718.0	30865.83	37636.27
354.4	351.6	347.0	346.7	356.4	359.3	362.9
99215.0	109655.0	120333.0	135823.0	159878.0	183217.0	211923
5.21%	6.57%	7.13%	6.93%	6.75%	6.78%	6.52%
0.67%	0.91%	1.01%	1.04%	1.09%	1.14%	1.16%
12.77%	13.83%	14.12%	15.07%	16.09%	16.85%	17.76%
−0.79%	−1.31%	−0.09%	2.80%	0.81%	1.00%	

(二)我国个人所得税的构成分析

目前，我国个人所得税实行分类征税制，包括表 B3-2 中第 1 项至第 11 项共 11 个征税税目，不同的税目适用不同的征税规定，体现出"量能纳税"与税收公平的原则，不同应税项目的收入总量在 1998-2003 年的构成情况如表 B3-2 所示。

表B3-2　我国1998-2003年个人所得税不同税目收入情况表①

（单位：万元）

项目＼年份	2003	2002	2001	2000	1999	1998
合　计	14173340	12110729	9960239	6603715	4143118	10963828.1
1. 工资、薪金所得	7414949	5614466	4106267	2830717	2183736	5970505.5
其中：按25%以上税率征收	631835	965726				61548.9
2. 个体工商户生产、经营所得	2005823	1852069	1600674	1328488	1201925	3151888.9
其中：按30%以上税率征收	66299	235780				
3. 企事业单位承包、承租经营所得	253762	226580	269020	210448	196188	200365.3
其中：按30%以上税率征收	7713					
4. 劳务报酬所得	280372	226580	189179	137662	114378	231901.1
其中：按30%以上税率征收	16759	5216				
5. 稿酬所得	18553	13433	11907	9231	6726	6025
6. 特许权使用费所得	4934	5471	2418	1106	2371	246.4
7. 利息、股息、红利所得	3821051	3841847	3479655	1895374	283068	1213149.5
其中：储蓄存款利息所得	2800685	3007121				
8. 财产租赁所得	26739	19363	19755	20249	19166	20904.6
9. 财产转让所得	42793	17355	17047	9173	4894	1548.8
10. 偶然所得	213338	202608	164969	85352	61626	21830.7

① 表B3-2说明：1994-1998年没有个人所得税税款滞纳金与罚款收入项，所以本表所选取数据从1998年起，而2003年之后的数据得到困难较大，没有完善，但6年的数据可以反映问题本质。

续表

项目 \ 年份	2003	2002	2001	2000	1999	1998
11. 其他所得	37885	41669	71211	55465	50579	145462.3
12. 税款滞纳金、罚款收入	53141	40088	28137	20450	18461	

从表 B3-2 可以看出：

第一，个人所得税税收收入构成上历年都是工薪收入阶层占主导地位，仅从可得到的数据上看，1998 年至今都维持在 50% 以上，而其他收入项目 10 项合计才达到 50%。

第二，从个人所得税所适用的累进级距来看，实际适用三类收入项目，包括工薪所得、个体工商户生产经营所得（企事业单位承包承租经营所得以及合伙制个人独资企业）和劳务报酬所得。实际适用高税率的并不多，其中工薪所得在 2001 年以前，适用 25% 税率的人为 0，也就是税收制度是空运行状况，其他两类收入也是同样的状况，这样会使各界认为中国个人所得税的边际税率太高。尽管这些年我国收入分配逐步向个人倾斜，但适用最高边际税率 45% 的几乎没有。

第三，1998 年以前，个人所得税征管处于粗放式管理阶段，几乎没有税款滞纳金、罚款收入带来的收入，而随着我国新的《税收征管法》的实施以及新一轮税收制度改革的开始，2001 年以后，这种收入每年逐步增长，从而强化个人纳税意识与法律责任，特别是《国家税务总局关于印发〈个人所得税自行纳税申报办法（试行）〉的通知》（国税发〔2006〕162 号）为我国个人所得税自行申报提供了制度支持。文件规定纳税人必须年底自行纳税申报，其中之一就是年所得满 12 万元以上的纳税人。为了缓解经济危机带来的财政减收压力，2009 年发布的《国家税务总局关于加强税种征管促进堵漏增收的若干意见》规定：各地税务机关全面加强货物劳务税、所得税、财产行为税、国际税收四大税收征管，促进堵漏增收。与此同时，在个人所得税方面，文件提出力争在 2009 年底前将所有扣缴单位纳入全员全额扣缴明细申报管理，此文件实际上也是为进一步落实《国家税务总局关于进一步推进个人所得税全员全额扣缴申报管理工作的通知》，凡是 2008 年度扣缴税款在 10 万元以上的单位，从 2009 年 6 月份开始必须实行全员全额扣缴明细申报。

从以上实证性的描述不难看出：我国现行的个人所得税制度收入功能不强，加上个人所得多元化收入不能完全纳入税收征管范围之内，在个税征管配套制度不完善的情况下，个人所得税的主要功能不能定位于筹集收入，而应放在培养税源、加强纳税意识与强化个人法律责任上。

二、2009年个人所得税改革的主要措施及政策评述

2009年作为2010年深化经济体制改革的过渡年，个人所得税改革的措施主要是围绕加强对高收入调节，缩小收入分配差距来进行的。具体的政策措施可以分为股权激励类、财产转让类、工资薪金类、房产类和鼓励再就业类等五个方面。可以看出，2009年出台的政策主要是为了更加充分地发挥个人所得税在调节收入分配方面的作用，更加关注弱势群体，更加重视公平，以及增加国家财政收入等。

（一）改革的主要措施

1．股权激励类

股权激励是一种通过经营者获得公司股权，使他们能够以股东的身份参与企业决策、分享利润、承担风险，从而勤勉尽责地为公司的长期发展服务的一种激励方法。股权激励计划可以将职业经理人与公司的长期发展和股东的长远利益结合在一起，从而在一定程度防止经理人的短期经营行为以及对股东利益的侵害行为。自2005年12月31日证监会颁布《上市公司股权激励鼓励办法（试行）》后，截至2008年10月底，A股近1500家上市公司，共有122家公布了128份长期激励方案。根据证监会的相关规定，我国上市公司可以采取的股权激励形式主要有三种形式：股票期权、限制性股票和股票增值权。

股权激励措施的不断发展迫切地需要相关法律法规尤其是税收法规对其进行规范，国家税务总局、财政部相继出台了一系列法规文件。2005年，财政部和国家税务总局出台了《关于个人股票期权所得征收个人所得税问题的通知》（财税〔2005〕35号）；就股票期权个人所得税政策执行中的具体操作问题，国家税务总局在2006年下发了《国家税务总局关于个人股票期权所得缴纳个人所得税有关问题的补充通知》（国税函〔2006〕902号）。这两个文件构建了我国个人所得税法体系下对股权激励个人所得税征收管理的基本框架。为了进一步完善股权激励个人所得税征管的框架，2009年财政部与国家税务总局相继出台了《关于股票增值权所得和限制性股票所得征收个人所得税有关问题的通知》（财税〔2009〕5号）、《关于上市公司高管人员股票期权所得缴纳个人所得税有关问题的通知》（财税〔2009〕40号）和《关

于股权激励有关个人所得税问题的通知》(国税函〔2009〕461号)三个文件。财税〔2009〕5号文件对于限制性股票和股票增值权的税收管理问题给出了一个原则性规定:对于个人从上市公司(含境内、外上市公司,下同)取得的股票增值权所得和限制性股票所得,比照财税〔2005〕35号、国税函〔2006〕902号文件的有关规定,计算征收个人所得税。财税〔2009〕40号文件规定:对上市公司高管人员取得股票期权在行权时,纳税确有困难的,经主管税务机关审核,可自其股票期权行权之日起,在不超过6个月的期限内分期缴纳个人所得税。同时,该文件规定,其他股权激励方式参照文件规定执行。2009年颁布的上述三个文件,进一步完善了我国对股权激励个人所得税征收管理的基本框架。

2. 财产转让类

为进一步完善股权分置相关制度,更好地发挥税收对高收入者的调节作用,促进资本市场长期稳定发展,有关部门于2009年12月出台了《财政部、国家税务总局、证监会关于个人转让上市公司限售股所得征收个人所得税有关问题的通知》(财税〔2009〕167号),规定:自2010年1月1日(含1日)以后,个人转让上市公司的限售股,按"财产转让所得"依照20%税率缴纳个人所得税。文件还明确规定了限售股的适用范围、应纳税所得额的确定以及具体征收方式等内容。

文件规定的限售股的征税范围包括两类:一类是股权分置改革过程中,由原非流通股转变而来的有限售期的流通股,市场称为"大小非";另一类是为保持公司控制权的稳定,《公司法》及交易所上市规则对于首次公开发行股份并上市的公司,要求公开发行前股东所持股份都有一定的限售期规定。由于股权分置改革新老划段后不再有非流通股和流通股的区分,这部分股份在限售期满后解除流通权利限制。此外,股权分置改革股票复牌后和新股上市后,上述限售股于解除限售前历年获得的送转股也构成了限售股,这些限售股在限售期结束后均可上市流通。对限售股征收个人所得税主要是基于以下两点考虑:其一,1994年出台股票转让所得免税政策时,原有的非流通股不能上市流通,实际上只有从上市公司公开发行和转让市场取得的流通股才能享受免税政策。2005年股权分置改革后,股票市场不再有非流通股和流通股的划分,只有限售流通股与非限售流通股之别,限售流通股解除限售后都将进入流通。这些限售股都不是从上市公司公开发行和转让市场上取得的,却与个人投资者从上市公司公开发行和转让市场购买的上市公司股票转让所得一样享受个人所得税免税待遇,加剧了收入分配的不公。其二,根据现行税收政策规定,个人转让非上市公司股份所得、企业转让限售股所得都应征收所得税,个人转让限售股如不征税,与个人转让非上市公司股份以及企业转让限售股政策之间存在不平衡问题。因此,进一步完善股权分置改革后的相关制度,对发挥税收对高收入者的调节作用、促进资本市场长期稳定发展、保证资本市场融资功能、增加财政收入都有着重要作用。

3．工资薪金类

（1）企业年金

企业年金是补充养老保险的一种主要形式，它是指在政府强制实施的公共养老金或国家养老金之外，企业在国家政策的指导下，根据自身经济实力和经济状况建立的，为本企业职工提供一定程度退休收入保障的补充性养老金制度。鉴于企业年金运作复杂，各地区、各企业在执行个人所得税的政策上存在较大的差异，国家税务总局于2009年12月出台了《关于企业年金个人所得税征收管理有关问题的通知》（国税函〔2009〕694号），重申了企业年金个人缴费的政策规定，明确了企业缴费的税务处理方法，即个人缴费不得在个人当月工资、薪金所得税前扣除，企业缴费计入个人账户的部分与个人当月的工资、薪金分开，单独视为一个月的工资、薪金，不扣除任何费用计算应缴个人所得税税款。企业缴费的个人所得税征收环节是企业缴费环节，即在企业缴费计入个人账户时，由企业作为扣缴义务人依法扣缴税款。对因年金设置条件导致的已经计入个人账户的企业缴费不能归属个人的部分，其已扣缴的个人所得税应予以退还。

由于我国的企业年金制度起步较晚，还处于建立的初级阶段，为鼓励更多的企业建立年金制度，为职工提供基本养老保险之外的补充养老保险，税收政策应该适当考虑给予鼓励和支持。国税函〔2009〕694号文件规定的将企业缴费计入个人账户的部分单独计税的方法，很好地体现了既考虑调节收入分配，又体现对企业年金发展给予适当鼓励和扶持的原则。即对个人缴费和企业缴费计入个人账户的部分依法予以征税，防止收入分配差距过大；同时，将企业缴费单独作为一个月工资薪金计算征收个人所得税的处理方法，降低了企业缴费的适用税率，实际上也是一种较为优惠的计算方法，目的是鼓励和扶持企业年金的发展[①]。

（2）个人工资薪金所得与企业的工资费用支出比对

国家税务总局于2009年5月出台了《关于加强个人工资薪金所得与企业的工资费用支出比对问题的通知》（国税函〔2009〕259号），规定：各地国税局应于每年7月底前，将所辖进行年度汇算清缴企业的纳税人名称、纳税人识别号、登记注册地址、企业税前扣除工资薪金支出总额等相关信息传递给同级地税局。地税局应对所辖企业及国税局转来的企业的工资薪金支出总额和已经代扣代缴个人所得税的工资薪金所得总额进行比对分析，对差异较大的，税务人员应到企业进行实地核查，

① 《国家税务总局所得税司负责人就企业年金个人所得税征管问题答记者问》，http://www.chinatax.gov.cn/n8136506/n8136593/n8137537/n8138532/9393310.html。

或者提交给稽查部门，进行税务稽查。该文件的出台是为了确保企业所得税汇算中，企业在申报表中反映的在企业所得税前扣除的工资数额应该和企业个人所得税明细申报的工资数额相等，否则就会出现少缴个人所得税或企业所得税的情况。因此，该文件的出台，有利于进一步完善我国个人所得税的征收管理。

4. 房产类

（1）个人转租房屋

针对近年来一些个人将所承租房屋转租给第三方赚取租金差价收入的情况，国家税务总局出台了《关于个人转租房屋取得收入征收个人所得税问题的通知》（国税函〔2009〕639号），将个人承租房屋转租取得的租金收入，明确规定为属于个人所得税的应税所得，应按"财产租赁所得"项目计算缴纳个人所得税。这项规定一方面规范了税收政策，减轻了个人承租房屋再行转租的税负，同时又规范了税收管理，有利于减少税收流失。

（2）个人无偿受赠房屋

近年来，随着我国房地产市场进一步活跃，二手房交易量不断增加，特别是个人无偿赠与房屋的情况越来越频繁。为了加强个人所得税征管，堵塞可能存在的税收漏洞，财政部、国家税务总局于2009年5月出台了《关于个人无偿受赠房屋有关个人所得税问题的通知》（财税〔2009〕78号），明确列举了房屋产权无偿赠与的当事双方不征收个人所得税的三种情况，即房屋产权所有人将房屋产权无偿赠与配偶、父母、子女、祖父母、外祖父母、孙子女、外孙子女、兄弟姐妹；房屋产权所有人将房屋产权无偿赠与对其承担直接抚养或者赡养义务的抚养人或者赡养人；房屋产权所有人死亡，依法取得房屋产权的法定继承人、遗嘱继承人或者受遗赠人。通知同时明确，除上述三种情形以外，房屋产权所有人将房屋产权无偿赠与他人的，受赠人因无偿受赠房屋取得的受赠所得，按照"经国务院财政部门确定征税的其他所得"项目缴纳个人所得税，税率为20%，并规定了其应纳税所得额的确定为房地产赠与合同上标明的赠与房屋价值减除赠与过程中受赠人支付的相关税费后的余额。税法的这一规定在一定程度上遏制了一部分纳税人借无偿赠与之名逃避纳税义务的行为；同时，也减轻了受赠人转让受赠房屋的税负。

5. 鼓励再就业类

为了解决下岗失业人员的实际困难，进一步促进下岗失业人员再就业，财政部、国家税务总局出台了《关于延长下岗失业人员再就业有关税收政策的通知》（财税〔2009〕23号），明确规定，对持《再就业优惠证》人员从事个体经营的，3年内按每户每年8000元为限额依次扣减其当年实际应缴纳的营业税、城市维护建设税、教育费附加和个人所得税。对符合条件的企业在新增加的岗位中，当年新招用持《再就业优惠证》人员，与其签订1年以上期限劳动合同并缴纳社会保险费的，3年内按实际招用人数予以定额依次扣减营业税、城市维护建设税、教育费附加和企业所得税。定额标准为每人每年4000元，可上下浮动20%，由各省、自治区、直辖市人民政府根据本地区实际情况在此幅度内确定具体定额标准，并报财政部和国家税务总局备案。税收优惠政策的审批期限为2009年1月1日至2009年12月31日。

此外，与2009年个人所得税改革措施相衔接的2008年和2010年的相应改革措施包括：（1）为贯彻落实《国务院关于解决城市低收入家庭住房困难的若干意见》（国发〔2007〕24号）精神，促进住房租赁市场的健康发展，财政部、国家税务总局颁发了《关于廉租住房、经济适用住房和住房租赁有关税收政策的通知》（国税发〔2008〕24号），规定：对个人出租住房取得的所得减按10%的税率征收个人所得税。（2）为加强对高收入的调节，完善个人所得税制，财政部、国家税务总局颁发了《关于企业为个人购买房屋或其他财产征收个人所得税问题的批复》（财税〔2008〕83号），规定：企业出资购买房屋及其他财产，将所有权登记为投资者个人、投资者家庭成员或企业其他人员的；企业投资者个人、投资者家庭成员或企业其他人员向企业借款用于购买房屋及其他财产，将所有权登记为投资者、投资者家庭成员或企业其他人员，且借款年度终了后未归还借款的，不论所有权人是否将财产无偿或有偿交付企业使用，其实质均为企业对个人进行了实物性质的分配，应依法计征个人所得税。（3）面对国际金融危机，国务院决定取消实行9年的储蓄存款利息所得税，使财政政策和货币政策相配合。为此，财政部、国家税务总局颁发了《关于储蓄存款利息所得有关个人所得税政策的通知》（财税〔2008〕132号）以及《关于证券市场个人投资者证券交易结算资金利息所得有关个人所得税政策的通知》（财税〔2008〕140号），规定：储蓄存款在2008年10月9日后（含10月9日）孳生的利息所得，暂免征收个人所得税；证券市场个人投资者的证券交易结算资金在2008年10月9日后（含10月9日）孳生的利息所得，暂免征收个人所得税。取消利息税，主要是对冲存款利率下降对居民存款收益的影响，有利于促进居民的消费。（4）为充分发挥税收在收入分配中的调节作用，强化对高收入者的税收征管，国家税务总局颁发了《关于进一步加强高收入者个人所得税征收管理的通知》（国税发〔2010〕54号），强调从以下四方面做好对高收入者的税收征管工作，即做好高收入者应税收入的管理和监控、加强高收入者主要所得项目的征收管理、扎实开展高收入者个人所得税纳税评估和专项检查以及不断改进纳税服务，引导高收入者依法诚信纳税。近年来，税务征管部门加大征管力度的举措频频出台，国税发〔2010〕54号文件是这些举措的延伸。文件力求解决个人所得税对高收入者加强税收征管中出现的新问题和新情况，以加大对高收入者的调节力度。这一政策也是近年来国家税务总局出台的对高收入者加强征管的最全面、最具有针对性和可操作性的措施。

(二)改革措施评述

2010年5月21日，国务院批复的发展改革委《关于2010年深化经济体制改革重点工作的意见》中指出，2010年深化财税体制改革重点涉及六大税种，即“出台资源税改革方案，统一内外资企业和个人城建税、教育费附加制度，逐步推进房产税改革，研究实施个人所得税制度改革，完善消费税制度，研究开征环境税的方案”。六大税制的改革，实质上是党的十六届三中全会开始的我国新一轮税制改革的深化和延伸。

2009年为应对金融危机，我国经济工作围绕保增长的目标，推出了一系列的宏观调控举措，其中税收政策主要是围绕结构性减税进行的。结构性减税既有别于所有税种税负水平的全面削减，又有别于不同纳税群体之间税负水平的此消彼长，而是对主要税种进行减税，但并不排除对辅助性税种的增税，是对企业和居民的税负水平有限度的削减。2009年主要税种税负水平的降低主要体现在增值税和个人所得税上，就个人所得税而言，暂免征收储蓄存款和证券交易结算资金利息所得税，是本年度减税的重要举措。通过减税，增加居民收入，从而促进投资和消费。这一年个人所得税改革还体现在调节高收入者、更加注重民生和强化个人所得税征管三个方面。

1. 强调对高收入者的调节

从2009年至今的个人所得税改革政策中可以看出，个人所得税的改革越来越重视收入分配调节功能的实现。这一年出台的股票期权、股票增值权、限制性股票和个人转让限售股的规定，都是针对高收入者运用资本、管理等要素取得所得而加强个人所得税征管的规定。2010年出台的加强高收入者个人所得税征管的通知，进一步加大对高收入行业和高收入者的征管力度，充分发挥个人所得税调节高收入的职能作用。以对个人转让限售股取得的所得征收个人所得税为例，该项政策实施后的前3个月，全国共扣缴税款8.85亿元，涉及9450位纳税人，人均扣缴税额9.37万元①，体现了对高收入者的税收调节。

但我们应该看到，要让高收入者比低收入者多纳税，以达到调节居民收入分配差距的目的，就要实行综合所得税制，因此，应尽快将个人所得税的综合与分类相结合的改革思路付诸实施。

---

① 蔺红：《税务总局：进一步加强高收入者个人所得税征管》，《中国税务报》，2010年6月11日。

2. 更加注重改善民生

为应对国际金融危机造成的影响，我国自2008年10月9日起，对储蓄存款利息所得和证券交易结算资金利息所得，暂免征收个人所得税。我国中低收入者的理财渠道与高收入者的投资渠道有所不同，储蓄存款利息所得是其重要的理财所得，因此免征利息税，可以直接增加中低收入者的收入。

随着我国经济的进一步发展，农民、城市下岗职工收入水平下降的问题已引起社会各界的重视。2009年延长了对下岗职工从事个体经营的税收优惠。

个人所得税征收的初衷在于调节分配、保障民生、缩小贫富悬殊。通过降低个人所得税税负，实现藏富于民，还民以利，提高中低收入者的收入水平。同时，通过提高居民收入促进消费、扩大内需，从而保证经济的平稳较快发展。

3. 强化个人所得税征管

"综合与分类相结合的个人所得税制"，既体现税收负担能力原则，又可以强化个人所得税的收入再分配职能。我国目前已基本具备了由分类课征改为混合课征的必备条件。今后应通过建立个人收入管理信息系统，实现个人报酬的完全货币化，大力推行非现金结算以及实现税务与银行、工商、海关等部门的联网，从而保障个人所得税的有效征管。只有个人所得税征管工作得到落实，我国个人所得税的调节收入分配的功能才能得以充分发挥。当然，如果考虑到全面实行综合所得税制需要投入的成本可能要比个人所得税提供的税收收入要多这一情况，在既定的综合所得税制的目标前提下，近期我国个人所得税改革的重点还应放在弥补制度漏洞和完善税收征管条件上。

三、主要国家个人所得税改革动态及借鉴

(一)主要国家个人所得税改革动态

经济的全球化使得各国税收制度逐渐走向趋同化，各个国家的税收制度改革必须与国际接轨。就世界范围内的个人所得税改革动态而言，主要有两种表现形式：一是税率的改革；二是两种所得税的适应性。

1. 个人所得税的税率改革

税收制度的改革内容为两个方面：一是边际税率的降低；二是税率档次的减少。最高边际税率降低的情况如表 B3-3 所示。

表B3-3　OECD国家个人所得税的最高边际税率变化情况　（单位：%）

	1986年		1990年		1995年		1995年同1986年相比的变化情况	
	最低税率	最高税率	最低税率	最高税率	最低税率	最高税率	最低税率	最高税率
澳大利亚	25	57	21	47	20	47	–5	–10
奥地利	—	62	—	50	—	50	—	–12
比利时	—	72	—	55	—	55	—	–17
加拿大	6	34	17	29	17	31.3	—	–2.7
丹　麦	—	45	—	40	—	34.5	—	–10.5
芬　兰	6	51	9	43	7	39	+1	–12
法　国	5	65	5	57	12	56.8	+7	–8.2
德　国	22	56	19	53	19	53	–3	–3
希　腊	—	63	—	50	—	40	—	–23
冰　岛	—	38.5	—	33	—	38.15	—	0.35
爱尔兰	35	58	—	53	—	48	—	–10
意大利	12	62	10	50	10	51	–2	–11
日　本	10.5	70	10	50	10	50	0.5	–20
卢森堡	—	57	—	56	—	50	—	–7
荷　兰	16	72	13	60	6.15	60	–9.85	–12
新西兰	20	57	24	33	24	33	+4	–24
挪　威	—	40	—	20	—	13.17	—	–26.83

续表

	1986年		1990年		1995年		1995年同1986年相比的变化情况	
	最低税率	最高税率	最低税率	最高税率	最低税率	最高税率	最低税率	最高税率
葡萄牙	—	61	—	40	—	40	—	–21
西班牙	—	66	—	56	—	56	—	–10
瑞　典	—	50	—	20	—	25	—	–25
瑞　士	—	13	—	13	—	11.5	—	–1.5
土耳其	—	50	—	50	—	55	—	+5
英　国	29	60	25	40	20	40	–9	–20
美　国	15	50	15	28	15	39.6	0	–10.4

资料来源：OECD税收数据库。

从上表可以看出，除土耳其以外，绝大多数国家都削减了最高边际税率，平均削减程度在 10 个百分点以上。值得注意的是，绝大多数国家最高边际税率的降低都发生在 20 世纪 80 年代末期，到了 90 年代最高边际税率趋于稳定，而加拿大、意大利、瑞典和美国，最高边际税率还有所回升。到了 90 年代末，随着美国 1997 年减税方案出台，一些发达国家的个人所得税税率又进一步下调，重新出现降低个人所得税税率的趋势。如德国 1999 年税改法案决定，将个人所得税的最低税率从 23.9% 降低到 22.9%，将所得（营业所得除外）最高边际税率从 53% 调低为 51%。而 2000 年德国财政部公布的税制改革方案，将最低税率 2000 年的 22.9% 降至 19.9%，比原计划提前了一年；最高边际税率由 2000 年的 51% 降至 2001 年的 48.5%，同时提高了对个人征税的宽免额；2003 年将最低税率降至 17%，最高边际税率将降至 47%。日本、法国政府也采取降低个人所得税边际税率的措施。

除了削减所得税的最高边际税率以外，许多国家还调整了所得税税率表，即减少税率档次。这是许多国家简化税制的最适当经验和措施之一。减少纳税档次不一定使所得税缺少累进性，因为所得税制一般都有免税额规定。OECD 成员国中有 16 个国家在 20 世纪 80 年代末减少了纳税档次，平均从 10 个以上减少到不足 6 个。但是，同最高边际税率的变化趋势有些相似，到了 90 年代中期，加拿大、丹麦、瑞士和美国的纳税档次又有所增多。

主要市场经济国家降低个人所得税所采取的措施，即降低最高边际税率的同时，减少纳税档次，主要原因在于：第一，经济全球化将导致各国税制一体化，各国为了增强国际竞争力而降低税率；第二，发展中国家经济的迅速崛起和发展，使人才流动、资本流动和技术流动更加广泛，流动范围更大、更自由，这无疑给发达国家现行的高税负政策带来冲击。

个人所得税税基拓宽也主要表现在两个方面：一是外延拓宽，二是内涵拓宽。前者是扩大征税范围，后者是指减少优惠措施。

税基外延拓宽主要是根据综合所得概念来扩大个人所得税税基，最突出的两大措施是对附加福利和资本利得的税收待遇。（1）许多国家不仅对附加福利即对纳税人获得的工薪之外的实物或现金，按其市场价值计算应税所得，而且像澳大利亚、芬兰、新西兰和英国还加强了对附加福利的征税。（2）各国加强了对资本利得的课税，如美国和英国把资本利得并入所得税课征，加拿大对资本利得的课税接近于一般所得课税，澳大利亚也开征了资本利得税，作为所得税的一部分，而日本、芬兰、瑞典等国家提高了对长期资本利得课征的税率。

税基的内涵拓宽指各国都不同程度上减少或取消了所得税制中的税收支出，包括各种扣除、豁免、抵免等。如美国1986年税制改革取消了一系列扣除，比如取消所得平均化、“第二收入者”扣除、州和地方销售税扣除等，还有许多扣除受到限制，如雇员经营费用扣除、旅行费用扣除、招待费用扣除等。芬兰、爱尔兰和英国限制了抵押利息支付的扣除。所有这些措施不仅仅为了收回因税收优惠而放弃的收入，也是为了规范税收优惠制度，减少税收流失。

2. 个人所得税和公司所得税的适配性与一体化

所得税通常不仅对个人征收，也对公司型的法律实体征收。很多国家个人和公司适用同一所得税法，但对个人所得和公司所得分别有些特殊的规定，如适用税率不同。在有些国家，个人所得和公司所得适用不同的税法。从经济观点来看，其实质并不是对不同实体所得征税的法律形式，而是公司所得税的法律规定能够减轻或消除对所得的双重征税。一种名为“独立公司税派”的传统观点，坚持古典制，即公司所得税与个人所得税并行征收，二者之间的纳税义务没有任何关系，对股息的经济性双重征税基本上不予缓解或消除，这也是美国、荷兰、卢森堡和瑞士的现行做法。可是，这种重复征税的现象被认为是对公司这种企业组织形式的税收歧视；在“单一个人税派”观点影响下，世界各国纷纷采取措施缓解或取消这种重复征税。

无论从理论上还是实践上看，解决这一问题的基本方法是个人所得税和公司所得税一体化。这种基本方法又分为两大类：一是完全一体化；二是部分一体化。

个人所得税与公司所得税完全一体化，也称为全额合成法或合伙经营处理法，即废除公司所得税，把全部公司利润都放到个人层次上课征所得税，这种方法就像对待合伙经营那样来处理所有公司，不管它是否分红，只对股东所得征税。这种方法从理论上讲得通，但在现实中，会遇到多种障碍，而且还会产生新的避税机会。因此，到目前为止，还没有一个国家采用这种方法。

在实践中，大多数国家采用的方法是部分一体化，在部分一体化制度下，可以在公司层次上或在个人层次上减除对股息的双重征税。在公司层次上可以采用两种方法：（1）股息扣除制。这种方法允许公司从其应税所得中扣除全部或部分已支付的股息，仅对剩下的所得征收公司所得税。如果公司税前利润全部分配，则股息可以全部扣除，那么公司所得税应纳税额就为零，也就是说，这种做法就变成了完全一体化制度了。目前，希腊、冰岛、瑞典等国就是这种做法。（2）分税率制。这种方法是对股息分配的利润采取低税率课征，而对保留利润或未分配利润采取高税率课征。德国就是这种做法的典型国家之一。在个人（股东）层次上，可以采用三种方法：（1）归属制。个人可以从其股息所得缴纳的个人所得税额中扣除公司对该股息已缴纳的全部或部分税额。这种做法的实质是把公司所得税看做是对股息的预扣税。采取这种做法的主要国家有：澳大利亚、芬兰、法国、德国、意大利、新西兰、挪威、英国等。（2）股息免税制。在分配之前，公司来源所得按公司税率征税，分配的股息全部或部分免征个人所得税。（3）税收抵免制。这种方法与归属制有点相似，但不同之处在于：第一，无论公司税是否实际被课征，股东都可以获得税收抵免；第二，所获得的净股息没有被还原成纳税前的毛所得；第三，如果税收抵额超过还原之后的毛所得的应纳税额，一般不予退税。实行这种制度的国家主要有：加拿大、西班牙等。

个人所得税和公司所得税一体化是世界性税制改革的重要措施和经验之一。目前，大多数国家采用归属制和分税率制，而有些实行分税率制的国家也在改用归属制。

3. 普遍采取税收指数化措施

通货膨胀对各发达国家的税制，特别是对所得税制产生了不良的影响。在公司所得税方面，造成折旧扣除的减少而使公司的实际税负大幅度提高。在个人所得税方面影响更是多方面的：第一，一部分原本按税法不必纳税的纳税人，因通货膨胀导致实际免征额的降低而缴纳个人所得税；第二，通货膨胀使个人所得税的名义收入提高而产生了“档次爬升”现象，在纳税人实际收入没有增加的情况下却按高税率纳税；第三，通货膨胀造成相邻应纳税档次之间的差值缩小，也加重了纳税人的税收负担。所以，通货膨胀造成了个人所得税产生逆向调节效果。因此，为了避免通货膨胀的影响，一些国家纷纷采取所得税指数化措施。

个人所得税的指数化。一般而言，个人所得税指数化主要包括免税额和纳税档次的指数化调整。一方面将免税额向上调整，以避免因通货膨胀使其实际价值贬损；另一方面对纳税档次的指数化调整，以防止通货膨胀将纳税人推到更高的税率档次。

公司所得税的指数化。发达国家对公司所得税的指数化调整主要以准指数化调整方式进行，调整项目主要集中在两个方面：期初存货成本调整和存货成本调整。

资本利得税的指数化。世界上大多数国家没有单独开征资本利得税而是将其视为个人所得税或公司所得税的一个应税税目，连同这两种税一同征收。针对通货膨胀对资本利得的不利影响，以英国为代表的做法是实行以零售物价指数为基础的“指数化宽免”制度。其计算公式为：应税利得 = 资产销售收入 – 资产购进成本 – 指数化宽免额。

税收指数化的优点是多方面的。具体来说，主要有：第一，指数化有助于确实做到按支付能力原则课税；第二，有助于避免或减少税率按通货膨胀的涨落而变动，保证税法的稳定性；第三，有助于缓解因通货膨胀而引起的征纳方间的矛盾，减少或消除纳税人逃税的机会或念头。

4. 个人所得税纳税单位的可选择性

就个人所得税的纳税单位而言，选择不同的纳税单位会产生不同的实际税收负担与税收效应。就全球范围税收实践来看，一般有四种形式可选择：一是每个人可以分别纳税，不论其婚姻状况；二是已婚夫妇可合并纳税；三是已婚夫妇既可以合并纳税，也可以分别纳税；四是家庭可选择合并纳税。

这种纳税单位的可选择性，不仅最大限度地考虑到纳税差异，更为主要的是体现出现代税收的人文主义精神与关爱，在相当程度上体现税收公平。

5. 强化个人所得税申报真实性的管理机制

真实、完整的纳税申报是纳税人正确履行纳税义务的前提。世界主要国家普遍建立了一些制度，鼓励纳税人诚实申报。如日本实行“蓝色申报”制度，会计制度健全、按期如实申报的纳税人，使用“蓝色申报表”，在税收上可享受一系列优惠；美国对纳税人实行税银联网的社会管理制度。美国公民从一岁起，每人都要建立一个社会保险号码，由政府掌握，终身不变。这个号码，既是公民参加保险、银行储蓄，或在政府、公司任职的号码，又是向税务机关申报纳税的号码。每个公司也有一个报税的号码。目前，我国的纳税人编导制度还很不完全。随着居民个人收入的增加，越来越多的公民将成为个人所得税的纳税人，实行编号制度很有必要。因此，可以考虑由国家税务总局和国家技术监督局、公安部三家进行协商，建立全国统一的防伪编号制度。企业、个人参加社会保险、银行储蓄，进行货币交易，都必须出示纳税人编号。

(二)个人所得税征管经验借鉴

1. 广泛使用个人所得税纳税人的登记号码

税务机关要保证个人所得税纳税人有一个唯一的纳税代码。在现金交易中登记纳税人唯一的纳税代码在中国具有很大的挑战性。法律应该要求纳税人在申请护照、签证、转让财产、登记汽车、上执照等时，要证明自己是有纳税号码的企业并且保留纳税的申报文件，并最大范围内搜集个人财务信息来与其纳税申报表上的信息进行对照。大多数国家的税务机关还要求第三方，如雇主、银行、发放股息的企业，来提供对纳税人的支付信息。通过将这种信息与纳税人的纳税申报信息进行对比，来判断纳税人是否提供了正确的信息。

实际上，这样做是个人逃税的最有效的方法之一。纳税人应该知道他们所参与的每一笔交易都有记录并且都可能被税务机关调阅。这样做还可以提醒纳税人想起他们可能忘记的某笔交易。这种信息通报制度要比检查制度更有效和节约。税务机关要求下列部门要提供支付信息：支付工资和薪金的雇主、支付股利的股份公司、支付利息的金融机构、直接卖出商品的供给商、购买服务和支出租金的工商企业、从事现金交易的财务机构等。

除此之外，一些税收部门还有很多非税的对比计划。比如从土地登记机关、车辆登记办公室等获取信息，来判断哪些纳税人有豪华的住宅和汽车等。

2. 要求个人所得税最大可能地实行代扣代缴

很多第三方的支付者和供给者被要求代扣税收。这样做有很多好处：减少了逃税的机会、保证政府至少收到一部分税额、保证纳税人至少支付一部分税额。目前，中国个人所得税法在很多地方都要求支付者代扣代缴个人所得税。要使这种代扣代缴方法继续加强并且进一步推广，代扣的部门应有权获得一定的补偿以增加其动力。

3. 通过向纳税人宣传公共服务的重要性来增强个人纳税意识

如果纳税人意识到通过缴税而由政府提供的公共设施是有用的和有效的，并且纳税部门是有效率的和廉洁的，就会把纳税当做一种公民的义务来完成它。以下的策略被认为是有效的：纳税人应该被告知使用税收来建设的公共品，税政部门应经常向纳税人通报政府使用税收的用途。

很多税收部门都与社区、专业协会和行业协会进行协调，来获取它们的关于促进税收缴纳的想法和帮助。税收管理者意识到他们无法独自解决现金经济中的所有问题。很多私人贸易组织又很有兴趣来促进税收缴纳，这样可以减少其雇员可能面临的不公正待遇。一句话，税收管理者重点是与这些组织中的核心人物联系并且借助他们提高公众对税收部门公正和效率的认识，很多税收管理部门进行宣传使纳税人了解他们的权利和义务以增加公众的信任。

4. 加强纳税服务使纳税行为更加便捷

政府所做的降低纳税人纳税成本的每一件事都可以促进税收缴纳活动。在这种环境下，个人也更愿意与政府行政机关合作。效率和公平也是税务机关可以提供给纳税人的。由于不必花更多时间考虑如何纳税，纳税人可以把更多的精力放在生产和经营上。

每个国家都发现提高对纳税人服务的投入和提高纳税人服务的效率都可以促进税收缴纳。在过去的十年中，税务部门关注重点发生了很大的变化（从关注于对纳税人的惩罚到关注于对纳税人的服务）。除了及时回答纳税人提出的问题、提供容易阅读的纳税表格和为纳税人准备各种文件之外，很多税务部门还做出了以下的计划：帮助工商业者保留工商业记录，在高校中开设课程讲解纳税义务和相关知识，并为新的工商业者提供帮助。

所有这些活动的目的都是鼓励工商业者养成较好的纳税习惯。这些做法有利于工商业者及其企业的效率提高。对小型企业的调查显示，这些企业容易破产的原因之一是没有完整、准确的企业记录。为新开办的企业提供及时的帮助是很重要的。这些内容包括登记、保留账簿以及税务处理等。

5. 帮助和管理税务代理人

在税收管理体系中，私人税收咨询者和税收筹划者的作用是很重要的。它们的作用如下：（1）可以降低税务管理机关对纳税人进行培训和帮助的负担；（2）可以提高争议解决的效率，尤其在申报收入方面；（3）提高纳税人自愿纳税的程度；（4）其专业义务要求它们维护税制的完整性，因此可以保证税务体系如期运行并且鼓励纳税人依法缴纳。

然而，有两个原因要求税务管理部门必须对它们进行管理：首先，由于纳税人无法评估它们的资质，因此税务管理机关要对它们进行考核和经常性的评估。其次，由于它们在提供咨询和筹划服务时有垄断权，因此必须由税务管理机关对其进行管理以保证它们履行其责任。

很多国家鼓励私人的税务咨询部门。虽然管理的形式可能不同，但是成功的处理方法中都包括要求它们登记成为代理机构。这些代理机构都被要求通过考试来获得执照并且在经手的税收文件上盖章签名。如果协助纳税人逃税或者做了其他违法活动，那么都要受到严厉的惩罚。

四、中国个人所得税改革的趋势

(一)个人所得税改革的政策取向

中国的个人所得税从设立之初，其税理定位就强调收入功能与调节功能并重及以调节功能为主，这就决定了在国民收入初次分配的基础上，个人所得税在再分配的过程中必定要发挥重要作用。从1994年新的个人所得税法颁布实施起到现在，中国个人所得税改革调整的基本进程已经较为明显地体现了这一作用。

为了适应建设社会主义市场经济改革和发展的需要，强化税收收入，调节个人收入，实现公平税负，1993年10月31日第八届全国人民代表大会第四次会议通过了《关于修改〈中华人民共和国个人所得税法〉的决定》，同时颁布了修改后的《个人所得税法》，并于1994年1月1日起施行。国务院令第142号发布了《中华人民共和国个人所得税法实施条例》。

2000年9月，财政部、国家税务总局根据国务院有关规定制定了《关于个人独资企业和合伙企业投资者征收个人所得税的规定》，明确从2000年1月1日起，个人独资企业和合伙企业投资者须依法缴纳个人所得税。

2005年10月27日第十届全国人民代表大会常务委员会第十八次会议通过关于修改《中华人民共和国个人所得税法》的决定，将费用扣除额由原来的800元提高到1600元，并将有关纳税人自行申报的事宜进行了规定。

2007年12月29日，第十届全国人民代表大会常务委员会第三十一次会议决定修改《中华人民共和国个人所得税法》，将费用扣除额再次提升为2000元，并从2008年3月1日起施行。

2007年8月15日起，居民储蓄利息税率调为5%，自2008年10月9日起暂免征收储蓄存款利息的个人所得税。

2008年8月，财政部部长谢旭人在财政部官方网站发表文章《加强和改善财政宏观》指出：调控推进个人所得税改革，调高工资薪金所得减除费用标准，减轻低收入者负担，加强对高收入者税收征管，强化个人所得税调节收入分配的作用。

2010年3月，温家宝总理指出，在增加居民收入上要分三个层次：一是逐步提高居民收入占整个国民收入的比重；二是逐步提高职工工资收入占要素收入的比重；三是在二次分配中，运用财税的杠杆，调节收入差距，促进社会公平。

2010年4月，国家税务总局在《2010年全国税收工作要点》中提及，“研究实行综合与分类相结合的个人所得税制度”。

个人所得税的改革目标应当按照宽税基、低税率、严征管的原则，简化税制，公平税负，强化个人收入分配，适当降低最高税率，规范征税范围；进一步规范和拓宽税基，合理调整税率和级距，提高纳税人比重，合理计算纳税人的应税所得；适当降低工薪所得税负水平，加大对高收入的调节力度，使得纳税人税收负担公平合理。其中强化个人所得税调节收入分配的作用，促进社会的公平公正是极其重要的。个人所得税制改革会以渐进性改革的方式在“十二五”期间整体推进。

(二)个人所得税改革的原则及功能定位

1. 个人所得税改革的原则

（1）税收法定原则。税收法定原则也称税收法定主义，是指税法主体的权利义务必须由法律加以规定，税法的各类构成要素都必须且只能由法律予以明确规定；征纳主体的权利义务只以法律规定为依据，没有法律依据，任何主体不得征税或减免税收。

（2）税收公平原则。税收公平原则，又称公平税负原则，是指政府征税要使纳税人所承受的负担与其经济状况相适应，并且在纳税人之间保持均衡。

（3）生存权保障原则。生存权保障原则是指在课征个人所得税时，必须满足生存保障原则，充分考虑纳税人的实际纳税能力。

2. 个人所得税的功能

个人所得税作为一个重要的税收范畴，具有三大功能，即组织财政收入功能、收入分配功能、经济调节功能。

第一，组织财政收入功能。就个人所得税的课税对象而言，它是以个人所获取的各项所得为课税对象，只要有所得就可以课税，税基广阔，因此个人所得税就成为政府税收收入的重要组成部分，是财政收入的主要来源。

第二,收入分配功能。市场经济依据价值规律调节经济,是有效的资源配置方式,但由于在分配上是按照要素的质量和多少进行分配，通常会造成收入分配的巨大差距，从而影响社会协调和稳定，进而损害效率。个人所得税是调节收入分配，促进公平的重要工具。个人所得税通过累进税率调节收入分配，在累进税率下，随着个人收入的增加，适用的边际税率也相应提高，也就是说低收入者适用较低的税率征税，而对高收入者则按较高的税率征税。这有利于改变个人收入分配结构，缩小高收入者和低收入者之间的收入差距。

第三，经济调节功能。微观方面，个人所得税对个人的劳动与闲暇、储蓄与投资、消费等的选择都会产生影响。宏观方面，个人所得税具有稳定经济的作用：一方面指自动稳定功能或“内在稳定器”功能，个人所得税可以不经过税率的调整，即可与经济运行自行配合，并借这种作用对经济发生调节作用；另一方面指相机抉择调节，在经济萧条或高涨时，采取逆经济风向的税收政策，对个人所得税的税率、扣除、免征额等进行调整，实行减税或增税的政策，从而使经济走出萧条或平抑经济的过度繁荣，保持经济的稳定。

（三）个人所得税改革的主要内容

1．调整必要费用扣除标准，引入家庭联合申报，实现综合与分类相结合的所得税模式

2006年以来，我国工资薪金所得减除费用标准，由原来的800元，先后提升至1600元、2000元，但这种调整并未触及实质。首先，未体现地区差异。我国目前个人所得税的费用扣除仅对不同项目类别的所得分别规定不同的费用扣除标准，而未考虑地区间的差异。但事实是我国东西部经济发展存在很大差异，导致诸如上海、江苏、浙江等东部发达地区与中西部地区的生计费用相差悬殊。其次，未体现个性差异。对所有纳税人一律实行定额（定率）扣除，没有综合考虑纳税人个体之间婚姻状况、家庭成员人数和子女教育、房屋购建等家庭情况和负担程度等差异，难以体现量能负担原则。再次，未考虑时间上的动态变化。改革开放以来我国社会经济的发展和消费品物价指数的变化速度都比较快，仅以一种非常态的调整必然难以与时俱进。最后，未触及生计费用的重复扣除问题。

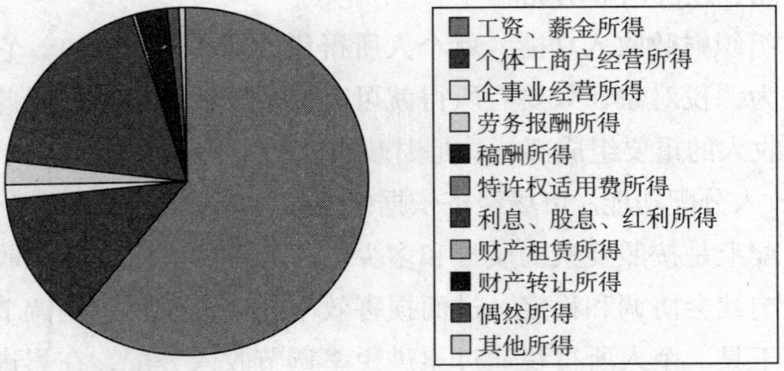

图B3-1　2008年个人所得税的11个分类所占比例

合理确定费用扣除标准要体现：一是负担能力原则，要根据纳税人的婚姻、赡养人口的多少确定不同的扣除标准，因人而异；二是费用扣除要考虑维持劳动者家庭以及劳动者本人的教育培训费用，同时与失业、养老、医疗、住房等制度相配合，力争实现税收的公平性，因事而异；三是实行费用扣除标准“指数化”，即将扣除费用与物价指数挂钩，根据零售物价上涨指数适当调整扣除费用，从而保持税负的相对合理，体现个人所得税的收入分配调节功能和社会公正性，因时而异。

同时，费用扣除标准应统一，以维护税法的严肃性和一致性。就全国而言，可以目前全国城镇居民人均支出数额为依据来确定费用扣除标准，实行幅度标准，各地的具体标准，由省级政府在幅度范围内确定。可以有两种规定：一是全国实行基准扣除譬如2500元，允许各地区根据当地实际上下浮动20%；二是全国确定1500元~3000元的扣除标准，各地在此范围内根据本地实际确定。这样既保证法律在全国范围内的统一性和严肃性，也能体现制度的灵活性、适应性和可操作性。

世界上多数国家都是经历了一个由分类所得税制逐步转化为综合所得税制的过程。这种税制模式的优点很突出，既能够充分反映纳税人的税收负担能力，又可以将纳税人的家庭负担水平等因素考虑进去。同时，对应纳税全部所得采取累进税率模式，能够较好地实现个人所得税的纵向再分配职能。但是由于采取综合所得税制模式课征手续较为复杂，征收成本较大，在综合计算纳税人全部所得时也容易出现偷漏税的情况，因此要求实行综合所得税制的国家具备较为先进的税收管理制度，纳税人也应具备较高的纳税意识。从现阶段来看，我国显然还不具备上述条件，如果直接迈向综合所得税制，具有一定难度。

因此，综合所得税制虽然是改革的最终目标，但是在现阶段，并不适应我国的基本国情。鉴于此，应考虑对综合所得税制和分类所得税制二者的折中处理，首先建立起混合所得税制模式。这种税制模式能够兼具分类所得税制模式和综合所得税制模式的优点，不仅能够实行从源头扣缴、防止偷漏税，而且全部所得合并申报，又体现了税收的纵向公平原则，符合量能负担的要求。因此，分类与综合所得税制即混合所得税制模式更适合于中国目前的国情。

如果在我国实行混合所得税制模式，首先应将名目繁多的各种应税所得进行较为细致的分类，对没有费用扣除标准，能够较好地采用源泉扣缴方法的应税所得，如投资所得和其他所得等，实行分类征收的方法。而对于那些有费用扣除标准，属于劳动报酬的所得，则实行综合征收的方法。也就是说，对不同来源的所得应采用不同的征收办法。在实施一段时间以后，可以尽量扩大综合征收的范围，在税收征管水平、纳税人纳税意识普遍提高等各种条件具备时，再转向综合所得税制模式。

在具体操作中，可以列入综合征税的项目包括工资薪金所得、劳务报酬所得、生产经营所得、财产租赁所得4项；可列入分类征税的项目包括特许权使用费所得、财产转让所得、利息股息红利所得、偶然所得、其他所得等5项。实行这种较为规范的分类综合个人所得税制模式比分类税制复杂一些，但比综合税制简单，它既可以保持我们传统上的源泉扣缴方法，又能通过实行简单的附加税来实现支付能力原则，以灵活的机制强化个人所得税的征收管理，增强纳税人主动申报纳税的意识，为今后向个人所得税模式转换打下基础。

我国现行的个人所得税制度选择的纳税单位是个人，但是从目前实施的情况来看，这样的选择往往不能达到调节贫富差距、促进社会公平的目标。在实际生活中，每个纳税人的家庭结构各不相同，其配偶、子女以及赡养的老人等情况各异。现行以个人为纳税单位未将家庭的因素考虑进去，而是不论任何情况，同一类所得必须按照一个标准进行纳税。也就是说，现行的以个人为纳税单位，没有考虑到纳税人缴纳相同税款的能力差别，忽略了纳税人家庭结构对其的税收负担的影响。

借鉴 OECD 国家的成功经验，可以引入家庭联合申报，并根据纳税人的不同情况合理设置不同的税前费用扣除标准；同时对税率和税收级次进行指数化调整，以减轻通货膨胀等因素对中低收入者的影响。部分地区可先行试点，在一部分人和一部分地区可以采取家庭扣除的方式。如在沿海较发达地区，可进行家庭个税申报试点，获取全国推行的经验，最终推广至全国。

2. 设计合理的税率

我国个人所得税的累进税率分为九级累进和五级累进，最高税率为 45 %，但实际月收入在 10 万元以上的人只是很小一部分，45 % 的税率只是一个象征。这与国际上普遍实行的低税率、少档次的个人所得税政策相左。我们目前个人所得税制有 11 个税目，税负较高，但又没有类似国外的个人税号，造成收入多元也就是挣钱多的人容易逃税，收入单一的工薪层相对缴税更多。累进级次多加大了税收征管的复杂性，同时 45 % 的高税率也容易使纳税人产生偷逃税心理。因此，可在减少累进税率档次的同时降低累进税率的最高税率，真正做到"低税率、少档次"，发挥个人所得税调节收入分配的作用。具体建议如表 B3-4 所示。

表B3-4　个人所得税税率（工资、薪金等劳动所得适用）建议表

级数	月应纳税所得额	税率（%）
1	不超过2000元的	5
2	超过2000元至8000元的部分	10
3	超过8000元至20000元的部分	20
4	超过20000元至50000元的部分	30
5	超过50000元的部分	35

如此设计个人所得税税率表，主要理由如下：

（1）最低边际税率的选择。我国目前个人所得税工资薪金所得适用的九级超额累进税率制度中的起始税率是5%，这样的起始税率无论从世界多数国家的横向比较看，还是从与我国个人所得税的其他项目比较看都是偏低的。这说明工薪所得的起始税率已充分考虑到了中低收入纳税人的纳税能力和社会公众的心理承受能力，所以无须再调整。

（2）最高边际税率的选择。根据最优课税理论，最高边际税率不宜过高。可是究竟应该低到一个什么水平，在理论上较难找到确切依据，这实际上是一个经验问题。借鉴其他国家最高边际税率水平，我国个人所得税的最高边际税率在35%为宜。

（3）税率级次的选择。考虑到发达国家的税率级次已普遍降至四至五级，我国目前应选择五级为宜。这样的税率结构既可简化税制，又可兼顾公平与效率的要求。

（4）各个级距税率和应纳税所得额大小的设计。各个级距的应纳税所得额大小对税负累进趋势的影响往往被人们忽视，事实上这是一个决定税负累进趋势的重要因素。仔细考察我国现行个人所得税工薪所得的超额累进税率可以看出，正是由于处在起始位置的头三个税级的所得额太小，累进程度比较大，使得一般工薪阶层的所得很快被推入较高的级距中，以致中下等收入的工薪阶层成为我国个人所得税的主要承担对象。因此，应拉大各级次应纳税所得额标准。

3. 规范减免税

在减少个人所得税税率级次的同时，应同时尽量减少和规范个人所得税的减免税项目。自我国开征个人所得税以来，为适应经济形势的发展和需要，体现对纳税人的支持、鼓励和照顾，国家对纳税人因特定行为取得的所得和特定纳税人取得的所得给予了一系列税收优惠，具体包含免税、减税、税项扣除和税收抵免等四个方面，其中与广大工薪阶层纳税人密切相关的条款大致有：国债和国家发行的金融债券利息；按照国家统一规定发给的补贴、津贴；福利费、抚恤金、救济金；企业和个人按照国家或地方政府规定的比例提取并向指定的金融机构为个人缴付的住房公积金、基本医疗保险费、基本养老保险费、失业保险费；个人领取原来提存的上述款项及其利息免征收个人所得税；对个人取得的教育储蓄存款利息所得以及国务院、财政部门确定的其他专项储蓄存款或储蓄性专项基金存款的利息所得，免征个人所得税。

我国目前的免税项目、暂不征税项目、减免项目，既有全国人大、全国人大常委会的规定，也有财政部与国家税务总局的联合规定及国家税务总局的单独规定，有的减免税项目与WTO原则相悖。对于这种情况，一方面要规范立法权，另一方面则应取消一些不规范的免税项目、暂不征税项目和减免项目。

借鉴国外通行做法，根据我国实际情况，个人所得税免征税额可分为4个部分：（1）个人基本生活费用和教育费用扣除。（2）抚养子女、赡养老人费用扣除。（3）特殊扣除，针对残疾人、慢性病患者。（4）子女教育费用扣除。目前，教育费用占家庭开支的比重较大并且没有任何形式的社会保障，因此应额外扣除。

4. 健全税收征管体系

我国目前的税收征管存在征管手段落后、征收水平低等不足，因此，建议进行如下改革，以促进税款的有效征收，维护社会公平公正，保证社会和谐发展：

（1）全面建立纳税人编码制度。

2001年国家税务总局发布《关于进一步加强对高收入者个人所得税征收管理的通知》（国税发〔2001〕57号），明确提出要进一步加强对高收入行业和高收入者的收入监控力度；要进一步完善收入申报试点，建立纳税人和扣缴义务人编码制度。通过对个人比较重要的经济活动进行身份代码登记，税务机关可以准确掌握每个人的收入和支出情况。此外，我国独有的户籍登记制度为以家庭为单位进行申报奠定了基础。

（2）纳税人信用登记制度。

通过税法宣传，使全体公民充分认识到依法纳税和诚信纳税的重要意义，并建立纳税人信用登记制度。可培育民间信用评估机构，客观、公正、独立地完成纳税人税收信用数据的收集。税收信用资料应包括欠税记录、逃税记录、骗税记录、做假账记录以及税务部门对纳税人的纳税信用评价记录。税务部门对税收信用服务机构进行相应的管理和监督，以促进税收信用登记制定健康发展。

（3）个税申报代理制。

税务代理作为征管改革的配套措施，不但可以减少征纳双方的负担和开支，降低税收征纳成本，还可以提高征管质量，减少浪费和损失。规范税务代理，可使税务机关从复杂琐细的工作中解脱出来，集中力量进行税收管理、稽查等工作。政府相关部门在政策和监管上应予以充分的重视，建立税务代理法律规范，整顿规范税务代理行业，发挥其降低税收成本、提高征管效率的作用，培育和引导税务代理业的规范化、专业化和法制化，为纳税人纳税申报提供专业化的服务。

（4）限制大额交易货币化。

加强对现金的管理，对纳税人的各项收支结算，尽量通过银行进行转账支付，减少使用现金可通过立法规定单位和个人现金支付额度，凡超过规定额度的，都必须通过银行转账等措施，提高现金的管理力度，把现金结算缩小到最小范围，严格控制现金交易。以便于税务稽查，提高税收征管水平。

（5）个人财富实名制。

在储蓄实名制的基础上，将实名制推广到涉及个人财富的更多领域。对于个人从社会取得的财富，特别是大宗财产，都要用实际名字进行登记和存档。另外，对个人取得的有价证券、奖励别墅和出国旅游等非货币化报酬形式，纳入征税范围，计入个人所得。

此外，在实践中，我国近年通过部门规章的形式初步制定了一些政府部门相互之间的信息交换与共享义务，如国、地税机关之间关于征管数据信息的交换与共享，税务机关与工商行政管理机关之间关于工商登记与税务登记的信息共享，已初步取得了成效，为我国“第三方税源信息报告制度”提供了宝贵的实践经验。因此，我国立法机关应该尽快构建一个权利义务更加明确、范围更加广泛的第三方税源信息报告制度，以保障我国个人所得税自行申报制度的实行。

5. 进一步加强过高收入者的个税征管

在完善个人所得税征管配套条件的同时，应加强对高收入阶层的监管。主要是金融、保险、演出市场、广告市场等行业部门的个人所得税课征。

随着我国经济的快速发展，城乡居民收入水平不断提高，个人收入差距扩大的矛盾也日益突出。从近 4 年的自行纳税申报数据可以看出，年所得 12 万元以上纳税人每年缴纳税款占个人所得税当年收入的 1/3 左右；每年缴纳税款增量占当年个人所得税收入增收额的 40% 以上；人均应纳税额在 5 万元以上。高收入者成为个人所得税的重要收入来源，说明个人所得税在调节高收入方面发挥了一定作用。由于高收入者所得来源不一，所得形式多样，高收入者个人所得税征收管理工作难度日益加大。税务机关通过推广应用个人所得税信息管理系统，方便了扣缴义务人履行全员全额明细扣缴申报的义务，同时也推进了税务机关的全员全额管理。目前，全国很多地区已经全部实现全员全额明细申报，通过明细申报，税务机关掌握的高收入者逐步增加，高收入者日常税源管理和监控得到加强。在重点项目管理方面，税务机关也通过不断强化股息红利所得、二手房转让所得、股权转让所得等个人所得税征收管理，加强对高收入者的资本性所得、财产性所得等非劳动所得征管措施，带动了相关所得项目个人所得税收入增长。

(四)完善个人所得税的配套措施

规范和完善个人所得税税制是一项系统的工程，各个环节都不容疏忽。在改革方向已经明确的同时，还应关注使个税改革能够顺利实施的配套措施，使改革具有实际可操作性。

1. 加快税收征管的信息化建设

提高税收征管水平应与网络技术相结合，建立一个能够跨行政区域的大型信息处理网络平台，将全国各地的税收信息以及纳税申报中心都联系起来，形成一个庞大的数据库，从而实现对税源信息的占有与共享。在不同地区、不同时间取得收入的纳税人都能够在这个系统中得到有效的监控与管理。

2. 建立个人税务档案

建立纳税身份证号码制度。这个号码代表着每位纳税人的信息和档案，纳税人的各项收入和支出等信息都能在这个号码下反映，以此建立起全国范围内的纳税人联网账户。同时，逐步发展以家庭为纳税单位的申报制度，将整个家庭的收入、支出等因素考虑进去，从而合理确定纳税人的税收负担。

3. 部门加强联系，形成联动机制

税务机关应当加强与金融、房管、国土、公安、证券等单位的联系，及时掌握高收入者个人的资产购置、投资、转让、租赁等信息。同时，要建立健全高收入者个人纳税档案，强化对高收入者个人监控机制，建立高收入者个人的纳税评估机制，及时、全面、准确掌握高收入者个人的收入情况，并与其实际缴纳个人所得税的情况进行比对，对有偷逃税嫌疑的，及时交由稽查机关进行查处。

4. 提高税务人员的综合素质及业务能力

为了使个人所得税的税制改革能够顺利进行，需要大量的计算机技术人才以及其他单位的协同合作，这就要求税务机关人员不仅在税务知识上有较高的水平，同时还应具备较强的计算机知识以及了解其他如银行、工商、审计等部门的工作方式和方法，熟悉相关业务知识。因此，税务机关在加强税务理论学习的同时，还应注重提高税务人员的综合素质，从而建立起一支高素质的税务干部队伍。

5. 发展中介组织，增强税收征管的社会化体系

进一步规范税务中介机构的业务范围，服务标准和收费标准，明确其权利、义务和法律责任，使之真正成为独立的、有一定权威的专业化社会服务机构，真正实现税务中介机构社会化，实现税务机关服务与税务代理服务相结合，构建完善的税收服务体系，更好地服务于税收征纳双方的信息交流。

6. 确保国家经济数据信息及时、准确、透明

个人所得税税前扣除费用以及税率的确定与国家经济数据信息关系密切。只有保证国家经济数据信息的及时发布，才能避免个税的调整陷入慢一拍的尴尬境地；只有保证国家经济数据信息的准确无误，才能合理确定个人所得费用扣除标准的调整范围和幅度；只有保证国家经济数据的公开透明，才能让纳税人享有对已缴税款的知情权。因此，国家相应的部门应切实做好数据的统计分析工作，保证国家经济数据信息的及时性、准确性及公开性。

参考文献

[1] 蔺红．税务总局：进一步加强高收入者个人所得税征管．中国税务报，2010-6-11

[2] 王红晓．完善个人所得税制度研究．北京：经济科学出版社，2008

[3] 李万峰，杜树章，汪彤．控制收入分配差距与个人所得税制改革．理论探索，2007(1)

[4] 蒋晓蕙，刘广洋．强化个人所得税调节收入分配功能．税务研究，2007(6)

[5] 徐进．个人所得税的经济分析．北京：中国财政经济出版社，1999

[6] 李波．公平分配视角下的个人所得税模式选择．税务研究，2009(3)

[7] 石坚．个人所得税制模式转换的配套条件研究．税务研究，2009(3)

[8] 魏明瑛．基于公平与效率原则的我国个人所得税率研究．宁夏社会科学，2007(1)

[9] 高培勇．个税改革：还是要加快向综合与分类结合制转轨．税务研究，2008(1)

专题报告四

中国房地产税收

2002年以来，随着中国加入WTO、工业化、城市化效应的释放，房地产业也越来越“热”。房地产过热，尤其是房价的大幅快速上涨，引起了举国关注。2007年下半年，受国际金融危机影响，中国的房地产价格在短暂下调后，又快速攀升，房地产泡沫进一步加大，使中国经济风险加剧，并严重制约中国经济结构调整和经济增长方式转变。针对房地产市场上涨的异常状况，国家在2003年、2005年、2006年、2008年、2010年接连五次进行综合宏观调控，以抑制房价快速上涨。在每次的调控中，税收均作为政策工具被运用。那么这些税收调控政策的效果如何？我国税收调控存在哪些问题，又该如何完善？物业税制度该如何设计？其对房地产市场又会带来哪些影响？本报告将试对以上问题进行分析。

一、我国房地产市场与税收调控回顾

(一)我国房地产税制简介

我国现行房地产税制是在1994年全面税制改革后形成的，涉及的税种主要有11种，包括直接以房地产为课税对象的5种，即房产税、城镇土地使用税、耕地占用税、土地增值税、契税；与房地产紧密相关的税种6种，即营业税、城市维护建设税、教育费附加、企业所得税、个人所得税和印花税。

按照征税发生的环节区分，可以分为保有环节和流转环节的税收。发生在房地产流转环节的税种有：营业税、城市维护建设税、教育费附加、土地增值税、耕地占用税、契税、个人所得税、企业所得税和印花税；发生在房地产保有环节的税种有：房产税和城镇土地使用税。

我国税收调控就是利用以上税种展开的。

(二)我国房地产市场五次重大税收调控

1. 2003年税收调控

2003年，为贯彻《国务院关于促进房地产市场持续健康发展的通知》(国发〔2003〕18号)，国家税务总局出台《关于房产税、城镇土地使用税有关政策规定的通知》(国税发〔2003〕89号)，明确规定了房产税、城镇土地使用税纳税义务发生时间，加强对房产税和城镇土地使用税的征收。

2．2005 年税收调控

2005 年，为贯彻国务院办公厅下发的《关于切实稳定住房价格的通知》（简称“国八条”），国家税务总局出台了如下调控措施：

（1）《关于实施房地产税收一体化管理若干问题的通知》（国税发〔2005〕156 号）。其中规定：“对于存量房交易环节所涉及的营业税及城市维护建设税和教育费附加、个人所得税、土地增值税、印花税、契税等税种，各地要依法征收，不得以任何理由和借口，对税法及相关税收政策进行变通和调整。”

（2）《关于加强住房营业税征收管理有关问题的通知》。其中规定：自 2005 年 6 月 1 日起，对个人购买住房不足 2 年转手交易的，销售时按其取得的售房收入全额征收营业税；个人购买普通住房超过 2 年（含 2 年）转手交易的，销售时免征营业税；对个人购买非普通住房超过 2 年（含 2 年）转手交易的，销售时按其售房收入减去购买房屋的价款后的差额征收营业税。

3．2006 年税收调控

2006 年，国务院总理温家宝主持召开国务院常务会议，提出了促进房地产业健康发展的六项措施（通常称之为“国六条”）。国家税务总局出台如下政策：

（1）《关于个人住房转让所得征收个人所得税有关问题的通知》（国税发〔2006〕108 号）。其中详细规定征收个人住房转让所得税的对象和征收方法，同时对家庭自住用房的正常转让和住房投资、投机行为作了区分对待，明确了有关住房转让个人所得税的优惠政策，指出“对个人转让自用 5 年以上，并且是家庭唯一生活用房取得的所得，免征个人所得税。要不折不扣地执行上述优惠政策，确保维护纳税人的合法权益”。

（2）《关于加强住房营业税征收管理有关问题的通知》（国税发〔2006〕74 号）。其中规定：① 2006 年 6 月 1 日后，个人将购买不足 5 年的住房对外销售全额征收营业税。② 2006 年 6 月 1 日后，个人将购买超过 5 年（含 5 年）的普通住房对外销售，应持有关材料向地方税务部门申请办理免征营业税手续。地方税务部门对纳税人申请免税的有关材料进行审核，凡符合规定条件的，给予免征营业税。③ 2006 年 6 月 1 日后，个人将购买超过 5 年（含 5 年）的住房对外销售不能提供属于普通住房证明材料或经审核不符合规定条件的，一律执行销售非普通住房政策，按其售房收入减去购买房屋的价款后的余额征收营业税。

（3）《关于房地产开发企业土地增值税清算管理有关问题的通知》。其中明确房地产企业土地增值税进行清算式缴纳的适用范围，在政策源头堵死了部分开发企业拖延清算土地增值税的路子。

（4）《关于房地产开发业务征收企业所得税问题的通知》（国税发〔2006〕31号），自2007年1月1日起执行，《关于房地产开发有关企业所得税问题的通知》（国税发〔2003〕83号）同时废止。

（5）除以上全国性税收政策外，房地产问题突出的北京、上海、杭州地区，开征了土地增值税，加大税收调控力度。早在1993年，为了规范土地、房地产市场交易秩序，合理调节土地增值收益，国务院就发布了《土地增值税暂行条例》。而1995年财政部、国家税务总局发布的《土地增值税暂行条例实施细则》更是对土地增值税的征收范围、税率、计算方法以及政策减免等执行细则做出了明确规定。但由于众多原因，各地多处于未开征状态。如：

北京：发布《关于个人转让二手房征收土地增值税问题的通知》（京地税地〔2006〕456号）。其中：对于个人转让二手房征收土地增值税时扣除项目金额确认的相关问题进行了明确规定，并于2006年12月1日正式实施。对既不能够提供购房发票证明，又不能提供房屋及建筑物价格评估报告的，税务机关可采取核定征收办法，按转让二手房交易价格全额的1%征收率计征土地增值税。将土地增值税与房产过户挂钩，在转让房产的过程中，纳税人需要提供土地增值税的完税证明或涉税证明，有关部门才能为其办理过户手续。

杭州：发布《关于推进全省房地产税收一体化管理工作的意见》（浙财农税字〔2006〕38号）。其中规定，自2007年1月1日起，浙江省内个人转让二手房时，140平方米起征土地增值税。个人转让二手房时既不能提供购房发票，又不能提供房屋及建筑物价格评估报告，征收土地增值税扣除项目金额难以确定的，税务机关可采取核定征收办法，即按转让二手房交易价格金额的0.5%~3%征收土地增值税，具体征收率由各市、县（市）地方税务局根据当地实际确定。

上海：发布《关于个人转让非普通住房征免土地增值税有关问题的通知》（沪地税地〔2007〕26号）。其中规定：从2007年7月15日起，对个人转让非普通住房，实行核定征收土地增值税：凡居住未满3年的，按转让收入的0.5%征收，居住满3年未满5年的减半征收。

4. 2008年税收调控

2007年10月，受国际金融危机影响，各大城市房地产价格上涨乏力，深圳房价在全国率先出现大幅下跌，各大城市此后也或明或暗出现降价趋势。与此同时，成交量大幅萎缩。2008年10月22日晚，中国政府针对房地产市场的政策“组合拳”终于出手，实施了一系列针对房地产的扶持措施，其中规定，从2008年11月1日起，对个人住房首次购买90平方米及以下普通住房的，契税税率暂统一下调到1%（原中间税率为4%）；对个人销售或购买住房暂免征收印花税；对个人销售住房暂免征收土地增值税。

5. 2010年税收调控

2009年5月25日，国务院在批转发改委《关于2009年深化经济体制改革工作意见的通知》中提出："深化房地产税制改革，研究开征物业税"。这标志着房地产税收调控开始向制度改革方向迈进。

2010年4月，重庆针对住房保有环节开征的"特别房产消费税"获财政部批准。征税对象包括多套住房和高端房产。

2010年5月，上海亦提出拟将持有的多套住房解释为经营性房产，并依据现行《房产税暂行条例》，对其征收保有环节的税收。

2010年5月31日，国务院发文要求"深化财税体制改革"和"逐步推进房产税改革"[①]。

二、我国房地产市场税收调控效果与税制改革

(一)税收调控没有起到抑制房价的作用

对于税收调控效果，本报告采用局部均衡方法分析我国房地产市场税负转嫁的规律，并在此基础上，对我国以往税收调控的效果进行评价。基本思路如下：运用相关模型和中国房地产相关数据，对需求价格弹性和供给价格弹性进行测算，从而掌握供给曲线和需求曲线的大致形状和关系，在此基础上，分析流转环节税收对房地产价格的影响。

回归结果显示，我国住房需求短期价格弹性为-1.0457，长期需求价格弹性为0.5524，也即短期内价格对住房购买影响为价格每上升1%，需求量下降1.0457%。但从长期来看，价格上升1%，需求量反而上升0.5524%，需求曲线为正斜率，这一方面说明近年来我国居民住房消费持续增长，价格上涨不仅没有影响居民消费，反而由于预期未来价格进一步上涨，而出现价格与消费需求同时上涨的情形。出现这种情况，与当前人们的经验性认识相符，并且对其原因也基本上有较一致的认识：（1）中国正处于城市化进程中，农村人口大规模持续进入城镇是当前及未来一个阶段的基本情况，这必然导致城市人口增加，对住房的需求增加，并且也易推动房价

---

① 《国务院批转发改委关于2010年深化经济体制改革重要工作意见的通知》（国发〔2010〕15号），http://www.gov.cn。

上涨；（2）随着人民生活水平的提高，城市居民改善住房条件的要求不断提高，因此对更高层次住房的需求增加；（3）由于预期房地产价格会进一步上升，一部分人在基本住房需求满足的基础，对房地产进行投资，增加了对房地产的需求；（5）还有一部分人对房地产进行投机性炒作，如媒体报道的温州炒房团、山西炒房团以及国外热钱，他们往往还利用银行贷款，进一步放大资金的杠杆作用，其目的在于炒作房价获利，其危害也十分明显，既造成房价过快上涨和泡沫加大，同时还将给银行系统带来风险。

我国住房供给短期价格弹性为 –0.114，即价格每上涨 1%，供给下降 0.114%，长期价格弹性为 –0.1187，弹性大于短期。这说明，无论从长期还是短期来看，近年来我国住房供给不足，而且很可能是价格上涨的原因。

综合供给和需求弹性，可以模拟出供求曲线的大致形状。从中可见，我国的房地产市场是一个非均衡的市场结构。供求并不能通过内在联系形成制约并达到稳定，随着价格的上升，供求的均衡即被破坏，且无法通过调整达到新的均衡，而成为非均衡状态，买方需求旺盛，而卖方供给不仅没有增加，反而出现反常的减少。在均衡状态下，税负将在供求之间依供求弹性的对比在二者之间进行分配，税收导致价格上涨，但买方只负担部分税收，其余由卖方负担。在此状态下，供给和需求曲线无法形成均衡，当价格上升时，供给减少，需求增加，并形成需求缺口，价格上升越高，需求缺口越大。在这种情形下，对住房销售者征收流转环节的税收，将全部转嫁给住房购买者，也就是征收于流转环节的税收最终都加入房价中由购房者负担。征收于流转环节的税收全部加入房价，导致房价进一步上涨。而且，供给的减少进一步导致价格的上升，卖方还可以进一步提高价格获取超额利润。

对不同省份供需弹性测算的结果显示，不同地区房地产市场供需弹性差别较大。同时也说明，在调控中，为了抑制房价上涨，出台的全国性税收调控措施，存在两个问题：一是没有区分不同的市场情况，采取统一的政策，即被批评的“北京、上海发烧，全国吃药”的问题；二是增加流转环节的税收，除了有财政收入的意义外，对于抑制房价上涨没有任何作用，对于东部地区来说，直接助推房价上涨，对于中西部地区来说，间接助推房价上涨。

（二）我国房地产税制缺陷

“重流转、轻保有”被认为是我国房地产市场税收制度的一个突出问题。

不动产流转环节主要涉及不动产开发投资环节、转让环节、取得环节和收益环节。我国现行税制对不动产流转环节设置了相应的税种，其中：房地产投资开发环节，国有土地使用权出让受让方必须缴纳 3% ~ 5% 的契税，同时取得土地若为集体土地，则还需一次性缴纳耕地占用税。此外，自建房地产对外销售时按建筑业征收营业税。在房地产的转让环节，房地产转让方要按转让土地使用权和房地产的营业额的5%征收营业税；按实缴的营业税税额征收7%、5%、1%不等的城市维护建设税和统一为3%的教育费附加；按产权转移书据所载金额的0.05%征收印花税。在房地产收益环节，转让方要按转让房地产增值程度征收30% ~ 60%的四级超率累进税率的土地增值税；按转让房地产的收入减去准予扣除的项目后的余额征收33%的企业所得税。在房地产取得环节，受让方需缴纳契税和印花税，契税一般按成交价格的5%减半征收，印花税按产权转移书据所载金额的0.05%征收。唐明（2007）以契税、营业税、城市维护建设税、耕地占用税、土地增值税、企业所得税及外商投资和外国企业所得税等税种收入合计数与商品房的销售额之比作为分析房地产流转环节税负的基本指标，得出2000–2005年房地产市场流转环节的税负分别为10.74%、12.43%、14.61%、16.57%、14.06%、13.88%。

不动产保有环节征收的税种只有3个是对城市不动产征收的，这些税种不仅设置税率较低，而且都具有较大的免税范围，使得不动产保有环节总体税负水平仅相当于不动产价值的0.1106%~0.1230%。通常情况下，只对一部分企事业单位征收，私人拥有的住房除了少许的城镇土地使用税，一般无须纳税。城镇土地使用税采用从量计征制度，税率为0.2~10元/平方米/年，房产税的从价计征方式如果采用历史成本计征，税率仅按原值扣除10%~30%后的1.2%，出租时按照租金的12%征收。上述的名义税率，由于其计税依据不是以市场价值为基础的，因而不能反映出实际税负水平。唐明（2007）遵循国际惯例，对不动产保有环节一般按市场评估价值征税，以近年来不动产保有税与相关不动产市场价值作一比较，得出1999–2004年保有环节税负分别为0.106%、0.119%、0.126%、0.151%、0.17%、0.23%。

（三）物业税改革

物业税改革于2003年10月在中共十六届三中全会上被正式提出，该次会议通过的《中共中央关于完善社会主义市场经济体制若干问题的决定》提出："实施城镇建设税费改革，条件具备时对不动产开征统一规范的物业税，相应取消有关收费。"由此"物业税"的概念开始正式进入国人的视野。

对于"物业税"一词，首先有必要做一辨析。曾有说法认为，文件中所提的物业税主要是在起草文件时借鉴了香港地区的称呼。但在查看香港地区税法后发现，香港地区税法中所指的物业税，是香港向土地及建筑物的拥有人就其出租物业收入征收的所得税。该税于1940年制定并获得通过。香港的物业税是针对出租居住类不动产的收入所得课征的税项，税基为实际租金收入，而对业主自住、业主授予亲属使用而收租金及空置的物业不予征税，征税范围较窄。如果在这个意义上看，香港的物业税只不过就是我国个人所得税和企业所得税中所规定的对个人或企业房地产出租收入所得缴纳的个人所得税和企业所得税。只不过其独立成一个税种，而我国纳入个人所得税和企业所得税中征收。

物业税一词表述并不十分严谨，从之后相关部门的表述来理解，其所说的物业税即国外设在不动产保有环节的财产税、不动产税、房地产税的同义词。国内的一些专家也持此观点，如吴俊培（2006）认为，物业税实际上和财产税的含义是相同的，前者在东南亚国家和我国的香港地区使用；后者则是英语国家“Property Tax”的中文翻译。因此，“物业税”和“财产税”是同一概念的不同表述。物业税并不是一个具体的税种名称，而是税收分类中的一个类别，其基本含义是对财产征税[①]。果真如此，那么与其理解成要开征新的“物业税”，还不如理解成“将原房产税扩大到居民住房保有环节，同时对原房地产税收体系及相关的收费制度进行改革”。再看香港保有环节的房地产税称为物业差饷税[②]，是向土地及楼宇等不动产的拥有或使用人征收的一种财产税。

基于以上认识，“物业税”即保有环节的房地产税，目前我国在此环节设有的税种有房产税和城镇土地使用税。

三、物业税改革存在的问题

(一)物业税对房地产市场的效应复杂且不确定

对于物业税在理论界和社会中存在一种错误的认识，即物业税可以调控高房价和打击投机行为。这种观点非常错误，不仅不利于房地产市场的调控，也不利于人们对物业税的全面认识。

1. 物业税对房地产市场影响的机制

财产税（Property Tax）的归宿——即谁最终负担财产税，在西方国家税收研究中一直是一个存在争议的问题。Zordrow（2007）对前人观点进行总结，认为对于财

① 吴俊培:《我国开征物业税的几个基础理论问题》，《涉外税务》2006年第1期。

② 纳税人应缴差饷税等于应课差饷租值与差饷征收率之积，应课差饷租值指的是假设物业在一个指定估价依据日期空置出租时，估计可得的年租金，它是按土地和房屋一体评估的。物业税则是以物业实际租金收益扣除20%的修理保养费后的余额为计税依据。

产税的归宿存在着三种不同的观点，即“传统观点”、“受益观点”和“资本税观点”。传统观点由 Simon（1943）和 Netzer（1966）提出，他们认为税收负担被财产所在地的要素或(和)消费者负担，往往导致住房消费价格上涨。受益观点由 Hamilton（1975，1976）、Fischel（1975）和 White（1975）提出，认为财产税是财产消费者对所享受的辖区公共服务而付出的成本，全部由住房消费者负担。资本税观点由 Mieszkowski（1972）提出，认为由于地区间财产税率不同，会导致资本从高税率地区流向低税率地区，从而获得相同的税后收益，税负被资本所有者负担。

三种观点都有其合理性并在一定条件下和范围内成立。三者之间不是非此即彼的排斥关系，而是取长补短的补充关系。一个地区课征的财产税，会经历三个不同的税负转嫁与归宿机制。第一个机制是财产税导致资本在不同地区间流动，资本所有者负担全部税收，也即资本税观点；第二个机制是在一个区域内，将支付的财产税和获得的公共服务进行资本化，为住房消费的供需双方明确转嫁的数量，也即受益观点；第三个机制是在住房消费的供求双方交易过程中，根据双方的弹性对比，再次将前述税负在双方间进行分配，也即传统观点。因此，现实中财产税的归宿应该是三种机制共同作用的结果，是一个混合的效应。这同时也说明，财产税具有复杂的转嫁机制，其最终的税负归宿不确定，需要针对具体情况加以分析判断。

2. 我国征收物业税的效果预测

利用相关的财产税归宿理论，可以大致对我国物业税相关影响进行分析预测。

（1）对不同区域住房销售价格的影响

目前，我国提出物业税开征方案的城市多是房价过高的一线城市。这些城市房价上涨过快过高，政府面临的调控压力较大。一旦这些城市将房产税扩大到普通居民住房，则根据财产税的资本税观点，将降低资本收益，并导致资本在一定程度上从这些地区流出，而流向二、三线和其他未开征物业税的城市，从而使征税地区的房地产价格趋于下降，而未征税地区的房地产价格趋于上升。同时，也将影响不同区域的房地产市场和地方政府的土地出让金收入。

（2）对征税地区住房销售价格的影响

首先，征税地区的住房销售价格受财政资本化的影响。如果购房者未来物业税的现值大于所获得的公共服务现值，则物业税征收会导致住房价格下降；如果未来物业税现值小于所获得的公共服务现值，则物业税征收会进一步提高住房价格；如果二者相等，则住房价格保持不变。因此，住房价格的升降受到物业税负担和所获得的公共服务的收益的影响。政府任何影响两个因素的政策都会对房价产生影响。例如，政府出台一系列的新政策，使消费者预期开征物业税后会提供更好的公共服务，则房价未必下降，反而可能上涨。反之，则下降。

其次，征税地区的住房销售价格受供求双方价格弹性的影响。根据商品税的局部均衡分析，被资本化后的税收在住房交易环节，根据供求双方的供给价格弹性和需求价格弹性来分担税负。弹性大则负担的税负少，弹性小则负担的税负多。根据对我国不同地区的供求价格弹性进行测算[①]，以上海为例，运用1999-2005年的数据对其供需价格弹性进行测算，结果显示，其长期需求价格弹性为0.684，其长期供给价格弹性为0.546，可见，价格上升，供给的需求均上升，且需求上升大于供给上升比例。据此市场情况，则物业税将全部为购房者所负担，房价进一步上升。在不同的弹性下，物业税还可能一部分向前转嫁，由消费者负担，一部分向后转嫁，由土地、劳动、资本等要素负担，导致相关要素收益下降，其中包括地方政府土地出让金收入下降。

（3）对征税地区住房租金价格的影响

征收物业税对于租金市场也会产生影响。征收物业税将会降低出租人的收益，一方面，可能导致资本流出住房市场；另一方面，出租人以提高房租价格的形式，部分或全部转嫁其物业税负担，最终由承租人全部或部分负担物业税。两种效应的大小，取决于资本和租房人的流动性比较，如果资本的流动性较大，而租房人的流动性较小，则租金上涨较大，承租人负担更多的物业税；如果资本流动性较小，而承租人流动性较大，则资本所有者负担较多的物业税，而承租人负担较少，租金上涨较少；如果承租人完全流动，则房租无法上涨，物业税全部收资本所有者负担。

（4）对多套自住住房持有者的影响

对于拥有多套自住住房的所有者来说，如果其超出了免征额的范围，则需要缴纳一定的物业税。这种情况下，自住者无法通过提高租金形式转嫁给承租人，也无法通过销售而转嫁给购房人，物业税则全部由其负担。这一方面可以看做是被资本所有者负担，另一方面也可以看成是享受更多公共服务而付出的代价。而其降低税负的办法则是将住房出租或者将住房出售。

（5）对住房投资与投机者的影响

以投资或投机为目的，而持有多套住房者，不同于自住住房持有者，其主要通过住房出租获得稳定的收益和房价上涨获得增值收益。因此，征收物业税会增加其住房持有成本，为转嫁税负，将导致出租和出售住房的供给增加，在需求不变的情况下，将产生降低房租和售价的效果。这一效果对于当前打击囤房，降低房价具有重要意义。但这一效应的实现，又离不开严密的税收征管制度。物业税在征管上面临着重重困难。如物业税该采取自行申报，还是上门征收，还是二者相结合，显然都存在着很大的困难；又如过多持有住房人可以通过多种手段变更名义持有人来逃

① 汪昊:《房地产市场税收调控——基于中国现状的分析》，中国税务出版社2009年版。

避纳税。无论如何设计征管制度，都无法完全避免逃税行为。再如，物业税需要对房产价值进行评估，如何对千差万别的物业做到评估价格合理；还如，如果按人均面积进行免征额的设计,如何对家庭人口进行认定,等等。这些征管上的问题不解决,则物业税的效果会大打折扣，还会造成效率损失，并产生新的分配不公。

(二)物业税改革的目标定位模糊不清

物业税具有多重功能，这些功能取决于物业税的不同特性，其每一个特性都对应于相应的功能。很多人认为物业税是一个“良税”，就是由于其积极正面的功能突出，也正因为如此，物业税被人们寄予了太多的政策期望，希望通过其制度改革，改变相关主体行为，促进社会整体福利的提高。

1. 物业税的特性

归纳起来，物业税的特性主要体现在以下三个方面：

特性一：财产税。

物业税具有财产税性质，是对纳税人的“存量”财产征收的一种税。财产税则具有直接税的特点，通常认为其税负较难转嫁，纳税人即负税人。财产税的特性在与所得课税和商品课税的比较中会更加清楚。

财产课税与所得课税的区别：其一，财产课税是对财富的存量课税，所得课税是对财富的流量课税。私人拥有的财产，多由土地、房屋等不动产和金银珠宝等形式出现，投入流通周转过程的动机和机会较少；而所得则具有不断流转性。其二，财产课税多是对财产本身的数量和价值课税，所得课税则是对财产产生的收益或所得课税。财产课税中的一般财产税、土地税、房产税等，都是对财产的数量或价值额课税[①]。

财产课税与商品课税的区别：其一，财产课税的对象是财产，属社会财富的存量部分；商品课税的对象是流通中的商品，属社会财富和货币资金流量部分。其二，财产课税中的财产多不参与流通，商品课税中的商品都加入商品流通行列，发生一次或多次交易。其三，财产课税是采取定期征收办法，课征规律性较强；商品课税的课征包括一次课征和多次课征，简言之，财产课税以财产的存在为前提，商品课税以商品劳务的交易为前提[②]。

特性二：地方税。

物业税属于地方税收。在发达国家，无论是美国、法国等联邦制国家，还是日

① 各国税制比较研究课题组编著：《财产税制国际比较》，中国财政经济出版社1996年版。
② 同上。

本、英国等君主立宪制国家，大多数物业税的税种均划归地方政府；许多发展中国家近年来也极为重视财政分配关系的调整，多把物业税交由地方管理与支配。虽然物业税收入规模在许多国家税收收入总额中的比重普遍不是很高（发达国家一般为10%~12%，发展中国家为5%以下），但其占地方级税收收入的比重却较为可观，已成为地方政府的主要财政收入之一[①]。

物业税之所以成为地方税与其课税对象固定的特点有关。由于作为物业税课税对象的房地产固定不动，因此与流动性较大的商品和所得相比，更适合于由地方政府来征收。因地方政府对本地区的房地产分布、产权和价值情况更加清楚，因此由其征收更有效率；又因其课税对象不流动，不易发生税负转嫁，因此无需进行地区间的再分配，由地方政府征收即是公平的选择。而与之相比，流转税和所得税，划归为中央税或中央地方共享税则更有效率和更显公平。由于房地产的地域性特点，从公共财政的角度来看，物业税更有利于地方政府根据居民房地产来对公共支出的成本（税收）和受益原则进行分摊，有利于增进公平和效率。

特性三：房地产税。

物业税通常是对土地房屋等不动产征收，又叫不动产税。物业税的这一特性又决定了其具有调节房地产市场的功能。尤其是当前我国房地产市场矛盾突出的情况下，物业税的这一特性更为学者和社会各界所看重，并希望其能在调节房地产市场和促进其健康发展的过程中发挥作用。

物业税在整个房地产税收体系中具有自己的特点，即它是在保有环节设置的税种。与在流转环节设置的土地增值税、营业税、企业所得税、耕地占用税、契税具有明显的不同。这些设置在流转环节的税收具有很强的转嫁性，因此通过其来调节房地产价格，往往会出现事与愿违的局面。而物业税设置在房地产保有环节，税负不易转嫁，而且还能通过税收资本化的形式来降低当期的房地产价格，因此通过其税率的调整，可以抑制房价上涨和调节贫富差距，打击投机和过度占有房地产的行为。

2. 物业税的功能

由物业税的特性引致的物业税功能有如下三方面：

功能一：调节贫富差距。

从财产税的特性出发，由于财产的多少一定程度上反映贫富差距，因此，通过对房地产这一财产征税来调节贫富差距便成为物业税的功能之一。要想实现调节贫富差距的作用，要求税制设计需要考虑到横向的公平和纵向公平。横向公平，也即

① 沈燕：《中外房地产税收比较及其启示》，《税务研究》2002年第7期。

具有相同纳税能力的人应该负担相同的税收；纵向公平，即具有不同纳税能力的人应该负担不同的税收，如对财产占有少者实行免征的税收优惠，对于占有财产多的人实行累进课征的办法。

然而，对于物业税调节贫富差距的作用效果，仍存在一些争议。如随着社会发展，财产日益分化，这种公平分配的作用就逐渐下降。首先，由于财产日益分化为许多种类，其中的动产尤其是无形动产逃税现象严重，从而使税负多由拥有土地房屋等不动产的纳税人负担，出现了拥有不同类财产的纳税人之间税负不平。其次，财产已不再是唯一衡量人们负担能力的标准，并逐渐为所得取代。许多人可依靠各种所得而不靠财产生活，征收一般财产税以平均社会财富的作用自然也就削弱了，而且反而显出其不公平性。再次，估定价值方面的弊端也是造成实际征收中不公平的重要原因。财产估值总是滞后于市场价格的变动，形成计税基础不能真实反映财产的实际价值，会出现拥有同类财产的纳税人之间的税负不公平。最后，课征技术和课征制度上的问题，也影响了公平作用的发挥。税率的确定和变动，免征额的确定，估定价值的确定都带有许多主观臆断因素①。

然而，由于各种因素导致的不公平，的确会在相当程度上影响到人们对物业税调节贫富差距功能的肯定，但是其可以通过制度的完善加以改进，故不应因此而否定物业税在调节贫富差距方面的功能。

功能二：提供地方财政收入。

物业税属于地方税的特性决定了其具有提供地方财政收入的功能。这一功能对于当前我国地方财政改革来说显得尤其重要。当前，我国地方财政有以下两个突出的问题：一是由于我国财税体制导致县乡财政普遍困难，与此同时，中央与省市一级却出现连续超收的局面（金融危机导致各级财政均出现困难，但困难的相对程度似乎并没有改变）；二是由于流转税为主体及转移支付制度不完善，导致地区间财力差距加大。解决这些问题的除减少地方政府级次，改革转移支付制度外，一个重要的方面是完善地方税制，增强地方自主获取财政收入的能力，并促进地区间财政收入公平分配。而开征物业税是建立和完善地方税制的重要内容。

刘尚希、陈少强（2005）对开征物业税以此来完善地方税收制度的必要性进行了深入的分析。他们指出，目前我国地方政府主要税收来源是营业税和企业所得税，企业所得税分享制度改革后，来自第二产业的地方税比重下降，使地方税收更加依赖于第三产业的营业税。而营业税又面临着增值税扩大范围改革的影响，其收入的规模将减少，稳定性将减弱。因此，长期来看，营业税无法成为地方的主体税种。企业所得税和个人所得税由于具有流动性，出于公平的考虑，主体部分划归中央政

① 各国税制比较研究课题组编著：《财产税制国际比较》，中国财政经济出版社 1996年版。

府，地方政府进行分享是各国的惯例，因此也不能成为地方政府的主体税种。而针对土地、房屋等不动产征收的物业税是最适宜成为地方政府（尤其是省以下基层政府）的主体税种。一是因为物业税的税基具有非流动性的特征，其收入可以成为地方政府的稳定收入来源，并且随着经济发展和群众生活水平的提高，这一税种会越来越大。二是因为财产税是一种受益税，财产税的所有者是当地公共服务的受益者，因而较易推广[①]。

功能三：调控房地产市场。

由于物业税是对房地产的征税，因此，其必然对房地产市场产生影响，从而具有调控的功能。然而，正如相关分析显示，其对房地产价格的影响也是不确定的，受到多种因素的影响。

（三）物业税的配套改革

从理论上来说，物业税的改革有三种情况：一是小改，即将房产税扩大到普通居民住房；二是中改，即以物业税改革为切入点，对房地产相关税种进行重整；三是大改，即以物业税改革为切入点，对房地产租、税、费体系进行重整。物业税改革牵一发而动全身，不能仅仅局限于小改。因为小改必然导致税收收入的来源结构、纳税人的负担结构等发生较大变化，在政府收入增加和纳税人负担增加的同时，必然要考虑调减相应收入和纳税人负担的问题。从改革的深入和彻底程度来看，三者依次增加。

1. 物业税本身制度设计问题

物业税制度的设计是实现物业税功能的前提和保障，根据税制的基本原理，物业税税制设计主要涉及以下所述六个要素。通过国际比较与借鉴，可见各要素均有多种可能的设置，对此进行系统的分析，有利于结合我国实际，选择并设置相关税制要素，建设符合中国国情的物业税制度。

（1）纳税人

物业税的纳税人设定常涉及以下问题：

① 一般情况下是房地产的所有人。但特殊情况下，无法确定或房地产所有人不明确时，则以占有者或使用者为纳税义务人。如英国规定住房财产税的纳税人为住房的所有者或承租者。香港地区的物业税纳税人为香港境内的房地产所有者或占有者。

---

① 谢伏瞻：《中国不动产税收政策研究》，中国大地出版社 2005年版。具体见其第三章《地方公共财政与不动产税改革》（刘尚希、陈少强撰写）。

② 个人与公司法人。多数国家同时对个人和公司法人征收物业税，少数国家对公司法人不征税，一般情况下，物业税均对个人住房征税。

③ 居民纳税人与非居民纳税人。居民纳税人，需就其在世界范围内的所有应税房地产向中国政府纳税。非居民纳税人，仅就其在中国境内的房地产向中国政府纳税。

（2）课税对象

物业税的课税对象十分明确，即房地产，但在设定中也常涉及以下问题：

① 土地与房屋分开还是合并课征。

从中外历史来看，封建社会中，各国普遍对土地这一主要财产进行课税，或根据土地面积或根据土地生产的产品量或价值征收。同时，很多国家还对房屋这一财产进行征税，但主要是从量税，具有人头税的性质，是政府对具有房产者征收的一种财产税。这一时期，土地与房屋是分开课征的。随着市场经济的发展，农业在国民经济中所占比例越来越小的情况下，非农业生产用地成为一种重要的生产要素进入流通领域并且具有市场价值。但土地和其地上建筑物合并与分开征收仍同时存在。将土地和地上建筑物合并课税在近10年来为各国普遍采用，如美国、加拿大、菲律宾、英国、德国等。但也有少数国家和地区将土地和建筑物分开征收，分设税种，如中国台湾地区分别征收地价税和房屋税[①]。

② 农村房地产是否征税。

出于对农业和农民的扶持，世界各国多对农村居民住宅实行免征保有环节房地产税政策。如英国对农业用房屋免税，法国只对巴黎和其他拥有1万居民住户以上的城市房屋征税，越南对农村房屋住宅免税。

③ 居住与经营用房地产。

从各国情况来看，既有仅对居民住宅征收不动产税（如英国）的，也有包括住宅和商业用房地产一并征收的（如美国、日本、加拿大、新加坡等），还有仅对经营性房地产征收保有环节税收（如我国当前）。

由于我国房地产价值中已含有向国家缴纳的50~70年土地出让金，因此，将土地与房屋合并纳税，则容易导致对这部分价值重复征税。是否可以通过部分扣除的方法，如我国现有房产税中规定在房地产原值基础上扣除30%作为计税依据，来解决这个问题，值得研究，因为不同的房地产中土地出让金所占比例并不同，而分别确定所含的土地出让金则又过于复杂，通过调查统计后规定一个平均的扣除比例，部分或大部分地消除重复征税还是可行的。但如果采用租金作为计税依据，则这一问题便不明显，但其实租金中也是暗含了土地出租的收益。所以，严格来说，我国

① 石坚著:《中国房地产税制：改革方向与政策分析》，中国税务出版社2008年版。

将土地与房屋合并作为课税对象更加便利和现实。

营利性的工商企业税收负担能力强，拥有的房地产产权清晰，便于征管，也有利于提高土地利用效率。因此，在新的物业税种，继续对经营用房地产课税，不存在疑问。对于居民住宅征收，是此次改革的主要内容，似乎也不应存在问题，但也可能由于其复杂性而暂不征收。倪红日（2009）认为，目前的房产税没有对个人的住宅征收，只是主要对经营性的房地产征收。“空转”试点也主要是对经营性房地产计税的依据做了变更，对经营性地产把市场的评估值作为计税的依据，没有什么难度。如果要开征物业税，最大的难点在于对个人住宅是否要征收[①]。贾康（2009）建议研究开征物业税，可以采取渐进式方案，先对经营性房地产征收，并考虑覆盖别墅和高档公寓，对于个人第二套住房要研究如何在操作上进行界定，个人自住房可暂缓考虑[②]。

而对农业用地和农民自用住房暂不征收房地产税，也基本得到业内专家认同。如石坚（2008）认为，从税收公平、效率和调控政策原则的角度出发，目前阶段对农业用地和农民自用住房不纳入征税范围或暂免征收房地产税，符合我国国情。我国农村经济发展落后于城市，农业用地受到政策限制，农村居民住宅主要是满足居住需要，商品化程度很低，市场价值也远低于城镇范围内的房地产。若对农业用地和农民自用住房征收房地产税，评估成本高，税款征收难，是违背税收效率原则的。同时，也应该提出，随着农村集体企业的发展，我国东部一带农村工业化和商业化程度不断提高，城乡差距不断缩小。在这些地区，对农村的房地产不征税，已不能体现税收公平原则。而随着评估、征管成本的不断下降，可以分地区、分步骤将房地产税的征收范围扩大到农业用地和农民自用住房。从长远看，中国房地产税制改革的最终方向应该是实行城乡统一的房地产税制[③]。

（3）计税依据

计税依据确定中常涉及以下问题：

① 租金收入还是房产价值。

从各国实践来看，物业税的计税依据存在着以不动产租金年收入的估算值为计税依据和按不动产价值的估算值为计税依据两种方法。前者如我国香港地区的物业差饷税，以假定的业主在市场中出租房屋所能获得的年租金收入的估算值为计税依据。后者如美国的财产税，按不动产的市场评估价值作为计税依据。

② 估定价值采用何种估价方法。

估定价值方法：包括市场价值、重置价值和收益价值。市场价值法，是以市场

---

① 徐畅：《物业税改革可分步推进》，《中国证券报》2009年6月23日。

② 谢闻麒：《贾康：建议研究渐近式开征物业税》，《中国证券报》2009年7月6日。

③ 石坚著：《中国房地产税制：改革方向与政策分析》，中国税务出版社2008年版。

上相同或类似房地产为参照物，同时充分考虑影响交易价格的各种因素，估定应税房地产价值的办法。收益价值法，是用对财产的预期收益折算成现期收益来估定财产价值的方法，其评估的准确性取决于对未来预期和折现率的估计。重置价值，是按房地产的重置成本，减除折旧和损耗后评估得到的财产价值的方法。一些国家选择一种价值认定方法，但各种方法各有优缺点，多数国家同时采用几种认定方法。

③ 计税依据由哪个机构（部门）确定。

以美国得克萨斯州为例，该州财产税评估由州和地方两级政府管理，州政府主要职责是提供全州统一的评估标准和程序，地方政府则设立评估办公室，负责税收评估的日常工作。其最高管理机构是由五人组成的董事会，董事会成员由符合一定条件的税收评估区的代表组成。我国目前尚存在一定争论。目前，可供选择的评估机构有四种，分别是地方税务机关、社会中介机构、地方国土部门以及财政部门。争议最大的是，具有征管权的地方税务部门和具有房产信息优势的国土部门，谁来评估的问题。倪红日（2009）表示，其课题组的意见倾向于由国土部门负责评估，由税务部门负责征管，理由是：物业税评估所需的土地、房屋登记资料均在国土部门，将评估机构设立在该部门，可以充分利用现有资料，有利于降低评估成本；另外，不动产评估是一项专业性很强的工作，房屋国土管理部门在这一领域的技术基础要强于其他部门[①]。

④ 向金融机构申请的贷款是否在计算时允许扣除。

房地产的评估价值并不真实反映纳税人的财富状况，减除负债后的财产净值更能准确地反映纳税人的财富状况。但各国对纳税人的房产贷款抵扣却有着不同的规定。如阿尔及利亚、挪威、墨西哥等允许从财产总值中扣除债务余额，而美国、德国、新加坡等国则不允许。

我国在确定物业税计税依据时，不应简单地排斥以估计的年租金为计税依据的办法，且在我国现有的房产税中也有规定。以租金为计税依据的好处在于：一方面，一般认为房屋出租的供求及由其决定的租金的价格市场竞争充分，投机成分较少，因此更能真实地反映房地产市场供需状况；另一方面，市场租金的确定比房产原值的确定相对容易得多。因此，以租金为计税依据可能还是一个好的选择。当然，以此作为计税依据，则税率、税收减免等相关内容都与按房产价值不同。以香港的物业差饷税为例，20 世纪 70 年代中期以前，差饷税的税率为 15%~18%，1977/1978 财年税率调整为 11.5%，并保持到 80 年代中期；1984/1985 财年税率调整为 5.5%，此后较为平稳，税率一直在 5%~6% 之间徘徊，1999/2000 财政年度至今，香港政府

① 钟和:《物业税四大问题亟待破解》,《中国建设报》2009年7月14日。

的差饷税率为5%[①]。2009/2010年度差饷税率亦为5%[②]。同时税收减免将不再适用免征额的政策，而更适宜用减税和税额减免的政策。如果我国采用类似美国的以房地产市场评估价值为计税依据，那么就要在评估机构、评估办法、评估专业人员等方面做更多的工作，而以地产评估价为计税依据同样存在着很多的问题：如按市场价值评估，则计税依据中必然包括一部分未实现的未来预期的价值，严格来说，这一部分价值还不具备负税能力，如果就此征税，必然加重纳税人负担，可以预期房价越上涨，纳税人负担越重；再如房地产价值受多种因素影响，而且经常变动，评估部门的评估受所掌握的信息、所用的方法等因素影响，其中如何保证纳税人信息公开透明，如何保证所用的方法适合于所有的纳税人，如何保证非标准化的房地产间价值相对公平而又得到纳税人认可等均是现实问题。此外，由于评估的系统性和复杂性，如果评估由政府部门负担，则必将导致机构膨胀和经费增加，从而带来征收成本的提高。因此，有必要对两种确定计税依据的方法，运用成本—收益法进行对比分析。第三种方案，也可以考虑中央在立法时，将两种方法均写入税法，如当前的房产税确定计税依据的办法，由各地区根据实际情况选择。

（4）税率

税率的设定常涉及以下问题：

① 税率形式选择。

税率可以有多种形式。如定额税率、比例税率（统一比例税率与差别比例税率）、超额累进税率、幅动税率。如美国的税率由各地自行规定，名义税率各地不一，在3%~10%之间，大城市如纽约、芝加哥等地的税率要高些。阿尔及利亚采用超额累进税率，税率由0.5%~4%的五级超额累进税率。德国实行的是比例税率，但个人和公司不同，个人适用税率为0.5%，公司适用0.6%，且缴纳的财产税在计算公司所得税和个人所得税时均不得扣除。巴西对土地财产实行0.2%~3.5%的累进税率，共设22个级次的累进税率。泰国对土地财产课征0.5%~25%的累进税率，共设34个级次。利比里亚按土地性质用途设置差别比例税率，对公司或商业类房地产实行2%的比例税率，工业类适用1%比例税率，住宅类适用0.5%的比例税率，城市地区的农场适用0.5%的税率，城市以外地区的农场适用0.25%的税率[③]。

② 税率谁来确定。

从各国实际来看，地方政府对隶属于自己的物业税拥有较大的税权和财权。在物业税的税权问题上，目前向地方分权的倾向已成为主流，一些分税制国家可由地方政府自行决定对物业税的开征、停征、调节范围及负担水平和收入规模，并且对

① 王晓明：《中国香港地区土地批租与不动产税制度评析》，载于谢伏瞻主编的《中国不动产税收政策研究》。

② http://www.rvd.gov.hk/tc/public/rates.htm

③ 各国税制比较研究课题组编著：《财产税制国际比较》，中国财政经济出版社1996年版。

物业税收入相应享有较大的财权。例如在美国，物业税法由各州制定，可根据本州财政预算情况和税基确定计税依据、税率幅度及减免税等税收要素。这充分体现出物业税已成为真正意义上的地方税，由各地方政府负责管理与支配，收入划归地方政府用于当地的社区公共服务。再如日本，其财政分为中央、都道府和市町村三级，各级财政均有属于自己的税种，其中市町村地方政府收入约30%源于物业税收入，包括固定资产税、营业场所税（场所所有者缴纳部分）、城市规划税等。但《地方自治法》和《地方税法》却赋予地方政府一定的税率决定权和新税开征权，物业税收入亦通过地方财政用于公共服务需求[①]。

③ 税率依据什么确定。

美国等成熟的财产税国家，其财产税已经成为地方的主体税种。其税率的确定一般原理如下：从政府的预算收入中扣除其他项目后，得到需要通过地方财产税筹集的税收收入规模，同时对辖区内的房地产价值进行评估，并倒推计算出需要的适用税率。当然其税率的确定需要经过民主程序来确定，并会每年发生变动。白彦锋（2007）指出，从开征物业税的西方国家来看，他们大体遵循的是“以支定收”的原则。财产税的税率（r）通常由公式 $r=(E-NPR)/NAV$ 计算得出，其中E（Expenditure）为某一地方政府在一个财政年度中的计划支出总额，NPR（Nonproperty Tax Revenue）为其预计的非财产税财政收入，（E－NPR）即为地方政府在此年度所需的财产税收入，NAV（Net Assessed Value）为该地方政府辖区内财产税应税财产的评估净价值。因此，物业税的税率实际上取决于地方政府的支出缺口和当地应税财产的比率[②]。

我国物业税税率的设计是一个复杂的问题，但总体的原则较为明确，即物业税开征后不应加重居民负担。这就需要将物业税的开征和税率的设计与其他环节的税收撤并和相关收费消减结合起来，进行综合测算。此外，还要考虑现有房产税税负和其他国家的税负水平。从现有税负来看，我国目前房产税按照固定资产余值课征，名义税率是1.2%，但按房产原值可一次性减除30%，因此，实际税负仅是原值的1.08%。如果对于营业性用房在其他环节的税费不能消减，则不宜再提高税率，反之，则可以提高税率。从前面的分析可见，我国应改变“重流通、轻保有”的房地产税收结构，因此，应在改革的基础上提高保有环节的房产税税率。根据国际经验，一般应在房产原值2%以内比较适宜。由于我国居民住宅规模巨大，因此，对其开征物业税必将带来大量新增税收，而通过何种途径减收居民税负则更需要政策制定者加以考虑。我国在进行物业税税率设计时，应区别经营性房产和居住性房产，对居住性房产宜采用低税率。同时，对于居住类房产应该考虑设计累进性税率，对于持有过多房产者，应负担较多的保有税，这对于调节贫富差异和促进合理占有房产都

① 徐四伟：《物业税制度研究》，厦门大学博士学位论文2005年。

② 白彦锋：《土地出让金与我国的物业税改革》，《财贸经济》2007年第4期。

具有重要意义。也有观点认为，不必实行累进税率，如石坚（2009）认为，对于拥有两套以上住房的纳税人，执行统一的税率即可。因为多占有者多负税，在常规的征税过程中已经体现。而且房地产税的征税基础是房地产的市场价值，按房地产总价值课税对所有纳税人都是公平的①。这种观点有其道理，但二者表现出的政策意图不同，实行累进税率比实行比例税率对于抑制过多持有房产和调节贫富差距效果更加明显，而比例税率则相对温和。同时，中央政府应该将税率的确定权交给地方政府，由地方政府根据其预算需要在年初进行确定，以调动地方积极性，推动地方主体税种建设。

（5）税收优惠

物业税的优惠规定主要体现在以下两个方面：

①减免税规定。

从各国实践来看，一般免税范围包括：政府拥有的房地产；宗教、慈善机构、学校、图书馆等非营利机构拥有的房地产；特殊困难群体，如老年人、残疾人拥有的房地产。不少国家还规定有减税优惠，如英国的房屋税规定：学生、学徒居住房屋免税；只有一处住房且居住者中只有一位是成年人，可减征 25% 税额；有两处以上住房，居住者只有一位成年人的，可减征 50% 税额；伤残人住房，可降低住房价值应税级次，给予减税照顾；无收入者或低收入者可申请房屋税优惠，提出申请者需说明纳税人收入、抚养人口等个人和家庭情况，税务机关查实后将酌情减免税额②。

②免征额的设定。

为了体现公平税负原则，各国纷纷按一定标准对居民的普通住宅给予一定的免征额优惠。但是按什么标准来规定和计算免征额，各国的做法却并不一致。如越南的房屋税规定，按工资额对住宅用房一定面积减免房屋税；美国加利福尼亚州规定，纳税人自用住宅可享受 7000 美元的免税额③。

我国在对物业税免征额讨论中，提出了多种设定免征额的标准，如按价值、面积、套数来设定免征标准。如有人提出对第一套住房免税，而对一套以外的住房按累进税率的办法征收物业税，但如何界定第一套住房呢，是按购买时间先后，还是按是否经常居住，而第一套住房的价值可能相差很多，如此设定免征额有失公平。又有人提出对每套住房给予一定数额的免征额，这会存在对多套住房的持有人给予多次免征额扣除的重复优惠。如果将其多套住宅合并后给予一定的免征额，会增进公平性，但需要区分不同类型的住宅，如对处于热点地段的住宅和处于较偏远地区的住宅，二者同样面积，但价值相差很大，给予同样的免征额，会导致热点地区住宅持

① 石坚：《构建主体税种明确和税收负担合理的房地产税制》，《中国税务报》2009年7月1日。

② 各国税制比较研究课题组编著：《财产税制国际比较》，中国财政经济出版社 1996年版。

③ 同上。

有者税负重于偏远地区住宅持有人，这是否公平也有待讨论。也可考虑按一定的人均居住面积给予减免，对个人拥有的多套住宅面积合并后扣除减免的面积，其余部分计算价值并征税。如石坚（2008）提出，允许一个家庭中每人有25~30平方米的免税住宅面积（可根据建设部门厘定的人均基本住宅面积标准来确定），或者允许居民住房在评估后，从评估价值中按家庭人口数乘以人均免税额的方式扣除一定的总体免征，以保证公民的基本生存权利[①]。国世平（2009）透露深圳的改革方案时表示，物业税的征收办法可能按照人均居住面积计算，超过一定面积要收税。目前主要有两种观点，人均30平方米和人均50平方米作为起征点[②]。计金标（2009）认为，从税制设计的角度，一般居民都不是该税的纳税人，比如按三口之家来说，拥有一套150平方米左右的住房就不应该属于物业税的纳税人，因为这是其正常的住房条件。至于这个标准如何定，还需要结合我国平均居住水平、各地的实际情况来确定[③]。

（6）征收缴纳

① 税务机关查定征收还是纳税人申报缴纳。

从当前各国税务管理实践来看，税务机关查定征收逐渐被纳税人自行申报和税务机关评估检查的方式所取代。纳税人按期根据税务机关公布的房产评估等信息，自行计算税款并向税务机关申报缴纳。税务机关则进行通过各种方法进行事后检查，并对税收违法行为进行纠正和处罚。

② 纳税时间。

纳税人需要按什么期限向税务机关缴纳一次税款，从各国实践来看，按月、季、半年、全年缴纳的均有。选择较长纳税期限的方法主要优点是征收次数少，征收便利，缺点是财政收入不均衡，纳税人一次缴纳税款较多。选择较短纳税期限的方法主要优点是财政收入平稳，纳税人每次缴纳税款不多，偷逃税动机较小，其主要缺点是征收次数多，征纳双方的税收成本都较高。

2. 相关税种的配套改革的问题

税收是国家为了满足社会公共需要，依法对社会剩余产品进行强制的无偿分配和再分配行为。税收依据的是国家这一公共权力而强制收取的，是对剩余价值M的分配。

房地产税收对增值收益的分配既可以通过在流转环节的税种——主要是土地增值税，也可以通过在保有环节的税种——主要是房产税、城镇土地使用税，即改革后的物业税收取。相关税种的改革重点则在土地增值税。

根据我国税法的规定，土地增值税是在流转环节，对土地自然增值部分价值的

① 石坚：《中国房地产税制：改革方向与政策分析》，中国税务出版社2008年版。
② 钟良：《发改委顾问称物业税试点或年底进入实转》，《21世纪经济报道》2009年6月5日。
③ 刘冉：《3专家解决物业税：哪种房产会被征收物业税》，《人民日报（海外版）》2009年6月19日。

征收。从中可以看出我国土地增值税的特点：

一是对自然增值部分的征收。自然增值在理论上似乎可以说清，但在实践中常常很难确定。土地在租用期内会因各种社会经济因素的作用而升值：一是土地持有者对土地和私人投资改良导致的土地资本性增值；二是物价上涨推动地价升值；三是土地市场供求变动导致地价升值；四是土地市场投机推动导致地价非正常上涨；五是政府公共投资导致地价上涨；六是政府提供的产权安全保护是地价升值的前提。从理论上讲，出于对私人土地投资的鼓励，对于第一种和第二种地价增值应予以免税，对其他情况应予以课税，并达到以下目的：一是公平分配不劳而获的土地增值财富；二是税收理论中的“受益原则”，政府公共投资产生的正外部效应或政府提供的产权保护导致的地价增值应当部分或全部收归公共主体所有，以满足政府公共投资的良性循环或更好地提供公共服务；三是有效打击土地投机、促进土地合理利用；四是增加政府财政收入[①]。

然而，在实践中，要想达到上述对自然增值征收的理想，却是非常困难。以我国为例，我国土地增值额按照土地转移时的实际价格计算，增值额等于纳税人转让土地及地上建筑物取得的收入减除规定的扣除项目后的余额。但在实际征收中也暴露出税务机关征收能力不足，纳税人偷税、避税等行为严重，并曾一度出现大面积欠缴土地增值税的情况。还有些国家和地区干脆放弃这种计算自然增值的方法。如我国台湾地区的土地增值税以土地公告现值为依据计算土地增值，其优点是简便易行，缺点是不能如实反映地价变动，易造成税负不公，且需要专门对地价定期进行检查评估，征收成本亦很高。可见，要想通过以上两种方法准确地确定土地的“自然增值”都需要高昂的成本且十分困难。同时，流转环节征收的土地增值税的计税依据往往与企业所得税的计税依据重合，从而产生重复课税问题。也许是由于上述原因，目前该税在世界范围内并没有广泛推行，仅在中国、中国台湾地区、韩国和意大利征收。

二是在流转环节征收。土地增值税不仅在流转环节征收，也可以在保有环节征收，即通过定期评估，对持有期间的增值进行课征。如德国、英国、日本曾实行过在保有环节征收土地增值税，意大利现行不动产增值税既对流转环节征收，也对保有环节征收，以此对未发生转移的土地自然增值征税。此外，其他实行财产税的国家，如美国，其在财产保有环节征收的房地产税，也是通过定期评估，随着房地产价值增值而增加税收，因此，也具有对房地产增值额进行征收的效果。一些国家还通过资本利得税，对房地产增值收益课税，也具有土地增值税的性质。但显然这些国家也都难以准确实现对“自然增值”的课征，只能通过不断完善房地产评估制度、方法，

① 张涛、王志宏:《课征土地增值税的国际经验比较》,《金融纵横》2007年第7期。

来尽力提高准确性。

此外，相关税种的改革还涉及对流转环节的税种进行合并与撤销，以减轻流转环节的税负。

3. 土地出让金的配套改革的问题

在进行物业税改革的同时，土地出让金制度是否应配套改革？如果配套改革，应如何改？这些有关土地出让金改革的问题一直是物业税改革中的一个难点。归纳起来，对于土地出让金改革大体有以下三种具有代表性的观点：第一种观点认为，应该借物业税改革之机，改革当前的土地出让金制度，将土地出让金取消，政府通过在保有环节征收物业税在未来分期获得收入，这样做可以降低房地产价格，抑制地方政府卖地冲动；第二种观点认为，不应该取消土地出让金，但应该由当前的批租制改为年租制，也可以起到改革当前不合理的土地出让金制度的作用；第三种观点认为,不应该改变当前的土地出让金制度。从目前来看,似乎第三种观点成为主导。如有媒体报道，国土资源部土地利用司资产处处长岳晓武认为，物业税与土地出让金性质不同，不能互相替代，开征物业税并不会也不应该取消土地出让金[①]。又据国家税务总局相关人士透露,现在各地对物业税所做的“模拟”试点(亦叫“空转”试点)并未涉及土地出让金，而2010年前出台可操作性的物业税方案也将是在保留土地出让金的前提下所做的改革[②]。对此，可从以下几个方面加以分析：

(1)改革当前土地出让金制度的必要性

改革开放以来，土地资源的市场化改革成为必然。根据国务院1990年颁布实施的《中华人民共和国城镇国有土地使用权出让和转让暂行条例》的规定，土地使用者需按规定的标准向国家缴纳土地出让金，以此获取一定年限内的土地使用权。土地出让金制度对于理顺国家与土地使用者之间的关系，推进土地市场化改革，提高资源配置效率具有基础性作用，同时，土地出让金为地方政府筹集建设资金，调动地方政府进行城市开发建设的积极性发挥了重要作用，为我国的城市化进程作出了重要贡献。但与此同时，土地出让金制度带来的问题也日益显现。

问题一：不利于抑制地方政府卖地冲动。这一方面可以从近年来土地出让金在地方政府收入中的地位变化看出。就全国来看，土地出让金收入在地方政府预算外收入中所占的比重呈不断上升的趋势，1997年这一比重只为9.2%，可以说土地出让金在地方预算外资金收入构成中地位有限，此时地方的预算外资金更多的是依靠土地出让金以外的其他收入。然而，之后的情况却发生了变化，在地方政府预算外资金的来源中，土地出让金所占的比重不断提高，至2006年已经达到64.2%，占到

① 《众多门槛难跨越 开征物业税短期难有实质进展》,《中华工商时报》2009年7月8日。
② 李凤桃:《物业税可操作方案明年前敲定或暂避土地出让金》,《中国经济周刊》2009年7月20日。

地方政府预算外资金半壁以上的江山。另一方面，从中央政府宏观调控政策亦可见。金融危机期间，我国经济一直处于过热和高位运行状态，其中地方政府一方面卖地炒热房地产市场和投资，另一方面用卖地的资金加大各项建设，成为推动经济过热的重要动因和力量。中央政府也多次通过紧缩地根和行政命令的方式，要求地方政府控制投资，但从调控效果来看，并不理想。

问题二：不利于房地产市场的健康发展。一方面地方政府具有维护房地产市场稳定的义务；另一方面地方政府又希望房地产市场繁荣，房价、地价上涨，以获取持续增长的财政收入，并以此来促进所在地区的发展，形成良性循环。如此就形成了很多地方的“土地财政”局面，即地方的发展已经离不开房地产市场，离不开以房地产市场为依托的土地出让收入。这直接影响到地方政府对于房地产市场的态度。如近年来各地房地产价格的上涨和下跌，直接影响到地方政府的土地出让金收入，并影响到地方政府的行为。房价上涨时，由于土地出让金收入迅速增加，地方政府控制房价动力不足；房价下跌时，由于土地出让金收入迅速减少，地方政府积极“救市”。地方政府的行为与中央对房地产市场的调控方向基本相反，削弱了中央政府宏观调控的作用。

问题三：不利于土地资源的合理利用。由于地方政府通过卖地，可以一次性取得该土地今后数十年（商地用地 40 年，工业用地 50 年，居住用地 70 年）的租金收入，且地方政府可以将未来数年的收入在当年全部花光。这就造成了一些地方政府只重短期利益，过度卖地的行为。这将导致土地的滥用与开发，损害子孙后代的利益，造成代际间的不公平。还会影响到下届政府的行为，下届政府要为上届政府没有完工的项目继续筹集和投入资金，其最直接有效的办法仍然是卖地，从而形成在土地资源利用上的“倒逼”机制。

产生上述问题的原因可以归纳为以下几方面：第一，地方政府一次性收取未来数十年租金的规定，对地方政府所形成的激励制度，是导致地方政府各种不合理行为的根源；第二，对土地出让金收入的支出缺少有效的约束性制度，这又进一步激励着地方政府的卖地行为，并由此带来诸如投资过热、调控房地产市场积极性不足、过度开发土地等一系列问题；第三，以上两个原因又可进一步归结为，地方政府尚未形成符合科学发展的，在公共财政原则指导下建立起来的规范的政府收入与支出制度。

由此可见，改革当前的土地出让金制度，改变政府行为，建立符合公共财政原则的收入制度，是实现科学发展的必然要求。但与物业税改革相联系考虑，有两条可供选择的道路。

一是单独改革，完善现有的土地出让金制度，如将土地出让金纳入预算管理（从 2007 年开始各地的土地出让金收入已经全额纳入预算管理）；再如借鉴香港政府做法，成立土地基金，限制土地出让金在当期全部用完；同时，对土地出让金的用途也应建立科学的决策和使用机制，形成对政府过度投资行为的制约机制。

二是与物业税改革相结合，进行综合改革。从国际经验来看，随着城市化的进程和人民生活水平的提高，物业税在构建地方公共财政制度中具有重要意义。从收入来看，物业税具有成为地方主体税种的优点，且可以随着城市建设和物业升值而获得不断稳定增长的收入；从支出来看，物业税一方面由于其逐年收取，形成对地方政府支出的约束，另一方面，物业税有利于将地方政府的支出行为转向促进城市全面发展、改善生活和营商环境，来促进物业升值。从收入和支出的关系来看，物业税有利于根据受益原则来分配税收，符合受益原则，有利于促进公平并提高财政效益。由于土地出让金与物业税都属于房地产租、税、费体系中的重要变量，因此，不考虑土地出让金必将影响到改革的深度、范围和效果。如何将土地出让金与物业税改革相结合，则需要进一步探讨二者的关系，找到改革的切入点。

（2）土地出让金的性质

我国《宪法》第十条明确规定："城市的土地属于国家所有。农村和城市郊区的土地，除法律规定属于国家所有的以外，属于集体所有；宅基地和自留地、自留山，也属于集体所有。"由于我国土地实行公有制，国家只能出让土地使用权，而非所有权。土地出让金就是国家在一定年限内出让城镇国有土地使用权而收取的费用，在性质上属于土地租金，即地租。

马克思曾指出："不论地租有什么独特的形式，它的一切类型有一个共同特点：地租的占有是土地所有权借以实现的形式。"又说："在这里地租是土地所有权在经济上借以实现的形式。"这是马克思给地租下的定义。从中可见，地租就是土地所有者，凭借土地所有权从土地使用者那里索取的一份使用土地的报偿①。

在土地私有制②国家和地区，土地所有者可以凭借对土地所有权的占有而坐享其增值，并带来土地所有者与非所有者之间贫富差距的日益扩大。美国经济学家亨利·乔治（Henry George）在其名著《进步与贫困》中曾对美国19世纪末因土地私人占有所带来的社会分配不合理现象进行了深入的思考，并呼吁通过税收制度加以改变。他提出，通过实行土地税将因非个人劳动形成的土地增值收益应全部归公。他的理想和全部政策主张并未得到政府的采纳，但是其思想却一直影响着政策制定者。西方通过财产税、遗产税与赠予税等税收手段对私有制下私人土地收益进行调控。西方国家还通过土地国有化等方式来获取增值收益，土地国有化是一种特殊的

① 刘维新:《中国土地租税费体系研究》，中国大地出版社1994年版。

② 目前，世界各国采用的土地产权形式有三种：一是政府所有，土地无偿使用，其以计划经济国家为代表，如前苏联和改革开放前的中国；二是土地私人化，其以美国等多数资本主义国家为代表；三是土地归政府所有，政府再将土地批租给使用者，以中国香港、新加坡、英国为代表。

强制性买卖行为，按与其权力利益相一致的原则进行补偿，这是大多数市场经济国家（地区）的通行做法。欧美部分国家、日本、韩国和我国的港台地区土地收购价格确定的原则和方法基本一致，即以土地的原用途的市场价格作为确定土地收购价格的基本依据。因规划改变或被收购导致的土地增值部分属于土地的外部增值，与原土地占有或使用者无关，其增值收益归社会公共（或国家）所有①。然而，在公有制下，国家和集体是土地的所有者，土地的全部收益自然应该归公所有，这从制度上为消除因土地形成的贫富不均带来了优势，但是从当前我国情况来看，这一优势并未体现出来。这不是我国土地公有制度的问题，而是在这一制度下，土地出让金制度和税收制度没有发挥应有的调节作用，相反还在某种程度上加剧着贫富差距。

从地租的构成来看，地租包括绝对地租、级差地租（Ⅰ、Ⅱ）、垄断地租三部分。绝对地租，由于土地在城市中所处的位置差异，由城市最差位置（边缘）的土地所决定的租金，即城市位置最差的土地所必须缴纳的最低限度的地租。级差地租是位置优势的土地所形成的超额利润。在一般情况下，城市土地，形成级差地租有两个因素：一是不同位置的差别，二是对同一地块，由于连续追加投资造成的收益的差别。根据马克思的地租理论，前一种因素形成的超额利润转化为级差地租的第一种形态，即级差地租Ⅰ，后一种因素形成的超额利润转化为级差地租的第二种形态，即级差地租Ⅱ。在城市中，一般情况下，位置与环境的差别会影响到经营收益，位置越好其经济效益越好，超额利润越大，反之越差。级差地租Ⅰ与城市的基础设施完善程度和城市的繁华程度有关，是由于政府的大量投入而逐步形成的，并不是某一个土地使用者力所能及的。因此，从理论上讲，级差地租Ⅰ收入归土地所有者——国家所有，是理所当然的。级差地租Ⅱ是指对于同一地段上的土地，由于土地使用者的投入不同，管理水平的高低不同，产生不同的经济效益，如修建经营设施，改善经营环境，完善服务条件，从而较多地吸引顾客，销售更多的产品，获得更多的超额利润。由此可见，级差地租Ⅱ完全是由于土地使用者的投入和提高经营管理水平所导致的结果，此部分超额利润应该归土地使用者所有，国家不应收取。垄断地租是由垄断价格带来到超额利润转化而成的地租。在城市中由于土地所有者拥有一些特殊性质的土地，如北京王府井、上海南京路等城市黄金地段，使经营者可以超出产品（商品）的价值而取得垄断利润，该垄断利润转化为垄断地租，应归土地所有者所有②。由此可见，除级差地租Ⅱ以外，其余城市土地带来的增值收益均应归土地所有者，在我国即应该归国家所有。

如果将土地出让金看做是政府向土地使用者收取的地租，那么，土地增值收益归公情况如何呢？浙江省曾对市、县政府在农地转非和土地限额审批中究竟能

① 胡士戡、石来德、胡际峰：《城市土地增值收益管理研究综述与经验借鉴》，《经济论坛》2009年第4期。
② 刘维新：《中国土地租税费体系研究》，中国大地出版社1994年版。

够获得多大收益进行过调查，结果表明，被征土地收益分配格局大致是：地方政府占二成至三成、企业占四成或五成，村级组织占近三成，农民仅占5% ~ 10%。从全国范围看，2001年，政府从征地中取得的一级市场的收入是1300亿元，企业取得的二级市场的收入是7000亿元。到了2002年，一级市场的收入是2400亿元，二级市场的收入达到了10500亿元①。由此可见,从成本价到出让价之间生成的土地资本巨额增值收益，被征地的农民得到的补偿不到1/10，归地方政府和村集集体所有的约占1/2，其余近1/2被私人占有。我国土地增值收益流失现象由此可见一斑。同时说明我国土地出让金在实现土地增值收益归公的作用方面还存在制度性的缺陷。

这一制度性的缺陷在于，现有的一次性土地批租制在管理土地增值收益方面的不够完善。从原理上讲，其一次性收取的土地出让金应该是未来40~70年的增值收益的贴现，这一价值的实现是通过拍卖竞价的形式来决定，是一种通过市场机制来发现的预期未来的增值情况。然而市场不是万能的，让市场预测如此长期的且受包括心理因素在内的众多因素所决定的增值额，偏差是一定的。尤其是在二级市场上，买房者对未来预期受到垄断和投机炒作等因素的影响，进一步提高对未来的增值预期，而此部分增值额并未归国家所有，而是被垄断者、投机者所占有。而对未来预期值的高估风险则由买房者，高估的成本还要由未来买房者所负担。如何通过完善现有的土地出让金收取制度，收回国家该收回的增值收益，并正确引导市场主体的行为，是一个十分现实与迫切的问题。

（3）土地出让金与土地增值税的协调

以物业税改革为契机的我国房地产税费新体系的建设中，关键是对土地增值收益的获取制度，而土地出让金与现有税种的协调考虑十分必要。

土地出让金与物业税是性质不同的两种政府收入形式，分别属于租金和税收范畴。但在作用上，二者却可以找到重合之处，即对土地的增值收益，既可以通过土地出让金，以租金的形式收归国有，也可以土地增值税、物业税等税收形式收归国有。地租来源于平均利润、超额利润和垄断利润。税收来源于剩余价值M，也可能来源于平均利润、超额利润和垄断利润。由此可见，税收与土地租金二者在对土地增值收益的分配上具有重叠之处。也即土地的增值收益既可以租金形式参与分配，也可以税收形式参与分配，还可以二者相结合进行分配。二者在作用上的重合之处，或许为我们综合推进土地出让金和物业税改革提供一条思路。

世界上其他国家政府在获取房地产增值收益方面的制度可以为我国的改革提供借鉴。

---

① 王美涵:《土地出让金的财政学分析》,《财经论丛》2005年第7期。

① 美国

美国实行土地私有制的国家，政府对土地无所有权，亦无此项租金收入。政府主要通过税收来获得房地产增值收益，且将税种设置于房地产保有和转让阶段。保有阶段征收的为财产税项下的不动产税（又称房地产税），税基为房地产评估值的一定比例（各州规定不一，从20%~100%），税率平均为1%~3%。政府也通过定期对税基的评估和税率的调整来调整收入规模。在流转环节则通过资本利得税①、遗产与赠与税，来获取增值收益。

从总体来看，美国政府获取房地产增值收益的政策意图并不强烈，其财产税的出发点主要是为公共支出分摊成本，流转环节的税收也仅是对利润和财产差距的正常调节，获取增值收益的意图同样不明显。

② 英国

在英国，土地所有权和土地发展权是分离的。法理上，英国的所有土地都属女王所有，但事实上绝大多数土地为私人所有，而土地发展权则全部归国有。在英国，政府试图全部回收土地增值收益，经多次尝试，均没有取得成功。目前采取的是由政府和土地所有者或发展商谈判，以规划义务的形式，如为社区提供经济适用房、提供交通绿地等社区公共建设和教育等方式，回收土地增值收益。

英国政府在保有阶段设有不动产税，对居民住宅按房产价值或对经营财产按年租金价值征税，并定期对住宅价值进行评估。在流转阶段则设有印花税、遗产与赠与税、资本增值税（相当于资本利得税）及营业房产税（对营业性房产以市场租价为税基征收）。

③ 中国台湾

我国台湾地区实行土地私有制，政府主要是通过税收来获取房地产增值收益。其设在保有环节的税种为地价税和房屋税，台湾将土地和房屋分开课征，并根据评估现值纳税。在流转环节则开征土地增值税和契税。

④ 中国香港

我国香港地区在英国殖民统治时期，土地属于英国皇室所有，并由港英政府通过土地批租制度来转让土地使用权。香港回归后，根据《基本法》的规定，香港的土地属于国家所有，并继续实行土地批租制，全部收入归香港特区政府。在税收上，香港政府在保有环节设有物业差饷税，在流转环节设有物业税、酒店房租税、遗产税和印花税。

---

① 所谓"资本利得"是指股票、土地、房屋等资本性资产，因买卖或交换而发生的增值所得。由于其与普通劳动和生产经营所得在性质上不同，因此，很多国家在企业所得税和个人所得税中，将资本利得与普通所得区别对待，对资本利得课征资本利得税。资本利得税对一些短期的投资增值往往采取重税，对于长期投资则为了鼓励投资还往往实行优惠政策。

从上述几个典型国家和地区房地产增值收益分配制度的简单对比中，以下几个特点值得关注：

第一，从土地所有制来看，大部分国家（地区）实行的是土地私有制，而中国香港是为数不多的实行土地公有制和收取土地出让金的地区，值得借鉴。实行土地私有制的国家（地区），一般只对公共事业用地进行征用，但是需要按市场价格对私有土地所有人进行赔偿。土地的转让更多是通过市场行为进行配置，地方政府不是主要的交易对象。土地交易不是地方政府的活动范围和收入来源。因此，土地私有制国家（地区）基本无土地出让金制度可借鉴。

第二，从税收来看，上述几个国家（地区）除中国香港外，在流转环节均设有土地增值税（或资本利得税）来调节房地产流转中产生的增值收益，而实行土地出让金制度的中国香港却没有在流转环节设置此税。这提醒我们研究土地出让金和土地增值税在获取房地产增值收益过程中的关系。二者取其一是一种普遍规律，还是制度的巧合，其研究对于同时设置土地出让金和土地增值税的我国来说更有意义。

第三，从上述各国（地区）来看，均有设在房地产保有环节的税种，以市场评估价值为依据对包括居民住宅在内的房地产征收具有保有环节增值税性质的税收。而我国在保有环节税种虽然有三个（房产税、城市房地产税、城镇土地使用税），但是却功能落后。同时，各国（地区）在流转环节设置的税种远远少于我国，我国的耕地占用税、契税、印花税、营业税同时征收，过于复杂。因此，有必要对流转环节的税收进行削减，同时对保有环节的税收进行合并并改革和加强。

（4）中国香港地区土地批租制与借鉴

香港回归前后，其土地公有制的性质一直没有变。政府通过转让土地使用权的方式提供土地，在规定期满后，政府收回土地使用权，或在使用者续约和缴费后继续使用。

香港地区的土地批租制度可以 1985 年为界分成两个阶段[①]：

第一阶段：1985 年之前，香港实行单一的土地批租制，即土地使用者一次向政府缴纳整个出让期地租的制度。1941 年香港政府第一次批租土地，当时对租期未作明确规定；1944 年将租期定为 75 年，并规定不可续约；1848 年，再次将租期从 75 年延长至 999 年，而且无需补交任何地价；1898 年，将 999 年租期的租约改为 75 年可再续租 75 年且不另收地价的租约，但在 75 年期满后需按新标准支付土地租金。

第二阶段：1984 年，《中英联合声明》对香港土地批租制度的部分内容作了修改。在《地租〈评估及征收〉条例》中规定，1985 年 5 月 27 日后新批出的土地，土地

① 王晓明：《中国香港地区土地批租与不动产税制度评析》，载于谢伏瞻主编的《中国不动产税收政策研究》。

承租人除了要一次性交清地价外，还要按年缴纳实际年租金。实际年租金的计算方法为物业应课租值乘以固定的租率。应课租值每年由香港政府所属的差饷物业估价署通过评估房地产（土地和房屋合并评估）租金市值来确定应课租值，然后由政府在调整后乘以 3% 来确定土地的实际年租金额。

从理论上讲，实际年租金相当于级差地租。也即新政策将级差地租从原一次性收取改为逐年评估后收取。实行实际年租制后，因为一部分土地租金从首次拍卖地价转变为每年的实际租金，所以理论上竞标地价与实行实际年租金制以前相比必然会有所下降。土地使用者在竞拍中支付的地价则主要包括征地费、前期土地开发费和"租金差值"。"租金差值"是政府在未来收取的级差地租与实际级差地租的差额。这部分差额由土地使用者发现和预计并在竞拍中通过贴现后体现在地价中。因此，政府以评估价值为基础定的课税租值的高低，以及根据市场供求定的租率高低，将直接影响到土地使用者对未来级差地租的预期，并影响到其竞拍土地的价格。

4. 税收征管配套改革的问题

与税收征管相配套的一些重要问题没有得到很好的解决，在一定程度上阻碍了物业税的全面推出。

首先，房地产评估机构的设置和管理尚不规范。目前，开征不动产税的国家（地区）一般设有专门的估价机构，这些估价机构有的隶属于税务系统（但一般与征管系统分开），有的独立于税务系统，并且在工作中独立性较强。比如香港地区甚至成立与税务局平行的差饷物业估价署负责不动产价值的评估和差饷税（不动产保有环节的税收）的征收；澳大利亚各州设立总评估师办公室，负责税基评估，总评估师由议会任命，对州长负责；美国不动产税基评估主要在地方政府，比如波士顿 60 多万人，仅政府不动产价值评估人员就达 200 多人；英国有 500 名政府工作人员从事商业房地产税的价格评估工作，对估价的专业资格要求甚高，要取得从业资格需经过该机构 3 次严格的考试；葡萄牙各级政府中也有 670 名评税人员[①]。

中国目前可以进行房地产相关评估的人员包括注册房地产估价师、注册资产评估师和土地估价师。根据《城市房地产管理法》第三十三条"国家实行房地产价格评估制度"，建设部和国土资源部作为房地产评估机构的主管部门，每年对评估机构进行技术规范的检查。此外，还有中国房地产评估委员会以及地方评估委员会等行业性组织。

虽然近年来房地产评估行业得到了迅猛的发展，但是评估市场却存在良莠不齐，管理混乱的局面。以北京为例，目前北京房地产市场上就存在着大大小小的评估公

① 北大-林肯城市发展与土地政策研究中心：《不动产税及其配套制度：国际经验与借鉴》，2008年8月。

司60多家。开征物业税就面临着对这些房地产评估人员进行重新整合、培训和管理的问题，税务部门应该在其中发挥更大的作用。保证房地产评估的公正和效率是关系到物业税成败的关键环节，一些国家（例如马来西亚、博茨瓦纳）出现财产课税难以为继的主要原因，就在于评估环节出了问题。

其次，房地产产权登记和管理制度尚不完善。完善的房地产产权登记制度是房地产税收顺利实施的前提条件。发达国家一般具有完善的私人财产登记制度，规范的个人征信制度和身份识别系统，为税基评估、税收减免认定奠定了基础。在土地登记制度高度完善的国家，评估机构能够从产权注册登记机构采集业主、土地面积和物理边界、销售价格等相关信息，然后把它们应用到地块图和财产记录中。

目前我国个人财产登记制度还很不完善，对纳税人的房地产没有进行完全、规范的登记管理。尽管《物权法》、《房屋登记办法》等法律法规都相继出台，但在落实上还存在着一些不足，尤其是多套住房、小产权房等的登记管理远没有到位。

第三，各部门之间缺乏信息共享与管理互助。在丹麦、瑞典、荷兰，将土地相关信息与国家电子地籍簿的相结合，可以使得土地部门和财产税征管机构之间扩展了合作。这些制度提供了财产税的全面信息，具有多种用途互相参考的作用。

目前我国各部门之间的信息还没有能够得到充分的交流和共享。目前我国大部分地区采取的是房产和土地分开管理的模式，在建立物业税数据库时一般会遇到两种困难：一是从房产、土地专业管理部门取得的数据存在行政障碍，如住房建设部门掌握房屋建设和交易基础信息，国土资源部掌握土地方面的基础信息；二是在整合房产、土地专业管理部门的数据存在技术障碍。第一种障碍需要通过政府部门的协调解决，税务部门不可能依靠一己之力获得房地产税收所需的全部信息，必须依赖各部门的协同配合。第二种障碍有许多技术难题需要解决。此外，还要考虑房产、土地行政管理部门的数据管理技术规则、数据登记质量以及数据维护的时效性问题。

最后，法律层面上的处罚和救济制度有待出台。各国均对房地产税纳税人的违法行为实行严厉处罚，凡未按期纳税者除加收利息和高倍罚款外，税务部门还行使对财产的留置权和拍卖权。同时，绝大部分国家对房地产税纳税人也提供复议、诉讼等法律救济手段。如美国在各州设有一个税务委员会专门负责财产税的复议工作，如果纳税人不服复议结果，还可向法院上诉，由法院做出最终裁决[①]。

① 安体富、王海勇：《重构我国房地产税制的基本思路》，《税务研究》，2004年。

四、我国物业税改革的设想

(一)明确物业税改革的目标定位

物业税的良好功能，常常是各国政府推行该税的重要原因之一。目前，我国在讨论物业税功能时，社会普遍关注的是其调控房地产市场的功能，而对于其他功能则关注不足。这同时容易产生一种误导，即开征物业税就是为了调节房地产市场。其危害在于：一方面不利于准确给物业税的功能进行定位，从而在认识和行动上产生偏差；另一方面，一旦物业税出台后，其调节房地产市场的效果不尽如人意，容易让普通百姓对政府政策产生失望情绪。因此，全面客观地认识并宣传物业税的功能，及其在整个经济、社会、财税体制和制度改革中的作用，十分必要。在物业税功能定位上，本报告提出如下建议：

1. 物业税不应以调控房价为直接目标

由于物业税的转嫁，其税负归宿不确定，其对价格的影响不确定。想通过征收物业税来降低房价的想法，无法获得理论上的支持，仅是一相情愿。因此不能将调控目标直接对准房价，而应对准打击炒房和过多囤房行为，间接增加住房供给和降低房价。

2. 利用物业税打击囤房和投机行为难度大

利用税收打击囤房和投机行为关键是全面掌握和准确认定持有多套住房的行为。首先,面对众多的住房及其持有人,技术上能否实现;其次,即使技术上能够实现,逃避纳税的途径仍然很多，能否有效堵塞漏洞。因此，对利用税收打击投机行为的难度应有清醒的认识。

3. 以物业税改革为切入点，带动财产税制和地方税制建设

希望通过房产税来调控房地产市场并不现实。从物业税的特性和功能来看，它不仅仅是一个可以影响房地产市场的房地产税，更重要的是一个调节贫富差距的财产税和为地方提供主体财源的地方税。房产税的改革只是一个切入点，而不是改革的全部。需要将物业税的改革与房地产税收体系的完善，与地方财税体系的建设，与包括土地出让金在内的房地产租税费体系完善，与税收征管体系的建设统筹考虑，

综合改革。因此，它是一个长期系统的工程，需要分步推进。

(二)加快相关配套改革

1. 土地出让金的配套改革

借鉴香港的土地批租与年租相结合的混合制，将级差地租放在年租中征收。改革后香港实行批租制和年租制相结合的混合型土地出让金收取模式值得大陆地区借鉴，该制度可以解决当前土地出让制度的众多问题：

第一，有利于均衡政府卖地收入，防止“寅吃卯粮”的行为，并能抑制地方政府的卖地冲动。同时，通过设立土地基金，将土地出让和租金收入纳入基金管理，并规定基金的用途，如用于城市当期和未来的开发建设。当政府因大型工程建设需要资金超过基金积累时，也可以未来年租金收益作抵押进行融资。

第二，有利于政府准确及时获取土地增值收益。由于政府每年对土地进行评估，并计算收取年租金，因此，可以较好地实现“涨价归公”目标，以促进社会公平，打击投机行为。

第三，有利于政府对房地产市场的调控。政府可以根据房地产市场的情况和调控目的，通过调整评估价值和租率来改变对级差地租的收取，从而影响当前地价，进而影响土地市场的供求。政府可运用这一间接的政策工具灵活地调控“地根”松紧，调控房地产市场。

第四，有利于地方政府土地出让收入的良性循环。城市建设促进土地增值，土地增值使政府收入增加，政府收入增加进一步改善推动城市建设，如此形成土地出让金收支和城市发展的良性循环。

有观点认为，如果我国实行了年租制，地方政府的土地出让收入会减少到原来的 1/40~1/70，从而极大地影响到地方政府的财政运转。这种说法的问题在于：当前地方的“土地财政”将未来几十年的土地出让收入一次收取并在当期用完，显然是不合理的，而且还会导致未来政府可开发的土地逐年减少，而为了不减少收入，唯一的办法就是提高价格，也即不改革的结果可能是政府土地财源的枯竭或房地产价格暴涨。还有观点认为，实行年租制后房地产开发成本降低，会使一些小的开发企业也进入市场。但在原有批租制下资金并不是决定房地产企业能否进入市场的决定性因素。

2. 相关税种的配套改革

第一，取消流转环节的土地增值税，同时开征保有环节的增值税。

通过对土地增值税在整个房地产增值收益分配中的作用分析，可以发现，我国现有设在流转环节的土地增值税与土地出让金和企业所得税具有重复征收的效果，并对房地产市场产生不利影响，因此建议取消设在流转环节的土地增值税。

一方面，土地增值税与土地出让金重复征收。1994年我国土地增值税开征之时，土地取得方式为出让、转让，其价格一般都会低于市场价格。房地产开发企业以市场价格销售房产，其增值额包括了人工增值、自然增值、虚拟增值以及由于出让价低于市场价而形成的增值。人工增值和虚拟增值不在征税之列。自然增值中由于土地稀缺性和政府投资形成市政设施改善而造成的增值理应征税。而当土地使用权的取得方式转变为拍卖后，由于拍卖价等于市场价，所以增值额中就不存在由于出让价低于市场价而形成的增值①。此时继续征收土地增值税显然有重复征税之嫌，而且在房地产供求关系异常的情况下，税款将以转嫁的形式加入房价，由购房者最终负担此税。

另一方面，土地增值税与企业所得税重复征收。土地增值税的计税依据为纳税人有偿转让房地产取得的土地增值额，即转让房地产取得的应税收入总额减去规定扣除项目后的余额，实质上是转让房地产的纯收益额即利润。而事实上企业所得税就已明确了对财产转让所得的征税，这一财产理所当然地包括了土地、地上建筑物及附着物。因此，开征土地增值税，造成了对土地、房产转让增值的两次调节，即25%的企业所得税的第一次调节和30%至60%的超率累进税率的土地增值税第二次调节，这就造成了重复征税。重复征税的结果不仅加重了纳税人的负担，也加重了房地产市场的负担②。

同时，从国际比较来看，同时收取土地出让金与土地增值税的似乎只有我国。土地公有制国家（地区），如收取土地出让金的中国香港地区，在流转环节没有设置土地增值税，而是在保有环节设有对房地产增值征收的差饷税，与土地出让金配合获取增值收益；土地私有制国家，不收取土地出让金，一些国家在流转环节设置有土地增值税或资本利得税，该税与企业所得税和个人所得税一般不重复征收，土地增值税或资本利得税只是所得税的一个特殊税目而已。同时，在保有环节设有对房地产增值征收的税种，如财产税、不动产税等，并主要负担调节增值收益的作用。

取消现有设在流转环节的土地增值税，同时将原保有环节的房产税、城市房地产税和城镇土地使用税综合改革成保有环节的物业税，根据评估价值，按年收取增值收益。但保有环节的物业税的计税依据不应含有土地出让金（批租租金和年租租金），因为房地产所有者不具有所有权，只是通过租赁的形式获得使用权，根据国外经验不具有所有权的财产是不能征收财产税的。对此，可以借鉴香港地区的差饷物业税计税依据确定的方法，以评估的房地产租金为计税依据，而不是以评估的房地

① 黄雪萍:《取消土地增值税的必要性和可行性分析》,《华商》2007年10月B版。
② 同上。

产价值为计税依据。

第二，取消耕地占用税、契税和营业税。显然，耕地占用税对于抑制滥占耕地行为并无多大作用，只是增加有限的财政收入而已，而且对于土地增值收益也无任何获取能力。因此，可以在物业税改革中，取消该税种。

有观点认为，契税具有产权确定的功能。但是不征收契税同样也可以确定产权，因此契税并不必然征收，而且从国际比较来看，并非所有国家都征收契税性质的税收。在物业税改革的同时，可以考虑取消契税。

对于房地产营业税，如果从长远来看，也可以考虑取消。未来随着增值税扩大范围，营业税中的很多劳务都将纳入增值税征收范围，如交通运输业、邮电通信业、服务业乃至金融保险业、文化体育业和转让无形资产，到时营业税的税目中就只剩下对销售不动产行为征收营业税了，自然也会考虑对房地产营业税采取撤并的政策。从未来增值税和营业税税制改革方向，以及降低我国房地产流转环节税收同时增加保有环节税收的改革趋势，可以考虑在此次物业税改革中取消对销售房地产行为征收营业税。

3. 税收征管的配套改革的建议

要推动物业税改革的实施，税收征管方面需要进行一系列的配套改革。2009年5月，国务院批转《关于2009年深化经济体制改革工作的意见》中提出，“研究开征物业税”。负责部门除了财政部和国家税务总局，增加了国家发展改革委、住房和城乡建设部。进入2010年，改革思路由物业税框架转为房产税框架，即通过改革现有房产税，实现对个人住房征税的目的。国务院于5月底批转发改委《关于2010年深化经济体制改革重点工作的意见》，提出“逐步推进房产税改革”，并明确此项工作由五部委负责，除上述四部门外，新增了国土资源部。由此可见，物业税的开征需要各个部门的协调配合，需要各方面机制的统一完善。

（1）按评估值征税的必备条件

如果以房地产的评估值作为计税依据，那么房地产价值评估就是至关重要的环节，关系到物业税收入水平和纳税人的实际负担，应该尽量做到客观、准确、高效、低成本。目前我国物业价值评估体系尚未建立，缺乏统一的评估方法、标准和行业规范，配套不完善，市场不规范，应该从以下几个方面加快建设：

完善评估手段。在地方税务局设置房地产评估管理机构，培养和配备评估专业人员，逐步完善评估手段。按照大多数国家的做法，利用计算机网络建立起比较详尽的财产信息管理系统，对房地产的测绘、评估资料、各种变更情况、历年价值变化等信息进行管理，同时与工商注册登记部门等联网，实行资源共享。完善征管配套措施以确保征管工作的高质量，高效率。

统一评估标准。国家应该出台房地产评估相关的法律法规，制定统一的评估标准，各地要依此建立房地产评估制度和具体的操作规程。国际上很多国家都建立了完整的财产评估机构和财产评估制度，通过财产评估机构对房地产的价值进行评估，从而准确地确定房地产税收的计税依据，保证了课税价格的可靠性和准确性，其中最主要的是全国要有统一的评估标准。从我国的实际情况来看，应由国务院组织有关部委的专业人才，立即着手制定全国统一的房地产评估标准细则。

采用科学的评估方法。建立和完善适用的房地产评估方法体系，实现评估价值的客观、公正、准确，做到税负公平。根据我国的国情，应该采用国际上通用的批量评估技术，并使用恰当的评估方法。一般来讲，对交易频繁的商品房可用市场比较法；对商务用和出租的写字楼可用收入还原法；对不能产生经营性效益的办公楼可用重置成本法；对于土地则可用基准地价（目前北京市已按地段划分为十级基准地价）加修正系数法。

（2）批量评估技术在房地产税收中的运用及前景

随着我国经济的发展，房地产业得到了较快发展，房地产市场交易日趋活跃，房地产税收收入在税收总收入中的地位更加重要，对房地产征税估价的要求也越来越高。传统的单宗评估由于自身的局限性，无法满足在短时间里对大批房地产进行快速、准确、规范、低成本评估的要求。因此，学习和借鉴发达国家的经验，引进较为成熟的技术，结合我国实际情况吸收并建立批量评估系统，对于提高房地产税收的征管水平具有重要的意义。

批量评估是指“在给定的时间，使用系统、统一并考虑到对结果进行统计检验和分析的评估技术方法，对多种类型的财产所进行的评估[①]”。1983 年，IAAO（International Association of Assessing Office，国际估价官协会）颁布批量评估准则，形成了以传统的评估方法（成本法、市场比较法和收益法）为模型母层面、以数理统计与计算机技术组成的模型校准技术为子层面的较为成熟的批量评估体系。目前已经开始征收物业税的国家大多采用计算机辅助批量评估（Computer-assisted Mass Appraisal，CAMA）方法以及地理信息系统（Geographic Information System，GIS）的结合。这些技术的使用使得快速、准确、科学地对大批量的房地产进行评估成为可能。

目前，全国 10 个省、市参加房地产模拟评税试点的市、区、县对绝大部分房地产税纳税人所拥有的房屋和土地信息进行了采集、整理和录入，并实施了计算机模拟评税。尤其是北京、辽宁丹东等地尝试将评税技术应用到房地产交易计税价格核定中，根据核定出的价格计征税款，有效地回避了价格核定中的人为因素。在这些实践的基础上，2009 年国家税务总局和财政部决定在全国范围内开展应用评税技

① 国际评估准则定义，International Valuation Standard, IVS.

术核定房地产交易计税价格工作。

但是要在物业税开征后全面使用批量评税技术进行征税，还有一些配套措施需要完善。首先要建立适合本地的评税技术标准，充分考虑本地经济发展、房地产市场情况、房地产评税工作开展情况以及评税结果的精准度等，确定影响房地产价值的主要修正因素，使得不同地区房地产估价值具有相应的级差，客观反映不同地区不同房地产市场的状况。其次，建立完整的数据采取体制，既包括评估数据的内部采集、现场调查，也包括土地、房产等部门的数据整合；既包括房地产特征数据的采取，也包括房地产的地理区位等信息的采集。因此，必须制定详细可操作的数据采集流程，加强对数据采集人员的培训和管理。最后，在评税系统软件的运用中，也有许多需要注意的问题，如数据管理的时间性问题，多用户操作、数据录入混乱的问题，个案评税问题，争议处理问题，评税参数设置灵活性问题等。

（3）建立健全我国个人财产登记制度

在国外，与房地产有关的配套措施相当完备。其中，国外的财产登记制度健全，税务部门能够收集到全面的税收征管资料，从源头上严格控制了房地产税收收入的流失。

应该借鉴国际经验，并结合我国税收征管实际，加快制定明确的房地产产权管理法规，包括房地产产权的确认，变更的登记、买卖、分割及租赁管理；同时，建立与房地产有关的收入支出申报制度，明确界定产权，完善产权登记制度，逐步建立和维护覆盖全社会，包括所有房地产的面积、结构与价值等信息资料的由政府统一规范管理的计算机数据库，并在为业主保密的前提下，实现政府部门特别是税务、土地、房管部门之间的信息共享。

2010年，住房和城乡建设部发出通知[①]，要求商品住房严格实行购房实名制，认购后不得擅自更改购房者姓名。

（4）政府各部门间的配合及数据共享

物业税是继个人所得税之后征管难度最大的税种，因此加强各部门之间的协调配合显得尤为重要。首先，税务部门应该与市政部门合作，规范道路名称、建筑物名称、门牌号码等信息，建立规范划一的房地产地理信息库，为房地产数据库的建立奠定基础。其次，土地、房管等部门应该与税务部门密切配合，形成一个联系紧密、配合默契、高效运转的综合行政运作体系，确保房屋价值评估的公正、科学和高效。

目前在北京，市地税局和市建委建立了房地产数据共享机制，市建委每月初将六大类关于房地产的信息提供地税部门，地税部门则将契税完税（或减免税）、房屋租赁纳税登记信息提供给市建委。根据两部门的要求，房地产评税工作要成立工作

① 参见：《关于进一步加强房地产市场监管完善商品住房预售制度有关问题的通知》（建房〔2010〕53号）。

领导小组和工作实施小组。各地财税部门要加强与地方政府及相关部门的沟通和交流，争取支持。领导小组成员既要包括财税部门主管领导，也要邀请当地国土、房产、建设、规划等相关部门负责人参加。各地采用细分区域，实地勘测或利用纳税申报资料、国土和房管部门信息等方式，采集数据，建立数据信息库。这些实践中的有效做法已经加以总结和推广。

（5）建立健全申诉和复议机制

申诉机制可以使纳税人得到方便公正的上诉机会和权益，让评估结果更趋客观公正。我国刚刚推行物业税的初期，税基扩大，涉及千家万户的切身利益，有关物业评估结果的纠纷和争拗可能会增多，甚至引发社会矛盾，建立健全申诉机制和受理审议机构势在必行。在中国香港，纳税人可以就物业评估结果向差饷估价署提出申请复议，该署专业人员会审慎复核所有反对个案，然后发出一份《决定通知书》。该通知书会确定原有估价维持不变，或列出新修订的估价额。收到决定通知书的纳税人，如仍不满该署署长就建议书或反对书所作的决定，可于有关通知书发出后28日内，向土地审裁处提出上诉。土地审裁处做出的裁决是最终结果，除非涉及法律问题才可以进一步提交高等法院裁决。

总之，要构建规范高效的物业税体系，必须依赖于一系列配套制度的建立和支持。包括建立房地产评估制度，制定房地产评估法规和操作规程，设置房地产评估机构，开发评估软件和配备评估专业人员；建立财产登记制度，有效地获取财产信息和征管资料，运用计算机技术收集、处理、存储和管理信息数据库；加强房产、土地部门和税务部门的配合，建立和健全申述和复议机制等。在改革的过程中，应当根据我国的国情和各地区发展的具体情况，分别轻重缓急，循序渐进，稳步实施。在具体途径方面，应当在目前试点的基础上，总结经验，稳步向全国推广，并在实践中不断完善。

参考文献

[1] Wallace E. Oates 编著．财产税与地方政府财政．丁成日译．北京：中国税务出版社，2004

[2] 野口悠纪雄著．土地经济学．北京：商务印书馆，1997

[3] 郭文华等编著．国外不动产税收制度研究．北京：中国大地出版社，2005

[4] 梁云芳，高铁梅．我国商品住宅销售价格波动成因的实证分析．管理世界，2006(8)

[5] 梁云芳，高铁梅. 中国房地产价格波动区域差异的实证分析. 经济研究，2007(8)

[6]北京大学中国经济研究中心宏观组. 物业税改革与地方公共财政. 经济研究，2006(3)

[7] 谢群松. 论中国土地增值税的改革. 经济学（季刊），2003(7)

[8] 徐滇庆. 房价与泡沫经济. 北京：机械工出版社，2007

[9] 高培勇. 税制调节贫富差距. 瞭望，2007(44)

[10] 安体富. 重构我国房地产税制的基本思路. 税务研究，2004(5)

[11] 唐明. 日本房地产税制改革及其启示. 涉外税务，2007(7)

[12] 唐明. 论不动产市场税收调控与税负合理分配. 财经论丛，2007(3)

[13] 倪红日. 税收调控房地产的政策效应和趋向. 中国税务，2007(6)

[14] 张阳. 我国房地产税面临的问题及其完善. 商业时代，2006(16)

[15] 岳树民. 应准确定位房地产课税对房价的作用. 税务研究，2005(5)

[16] 石坚. 建立健全我国房地产税制的构想. 经济研究参考，2007(60)

[17] 国家税务总局财产和行为税司. 房地产税制与评税实务. 北京：中国税务出版社，2010

[18] 国家税务总局地方税司. 房地产评税理论与方法. 北京:中国税务出版社，2010

[19] 杭州市财政局直属征收管理局课题组. 房地产批量评税技术的理论探索与实践创新. 北京：经济科学出版社，2009

[20] 何杨，高世星. 物业税热议中的冷思考. 税务研究，2006(6)

专题报告五

中国环境税改革

2007 年 6 月，《国务院关于印发节能减排综合性工作方案的通知》明确提出研究开征环境税；2007 年 11 月，《国务院关于印发国家环境保护“十一五”规划的通知》提出，在资源税、消费税、进出口税改革中充分考虑环境保护要求，探索建立环境税收制度，运用税收杠杆促进资源节约型、环境友好型社会的建设。完善环境税收制度已成为国务院对财税主管部门提出的明确要求，也成为我国近期税制改革的重点内容之一。2010 年 6 月，资源税费改革率先在新疆启动；财政部、国家税务总局和环境保护部对环境税的研究也取得阶段性成果，系统的环境税收政策与制度的制定及试点、实施工作正稳步推进。本报告将对制定环境税收政策与制度的理论依据，我国近年来环境税收政策的调整情况以及未来改革方向进行分析，所涉及税收政策截止到 2010 年 6 月。

本报告所研究的环境税收制度，是指为实现特定的环境保护目标而征收的与环境污染、资源利用行为相关的各个税种以及其他税种中与环境保护相关的措施或条款。包括专门针对排污行为征收的环境税，促进资源节约利用的资源税，与环境保护相关的消费税，以及增值税、所得税中与环境保护相关的税收措施等（见图 B5–1）。

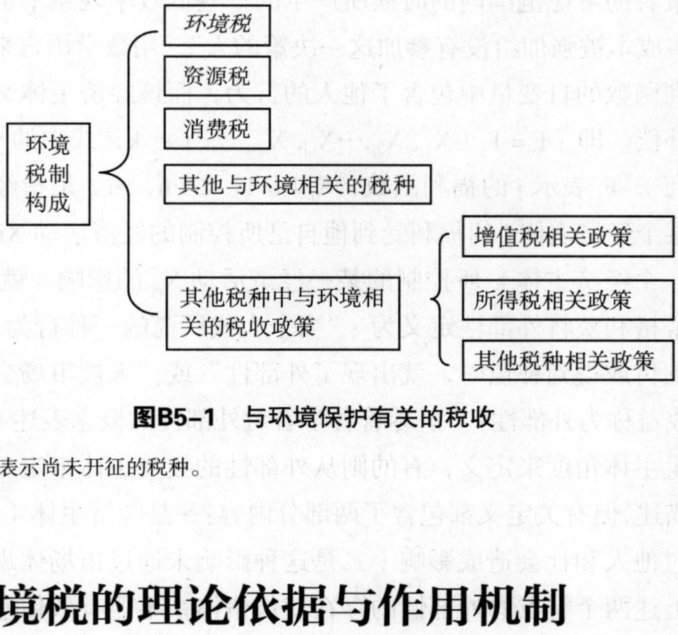

图B5–1　与环境保护有关的税收

注：图中斜体字表示尚未开征的税种。

一、环境税的理论依据与作用机制

(一) 外部性理论与环境税

外部性理论是征收环境税的理论基石，它一方面揭示了市场经济中环境问题产生的根源，另一方面又提出了解决外部不经济的途径。

1. 外部性与解决外部性的“庇古”思路在实践中的运用

外部性概念源于马歇尔1890年在《经济学原理》中提出的“外部经济”概念。马歇尔指出：“我们可把因任何一种货物的生产规模之扩大而发生的经济分为两类：第一是有赖于这工业的一般发达的经济；第二是有赖于从事这工业的个别企业的资源、组织和效率的经济。我们可称前者为外部经济，后者为内部经济”[①]。庇古在马歇尔提出的“外部经济”概念基础上，运用现代经济学的方法，从福利经济学角度系统地对外部性问题进行了研究。庇古通过分析边际私人净产值与边际社会净产值的背离来阐明外部性，提出外部性实质上是私人收益率与社会收益率的差额问题，并且认为征税和补贴可以实现外部效应内部化[②]。自外部性概念提出后，很多经济学家从不同角度对外部性问题进行了深入研究。不同的经济学家对外部性给出了不同的定义，有代表性的如萨缪尔森和诺德豪斯将外部性定义为“指那些生产或消费对其他团体强征了不可补偿的成本或给予了无需补偿的收益的情形”[③]；兰德尔运用数学语言对外部性进行了阐述，认为：外部性是用来表示“当一个行动的某些效益或成本不在决策者的考虑范围内的时候所产生的一些低效率现象；也就是某些效益被给予，或某些成本被强加给没有参加这一决策的人”，用数学语言来表述，就是某经济主体的福利函数的自变量中包含了他人的行为，而该经济主体又没有向他人提供报酬或索取补偿。即：$F_j= F_j(X_{1j}, X_{2j},\cdots X_{nj}, X_{mK})$，$j \neq k$，式中的j和k代表不同的个人（或厂商），$F_j$表示j的福利函数，$X_i$（i=1，2…n，m）是指经济活动。该函数表明，只要某个经济主体j的福利受到他自己所控制的经济活动Xi的影响外，同时也受到另外一个经济主体k所控制的某一经济活动X_m的影响，就存在外部效应[④]。约瑟夫·斯蒂格利茨将外部性定义为：“当个人或厂商的一种行为直接影响到他人，却没有给予支付或得到补偿时，就出现了外部性”或“未被市场交易所体现的额外成本和额外收益称为外部性”[⑤]。尽管各学者对外部性的概念表述不同，有的重点从外部性的产生主体角度来定义，有的则从外部性的接受主体来定义，有的还运用数学语言进行描述，但有关定义都包含了两部分内容：一是经济主体（包括厂商或个人）的经济活动对他人和社会造成影响；二是这种影响未通过市场体现出来，是非市场化的。具有上述两个特点的外部性的存在使价格体系不能有效传递资源稀缺程度的信号，社会资源配置缺乏效率。

庇古作为最早揭示外部性产生原因的经济学家，其对外部性理论的贡献在于不

① 马歇尔:《经济学原理（上卷）》，商务印书馆1964年版。
② 庇古:《福利经济学》，金镝译，华夏出版社2007年版。
③ 保罗·萨缪尔森、威廉·诺德豪斯:《经济学(第16版)》，华夏出版社1999年版。
④ 兰德尔:《资源经济学》，商务印书馆1989年版。
⑤ 斯蒂格利茨:《经济学》（上册），中国人民大学出版社2000年版：P138。

仅对外部性概念进行了阐述，更重要的是在阐述外部性概念的同时也提出了解决外部性的办法。庇古认为，个人或企业的经济行为对他人或企业产生了影响，而这些活动所产生的成本或利益未能通过市场价格反映出来，使产生经济活动的主体没有承担应有的成本费用或没有获得应有的报酬，从而造成私人成本与社会成本或私人收益与社会收益的不一致性。解决这一问题的途径是使外部成本内在化，即政府采取税收或者补贴的形式对市场进行干预，使私人成本与社会成本或私人收益与社会收益相当，私人最优产量与社会最优产量相当，其结果是社会的经济福利增加。庇古有关运用税收或者补贴使外部成本内部化这一理论在很长时期仅仅是教科书上的经典，直到 1972 年 5 月，OECD 依据庇古理论提出污染者付费原则。根据该原则，OECD 国家普遍实行了征收环境税的政策，包括对空气污染、水污染、噪声污染、固体废弃物污染等征收排污税（费）以及污染产品税等。OECD 倡导的“污染者付费原则”反映了庇古理论在实践中的具体运用。

源于庇古理论，但又与庇古理论存在不同的污染者付费原则是指导各国环境税实践的重要理论。20 世纪 70 年代初，一些西方国家的政府要求企业采用污染控制措施，这些措施所产生的负担要求解决由谁来支付遵从成本的问题，以庇古理论为基础的污染者付费原则由此产生。污染者付费原则是指为了鼓励理性使用稀有环境资源、避免国际贸易及投资中的扭曲而适用于污染防治和控制措施的成本配置的原则，该原则清楚地阐明应由污染者承担成本。污染者付费原则意味着由污染者承担实现政府规定措施以确保环境处于可接受状态所发生的支出，即这些措施的成本应反映在生产或消费中引起污染的商品或劳务的成本之中，这些措施不应该伴有补贴，以避免在国际贸易或投资中产生扭曲。该原则通过明确由污染者负担成本，使污染者更多地意识到使用稀缺环境资源的后果，从而在使用资源方面作出更理性、更具经济效率的决定以达到效率目标，同时，通过阻止政府为了使该国企业拥有国际竞争优势给予企业环境遵从成本方面的补贴来实现避免贸易扭曲的目标。在适用污染者付费原则时，一个关键问题是确定应由污染者负担成本的数量。该成本范围可能包括：（1）污染防止和控制成本；（2）污染防止和控制成本，加上恢复未防治损害的成本；（3）污染成本的全部内部化，包括防止、控制和损害恢复成本，加上任何由于未达到全面防止和恢复水平对社会所形成的剩余环境损失。在采用污染成本全部内部化的情况下，污染者付费原则与庇古理论在税收负担的设计上相吻合[①]。

污染者付费原则与庇古理论在主要关注点、税率、收入使用等方面存在一定差异（见表 B5-1）。庇古理论和污染者付费理论的研究都提及成本在私人和公共部门之间的分配，被共同的问题“谁应该支付”所驱使，庇古理论关注“谁应该支付”

① Janet Milne，Kurt Deketelaere，Hope Ashiabor. Critical Issues in Enviornmental Taxation Volume Ⅰ，Richmond Law & Tax Ltd，2005：4 -8。

是试图通过准确地将外部成本分配给产品或行为以使总的经济福利最大化；污染者付费理论则是基于防止贸易扭曲和取得效率而并不一定使外部成本完全内部化。庇古理论有关税率的设计水平是边际损害成本，而如果用环境税来实现污染者付费原则，其税负设计应基于政府确定的环境保护目标，使环境达到一个“可接受状态”。因此，采用污染者付费原则时，政府应首先确定环境保护水平，将达到该水平的有关环境成本通过征税分配给污染者。采用环境税作为达到特定环境目标的手段时，并非所有的纳税主体对税收有相同的反映，某些纳税人可能选择缴税和污染，另外的可能选择避免污染和纳税，环境目标是否实现取决于征税后所有纳税主体的环境效果的总和。在收入的使用方面，庇古理论倾向于专款专用，用于环境目的。如庇古认为英国征收的汽油税和驾驶执照税只代表其原则的局部的、非常不完整的适用，因为这些收入用于建设新的道路而非用于道路损害的日常维修。而欧盟建议为实现污染者付费原则引入的环境税不应该增加总税负水平，赞同削减劳动税收以实现双重红利的效果。可见，欧盟倾向于将污染者付费原则和双重红利理论结合起来，要求收入用于非环境目的以实现其他经济目标。但如果污染者付费原则被适用于污染发生时恢复环境，则要求收入专款专用，即当一种污染税定位于恢复环境状况时，政府应将资金用于由于纳税人选择“污染并缴税”所造成的残余污染的治理。在实行专款专用的情况下，污染者付费原则对如何使用收入进行了某些限定，如不能使用资金支持私人部门未来的污染防止措施，因为它违背污染者付费原则中公共部门不能补贴私人部门这一基本理论[①]。

表B5-1　征收环境税的庇古理论与污染者付费原则比较

经济理论	主要关注点	环境目标	税率	收入的使用
庇古理论	外部成本在私人或社会间的配置	最佳福利	损害的边际成本	倾向于专款专用，用于环境目的
污染者支付原则	环境成本在私人和政府或社会间的配置，其目的为： ●防止补贴以避免国际贸易扭曲 ●通过配置以下成本鼓励环境资源的有效使用： ➤预防和控制成本 ➤恢复成本或 ➤全部外部成本	明确的环境目标（成本完全内部化除外）	配置成本： ➤预防和控制成本，减少污染的边际成本或达到要求程度的总的行为改变所需的价格增加 ➤恢复成本，边际恢复成本 ➤全部外部性成本，边际损害的成本	无限制，除非目标是恢复环境

资料来源：Janet Milne，Kurt Deketelaere，Hope Ashiabor. Critical Issues in Enviornmental Taxation Volume Ⅰ. Richmond Law & Tax Ltd，2005：14。

① Janet Milne，Kurt Deketelaere，Hope Ashiabor. Critical Issues in Enviornmental Taxation Volume Ⅰ. Richmond Law & Tax Ltd，2005：4－14。

2. 环境外部性的分类与环境税作用领域

经济主体从事经济活动对环境产生的影响是典型的外部性的表现。按不同的标准来划分，环境外部性体现为不同的形式，并在不同的领域产生不同的影响，税收的作用范围与作用重点也存在差异。根据外部性表现形式的不同，可分为以下七类：

（1）正外部性与负外部性。按照外部性的影响效果不同，外部性可以分为正外部性（或外部经济）和负外部性（或称外部不经济）。前者指经济行为个体的活动使他人或社会受益，而受益者无须花费代价；后者指经济行为个体的活动使他人或社会受损，而损害者没有为此承担成本。负的外部性是市场失灵的典型表现，也是经济学家研究的重点。环境税理论研究与征收实践的重点是如何解决负外部性问题。

（2）生产的外部性与消费的外部性。按照外部性的产生领域，可分为生产的外部性与消费的外部性。生产的外部性是由生产活动所导致的外部性，消费的外部性是由消费行为所带来的外部性。由于外部效应的产生者与承受者，可能是生产者，也可能是消费者，产生的外部性可能是正外部性，也可能是负外部性，具体又可分为八种情形，见表 B5–2：

表B5–2　生产外部性与消费外部性的具体类型表

	生产领域	消费领域
生产的正外部性	生产活动产生正的生产外部效应	生产活动产生正的消费外部效应
生产的负外部性	生产活动产生负的生产外部效应	生产活动产生负的消费外部效应
消费的正外部性	消费活动产生正的生产外部效应	消费活动产生正的消费外部效应
消费的负外部性	消费活动产生负的生产外部效应	消费活动产生负的消费外部效应

庇古对外部性的分析，主要是基于生产领域所产生的外部性，而很多外部性实际上产生于消费领域。20 世纪 70 年代以后，关于外部性理论的研究范围扩展至消费领域。与生产领域的外部性相比，消费领域的外部性具有分散性的特点。由于消费是分散进行的，单个家庭的行为似乎对环境的影响微不足道，但无数消费者的同样行为将产生巨大的环境损害。环境税设计或征收不但应考虑将生产领域的外部性内部化，也应将消费领域的外部性内部化，体现在税收的不同形式上，环境税除了应对生产过程中排放污染行为征税以外，还应对在消费过程中产生污染的商品如镍汞电池、塑料袋等征税。

（3）代内外部性与代际外部性。按外部性产生影响的时间，可划分为代内外部性与代际外部性。代内外部性主要是指当代人之间的外部性问题，代际外部性是指前代对后代或当代对后代所产生的环境外部性。早期的外部性主要是从即期考虑资源是否合理配置，即当代人之间的外部性问题；“代际”的理念源于可持续发展思想。联合国世界环境与发展委员会于 1987 年在《我们共同的未来》中第一次明确给出了可持续发展的定义，即可持续发展是既满足当代人的要求，又不对后代人满足其需求的能力构成危害的发展。环境资源是人类世代共同享有的资源，前一代人的活动会对后一代人赖以生存的环境产生影响，很多当代人所做的活动只有利于当代人而不利于后代人，所以对后代人来说是一种外部不经济。环境外部性既体现为代内外部性，又体现为代际外部性的特点要求在设计环境税，尤其是资源税税收负担时，既应考虑到环境资源对当代人的影响，还应考虑环境资源对后代人的影响。

（4）单向的外部性与交互的外部性。按照外部性的作用方式，可分为单向的外部性与交互的外部性。单向的外部性是指一方对另一方所带来的外部经济或外部不经济，交互的外部性是指所有当事人都有权利接近某一资源并相互施加成本，通常发生在公有财产权下的资源方面。这些不同的外部性可能要求用不同的手段使其外部成本内部化，与此相适应，对不同的外部性也应该有不同的环境税收去矫正。

（5）跨国外部性、跨行政区域外部性、本行政区域外部性。按照环境问题跨越的区域可将其划分为跨国外部性、跨行政区域外部性、本行政区域外部性。由于环境本身的特殊性（如大气、海洋的公地性质），某地的环境污染问题可能会自然地以各种形式向别的区域扩散。按照环境问题跨越的区域将其划分为跨国外部性和跨区外部性。跨国外部性是指外部性从一个国家向另一个国家延伸，跨行政区域外部性是指在本国范围内污染从一个行政区域向另一个行政区域延伸。本行政区域外部性是指污染范围限于本行政区域。以我国行政区划为例，在我国境内，环境外部性可分为跨省外部性、跨市外部性和市内外部性。跨国外部性的特点之一是任何一个国家的环境退化都可能影响到另一个国家的福利，如对于共享一条河流的几个国家来说，上游国家在河流中排放污染物如果超过了河流本身的自净能力，其外部性就会向下游国家传递；个别国家的二氧化碳等温室气体排放过多，引起臭氧层破坏，会对全球气候产生不利影响等。这种越境环境影响要求通过多边合作加以解决，也涉及全球税制的协调，如全球碳税问题等。在存在跨国外部性的情况下，征收环境税是否有效，还应关注环境“泄漏”问题，因为某一国家环境税的征收，可能造成世界其他地区增加那些消耗矿物燃料的课税产品的生产，导致未征税或低税地区排放的增加，增大其他国家或地区环境的损害。跨行政区域外部性、本行政区域外部性的存在则要求环境税收入使用方面，不但要考虑用于本地的环境保护支出，而且应考虑用于跨区域污染的环保支出。因而，环境税完全作为地方税并不适宜，环境税作为中央地方共享税更能体现环境外部性具有跨行政区域外部性的特点。

(二)公共物品理论与环境税

外部性的概念主要对外部性的产生主体或接受主体以及外部性产生的原因进行了阐述，并未对具有外部性物品的特征进行分析。公共物品理论填补了这一空缺，更深入、全面地揭示了环境问题产生的根源，成为征收环境税另一坚实的理论基础。

1. 环境公共物品的分类

萨缪尔森1954年撰文对公共物品的特性做了经典阐述，即："每一个人对这种产品的消费并不减少任何他人也对这种产品的消费。"奥尔森在《集体行动的逻辑》(1965)一书中指出："公共或集体的物品为：任何物品，如果一个集团Xl，...X1，...Xn中的任何个人Xi能够消费它，它就不能不被那一集团中的其他人消费。换句话说，那些没有购买任何公共或集体物品的人不能被排除在消费之外，而对于非集团物品是能够做到这一点的。"斯蒂格利茨在《经济学》(1997)一书中对前人的理论进行了总结，称"公共物品是这样一种物品，在增加一个人对它分享时，并不导致成本的增长(它们的消费是非竞争性的)，而排除任何人对它的分享都要花费巨大的成本(它们是非排他性的)。"布坎南最早对非纯公共物品(准公共产品)进行了探讨，他在《俱乐部的经济理论》(1965)中明确指出，根据萨缪尔森的定义所导出的公共物品是"纯公共产品"，而完全由市场来决定的物品是"纯私人产品"。现实世界中，大量存在的是介于公共物品和私人物品之间的一种商品，称做准公共物品或混合商品。

根据公共经济学的理论，公共物品和服务应具有效用的不可分割性(non-divisibility)、消费的非竞争性(non-rivalness)和受益的非排他性(non-excludability)。环境属于典型的公共物品。环境公共物品通常是指各种环境物品以及环境服务。与其他公共物品一般由政府提供或者政府和市场共同提供不同，环境公共物品由自然界、政府、市场共同提供。按环境公共物品存在的形式来划分，一方面包括大自然提供的环境资源，如空气、河流、海洋、全球生物多样性等；另一方面包括由某些行为主体提供的公共环境设施(如人工防护林)、环境保护服务(如城市污水处理、垃圾处理等)。根据是否具有竞争性和排他性，环境公共物品可分为以下三类：第一类是纯公共物品，即同时具有非排他性和非竞争性的环境公共物品，如大气质量、生物多样性、臭氧层等，这类公共物品提供给新增加一个人的边际成本是严格为零的，而要阻止人们得到它又几乎不可能；第二类是在消费上具有非竞争性，但是可以较轻易地做到排他的公共物品，即环境俱乐部物品(club goods)或"可收费物品"，如污水处理厂等，这类公共物品的特点是在一定范围内共享而且边际成本为零，但在一定范围外，存在着拥挤效应，边际成本不为零；第三类是在消费上具有竞争性，但是却无法有效排他的环境公共物品，如公共渔场、牧场、森林等，即共用资源（或称“公共资源”、“公共池塘资源”、“共同资源”），其特点是可以分享，而且这类物品往往具有自我生产能力，在一定范围内其供给成本为零，但超过一定范围，当消费能力超出其自我生产能力时，其供给能力会因消费过分而下降，甚至消失。

2. 公共物品特性对行为的影响与环境效果

（1）对行为的影响——搭便车与不合作

消费的非排他性和非竞争性使得公共物品的消费和生产具有自己的特点。公共物品的提供首先从筹集资金开始，如果任何人都诚实地按照其实际意愿为获得公共物品付出的代价来支付，那么所有人的这种愿意支付代价的加总便是社会愿意付出的购买公共物品的价格。但由于公共物品具有非排他性和非竞争性，公共物品一旦存在，每个社会成员不管是否对这一物品的产生做过贡献，都能享受这一物品所带来的好处。因此，在一个大群体中，虽然每一个人都想获取一个公共物品，但每个人都不想因此而付出代价，群体中的人越多，每个人参加集体行动的可能性就越小。由于理性人都会预测到取得公共物品的成本可以为零，必然导致出现获得利益却逃避付费的搭便车行为或者逃票乘车行为。如果所有人都不愿意为提供公共物品支付任何价格或者在不得不支付的情况下尽可能隐瞒自己的实际需求，从而支付尽可能少的成本，社会愿意付出的购买公共物品的价格将远远小于公共物品的提供成本，致使公共物品无法被提供。这种搭便车行为或效应往往导致市场失灵，使市场无法达到效率。

公共物品的特性所引致的搭便车与不合作效应也可通过一个简单的博弈模型来体现（见表B5-3）。

表B5-3　甲、乙是否治理污染的博弈矩阵

		甲	
		治理污染	不治理污染
乙	治理污染	B–C，B–C	B/2，B/2–C
	不治理污染	B/2–C，B/2	0，0

假设有经济人甲和乙，他们在是否进行污染治理中做出取舍。如果他们都投资进行污染治理，则可以分别获得B–C的收益，其中C是污染治理所需要的成本；如果甲和乙都不进行污染治理，则他们既不能获得收益也不需要支付成本，收益为0；如果甲进行污染治理，乙不进行污染治理，则甲需要独自承担治污的成本，却因为

非排他性和乙共同分享减污带来的收益，此时甲和乙分别得到 B/2–C 和 B/2 的收益。该模型显示，在提供环境公共物品的情况下，经济主体博弈的纳什均衡是典型的“囚徒困境”模型，即经济主体选择不进行污染治理。

（2）环境效果——公地的悲剧

环境公共物品在市场失灵的情况下，其环境效果可用“公地悲剧”模型来描述。哈丁于 1968 年首先提出“公地悲剧”理论模型。在这一模型里，作为理性人，每个牧羊者都希望自己的收益最大化。而在公共草地上，每增加一只羊会有两种结果：一是获得增加一只羊的收入；二是加重草地的负担，并有可能使草地过度放牧。牧民们为了使个人近期利益最大化都尽量增加自己的羊群数量。由于羊群的进入不受限制，牧场被过度使用，草地状况迅速恶化，而这部分成本要由所有的牧民共同承担，一片对所有牧民都开放的公共草场，在公地内在逻辑的作用下，最终会导致“悲剧”的产生。哈丁“公地的悲剧”模型中的“公地内在逻辑”即是指公共物品的特性。

从另一角度看，公地的悲剧又表现为污染问题。当“理性人”不是从公地中取走什么物品，而是放入什么物品，如污水被排入流域，有毒有害气体被排入空气中等时，“经济人”为了减少自身的治污成本总是企图把企业成本外部化，当排放的污染物超过环境的容量时，环境损害的后果需由负外部性影响区域的所有居民来承担，这时公地的悲剧体现为环境污染。

当多个经济主体乃至整个社会共同占有某一稀缺的公共资源时，经济主体可以从公共资源的利用中获得收益，但却不必支付相应的成本，导致每个理性经济人都有足够的动力来无限使用相对稀缺的公共资源，直至该公共资源枯竭。无节制的、开放式的资源利用最终会使整个社会蒙受损失，威胁到人类的生存与发展。

（3）环境税与环境公共物品的有效管理

在缺乏有效管理的情况下，环境公共物品可能陷入“公地悲剧”的境遇。由于存在非排他性，免费搭车成为可能，使得环境公共物品在现实中很少由个人提供，而主要由政府提供。根据公共产品理论，税收是衡量公共产品的“价格”，是人们为享用公共产品和服务所必须付出的代价。因此，环境税相当于人们为享用环境公共物品和服务所支付的部分价格，政府通过征税为提供环境公共物品筹集资金，环境税成为政府提供环境公共物品的重要资金来源。此外，环境税还体现了环境资源价值，通过要求纳税人为损坏环境、使用资源的行为支付相应的“价格”，可以达到矫正由于环境公共物品具有非排他性、非竞争性造成的“免费搭车”、“不合作博弈”等行为机制的目的。环境税的征收对纳税人行为的矫正可通过表 B5–4 的博弈模型来说明，该模型显示，征收环境税会改变表 B5–3 有关经济主体博弈的纳什均衡。

假设有经济人甲和乙，他们在是否进行污染治理中做出取舍。如果他们都投资进行污染治理，则可以分别获得 B–C 的收益，其中 C 是污染治理所需要的成本。如果甲和乙都不进行污染治理，假如我们对不进行污染治理的企业课以总额为T的税收，就可以对企业的行为进行引导，改变甲和乙的收益矩阵。此时，如果甲和乙都进行了污染治理，则他们的收益没有变化，仍是分别获B–C的利益；如果甲和乙都不进行污染治理，即使他们没有获得收益也需要支付税收，最后的收益分别是–T；如果甲进行污染治理乙不进行污染治理，则甲仍获得B/2–C的收益，乙的收益却因为缴税而变为了B/2–T，反之亦然。因此，只要B/2–C＞B/2–T，也就是只要税收T＞C，就可以使得该博弈的纳什均衡是甲和乙都进行污染治理。可见，一定程度的税收（该例中要求大于C）可以改变经济主体的纳什均衡矩阵。

表B5–4　征税后甲、乙是否治理污染的博弈矩阵

		甲	
		治理污染	不治理污染
乙	治理污染	B–C，B–C	B/2–T，B/2–C
	不治理污染	B/2–C，B/2–T	–T，–T

(三)环境税的作用机制

上述环境税基本理论的分析显示，政府征收环境税会对经济主体的经济选择或经济行为等产生影响，从而达到环境保护的目的。环境税对经济主体的经济选择或经济行为等产生影响的作用机制可从以下两方面进行分析：一是环境税通过替代效应与收入效应产生作用的机制；二是“环境税楔子”通过对经济主体福利的影响发挥作用的机制。

1. 征收环境税对生产者的影响

（1）环境税对生产者的替代效应

环境税的生产替代效应是指政府对污染行为或污染商品课税会使企业的产品、产量结构发生改变。政府通过对污染行为或污染商品征税，使企业的相对收益率发生变化，企业用收益率相对高的行为取代收益率相对低的行为，改变其产品、产量结构，减少污染行为或污染商品的生产，从而达到政府调整产业结构的目的。如图B5–2，假定某生产者拥有的生产要素是固定的，并全部用来生产两种商品X_1和X_2。X_1为污染商品，X_2为清洁商品，其生产可能性曲线PP代表着可能生产出来的商品X_1和X_2的组合情况。政府课税之前，PP线与无差异曲线I_1在E_1点相切，形成税前的生产均衡点，在该点上，X_1和X_2的产量组合最优，生产商按Q_1的产量生产商品

X_1，按 Q_2 的产量生产商品 X_2 获得的利润最大。但政府对污染商品 X_1 课税后，厂商的均衡点由 E_1 移至 E_2，在 E_2 上厂商生产商品 X_1 和 X_2 的产量分别为 Q_1*、Q_2* 为最优。这意味着，生产者在政府对 X_1 征税之后，减少了 X_1 的生产量，而相对增加了 X_2 的生产量，即以 X_2 的生产相应替代了一部分 X_1 的生产。

（2）环境税对生产者的收入效应

环境税对生产者的收入效应是指政府课征环境税会影响污染商品生产者实际得到的价格，使生产者可支配的生产要素减少，降低商品的生产能力，从而对企业的产量、生产规模等生产经营决策产生影响。如图 B5–3 所示，假定商品 X_1 和商品 X_2 均为污染商品，某生产者在政府课税前的厂商均衡点仍为 E_1 点。在 E_1 点，其生产可能性曲线 PP 与所能达到的最高无差异曲线 I_1 相切，生产者按照 Q_1 和 Q_2 的坐标所决定的产量生产商品 X_1 和商品 X_2 获利最大。如果对商品 X_1 和商品 X_2 均征收环境税，在税负不能完全转嫁的情况下，政府征税的结果会使厂商得到的不含税价格低于原价格，生产者的生产可能性曲线向内移动。新的生产可能性曲线 $P*P*$ 与所能达到的最高无差异曲线 I_2 在 E_2 点相切，形成税后的厂商均衡点。在此点上，产量 Q_2* 和 Q_2* 为最佳组合，而 $Q_1*+Q_2* < Q_1+Q_2$。可见，由于政府征税，改变了生产者的生产抉择，厂商因可支配生产要素减少，不得不相应减少污染商品的生产量。

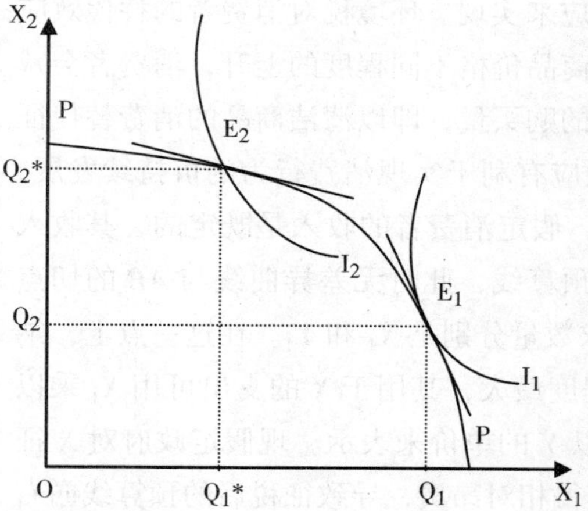

图B5–2 环境税对生产者选择的收入效应

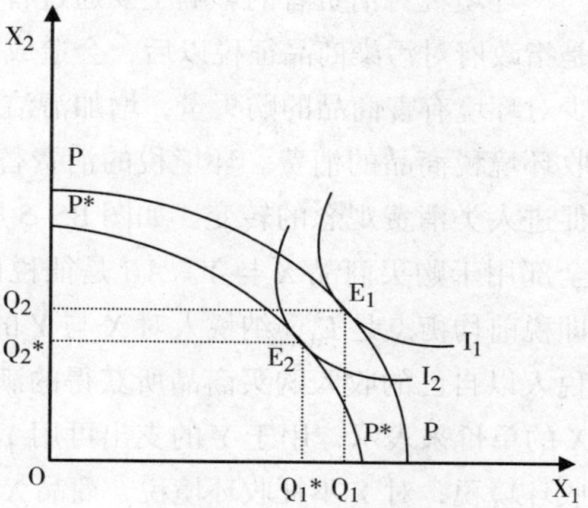

图B5–3 环境税对生产者选择的替代效应分析

（3）环境税对生产者福利的影响

征收环境税在对厂商产生替代效应与收入效应的同时，"环境税楔子"会导致生产商福利的减少。如图 B5–4，假设政府按单位产出对厂商征收数量为 t 的税收，$t = MDC$（边际损害成本），征税前供给曲线和需求曲线相交于 E 点，均衡价格与数量分别为 P_0、Q_0，征税后均衡点由 E 移至 A，均衡价格与数量分别为 P_1、Q_1。税前生产者剩余为 P_0EG，税后生产者剩余为 P_2CG。生产者剩余的损失 $P_0P_2CE = P_0EG -$

$P_2CG = P_0P_2CB + BCE$，其中，P_0P_2CB 以税收的形式成为政府收入，是生产者对税收的贡献，BCE 是生产者为减少污染而减少产量的损失。

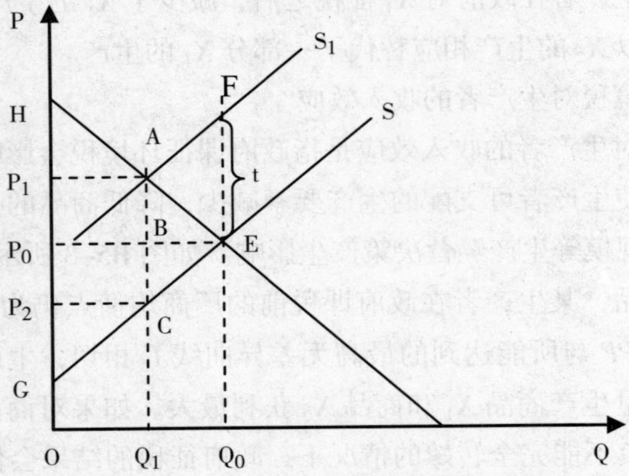

图B5-4　环境税对生产者、消费者的福利影响分析

2. 征收环境税对消费者的影响

（1）环境税对消费者的替代效应

环境税对消费者的影响主要通过替代效应来实现。环境税对消费者的替代效应是指政府对污染商品征税以后，会造成污染商品价格不同程度的上升，消费者会减少对环境有害商品的购买量，增加清洁商品的购买量，即以清洁商品的消费替代征收环境税商品的消费。环境税的消费替代效应有利于实现消费行为的可持续发展，促进人类消费观念的转变。如图 B5-5 所示，假定消费者的收入是既定的，其收入全部用于购买商品 X 与 Y。AB 是征税前的预算线，此时无差异曲线与 AB 的切点即税前均衡点是 E_1，纳税人对 X 与 Y 的需求数量分别是 X_1 和 Y_1。在这一点上，纳税人以自己的收入购买商品所获得的满足程度最大，其用于 X 的支出可用 X_1 乘以 X 的单价来表示，用于 Y 的支出可用 Y_1 乘以 Y 的单价来表示。现假定政府对 X 征收环境税，对 Y 不征收环境税，商品 X 会变得相对昂贵，导致征税后的预算线向右旋转到 AC，此时无差异曲线与 AC 的切点即均衡点变为 E_2，纳税人对 X 与 Y 的需求数量变为了 X_2 和 Y_2，纳税人用于 X 的支出可用 X_2 乘以 X 的单价来表示，用于 Y 的支出可用 Y_2 乘以 Y 的单价来表示。从图 B5-5 可以看出，$X_1 > X_2$ 且 $Y_1 < Y_2$，可见，征税通过改变 X 和 Y 的价格比使消费者减少了对 X 的购买量（减少的金额是 X_1X_2 乘以 X 的价格），而相对增加了对不征收环境税商品 Y 的需求。

（2）环境税对消费者福利的影响

环境税的征收除了对消费者产生替代效应以外，还会导致消费者剩余的减少。如图 B5-4 所示，税前消费者剩余为 P_0EH，税后消费者剩余为 P_1AH，$P_0EH\text{–}P_1AH$

即为因征税造成的消费者剩余的损失。从图 B5-4 可以看出，$P_0EH-P_1AH=P_1ABP_0+ABE$，其中，P_1ABP_0 以税收的形式成为政府收入，是消费者对税收的贡献，*ABE* 是消费者因厂商为减少污染而减少产量所承受的损失。

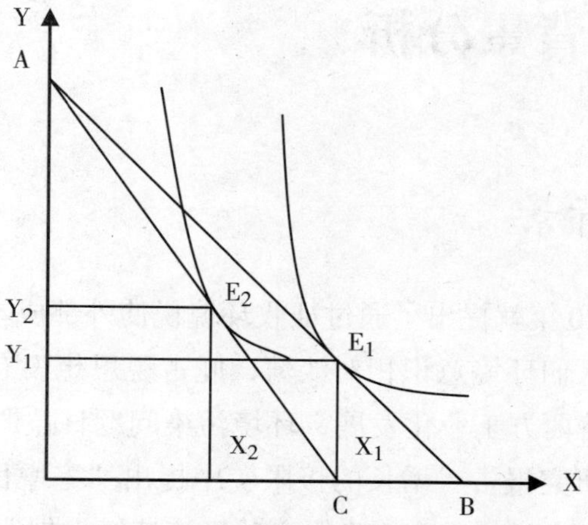

图B5-5　环境税对消费者的替代效应分析

上述分析显示，征收环境税会导致生产者剩余和消费者剩余的减少。现实经济中生产者与消费者剩余减少的比重大小或生产者与消费者承担的环境税税收负担的比重取决于需求曲线与供给曲线价格弹性的力量对比及转换趋势。假定污染产品的需求弹性系数 $Ed = \Delta Q/Q : \Delta P/P$，其中，$\Delta Q/Q$ 为需求量的变动率，$\Delta P/P$ 为价格的变动率；污染产品的供给弹性系数 $Es = \Delta Qs/Qs : \Delta P/P$，其中，$\Delta Qs/Qs$ 为供给量变动率，$\Delta P/P$ 为价格变动率。商品的供求弹性系数 Esd=Es/Ed。一般而言，当供给弹性大于需求弹性，即供求弹性系数 *Esd* 大于 1 时，消费者承担的税收比重大于生产者承担的税收比重；反之，如果供求弹性系数 *Esd* 小于 1，则生产者承担的税收比重大于消费者承担的税收比重。如果供给弹性系数 *Es* 等于需求弹性系数 *Ed*，即供求弹性系数 *Esd* 等于 1，税款趋于由生产者与消费者均分负担。

环境税通过替代效应和收入效应以及减少生产者剩余和消费者剩余的作用机制最终会导致生产者作出如下选择：一是减少污染产品的生产量；二是通过选择清洁燃料、安装治污设备、开发新技术等减少污染物排放。消费者则可以通过减少污染产品的使用量或使用“绿色”商品代替“有害”商品以达到少纳税或不纳税的目的。

二、我国制定环境税收政策的国际、国内背景分析

(一)国际背景

尽管庇古在1920年就提出了通过征收环境税使外部成本内部化的办法解决负外部性，但由于当时人们环境意识相对淡薄，庇古税思想没有得到理论上的重视，也未运用于实践。随着西方工业化发展，环境污染问题日益严重，1972年罗马俱乐部在关于世界趋势的研究报告《增长的极限》中提出“零增长”的对策性方案。1980年3月5日联合国向全世界发出“确保全球经济持续发展”的呼吁。1987年受联合国委托，布兰特伦委员会发表了《我们共同的未来》，正式提出了可持续发展的模式，从环境保护的角度来倡导人类社会的进步与发展，号召人们在经济增长的同时必须注意生态环境的保护和改善。在新的可持续发展观的大背景下，传统的命令控制手段显示出的局限性使庇古税原理在环境保护方面的价值被学者和政策制定者重视，并在实践中得以运用。1972年，OECD组织正式确立了污染者付费原则，为各国运用税费手段解决环境问题提供了指南和依据，也拉开了发达国家“税制绿化”的序幕，一系列环境税费制度应运而生，环境税费成为各国使用最普遍的一种环境经济政策。发达国家所实施的环境税制改革主要通过开征新税种和对原有税制进行改革两个途径来实现：一是开征各种新的环境税，如在环境税改革方面具有典型代表意义的国家——丹麦通过1994年的“绿色税制改革”，建立了包括能源税、二氧化碳税、二氧化硫税、垃圾税、自来水税、氯化溶剂税、生长促进剂税、杀虫剂税、特定零售商品包装税、一次性使用餐具税、镍镉电池税等多种环境税在内的绿色税制体系。荷兰为保护环境设立了燃料税、噪声税、垃圾税、水污染税、土壤保护税、地下水税、汽车特别税、石油产品的消费税等。美国也形成了一套相对完善的生态税收政策，主要包括对损害臭氧层的化学品的征税、开采税、环境收入税等。美国对损害臭氧层的化学品的征税，包括破坏臭氧层化学品生产税、破坏臭氧层化学品储存税、进口和使用破坏臭氧层化学品进行生产的生产税、危险化学品生产税和进口化学品税等。仅此类税的征收对象就涉及100多种有害化学物质。该类税于1990年1月1日颁布，并于1991年1月1日生效，其目的是消除氟利昂的排放。开采税是对自然资源（主要是石油）的开采征收的一种消费税，已有38个州开征了此税。环境收入税

是根据1986年国会通过的《超级基金修正案》设立的，它与企业经营收益密切相关，规定凡收益超过200万美元以上的法人均应按超过部分纳税。此外，还包括轮胎税、汽车使用税、汽车销售税和进口原油及其制品税等[①]。在引入新的环境税的同时，发达国家也通过环境友好的方式调整原有税制来实现“税制绿化”。对原有税制进行改革，具体包括两方面的内容：一是取消原税制中不符合环保要求、不利于可持续发展的规定，即去除或修正原有的不利于环境的补贴和税收；二是在原有税种的规定中增加新的有利于环保的税收措施。由于能源是污染以及税收收入的重要来源，对原有的能源税改革成为很多国家调整税收政策的重要内容。以消费税为例，许多国家区分含铅汽油与无铅汽油分别征税，调高含铅汽油的消费税税率，鼓励使用无铅汽油，取得了较好的效果。

通过引入各种环境税以及对原有税制的“绿化”，环境税收的种类多样化，课征范围越来越广，OECD国家与环境相关的税收收入占总税收收入的平均比重约为6%（见图B5-6），与环境相关的税收收入占GDP的平均比重接近3%（见图B5-7），发达国家的环保税收政策得以全面发展，从零散的、个别的环保税种的开征，发展到逐步形成对废气、废水、垃圾、噪声、农业等污染征税的环保税收体系，实现了全面的“绿化”税制的目标，也奠定了税收手段在环境经济政策中的重要地位。

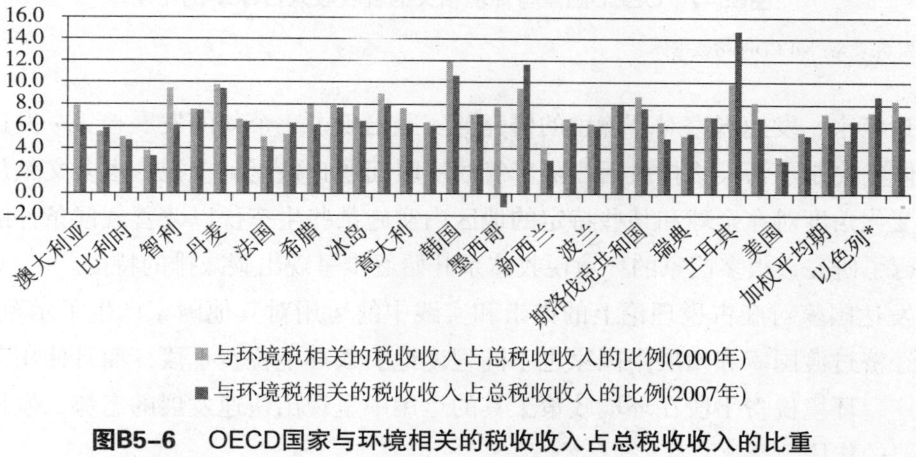

图B5-6　OECD国家与环境相关的税收收入占总税收收入的比重

资料来源：OECD网站数据库。

从国外环境税的实践来看，环境税收在改变排污者行为方面确实起到了激励、约束作用，如瑞典1991年开征的硫税，使石油燃料的硫含量降至地域法定标准的50%，轻油的硫含量则低至0.076%（规定界限0.2%），每年SO_2排放量估计降低1.9万吨。丹麦征收的二氧化硫税对降低燃料油的含硫量效果也很明显，仅在1996年开

① 漆亮亮：《美国的生态税收政策及其启示》，《西部财会》，2004年第8期。

征二氧化硫税几星期内，轻油的含硫量从0.2%降低到0.05%；重油的含硫量也在当年从0.2%降低到0.05%。企业纷纷转向使用含硫量低的燃料。据丹麦环境部估计，在实施二氧化硫税的最初6个月，工业排硫量约减少50%[①]。很多OECD国家通过开征环境税，降低了能源消耗，能源结构进一步优化，风力、水力等新型能源快速发展，含铅汽油消费急剧下降，甚至消失，污染排放显著减少。

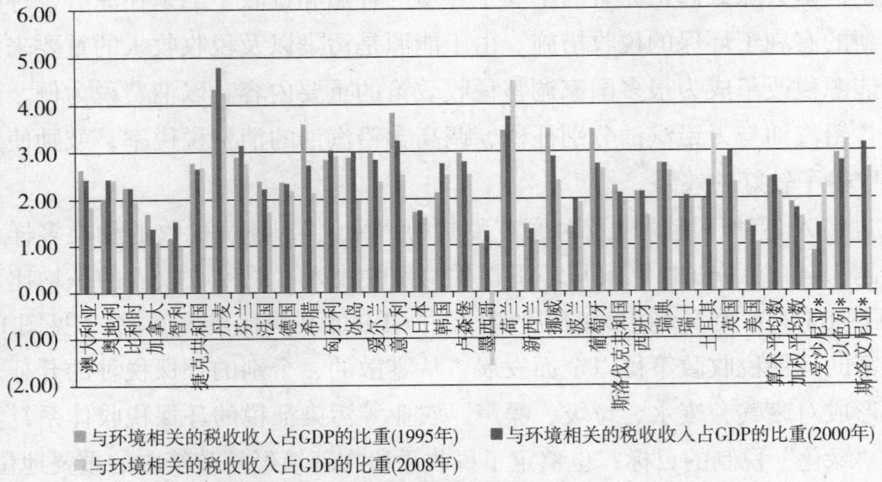

图B5-7　OECD国家与环境相关的税收收入占GDP的比重

资料来源：OECD网站数据库。

近年来，发达国家对环境税的研究与实践出现了一个新的发展趋势：发达国家在总体上控制了污染物排放后，随着气候变暖问题日益受到重视，很多文献从全球气候变化角度对在全球和某些特定的地区内实施某些生态税以改善气候条件的可能性进行了研究，很多国家的环境税收体系开始逐步呈现出碳减排的特征。

发达国家对庇古税理论上的推崇和实践中的运用对其他国家产生了示范效应，一些经济过渡国家和发展中国家也不同程度地引入环境税费手段，而且使用范围越来越广，环境税费手段在环境政策工具的运用中呈现出快速发展的态势，发挥出日益重要的作用。

(二)国内背景

1. 我国面临的环境资源的巨大压力

近年来，我国的GDP每年以8%至10%左右的速度持续增长，成为世界经济

① 高萍：《丹麦绿色税收探析》，《税务研究》，2005年第4期。

发展的亮点，但也为之付出极大的生态资源环境的代价。我国的煤炭、石油、钢等能源消耗全世界第一，建材消耗全世界第一，原材料进口全世界第一。我国是工业用的木材纸浆纸产品全世界第二大市场，石油进口量全世界第二，单位 GDP 能耗是发达国家的 8 到 10 倍，污染总量是发达国家的 30 倍，劳动生产率是发达国家的 1/30。我国的化学需氧量排放是全世界第一,二氧化硫排放量是全世界第一，碳排放总量是全世界第二。江河水系约 70%受到污染，其中约 40%严重污染，流经城市的河段普遍受到污染，城市垃圾无害化处理率不足 20%，工业危险废物化学物质处理率不足 30%[①]。农业面源污染也极为严重。据世界银行发展报告,中国 20 世纪 90 年代中期的经济增长中有 2/3 是以资源投入和环境代价换取的，资源和环境状况无法长期支撑粗放经济发展方式下年均 7% 以上的增长速度，国外专家称之为“新结构危机”。根据中国绿色国民经济核算研究报告估计，中国 2007 年因环境污染造成的损失，相当于当年国内生产总值（GDP）的 6%。该报告同时指出 :“如果在现有的治理技术水平下全部处理 2007 年点源排放到环境中的污染物，需要一次性直接投资约为 14500 亿元，占当年 GDP 的 6.3% 左右”。

环境污染也对公众健康构成了重大威胁。世界银行在中国有关部门的合作下，对中国的污染情况进行调查，并撰写了一份题为《中国污染的代价》的报告。报告指出，中国污染每年造成 70 多万人非正常死亡，其中空气污染每年导致大约 39.4 万人死亡，中国农村地区的水污染每年致使大约 6.6 万人死于严重腹泻、胃癌、肝癌和膀胱癌。另外，燃煤和食用油造成的室内空气污染每年使大约 30 万中国人非正常死亡。专家还指出，中国的污染问题是全方位的。除了空气污染和水污染外，中国的土壤、食品污染也引发慢性病或癌变。

2. 我国环境治理方式的转变

“十一五”规划在节能环保方面提出了三个约束性指标，即到 2010 年，相比 2005 年，单位 GDP 能耗降低 20%，二氧化硫排放降低 10%，化学需氧量总量降低 10%。探寻有效的环境治理方式是实现节能减排的制度保证。在我国的环境政策体系中，命令控制型的环境行政手段长期居于主导地位，对环境经济手段缺乏足够的重视。公认的八项环境制度中只有一项是经济手段，且缺陷很多。“区域限批”和“流域限批”已是环保总局现有的最强力的行政措施，但仍然不能根本遏制污染恶化的趋势。我国日益严峻的环境形势以及行政手段的弊端表明，“我国环境保护在现行法律法规允许的范围内，行政手段已经用到了极限”[②]，需要建立更加综合和有效的环境政策体系。从理论研究、国外实践以及我国环境政策实施情况来看，环境经济政

① 《中国环境问题的思考》，潘岳副局长在第一次全国环境政策法制工作会议上的讲话，2006年12月12日。

② 郄建荣:《 行政手段已用到极限，环保总局呼吁公众参与环保新政》,《 法制日报》，2007年10月7日。

策体系应是解决环境问题最有效、最能形成长效机制的办法，是宏观经济手段的重要组成部分，更是落实科学发展观的制度支撑。

在第六次全国环境保护大会上，温家宝总理强调指出："做好新形势下的环保工作，要加快实现三个转变：一是从重经济增长轻环境保护转变为保护环境与经济增长并重，在保护环境中求发展。二是从环境保护滞后于经济发展转变为环境保护和经济发展同步，努力做到不欠新账，多还旧账，改变先污染后治理、边治理边破坏的状况。三是从主要用行政办法保护环境转变为综合运用法律、经济、技术和必要的行政办法解决环境问题，自觉遵循经济规律和自然规律，提高环境保护工作水平"。温家宝总理提出的"三个转变"高度概括了环保工作过去所存在的问题及主要症结，明确了新形势下环境治理方法的转变，显示出包括经济手段在内的其他环境政策在环境治理中的重要性。采用行政手段主要是侧重于"事前"或"事后"的控制，对于经济活动中发展与减污的关系缺乏"事中"的动态的控制，如果污染者达到了规定的排污标准，就不会再努力治污，增加自身的成本。在市场经济体制下，环境经济政策是将环境外部性内部化最为有效的途径，生产者将根据自身的成本利润函数做出对自己最优的选择，从而实现全社会资源的有效配置，因此，环境经济政策是实施可持续发展战略的关键措施。

尽管我国环境经济政策种类较多，但真正在全国范围内实施并发挥作用的并不多见。排污收费制度是影响最广的经济手段，但多年来的实践证明，排污收费制度存在先天不足，很难发挥其应有的作用。环境税收政策还不健全，环境税制的构建尚处于理论研究阶段，其他诸多经济手段如排污许可证交易、绿色信贷、绿色证券、污染责任保险等刚刚处于起步阶段。我国环境经济政策在结构上缺乏健全的起主导作用的经济工具，影响了整个经济手段在环境保护领域中作用的发挥以及经济手段在环境政策工具组合中的优势地位。因此，经济手段对生态环境问题的解决尽管起到了一定的作用，但其作用范围和作用程度还相当有限，在促进环境问题的解决方面尚具有很大的潜力。环境税收政策是环境经济政策体系中的重要组成部分，相对于其他环境手段而言，有着诸多优点。目前我国环境政策体系中环境税的缺失，限制了整个环境经济政策作用的发挥。通过构建环境税收体系，使不同的环境手段相互补充，目标归一，实行"一体化"的综合决策是完善我国环境政策体系，实现"三个转变"，运用综合手段进行环境治理的客观要求。

三、近期我国环境税收政策的调整与现状分析

（一）资源税政策的调整与制度缺陷

我国从1949年开始，很长一段时期实行的是资源无偿开采制度。1982年开征的矿区使用费打破了我国资源无偿使用的历史，被普遍看做是我国资源税的萌芽，但当时的征收范围还仅限于合作开采海洋石油的中外合作企业。第二步利改税期间，为调节开发自然资源的企业（单位）因资源结构和开发条件的差异而形成的级差收入，正确反映开发单位的劳动成果，妥善处理国家与企业的分配关系，国务院于1984年10月1日发布了《中华人民共和国资源税条例》，决定对开采石油、天然气和煤炭的企业开征资源税，征收基数是销售利润率超过12%的利润部分，我国第一代资源税制度正式建立。与1982年的“矿区使用费”制度相比，1984年的资源税征收矿种增加了煤炭，征收地区从海洋扩大到了陆地，纳税人从中外合作企业扩大到了所有企业。但由于征收历史不长，经验不足，当时的资源税仅对原油、天然气、煤炭、金属矿产品和非金属矿产品征收，实际执行中只对煤炭和石油等少数企业征收，并且以产品销售收入为计税依据，按照其销售利润率的高低实行超率累进征收。随着资源产品销售利润率的下降，为了稳定资源税收入，从1986年1月1日起，国务院决定在基本保持原税负的基础上，将资源税的征税办法由从价定率改为从量定额。1994年全国财税体制改革，对1984年第一代资源税制度作了重大修改，形成了第二代资源税制度。1993年12月25日国务院发布的《中华人民共和国资源税暂行条例》有针对性地弥补了原资源税制的不足，将资源税征收范围扩大为原油、天然气、煤炭、其他非金属矿原矿、黑色金属矿原矿、有色金属矿原矿和盐等7种，改变了资源税的计税依据，不再按超额利润征税，而是按矿产品销售量征税，并按照“普遍征收，级差调节”的原则，为每一个课税矿区规定了适用税率。1994年税制改革以后，资源税在很长时间内保持了稳定。近年来，资源税税额标准多次提高，从2010年起，资源税改革在新疆正式启动。

1. 部分资源品目的资源税税额调整

从2004年起，我国陆续调整了煤炭、原油、天然气、锰矿石等部分资源品目的资源税税额标准。主要调整情况如下：

（1）煤炭

煤炭的资源税税率已经七次上调，最近的一次调整源于财政部、国家税务总局发布《关于调整焦煤资源税适用税额标准的通知》(财税〔2007〕15号)。《通知》明确，为促进焦煤的合理开发利用，经国务院批准，自2007年2月1日起，将焦煤的资源税适用税额标准每吨3.2元上调为每吨8元，对地面抽采煤层气暂不征收资源税。此次煤炭资源税调整不但调整额度最大，而且是首次按照煤种区分来上调资源税，打破了以前单一的按区域调整。

（2）原油、天然气

《财政部、国家税务总局关于调整原油天然气资源税税额标准的通知》（财税〔2005〕115号）规定，从2005年7月1日起，调整油田企业原油、天然气资源税税额标准。调整后的原油资源税税额标准为14元/吨~30元/吨之间，天然气资源税税额标准在7元/千立方米~15元/千立方米之间。

（3）有色金属、各种矿石等

2006年1月1日起，财政部、国家税务总局取消了对有色金属矿产资源税减征30%的优惠政策，恢复全额征收；调整了对铁矿石资源税的减征政策，暂按规定税额标准的60%征收；同时调高了岩金矿资源税税额标准，统一了全国钒矿石资源税的适用税额标准。此外，调整了钼矿石资源税适用税额标准，锰矿石资源税适用税额标准由2元/吨调整到6元/吨。2007年财政部、国家税务总局发布《关于调整铅锌矿石等税目资源税适用税额标准的通知》（财税〔2007〕100号），规定自2007年8月1日起，铅锌矿石、铜矿石和钨矿石三种矿产品资源税适用税额标准进行调整，此次调整后税额标准为铅锌矿石每吨10元~20元，铜矿石每吨5元~7元，钨矿石每吨7元~9元。自2008年10月1日起，硅藻土、玉石等部分矿产品的资源税税额标准调整为：硅藻土、玉石每吨20元，磷矿石每吨15元，膨润土、沸石、珍珠岩每吨10元。

（4）盐资源

财政部、国家税务总局发布的《关于调整盐资源税适用税额标准的通知》（财税〔2007〕5号）规定，对盐资源税总体上进行下调。自2007年2月1日起，北方海盐资源税暂减按每吨15元征收；南方海盐、湖盐、井矿盐资源税暂减按每吨10元征收；液体盐资源税暂减按每吨2元征收。

2. 资源税试点正式启动

经国务院批准，财政部和国家税务总局联合下发了《关于印发〈新疆原油天然气资源税改革若干问题的规定〉的通知》（财税〔2010〕54号），并于2010年6月1日起施行。资源税费改革率先在新疆正式启动。主要内容如下：

（1）对资源税征收方法进行调整

原油、天然气资源税以其销售额为计税依据，实行从价计征，税率为5%。其应纳税额的计算公式为：

应纳税额＝原油、天然气销售额 × 税率

（2）对减免税范围进行调整

① 为了鼓励一些低品位和难采资源的开采，提高资源回采率，对稠油、高凝油和高含硫天然气和三次采油实施减征资源税的政策。包括：a. 稠油、高凝油和高含硫天然气资源税减征40%。其中，“稠油”是指地层原油黏度大于或等于50毫帕/秒或原油密度大于或等于0.92克/立方厘米的原油；“高凝油”是指凝固点大于40℃的原油；“高含硫天然气”是指硫化氢含量大于或等于30克/立方米的天然气。b. 三次采油资源税减征30%。“三次采油”是指二次采油后继续以聚合物驱、三元复合驱、泡沫驱、二氧化碳驱、微生物驱等方式进行采油。c. 油田范围内运输稠油过程中用于加热的原油、天然气，免征资源税。纳税人开采的原油、天然气，同时符合上述a、b规定的减税情形的，纳税人只能选择其中一款执行，不能叠加适用。

② 考虑到公平税负、便于征管的原则要求，取消了过去对原油开采过程中加热、修井用油免征资源税的规定，而改为：纳税人开采的原油、天然气，自用于连续生产原油、天然气的，不缴纳资源税；自用于其他方面的，视同销售，依照规定计算缴纳资源税。

③ 运用简便征收办法落实资源税减税政策。考虑到许多油气田公司都是跨省、跨地区作业，并且三次采油等减税项目与常规采油的划分专业技术性强，基层税务机关对各种油气减免税项目的情况及数量变动掌握和核实难度较大，为了便于征管，对开采稠油、高凝油、高含硫天然气和三次采油的纳税人暂按综合减征率的办法落实资源税减税政策，以减少纳税人和基层税务部门的工作量。具体计征方法如下：根据纳税人以前年度符合规定的减税条件的油气产品销售额占其全部油气产品总销售额的比例，确定其资源税综合减征率及实际征收率，计算资源税应纳税额。计算公式为：

综合减征率＝∑（减税项目销售额 × 减征幅度 ×5%）÷ 总销售额

实际征收率＝ 5% －综合减征率

应纳税额＝总销售额 × 实际征收率

纳税人具体的综合减征率和实际征收率暂按表B5-5执行。

表B5-5　新疆区内各油气田原油 天然气资源税实际征收率表

油气田名称	综合减征率	实际征收率
中国石油天然气股份有限公司新疆油田分公司	0.37%	4.63%

续表

油气田名称	综合减征率	实际征收率
中国石油天然气股份有限公司吐哈油田分公司	0.25%	4.75%
中国石油天然气股份有限公司塔里木油田分公司	0.04%	4.96%
中国石油化工股份有限公司西北分公司	1.73%	3.27%
中国石油化工股份有限公司河南油田分公司新疆勘探开发中心	0	5%

3. 资源税制度的缺陷分析

我国资源税制度自1994年实施以来，随着经济形势的变化以及环境资源状况的恶化，一直未进行根本上的改革，在设计理念、征收方法、税收负担、税费关系等方面都存在缺陷，具体表现为：

（1）资源税的定位使税制设计更多地体现资源级差调节的需要，资源保护的因素考虑较少

我国资源税的立法宗旨涉及三个方面：一是合理调节矿产资源的级差收入，为不同企业之间公平竞争创造条件；二是有利于促进国有矿产资源的合理开采和有效利用；三是规范国家与企业、个人之间在国有矿产资源开采领域的利益分配关系，并为地方政府筹集稳定的财政资金。从资源税的立法宗旨来看，调节矿产资源的级差收入是首要目标和功能，促进矿产资源的合理开采和有效利用是次要目标或附属功能。资源税的定位使税制设计更多地体现资源级差调节的需要，而较少考虑资源保护的因素，单纯的级差资源税很难正确反映资源的价值，既不能体现资源本身的内在价值，也不能将资源开采的社会成本内部化，这种以资源级差调节为主的设计思想与可持续发展理念不相符合，使资源税难以充分发挥其促进资源合理开发、利用的功能，不利于企业改变经济增长方式和资源的可持续使用。

（2）资源税征税范围较窄，难以体现资源保护的要求

广义的资源包括矿产资源、水力资源、太阳能资源、风力资源、森林资源、动物资源、植物资源、海洋资源、土地资源等。狭义的资源仅指矿产资源，又分为金属矿产和非金属矿产、能源矿产和非能源矿产、稀有矿产和非稀有矿产等。我国目前资源税的征税对象仅限于矿产品和盐，其他一些非矿产资源如水资源、森林资源等未能纳入进来，实质上只是一个矿产资源税制，在一定程度上影响了资源税调节功能的发挥。随着经济的发展，课税范围的窄小使非税资源价格更低，以非税资源为原料生产的产品比价不合理，进而可能刺激对非税资源的掠夺性开采，不利于资

源节约型、环境友好型社会的建立。

（3）资源税额偏低，单位税额的制定方法有待改进

随着资源价格的不断上涨，尽管已经调整了部分征税项目的单位税额标准，但税额标准偏低，制定方法不够科学等问题依然存在。现行资源税单位税额最高60元/吨（固体盐），最低0.3元/吨（煤炭），这种以劣质低价为基础设定的不同级差的单位税额，只是部分地反映了劣等资源与优等资源的级差收益，未能考虑资源的环境价值，也未考虑开采自然资源的外部成本内在化，因而难以真正有效地促使资源的可持续利用。特别是在资源品价格上涨的情况下，偏低的资源税从客观上刺激了资源开采者为获取更多的价格上涨收益进行过度开采的行为。

此外，税额的调整复杂且变动频繁，易受人为因素的影响，导致税负不公平。税额制定的主要指标是矿藏赋存状况、开采条件等，但赋存状况每3年至5年就会发生变化，由于目前信息网络不健全、矿藏变化的有关原理和数据掌握不充分，标准税额的调整难以做到及时、准确、科学，导致税负不公或级差调节效果不明显。

（4）课税依据不合理

资源税采用从量定额征收的方法，纳税人开采或生产应税产品销售的，以销售数量为课税数量；纳税人开采或者生产应税产品自用的，以自用数量为课税数量。资源税征收采用从量计征的办法使企业无需为已开采但无法销售的资源支付任何税收代价，“滥采富矿”和“采富弃贫”的现象普遍存在，加剧了企业和个人对资源的无序开采。另外，资源税“从量税”的性质使税额仅与资源产品的数量和质量有关，与其市场价格变化和企业的盈利状况无关，国家难以分享到资源价格上涨的收益。

（5）资源税制设计未考虑对不同回采率的激励与约束

开采回采率指开采区域采出的矿石量（或回采矿量）与该区域内消耗的工业储量之百分比，是衡量矿产资源利用程度和矿山开采技术水平的一个最重要的指标。《中华人民共和国煤炭法》第二十九条明确指出“开采煤炭资源必须符合煤矿开采规程，遵守合理的开采顺序，达到规定的煤炭资源回采率。煤炭资源回采率由国务院煤炭管理部门根据不同的资源和开采条件确定。国家鼓励煤矿企业进行复采或者开采边角残煤和极薄煤”。从1998年起，原煤炭工业部使用采区回采率来考核煤炭资源回采率。我国矿产资源开采普遍存在回采率低、“吃菜心”等浪费资源现象。以煤炭开采为例，据国家2005年公布的数字，我国有各类煤矿2.8万个，其中国有煤矿2000多个，矿井回采率平均只有45%左右；乡镇和个体煤矿2.6万个，矿井回采率平均约15%～20%[①]。中国社科院发布的《2007中国能源蓝皮书》指出，中国煤炭资源回采率一直十分低下，目前煤矿平均资源回收率为30%，不足世界先进水平的

① 《煤炭资源浪费触目惊心，我国首次开展回采率专项检查》，《经济参考报》，新华网。

一半。美国、澳大利亚、德国、加拿大等发达国家，资源回收率能达到80%左右。中国在1980–2000年的20年间，煤炭资源就浪费了280亿吨。按照2005年原煤产量21.9亿吨和30%的煤炭平均回采率计算，回采率提高1倍，全国每年将节约煤炭资源35亿吨左右。如果到2025年以前煤炭回采率大体保持50%的平均水平，则20年间将至少节约600亿吨煤炭资源。按照中国目前20亿吨左右的年产量计，中国煤炭资源可采年限相当于在目前基础上又延长了30年。

现行资源税制不考虑资源的回采率，对不同回采率的资源开采行为适用相同的税收政策，在客观上形成了一种不合理的现象，即在生产同等数量、同等品质的矿产和缴纳同等数额的资源税的情况下，回采率低的矿山比回采率高的矿山资源的耗费量大，但是却获取了更多的收益，这与资源税立法的初衷是相悖的，不利于国有矿产资源的合理开发和节约使用，造成资源的极大浪费。

（6）资源税与资源补偿费并存，不利于规范政府对资源的调节方式和分配关系

目前，我国一方面对应税资源征收资源税，另一方面又征收资源补偿费等，形成税费并存的局面。这种税费并存的现象，会对资源税的征收构成一定的冲击，而且容易导致政府收入分配方式的混乱，影响政府对资源的有效调节。

（二）消费税有关政策的调整

消费税以特定消费品为课税对象，其征收范围根据国家的产业政策、消费政策的需要确定，我国1994年实行的消费税共对11类商品征税。“十五”期间，国内消费税收入6298.45亿元，占流转税收入的比重为8.5%。为了适应产业结构、消费水平和消费结构的变化以及节能、环保等方面的要求，近年来消费税制度进行了一系列调整，总体来看，主要进行了以下改革：

1. 征收范围的调整

自2006年4月1日起，消费税的征收范围进行了有增有减的调整。新增了高尔夫球及球具、高档手表、游艇等奢侈品税目；为节约木材资源，保护生态环境，对木制一次性筷子、实木地板等开征消费税；为控制能源消耗和调控消费结构，扩大了石油制品的消费税征收范围，除了汽油、柴油以外，对石脑油、溶剂油、润滑油、燃料油、航空煤油五类油品均征收消费税；取消了护肤护发品税目，将原属于护肤护发品征税范围的高档护肤类化妆品列入化妆品税目。此外，对小汽车、摩托车的子目进行了有利于环保的调整。调整后消费税的税目由原来的11个增至14个。这14个税目大致可以分为三类：一是奢侈品类消费品，如高尔夫球及球具、游艇、高档手表、化妆品、高档首饰等；二是影响生态环境和消耗资源的消费品，如汽车、

摩托车、成品油、木制一次性筷子、实木地板等；三是危害人们身体健康的消费品，如烟、酒等。

2. 部分消费品税率的调整突出了环境保护的意图

从1999年1月1日起，含铅汽油的消费税税率由0.2元/升提高到0.28元/升，无铅汽油仍按0.20元/升的税率征收消费税。从2006年4月1日起，小汽车税目下的乘用车按排气量分别适用六档不同的税率，2008年9月1日起再次调整汽车消费税政策，大排量乘用车消费税税率提高，小排量乘用车消费税税率降低（现小汽车的税目税率见表B5-6）。2009年1月1日起，在取消相关收费的同时，无铅汽油的消费税单位税额由每升0.2元提高到每升1.0元，含铅汽油的消费税单位税额由每升0.28元提高到每升1.4元。柴油的消费税单位税额由每升0.1元提高到每升0.8元。石脑油、溶剂油和润滑油的消费税单位税额由每升0.2元提高到每升1.0元，航空煤油和燃料油的消费税单位税额由每升0.1元提高到每升0.8元。

表B5-6 小汽车税目税率表

小汽车	1．乘用车	排气量小于1.0升（含）	1%
		排气量1.0升以上至1.5升（含）	3%
		排气量1.5升以上至2.0升（含）	5%
		排气量2.0升以上至2.5升（含）	9%
		排气量2.5升以上至3.0升（含）	12%
		排气量3.0升以上至4.0升（含）	25%
		排气量4.0升以上	40%
	2.中轻型商用客车		5%

3. 卷烟消费税政策进行了较大调整

始于1994年1月1日的卷烟消费税采用从价计征的方法，并且只在生产环节征收，容易导致烟酒企业采用转移定价的方法来规避纳税。2001年5月1日起，对卷烟以及粮食白酒、薯类白酒消费税的计税办法由从价计征改为复合计税，该次烟酒消费税调整是我国消费税政策进一步向国际惯例靠拢的重要举措。2009年5月1日起，顺应对烟草实行重税以保护公众健康的趋势，在受金融危机影响财政收入下滑的背景下大幅度提高了烟消费税负担。甲类卷烟税率调整为56%，乙类卷烟的消费税税率调整为36%，雪茄烟的消费税税率调整为36%，同时甲、乙类卷烟分类标准由每标准条（200支）50元（不含增值税）调整到70元（不含增值税）。在卷烟批发环节加征一道从价消费税，税率5%。

4. 出台部分支持环保的免税措施

如自2001年1月1日起，子午线轮胎、翻新轮胎停止征收消费税；最大设计车速不超过50km/h，发动机气缸总工作容量不超过50ml的三轮摩托车不征消费税；自2004年7月1日起，对企业生产销售达到相当于欧洲III号排放标准的小汽车减征30%的消费税等。

从消费税近年来改革情况来看，保护环境以及公众健康的立法宗旨得到越来越多的体现，但进一步发挥消费税的调节作用空间仍然很大。目前消费税在发达国家的税收中一般占10%以上，消费税收入占GDP的比重一般在3%以上。2008年我国消费税收入占全部税收的比重为4.7%，占GDP的比重为0.8%。国内消费税收入分行业看，“十五”期间，卷烟仍是消费税的主要来源，占整个国内消费税的比重一直稳定在60%左右，小汽车消费税占全部国内消费税的比重为8.8%。可见，我国消费税占全部税收收入的比重以及环境与资源损害相关的消费品税收占消费税的比重都存在提高的空间。尽管目前消费税将部分环境和资源相关的消费品如鞭炮焰火、小汽车、摩托车、成品油、木制一次性筷子、实木地板等纳入了征税范围，但还有很多高污染、高能耗的产品如电池、一次性塑料产品等未纳入征税范围。煤炭是我国能源消费的主要对象，也是主要大气污染来源，目前也未纳入征收范围；对小汽车虽然按排气量大小确定了差别税率，在一定程度上发挥了控制污染的作用，但对是否安装空气净化装置等未加以区别，削弱了税收对环保型消费的引导作用，使消费税在促进环境保护方面的作用范围仍然很狭窄。

（三）增值税有关税收措施的完善

1995–2007年间，财政部、国家税务总局发布多个规范性文件，形成了一系列与环保有关的增值税税收政策，主要涉及鼓励资源综合利用产品的优惠措施、促进废旧物资回收的优惠措施、鼓励清洁能源和环保产品的优惠措施等。由于这些文件发布的时间跨度较大，对相关的资源综合利用产品的标准、范围、认定程序也各有不同，特别是有关综合利用程度和环保要求不够严格，影响了政策的实施效果。财政部、国家税务总局2008年发布《关于资源综合利用及其他产品增值税政策的通知》（财税〔2008〕156号），对以前的政策进行了整合、调整，新旧政策主要对比见表B5–7的分析。

表B5-7　涉及环境保护的增值税新旧政策对照表

增值税优惠方式	旧政策	新政策	对比
免征	生产的原料中掺有不少于30%的煤矸石、石煤、粉煤灰、烧煤锅炉的炉底渣（不包括高炉水渣）的建材产品（包括商品混凝土）	生产原料中掺兑废渣比例不低于30%的特定建材产品	原“煤矸石、石煤、粉煤灰、烧煤锅炉的炉底渣（不包括高炉水渣）”改为“废渣”
	各级政府及主管部门委托自来水厂（公司）随水费收取的污水处理费	污水处理劳务	1．原“各级政府及主管部门委托自来水厂(公司)随水费收取”删除 2．原“污水处理费”改为“污水处理劳务”
	废旧物资回收经营单位销售的废旧物资		删除
		翻新轮胎：翻新轮胎应当符合GB7037—2007、GB14646—2007或者HG/T3979—2007规定的性能指标，并且翻新轮胎的胎体100%来自废旧轮胎。 胶粉：以废旧轮胎为全部生产原料生产的胶粉。 再生水：再生水是指对污水处理厂出水、工业排水（矿井水）、生活污水、垃圾处理厂渗透（滤）液等水源进行回收，经适当处理后达到一定水质标准，并在一定范围内重复利用的水资源	新增
	废液（渣）生产的黄金、白银		删除
即征即退	利用城市生活垃圾生产的电力且城市生活垃圾用量（重量）占发电燃料的比重达到80%（含）以上	以垃圾为燃料生产的电力或者热力。垃圾，是指城市生活垃圾、农作物秸秆、树皮废渣、污泥、医疗垃圾。垃圾用量占发电燃料的比重不低于80%，并且生产排放达到GB13223-2003第1时段标准或者GB18485-2001的有关规定	原“城市生活垃圾”改为“垃圾，包括城市生活垃圾、农作物秸秆、树皮废渣、污泥、医疗垃圾”
	生产原料中粉煤灰和其他废渣掺兑量在30%以上的水泥熟料在生产原料中掺有不少于30%的煤矸石、石煤、粉煤灰、烧煤锅炉的炉底渣(不包括高炉水渣)及其他废渣生产的水泥	采用旋窑法工艺生产并且生产原料中掺兑废渣比例不低于30%的水泥（包括水泥熟料）	1．指定由“采用旋窑法工艺生产” 2．原“30%以上废渣生产的水泥熟料”和“不少于30%废渣生产的水泥”统一为“废渣比例不低于30%”

续表

增值税优惠方式	旧政策	新政策	对比
	利用煤炭生产过程中伴生的油母页岩生产加工的页岩油及其他产品	以煤炭开采过程中伴生的舍弃物油母页岩为原料生产的页岩油	1．原“煤炭生产过程”改为“煤炭开采过程” 2．原“生产加工的页岩油及其他产品”改为“生产的页岩油”
	在生产原料中掺有不少于30%的废旧沥青混凝土生产的再生沥青混凝土	以废旧沥青混凝土为原料生产的再生沥青混凝土。废旧沥青混凝土用量占生产原料的比重不低于30%	不变
		以工业废气为原料生产的高纯度二氧化碳产品	新增
	燃煤电厂烟气脱硫副产品		1．原“即征即退”改为“即征即退50%” 2．原“燃煤电厂”改为“燃煤发电厂及各类工业企业” 3．原“烟气”改为“烟气、高硫天然气”
减半征收/即征即退50%		对燃煤发电厂及各类工业企业产生的烟气、高硫天然气进行脱硫生产的副产品。	
	利用煤矸石、煤泥、石煤、油母页岩生产的电力，且煤矸石、煤泥、石煤、油母页岩用量（重量）占发电燃料的比重达到60%（含）以上	以煤矸石、煤泥、石煤、油母页岩为燃料生产的电力和热力。煤矸石、煤泥、石煤、油母页岩用量占发电燃料的比重不低于60%	原“电力”改为“电力和热力”
	利用风力生产的电力	利用风力生产的电力	不变
	列入《享受税收优惠政策新型墙体材料目录》的新型墙体材料产品，包括非黏土砖、建筑砌块、建筑板材14类共23种产品	部分新型墙体材料产品。具体范围按附件1《享受增值税优惠政策的新型墙体材料目录》执行	享受增值税优惠政策的新型墙体材料目录进行了调整
		以废弃酒糟和酿酒底锅水为原料生产的蒸汽、活性炭、白碳黑、乳酸、乳酸钙、沼气。废弃酒糟和酿酒底锅水在生产原料中所占的比重不低于80%	新增
		以退役军用发射药为原料生产的涂料硝化棉粉。退役军用发射药在生产原料中的比重不低于90%	新增

续表

增值税优惠方式	旧政策	新政策	对比
按普通发票注明金额的10%计算增值税抵扣进项税额	增值税一般纳税人的生产企业购买废旧物资，按普通发票注明金额的10%计算增值税抵扣进项税额	对满足一定条件的废旧物资回收企业按其销售再生资源实现的增值税的一定比例（2009年为70%，2010年为50%）实行增值税先征后退政策	调整，改变对废旧物资回收与利用的优惠方式
先征后退		销售自产的综合利用生物柴油	新增

新的增值税环保措施针对老政策存在的问题进行了调整，主要涉及以下内容：

1. 取消不符合产业政策的税收优惠。如由于立窑法工艺生产水泥存在能耗高、污染重、产品质量不稳定等缺点，属于国家产业政策不鼓励的技术，为了更好地体现产业政策导向，停止了采用立窑法工艺生产综合利用水泥产品的免征增值税政策。

2. 解决利废企业虚增进项税额抵扣的问题。原增值税“对回收企业销售废旧物资免征增值税，利废企业可按扣税凭证金额的10%抵扣进项税额”的政策违反了“征税抵扣、免税不抵扣”的增值税基本原理，在执行中存在部分回收企业通过虚开发票非法牟利，利废企业虚增进项税额抵扣等问题。新的增值税优惠政策改变了原来对废旧物资利用的优惠方式，对满足一定条件的废旧物资回收企业按其销售再生资源实现的增值税的一定比例（2009年为70%，2010年为50%）实行增值税先征后退政策。

3. 新增了对部分综合利用产品免税的规定。新纳入享受增值税优惠的综合利用产品包括：再生水，以废旧轮胎为原料生产的胶粉，翻新轮胎，污水处理劳务，以工业废气为原料生产的高纯度二氧化碳产品，以垃圾为燃料生产的热力，以退役军用发射药为原料生产的涂料硝化棉粉，各类工业企业产生的烟气和高硫天然气脱硫生产的副产品，以废弃酒糟和酿酒底锅水为原料生产的蒸汽、活性炭、白碳黑、乳酸、乳酸钙、沼气，以煤矸石、煤泥、石煤、油母页岩为燃料生产的热力，以废弃的动物油和植物油为原料生产的生物柴油等。

调整后的增值税政策对综合利用产业的发展能产生更加积极的示范和促进效应，有利于我国循环经济的发展。但随着实际情况的不断变化，增值税政策也需进行不断的调整，增值税作为我国流转税的最主要税种，在促进资源综合利用，节能环保方面的政策运用是长期研究的政策内容。

(四)所得税有关税收措施的完善

2008年1月1日起，我国开始实施新的《企业所得税法》，该法涉及环保的措施主要有以下几个方面：

1. 对从事符合条件的环境保护、节能节水项目，包括公共污水处理、公共垃圾处理、沼气综合开发利用、节能减排技术改造、海水淡化等的所得，自项目取得第一笔生产经营收入所属纳税年度起，第1年至第3年免征企业所得税，第4年至第6年减半征收企业所得税。

2. 对企业综合利用资源，生产符合国家产业政策规定的产品所取得的收入，可以在计算应纳税所得额时减计收入。凡企业以《资源综合利用企业所得税优惠目录》规定的资源作为主要原材料，原材料占生产产品材料的比例不得低于《资源综合利用企业所得税优惠目录》规定的标准，生产国家非限制和禁止并符合国家和行业相关标准的产品取得的收入，减按90%计入收入总额。

3. 企业购置用于环境保护、节能节水、安全生产等专用设备的投资额，可以按一定比例实行税额抵免。企业购置并实际使用《环境保护专用设备企业所得税优惠目录》、《节能节水专用设备企业所得税优惠目录》和《安全生产专用设备企业所得税优惠目录》规定的环境保护、节能节水、安全生产等专用设备的，该专用设备的投资额的10%可以从企业当年的应纳税额中抵免；当年不足抵免的，可以在以后5个纳税年度结转抵免。享受此项所得税优惠的企业，应当实际购置并自身实际投入使用上述规定的专用设备；企业购置上述专用设备在5年内转让、出租的，应当停止享受企业所得税优惠，并补缴已经抵免的企业所得税税款。

4. 企业依照法律、行政法规有关规定提取的用于环境保护、生态恢复等方面的专项资金，准予扣除。

此外，财政部、国家税务总局《关于中国清洁发展机制基金及清洁发展机制项目实施企业有关企业所得税政策问题的通知》（财税〔2009〕30号）规定，对清洁基金取得的CDM项目温室气体减排量转让收入上缴国家的部分，国际金融组织赠款收入，基金资金的存款利息收入、购买国债的利息收入，国内外机构、组织和个人的捐赠收入免征企业所得税。对于CDM项目实施企业按照《清洁发展机制项目运行管理办法》的规定，将温室气体减排量的转让收入，按照规定比例上缴给国家的部分，准予在计算应纳税所得额时扣除。

新《企业所得税法》与旧税法相比，已明显加大了鼓励环保的力度，但仍然存在一些问题，需要进一步修改、完善。例如，企业从事环境保护、节能节水项目享受所得税优惠的条件有待调整。税法规定，纳税人从事环境保护、节能节水项目享受所得税优惠需以取得所得为前提，而现实中，许多环保节能项目是不产生收入的，因此这一规定不利于企业增加环保节能投入。再如，税法规定对企业综合利用资源，生产符合国家产业政策规定的产品所取得的收入，可以在计算应纳税所得额时减计收入，造成企业自产自用的资源综合利用产品因没有对外销售而不能享受优惠政策，有失公平。

除上述税种外，其他税种中也逐步体现了环境保护的因素。如为表彰和奖励为我国环境保护事业做出重大贡献者，促进环境保护事业的发展，国税函〔2010〕130号规定，中华宝钢环境优秀奖奖金免征个人所得税；财税〔2009〕12号规定，自2009年1月20日至2009年12月31日购置的1.6升及以下排量的乘用车，减按5%税率征收车辆购置税；财税〔2009〕154号规定，对2010年1月1日至12月31日购置的1.6升及以下排量乘用车，暂减按7.5%的税率征收车辆购置税等。

此外，近年来，我国还较为频繁地运用进出口税收政策对“两高一资”产品进行限制。我国1985年开始实行出口退税政策，在鼓励出口、刺激经济的同时，也造成了大量资源的浪费和严重的环境污染。“两高一资”产品多为出口产品，也使一些在其他国家被严格限制发展的产业，大规模地向中国转移，造成我国国内能源消耗过多、环境压力加大，经济的可持续增长受到考验。21世纪初始，我国陆续出台了调低或取消国家限制性出口产品和部分资源性产品的出口退税率、降低资源类产品进口税率、对能源产品、有色金属初级产品征收出口暂定关税等一系列的进出口税收政策以抑制“两高一资”行业的发展。出口退税政策作为我国宏观调控的重要税收政策，在调整产业结构，促进经济增长方式转变，加快外贸结构转变和升级方面发挥了一定的作用，但出口退税政策的频繁调整会造成企业经营缺乏稳定性，无法确定良好的政策预期，从而影响企业经营战略的制定。税率的变化会加剧市场波动的幅度，产生叠加或者扭曲市场信号参数的效应。另外，政策的频繁调整还增加了税收管理难度。

从上述我国环境税收政策的调整及现状来看，我国现阶段税制设计中，已越来越多地体现政府运用税收手段保护环境及资源的立法意图，税收在环境资源保护方面的作用逐步得到重视，但完整的环境税收制度尚未形成。从我国现行税制体系来看，尚无独立的专门用于环境保护的税种，只有为数很少的与环境相关的税种，如当初并非为了环境目的但在实际上具有一定环境效果的消费税，名称上似乎是环境税但税制设计出发点并不是为了限制资源开采使用的资源税等。大部分环保税收措施零星地散见于增值税、企业所得税等税种中，主要以税收优惠的形式鼓励对废弃物的再利用以减轻环境污染。总体来看，现有的与环境相关的税种以及其他税种中与环境相关的税收政策在环境保护方面存在较大的局限性，力度很小。由于独立的专门用于环境保护税种的缺位，我国环境税制缺乏主体税种，使税收作为国家参与企业分配、影响纳税人经济行为的主要工具仅仅初步、较为零散地体现了环境保护的思想，在产生负外部性的市场失灵领域还远远没有发挥其应有的调节作用。

四、进一步完善我国环境税收政策的总体思路

（一）环境税收政策应综合体现循环经济与末端治理的要求

环境税制应与一定的经济运行模式相适应，同时反映进一步改善经济运行模式的要求。从与经济运行模式的关系角度来看，构建我国环境税制应综合体现循环经济与末端治理的要求。

人类在经济发展的不同阶段，就与环境的关系而言，经历了三种模式：传统经济模式、生产过程末端治理模式和循环经济模式。传统经济模式，又称线性经济模式，指人类从自然中获取资源，不加任何处理地向环境排放废弃物，是一种“资源—产品生产或消费—污染排放”的单向线性开放式经济过程。在传统经济模式中，人们受经济利益的驱动，不断地高强度地开采和消耗资源，在生产和消费过程中产生的大量污染和废物又被排放到环境中，通过把资源持续不断地变成废物来实现经济的数量型增长。这种发展模式不考虑环境因素，在经济增长的同时，导致环境的严重污染、自然资源的短缺和枯竭，使人类的生存环境日益恶化。随着西方发达国家进入工业化后期，环境污染不但成为阻碍经济发展的一个主要因素，也成为威胁人类生存的一个主要方面。从20世纪60年代开始，发达国家投入了大量的资金和精力，普遍采用了末端治理的方法进行污染防治。所谓末端治理模式，即“先污染，后治理”，是指在生产过程的末端，对产生的污染物进行一系列的物理、化学或生物过程的处理，以最大限度地降低污染物对自然的危害。根据污染物的不同类型，污染防治的末端治理主要包括以下内容：①通过一系列物理和化学作用，对排放的废气进行处理，以便达到脱硫、除尘以及消除其他潜在有毒污染物的目的；②建立城市污水处理厂和各类污水处理站等设施，对工业废水和城市生活污水进行处理，废水或污水经处理后再向自然界排放；③采用填埋、焚烧、堆肥等方式对固体废弃物进行处理。另外，还包括对噪声污染、光污染、放射性废料等其他污染物进行处理。

末端治理模式是在线性经济模式的弊端日益显现，OECD提出“污染者付费”

原则的背景下采用的，在一定程度上减缓了生产活动对环境的破坏，为遏制环境污染的迅速加剧发挥了积极作用。该模式虽然开始关注并解决环境问题，但随着经济的发展，“先污染，后治理”的局限性也不断显现出来，主要体现在以下几个方面：第一，企业治理污染的成本大，并且负担可能不断加重。一般而言，企业处理污染的设施投资大、运行费用高，使企业生产成本上升，经济效益下降。而且，随着生产的发展，工业生产所排污染物的种类越来越多，规定控制的污染物（特别是有毒有害污染物）的排放标准也越来越严格，对污染治理与控制的要求也越来越高。为达到更加严格的排放标准，企业不得不大大提高治理费用。第二，末端治理模式是污染物产生后的被动做法，由于技术有限，治理污染很难达到彻底消除污染的目的，而是污染物在介质间的转移，造成二次污染。如烟气脱疏、除尘形成大量废渣，废水集中处理产生大量污泥，废物的焚烧及废渣的填埋又污染了大气和水体等，污染很难根除，形成恶性循环。第三，末端治理未涉及资源的有效利用，不能制止自然资源的浪费。一些原本可以回收利用的原材料等被作为“三废”排放或处理掉，造成资源的浪费和环境的污染。因此，末端治理模式尽管通过环境处理技术对生产过程末端产生的废弃物进行处理，减轻了经济活动对环境造成的危害，但并没有从根本上改变传统经济“高开采、高消耗、高污染、低效益”的性质。

循环经济模式是一种以资源的高效利用和循环利用为核心，以“减量化、再利用、再循环”为原则，以低消耗、低排放、高效率为基本特征的经济增长模式。循环经济的根本目的是在经济过程中系统地避免和减少废物，这一目的是通过“减量化、再利用、再循环”——“3R”原则来实现的。“减量化”主要针对输入端，旨在减少进入生产和消费流程的物质量。减量化原则位列三原则之首，显示出循环经济首先要求在生产源头充分考虑节省资源、提高资源利用率以预防和减少废物的产生；“再利用”主要针对过程，旨在通过多种方式或多次使用物品以延长产品和服务的时间；“再循环”主要针对输出端，旨在将废弃物再次资源化以减少最终处理量。再循环有两种形式：一种是原级再循环，即将废弃物转化为原来的形式；另一种是次级再循环，即将废弃物转化为不同类型的产品①。

循环经济模式对污染的控制和资源的节约通过“3R”原则来实现，在环境保护方面，体现了对污染产生和资源浪费采取预防为主的方法，是对传统增长模式的根本变革，是最符合可持续发展理念的经济发展模式。我国环境税制设计首先应体现循环经济的要求。但在倡导循环经济的同时，末端治理对于减少环境污染仍然具有十分重要的作用。现阶段，许多国家和地区的经济发展模式体现出循环经济与末端治理相结合，并且仍然以生产过程末端治理为主的特点（循环经济与末端治理相结

① 沈满洪：《环境与资源经济学》，中国环境科学出版社2007年版：P240-241。

合的经济运行模式见图 B5-8）。因此，我国环境税制设计应体现循环经济优先，循环经济与末端治理相结合的要求，在不同的环节，引导纳税人作出有利于环境的选择。如在资源开采环节，鼓励大力提高资源综合开发和回收利用率；在资源消耗环节，鼓励大力提高资源利用效率；在产品生产环节，鼓励企业清洁生产、开展资源综合利用；在产品消费环节，鼓励绿色消费；对于产生的废水、废气、固体废弃物等，税收政策应鼓励企业投资设备，进行末端治理。

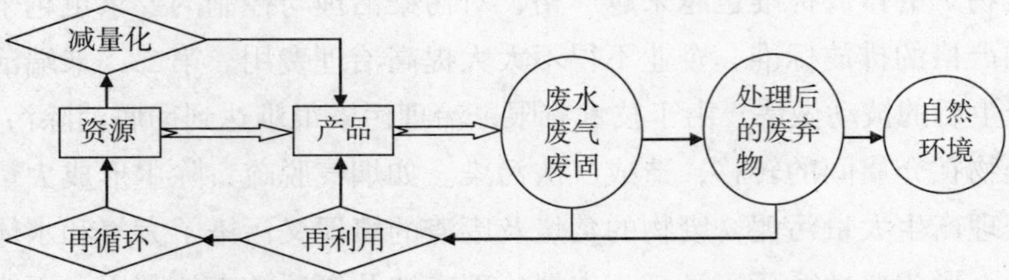

图B5-8　循环经济与末端治理相结合的经济运行模式

（二）设立独立环境税是完善我国环境税收政策的重要内容

我国现行税制体系中，尚无独立的专门用于环境保护的税种，严重制约了税收手段在环境保护方面作用的发挥，设立独立环境税，使其在我国环境税制中发挥主导作用，是构建我国环境税制的核心内容。

1．设立独立环境税是排污“费改税”的客观需要

在环境经济政策中，税收与收费是最相近的一个手段，在污染的治理方面具有相同的作用原理。在研究“税”与“费”的同时，应注意对国内外的情况加以区分。在一些发达国家，费在设立上与税一样，有一定的立法基础和审议批准程序，在收支上也纳入财政预算，并且建立了严格的检查和监督机制。因此，这些收费的规范程度较高，在很多情况下与税的差别并不大，国外很多有关环境税的论述并不对环境税和费作具体区分。而在我国，税费之间的差别较大。现阶段，排污收费制度是我国环境经济政策的主要手段，实践表明，排污收费制度存在着显著弊端。用税收手段取代排污费成为环境经济政策的主导力量，是由我国税费机制下税收与排污费相比所具有的特点和优势所决定的。

（1）排污收费手段的弊端分析

排污收费制度自 1982 年正式建立，经过 20 多年的实践，形成了基本完整的制度体系，积累了大量排污收费经验，为运用经济手段解决环境问题做出了有益的尝

试，并且为环境投资提供了部分资金，增加了污染的治理能力，在促使企业将环境因素纳入生产经营的决策方面发挥了一定作用。但多年来的实践表明，排污收费制度在运行过程中存在一些严重问题，具体分析如下：

① 排污收费标准普遍偏低，严重偏离污染物治理成本

我国的排污标准较低，超标排放的处罚标准也比较低，甚至有些企业经过计算发现，超标排污所获得的经济利益减去因超标排污所交的罚款之后仍然有利润，故而愿意选择超标排污。以二氧化硫排污费的标准为例，相关部门测算的二氧化硫处理成本平均费用为 1052 元 / 吨，该数字由电站锅炉（电站锅炉主要采用旋转喷雾干燥烟气脱硫技术、石灰石—石膏法、磷铵肥法等脱硫技术）、工业炉窑、民用锅炉（工业炉窑和民用锅炉根据炉型和规模大小分别采用循环硫化床、角管式锅炉炉内喷钙脱硫技术、工业型煤固硫技术等）的处理成本按照各自的耗煤量比例加权平均得出，环保部门依照排污收费标准略高于平均治理费用的原则，确定二氧化硫的收费标准应在平均处理费用的基础上乘以 1.2，即收费标准应为：$1052 \times 1.2=1260$ 元 / 吨 SO_2=1.26 元 / 千克 SO_2。但实际执行的收费标准长期远远低于这一标准。1982 年 7 月 1 日实行的《征收排污费暂行办法》对排污收费的具体实施做出了规定，对工业污染源（不含电力工业）超标排放征收 0.04 元 / 公斤的罚款。之后，在 9 个试点城市中执行了一个新的政策，将排污费提高 5 倍至 0.20 元 / 公斤，并对工业包括电力行业的排放总量进行收费。1996 年开始，该项政策扩大到两控区。1998 年，在 3 个城市中执行了更高的标准，排污费为 0.63 元 / 公斤。2003 年，新的《排污费征收使用管理条例》实施，二氧化硫的收费分三个时间点提高，自 2005 年 7 月 1 日起，每一污染当量（0.95 公斤）的征收标准为 0.6 元（北京市高硫煤为 1.2 元）。近年来，部分省份的收费标准提高到 1.26 元 / 千克 SO_2，但大部分排污费缴纳主体执行的标准仍然是 0.63 元 / 千克 SO_2，该标准是有关部门测算出的标准即 1.26 元 / 千克 SO_2 的一半。目前，大多数环境收费项目的具体征收办法和标准都由地方自行确定，此种情况下，容易出现地方政府为扩大招商引资或出于其他动机而忽视环境保护、降低环境收费项目征收标准甚至随意减免的现象，使得环境收费政策难以起到促进环境保护的目的，反而有可能成为政府吸引外来投资或者开展地区间竞争的一个政策砝码。

② 征收的刚性不足，执法的随意性较大，实际征收率偏低

尽管排污收费标准较低，但如此低的标准并没有得到严格执行。征收过程中存在明显的协议收费现象。一些地方环保部门和排污企业之间相互博弈，或由于“寻租”的存在，部分企业在环保部门按规定核定收费额后通过讨价还价，尽可能少缴排污费，最后形成“协议”收费，完全丧失了排污费应有的政策功能。由于地方利益、人情关系、征收力量等多种因素的影响，排污费的实际征收率较低。以二氧化硫和

水污染中COD、氨氮三项主要指标为例，假定污染物全部为达标排放，从表B5-8分析可见，上述三项指标2004年、2005年的实际征收率分别为59.31%、60.26%。

表B5-8　2004年与2005年排污费征收情况

年份	污染物	工业产生量/万吨	应收额/亿元	应收总额/亿元	实际征收额/亿元	实际征收额占应收额百分比
2004	SO_2	1891.4	119.46	158.83	94.2	59.31%
	COD	509.7	35.68			
	氨氮	42.2	3.69			
2005	SO_2	2549.3	161.01	204.44	123.2	60.26%
	COD	554.8	38.84			
	氨氮	52.5	4.59			

资料来源：宋国君等著:《环境政策分析》，化学工业出版社2008年版：P107。

由于现行排污收费的标准较大程度地偏离正常的污染处理费，而且实际征收率低，很难起到刺激企业治理污染的作用，很多企业宁可缴纳排污费也不愿花费更高的费用去改进工艺、更新设备，过低的排污收费存在使污染排放合法化，鼓励污染排放的嫌疑。

③ 排污收费开征面不广，部分污染物未纳入收费范围

目前我国征收排污费的范围过窄，收费项目不健全，有很多排污行为尚未触及。我国规定了污水、废气、废渣、噪声和放射性等5大类100多项排污收费标准，但近年来的实践显示，各地环保部门普遍重视排污单位废水、废气排污费的征收，忽视噪声和固体废弃物排污费的征收；环保部门主要把精力集中于大中型工业企业，对畜禽养殖业、小型企业和第三产业等排污费的征收缺乏重视；对机动车、飞机、船舶等流动污染源尚未征收废气排污费；对一些与环境密切相关、污染程度高的产品（如农药、化肥、氟利昂等）使用引起的污染尚没有建立收费制度。

④ 排污收费各环节在实施中都存在不规范

《排污费征收使用管理条例》明确了规范化的征收程序，包括申报、审核、核定、征收、使用等步骤。但在实践中各环节的实施都存在不规范，主要体现在：排污申报登记工作不到位，谎报、瞒报现象时有发生；排污审核难度大，目前大多数排污者并未安装污染物排放自动监控仪，如果采用物料衡算或其他有关数据作为依据，必须由企业提供有关资料，操作难度大；征收过程中存在协议收费等不规范现象；排污收费使用效益差，部分环保管理部门对排污费的使用制度控制不严，甚至违反规定将其作为机构运转费用，使真正用于污染治理的资金很有限。

⑤ 执法成本高，环保部门征收力量明显不足

《排污费征收管理使用条例》将排污收费对象由超标排放污染物的企事业单位扩展到直接向环境排放污染物的一切单位和个体工商户，应缴纳排污费的单位或个人数量增多，且对废水排放实行多因子收费，增加了计征难度。而大部分环保部门没有设立专门的排污费征收机构和配置专职的收费人员，以深圳市为例，全市2007年从事排污收费的人员共有48人，其中，专职人员7名，兼职人员41名，占环保工作人员的3.6%，而在征收数量方面，仅2007年就核定户数9745个，开单12151万元[①]。大部分排污收费人员除了负责收费工作外，还承担现场检查、处理投诉、内务管理等其他事项。征收力量不足也是影响排污费征收效果的重要原因之一。

（2）环境税与排污费相比具有的优势

税收与收费都是政府取得财政收入的重要工具，但税收具有强制性、无偿性和固定性的特征，收费则可能不完全具备这三方面的特点。概括起来，环境税与排污费相比，具有以下优势：

第一，环境税以法律形式确定，具有很强的法律强制性和规范性，体现了国家凭借政治权力参与社会剩余产品分配所形成的刚性分配关系。排污收费尽管也有法律依据，但主要是凭借行政力量，执行中具有很大的灵活性，也存在着明显的不规范性。

第二，环境税涉及的范围比排污收费广泛。环境税不仅涉及污染行为，还包括资源的开发利用行为，而排污收费只涉及排污行为；环境税不仅对环境损害行为进行制约，同时也对环境友好行为予以鼓励，而排污收费只对污染行为进行制约，不包括对环境友好行为进行鼓励。

第三，环境税的征收环节灵活，既可以对生产的投入、中间生产过程、产出环节征税，又可以对消费环节征税。排污收费一般仅针对生产过程的末端污染物排放环节征收。

第四，环境税收入列入国家财政盘子，在政府预算中统一安排，既可以用于环境治理，也可用于一般用途。2003年7月1日开始实施的《排污费征收使用管理条例》也规定排污费必须纳入财政预算，其收入列入环境保护专项资金进行管理，主要用于重点污染源防治，区域性污染防治，污染防治新技术、新工艺的开发、示范和应用等项目的拨款补助或者贷款贴息，但这些项目的资金使用都离不开环保部门的鉴定、审批，环保部门同时作为排污费收取方和排污费使用关联方，很难真正完全实现收支两条线管理。

第五，环境税可充分运用税务机关的征收能力和征收手段。采用排污费形式，环保部门没有强制划扣、抵押、拍卖等征管手段，也没有查封、冻结账户等保全措施。

① 该数据由深圳市环保局提供。

对于逾期不缴费的排污者，环保部门虽可依法采取加收滞纳金、处以罚款、申请法院强制执行等措施，但与征税相比，周期长、效率低的缺点突出。采用环境税形式，则可充分运用税务机关的征收能力和征收手段，提高实际征收率。

2. 现阶段开征环境税有利于我国税制结构的进一步优化

我国现行税制结构是以流转税和所得税为双主体，其他税种配合发挥作用的税制体系。2007 年流转税占税收收入总额的比重为 49.5%，所得税占税收收入总额的比重为 26%，其他税种占税收收入总额的比重为 24.5%。我国现行税制在对商品与劳务、所得、资本等课以较高税收的同时，对大量的污染和资源消耗行为不征税，使税制未反映商品和劳务的环境成本，抬高了应鼓励的如投资、劳动等经济行为的价格，对污染等应该限制的经济行为则保持低价格，税制结构有待进一步优化。新的企业所得税法后，内资企业所得税名义税率由 33% 下降为 25%，降低了 8 个百分点，实际执行 24% 和 15% 优惠税率的一些外资企业名义税率分别上升 1 个百分点和 10 个百分点。新税法与旧税法的口径相比，财政减收大约 930 亿元，其中内资企业所得税减收大约 1340 亿元，外资企业所得税增收大约 410 亿元。2009 年 1 月 1 日实施的增值税转型改革财政减收大约 1200 亿元 ~ 1500 亿元。所得税改革和增值税改革预计带来的减税空间为 2130 亿元 ~ 2430 亿元，环境税在这一减负空间下进入恰好体现了 OECD 国家在环境税制改革中所倡导的“收入中性”原则，即政府在一定程度上将税基由劳动所得、资本所得转向环境污染；纳税人不会因为环境税的征收而增加额外负担。通过对原所得税、增值税制度的改革，开征新的环境税，我国税收制度将实现部分税负从劳动、资本向污染的结构性转移，这种转移对于进一步优化我国税制结构，发挥税收在市场经济体制下矫正负外部性的作用具有深远的影响。

(三)设立独立环境税的原则、政策目标和功能定位[①]

1. 环境税指导思想

适应市场经济要求，以可持续发展和国家的节能减排等环境保护政策为导向，借鉴国际经验，立足国情，充分运用税收经济手段，通过科学设置税目，合理确定税率，对污染排放和温室气体排放等行为征税，建立科学的财税制度，控制污染，培养资源节约和环境保护意识，强化税收的生态职能，从而使税收体现科学发展观和构建和谐社会的必然要求，促进资源节约型和环境友好型社会构建，实现经济又好又快发展。

① 计金标、高萍:《试论我国开征环境税的若干框架性问题》,《税务研究》，2007年第11期。

2. 环境税设计原则

（1）贯彻特定行为税原则，调节纳税人行为，促进节能，抑制污染排放，从而有效治理环境污染。这是环境税设计的首要立法精神，即设置环境税，主要是对排放污染物等特定行为征税。通过物质利益机制，纠正纳税人行为，以治理污染，保护生态环境。在课税对象、纳税人、税率、纳税环节等税制要素的设置方面，应充分体现这一立法精神。环境税属特定行为税的性质，决定了其在现行税收体系中的独特地位，既是筹集收入的工具，更是政府通过经济手段进行环境管理的环境政策工具。在调节的力度上，既要避免税负过重，超出经济主体的承受能力，又要避免税负过轻，造成只缴纳税收而不注重减少对环境影响的现象。在调节的方式上，既要突出对不利于环境保护的经济活动加以限制，又要突出对有利于环境保护的经济行为给予鼓励。

（2）适度体现财政原则，为环境治理筹集资金，有利于增加环保投入。环境税作为一种经济手段，通过对纳税人的污染环境行为征税，使其承担环境治理成本，才能达到预期政策效果。如果没有相当水平的税收负担，就不足以改变纳税人的污染行为。因而环境税必须具有相当的筹资功能，可增加政府财政收入，专项用于环境治理，提高生态环境质量。

（3）在全球化视野中兼顾经济发展与环境保护的平衡关系，坚持“共同但有区别的责任”原则。“共同但有区别的责任”原则反映了各国经济发展水平、历史责任、当前人均排放上的差异，凝聚了国际社会的共识，是国际社会合作应对气候变化的根基。气候变化既是环境问题，又是发展问题，归根到底是发展问题。发达国家在实现工业化、现代化的过程中，无约束、大量地排放了温室气体，主要是二氧化碳。从 18 世纪工业革命开始到 1950 年，在人类由于化石燃料燃烧释放的二氧化碳总量中发达国家占了 95%；从 1950 年到 2000 年的 50 年中，发达国家的排放量仍占到总排放量的 77%。《联合国气候变化框架公约》秘书处发布的统计数据显示，全球主要工业化国家 2005 年的温室气体排放总量延续了近年来的上升趋势，达到 182 亿吨，接近于 1990 年 187 亿吨的历史最高纪录。发达国家对气候变化负有不可推卸的主要责任，也应承担主要的义务，对于发展中国家来说，由于历史累积排放量少，人均排放量低，当前的首要任务依然是发展经济，消除贫困。为了实现发展目标，发展中国家的能源需求将有所增加，这是发展中国家发展的基本条件。因此，在应对气候变化的过程中，国际社会应充分考虑发展中国家的发展权和发展空间。中国作为一个正在崛起的大国，应根据自身情况采取相应措施，从国情和实际出发，承担与我国发展阶段、应负责任和实际能力相称的国际义务，为应对气候变化做出应有的贡献。在国际环境保护领域，我们的地位在不断提高，如加入“京都议定书”协议，主动提出污染物削减指标等。研究环境税的开征也体现了我国政府在环境治理方面的决心和气魄。但我国毕竟处于社会主义初级阶段，发展是第一要务，相当多的现实问题仍需要我们用发展的手段去解决。因此需要统筹考虑，兼顾两者的平衡。环境税的开征必须兼顾发展，环境税制的设计和实施步骤都应坚持和反映“共同但有区别的责任”原则，不能坚持太高的标准而影响到企业的竞争力，影响经济的发展，这样最终也会反过来妨碍环境保护。

（4）立足国情和借鉴国际经验相结合，既要循序渐进也要有一定的前瞻性。我国正处于经济增长方式、消费模式等转型的关键时期，环境税制的设计既要考虑理论上的合理性，又要考虑实践中的可行性，应将我国国情和借鉴国际经验结合起来。考虑到环境税专业技术性较强、目前征管经验不足的现状，可考虑分阶段的目标，先对一些排污后果明显，急需通过税收手段提高排污成本从而限制排放或消费的行为进行调控，等条件更成熟后再逐步扩大征收范围。但考虑到目前环境税在国际上有迅速扩大的趋势，在各国税制中占有越来越重要的地位，也可能是21世纪财政领域的一项最重要的改革措施之一，因此在设计环境税制时也应有一定的超前性，应为进一步改革留下较大的空间。

（5）兼顾公平和效率，简便易行，便于操作。公平竞争是市场经济的最基本要求，对个别企业不进行环保投入，向自然界排放污染物所造成的环境污染不征税或征税不足以满足污染治理的资金需求，就需要用全体纳税人缴纳的税款进行治理，而这些企业本身却可以获得较高的利润水平。这对清洁生产的企业是不公平的。通过对污染、破坏环境的企业征收环境税，并将税款用于治理污染和保护环境，可以使这些企业所产生的外部成本内在化，利润水平合理化，同时对实行清洁生产、采用清洁技术的企业，对减少于环境有害产品消费的企业或个人来说税负较低甚至不用承担税负，体现税收的公平性。同时在环境税的使用方面，结合环境税对不同纳税人的影响也要注重公平原则，如可以考虑对中低收入家庭或者受影响较大的企业给予过渡时期的补偿。为保证环境税的有效性，也应特别重视其征收效率。初期应选择易于为税务机关征管的课税对象入手，保证尽可能用最低的征管成本取得应税收入，保证有较高的税收遵从度。

（6）坚持与其他相关改革配套与协调，处理好环境保护层次与税收级次的关系。环境税不是单纯以筹集收入为主要目的的税种，它与环境政策及环境测量技术等密切相关。既要有针对性地推进环保领域费改税，建立独立的环境税，又要发挥多税种协调作用，税务部门和环保部门的协调作用，中央层次环境保护与地方部门环境职能的协调等关系，构建独立的环境税与其他相关税种的环保措施相配套协调的环境税制体系。影响环境的经济活动主要在一定的区域内发生，从源头上保护和治理环境考虑，环境税适宜纳入地方税体系管理，赋予地方适当的税收管辖权。但考虑到一些经济活动对环境的影响具有跨区域性的特点，因此，环境保护税的收入应在中央和地方之间共享。

3. 环境税的政策目标

（1）远期或宏观目标

① 与政府宏观经济一致的目标。一般来说税收的目标与宏观经济目标应该是相一致的，即现在主流经济学所公认的宏观经济四大目标，但就目前经济学研究的趋势和各国政府的实践来看，将生态环境的保护列为政府的第五大宏观经济目标是一种方向。因此，环境税收所要体现的政策目标应与该目标相一致。

② 有利于促进我国经济增长方式、产业结构和消费模式的转变，有利于建立人与自然和谐的关系，有利于资源节约型和环境友好型社会的建设，协调经济和环境的关系，最终有利于实现我国经济社会的可持续发展。

③ 服务于我国“十一五”规划中设定的节能减排目标的实现，提升我国作为负责任大国在国际环保领域的形象，扩大我国在此领域的发言权。

（2）短期目标

上述环境税收的这些目标是通过短期的和直接的目标来体现的。短期目标可以包括：

① 减少和节约能源消费。能源消费是产生污染的重要来源，通过开征环境税提高能源消费成本，并对能源结构进行引导和调整，有利于直接减少其消费，包括工业性使用和普通消费者的消费，从而减少由于能源消费而产生的污染。

② 控制和减少污染物排放。通过对特定排污行为或消费对环境有害的产品直接刺激排污者减少排污量，如通过开征碳税以确保在某一个目标年度前使碳的排放量低于基年的水平，通过对污水排放的征税以确保饮用水源的保护及特定江河湖泊水质的恢复等。

③ 协调环境税费关系，为环境保护提供一个新的经济手段，为实现费改税提供一个重要的渠道。近几年，为实现环境保护的目标，政府采取了包括严厉的行政手段在内的多种手段，但环境问题仍然严峻。在我国建立市场经济过程中，要更多地运用经济手段来解决环境问题，这不仅可以丰富环境保护的政策工具，更为我国长期以来希望进行的清费立税的改革提供了一个很好的切入点。

④ 促进环境技术提高和环保产业、再生资源业的发展。污染控制、废物回收、能源替代等，都依赖于环保技术的发展，因此环境税制也应有助于环保技术的提高。环保产业包括生产环保设备和环保产品的行业，再生资源业则是以回收利用物资为主体的资源利用行业。这些行业的发展具有典型的“双重红利”的特色，不仅有利于环境保护，而且也有利于资源使用效率的提高和经济增长。

4. 我国环境税的功能定位

环境税的功能应定位在以下几个方面：

（1）环境税是一个具有特定行为目的税性质的税种。既作为整个税制体系中的一个税种，具有一般税收应具有的收入、调节等职能，又是环境政策工具的一个组成部分，成为环境政策体系的一部分。

（2）环境税的首要功能是调节功能。环境税的功能在初期首先应定位在：从经济手段的角度为在短期内有效遏制污染物排放的数量，促进资源和能源的节约使用，改变经济增长方式和消费模式提供经济动力，即其第一的功能是调节功能。

（3）环境税也应该为环境保护提供资金支持。通过合理调整环境税费关系，规范环保事业资金筹集方式，为特定的环境保护项目提供有效的资金支持。随着环境污染程度的加剧和污染范围的扩大，治理与改善环境状况的任务日益艰巨，要求财政提供的资金不断增加。税收是筹集资金的最有效的方法，开征环境税有助于为环保事业筹集稳定可靠的资金，促使环保事业健康稳定地发展。当然，即使环境税实行专款专用，也可能不能满足经济发展对环境治理的资金需求。因为环境保护属较典型的“公共物品”，是市场经济条件下政府应尽的职责，其资金来源主要应是一般的税收收入，而环境税只起辅助作用。单纯依靠环境税作为治理环境投入是不现实的，还应该从一般性预算中增加对环保事业的投入。

（4）要正确合理地对环境税的功能进行分析和预期。尽管不少发达国家在环境税征收方面提供了一定的经验，但我国处于经济发展的转型时期，市场机制的力量和行政力量交织在一起，环境税作用的发挥也受到很多因素的影响。我们也要认识到，税收并不是万能的，虽然税收工具在治理污染，保护资源方面有着其他政策工具所不可替代的优势，但是如果不结合其他的经济手段，并辅之以必要的法律和行政手段，环境税必然孤掌难鸣。而且环境税有其自身的作用范围，超出这个范围不仅可能对环境和资源产生负激励，还会加大环境税进一步实施的阻力。

（四）环境税征税范围的选择

第一种征税方案：“全口径”的环境税。如图 B5–9 所示，征税范围覆盖直接污染税、间接污染税和资源环境税。

第二种征税方案：“小口径”的环境税。即征税范围只覆盖直接污染税，见图 B5–10。

全口径的环境税涉及征税范围广泛，将对环境不利的行为均纳入征税对象，有利于体现征税的普遍性与公平性，但存在以下缺陷：

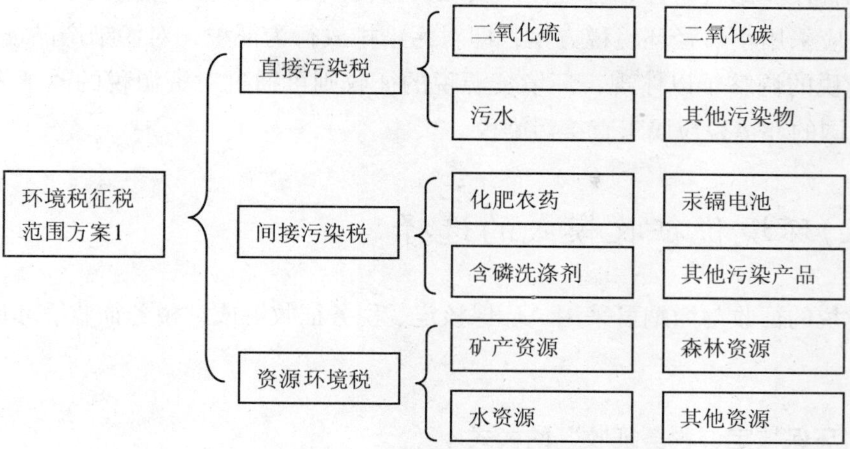

图B5-9　“全口径”的环境税

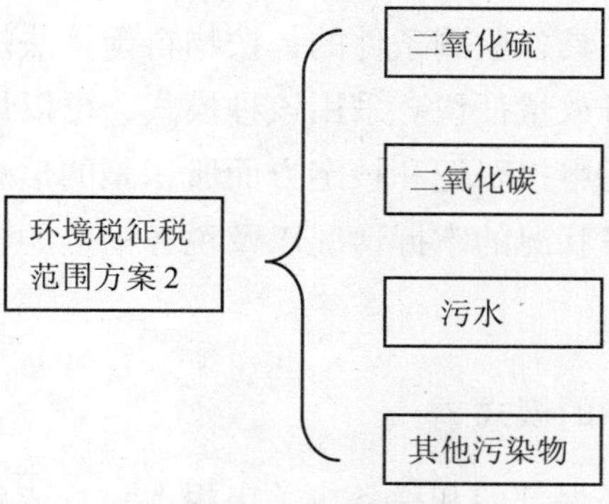

图B5-10　“小口径”的环境税

第一，从税种设立来看，征税对象过于复杂，性质不同的征税对象纳入一个税种，使环境税的性质含混不清。如直接污染税的征税对象是污染排放行为，属于行为税的范畴；间接污染税的征税对象是特定产品，属于货物与劳务税的范畴；资源环境税的征税对象是自然资源，属于资源税范畴。环境税将分属三大税类的征税对象纳入一个税种中，征税范围过于庞杂，税种性质含混不清。

第二，从我国现行税制结构来看，全口径环境税会较多地涉及与现行税种的衔接关系或对现行税种的改革问题，增加改革难度。我国现行税制体系中，直接污染税处于缺位状态，间接污染税虽然没有以污染产品税直接命名的独立税种，但现行消费税的设计考虑到了环境与资源保护的因素，对将部分于环境不利的商品纳入了征税范围。我国现行的资源税、耕地占用税、土地使用税等都具有资源环境税的特点。如果实行全口径的环境税，需对消费税、资源税等都做出较大调整，而这些税种的管理权限分属于不同的职能部门，同步改革实施难度大。

从税种设立的科学性、合理性以及从我国税制的现状与改革路径考虑，我国环境税设立应采用小口径环境税方案，即对污染排放行为征税，对污染产品征税可通过对消费税的调整予以体现，环境资源税的征收则可通过对资源税的改革来实现，因此，我国的环境税应属于直接污染税。

（五）环境税征收模式的选择

环境税的征收与缴纳可采用“环保核定、税务征收”或“税务征收、环保配合”等模式。

1.“环保核定、税务征收”的模式

纳税人每月或每季向所属环保部门和税务机关申报上一月或者上一季度实际排放污染物的种类、数量等情况，环保部门根据污染者的申报，对具备监测条件的，按规定的监测方法进行核定；不具备监测条件的，按物料衡算法进行核定。税务机关按照环保部门核定的污染物排放量征税。采用该种模式，可以最大限度地利用环保部门为加强污染源管理在排污申报登记和核定方面所积累的信息与经验，但不能很好地利用税务部门对企业财务状况的掌握情况以及税务稽查的功能，排污收费所有的弊端难以完全避免。

2.“税务征收、环保配合”的模式

纳税人每月或每季向所属环保部门和税务机关申报上一月或者上一季度实际排放污染物的种类、数量等情况，环境税税基主要由税务机关核定，税款由税务部门征收，但环保部门应予以配合。采用“税务征收、环保配合”的模式有利于推进环保部门职能转变、降低行政成本、提高行政效率，同时，有利于发挥地税部门联系面广、信息量大、掌握企业的生产经营和财务状况等大量情况，省以下地税部门实行垂直管理体制，能够保证各项政令落实到位等优势，可以在一定程度上遏制地方政府为了发展当地经济的需要出台与环保法规相违背的政策。但采用该种模式需要环保部门与税务部门的密切配合。具体来讲，环保部门主要应从以下两方面配合税务机关对环境税税基进行核定：一是建立环保部门与税务部门的信息交换平台，环保部门对污染物排放的日常监测情况以及执法检查情况等信息应及时传递给税务机关，使税务机关及时掌握纳税人污染排放、治污设备运行等情况；二是纳税人对税务机关核定的排污量有异议时，可由税务会同环保部门进行核定。税务部门在环保部门提供信息的基础上，再结合所掌握的生产经营和财务状况，对纳税人的申报进行核实、筛选，对申报异常的纳税户实施税务稽查。

以税务部门为主导征收环境税需要具备以下几方面的条件：一是税务机关对企业污染物排放的种类、数量情况有一个动态的掌握，可以采取本企业历史数据纵向对比、同行业类似企业数据横向对比等方法对污染物数据进行分析；二是税务部门拥有一部分适应环境税征收要求的税务干部；三是环保部门的密切配合，《环境法》、《税收征管法》等应对环保部门的配合义务予以明确规定。

五、进一步完善我国环境税收政策的建议

（一）独立环境税主要制度设计

1. 具体征税范围的选择

我国环境税征税范围的选择，应首先考虑到主要污染物情况，再结合考虑我国现有税制结构以及排污费改税的需要等因素综合确定。我国主要污染物包括二氧化硫（SO_2）、氮氧化物（NO_X）、二氧化碳（CO_2）、废水、固体废弃物、烟尘和粉尘等，其中，SO_2、NO_X、CO_2、废水可纳入环境税征税范围。具体分析如下：

（1）二氧化硫

我国大气污染以煤烟型为主，首要污染物是二氧化硫。我国二氧化硫年排放量2000万吨以上，居世界首位。主要由二氧化硫排放所致的硫酸型酸雨污染危害面积达国土面积30%，全国因此每年损失上千亿元。2007年地级及以上城市空气质量达到国家一级标准的占2.4%，二级标准的占58.1%（我国空气二氧化硫二级浓度标准为每立方米60微克，是国家要求城市必须达到的标准，也是保护人体健康的最低标准），三级标准的占36.1%，劣于三级标准的占3.4%。2007年监测的500个城市（县）中，出现酸雨的城市281个，占56.2%；酸雨发生频率在25%以上的城市171个，占34.2%；酸雨发生频率在75%以上的城市65个，占13.0%[①]。二氧化硫污染已成为制约我国经济、社会可持续发展的主要因素，控制二氧化硫污染势在必行。因此，环境税应首先将二氧化硫纳入征税范围，同时停征二氧化硫排污费。

（2）氮氧化物

氮氧化物是会产生多种环境影响的污染物，如致酸形成酸雨，富营养化形成硝酸盐，引起近地层臭氧浓度升高等，对大气能见度、人体健康都会产生影响。2005年，《自然》杂志公布卫星遥感所测数据，称中国北京及东北部是世界上二氧化氮污染最

① 引自国家环境保护部网站。

严重的地方。欧洲航天局（ESA）据此发布新闻《龙的呼吸》，根据中国上空对流层二氧化氮的增加，揭露经济增长对中国空气质量的冲击。从欧洲、北美的教训来看，控制酸沉降最初重视二氧化硫控制、轻视氮氧化物控制，而氮氧化物排放的增长和其高氧化性可能抵消二氧化硫控制的效果①。2006年我国NO_X的排放总量为1523.8万吨，其中工业排放1136.0万吨，工业排放占总排放的74.6%。氮氧化物已成为空气质量管理的又一挑战，我国应尽早采取控制措施。对氮氧化物的征税方法与二氧化硫存在相似的地方，可纳入环境税征税范围，同时停征氮氧化物排污收费。

（3）废水

我国水体中有100多种污染物，从目前水体污染状况看，最主要的污染物是COD。随着环境污染的加剧，恶性污染事件不断发生，2004年的沱江污染、2005年的松花江污染、2007年的太湖蓝藻暴发等，影响程度之大、范围之广前所未有。我国水污染排放量大，远远超过水环境容量。根据中国环境规划院的测算，全国地表水环境容量大约为1080万吨/年。2005年COD排放总量（工业与生活）1414.2万吨，居世界第一，超过环境容量约90%以上②。2007年环保部门监测的197条河流407个断面中，Ⅰ类～Ⅲ类、Ⅳ类～Ⅴ类和劣Ⅴ类水质的断面比例分别为49.9%、26.5%和23.6%。珠江、长江总体水质良好，松花江为轻度污染，黄河、淮河为中度污染，辽河、海河为重度污染，湖泊富营养化问题突出。全国近岸海域一、二类海水比例为62.8%，比上年下降4.9个百分点；三类为11.8%，上升3.8个百分点；四类、劣四类为25.4%，上升1.1个百分点。四大海区近岸海域中，南海、黄海近岸海域水质良，渤海为轻度污染，东海为重度污染。水污染是环境安全最突出、最迫切的问题，能否较好地控制废水污染关系到人民群众身体健康和经济社会的可持续发展。为了保护我国的水资源、水环境，废水应纳入环境税征税范围。

（4）二氧化碳

全球气候变暖已经成为国际社会一个热点问题。气候变暖本身对经济发展乃至人类生存有重大影响，而如何应对气候变暖则成为各国政府乃至国际组织研究的一个问题，并且日益成为国际政治的一个重要议题。因此，研究如何通过经济手段限制被认为是造成全球变暖主要原因之一的二氧化碳等温室气体排放已成为各国都在关注的问题。由于“碳泄漏”的存在，使二氧化碳税是否征收，选择什么样的方式征收情形更为复杂，需要深入分析。

①二氧化碳征税必要性分析

二氧化碳是造成温室气体的主要原因。工业革命以来，化石燃料燃烧、毁林和土地利用变化等人类活动排放的以二氧化碳为主体的大量温室气体在大气中累积，

① 郝吉明：《中国要制定氮氧化物控制策略》，《科学时报》，2007年10月23日。

② 王金南等：《中国环境政策（第三卷）》，中国环境科学出版社2007年版：P386。

导致温室气体浓度从工业革命前的280ppm上升到2005年的379ppm，超过了近65万年来自然界的变化范围，温室效应增强，引起全球气候变暖。据世界银行估计，考虑到现在已累积的二氧化碳浓度，升温1.8℃已经不可避免[①]。如果升温4℃，可能对全球生态系统带来不可逆的损害，造成全球重大经济损失，威胁经济社会发展和人民群众身体健康[②]。

节能减"碳"，实行低碳经济已在国际社会达到基本共识。1997年12月，《联合国气候变化框架公约》第3次缔约方大会通过的《京都议定书》对2012年前主要发达国家减排温室气体的种类、减排时间表和额度等作出了具体规定。2007年12月，第13次缔约方大会通过的"巴厘岛路线图"讨论了《京都议定书》第一承诺期在2012年到期后如何进一步降低温室气体的排放。应对国际气候变化已成为除了防止核扩散，应对金融危机等议题之外，世界各国共同面临的最主要挑战之一。如何应对气候变化也已纳入了各国政策制定者的视野，与二氧化碳排放相关的碳税收和碳排放交易制度备受青睐和争议，如法国议会积极研究实施碳税影响，美国参议院通过以碳排放交易制度为核心内容的《2009年清洁能源和安全法案》。我国在国际事务中正谋求发挥更加积极的作用，面对防止气候变暖这一重要国际议题，应积极采取措施，发展低碳经济，征收二氧化碳税则是可选的重要手段。

此外，我国宣布实行碳税是阻止发达国家征收碳关税的有效方法。美欧等发达国家认为单边碳税和碳排放交易制度存在"碳泄漏"，即发达国家减排会引起发展中国家排放量的增长，产生"碳天堂"，使能源密集型产业从碳排放管理较严的国家转移到管理相对松懈的国家，难以真正实现碳排放减少。为防止碳泄漏，发达国家针对碳税提出两类措施：第一，在碳税制度下，对易受影响产业实行税收返还；第二，对进口产品采取边境调整措施，即对汽油等化石燃料征收与国内同类产品相同的碳税，对其他产品按其生产过程碳排放量征收碳税。尽管WTO法律专家对这一边境措施是否符合WTO规则存在不同意见，但在判断边境调整措施与WTO规则一致性时倾向于对环境保护措施的"宽容"。中国作为出口大国，是发达国家征收碳关税的重要目标，我国宣布实行碳税是阻止发达国家征收碳关税的有效方法。

② 二氧化碳税实施路径选择

从国外的实践来看，碳税的征收并不一定需要开征单独的二氧化碳税，碳税的实施存在不同的路径选择。由于按照CO_2的实际排放量征收在技术上不宜操作，而目前尚无有效措施去除二氧化碳，二氧化碳排放量单纯由燃料中的碳含量决定，因此大多数国家采用对燃料征税的方式代替对实际排放量征税。二氧化碳税这种间接征收的方式使其征税对象主要体现为化石燃料，因此有的国家也通过对能源税进行

① WTO、联合国环境署：《贸易与气候变化》，2009年：P8。
② 国家发展改革委员会：《中国应对气候变化国家方案》，2007年。

改革以实现碳减排。根据国际上引入碳税的不同方式，可将碳税区分为单独的碳税和混合的碳税。单独的碳税是指直接引入二氧化碳税，截至目前，共有8个欧洲国家在全国范围内征收碳税，包括芬兰（1990）、瑞典和挪威（1991）、丹麦（1992）、斯洛文尼亚（1997）、意大利（1999）、爱沙尼亚（2000）以及瑞士（2008）。部分国家的地方政府也征收了碳税，如加拿大魁北克省2007年10月引入了碳税，2008年5月起美国旧金山部分城市开始征收温室气体费。混合的碳税是指以其他税种的名称征收，但其税负设计包含了碳税的因素。从已有的实践经验来看，有以下两种情况：一是欧盟建议的碳/能源税（Carbon/energy taxes）。作为将2000年二氧化碳排放稳定于1990年水平的政策措施之一，欧盟1991年提出征收混合的能源税和碳税的建议，即50%的能源税、50%的碳税。以荷兰为例，荷兰1992年通过碳/能源税（50%的能源税、50%的碳税，又被称为对燃料的环境税），1996年1月1日另一个碳/能源税和能源调节税生效。碳/能源税中，对环境征收的部分是每吨二氧化碳5.16荷兰盾，能源税部分是每十亿焦耳0.3906荷兰盾；能源调节税是每吨二氧化碳27荷兰盾，每十亿焦耳1.506荷兰盾[①]。另一种混合碳税是税率与二氧化碳排放相关的汽车税。大量的OECD国家在对汽车购买或者使用征税时采用了与CO_2排放量相关的税率，使这些汽车购置税或汽车税具有混合碳税的性质。

我国目前尚无对二氧化碳排放征收的税，其他税种的税负设计也没有考虑二氧化碳排放的因素，因此，我国引入碳税时，从总体上来说，可采用引入独立碳税、引入混合碳税以及二者相结合等不同方式。在选择碳税引入方式时，应兼顾考虑实施效果、征税成本和象征意义等因素。设立独立的碳税，引导碳减排的目的更加明确，如果在先开征二氧化硫税的情况下，部分纳税人采用物料衡算法测算排放量，税务机关能掌握纳税人所使用燃料的数据情况，可以大大降低开征二氧化碳税的征收成本。此外，征收独立的碳税也更具有象征意义。在各国共同应对全球气候挑战的背景下，无论是主动担当国际责任还是被动应对外部压力，都需要我们在二氧化碳减排方面展现积极的姿态，独立的碳税与混合的碳税相比，显具优势。因此，我国可以选择设立独立的碳税（即将二氧化碳税作为环境税的一个税目），与此同时，对汽车燃料所排放的二氧化碳可结合消费税以及车船税改革，实施混合碳税的形式。

（5）固体废弃物

对生态环境造成严重污染的另一来源是固体废弃物。固体废弃物堆积量大，成分复杂，其堆放需占用大量土地，未经处理的有害污染物长期露天堆放会污染土壤，大量的固体废弃物直接向江河湖海倾倒，会造成严重的水污染，固体废弃物中所含的粉尘及其他颗粒物也会对人体健康造成危害，此外，某些有害固体废弃物还可能

---

① http://www.epa.gov，美国国家环境保护局网站。

造成燃烧、爆炸、中毒等意外事故和特殊损害。我国每年产生大量工业固体废弃物，对环境危害极大。

从理论上说对固体废弃物也应按排放量征税，但现实中固体废弃物种类很多，来源不同，对其排放行为也很难控制，如果按排放量征税很难操作。因此，实践中可采取以下一些变通措施来体现对固体废弃物的控制：①对于工业废弃物，税务部门缺乏有效的手段进行统计、计量，难以直接按排放量征税，可运用增值税、所得税等税收政策鼓励固体废弃物资源化。②对物品特别是一次性消费品，在生产和使用环节就予以征税，以鼓励节约使用和回收利用。可运用消费税政策来体现，其税目设计可考虑饮料容器、旧轮胎、电池等。③对城市生活垃圾，可考虑开征垃圾税。但我国目前开征垃圾税的条件还不成熟。从国外垃圾税费政策来看，很多国家采用了生活垃圾收费制，如澳大利亚、加拿大、捷克、丹麦、芬兰、德国、匈牙利、爱尔兰、荷兰、新西兰、美国、日本、韩国和新加坡等，实行向城市居民征收生活垃圾收集或处理费制度，为城市垃圾处理筹集资金，有的采用定额收费制，有的采用计量收费制。一些国家开征了垃圾税，但征收的垃圾税实际上是对垃圾收费的基础上，向生活垃圾填埋场的经营者征收垃圾填埋税，如捷克、丹麦、荷兰、德国、瑞典、法国、英国等都征收生活垃圾填埋税。英国将填埋场处理的垃圾区分为惰性废物和需控制的废物分别规定不同的税率征税，丹麦区分垃圾填埋和垃圾焚化分别规定不同的税率征税。虽然生活垃圾填埋税不是向生活垃圾产生者直接收取，而是向生活垃圾填埋场的经营者收取，但这部分费用会直接转嫁给生活垃圾产生者。我国目前对垃圾处理的主要方式仍然是填埋，而且尚处于填埋处理能力不足、设施缺乏、技术水平低的阶段，因此，通过征收垃圾填埋税的方式来刺激垃圾处理者改变垃圾处理方式是不切实际的。从我国国情出发，现阶段对固体废弃物的税费政策可采用征收垃圾费为城市垃圾处理筹集资金，运用消费税对部分固体废弃物征税，运用增值税、所得税等税收政策鼓励固体废弃物的利用以减少固体废弃物处理量等方式，环境税可暂不考虑将固体废弃物纳入征税范围。

（6）烟尘和粉尘

烟尘和粉尘也是对生态环境和人类健康造成威胁的主要污染源之一，2006 年我国烟尘排放总量 774.9 万吨，粉尘排放总量为 722.2 万吨。但从 OECD 各国情况看，目前很少有国家对烟尘和粉尘课征环境税，我国也不宜将其纳入环境税征税范围，主要原因如下：①烟尘和粉尘来源复杂，纳税人不好界定。②监测技术尚不成熟，税率或征税标准较难确定，征管水平的局限会给纳税人很大的逃税空间。最终可能导致监测成本和税收收入不匹配，甚至激化征纳矛盾。③一些烟尘和粉尘产生企业的污染具有阶段性和时效性，而且随着季节气候变化对环境的危害程度也有所不同，如果我们依据公平性原则按照季节变化确定不同的税率或征税标准，会进一步加剧税制的复杂性，降低税收遵从度。

综上，考虑到主要污染物情况、我国现有税制结构、排污费改税的需要以及征管的可行性等因素，二氧化硫、氮氧化物、废水、二氧化碳可纳入环境税征税范围。鉴于我国对氮氧化物的监测水平还很低，二氧化碳的征收更多地会涉及国际协调，因此具体实施时，应首先对二氧化硫和废水征税，其他项目的开征时间视具体情况而定，循序渐进，先易后难。

2. 二氧化硫税目主要制度设计

（1）纳税人

在我国境内生产经营过程中排放二氧化硫的单位和个人，应缴纳二氧化硫税。其中，个人是指个体经营者。

二氧化硫的排放主要来自于工业，居民生活排放的二氧化硫所占比例相对较小，如果纳入征税范围，会造成纳税人数量众多且极为分散，加大征管难度和征税阻力，因此居民生活排放的 SO_2 可暂不纳入环境税征税范围。

（2）计税依据

对于固定的大型污染排放源，能实际监测的，按实际监测值征收，实际监测值可使用在线监测数。对于没有实际监测或实际监测值明显不正常的，采用物料衡算法计算征收。使用在线监测数和物料衡算法的具体办法如下：

① 使用在线监测数

我国大部分重点污染源已安装在线监测设备，纳入环保监测与环境预警的信息平台——污染源在线监测系统。如大部分电厂都安装了在线监测设备，约有 50% 的二氧化硫排放量可以按照实际排放数征税。税务部门可依据纳税人申报的在线监测数为税基征税，并通过与环保部门的信息交换平台核实其真实性。

② 采用物料衡算法

对于无在线监测设备的纳税人，以物料衡算法计算的排放量为计税依据。

a. 燃煤产生的二氧化硫排放量计算公式：

二氧化硫排放量（千克）=16 × 耗煤量（吨）× 硫份 ×（1– 脱硫率）

=18.24 × 耗煤量（吨）×（1– 脱硫率）

计算公式说明：

第一，采用物料衡算法的基本计算方法。

煤炭中的全硫份包括有机硫、硫铁矿和硫酸盐，前两部分为可燃性硫，燃烧后生成二氧化硫，第三部分为不可燃性硫，列入灰分。通常情况下，可燃性硫占全硫份的 70% ~ 90%，平均取 80%。根据硫燃烧的化学反应方程式 $S+O_2=SO_2$ 可知，在燃烧中，可燃性硫氧化为二氧化硫，1 克硫燃烧后生成 2 克二氧化硫。因此，二氧化硫排放量（千克）=2×80%×耗煤量（吨）×1000×硫份%×（1-脱硫率）=16×耗煤量（吨）×硫份×（1-脱硫率）

第二，含硫量按我国原煤平均加权硫份1.14计算。

燃烧不同含硫量的燃料，排放的二氧化硫不同。从理论分析以及国外征收二氧化硫税的经验来看，减少二氧化硫排放的基本办法之一是以低硫煤代替高硫煤，因此区分不同含硫量制定不同的税收负担是公平而行之有效的方法。但从我国现实情况来看，无论是确定税基还是税率，如果需要对纳税人使用燃料的含硫量作出区分，难度较大。我国纳税人数量众多、分散，在经济利益的驱动下，纳税人可能以次充好，弄虚作假。从税收征管上来看，也没有相对容易掌握的与燃料含硫量具有相关性的指标。如企业的产量这一指标，与企业使用的燃料数量具有一定的相关性，但与所使用的燃料的含硫量无关。缺乏与含硫量相关的客观指标使征收机关在纳税人不能准确提供各批次燃料含硫量的情况下，难以较为客观地对含硫量进行核定征税。因此，采用物料衡算法计算二氧化硫排放量时，宜采用平均含硫量计算。据中国煤种资源数据库的有关资料，我国原煤平均加权硫份1.14%，其中，硫份小于0.5%的占29.75%，硫份0.5%~1.0%占34.96%，硫份1.0%~1.5%的占13.5%，硫份大于1.5%占21.79%[①]。

尽管在设计二氧化硫税时难以体现对不同含硫量的燃料区别对待的税收政策，可考虑通过对燃料供应企业的不同含硫量燃料产品征收不同的消费税作为改变其相对价格的经济手段之一，鼓励使用低硫产品。如果征收消费税，征税环节提前到生产销售环节，纳税人只涉及燃料供应企业，纳税人数量大大减少，税务机关可进行精细化管理，更具有可操作性。再配合"禁止新建煤层含硫份大于3%的矿井，对现有煤层含硫份大于3%的矿井实行限产和关停"、"禁止进口含硫份大于1%的高硫煤炭和燃料油，限制出口优质低硫煤炭"等行政手段，逐步减少全社会高硫燃料的使用，达到减少二氧化硫排放的目标。

b. 燃油产生的二氧化硫排放量计算公式：

燃油产生的二氧化硫排放量（千克）=20×耗油量（吨）×硫份×（1-脱硫率）

燃油含硫量，一般为重油0.5%~3.5%，柴油0.5%~0.8%。重油硫份可取平均数2%，柴油硫份可取平均数0.65%。

（3）税率

税率水平的设计可参考以下因素：

① SO_2 排污收费水平

为了贯彻执行《节能减排综合性工作方案》，部分省市已将二氧化硫的收费标

① 赵以忻、仲良喜：《北京市市区采暖期二氧化硫严重超标的原因和对策》，《城市管理与科技》，1999年第4期。

准从每公斤0.63元提高到每公斤1.26元，如江苏、山西等省，每公斤1.26元的收费标准可作为税率设计的下限。

② 脱硫设施的运行成本

理论上的最优税率认为环境税的税额应正好消除排污行为对环境造成的负外部性损害。但对环境造成的负外部性损害很难准确测定，因此，二氧化硫的税率可在参考我国近年来脱硫设施的运行费用基础上加以确定。我国近年来脱硫设施的运行费用及据此计算的二氧化硫单位处理成本如表B5–9所示：

表B5–9　我国近年脱硫设施的运行费用及单位处理成本

年　度	2001	2002	2003	2004	2005	2006
脱硫设施当年运行费用（亿元）	111.1	147.1	150.6	213.8	267.1	464.4
工业二氧化硫去除量（万吨）	564.7	697.7	749.2	890.2	1090.4	1439.0
单位处理成本（元/公斤）	1.97	2.11	2.01	2.4	2.45	3.23

资料来源：根据中国统计局《中国环境统计年鉴2007》的数字计算。

据此推算，我国近年来二氧化硫的单位处理成本在每公斤2元~3.3元之间，二氧化硫的税率水平可以现收费水平为下限，在每千克1.26元~3.3元之间确定。

3. 废水税目主要制度设计

（1）纳税人

在我国境内向自然环境排放废水的单位和个人，应缴纳废水税。其中，个人是指个体经营者。

水污染物主要来自废水，包括工业废水、生活废水和农业废水等。考虑到经济可持续发展和我国现实国情的需要以及税收征管能力的制约，宜先把工业废水纳入到污染排放税中，暂时对生活废水和农业废水免税。

（2）计税依据

按新鲜用水量和废水的污染程度征税。税基确定的具体方法如下：

以折算的废水排放量为税基，计算公式为：折算的废水排放量 = 企业的用水量 × 污染系数

式中，“企业的用水量”是指企业的新鲜用水量；“污染系数”主要根据行业产生的废水污染程度、废水贡献率等确定，同时，兼顾考虑先进工艺与落后工艺的区别。对于生产跨行业产品的纳税人，如能准确区分不同行业产品的用水量，分别按产品所属行业的调整系数计算污水排放量，如不能准确区分的，可考虑以下两种方式确

定税基：一是从高适用调整系数；二是按不同行业产品当期销售收入占全部销售收入的比例划分用水量，各自按分配的用水量计算污水排放量。

采用折算的污水排放量作为税基，体现了效率基础上的公平，主要优点如下：

① 从效率角度考察，计税依据具有易测量且稳定的特点，符合税务行政效率原则。从理论上讲，以污水实际排放量和其有害程度计算的污水排放量作为税基，最能体现环境税的公平原则，也能最好地发挥环境税对企业排污行为的调节功能，但是在实践中，对污染排放量的计量可能既困难又昂贵。从我国现实的情况看，部分企业安装了在线监测设备，为准确掌握污水排放量提供了可能，但要直接以在线监测设备反映的数据作为废水税的税基，距离还很远。目前，实行在线监测的企业基本为大型企业，属于省控和市控的重点污染源，在线监测设备通常由第三方中间商进行运营管理，企业承担运行费用，在线监测设备在运行中容易出现问题，不够稳定。相比之下，以折算的污水排放量为税基，在折算系数确定的情况下，污水排放量取决于用水量。用水量可通过企业支付的水费等方式确定，使税基易测量并且稳定，能节省征税成本，符合效率原则。

② 从公平角度考察，计税依据反映了一定程度的公平。环境税的税负公平应体现在排污量相同的纳税人承担相同的税收负担（横向公平），排污量不同的纳税人承担不同的税收负担（纵向公平）。国民经济中不同行业的企业所排放的废水对环境污染程度不同，通过对不同行业区分其排放废水有害程度的不同，据此规定不同的折算系数，使污染程度不同的行业承担不同的税负水平，同行业企业承担大致相同的税负水平，符合税收的公平原则。

③ 以企业的用水量作为废水税的主要征税依据，是"减量化、再利用"的循环经济原则在税制设计中的具体体现，是循环经济思想在税制设计中的直接反映，有助于鼓励企业节约用水、循环用水，循环用水越多的企业，税收负担会越低。

（3）税率

废水税率水平可参考环境部门有关废水的实际污染治理成本和环境损害成本（实际治理成本与虚拟治理成本之和）数据设计。实际污染治理成本可作为税率水平的下限，环境损害成本可作为税率水平的上限。根据实际单位污染治理成本确定的税率水平相当于企业为治理污染采取措施的预期边际成本，我国征收排污费的经验以及国外相关实践都已证明，如果废水税的负担水平达不到这一标准，在发挥其调节功能方面难以取得令人满意的效果。环保部门测算的实际治理成本与虚拟治理成本之和可作为负外部性成本的参考，作为税率水平设计的上限。根据《中国绿色国民经济核算研究报告 2004（公众版）》，2004 年全国废水实际污染治理成本为 344.4 亿元，当年废水排放总量 482.4 亿吨，据此计算实际单位污染治理成本为 0.714 元 / 吨。2004 年全国废水虚拟治理成本为 1808.7 亿元，环境损害成本为 2153.1 亿元，由此推算，2004 年单位废水环境损害成本为 4.46 元 / 吨。废水的税率水平可在 0.714 元 / 吨 ~4.46 元 / 吨之间设定。

4. 氮氧化物税目主要制度设计

（1）纳税人

在我国境内生产过程中排放氮氧化物的单位和个人。

从现实情况看，除了生产过程中排放氮氧化物以外，机动车尾气已成为城市 NO_X 的主要来源之一。随着我国机动车保有量的快速增加，机动车尾气排放的 NO 对大城市局部地区空气质量有显著影响。从对城市空气质量的贡献看，北京、上海、广州等大城市流动源贡献明显，统计显示，在北京市大气污染物中，63% 的 CO、74% 的 HC 和 22% 的 NO_X 是由机动车排放造成的。与发达国家相比，我国汽车污染物排放水平明显偏高，城市道路机动车 CO、HC 和 NO_X 的排放因子分别是发达国家 20 世纪 90 年代中期城市道路汽车污染物排放因子的 7~8 倍、8 ~ ~10 倍、3~4 倍[①]。

尽管机动车尾气对 NOX 排放的贡献率明显，但现行税制中，对汽油、柴油征收消费税，如对燃油再单独开征氮氧化物税，会增加税制的实施难度，降低社会可接受程度。为了使税制更具可操作性，运输工具的氮氧化物税可在汽油、柴油消费税的税收负担里予以考虑和体现，而在环境税制度中，只对生产过程中排放氮氧化物征税。

（2）计税依据

使用污染源在线监测设备的，以在线监测数为计税依据。其他纳税人，以燃料使用量计算的排放量为计税依据。计算公式为：

氮氧化物排放量（千克）= 燃料使用量（吨）× 折算系数 ×（1– 氮氧化物去除率）

折算系数可参考的经验数据，即各种燃料燃烧产生的氮氧化物量如下：

1 吨天然气，约排放 6.35 千克氮氧化物；1 吨石油，约排放 9.1 ~ 12.3 千克氮氧化物；1 吨煤，约排放 8 ~ 9 千克氮氧化物。

（3）税率

我国在氮氧化物控制方面起步还比较晚，国家年度环境公报未包括氮氧化物的排放数据，缺乏对全国氮氧化物排放状况、环境影响及控制对策的系统研究。在氮氧化物治理成本缺乏统计数据的情况下，税率设计可参考二氧化硫的税负水平，适用不低于二氧化硫的税收负担。在氮氧化物税实施之初，可选择与二氧化硫同样的税负水平。

① 邓顺熙、陈洁等、李百川：《中国城市道路机动车CO、HC和NO_x排放因子的测定》，《中国环境科学》，2000年第1期。

5. 二氧化碳税目主要制度设计

（1）征税对象

在生产、经营过程中因消耗化石燃料直接向自然环境排放的二氧化碳。其中，化石燃料的范围包括褐煤、烟煤、无烟煤、焦炭、泥炭、柴油、重质燃料油、轻质燃料油、液化石油气、煤油、焦油、天然气等。

二氧化碳排放来源于三个方面：生产、交通、生活。二氧化碳税只将在生产、经营活动过程中排放二氧化碳的行为纳入征税范围，运输工具排放的二氧化碳可通过对消费税改革，使汽油、柴油的税负与碳含量挂钩，对车船税改革，使税负与排气量大小挂钩来实现。出于民生考虑，暂时不对居民生活使用的煤炭和天然气排放的二氧化碳征税。

（2）纳税人

在我国境内生产、经营过程中排放二氧化碳的单位或个人。其中，单位包括各类企业以及事业单位、社会团体及其他组织；个人是指个体经营者。

（3）计税依据

以化石燃料的使用量折算的二氧化碳排放量为税基。计算公式为：二氧化碳排放量 = 燃料使用量 × 碳强度系数

虽然直接以 CO_2 的排放量为税基，有利于鼓励企业采取各种措施减少二氧化碳排放，但技术上不宜操作。考虑到目前尚无有效措施去除二氧化碳，二氧化碳排放量单纯由燃料中的碳含量决定，税基的选择可用燃料代替实际的排放量。单位能量的化石燃料中煤的含碳量最高，与之相应，煤的折算系数最高，天然气最低。

一般来说，碳元素是组成煤的有机高分子的最主要元素，并且碳含量随煤化度的升高而增加。在我国泥炭中干燥无灰基碳含量为 55%~62%；成为褐煤以后碳含量增加到 60%~76.5%；烟煤的碳含量为 77%~92.7%；一直到高变质的无烟煤，碳含量为 88.98%。个别煤化度更高的无烟煤，其碳含量多在 90% 以上，如北京、四望峰等地的无烟煤，碳含量高达 95%~98%。整个成煤过程，也可以说是增碳过程。

（4）税率

从理论上而言，二氧化碳税率的确定应考虑二氧化碳的边际损害成本。但边际损害成本实际上是难以确定的，因此，税率的确定应综合考虑减排目标、企业国际竞争力、与其他税种的协调等因素。为了保护能源密集型企业的国际竞争力，可区分能源密集型企业和其他加工企业实行差别税率，对能源密集型企业实行优惠税率。

（5）税收优惠

二氧化碳税的实施应鼓励二氧化碳减排技术的发展，同时也应考虑对企业国际竞争力的影响，因此，二氧化碳税的税收优惠应集中在以下两个方面：

① 对积极减排的能源密集型企业的优惠。为了鼓励企业节能减耗，企业可与有关政府部门签订二氧化碳减排协议，对于签订并履行协议的企业，可实施税收返还。

② 对于积极采用技术减排或回收二氧化碳（例如实行碳捕获和封存技术等）并达到一定标准的企业，给予减免税优惠。

（6）收入的归属与使用

由于碳税的征收涉及行业的发展、国际间的协调与平衡，从中央税、地方税的性质来看，碳税宜作为中央税，而不宜作为地方税。但考虑到调动地方税务机关的积极性以及增加地方税收入比重等因素，碳税可作为中央、地方共享税，实行收入分成。从收入的使用上来看，为了强化碳税节能减耗的特定目的，碳税宜实行专款专用，主要用于减排降碳，如鼓励节能技术、植树造林等。

(二)其他与环境相关税收政策的完善

1. 资源税的改革

1994 年的资源税改革以及 2004 年新一轮税制改革启动以来对资源税的税额调整显示了税务主管部门对资源税地位和作用认识的不断深化，运用资源税改变过度开采资源现状的意图也日趋明显。但近期仅仅以调高税额为内容的资源税改革并没有触及其过窄的征税范围，不合理的计税依据等决定资源税实质的根本要素。资源税的改革只有在转变设计思想的基础上，形成全局性的改革视角，才能发挥其在筹集财政收入和保护资源环境方面的积极作用。

（1）调整资源税设计的理念

① 从构建我国环境税制角度对资源税的定位

构建我国的环境税制应建立起独立的针对污染排放的税种和针对资源保护的税种，并且在环境税制中应当有居于主导作用的税种。通过开征环境税，可建立起针对污染排放的独立税种。而在原税制中，已存在一些对资源具有一定保护作用的税种，如资源税、城镇土地使用税、耕地占用税等。但城镇土地使用税、耕地占用税作用范围极为有限，从前文对资源税存在问题的分析以及资源税在我国税收收入中的比重（见表 B5-10）可以看出，现行资源税也很难在资源保护方面发挥主导作用。我国是资源浪费极为严重的国家之一，按现行汇率测算，我国的单位资源产出仅相当于德国的 1/6、美国的 1/10 和日本的 1/20[①]。资源作为一种稀缺物品，是经济社会发展的基础和关键，尤其需要税收政策的调节和保护，资源税应成为环境税制以及整个税收体系中的重要组成部分。因此，资源税的改革应体现通过改革构建以环境

① 张鹏:《石化行业：资源税上调拉开价格改革序幕》,《证券导刊》，2005年第30期。

税和资源税为双主体的环境税制的目标，运用环境税达到减少污染的目的，运用资源税达到促进资源有效利用的目的，使税收作为主要环境经济工具在控制污染和保护资源方面的功能得以充分发挥。

② 从理清有关资源税费的角度对资源税的定位

税与费都是处理国家与企业有关资源开发、利用收益分配关系的手段。在与资源相关的税与费的配置方面，中国有不同于很多其他国家的税、费结构。

表B5-10　资源税收入占全部税收收入比重

年份	资源税收入（亿元）	税收收入（亿元）	资源税收入占税收收入比重
2000	63.6	12665.8	0.50%
2001	67.1	15165.5	0.44%
2002	75.1	16996.6	0.44%
2003	83.1	20466.1	0.40%
2004	99.1	25718	0.39%
2005	142.6	30865.8	0.46%
2006	207.26	37636.2	0.55%
2007	261.25	49449.2	0.53%

资料来源：国家税务总局网站。

20世纪以来，矿产资源国有化成为世界性的趋势。在矿业发展和制度建设过程中，资本主义国家逐步形成了相当一致的思路和具体做法：不分资源条件优劣，征收“权利金”（royalty）以体现资源消耗补偿；区别资源条件优劣，征收“资源租金税”（rental tax）以体现级差收益分配。我国与西方主要矿业国家资源税费情况见表B5-11。

表B5-11　我国与西方主要矿业国家资源税费比较

我国	征收情况	西方国家	征收情况
资源补偿费	普遍税率 平均费率1.18%	权利金	普遍征收，是矿业税的核心，费率2%～12%
资源税	普遍征收，级差调节，是我国矿业税的核心	资源租金税	一般不单独征收，常包含在权利金内，使权利金与利润挂钩

续表

我国	征收情况	西方国家	征收情况
采（探）矿权使用费	普遍征收	矿业权租金	普遍租金
采（探）矿权价款	政府评估后出让，或招、拍、挂	红利	招标或竞拍，获得矿权者向所有权人支付
		资源耗竭补贴	负权利金，税收减免专项用于企业寻找新矿体

资料来源：杨人卫:《中外资源税制比较及我国资源税制的完善》,《四川环境》，2005年第24卷第5期。

从表 B5–11 可以看出，与其他国家矿业税费的核心是资源补偿费不同，我国的资源补偿费很低，资源税是我国矿业税费的核心，占销售收入的比重大大高于矿产资源补偿费占销售收入的比重,这种局面的出现,也从侧面反映了我国“费”与“税”相比，规范性、强制性都相差很远。多年来的实践证明，我国的矿产资源补偿费在征收中存在如下问题：一是截留、坐支矿产资源补偿费。按照规定，矿产资源补偿费应纳入国家预算，实行专项管理，主要用于矿产资源勘察。而在实际使用中，欠缴和截留、坐支资源补偿费的现象比较普遍，将矿产资源补偿费主要作为各级相关部门办公经费的现象时有发生。二是存在欠缴现象。一些矿山企业没有全面履行缴纳补偿费的义务，存在欠缴现象。三是矿产资源补偿费计征公式中的开采回采率系数难以确定，执行中容易产生寻租现象和征收的高成本。四是征收成本高。大的采矿权人如石油、煤炭、铁矿企业基本能够按规定申报缴纳矿产资源补偿费，征管部门对其征收管理也比较到位，但是一些小的采矿企业特别是个体私营企业不能做到按期申报，有的甚至无账可查，有关部门只能按定额征收或简单测算征收，征收成本高。

矿产资源补偿费在性质和征收范围上与现行的资源税几乎完全相同，只是征收方法和收入的分配使用与现行的资源税不同，实行费税合并征收从理论和现状看是可行的，至少可减少一套征收机构，节约相应的征收成本。由于税务部门对企业财务状况的掌握与其他部门相比，有很大的优势，除了资源税以外，增值税、所得税等其他税费的征收也要求税务机关对采矿企业的情况尽可能熟悉或掌握，因此，费税合一，由税务部门征收有利于降低行政管理成本，促进矿业发展。

将矿产资源补偿费与资源税合二为一后新的资源税应具有以下三方面的性质：

① 具有级差收入税的性质。资源税对因不同地域、不同资源储存条件差异而产生的资源级差收入进行调节。对资源条件好、开采条件好、收入多的，多征税；反之，少征税，具有级差收入税的特点。

② 具有受益税的性质。《宪法》第九条规定：矿藏、水流、森林、山岭、草原、荒地、

滩涂等自然资源，都属于国家所有，即全民所有；由法律规定属于集体所有的森林和山岭、草原、荒地、滩涂除外。我国的自然资源归国家和集体所有，资源税对开采、利用应税自然资源的单位和个人征收，体现了有偿开发利用国有资源的原则以及谁受益、谁缴税，谁受益大、谁缴税多的受益税的特点。

③ 具有矫正负外部性税收的性质。外部性的存在使开采企业的私人成本低于社会成本，如果按照私人成本定价，必然导致过度开采，难以实现资源的有效利用。因此，应将外部成本主要是环境成本内部化，理论上最有效的办法就是按照社会成本给资源定价，这种社会成本不但要考虑资源开采对当代人产生的影响，而且应考虑资源可持续利用的需要。

（2）适度扩大资源税征收范围

鉴于我国资源分布、开采、利用的具体情况和资源税征管水平的现状，我国资源税还难以实行大资源税（大资源税观点主张对所有可再生和不可再生的资源，包括矿山、土地、能源、燃料、草场、森林、水、海洋等全面征收资源税），分步骤、有计划地实施中资源税的观点较为现实和可行（中资源税观点主张资源税的征收范围只限于对不可再生的自然资源及可再生但破坏严重的资源课税）。具体而言，可将水资源、矿产资源、森林资源、草场资源等四类自然资源纳入征税范围，以解决我国日益严重的缺水和森林、草场资源的生态破坏问题。可考虑设置以下税目：

① 矿产资源。现行资源税对矿产资源的划分已经比较完善，可在矿产资源一级税目下将现行资源税七个税目设为子目。

② 水资源。水资源税目下可设地表水、地下水、矿泉水等子目。

③ 林业资源。为了减少征收成本，应该选取我国拥有量比较大的林业种类来征税；为了促进林业资源的综合利用，应选择开采量大的林业资源种类来征税，如木材、竹子等。

④ 草场资源。对草场资源征税，应对利用我国草原、牧场等的经济行为征税（如旅游、集约开发等），自然放牧免征。

在条件成熟时，可以考虑将其他资源（如海洋、地热等）纳入其征税范围。

（3）改革资源税的计税依据

调整资源税的计税依据，改变目前单纯从量计征的办法，实行根据不同应税品目的特点，分别采取从价计征和从量计征的办法，并且将从量计征按销量计征调整为按产量或储量计征。按产量或储量计税的方法较之按销量计税的方法，更符合对资源占用开发课税的性质，更有利于保护资源。对于一些单位产值较大或者有着战略意义的资源如稀有矿石、石油等，可以考虑从价计征，并规定超率累进税率，这样不仅能更好地体现节约使用资源的政策意图，还能增强我国应对能源危机的能力。

（4）确定合理的税率

我国目前资源税费普遍偏低，导致资源市场价格偏低，不利于资源的保护和合理利用，税率的调整势在必行。根据前述资源税改革的目标定位，税率的设计也要分几个层次来考虑，根据现实情况逐步实施：

① 税率设计要体现资源有偿使用。资源税税率设计应体现资源税作为受益税的性质和特点，体现资源开采方从国家或集体手中取得资源开采权利应支付的价款。由于资源稀缺程度不同，替代品的开采程度不同，人类的依存程度不同，资源开采方相应应支付不同的价款。稀缺程度越高的资源，开采方应支付的税额越高。

② 税率设计要体现对级差收入进行调节。无论资源价格如何由政府参与形成，同一种资源在市场上的价格应该是相同的。但由于资源条件的不一致，同样的开采企业会有不同的利润水平，这部分因资源条件不同形成的级差收入应收归政府，使开采企业都能获得平均利润，在同等条件下开展竞争。

③ 税率设计要体现资源的开采利用对环境的损害成本。地方政府应根据本地区资源环境特点选择合适的方法评估由于资源开采而带来的外部成本，资源的有害物质含量越高，在开采过程中给环境造成的损害越大，资源税税率就应当越高。

④ 税率设计应考虑资源回采率因素。资源税改革应将资源回采率作为影响税负的重要因素，税率确定可与资源回采率挂钩，以增加企业提高资源回采率的动力和压力，改变我国回采率普遍偏低的资源浪费现象。

（5）适时进行税与税、税与费的整合

城镇土地使用税、耕地占用税设置的目的是保护国有土地资源、耕地资源，这两个税种在开征目的上与资源税有着明显的重合，可考虑将它们并入资源税，作为资源税的税目，使资源税制更显完整，税收制度更加合理。另外，可考虑将矿产资源管理费、水资源费等并入资源税，以规范税费关系，避免重复征收。

2. 消费税的改革

消费税的进一步改革应将其他对环境有害的消费品逐步纳入征税范围，使间接污染税成为消费税的重要组成部分。消费税作为国家体现消费政策，调整产业结构的主要税种，征税范围选择的重点应确定为污染性消费品，对这些消费品在征收增值税，进行普遍调节的基础上，再征收一道消费税，进行一次特殊调节，消费税的间接税性质使税收负担会在生产者和消费者之间进行分配，从而使消费税发挥限制污染消费品生产、消费的作用，也使消费税这一税种真正发挥其“体现消费政策，调整产业结构”的作用。王金南等在《中国环境政策改革与创新》一书中提出了设立特种产品污染税的建议，有关税目税率设计（见表 B5-12）可作为消费税进一步改革的参考。

表B5–12　部分污染产品的税目税率

产品类型	税目	税率
含磷洗涤剂	高磷洗涤剂	销售价的20%
	低磷洗涤剂	销售价的15%
电池	锌–锰干电池	0.3元/节
	碱性锌–锰干电池	0.5元/节
	氧化银电池	0.4元/节
	水银电池	0.5元/节
	锂电池	0.1元/节
	镍镉类和镍氢类充电电池	按其重量征收不同的税率，0.2～10元/节
	其他电池	按其最接近类型电池的税率征税；不含汞、镉、铅等有害物质的电池税率为0.1元/节；不能说明其成分的电池，按最高税率征税
臭氧耗损物质	全氯氟（CFC，俗称氟利昂）、含溴氟烷（CFCB，俗称哈龙）、四氯化碳（CCL4）、甲基氯仿、溴甲烷等。	具体税率应根据不同臭氧耗损物质（ODS）对臭氧的损害程度和可替代其的非ODS产品的价格确定。可先设计一个基础税额，再计算出化学品的臭氧损害系数，两者相乘可得出该种物质的税率。根据美国经验，这个基础税率可定为100元/kg ODS
包装材料	一次性饮料包装 玻璃容器 塑料容器 金属容器（铝易拉罐等） 软包装袋	0.3元/升 0.5元/升 0.2元/升 2元/公斤
	塑料包装材料 容量大于5kg塑料手提袋	10元/kg
	纸制包装材料（纸板、瓦楞纸箱、纸盒、纸袋、牛皮纸和包裹用纸）	0.5～5元/个，根据包装材料大小和纸质确定差异税率
	水泥包装袋	1元/个
一次性方便餐具	发泡快餐盒	税率为50%，使其在总体售价上高于可降解材料制的快餐盒
	一次性木筷	100%
	一次性塑料杯盘叉	30%
化肥	氮肥 磷肥	税率由其含氮和磷的比例确定，平均税率按100元/吨计算
农药	农药	按农药的有效成分在自然界的降解时间确定，平均税率按100元/吨计算

续表

产品类型	税目	税率
家用办公电器	台式电脑	50～200元/台
	洗衣机	50～200元/台
	电视机	50～200元/台
	复印机	50～300元/台
	激光打印机	50～100/台
	电冰箱	50～100/台
	房间空调器	50～100/台
	日光灯管	2元/个

除了扩大消费税征收范围以外，对小汽车在继续实行按不同排气量适用差别税率的基础上，对排气量相同的小汽车应视其是否安装有尾气净化装置实行区别对待，要明确规定对使用“绿色”燃料的小汽车免征消费税，以促使消费者和制造商做出有利于降低污染的选择；对清洁汽车实行低税率或免征消费税。

此外，烟草消费税税负尚存在上调空间。应进一步提高烟草的从量税，从而大幅提高低价烟的价格。

改革后消费税的征税范围及有关税收政策，应主要体现两大立法宗旨：一是对环境有害和资源消费品征税，使之与环境税相配合，在环境税采用直接污染税形式的同时，间接污染税通过消费税的改革来体现；二是对高消费行为征税，从调节个人支付能力的角度缓解收入分配不公。由于低收入者或消费基本生活用品的消费者不负担消费税，支付能力不受影响，消费税可以配合在取得收入环节征收的个人所得税、在财产保有环节征收的财产税、在财产转移环节取得的遗产税（我国尚未开征）等税种，在不同环节对纳税人的收入和财产进行调节，形成合力，发挥税收对缓解社会分配不公的作用。资源节约、环境保护和调节收入再分配，都是“十一五”规划纲要中的重要内容，也是我国当前经济社会发展中需要重点解决的问题，消费税的上述立法宗旨既体现了消费税本身的功能范围，又体现了我国经济社会发展的现实需求。

3. 增值税相关政策的完善

从目前情况看，增值税与环保相关的税收政策可从以下几个方面进一步完善：

（1）明确2010年以后废旧物资回收企业可享受的增值税优惠政策。根据规定，对满足一定条件的废旧物资回收企业按其销售再生资源实现的增值税的一定比例实行先征后退。现行政策未明确2010年以后该政策是否继续执行。增值税有关废旧物资的政策对于废弃物的“再利用、资源化”将产生直接影响，在原有对废旧物资回收企业销售免税、利废企业购入废旧物资可计算抵扣进项税额的政策取消以后，按销售再生资源所实现增值税的一定比例先征后退的政策在2010年到期后应继续执行，如果税务机关能较好地控管纳税人销售收入情况，应进一步提高先征后退的比例，该比例可视情况在50%～100%之间确定。

（2）明确2010年以后利用林区三剩物和次小薪材等生产的综合利用产品可享受的增值税优惠政策。财税〔2006〕102号明确在2006年1月1日起至2008年12月31日3年内，对纳税人以三剩物和次小薪材为原料生产加工的综合利用产品由税务部门实行增值税即征即退办法。财税〔2009〕148号明确自2009年1月1日起至2010年12月31日，对纳税人销售的以三剩物、次小薪材、农作物秸秆、蔗渣等4类农林剩余物为原料自产的综合利用产品由税务机关实行增值税即征即退办法，具体退税比例2009年为100%，2010年为80%。但以后年度该政策是否继续执行尚未明确。利用采伐后的一些枝、叶以及生产过程中的剩余物和人工造林间伐材，可使现有资源得到充分利用，有利于提高我国森林资源的综合利用率，有效地保护森林资源，推动我国森林资源永续利用。“十五”期间，由于国家退税政策的扶持，综合利用林区“三剩物”和次小薪材的中密度纤维板、刨花板、细木工板等人造板制造工业得到快速发展，使我国成为人造板生产大国，同时也带动了上、下游相关产业的高速发展，推动了我国木材制品的出口贸易，提高了木材综合利用率，促进了森林资源可持续发展。对于利用林区三剩物和次小薪材生产的综合利用产品应继续适用税收优惠政策。

（3）可将锅炉废渣、石煤渣等纳入“享受增值税优惠政策的废渣目录”。财税〔2008〕156号文件的附件“享受增值税优惠政策的废渣目录”中，未把锅炉废渣、石煤渣等废渣列入其中。锅炉废渣、石煤渣是不同品质的煤燃烧后的废渣，量虽然没有粉煤灰大，但涉及面广，且对环境的污染比粉煤灰严重，水泥厂利用锅炉废渣、石煤渣时比粉煤灰成本高，为调动水泥厂消纳锅炉废渣、石煤渣的积极性，应将锅炉废渣、石煤渣列入废渣目录中与粉煤灰一样享受相应的优惠政策。

（4）可以考虑对进口资源性产品实行进口环节增值税优惠措施。

4. 所得税相关政策的完善

所得税的计征涉及企业生产、经营的全过程，是一个调节手段灵活、调节作用强的税种。配合环境税、资源税、消费税以及增值税等税种中与环境保护相关的税收政策，正确、合理运用所得税杠杆，对于逐步形成有利于环境保护的产业结构和消费方式具有重要意义。为了更好地发挥所得税在环境保护方面的作用，可从以下方面进一步完善企业所得税鼓励环保的税收政策：

（1）调整纳税人从事环境保护、节能节水项目的企业所得税优惠办法。可将税法规定的企业从事环境保护、节能节水项目享受所得税优惠需以取得所得为前提的政策，与企业购置并使用环保节能专用设备投资实行税额抵免的优惠办法，整合为对环保节能项目投资实行税额抵免的优惠办法。该方法既可使没有产生收入的环保节能投资享受到所得税优惠，又可避免原专用设备抵免政策实施中出现的专用设备认定不清，核对目录难度大等问题，可增加企业所得税优惠措施的可操作性，使优惠落到实处。

（2）加大对环境服务业的优惠力度。环境服务业是指为环境保护、污染防治等提供的相关服务活动，包括从事以饮水安全和重点流域治理为重点的水污染防治，城市环境基础设施建设中的污水处理，城市垃圾及危险废物处理，噪声与振动污染防治，大气污染防治，土壤污染防治，生态保护，核与辐射环境安全，国家环保重点工程相关的环境技术开发，环境咨询，环境信息等服务。我国环境服务业分类见表 B5-13。我国环境服务业目前还处于技术创新不足，产业基础薄弱，产业市场化程度低，利润水平低的发展阶段。良好的政策环境对于我国服务业发展具有重要意义。企业所得税在现有规定的基础上，应进一步明确对环境技术服务、废旧资源回收处置等方面的优惠政策。

表B5-13　中国环境服务业分类

类　别	具体内容
环境技术服务	包括环境技术与产品的开发、环境工程设计与施工、环境监测与分析服务等
环境咨询服务	包括环境影响评价、环境工程咨询、环境监理、环境管理体系与环境标志产品认证、有机食品认证、环境技术评估、产品生命周期评价、清洁生产审计与培训、环境信息服务等
污染设施运营管理	包括水污染治理设施、空气污染治理设施、固体废弃物处理设施、噪声控制设施等的管理、运营和维护服务
废旧资源回收处置	包括废旧金属及制品、废旧造纸原料、废塑料、废旧化工制品、废木材、废包装物等废旧资源的回收处置
环境贸易与金融服务	包括环境相关产品的专业营销、进出口贸易、环境金融服务等。
环境功能及其他服务	包括生态旅游、人工生态环境设计等

资料来源：国家环境保护总局科技标准司、中国环境保护产业协会:《中国环境产业市场供求指南》，中国环境科学出版社2002年版。

（3）可进一步加大对企业综合利用资源的优惠力度。资源回收利用是发展循环经济的核心，我国现阶段对固体废弃物的管理缺乏有效手段，很多税费政策都难以实施，此种情况下，大力鼓励资源回收利用不但是循环经济的客观要求，也是我国减少固体废弃物处理量的现实需要。因此，可进一步加大对企业综合利用资源的优惠力度，如企业生产符合国家产业政策规定的资源综合利用产品，无论用途如何，无论是否销售，都应享受优惠。企业生产符合国家产业政策规定的资源综合利用产品所取得的收入，可以在计算应纳税所得额时减按60%计入收入总额等。此外，《资源综合利用企业所得税优惠目录》应及时予以调整，使资源综合利用企业能及时、切实享受到税收优惠政策。

（4）应明确用于购买环境保护的专用设备，可以实行加速折旧法计提折旧。现行所得税法规定，企业的固定资产由于技术进步等原因，确需加速折旧的，可以缩短折旧年限或者采取加速折旧的方法。税法所称可以采取缩短折旧年限或者加速折旧方法的固定资产，包括由于技术进步导致产品更新换代较快的固定资产以及常年处于强震动、高腐蚀状态的固定资产等。应明确对用于购买环境保护、节能节水、环境监测等的专用设备，可以实行加速折旧法计提折旧。

（5）淘汰落后生产设备、生产技术形成的财产损失，应给予税前扣除。《企业财产损失所得税前扣除管理办法》（国家税务总局令〔2005〕第13号）列明了固定资产视为永久及实际损失的五种情形之一：由于技术进步原因，已经不可使用；无形资产视为永久及实际损失的三种情形之一：已被其他新技术所替代，且已无使用价值和转让价值。这些规定都不能明确对淘汰落后生产设备、生产技术形成的财产损失，是否给予税前扣除。淘汰落后产能是实现节能减排目标的重要手段，淘汰落后生产设备、生产技术形成的财产损失，应明确规定给予税前扣除，以支持企业的技术改造。

参考文献

[1] 马歇尔．经济学原理（上卷）．北京：商务印书馆，1964

[2] 庇古．福利经济学．金镝译．北京：华夏出版社，2007

[3] 保罗·萨缪尔森，威廉·诺德豪斯．经济学（第16版）．北京：华夏出版社，1999

[4] 汉密尔顿等．里约后五年：环境政策的创新．张庆丰等译．北京：中国环境科学出版社，1998

[5] OECD．环境经济手段应用指南．北京：中国环境科学出版社，1995

[6] 计金标．生态税收论．北京：中国税务出版社，2000

[7] 饶立新．绿色税收理论与应用框架研究．北京：中国税务出版社，2006

[8] 沈满洪．资源与环境经济学北京：中国环境科学出版社，2007

[9] 王金南等．中国环境政策改革与创新．北京：中国环境科学出版社，2008

[10] Hope Ashiabor, Kurt Deketelaere, Larry Kreiser, Janet Milne. Critical Issues in Enviornmental Taxation Volume Ⅱ, Richmond Law & Tax Ltd, 2005

[11] Janet Milne, Kurt Deketelaere, Hope Ashiabor.Critical Issues in Enviornmental Taxation Volume Ⅰ, Richmond Law & Tax Ltd , 2005

[12] OECD.The Political Economy of Environmentally Related Taxes, OECD Publications, 2006

专题报告六

中国烟草税改革

烟草，作为世界上兼具致瘾性和危害性的一种代表性商品，在为各国带来巨大经济利益的同时，也不时地引起人们对其加以禁止的诉求，这种斗争的结果是达成一个烟草生产的合适规模，取得维持经济利益和禁烟的平衡。烟草在形成产业之后有很强的维持能力和扩张能力。一方面，不可抹杀烟草行业在我国国民经济发展中所处的重要地位。长期以来，烟草行业一直是我国的利税大户，连续多年居各工业行业创利税之首，并带来了大量的就业机会，在国民经济发展中具有重要地位。另一方面，"吸烟有害健康"已是妇孺皆知，烟草行业带来巨额财政收入的同时，也带来了极其严重的经济社会负担，包括危害人类身体健康、医疗成本的增加等，采取有效的控烟措施是十分必要的。随着国际上对人类健康更加重视，对烟草危害的认识更加清晰，控烟的呼声越来越高。2003 年 5 月，世界卫生组织 192 个成员一致通过了第一个限制烟草的全球性公约——《烟草控制框架公约》。我国也于 2005 年成为履行《烟草控制框架公约》的一员。我国对烟草行业一直奉行的是"寓禁于征"的税收政策。

烟草税收是控制烟草消费的有效工具，在经济衰退时期也能有效地补充政府财政收入。随着国家在人民健康卫生福利方面的要求日益提高，国际社会在控烟方面给中国的压力不断加大，对烟草税制进行调整以强化其功能日渐成为社会各界的共识。对烟草行业征税正是各种控烟措施里应用最广、作用最大的一个。对烟草制品征收烟草消费税或具有类似性质的烟草特别税具有筹集财政收入和控烟两大功能，其功能发挥的好坏直接关系到政府财政收入和国民健康受烟草影响的程度，在一国税收体系中具有特殊的地位，重要性不言而喻。

我国对烟草行业征税具有悠久的历史，经历了多次变革。中华人民共和国成立后，人民政府逐步建立了新中国的烟草税制，自 1994 年税制改革以来又经历了四次较大的调整。目前，我国烟草行业通常是指烟草种植业、烟草制品业、烟草制品批发业，实行统一领导、垂直管理、专卖专营的管理体制，是一个受政策影响很大的垄断性行业。这种专卖体制直接影响着我国烟草行业的税收制度以及烟草制品的价格，逐渐形成了包括卷烟出厂价格、卷烟调拨价格、卷烟批发价格和卷烟零售价格等四大类价格的卷烟价格体系。目前我国烟草行业开征的税收主要包括：对烟叶征收烟叶农业特产税，对卷烟等烟草制品征收增值税、消费税，对烟草企业开征城市维护建设税、企业所得税等，构成了对烟叶和烟草制品的完整的税收调控体系。

在较为完备的烟草税收体系下，烟草行业税收负担的高低决定着一国烟草税收收入的多少和控烟效果的好坏，成为各政府部门及吸烟者关注的焦点。通过本报告的分析可以看出，我国烟草行业的总税收负担率与流转税收负担率总体呈上升趋势，与同行业相比，烟草行业也负担着各工业行业中最高的税收负担率；但与此同时，烟草行业的利润率并没有下降，反而逆势而上，说明税收并没有对烟草企业造成决定性的影响。

基于以上背景，本报告以我国卷烟消费税调整为研究对象，重点分析卷烟消费税调整对经济产生的影响。首先介绍世界各国对烟草及其制品征税的基础理论，接下来对我国烟草行业及烟草税制做详细概述，在此基础上，分析了我国烟草行业的税收负担，并对分税制改革以来的四次较大的卷烟税制调整进行数量分析，分析其对经济产生的影响。在理论分析的基础上，结合我国近年经济的一些实证数据及国际上其他国家在烟草税制中的经验，提出我国烟草税制存在的问题，并为我国烟草税制今后的改革提供方向和思路。

由于税率调整是税制调整的主体部分，因此主要是在选取合理卷烟需求价格弹性的基础上，分析税率调整对卷烟平均零售价格的影响，再进一步得出其对卷烟消费、政府财政收入、企业利润等造成的影响。上述理论分析得出的结论是：税率的提高会降低烟草及其制品消费，增加政府财政收入，降低企业利润及企业就业人员人数。而在实际的经济运行中，究竟效果如何，本报告通过一些实证数据分析了国家烟草税变更对卷烟消费、政府财政收入、企业利润的影响。但因为资料有限，仅涵盖了2001年烟草税制调整前后的变化情况，总体看来，烟草税制调整对经济影响不大，企业销售利润率、国家财政收入及卷烟消费量都依然保持原有趋势，呈上升状态，国家一直宣传的控烟政策效果不显著，烟草行业发展稳定。

对烟草行业征收消费税或具有类似性质的特别税是世界各国普遍采取的做法，基于不同的国情及不同的目的，世界各国的烟草税制也各有不同，但对我国的烟草税制改革依然具有重要的借鉴意义。本报告在第四章首先从管理体制、计征方式、税收归属、征收方式等方面简要介绍了各国烟草税制情况，而后对比分析了各国烟草行业的税收负担状况，并以美国、英国和泰国的烟草税制调整为例分析了世界烟草税制改革的趋势。

最后，结合相关分析和对国外烟草税改革实践的介绍，本报告详细分析指出了我国烟草税制暴露出的问题，如地方财政收入与烟草行业挂钩不合理、计税依据上从价税与从量税比例的失调、对生产环节与销售环节所征税金不平衡、烟草行业税负偏低和烟草税政策改革力度偏小等。然后，针对以上的问题，借鉴我国过往数次烟草税调整和各国烟草税改革的经验，为我国烟草税制今后的改革提出了政策建议，包括烟草行业上缴税金归中央政府统一支配、计征方式由从价计征逐渐过渡到从量计征、增加销售环节征收比例、提高卷烟消费税率和加大改革力度等。

一、烟草税的经济效应概述

（一）烟草税概述

烟草行业是一个蕴涵着巨大的经济利益，但也隐藏着对人类健康的巨大危害性的行业，如何有控制地促进烟草行业发展，使其在一定的危害程度之内，为社会的经济发展做出相应的贡献，必须采用一些有效的控烟手段，烟草税收就是这样一种在全世界范围内广泛采用的有效手段。本报告首先对烟草税的概念加以界定，并说明为何选取烟草消费税作为主要研究对象；其次介绍对烟草征税的经济学理论基础；最后，论述烟草税的功能。

1．烟草税的概念界定

由于烟草行业的特殊性，为了降低烟草及其制品的生产与消费，增加政府财政收入，世界各国普遍对烟草及其制品征收体现政府“寓禁于征”意图的烟草消费税或具有类似性质的烟草特别税。

以我国为例，烟草行业涉及的税种包括烟叶税、卷烟消费税、增值税、企业所得税、城建税等。其中，烟叶税、消费税对我国烟草业的影响最大、最直接，是烟草行业所特有的税种，尤其是烟草消费税，是国内外学者对烟草行业税收展开研究的主要对象。涉及的其余税种与其他行业相比，有其共性，故本研究不做分析，只对烟草行业的消费税进行研究。此外，烟草消费税不仅包括对卷烟制品征收的消费税，还包括对雪茄、烟丝等烟草制品征收的消费税，由于对雪茄、烟丝等征收的消费税占烟草行业消费税的比重很小，因此在本报告中所研究的烟草税主要是指卷烟消费税。

2．烟草税的经济学依据

烟草消费造成人类的健康损失、生产力损失甚至是生命的损失，相伴而来的是医疗费用的增加。对烟草消费采取一定的控制措施是必要的，其中各国运用比较广泛的即对烟草制品征税，征税一般基于以下经济理论：

（1）偏好不合理

烟草是一种特殊的商品，它所含的尼古丁具有致瘾性，正是由于吸烟者对烟草的生理和心理依赖，吸烟者会过高评价吸烟行为所产生的效用，对放弃吸烟的成本估计高于非吸烟者，相反对放弃吸烟的收益的评价会低于非吸烟者。吸烟者在享受吸烟带来的满足的时候对吸烟的效用评价是扭曲的，过高地估计了吸烟的效用，因此，对烟草制品的消费是一种非理性的行为，吸烟者的吸烟决策存在着偏好不当的问题。

（2）负外部性

吸烟行为所带来的负外部性主要包括以下几个方面：一是吸烟行为产生被动吸烟，给受吸烟影响的非吸烟者带来健康方面的伤害，以及由此带来的心理及医疗方面的损失；二是因吸烟引起的火灾所造成的财产损失及人员伤亡，但吸烟者并不为此付出代价。吸烟者在购买卷烟时，按照边际效用与边际成本相等支付价格，以使自己消费效用最大化，但是吸烟的社会成本要远高于私人成本，因为私人成本中并未包含吸烟行为给他人造成的健康伤害以及由此带来的医疗费用代价、心理代价和其他代价。因此，应通过对烟草制品征税来提高零售价格，使其正确反映社会成本，降低社会的消费量，从而实现帕累托最优。

（3）信息不完全

虽然很多人都知道吸烟有害健康，但究竟对哪些方面造成危害及危害程度如何，很多人不清楚。首先，人们对吸烟造成的健康后果不完全认知，原因主要有两方面：一方面是市场提供的信息不完全；另一方面是从开始吸烟到出现健康被损害的特征之间，会有较长的滞后期，使得人们对吸烟与健康损害之间的联系认识比较模糊。其次，人们对吸烟造成的致瘾性不完全认知，尤其是未成年人，较大程度低估了烟草的致瘾性，以为自己可以凭借意志随时戒烟，但一旦对尼古丁产生依赖，戒烟的成本非常高。

（4）需求弹性

需求弹性表示在一定时期内一种商品的需求量变动对于该商品价格变动的反应程度，需求量变动率与价格变动率之比的相反数，通过需求价格弹性系数来表示。根据需求价格弹性系数，可将商品需求划分为五类：完全无弹性、缺乏弹性、单位弹性、富有弹性和无限弹性。烟草制品作为一种致瘾性较高的商品，对价格的反映并不灵敏，消费需求弹性很小。根据最适课税理论中关于商品课税的“逆弹性原则”，可对需求弹性低的商品课以重税，以提高经济效率。

（5）税负转嫁

税负转嫁是指在商品交换过程中，纳税人通过提高销售价格或压低购进价格的方法，将税负转嫁给购买者或供应者的一种经济现象。供求弹性是税负转嫁的最直接因素，一般说来，税负转嫁与供求弹性方向相反，需求弹性越大，税负越向供给者转嫁，反之，向需求者转嫁，换句话说就是当供求斜率相等时，供给者与需求者承担税负相同；当需求弹性较大时，供给者承担主要税负；当需求弹性较小时，需求者承担主要税负。众所周知，烟草是一种致瘾性商品，由于吸烟者对它的生理及心理依赖性，导致烟草制品是一种弹性较小的商品，所以供给者会将税负的大部分转嫁到消费者身上，通过税负的变动可以影响消费者的消费行为。

（6）收入分配

简单地说，吸烟主要从以下三个方面影响收入分配：一是吸烟的开支使得低收入人群的收入进一步减少，扩大贫富差距；二是吸烟的开支使得低收入人群将有限的收入花费在了卷烟这种非必需品上，从而降低了衣食住行等其他必需品的消费，低收入人群的生活质量进一步恶化；三是吸烟导致的高患病率和高死亡率，增加了低收入群体的医疗开支，使其生活状况进一步恶化。

世界银行的研究报告发现，在全世界范围内，穷人和受教育较少者的吸烟率要高于富人和受教育较多者。也就是说，随着人类的进步及社会的发展，低收入人群比高收入人群具有更高的吸烟率，由此可见，吸烟扩大了贫富差距。税收的收入分配功能是理论界普遍公认的基本职能之一，源于烟草经济的分配不公问题显然也在税收的调节范围内，通过税收对生产、流通、分配、消费等环节的调节、制约作用可以有效缓解烟草消费所引起的收入分配差距。

3．烟草税的功能

税收具有增加财政收入、调控经济、调节收入分配等功能，由于烟草行业的特殊性，基于上述的经济学理论，世界各国普遍对烟草制品征收烟草消费税或具有类似性质的烟草特别税。总结起来，对烟草行业课以重税主要有以下两大功能：

（1）增加财政收入

税收是国家财政收入的主要来源，烟草业是国家财政的纳税大户毋庸置疑。2009 年 4 月，美国在国内经济衰退时大幅度提高烟草消费税，把联邦烟草税从每包 39 美分提高至 1.01 美元，据美联社说，新规定将使联邦烟草税收入增加近 330 亿美元，这笔钱将用于资助联邦政府一项为期 4 年半的儿童医疗保险扩大计划。在我国，近年烟草行业在国家财政收入中的比重有所下降，但每年上缴的工商利税依然占到 7% 左右，是我国国民经济中不可或缺的一部分。在云南、湖南、贵州等烟草大省，烟草行业的重要性更加凸显，如 2006 年，云南烟草业的税收收入占全省税收收入将近 50%，湖南、贵州两省烟草行业的税收收入占该省全部税收收入也均超过 20%，如此庞大的数字让人印象深刻。

（2）进行烟草控制

吸烟是一种具有负外部性的个人行为，其危害人尽皆知，世界每年因为吸烟而死亡的人数达 250 万之多，并有逐年增加的趋势，已成为人类第一杀手。据世界银行的一项研究报告，烟草的使用造成全世界每年 2000 亿美元的净损失，这些损失的一半多发生在发展中国家。中国是烟草消费及生产大国，吸烟者的数量占到全球三分之一以上，烟草所带来的损失要高于烟草行业为国家上缴的工商利税。基于这样的背景，各国普遍采取"寓禁于征"的烟草税政策，尤其是发达国家对卷烟及烟草制品征税的目的在早期主要是为增加财政收入，但从近期来看，国家对烟草制品课以重税的目的转移为控制卷烟消费量，税收成为达到控烟目的的必要手段。WHO 相关文件指出，调高烟草税是减少烟草消费的最佳手段，尤其对于低收入人群及青少年吸烟者效果更加显著，将烟草制品价格提高 70%，可以避免全世界 1/4 与吸烟相关的死亡。在高收入国家，将烟草制品税率提高 10% 可以使烟草消费降低 4%，在中低收入国家可降低约 8%，而烟草税收却会增加近 7%。可见，提高与烟草制品相关税负对控烟作用显著[①]。

烟草税在世界各个国家都肩负着增加财政收入及控烟两大责任，它在各国经济发展中都占据着重要地位，起着不可低估的作用。

(二)烟草税相关研究

对于烟草税的研究由来已久，随着国际上控烟的呼声越来越高，控烟力度进一步加大，理论界对烟草税与经济之间关系的研究程度更深、范围更广，包括如何处理烟草数据，分析烟草需求，设计烟草税制，度量烟草税收对政府财政收入、企业就业、社会公平等产生的影响，等等。

1．卷烟需求价格弹性的测度研究

在卷烟需求价格弹性方面，由于选取的数据和利用的模型之间的差异，导致得出的卷烟需求价格弹性差距较大。

国外学者方面，Chapman 和 Richardson（1990）首次估计了发展中国家的烟草制品税收对烟草制品需求的影响，最后得出卷烟价格弹性为 -1.42，其他烟草制品的价格弹性为 -1.00。Sayginsoy，Yurekli 和 De Beyer（2002）研究发现，保加利亚的烟草需求价格弹性为 - 0.80。Lance（2004）根据纵向微观水平的家庭调查和社会调查数据，比较了中国和俄罗斯的卷烟需求，得出了较小的中国烟草价格弹性在 0 到 -0.15 之间。John（2005）运用 Deaton 的方法研究了印度不同烟草制品的需求，发现烟草制品的价格弹性范围为 -0.5 到 -1.0。

国内学者方面，胡德伟、毛正中（2002）使用 1980-1996 年全国年度烟草销售的时间序列数据，得出的价格弹性为 -0.54。毛正中等人（2005）利用线性模型估

① 李燕生:《遏制烟草流行——政府与烟草控制经济学》，中国财政经济出版社，1999年版。

计了中国居民的卷烟需求价格弹性为 -0.154，而低收入人群的价格弹性更高（指绝对数值）。Bai 和 Zhang（2005）使用中国各省从 1977-2002 的时间序列数据，得出全国烟草总需求的价格弹性为 -0.84，并使用宏观时间序列数据及个体调查数据得出卷烟的价格弹性位于 -0.84 到 -0.507 之间。Lance 等人（2004）使用中国健康与营养调查 1993-1997 年的个体数据，利用社区固定效应模型得出价格弹性为 -0.007，在无异质性模型中得出价格弹性为 -0.082。陈玉宇、行伟波（2009）运用中国家庭收支调查中相关的烟草消费信息估计出中国的烟草需求弹性为 -0.8125。胡德伟等（2009）对卷烟需求价格弹性方面的研究做了较为详细的总结，在前人分析的基础上，结合我国的实际情况，确定了消费价格弹性为 -0.15 ~ -0.5。

2．烟草税对经济影响的研究

分析卷烟需求价格弹性，对于研究烟草税对经济的影响意义重大，因为烟草税的变动直接作用于烟草制品的零售价格，消费者对于价格的敏感性决定了国家税收政策调整的效果与可行性。在卷烟需求价格弹性的基础上，烟草消费税对经济的影响如何，各学者在这方面的研究如下：

在税负方面，石坚等（2009）以甲级卷烟消费税税负为例，分析了我国卷烟消费的实际税负，得出的结论是即使考虑到数额较小的从量税，我国卷烟消费税的实际税负不超过 30%，远低于世界平均水平。Chaloupka（2000）等人的研究表明，从短期来看，烟草税负每提高 10%，则可以增加 7%的烟草税收入。毛正中等（2005）的研究也表明，提高卷烟税负 10%，则可以减少中国的卷烟消费 40.17 万箱，增加政府税收收入 302.72 亿元。张斌、周天勇、梁朋（2004）（内部报告）利用家庭消费支出、国内消费税以及其他变量（但不包括家庭收入变量）对中国 1994-2003 年之间的烟草税收政策的调整进行了实证研究，得出结论为中国烟草消费税的提高与人均消费支出的增长基本同步，对烟草消费的抑制作用效果不明显。肖鹏（2009）通过对 2006-2008 年烟草制品业经济指标进行实证分析，得出结论，即使国家对烟草制品行业提高税率或扩大税基范围，烟草行业也能取得高于社会平均销售利润率的经营水平，由卷烟需求缺乏弹性的商品特性及现行烟草行业的销售利润率水平可以看出提高中国烟草行业税负是可行的。陈玉宇、行伟波（2009）在得出卷烟需求的价格弹性为 -0.8125 的基础上，通过微观政策模拟从量税的变化来分析税收变动对经济产生的影响，结果是随着税额的上升，卷烟消费迅速下降，而政府收入急剧增加。胡德伟等（2009）模拟从量税政策调整，研究提高烟草税税率对消费、政府财政收入、烟草工业的影响，认为以提高吸烟成本的经济手段控制烟草消费是有效的。丁芸（2009）在对我国卷烟消费税结构调整、计税方法等进行分析的基础上，从税率、计征方法两方面对我国卷烟消费税调整提出了政策建议。郑榕（2009）在对烟草税收的经济学理论基础进行分析的基础上，结合烟草税在全球控烟中的应用，对我国烟草税制度设计提出了政策建议，并对我国于2009年5月进行的烟草消费税调整效果进行了分析。

以上实证研究的基本结论是提高烟草税利远大于弊：一方面可以降低烟草消费，有利于大众的身体健康；另一方面对整个国民经济尤其是改善政府收支状况也会大有裨益。

综合分析在烟草方面的研究发现，对卷烟需求价格弹性的研究居多，利用的分析模型有线性模型、双Log模型以及Log-Lin模型等，在此基础上采取不同的数据最后得出了差异较大的需求价格弹性。对经济影响的分析也多是基于微观的政策模拟，从烟草税负的角度出发，分析税率的变化对经济产生的影响，包括财政收入、卷烟消费量的变化等，从而为国家出台政策提供借鉴。但是对于国家在分税制改革以来烟草消费税的政策调整对经济影响的分析并没有形成体系，究竟政策调整效果如何，是否与我们所预期的结果相同，都不得而知。

基于如上背景，本报告首先对我国的烟草行业及烟草税制情况进行简单的介绍；其次，结合前人在卷烟需求价格弹性方面的研究成果，对我国从分税制改革以来的烟草税政策变更对经济产生的影响进行数量分析，其中的重点是对烟草税制中变化最大、最频繁的税率调整带来影响的分析；最后，在借鉴国际经验的基础上，结合以上实证分析的成果，为我国今后的烟草税改革提出政策建议。

二、我国烟草行业及烟草税制

烟草税的理论基础和功能作用已经在前面做了详尽的介绍，基于烟草行业重要的经济地位，我国同样对其征收烟草消费税，并不断调整以更好地调控经济，促进发展。本部分首先概述我国的烟草行业，接着介绍我国烟草税制的历史沿革，并对我国烟草税制的现状进行分析。

（一）我国烟草行业概述

我国烟草行业通常是指烟草种植业、烟草制品业、烟草制品批发业，实行统一领导、垂直管理、专卖专营的管理体制，是一个受政策影响很大的垄断性行业。这种专卖体制直接影响着我国烟草行业的税收制度以及烟草制品的价格，其中烟草制品价格主要是指卷烟价格，但我国的卷烟价格体系较为复杂，为了说明我国的烟草行业税制及其实施情况，首先对我国的烟草专卖制度及卷烟价格体系做简单介绍。

1. 我国烟草行业简介

烟草行业是指从事烟草种植、加工、卷烟生产、销售、贸易等经济活动的领域。在当今世界，烟草行业已经发展成为一个巨大的产业，烟草及其制品在世界各国经济和人民生活中都占有一定地位。我国的烟草行业实行的是专卖制度，自改革开放以来发展迅速，目前烟叶及卷烟的产销总量占世界总量的30%左右。烟草行业中的卷烟制造业从其总产量、增加值、销售收入和利税总额等项指标来看，均占整个烟草行业的80%以上，因此从某种意义上来说卷烟制造业是整个烟草行业的核心部分，卷烟制造业的强盛与否直接关系到整个烟草产业的生存与发展①。

我国目前卷烟销售大部分为内销，出口比例很小，不到销售总量的1%，销售量呈逐年递增的趋势。烟草行业为政府提供的财政收入主要包括税收收入以及上缴的利润两个部分。烟草行业上缴的利税分别来自于烟草工业即工业利税以及来自于烟草商业（含卷烟销售及烟叶经营）即商业利税。目前，烟草行业约有资产500亿元，员工60万人。2008年烟草行业实现工商利税4499.41亿元，占政府财政收入的8.3%。

近年来，尽管国际控烟呼声越来越高，控烟压力越来越大，但烟草行业发展依然较为稳定，在国民经济发展中发挥着重要作用。

2. 我国的烟草专卖制度

烟草专卖是指国家对烟草专卖品的生产、销售和进出口业务实行垄断经营、统一管理的制度。烟草制品与一般的商品相比，有其特殊性，是一种致瘾性很强且需求弹性极小的物品。因此对烟草的定价不同于一般商品的定价，尤其是经过专卖管制之后的烟草定价。从1991年起，我国对烟草行业实行“统一领导、垂直管理、专卖专营”的管理体制，并以法律的形式确立下来。国务院设立全国烟草行政主管部门（国家烟草专卖局，简称STMA）主管全国烟草专卖工作，各地设立省级、地（市）级、县级烟草专卖局，主管本辖区烟草专卖工作。

对烟草专卖品的生产经营，我国建立了全国统一的垄断经营组织，设有中国烟草总公司（简称CNTC）及其直属的中国烟叶生产购销公司、中国卷烟销售公司、中国烟草机械公司、中国烟草物资公司、中国烟草进出口总公司6家专业性公司，分别负责烟草专卖品经营业务方面的管理、指导，并从事具体经营活动。目前，烟草行业设立了31个省级烟草公司，200多个地区级烟草分（市）公司，1800多个县烟草公司，分别负责所在地区烟草专卖品的生产经营业务，这种组织体系构成了我

① 石耀东：《我国烟草工业面临的主要问题与出路》，《中国工业经济》，1999年第2期。

国对烟草专卖品的生产、销售及进出口业务实行垄断经营的组织系统。

对烟叶收购及其价格管理，国家规定由县级以上地方政府计划部门根据国务院计划部门下达的计划执行，其他单位和个人不得变更。烟草公司或者其委托单位应当与烟叶种植者签订烟叶收购合同，烟叶收购合同应当约定烟叶种植面积。烟叶由烟草公司或者其委托单位按照国家规定的收购标准、价格统一收购，其他单位和个人不得收购。

3. 我国的卷烟价格体系

我国的卷烟价格体系包括卷烟出厂价格、卷烟调拨价格、卷烟批发价格和卷烟零售价格等四大类。这一卷烟价格体系形成于20世纪50年代初期,并一直沿用至今。

（1）卷烟出厂价

卷烟出厂价格是指卷烟由生产企业进入流通领域的价格，因为我国消费税施行的是价内税，因此出厂价格包括生产成本、税金和利润三部分。卷烟出厂价格形成于20世纪50年代后，当时卷烟生产企业与经营企业相分离，出于财务核算及各方面利益的需要，必然要求卷烟生产企业设置出厂价格。1982年中国烟草总公司组建后，卷烟生产、经营同属于一个部门管理，但是卷烟厂属于独立法人，因此卷烟出厂价沿用至今。

（2）卷烟调拨价格

卷烟销售在各级销售经营机构之间的流通，严格按照计划从中国卷烟销售公司到省一级再到市一级销售公司，这种流通方式被称为“计划调拨”，由此形成卷烟调拨价。调拨价格最初是指卷烟从卷烟厂调拨站销往各级销售公司的价格，调拨站附属于烟厂，其成立是为了规避税收。调拨价格主要分为“省内调拨价”和“省外调拨价”两种。目前，企业没有定价权，调拨价已经实现了全国统一，并且在申报烟草许可时由总公司发文确定，是卷烟生产企业通过卷烟交易市场与购货方签订的卷烟交易价格，由国家税务总局根据中国烟草交易中心和各省烟草交易会上年度各牌号、规格卷烟的调拨价格确定。从2001年开始，调拨价成为卷烟消费税的计税依据，也一直是税收考虑的主要因素，人们通常以此作为卷烟出厂价。

（3）卷烟批发价格

卷烟批发价格是指卷烟批发企业为零售企业或个体工商户提供烟草制品时的价格。长期以来批发价是根据当地（卷烟生产地）零售价格按一定的差率计算的，因此产、销两地的卷烟批发价格有所不同。卷烟价格改革后，多数烟草公司对卷烟批发价格实行随行就市，但卷烟及雪茄烟批零差率的制定与调整均由烟草总公司会同国家物价局实施。随着卷烟销售网络建设的发展，各地烟草公司主要采取“入网价”,这种价格其实是对加入烟草行业卷烟销售网络零售商（户）的一种优惠批发价。

（4）卷烟零售价格

卷烟零售价格是零售商（户）向消费者出售卷烟的价格，也是卷烟商品的最终价格，它关系到商品价值的最终实现，同时它也直接影响着国家的税收、企业的经济效益以及消费者的开支。因此，卷烟零售价格是一个比较敏感的价格。

目前我国卷烟价格在制定中，一般是先确定零售价格，然后再按规定的差率倒算出批发价格、调拨价格和出厂价格。

一般来说，国家烟草专卖局是烟草专卖行政主管部门，而国务院的物价主管部门是国家发展和改革委员会。因此，根据烟草专卖法，国家烟草专卖局和国家发改委都拥有定价权，但是在实践中，自20世纪90年代初以来，卷烟厂拥有决定烟产品批发价和零售价的优先权。

(二)我国烟草税制的历史沿革

我国对烟草行业征税具有悠久的历史，从古到今，烟草税经历了多次调整，本部分即对烟草税的历史沿革做一简单介绍。

1. 分税制改革前的中国烟草税

我国的烟草税收始于明代。崇祯末年，辽东战事频发，明军与满族军作战，由于天气寒冷，虽说朝廷有禁烟令，但士兵多以吸烟驱寒，崇祯皇帝在一些大臣的建议下同意解禁，采取“寓禁于征”的政策，即是中国最早的烟草税收。

清代初期，政府把烟草视同百货，在个别边疆关市征收烟税，实行低税率政策，税率在2%~5%之间。咸丰年间，曾将烟叶与土酒（即国产酒）同征。光绪二十八年，直隶省开征了烟酒专税，征收烟税也逐渐成为普遍现象。

北洋政府时期，烟酒税包括三项内容：烟酒牌照税、烟酒税和烟酒公卖费；土烟叶（即传统的中国晾晒烟）列在公卖费及烟酒税中征收。制度规定，公卖费从价征收，烟酒税从量征收。1927年，国民政府成立后，国家对烟酒的征收制度进行了局部调整和改进，以强化管理，但并未从根本上改善烟酒税制混乱的局面。1941年，国民党政府统一烟酒税制，开征国产烟酒类税，从价征收。到1948年4月，国民政府对《国产烟酒类税暂行条例》共进行了五次修订，税率有所提高：机制卷烟税率为120%，手工卷烟、雪茄烟为60%，薰烟为30%，烟叶税为60%，烟丝税为40%。

中华人民共和国成立后，人民政府在总结原国民政府旧税制的基础上，逐步建立了新中国的烟草税制。1950年1月，中央人民政府政务院颁发《货物税暂行条例》，对土烟叶和薰烟叶均征收货物税，其中薰烟叶税率为30%，土烟叶税率为20%。1953–1957年的税制调整中，对烟酒试行商品流通税，商品流通税是将原征的货物税中划出部分税目组成，并将其原征的货物税的剩余税目、营业税及其附加税、印花税、棉纱统销税、棉花交易税等合并征收的新税。原属货物税的卷烟、薰烟叶划归在商品流通税中征收，而晒烟叶、雪茄烟、烟丝仍然留在货物税中征收。1958–1972年的税制改革中，对烟征收工商统一税，1958年我国颁布实施《中华人民共和国农业税条例》（以下简称《农业税条例》）。1973–1978年，对烟草征收工商税；1979–1993年的税制中，烟草业与其他行业一样统一征收60%的产品税，1983年，开征农林特产农业税，当时农林特产农业税征收范围不包括烟叶，对烟叶另外征收产品税和工商统一税。

2. 分税制改革后的中国烟草税

1994年国家施行税制改革，我国的烟草税收体系发生了改变，对烟草业开征的税收主要包括：对烟叶征收烟叶农业特产税，对卷烟等烟草制品征收增值税、消费税，对烟草企业开征城市维护建设税、企业所得税，构成了对烟叶和烟草制品的完整的税收调控体系。

（1）烟叶税的调整

1994年我国进行了财税体制改革，国务院决定取消原产品税和工商统一税，将原农林特产农业税与原产品税和工商统一税中的农林牧水产品税目合并，统一征收农业特产农业税，简称农业特产税，其中规定对烟叶在收购环节征收，税率为31%。1999年，将烟叶特产农业税的税率下调为20%。从2004年起，除对烟叶暂保留征收农业特产农业税外，取消对其他农业特产品征收的农业特产农业税。2006年1月1日起废止《农业税条例》，至此，对烟叶征收农业特产农业税失去了法律依据。2006年4月28日，国务院公布了《中华人民共和国烟叶税暂行条例》，并自公布之日起施行。2006年，我国取消了除烟叶税以外的所有农业税，因此，烟叶税是目前我国农村征收的唯一涉农税收，收入归地方所有。

（2）卷烟消费税的调整

我国卷烟消费税自开征以来，经历了四次较大的调整：

1994年以前，烟草业与其他行业一样统一征收60%的产品税。

1994年实行“分税制”改革后，新增消费税种，各类卷烟按出厂价统一计征40%的消费税，同时，对烟草企业开征城市维护建设税、企业所得税，形成了烟叶及烟草制品比较完善的税收体系，但这一税率政策也使得烟草生产企业更倾向于生产高档卷烟，使以生产低档卷烟为主的小烟厂出现严重亏损。

1998年7月1日，为促使卷烟产品结构合理化，对卷烟消费税税制再次进行了改革，调整了卷烟消费税的税率结构，将消费税税率由单一税率改为差别税率，一类卷烟税率提高了10%，二、三类卷烟税率不变，四、五类卷烟税率降低了15%；

税率结构调整为三档，一类烟50%，二、三类烟40%，四、五类烟25%。这一时期卷烟消费税按出厂价计征，且只在生产环节征收。

2001年6月1日起，对卷烟消费税的计税方法和税率进行了调整，实行从量与从价相结合的复合计税方法，即按量每5万支卷烟计征150元的定额税，从价计征由过去的三档调整为二档，即每条调拨价为50元以上的税率为45%，50元以下的税率为30%。此次税改除了税率的调整外，计征方式由原来的从价计征改为从价与从量复合的计征方式，计税价格由出厂价格改为调拨价格。

2009年5月1日起，国家再次对卷烟消费税进行调整，甲类卷烟的消费税从价税率由原来的45%调整至56%，乙类卷烟由30%调整至36%，雪茄烟由25%调整至36%；卷烟批发环节还加征了一道从价税，税率为5%。但此次调税不调零售价格，实际上是针对烟草公司的“利改税”。

（三）我国烟草税制现状

我国的烟草业通常是指烟草种植业、烟草制品业、烟草制品批发业。我国烟草业涉及的税收包括烟叶税、消费税、增值税、企业所得税、个人所得税、城市维护建设税、房产税、印花税、城镇土地使用税、土地增值税等税种。其中，烟叶税是2006年新开征的一个税种，消费税是2009年5月烟草税制改革后执行的新税制，增值税、企业所得税等税种同其他行业一样，遵从税法规定，不具有特殊性。下面对烟草行业所涉税种做简单介绍。

1. 烟叶税

烟叶税是对在中华人民共和国境内收购烟叶的单位征收的一种税，是2006年新开征的一个税种，其纳税人为在中华人民共和国境内收购烟叶的单位，征税对象为烟叶，包括晾晒烟叶和烤烟叶。烟叶税的计税依据为纳税人收购烟叶的收购金额，包括纳税人支付给烟叶销售者的烟叶收购价款和价外补贴。按照简化手续、方便征收的原则，对价外补贴统一暂按烟叶收购价款的10%计入收购金额征税，实行20%的比例税率，在收购环节征收，具体收购金额计算公式如下：

收购金额＝收购价款×（1+10%）

2. 卷烟消费税

消费税是对我国境内从事生产委托加工和进口应税消费品的单位和个人就其应税消费品的销售额或者销售数量征收的一种税，是我国税制中的一个主要税种，与其他税种相比，它只对部分消费品和消费行为征收，并且只在消费品生产、流通或消费的某一环节一次性征收。烟草及其制品作为对人类健康、社会环境具有较大影响的特殊消费品，也在消费税的征收范围内，以烟叶为原料加工生产的产品，不论使用何种辅料，均属于烟税目的征收范围，包括卷烟（进口卷烟、白包卷烟、手工卷烟和未经国务院批准纳入计划的企业及个人生产的卷烟）、雪茄烟和烟丝。

2009 年 5 月 1 日，我国开始施行新的卷烟消费税政策，实行从价与从量相结合的复合计征方式，即按量每 5 万支卷烟计征 150 元的定额税，按价将卷烟分为甲乙两类，甲类卷烟的消费税从价税率为 56%，乙类卷烟为 36%，雪茄烟为 36%，均在生产环节征收，同时在卷烟批发环节加征了一道从价税，税率为 5%。

3. 其他税费

包括增值税、企业所得税、城建税及教育费附加，以及印花税、房产税和土地增值税等小税种，对烟草行业来说与其他行业并没有区别。

三、烟草税对烟草行业影响的经济分析

烟草税作为最有效的控烟手段被广泛采用，正是因为烟草税对烟草行业的发展有着巨大的影响，那么，从横向上看，我国烟草行业当前的税收负担水平如何？从纵向上看，我国的历次烟草税制调整对烟草行业产生了怎样的影响？本部分将以理论为引导，以数据为支持，从以上角度入手分析烟草税对烟草行业的经济影响。

（一）我国烟草行业税收负担分析

烟草行业税收负担的高低决定着一国烟草税收收入的多少和控烟效果的好坏，成为各政府部门及吸烟者关注的焦点，也一直是国内外学者对烟草业税收进行研究的重点。本节对我国烟草行业税收负担做详细分析。

1. 我国烟草行业税收负担

税收负担，从绝对额考察是指纳税人应支付给国家的税款额；从相对额考察是指税收负担率，即纳税人的应纳税额与其计税依据价值的比率。

依据上述概念，本报告主要是基于一些实证数据计算了烟草工业的两种税收负担率，一是烟草工业上缴税金占主营业务收入的比例，即总税收负担率；一是烟草工业上缴流转税金占主营业务收入的比例，即流转税收负担率，其中，流转税根据

我国2008年烟草制品业上缴税金中的流转税所占比例确定。

2008年烟草制品业上缴税金中各税种税收及所占比例见表B6-1：

表B6-1　2008年烟草制品业上缴税金情况　　（单位：万元）

	国内增值税	国内消费税	营业税	内资企业所得税	外资企业所得税	个人所得税	城建税	其他	合计
上缴税金	5343281	16161637	2501	2042616	3770	162055	1433373	125474	25274707
所占比重	21.14%	63.94%	0.01%	8.08%	0.01%	0.64%	5.67%	0.50%	100.00%

注：“其他”包括房产和城市房地产税、印花税、城镇土地使用税、土地增值税、车辆购置税、车船税及其他各税。

资料来源：《中国税务年鉴(2008)》。

流转税所占比例为：

国内增值税比重+国内消费税比重+营业税比重+城建税比重=21.14%+63.94%+0.01%+5.67%=90.76%

因此，在烟草制品业中，流转税所占比例为90.76%，在分析烟工业上缴的流转税金时依据此比例及上缴税金总额确定。

对烟草行业财务指标趋势的分析选取的是2001-2007年烟草工业的指标，具体如表B6-2。

表B6-2　2001-2007年烟草工业指标　　（单位：亿元）

年份	资产总额	负债总额	所以者权益总额	主营业务收入	利润总额	上缴税金总额	流转税金额	利润率	流转税收负担率	总税收负担率
2001	2322.7	1191.4	1131.3	1637.7	149.6	820.4	744.6	9.1%	45.5%	50.1%
2002	2555.8	1192.4	1363.5	1972.6	197.1	1001.3	908.8	10.0%	46.1%	50.8%
2003	3231.1	1421.0	1806.9	2794.5	280.7	1167.0	1059.2	10.0%	37.9%	41.8%
2004	2845.5	1089.2	1748.1	2501.5	340.8	1445.0	1311.5	13.6%	52.4%	57.8%
2005	3362.5	1165.1	2168.9	2939.5	382.7	1584.7	1438.3	13.0%	48.9%	53.9%
2006	3210.4	1083.9	2126.5	2853.0	453.1	1831.1	1661.9	15.9%	58.3%	64.2%
2007	5254.6	890.0	4364.6	3421.1	677.5	2191.0	1988.6	19.8%	58.1%	64.0%

注：1. 流转税金额=上缴税金总额×90.76%。

2. 流转税收负担率=流转税金额/主营业务收入。

3. 总税收负担率=上缴税金总额/主营业务收入。

资料来源：根据《中国财政年鉴(2008)》整理。

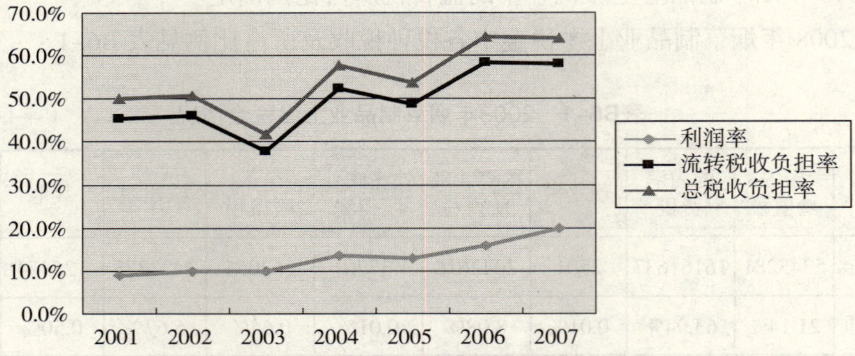

图B6-1　烟草行业税收负担走势

由图 B6-1 可以看出，我国烟草行业的总税收负担率与流转税收负担率总体呈上升趋势，分别由 2001 年的 50.1%、45.5% 上升到 2007 年的 64%、58.1%。而利润率总体也呈上升趋势，从 2001 年的 9.1% 上升到 2007 年的 19.8%，增幅较大。利润率与税收负担率相比，尽管税收负担率呈上升趋势，但利润率并没有因此下降，反而逆势而上，说明税收并没有对烟草企业造成决定性的影响，烟草行业发展稳定。

2. 烟草行业与同类行业税收负担比较

我国烟草行业是国有垄断行业，在我国的经济发展中具有不可低估的作用，为了保证各行业指标比较具有一定的可比性，现选取一些国有工业企业 2007 年的数据，对我国烟草行业与其他行业税收负担情况做横向比较，其中以各行业上缴税金总额占主营业务收入的比重来表示各行业的税收负担率。

表B6-3　2007年国有工业企业经济指标比较　（单位：亿元）

	资产总额	负债总额	所以者权益总额	主营业务收入	利润总额	上缴税金总额	利润率	税收负担率
全国	347068.1	202472.5	144595.6	194835.3	17441.8	17443.7	9.0%	9.0%
烟草工业	5254.6	890.0	4364.6	3421.1	677.5	2191.0	19.8%	64.0%
煤炭工业	12572.3	6767.8	5804.5	5942.6	729.0	902.6	12.3%	15.2%
石油和石化工业	27405.7	7558.4	19847.3	15160.0	3349.0	2986.9	22.1%	19.7%
冶金工业	23173.6	12448.6	10724.9	15765.5	1727.0	1712.2	11.0%	10.9%
建材工业	2867.3	1945.7	921.7	1396.6	101.0	128.5	7.2%	9.2%
医药工业	1496.8	800.7	696.1	843.2	82.1	84.9	9.7%	10.1%
机械工业	17383.6	11836.1	5547.5	14884.6	826.2	1250.8	5.6%	8.4%

续表

	资产总额	负债总额	所以者权益总额	主营业务收入	利润总额	上缴税金总额	利润率	税收负担率
电子工业	3659.4	2124.6	1534.9	2607.1	74.8	91.1	2.9%	3.5%
电力工业	42466.6	27563.8	14902.8	20088.7	1395.2	2058.6	6.9%	10.2%

注：利润率=利润总额/主营业务收入（暂时忽略营业外收入和支出的影响）
税收负担率=上缴税金总额/主营业务收入
资料来源：《中国财政年鉴(2008)》。

由表 B6–3 可以看出，在所选取的国有工业行业中，烟草工业的税收负担率为 64%，比率最高，比排名第二的石油和石化工业的税收负担率 19.7% 高出 44.3%，更远高于全国国有工业的平均税收负担率 9.0%。

在利润率方面，烟草工业的利润率为 19.8%，虽然略低于石油和石化工业的 22.1%，但远高于全国国有工业 9.0% 的平均利润率及其他行业的利润率。

在所选取的国有工业行业中，烟草工业具有最高的税收负担率，但利润却排在第二位，仅低于石油和石化工业，高于全国平均水平，可见高额税收并没有对烟草行业产生较大影响。

(二)历次烟草税制调整对烟草行业影响的经济分析

自 1994 年以来的四次烟草税制调整涉及烟草税的方方面面，包括计征环节、计征方式、税率划分档次、税率等，其中对经济影响最大的是税率的变更。税率的高低直接决定着国家烟草税收收入的高低，对烟草制品消费量变化和烟草行业有巨大影响。因此，本部分主要是在选取合理卷烟需求价格弹性的基础上，探究税率变化给烟草行业带来的影响，采取的方法是理论分析。

1. 卷烟需求价格弹性的选取

研究税率变化对经济产生的影响，卷烟的需求价格弹性是一个非常重要的基础性参数。可以通过函数方程确立卷烟价格与消费量之间的定量关系，从而获取卷烟的需求价格弹性。

总体而言，在我国卷烟是一种弹性较小的商品，原因主要有两方面：一是卷烟是一种致瘾性商品，烟民对其有较大的依赖性；二是中国不同品牌卷烟的价格有很大差异，从 1 元 / 包到 100 元 / 包以上不等，一旦价格提升，烟民可以很容易地获取低价卷烟的替代品。

对于卷烟的需求价格弹性的测度，从文献综述中我们可以看到，因采用的模型不同、依据的数据不同以及数据的时期不同，最后得出的结论有较大差异，此处选取胡德伟、毛正中① 基于前人的研究成果，在综合分析的基础上选取的价格弹性：–0.15~–0.5。

2. 历次烟草税制调整对零售价格的影响

消费税易于进行税负转嫁，税款往往由消费者最终负担，此特点同样适用于烟草消费税，每次卷烟消费税率调整增加或降低的税负最终都由零售价格体现出来（2009 年的税制调整除外），从而对卷烟消费、政府财政收入、企业利润等造成影响。

本部分讨论的是税率调整对卷烟平均零售价格的影响，在计算出不同类卷烟的零售价格变动率的基础上，以各类卷烟的市场占有率为权重来计算税率调整对平均零售价格的影响。

市场占有率根据不同类卷烟的销售量占总销售量的比例确定，市场占有率中所用的卷烟销售量选取的是卷烟税制调整前一年的数据。

假设 A 为卷烟计税依据（2001 年前为出厂价格，2001 年后为调拨价格），其中包括消费税，但不包括增值税；

a 为由批发到调拨的毛利率：〔批发价格－调拨价格（或出厂价格）〕/ 调拨价格（或出厂价格）；

b 为由零售到批发的毛利率：（零售价格－批发价格）/ 批发价格；

t 为基期数据（烟草税调整前的税率），t_1 为报告期数据（烟草税调整后的税率）；

假设税率调整后，价格完全转嫁给消费者，最终影响零售价格。

（1）第一次税制调整（1994 年）对零售价格的影响

1994 年税制改革，税率由原来的 60% 调整到 40%，同时在卷烟的生产环节引入了增值税 17%，计税依据为出厂价格，则根据上述假设，零售价格变动率为：

$$[A\times(1+t_1)\times(1+a)\times(1+b)\times(1+17\%)-A\times(1+t)\times(1+a)\times(1+b)]/[A\times(1+t)\times(1+a)\times(1+9)]$$

1994 年前，t=60%；1994 年后 t_1=40%，在生产环节增加了增值税 17%，数据代入得 2.38%，因此零售价格增长了 2.38%。

（2）第二次税制调整（1998 年）对零售价格的影响

1998 年 7 月烟草税制调整，将消费税税率调整为三档，一类烟 50%，二、三类烟 40%，四、五类烟 25%。税制调整前后卷烟分类标准及税率比较如表 B6-4 所示。

---

① 胡德伟、毛正中、石坚等:《提高烟草税税率的经济影响分析》，载《中国烟草税收——历史沿革、现状及改革》，2009年。

表B6-4　1998年税制调整前后比较

	分类标准	每箱(50000支)不含增值税	1998年7月前税率	1998年7月后税率
甲类	一类	6410元(含)~	40%	50%
乙类	二类	4274元(含)~6410元	40%	40%
	三类	2137元(含)~4274元	40%	40%
丙类	四类	1068元(含)~2137元	40%	25%
	五类	0~1068元	40%	25%

则根据上述假设，零售价格变动率为：

$[A\times(1+t_1)\times(1+a)\times(1+b)\times(1+17\%)-A\times(1+t)\times(1+a)\times(1+b)\times(1+17\%)]/[A\times(1+t)\times(1+a)\times(1+b)\times(1+17\%)]$

甲类卷烟 $t=40\%$，$t_1=50\%$，代入公式得 7.14%；

乙类卷烟税率不变，$t=t_1=40\%$，因此零售价格不变；

丙类卷烟 $t_1=25\%$，代入公式得 −10.7%。

表B6-5　1997年各类卷烟市场占有率

	分类	每箱(50000支)不含增值税	销售量(单位：箱)	市场占有率(%)
甲类	一类	6410元(含)~	4956357	17.5
乙类	二类	4274元(含)~6410元	4365260	15.4
	三类	2137元(含)~4274元	13271491	47
丙类	四类	1068元(含)~2137元	5425238	19.2
	五类	0~1068元	245435	0.9
合计			28263781	100

依据 1997 年各类卷烟市场占有率，得出平均零售价格变化为：

$7.14\%\times17.5\%+0\times(15.4\%+47\%)+(-10.7\%)\times(19.2\%+0.9\%)=-0.9\%$

平均零售价格降低 0.9%，变化不大。

（3）2001 年 6 月前后零售价格比较

2001 年 6 月 1 日起，实行从量与从价相结合的复合计税方法，即按量每 5 万支卷烟计征 150 元的定额税，从价计征从过去的三档调整为二档，即每条调拨价为 50 元以上的税率为 45%，50 元以下的税率为 30%，计税基础从以出厂价格为基础变更为以调拨价格为基础。

2001 年 6 月前卷烟分类标准如表 B6–6 所示。

表B6–6　2001年6月前的卷烟分类标准

	分类	出厂价格/箱（50000支）不含增值税	2001年6月前税率
甲类	一类	6410元(含)~	50%
乙类	二类	4274元(含)~6410元	40%
	三类	2137元(含)~4274元	40%
丙类	四类	1068元(含)~2137元	25%
	五类	0~1068元	25%

在 2001 年的税制调整中对所有类别的卷烟征收一道从量税，定额税率为每箱 150 元，为了对 2001 年税制调整前后卷烟的零售价格进行对比，将这部分从量税转化为从价税，不同类别因调拨价格不同转化后的税率不同，转化公式为：

从量税转为从价税的税率 = 从量税额 / 调拨价格

为计算简便，对不同类别由从量税转化为从价税率时取中值，一类、五类卷烟取估计数，分别为 1% 和 7%，从价税率及由从量税转化来的从价税率相加即为表 B6–7“税率合计”。为便于下述对 2001 年税制变动前后的零售价格做比较，根据 2000 年各类卷烟的市场占有率及 2001 年的卷烟分类标准选取合适税率，具体将 2001 年分类标准变更后的一类、二类卷烟取相同的税率，三类、四类、五类税率为从价与从量合计的税率，如表 B6–7 中“选取的税率”。

表B6–7　2001年6月后的卷烟分类标准

	分类标准	2001年6月以后调拨价格/条(200支)单位：元	2001年6月以后调拨价格/箱单位：元	从量税转为从价税的税率	从量税转化为从价税率取中值	2001年6月后税率	税率合计	选取的税率
甲类	一类	50(含)~	12500(含)~	小于1.2%	1.0%	45%	46%	38.8%
乙类	二类	30(含)~50	7500(含)~12500	1.2%~2%	1.6%	30%	31.6%	38.8%
	三类	15(包括)~30	3750(含)~7500	2%~4%	3%	30%	33%	33%
	四类	10(包括)~15	2500 (含)~ 3750	4%~6%	5%	30%	35%	35%
	五类	0~10	0~2500	大于6%	7%	30%	37%	37%

表B6-8　2000年各类卷烟的市场占有率

	分类	每箱(50000支)不含增值税(出厂价)	销售量单位：箱	市场占有率
甲类	一类	6410元(含)~	5173202	16.9%
乙类	二类	4274元(含)~6410元	5498253	17.9%
	三类	2137元(含)~4274元	10152734	33.1%
丙类	四类	1068元(含)~2137元	8990685	29.3%
	五类	0~1068元	867261	2.8%
合计			30682135	100%

资料来源：《中国烟草年鉴（2001）》。

为了对2001年税制调整前后零售价格进行对比，结合2001年税制调整前后的价类标准，并依据不同价格区间的市场占有率，对2001年税制调整前后同一价格区间所对应税率及市场占有率进行对比，其中，为计算简便，一类卷烟2001年6月后的税率38.8%=（46%+31.6%）/2，即选取的是两类卷烟税率的中值，具体如表B6-9所示。

表B6-9　2001年6月税制调整前后变化

分类标准（2001年6月前）	调拨价格/箱不含增值税	2001年6月前税率	2001年6月后税率	市场占有率
一类	6410元(含)~	50%	38.8%	16.9%
二类	4274元(含)~6410元	40%	33%	17.9%
三类	2137元(含)~4274元	40%	35%	33.1%
四类	1068元(含)~2137元	25%	37%	29.3%
五类	0~1068元	25%	37%	2.8%

则零售价格变化率为：

$$[A\times(1+t_1)\times(1+a)\times(1+b)\times(1+17\%)-A\times(1+t)\times(1+a)\times(1+b)\times(1+17\%)]/[A\times(1+t)\times(1+a)\times(1+b)\times(1+17\%)]$$

一类卷烟t=50%，t_1=38.8%，代入得–7.47%；

二类卷烟t=40%，t_1=33%，代入得–5%；

三类卷烟t=40%，t_1=35%，代入得–3.57%；

四类卷烟 t=25%，t_1=37%，代入得 9.6%；

五类卷烟 t=25%，t_1=37%，代入得 9.6%。

平均零售价格变化率为：

$$-7.47\% \times 16.9\%+(-5\%) \times 17.9\%+ (-3.57\%) \times 33.1\% +9.6\% \times (29.3\%+2.8\%)=-0.26\%$$

2001 年税制调整使平均零售价格下降，为 -0.26%。

（4）2009 年 5 月前后零售价格比较

2009 年 5 月的卷烟消费税调整，甲类卷烟的消费税从价税率由原来的 45% 调整至 56%，乙类卷烟由 30% 调整至 36%，雪茄烟由 25% 调整至 36%；卷烟批发环节还加征了一道从价税，税率为 5%。此次调税不调零售价格，在分析税率调整对零售价格的影响时假设增加的税负转嫁给消费者，即零售价格随税负的变化而变化。

表B6-10　2009年变更前后税率比较

分类	调拨价格/条（200支）（不含增值税）	2009年5月前消费税率	2009年5月后消费税率
甲类	70元(含)~	45%	56%
乙类I	50元(含)~70元	45%	36%
乙类II	0~50元	30%	36%

$$[A \times (1+t_1) \times (1+a) \times (1+5\%) \times (1+b) \times (1+17\%) - A \times (1+t) \times (1+a) \times (1+b) \times (1+17\%)] / [A \times (1+t) \times (1+a) \times (1+b) \times (1+17\%)]$$

甲类卷烟 t=45%，t_1=56%，代入公式得 13%；

乙类 I 卷烟 t=45%，t_1=36%，代入公式得 -1.5%；

乙类 II 卷烟 t=30%，t_1=36%，代入公式得 9.85%。

表B6-11　2007年各类卷烟的市场占有率

2009年新政策的分类	分类	不含增值税调拨价格/条(200支)	2007年销售量(单位：万支)	市场占有率
甲类	一类	100元(含)~	12127845	5.7%
	二类I	70元(含)~100元	7758873	3.7%
乙类I	二类II	50元(含)~70元	7758873	3.7%
乙类II	三类	30元(含)~50元	42064360	19.8%
	四类	16.5元(含)~30元	74922804	35.3%
	五类	0~16.5元	67539090	31.8%

续表

2009年新政策的分类	分类	不含增值税调拨价格/条(200支)	2007年销售量(单位：万支)	市场占有率
合计			212171845	100%

资料来源：《中国烟草年鉴(2008)》。

注：1. 数据有限，仅查到2007年各类卷烟销售量，2007年与2008年烟草行业没有大的政策变更，各类卷烟的市场占有率变化不大，因此以2007年的数据代替。

2. 因二类卷烟的市场占有率属于不同税率级别，此处将二类卷烟的市场占有率除以2。

平均零售价格变动率为：

$$13\% \times (5.7\%+3.7\%)+(-1.5\%) \times 3.7\%+9.85\% \times (19.8\%+35.3+31.8\%)=9.73\%$$

3. 历次税制调整对经济影响的理论分析

卷烟消费税的变化会直接作用于零售价格，卷烟消费税调整最直接的影响有三方面，即卷烟消费、国家财政收入和烟草行业。但现实中的影响因素太多，要做理论分析必须先有一定的假设条件。

（1）分析的先行假设

① 税率变化前零售价格为 P_0，变化后零售价格为 P_1；税率变化前消费量为 S_0，变化后为 S_1；则税率变化引起的零售价格变化率为 $(P_1-P_0)/P_0$；消费量变化率为 $(S_1-S_0)/S_0$

② 消费税的最终负担者是消费者，提升或降低的卷烟消费税会被烟草企业全部转嫁给消费者。

（2）对卷烟消费的影响

消费者决定是否消费某种商品最直接的决定因素是它的价格，虽说卷烟是一种特殊商品，具有致瘾性，价格需求弹性比较小，但对于低收入人群，价格的影响是比较明显的，因此平均下来，税率的调整会导致零售价格的变动，从而引起消费量的反向变动。

消费量变化率＝零售价格变化率 × 价格需求弹性

（3）对国家财政收入的影响

烟草税是政府财政收入的重要来源，税率的变化决定着国家税收的高低，采用中国控制吸烟协会的一份研究报告中的数字，我国卷烟总税率约为零售价格的40%，以此估计我国烟草税收变化率为：

国家烟草税收 $=0.4\times$ 零售价格 $\times$ 消费量 $=0.4\times P\times S$

国家烟草税收变化率 $=(0.4\times P_1\times S_1-0.4\times P_0\times S_0)/0.4\times P_0\times S_0$

$=(P_1/P_0)\times(S_1/S_0)-1$

$= [(P_1 - P_0)/P_0+1] \times [(S_1 - S_0)/S_0+1]-1$

=(零售价格变化率 +1)×(消费量变化率 +1)-1

根据上述推导公式，可以看出国家烟草税收变化率的影响因素是零售价格变化率和消费量变化率，由这个公式即可计算出卷烟税率变化导致国家烟草税收的变化情况。

（4）对烟草行业的影响

包括对烟草行业的利润及就业的影响等。企业利润的影响因素包括生产成本、销售量等，其中生产成本是对企业利润影响较大的一个因素。生产成本又受税收、原材料、企业经营管理水平等方面的影响，假定原材料价格、企业经营管理水平等保持原来水平不变，仅税收一个方面的因素影响生产成本，考虑到消费税具有易于转嫁的特点，假设增加或降低的卷烟消费税完全转嫁给消费者，则烟草税的变化并不影响企业的生产成本，从而可以看出，仅有销售量影响企业利润。

一般情况下，企业均采用以销定产的方式进行生产，根据市场销售情况来确定产量，假设没有库存，则：

卷烟消费量 = 卷烟销售量 = 卷烟产量

根据上述假定，可以认为企业利润为产量的线性函数，同时假定烟草行业就业人数也为产量的线性函数，则企业利润和烟草行业就业人数的变化率与产量的变化率相同，即与卷烟消费量变化率相同。

企业利润变化率 = 就业人数变化率 = 消费量变化率

在以上分析的基础上，得出表 B6-12 相关数据，计算公式如下：

① 零售价格变化率为“历次烟草税调整对零售价格的影响”中得出的结论。

② 消费量变化率 = 零售价格变化率 × 需求价格弹性

③ 税收变化率 =(零售价格变化率 +1)×(消费量变化率 +1)-1

④ 利润变化率 = 就业人数变化率 = 消费量变化率

表B6-12　税制调整对经济产生的影响

		对烟草消费的影响		对财政收入的影响		对烟草行业的影响			
	零售价格变化率	消费量变化率(弹性为-0.15)	消费量变化率(弹性为-0.50)	税收变化率(弹性为-0.15)	税收变化率(弹性为-0.50)	利润变化率(弹性为-0.15)	利润变化率(弹性为-0.50)	就业人数变化率(弹性为-0.15)	就业人数变化率(弹性为-0.50)
第一次调整(1994年)	2.38%	-0.357%	-1.19%	2%	1.16%	-0.357%	-1.19%	-0.357%	-1.19%

续表

	对烟草消费的影响		对财政收入的影响		对烟草行业的影响			
零售价格变化率	消费量变化率(弹性为-0.15)	消费量变化率(弹性为-0.50)	税收变化率(弹性为-0.15)	税收变化率(弹性为-0.50)	利润变化率(弹性为-0.15)	利润变化率(弹性为-0.50)	就业人数变化率(弹性为-0.15)	就业人数变化率(弹性为-0.50)
第二次调整(1998年) -0.9%	0.135%	0.45%	-0.77%	-0.45%	0.135%	0.45%	0.135%	0.45%
第三次调整(2001年) -0.26%	0.039%	0.13%	-0.22%	-0.13%	0.039%	0.13%	0.039%	0.13%
第四次调整(2009年) 9.73%	-1.46%	-4.865%	8.12%	4.39%	-1.46%	-4.865%	-1.46%	-4.865%

注："-"为降低数。

4. 理论分析得出的结论

（1）历次税制调整对零售价格的影响不同，1994年、2009年税制调整的结果是零售价格上升，而1998年、2001年则相反。

（2）卷烟消费量与零售价格呈反方向变动，1994年、2009年税制调整的结果是卷烟消费量下降，1998年、2001年则相反。

（3）政府财政收入与零售价格呈同向变动，与卷烟消费量呈反方向变动，即零售价格上升，卷烟消费量下降，政府财政收入反而上升，主要原因是卷烟是一种需求价格弹性较小的商品，税率提高引起政府财政收入增加的幅度大于因卷烟消费量下降而导致政府财政收入减少的幅度。1994年、2009年税制调整引起政府财政收入增加，1998年、2001年则相反。

（4）基于一系列假设可知企业利润变化率、就业人数变化率均与消费量变化率相同。

（5）1994年、1998年和2001年的税制调整对零售价格的影响较小，零售价格变动率分别为2.38%、-0.9%、-0.26%，最终导致对卷烟消费量、政府财政收入、烟草行业影响不大。其中，1998年和2001年的税制调整反而导致消费量的上升，与控烟的目的背道而驰。

（6）2009年卷烟消费税的税制调整较大幅度地提高了卷烟消费税，从而引起零售价格有较大幅度的提升，但国家政策出台时规定，提高的税费不转嫁给消费者，因此假定卷烟消费税完全由消费者承担并不成立，增加的消费税由烟草行业自己承担，这一规定为增加国家财政收入带来了积极影响，但并没有对卷烟消费产生影响。

(三)烟草税制调整对经济影响的实证分析

在上述的理论分析中，可以得出结论：税率的提高会降低烟草及其制品消费，增加政府财政收入，降低企业利润及企业就业人员人数。国家几次大的调整都或多或少对经济产生了一定的影响，而在实际的经济运行中，烟草税对经济中这些方面产生的影响究竟有多大，下面通过一些实证数据来分析。但因为资料有限，此处选取的数据多是近 10 年的数据，并不能涵盖我国自 1994 年分税制改革以来的历次税制变动对经济的影响情况，仅能做粗略的分析。

1. 卷烟消费量

由于烟草对人类的健康产生威胁，国家出台针对烟草税的相关政策，一方面是为了增加国家财政收入，还有一个非常重要的原因就是降低卷烟消费量。表 B6–13 列示了近几年卷烟消费情况。

表B6–13 近年卷烟消费量

年份	卷烟产量(万箱)	卷烟销售量(万箱)
1999	3340.00	3245.3
2000	3397.00	3373.6
2001	3402.10	3396.6
2002	3467.08	3498.5
2003	3580.86	3595.9
2004	3747.27	3755.7
2005	3877.82	3894.5
2006	4043.63	4070.4

资料来源：《中国烟草年鉴(2000–2007)》。

由图 B6–2 可以看出，尽管国家一直通过各种方式控烟，但是卷烟销量依然在逐年递增，根据上述分析，2001 年的税制改革中，卷烟销售价格略微有所上升，消费量上升幅度有所降低，但依然没有改变上升的整体趋势。

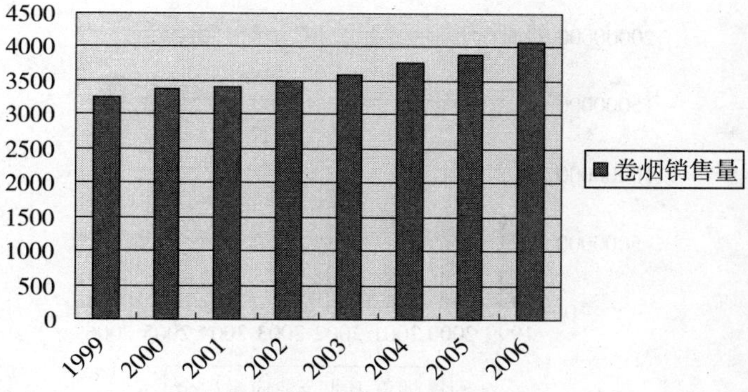

图B6-2　卷烟销售量走势

2. 政府财政收入

由于数据有限，此处选取的数据是烟草工业企业消费税，税金选取的是烟草工业企业应缴税金总额，可以视为企业上缴的税金总额。

表B6-14　烟草工业税收所占比重

年份	烟草工业企业消费税(单位：万元)	烟草工业企业应缴税金总额（单位：万元）	全国国内消费税(单位：万元)	全国税收收入(万元)	占全国消费税比重(%)	占全国税收收入比重(%)
1998	4665552		8343991	86566640	55.9	
1999	4812953	6627739	8482490	96878659	56.7	6.8
2000	5093554	7015908	8696900	118557811	58.6	5.9
2001	5739712	8171281	9461913	149106752	60.7	5.5
2002	6848972	9752189	10724747	166330267	63.9	5.9
2003	7667173	11084771	12216745	199917982	62.8	5.5
2004	9096713	13181655	15504837	251888004	58.7	5.2
2005	10038162	14593674	16861047	303087753	59.5	4.8
2006	11267021	16660653	18856890	369495901	59.8	4.5

注：占消费税比重=烟草工业企业消费税/全国国内消费税

占税收收入比重=烟草工业企业应缴税金总额/全国税收收入

资料来源：根据《中国烟草年鉴（1999–2007）》、《中国税务年鉴（1999–2007）》整理。

表 B6–14 中，烟草工业企业应缴税金从 1999 年的 6627739 万元增加到 2006 年的 16660653 万元，呈逐年上升趋势，并没有因国家政策的变更而使整体趋势受到影响。

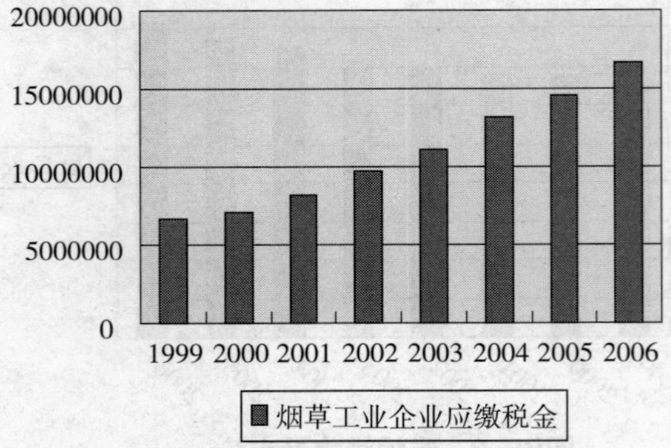

图B6-3　烟草工业应缴税金趋势

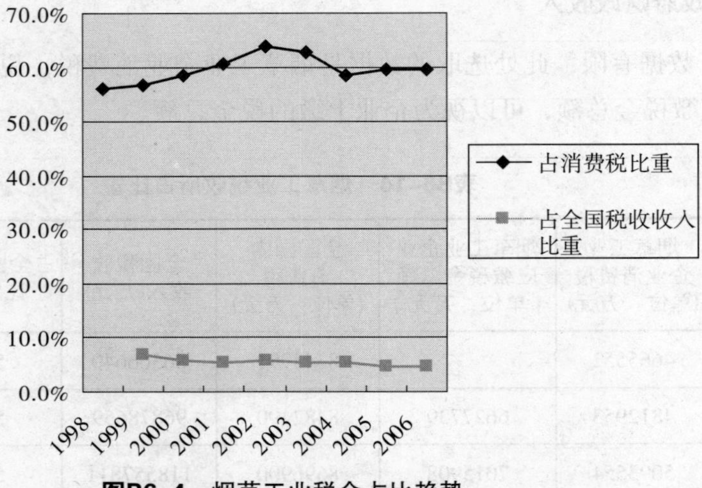

图B6-4　烟草工业税金占比趋势

图 B6-4 可以看出，烟草工业应缴税金总额占全国税收收入的比重呈逐年下降趋势，由 1999 年的 6.8% 降为 2006 年的 4.5%，烟草行业对国家财政收入所作出的贡献已大不如从前；而烟草工业上缴的消费税占全国消费税的比重一直维持在 60% 左右，在 1998 年到 2002 年呈上升趋势，此后有所下降，但幅度不大，2005 年开始又有略微上升。可见对于全国税收来说，烟草行业的贡献度在下降，但如果仅考虑消费税，则烟草行业的税收贡献非常大。

3. 企业利润

上述理论部分所讨论的税制调整，考虑的是卷烟制造业消费税率的调整，此处实证数据选取的是与之对应的卷烟制造业的销售利润率。

表 B6-15 中销售利润率是根据中经网中卷烟制造业月度数据求平均得出的结果。

表B6-15 1999-2009年卷烟制造业销售利润率

年份	销售利润率%
1999	8.68
2000	10.11
2001	11.28
2002	12.11
2003	14.07
2004	15.53
2005	16.09
2006	16.01
2007	18.06
2008	19.42
2009-02	20.08
2009-05	18.49
2009-08	15.84
2009-11	14.08
2010-02	14.45

资料来源：根据中经网数据整理得出。

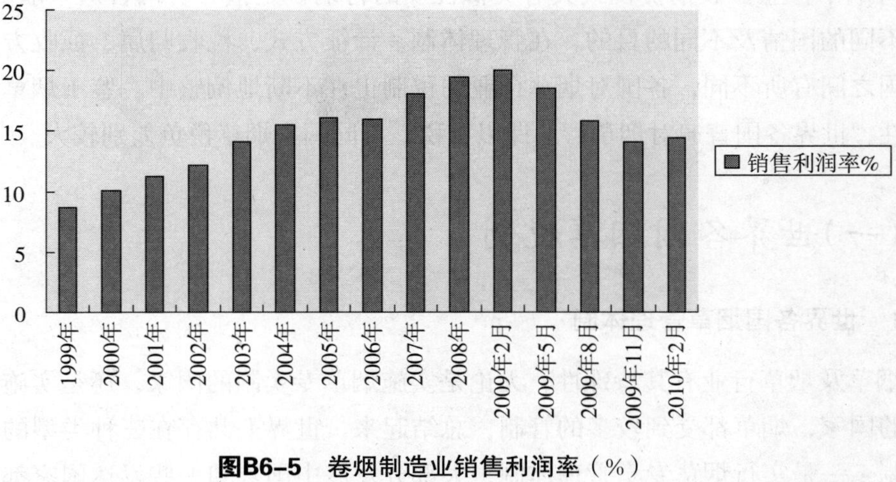

图B6-5 卷烟制造业销售利润率（%）

上述数据包括从1999年到现在的销售利润率，涵盖了2001年和2009年两次烟草消费税调整的时间。依据上述数据可以看到，在1999年至2009年2月的时间段中，卷烟制造业的销售利润率总体呈上升趋势，仅在2006年稍微有所下降，但并不影响企业利润率上升的整体趋势。

不考虑企业利润率的其他影响因素，在2001年烟草税变更中，企业利润率几乎没有受到影响，依然平稳上升，与上述理论分析中，2001年消费税调整对零售价格，继而对企业利润影响不大的结论相吻合。

从2009年5月开始，企业销售利润开始逐年下降，其中非常重要的一个因素就是2009年5月份的烟草税调整，税负增加，而且国家规定增加的税金不影响卷烟制品的零售价格，增加部分完全由企业消化吸收，相当于把企业利润的一部分直接上缴国库，此政策直接影响了企业的销售利润率，而如果增加的这部分税金转嫁给了消费者，现实经济中的企业销售利润率可能会与现在观察到的数据有所不同。今年2月份，企业销售利润率略微有所回升，具体走向还有待根据最新数据作进一步分析。

上述实证分析选取的数据有限，仅涵盖了2001年烟草税制调整前后的变化情况，总体看来对经济影响不大，企业销售利润率、国家财政收入及卷烟消费量都依然保持原有趋势，呈上升状态，国家一直宣传的控烟政策效果并不显著，烟草行业发展稳定。

四、烟草税的国际比较

对烟草行业征收消费税或具有类似性质的特别税是世界各国普遍采取的做法，基于不同的国情及不同的目的，在管理体制、计征方式、税收归属、征收方式等方面各国之间有所不同，各国对烟草行业的税制也在不断地调整中。鉴于烟草行业的特殊性，世界各国普遍对烟草行业课以重税，不同国家烟草税负差别较大。

(一)世界各国烟草税制

1. 世界各国烟草管理体制

烟草及烟草行业有其特殊性，无论是实施烟草专卖制的国家，还是实施烟草私有化的国家，烟草都受到较多的管制，总结起来，世界上共存在三种类型的烟草管理体制：一是实行烟草专卖管理体制，大部分发展中国家和一些发达国家都实行是这种管理体制，发展中国家如中国、伊朗、越南等，发达国家如法国、葡萄牙等。二是无专卖制度，但实行严格的管理，如美国，以《烟草检疫法》、《烟草专卖法》以及关税比率配额制度对烟草加以控制；日本也曾经实行烟草专卖制度，20 世纪 80 年代，迫于国际政治压力，形成了日本烟草公司。三是实行私有化，随着经济的发展及市场化程度的进一步加深，烟草行业也逐渐放开了管制，私有化国家主要在欧洲，如波兰、克罗地亚、意大利在 20 世纪 90 年代先后进行了烟草私有化。

目前，各国烟草行业管理体制都在进行不同的变革，演变趋势有以下特点：一是各国都曾采取国家专卖的管理体制；二是烟草行业的管理体制都在从烟草专卖向市场化方向发展，区别仅仅是转变速度的快慢问题。

2. 计征方式

目前世界各国的计征方法大致可以分为三大类，分别是从价计征、从量计征、从价与从量复合的计征方法。从价计征，是指根据烟草制品在某一特定交易环节的交易价格按一定比例税率征收，如印度尼西亚、阿根廷、巴西、智利等国家；从量计征是指按卷烟的数量(支数或重量)定额计征消费税,如美国、日本、澳大利亚等国;从价与从量复合计征的国家如中国、英国、德国、法国等。

各国采取不同的计征方式是依据本国的经济环境和条件的不同。一般情况下，实行从量定额计征，征管方便，适应于卷烟价格差距和变化不大的比较成熟的市场，不足是与物价没有直接挂钩，不利于政府财政收入的稳定增长；与此相反，从价计征适应于卷烟价格差距和变化比较大的市场，并且能够保证政府财政收入的稳定，不足之处是征管难度和成本比较大。

3. 卷烟消费税收入的归属

一国的卷烟消费税收入归属的划分与其本国经济发展、税收体系、中央与地方的财权事权等多方面因素相关，目前世界上主要有两种类型：一是归中央政府所有，如中国、英国、德国、澳大利亚等;一是中央与地方共享，如美国、日本、加拿大等。

4. 征收环节

一国决定在哪个环节征收卷烟消费税，与该国税务部门的征管水平、企业和居民的纳税意识及该国税制结构有较大关系，总结起来，可以分为在三个不同环节征收，包括生产环节、批发环节、零售环节。目前，大多数国家采取在生产环节和零售环节征收。由于烟草税收在多数国家属于中央与地方共享税，因此不同环节征收的税有不同的税收归属。一般在出厂环节征收的税归中央政府所有，零售环节和批发环节则归地方政府所有。

(二)世界各国烟草行业的税收负担情况

烟草行业与其他行业相比最大的不同在于税收负担较重，世界各国普遍对烟草行业课以重税，究其原因，有以下三方面：一是卷烟对人类身体健康的威胁，烟草引起的各种疾病困扰民众，各国政府基于对本国居民负责的态度，纷纷对烟草征收较高税金，试图通过加大企业和消费者的成本来控制烟草消费，降低烟草带来的危害；二是从国家财政收入的角度，各国政府既是社会公共利益的提供者，也是具有收益最大化目标要求的独立利益主体，烟草行业是国家发展经济中的一个重要行业，对国家的财政收入作出了巨大贡献，尤其是中国这样的发展中国家；三是烟草带来的外部不经济，吸烟不仅损害吸烟者的身体健康，对于吸二手烟的人危害更大，而且其烟雾污染环境，因吸烟引起的火灾等事故也频有发生，为了矫正这些负外部性，各国都对烟草课以重税。

下面根据WHO(2009)的数据,整理出不同地区国家的卷烟消费税率及综合税率，WHO（2009）公布的数据中涵盖了世界上182个国家，此处选取部分国家卷烟税率水平。见表B6-16。

表B6-16　世界部分国家卷烟消费税率及综合税率一览表

国家	消费税率(%)	综合税率(%)	国家	消费税率(%)	综合税率(%)
非洲国家			**美洲国家**		
毛里求斯	68	81	古巴	87	87
塞舌尔	76	76	智利	60	76
埃塞俄比亚	44	56	阿根廷	61	68
欧洲国家			挪威	53	20
波兰	76	94	墨西哥	52	65
斯洛伐克	74	90	加拿大	58	65
保加利亚	70	87	美国	32%	37%
法国	64	80	巴西	29	59
英国	67	80	多米尼加	12	50
捷克	64	80	牙买加	30	46
爱尔兰	62	80	**东地中海地区**		
爱沙尼亚	62	77	苏丹	59	72

国家	消费税率(%)	综合税率(%)	国家	消费税率(%)	综合税率(%)
比利时	60	77	约旦	55	69
芬兰	59	77	摩洛哥	51	67
葡萄牙	59	76	埃及	59	59
西班牙	61	77	巴基斯坦	39	53
荷兰	61	77	也门	47	47
德国	60	76	科威特	0	34
亚美尼亚	17	32	沙特阿拉伯	0	33
乌克兰	29	46	**西太平洋地区国家**		
土库曼斯坦	30	43	斐济	77	77
俄罗斯	22	37	文莱	71	71
东南亚国家			新西兰	58	69
缅甸	75	75	新加坡	61	68
斯里兰卡	59	72	澳大利亚	53	62
孟加拉国	52	67	韩国	53	62
泰国	57	64	日本	58	63
印度	44	55	中国	22	37
印度尼西亚	44	52	世界平均	34	50
尼泊尔	13	25			

数据来源：WHO Report on the Global Tobacco Ep idemic，MPOWER，2009。

根据 WHO（2009）的数据，中国的卷烟消费税率为 22%，其他税率为 15%，综合税率为 37%。在统计出的 182 个国家中，卷烟消费税率及综合税率分别有 117 个、106 个国家高于中国，中国的税率水平处于中下等。其中，古巴卷烟消费税率最高，为 87%，其次是波兰为 76%；综合税率最高的国家是波兰为 94%，其次是斯洛伐克为 90%，都远高于我国。

美国卷烟消费税率为 32%，综合税率为 37%，但美国的各州及地方政府有权制定自己的烟草税政策，因此，此税率并不能代表美国的综合税率情况。

再比较与中国发展水平比较接近的几个国家的税率情况，如金砖四国，巴西的卷烟消费税税率为 29%，综合税率为 59%；俄罗斯的卷烟消费税率为 22%，综合税率为 37%；印度的卷烟消费税率为 44%，综合税率为 55%。四个国家中，中国与俄罗斯持平，卷烟税率最低。

表 B6–16 的数据涵盖了世界上大部分卷烟产销国家的卷烟综合税率，而表 B6–17 则列示了世界主要的卷烟产销大国国内烟草税征收方式及税率水平。

表B6–17　世界主要的卷烟产销大国国内烟草税征收方式及税率水平

国家	消费税征收方式	从量消费税税率	从价消费税税率	增值税或零售税税率
中国	从量与从价混合	3元（约0.36美元）/千支	36%或56%	17%
美国	从量	约34美元/千支		约5%
日本	从量	7072日元(约54.1美元)/千支		5%
印度尼西亚	从价		(28–40)%	10%
德国	从量与从价混合	92.2马克(约52.4美元)/千支	22%	16%
俄罗斯	从量	29卢布(约1.3美元)/千支		20%
巴西	从价		75%	25%
英国	从量与从价混合	90.43英镑(约150.7美元)/千支	22%	17.5%
土耳其	从价		120%	15%
荷兰	从量与从价混合	103.55荷兰盾(约52.3美元)/千支	21%	17.5%
印度	从量	1260卢比(约30.7美元)/千支		约4%

备注：①本表数据除中国为2001年数据外，其余为2000年数据。②在增值税或零售税一栏中，美国、印度为根据各州税率综合平均的零售税税率，其他国家为增值税税率。

资料来源：国家烟草专卖局烟草经济研究所的经济研究报告:《世界卷烟税收政策浅析》，2002年3月6日。

从表 B6–17 可以看出，每千支的从量消费税税率英国最高，达到了 150.7 美元；中国最低，仅有 0.36 美元，不及英国的百分之一，相差较多；日本、德国、荷兰每千支的从量消费税率也均超过了 50 美元，美国、印度为 30 多美元，俄罗斯税负也较低，仅为 1.3 美元。从价消费税部分，土耳其税率最高，为 120%，但土耳其的计征方式仅有从价征收，没有从量部分，巴西从价税排名第二，达到 75%，中国采取分类计征的办法，甲类卷烟税率为 56%，乙类卷烟税率为 36%，其他国家比较平均，基本在 20% 左右；增值税部分，美国计征的是零售税税率，美国、日本、印度税率最低，其他国家均在 10%–20% 的水平，各国相差不大。

控制吸烟率是世界各国普遍对烟草课以重税非常重要的原因之一，究竟烟草税率与吸烟率之间关系如何，见表 B6–18 所示的对比数据[①]。

① 刘虹:《控制烟草消费的税收政策研究》，中山大学出版社2009年版。

表B6-18　各国烟草税率与吸烟率对比

国家	烟草综合税率(%)(2009年)	吸烟率（%）	
英国（2004年）	80	综合	25
		男性	26
		女性	23
挪威（2001年）	73	男性	30.3
		女性	29.3
澳大利亚（1995年）	62	男性	27
		女性	23
日本（2005年）	63	综合	29.4
		男性	46.1
		女性	12.8
中国（2002年）	37	综合	35.8
		男性	66.0
		女性	3.08
美国（2004年）	37	综合	20.9

注：1．各国烟草综合税率为2009年数据；受资料来源所限，各国吸烟率的数据选自不同年份，标于国家名称后面的括号内。

2．美国的综合税率仅指联邦政府的税率，各州在此基础上对卷烟还按不同税率征税。

由上表可见，烟草税率与吸烟率之间存在着负相关性，我国的烟草税率最低，为37%，但综合吸烟率却为几个国家之最，尤其是男性吸烟率高达66%，超过一半的男性受到吸烟的危害；英国的烟草税率最高，达到80%，综合吸烟率仅为25%，可见，通过提高烟草税率来降低吸烟率是可行的。

（三）世界各国烟草税制调整概况

烟草制品由于其本身对人身体健康的危害性，世界各国都采取“寓禁于征”的策略，各国的烟草税政策也一直在不断地变化中。美国总统奥巴马上任后不久，就先上调联邦烟草税法案，新法案规定烟草税从39美分/包上调到1.01美元/包，这是美国政府最近几年提税幅度最大的一次，雪茄、水烟等其他烟草制品的联邦消费税也将全面涨价。英国的烟草税率已接近世界最高，但在2009年依然两次提高烟草税。法国烟税占烟草零售价格的79%，加拿大烟税占每包合法名优卷烟价格的68.1%，除此之外，希腊、冰岛、乌克兰、泰国、香港地区、澳门地区和印度尼西亚等国家和地区在2009年均做出了调高烟草税的决定。WHO相关文件指出，调高烟草税是减少烟草消费的最佳手段，尤其能阻止年轻人成为吸烟者；将烟草制品价格提高70%，可以避免全世界1/4的吸烟相关死亡。正是因为烟草税可以直接影响到烟草的消费，避免烟草带来的诸多负外部性，各国一直在不断探索研究，并不断调整本国的烟草税收政策，尤其是税负的调整。

1. 美国烟草税制调整

在美国，联邦、州政府和地方政府都有权制定政策对卷烟进行征税，包括州及联邦消费税、销售税和总和解协议（MSA）款。联邦政府对全国范围内的卷烟及其他烟草制品征收从量税，其中联邦政府烟草税收入中约97%来自于联邦卷烟消费税。

（1）联邦卷烟消费税

自1995年以来，美国的烟草税经历了四次较大的调整，1995年12月31日联邦卷烟消费税为24美分/包，2001年1月1日增加到34美分/包，2002年1月1日又增加到了39美分/包，而2009年4月1日，美国对卷烟消费税进行了历史上最大幅度的上调，卷烟消费税由39美分/包增加到1.01美元/包，上调幅度达159%，其他烟草制品的税率也与相应调整，这次上调使联邦和各州、地方政府的平均卷烟消费税之和达到2.21美元/包。

（2）州卷烟消费税

州政府消费税，美国有50个州对卷烟、雪茄及嚼烟等烟草制品征收从量税，具体征收环节及税率各州有所不同，一般取决于当地控烟组织势力的大小以及当地是否有烟草基地，为了保护烟农的利益，产烟州的税率一般较低，反之则相反。

20世纪90年代，各州消费税每年增幅在0.02美元~0.05美元/盒，2002年和2003年平均消费税增幅在0.22美元/盒。1995年12月31日到2009年4月1日，各州的卷烟消费税由平均327美分/包上调至1.2美元/包，上调幅度高达267%，其中，主要烟草种植州如北卡罗来纳、肯塔基、田纳西、弗吉尼亚、南卡罗来纳州等的平均卷烟消费税由1995年12月31日的7美分/包上升到38.5美分/包，增长了444%；其他州的平均卷烟消费税由1995年12月31日的36美分/包上升至1.31美元/包，上升幅度高达263%。

（3）地方政府卷烟消费税

地方消费税由市、县征收。一般产烟地区税较少，有的甚至免烟税，与当地政府有较大关系，除联邦及州政府对卷烟进行征税外，地方政府也可制定自己卷烟消费税收政策，一般按从量计征的方法征收。

2. 英国烟草税制调整

英国的烟草税有着悠久的历史，首次提出烟草消费税是在1660年，目前的税制结构以及从价计征的方式是1976年提出的。英国烟草税对国家财政的贡献巨大，2008年上缴税金达到80亿英镑，同时，英国的烟草税率接近世界最高，达到80%左右。

实证分析表明，烟草制品价格的上升有利于降低吸烟率，因此英国政府将提高烟草税作为提高烟草制品价格的一个重要手段，以此来降低烟草消费，保护公众健康。表B6–19列示了英国在1992–2002年间不同烟草制品的税率变更情况[①]。

表B6–19　烟草制品税率

变更时间	卷烟		雪茄	手卷烟	其他烟草制品
	从价税率 %	从量税 英镑/1000支	英镑/kg	英镑/kg	英镑/kg
1992.03.10	21	44.32	67.89	71.63	29.98
1993.03.16	20	48.75	72.30	76.29	31.93
1993.11.30	20	52.33	77.58	81.86	34.26
1994.11.29	20	55.58	82.56	85.94	36.30
1995.01.01	20	57.64	85.61	85.94	37.64
1995.11.28	20	62.52	91.52	85.94	40.24
1996.11.26	21	65.97	98.02	87.74	43.10
1997.12.01	21	72.06	105.86	87.74	46.55
1998.12.01	22	77.09	114.79	87.74	50.47
1999.03.09	22	82.59	122.06	87.74	53.66
2000.03.21	22	90.43	132.33	95.12	58.17
2001.03.07	22	92.25	134.69	96.81	59.21
2002.04.17	22	94.24	137.26	98.66	60.34

据统计，在过去的30年中，英国的烟草税曾多次上调，其卷烟销售量在30年中从1380余亿支下降到800亿支。1980–1984年间，英国卷烟价格提高了26%，消费量下降20%，而卷烟税负增长了10%，使政府税收收入增加3600万英镑。1996年11月到2007年3月，英国先后13次提高烟草消费税，使得从量税由1996年11月每千支65.97英镑上升到2007年3月的108.65英镑，而从价税则由21%提高到

① WHO Excise Social Policy Group, Report on Tobacco Taxation in the United Kingdom, 2009.

22%[①]。目前英国市场上销售的大部分卷烟价格都达到了历史最高水平。

3. 泰国烟草税制调整

泰国也是实行国家烟草专卖的国家，是亚洲利用烟草税收对烟草进行控制最为成功的国家。泰国政府从1993年开始根据物价指数的变动逐年提高烟草制品的税收。1994–2007年间，泰国共8次提高烟草消费税税率，卷烟的零售价格从15泰铢/包上升到45泰铢/包，同时，泰国的卷烟烟民比例从1991年的30.46%大幅降低到了2007年的18.94%，而且绝大多数女性不吸烟。

2009年5月，泰国烟草征税上限从原来出厂价或进口价的80%涨至90%。烟草国货税也将先增至85%，再择机上调至90%，国产卷烟每包上涨10~13泰铢，进口烟上涨15~17泰铢。税率上调后，预计可使国家财政收入每年增加700亿~800亿铢。

美国、英国和泰国的税率调整均比较频繁，且调整幅度较大，英国是目前世界上烟草税负较高的国家之一，美国2009年的税率增加幅度达到了历史之最，泰国作为亚洲利用烟草税收进行控烟比较成功的国家，对我国具有较大的借鉴作用。

（四）世界各国烟草税制对我国的启示

在上述的分析中可以看出，对于烟草税，无论是管理体制还是计征方式、烟草税收负担等方面，世界各国之间存在较大的差异。

首先，在烟草税制方面，有两方面值得借鉴：一是管理体制，世界通行做法有三种，即实行烟草专卖制度、无专卖制度但实行严格的管理、实行私有化，综合各国做法可以发现，无论实行哪种制度的国家，都曾采取国家专卖管理体制，但普遍存在着由烟草专卖向市场化方向发展的趋势，而我国一直实行的都是“统一领导、垂直管理、专卖专营”的国家专卖制度，实质就是垄断经营，而垄断必然带来生产效率低、行业利润过高、与市场脱节等弊端；二是计征方式，世界经验表明，从量计征更有利于对本国的烟草消费进行控制，我国实行的是从价与从量复合的计征方式，其中从量计征比例较低，对于控烟的作用较为有限，可以参照美国、日本等国的做法，采取从量计征的方式。

其次，在税收负担方面，我国的烟草税收负担处于中下水平，且与“金砖四国”相比，我国的烟草税负最低。英国的烟草税负接近世界最高，但2009年依然两次上调烟草税率，美国在2009年烟草税率上调幅度达到历史最高水平，对于世界公认的对控烟最为有效的重税政策，各国都表现出了较为积极的态度，而我国作为烟草生

① 郑榕：《烟草税在全球控烟中的运用及中国烟草税制的改革》，《涉外税务》，2009年第10期。

产及消费大国，税率还有较大的上升空间。

最后，在烟草税制调整力度方面，综观世界各国的税制调整情况，美国不仅联邦政府多次调节烟草税制，各州、地方政府根据当地经济发展及烟草消费情况，也不同程度地对烟草税率进行变更；泰国作为亚洲控烟比较成功的国家，1994–2007年间，共8次提高烟草消费税税率。而我国从1994年分税制改革至今，仅对烟草税制进行了4次较大的调整，与其他国家的调整力度存在较大差距。

五、我国目前烟草税制存在的问题及政策建议

税收政策具有时效性，适合一国国情、符合时代发展的税收政策才能发挥其应有的作用。随着经济的发展，以提高政府财政收入、控制烟草消费为目的的税制调整是中国调控经济、履行《烟草控制框架公约》的一项重要举措。本部分将对比世界其他国家做法，分析我国烟草税制暴露出的问题，并结合国际经验，为我国烟草税制今后的改革提供政策建议。

(一)我国目前烟草税制存在的问题

税收对烟草行业的发展发挥着重要的调节作用，通过对我国1994年分税制改革以来的历次税制调整进行分析，并结合前人的研究理论及成果，对比国际上其他国家的做法，总结得出我国的烟草税制目前存在以下几方面的问题：

1. 地方财政收入与烟草行业挂钩不合理

根据国务院关于实行分税制财政管理体制的规定，我国的税收收入分为中央政府固定收入、地方政府固定收入和中央政府与地方政府共享收入，从税种的角度来看，在烟草行业上缴税金中占比较大的卷烟消费税归中央所有，增值税是中央与地方政府共享，烟草行业特有的税种烟叶税归地方政府所有。但我国目前采用的是根据“基数固定，增长分成”的方法来确定中央对地方的税收返还制度，由于对烟草行业施行的是高税政策，烟草税收在基数中所占比例较很大，尤其是烟草大省，且以后税收返还额与两税增长情况挂钩，则卷烟消费税与地方政府财政收入密切相关。因此，在我国当前的财税分配体制下，不论名义上是中央税还是地方税，都与地方

政府有着千丝万缕的关系。在一些烟草种植大省，烟草行业上缴的税金非常可观，成为当地政府财政收入的主要来源，因此地方政府在制定政策时会权衡利弊，往往与国家提倡的控烟背道而驰，鼓励当地农民种植烟草，并对烟草行业提供支持。而国家在制定限制烟草行业发展的政策时，可能会受到地方政府的抵制，不能取得应有的政策效果。

2. 计税依据：从价税与从量税比例失调

目前世界上主要有从价计征、从量计征、从价与从量复合计征三种计税方法，我国在2001年的税制调整中将原来从价计征的单一计税方式改为从价与从量复合的计税方式。

从控烟角度来看，国际经验表明，从量税对控烟的效果更加明显，因为不是按照卷烟的价格付税，而是按烟草消费量缴税，虽然我国现行烟草税制中不是在零售环节征税，但由于消费税的税负转嫁功能，烟草税的最终负担者都是消费者，如果消费者间接上缴的税金与消费量相关，那么一部分烟民就会考虑因为吸烟量的增多所需要付出的高昂成本。

从税负公平角度来看，从价税对不同收入水平家庭的影响不同，如果考虑到家庭的弹性水平，会增加低收入家庭的税收负担，导致税负不公，使原本就存在的收入分配不均衡问题进一步加深，贫富差距进一步加大。

尽管从政策角度来看，从量税的优势要大于从价税，但我国目前的从量税在烟税中所占比例非常小，不到10%[①]。从上述分析中也可以看到，将从量税转化为从价税时，即使比例最高的五类卷烟从量税也只相当于7%的从价税率。与世界其他国家相比，我国2001年的从量税率仅为3元（约0.36美元）/千支，从价税率为30%或45%；而美国、日本等国对卷烟全部按从量计征方式征税，英国2000年的从价税率为22%，与我国相差10%左右，但是从量税率高达150.7美元/千支，是我国的400多倍。由此可见，我国的从量计征部分比例很小，没有发挥出从量税的作用，从价税与从量税比例失调。

3. 对生产环节与销售环节所征税金不平衡

2009年烟草税制改革以前，我国一直是在出厂环节征收卷烟消费税，2009年税改在批发环节加征了一道5%的从价税，但与出厂环节的税率相比比例较小，大部分税金依然是在生产环节缴纳。作为烟草行业第一大税的消费税大部分在生产环节征收，产生了以下问题：（1）消费税大部分由卷烟工业企业缴纳，造成烟草工商

① 杨功焕：《烟草税上调国家盈利控烟无效，政企不分成瓶颈》，2009年8月，http://business.sohu.com/20090810/n265849199_2.shtml。

企业之间税负极度不平衡；（2）生产企业将卷烟消费税作为价内税加入成本，加大了生产企业的成本压力，不利于卷烟工业企业的发展；（3）目前的征收方式必将导致国民收入由消费地向生产地转移，造成各地政府之间的利益分配不公平；（4）导致逃避缴纳税款行为的发生，烟草工商企业之间通过转移定价的方式，抬高企业成本，降低收入，导致国家税源的流失。

4. 烟草行业税负偏低

在上述的实证分析中可以看到，我国烟草行业流转税负约为50%，近年有所上升，若与我国国有工业其他行业相比较，烟草行业的税负处于较高水平；与世界其他国家相比，2009年，英国卷烟税率为80%，挪威为73%，澳大利亚为62%，我国为37%，卷烟中综合税率最低。

作为一个非国家鼓励行业，烟草行业所带来的危害身体、加速生命的终结、造成医疗费用增加等负面效应都使得国家应该限制该行业的发展，但在我国目前较低的行业税负下，烟草行业一直处于稳中有升的发展状态，在对我国烟草行业进行的实证分析中可以看到，销售利润率从1999年的8.68%上升到2008年的19.42%，卷烟销售量也是逐年递增，2006年的销售量高达4070.4万箱，烟草行业的发展并没有因国家政策的调整而走下坡路，我国“寓禁于征”的政策效果不明显。

中国控制吸烟协会发布的一份研究报告指出，目前我国卷烟总税率仅约为零售价的40%，这一税率远低于国际上卷烟税率的中数范围（即65%~70%）。

5. 烟草税政策改革力度小

通过上述对1994年分税制改革以来的历次税制调整的分析研究，可以发现每次的税制调整都不是颠覆性的改革，基本是在原税制的基础中做出一些改变，没有对经济造成很大的触动，主要表现在以下几个方面：

一是中央税与地方税的划分问题。中央税与地方税的划分涉及其他各个税种的划分问题，是税收制度较大的变革，国家并没有针对因烟草行业具有特殊性而对其单独制定政策，烟草行业历次的税制调整也没有涉及中央税与地方税的划分问题。

二是计税依据。2001年前我国一直采取的是从价计征方式，2001年税制调整由从价计征改为从价与从量复合的计征方式，但从量计征占比较小，不足以发挥从量税的作用。

三是征收环节。2009年税制调整在批发环节加征了一道从价税，从价税率为5%，较之于出厂环节56%或36%的从价税率，仅占到出厂环节所征税收的10%左右。

四是税率调整方面。从对烟草行业税制调整的理论分析中可以发现，在税负完全转嫁的前提下，1994年、1998年、2001年、2009年的税制调整分别导致零售价格变化 2.38%、-0.9%、-0.26%、9.73%，零售价格的变化幅度间接反映了税率的变化幅度，前三次的税率变化幅度较小，最近一次 2009 年税率调整幅度较大，但同时政策规定调税不调零售价格，仅保证了政府的财政收入。

五是税制调整频率。自 1994 年分税制改革以来，我国仅对烟草税制进行了 4 次较大调整，每一次税制调整的时间跨度都很大，烟草税制调整的步伐没有跟上经济发展的节奏。

六是对经济的影响。在上述的理论分析结论中，表 B6-12 详细记录了 4 次税制调整对经济产生的影响。1994 年、1998 年、2001 年税制调整对卷烟消费量的影响非常有限，即使采取较大的弹性 -0.5，对卷烟消费影响最大的 1994 年的税制调整仅使卷烟消费量下降 1.19%，其中 1998 年和 2001 年的税制调整反而导致卷烟消费量的上升。政府财政收入的变化与税率调整方向呈正向变动，即税率提高，财政收入增加，一定范围内，税率的提高对财政收入的增加大有裨益，但由于税率变动幅度较小，对国家财政收入的影响也不大。在分析税率变化对企业产生的影响时采取了诸多假设，使得税率变动与企业利润、企业的就业人数之间具有负相关关系，即税率的提高有助于降低企业利润，但变动不大，变化率仅为 1% 左右。2009 年的税制调整较为特殊，是在经济下滑、中央财政出现缺口以及履行加入《烟草控制框架公约》承诺的背景下出台的，调税不调零售价格的政策保证了国家的财政收入，但没有影响到卷烟的消费。调整烟草税制一方面是为了增加国家财政收入，另一方面是控烟，如果仅仅考虑国家财政收入的增加而忽略了控烟的这个根本目的，那么这次税制的改革不能说是成功的。

理论分析是在各种假设的基础上分析税率变动对经济的影响，考虑到现实因素，从接下来的实证分析可以发现，卷烟消费量、烟草行业上缴的税金、企业利润率都一直呈上升趋势，没有因为税制的调整有所变化，可见，每一次税制调整都没有达到控烟这一重要目的，烟草行业依然稳定发展。

（二）完善我国烟草税制的政策建议

根据实证分析的结果，结合世界上其他国家的成功经验，针对我国烟草税制目前存在的问题，提出以下几方面建议：

1. 烟草行业上缴税金归中央政府统一支配

在中国当前的财税分配体制下，不论其名义上是中央税还是地方税，事实上都与当地财政有紧密联系，烟草行业与地方政府在利益上千丝万缕的关系使得国家的改革步伐受到一定的牵绊，为了扭转这种局面，提出以下建议：

（1）与烟草行业相关的税收全部归中央政府统一支配，如烟草行业特有税种烟叶税，除此之外，鉴于烟草行业的特殊性，增值税、企业所得税等共享税的归属问题可以与其他行业区别对待，由共享税转为中央税，税收归属问题的改革将会严重削弱部分地区尤其是一些种植烟草的边远山区的地方财政收入，因此，实行税收返还制度。

（2）调整原来税收返还的计算方法。我国现行的税收返还制度是“基数固定，增长分成”的模式，在这种税收返还制度下，地方政府所获得的税收返还额与当地的烟草行业有很大关系，尤其是烟草大省。因此，应改变税收返还基数和两税增长与地方烟草税收挂钩的关系：首先，确定税收返还基数及两税增长时，去除烟草行业上缴税金部分，消除烟草行业对基数和增长的影响；其次，确定一个固定返还数，以弥补确定返还基数和两税增长时烟草行业部分，该固定数根据历年各地方政府烟草行业税收情况确定，一经确定，不再变更，使得以后年度地方政府收入与烟草行业税收脱离关系。

此方法对国家的财税体制并没有较大的改变，中央对地方税收返还的基数确定办法的原则、框架并没有改变，仅仅是把烟草行业的税收单独核算，操作上难度不大，这样就将烟草行业税收与地方政府利益割裂开来，地方政府不再过多关注烟草行业的发展，但是具有资源优势的地方仍然会大力支持烟草行业的发展，因为烟草行业对增加 GDP、拉动就业具有积极作用。

2. 计征方式由从价计征逐渐过渡到从量计征

从量税与从价税的优劣与一国国情紧密联系。从量计征，征管方便，适用于卷烟价格差异不大的比较成熟的市场，而从价计征刚好与之相反。我国目前实行的是国家烟草专卖制度，市场开放程度较小，并且我国卷烟种类较多，价格跨度大，如果直接由从价计征调整为从量计征，会与现行体制产生冲突，反而适得其反，因此改革的步伐应该是随着经济的发展逐步推进，最终的改革方向可以借鉴美国经验，即对卷烟消费税实行从量计征。

具体改革步骤应是从量税改革与价格体系改革同步进行，美国卷烟价格最高与最低相差不到几美元，而中国目前卷烟价格最高达到上千元，最低低至几块钱。因此，首先调整卷烟价格体系，将目前繁杂多样的卷烟类别精简，并且调整价格区间，缩短最高价卷烟与最低价卷烟的差距；同时，加大从量税的比例，考虑到税收导致的收入分配公平及我国目前卷烟价格体系问题，实行有差别税率的从量税，具体分类标准可参照我国现行卷烟的五类分类标准，不同类卷烟税率适用不同税率，一类卷烟税率最高，依次类推，使得烟草税成为累进税。

3. 增加销售环节征收比例

2009年的烟草税制改革打破了以前仅在生产环节征收卷烟消费税的单一征收模式，对于卷烟制品，在批发环节加征了一道5%的从价税，但比例较小，可以将比例进一步扩大。这种生产与销售环节共同征收的模式有利于平衡工商企业之间的税负，降低生产企业成本，避免逃避缴纳税款的情况发生，并且可以削弱烟草产区地方财政对烟草税的依赖，提高销售地区销售卷烟的积极性，促进全国统一市场的形成。

如果在销售环节征收消费税，必将使卷烟消费税的地域分布由云南、贵州、湖南等产烟大省向东部沿海等地转移，而东部沿海各省正是经济发达、财政实力较强的省份，各地方政府之间的财政格局将改变，因此，在确定税收返还额时，对基数和增长额的确定应充分考虑这一因素。

卷烟消费税属于中央税，在生产环节征收，国税部门只需管好30多家卷烟生产企业，而若在销售地区征收，征管难度和复杂性都要增加，必将导致征收成本的加大。如果在销售环节征收卷烟消费税，可以参照增值税的征收方式，采取专业发票的模式，将卷烟消费税设置为价外税，在消费税专用发票上同时注明价款及消费税额，也可以重新设置增值税专用发票，增加消费税一栏，同时注明增值税和消费税额。卷烟商业企业购买卷烟获得卷烟工业企业开具的专用发票后，与增值税进项税额一样，可以在企业对外销售卷烟计算缴纳消费税时进行抵扣。

4. 提高卷烟消费税率

目前我国烟草行业税负较低，税率还有较大的上升空间。烟草行业上缴的增值税、企业所得税等与其他行业执行统一的税法，对其进行变更会对其他行业产生影响，而卷烟消费税是烟草行业特有的税种，因此应大幅度提高卷烟消费税率。若每次调整幅度都较小，烟民会对因烟草税率上升导致的零售价格上升逐渐适应，而寄希望于提高烟草税率来降低卷烟消费的目的难以实现。对于提高税率，很多人担心因消费量减少而带来的财政收入降低、企业利润下降、走私泛滥等现象的发生，根据上述分析可知，这种担心大可不必。原因如下：

（1）烟草制品作为一种致瘾性产品，烟民对其具有较大的依赖性，因此卷烟的需求弹性较低。但如果国家大幅度提高税率，卷烟生产厂商必定会提高出厂价格，最终带来零售价格的提升。正是由于烟草制品具有需求弹性较低的特性，卷烟价格提升的幅度会大于卷烟需求量下降的幅度，并且卷烟消费税具有税负转嫁的功能，烟草行业将增加的税金完全转嫁给消费者。总体来说，烟草行业的销售收入及销售利润仍然会上升，而且从实证分析结果也可以看出，烟草行业的利润率一直呈上升趋势。

（2）对于政府收入，提税增加政府收入，卷烟消费量下降降低政府收入，二者究竟哪个占主导？根据上述分析可知，卷烟消费税率与政府财政收入之间呈正相关关系，提高卷烟消费税率，政府收入会因更高的课税而增加；如果政府不对烟草行业采取相应措施，因烟草消费而产生的一系列医疗成本、生命损失、生产力损失等社会成本是无法估量的，烟税收入不足以弥补这些无形的支出。

（3）不同层次的烟民对卷烟的依赖程度不同，卷烟价格的变动会使一部分烟民降低卷烟档次，而对价格比较敏感的烟民（如青少年）或对卷烟依赖性较低的烟民，如果卷烟价格大幅度提高，他们可能会彻底告别卷烟，也就达到了控烟的目的。

（4）提高税率，一定程度上会导致走私现象加重，但政府不能利用低税政策来遏制走私现象，应加大执法力度打击卷烟走私。

以提高税率来降低烟草消费的效果虽然在低收入人群中较为明显，但考虑到税负公平问题，无论是高价烟还是低价烟都应加大税率提高幅度，降低卷烟消费的同时仍可以保证政府的财政收入。

5. 加大改革力度

在对我国历次税制调整进行分析后发现，每次调整对经济产生的影响都较为有限，并且1994年至今，我国仅对烟草税制进行了4次调整。为适应经济的发展，我国应加大对烟草税制的改革力度。在税率调整方面，对比英国、泰国等国家几乎每年调整一次的频率，我国烟草税制改革进行较慢，可参照英国模式，每年调整一次，具体调整幅度根据通货膨胀率进行调整，在通货膨胀率的基础上再适当提高税率。我国的烟草税负与世界其他国家相比较低，在税率方面，还有较大的上升空间，高税率有利于控烟，同时由于卷烟的价格弹性较低，可带来国家财政收入的增加。在其他方面，尽快调整卷烟价格体系，为从量计征方式铺平道路，由从价到从量的改革可分阶段进行，逐步推进，如第一年采取8∶2的比例，第二年7∶3，依此类推，以免一次性改革带来负面效应。征收环节也同样，可以逐步增大销售环节征收比例。

以上仅对我国的烟草税改革提出了一个大致的调整方向。我国烟草税在国民经济中发挥着重要作用，烟草行业对我国的GDP增长、拉动就业贡献均较大，成为我国经济发展不可或缺的一部分，改革在以控烟为目的的基础上，要考虑到对烟草行业的冲击，因此，烟草税制调整的具体方案需在调查取证的基础上，进行进一步的分析研究。

参考文献

[1] 郑榕．烟草税在全球控烟中的运用及中国烟草税制的改革．涉外税务，2009(10)，54-58

[2] 石坚，胡德伟等．中国卷烟消费税的实际税负分析——以甲级卷烟消费税税负为例．见：中国烟草税收——历史沿革、现状及改革．北京：中国税务出版社，2009

[3] 陈玉宇，行伟波．烟草数量、烟草质量与空间价格差异：基于中国城市家庭调查数据的烟草需求分析．烟草经济与税收国际研讨会研究报告．2009，23-25

[4] 毛正中，胡德伟，杨功焕．对中国居民卷烟需求的新估计．中国卫生经济，2005，24(5)，45-47

[5] 丁芸．关于卷烟消费税改革的建议．见：中国烟草税收——历史沿革、现状及改革．北京：中国税务出版社，2009

[6] 成红伦．我国卷烟消费税政策研究．浙江工业大学经贸学院，2009

[7] 胡德伟．中国烟草税收——历史沿革、现状及改革．北京:中国税务出版社，2009

[8] 石坚．关于提高中国卷烟消费税的体制性障碍．见：中国烟草税收——历史沿革、现状及改革．北京：中国税务出版社，2009

[9] 廉春慧．我国烟税政策存在的问题与对策．经济研究导刊，2007(2)

[10] 刘华，余布凡，叶桂生．税收对烟草企业竞争力的影响．税务研究，2005(4)

[11] 罗美娟．对我国烟草税的效应分析．税务研究，2003(11)

[12] 李小热，夏杰长．我国烟草业税收的现状、问题与改革机制．税务研究，2009(5)

[13] 白彦锋．理性看待消费税的调节作用．中国税务报，2006

[14] 石耀东．我国烟草工业面临的主要问题与出路．中国工业经济，1999(2)

[15] 曹虹剑．我国卷烟消费与卷烟消费税调控．长沙民政职业技术学院学报，2003

[16] 龚金龙．从烟草成上缴红利大户看某些控烟政策所产生的负面效果．中国经济与管理科学，2009(1)

[17] 顾迪，章道云．对新一轮消费税调整的思考．商业经济，2007(3)

[18] 顾靖康．对卷烟消费税政策调整的几点思考．上海会计，2002

[19] 刘茂松，曹虹剑．促进卷烟业可持续发展的消费税政策调整．湖南师范

大学社会科学学报，2004(1)

［20］李佛琳，马荣敏．烟草商品学．成都：西南财经大学出版社，2007

［21］毕功兵，汪世贵．美国卷烟赋税分析．中国烟草学报，1996

［22］陈勇．烟草产业规制——基于需求面的分析框架．财经问题研究，2006

［23］哈维·罗森．财政学．北京：中国人民大学出版社，2000

［24］胡琳琳．提高香烟消费税的全球背景和国际经验．中国卫生政策研究，2009，2(3)

［25］毛正中．提高烟草税的必要性和可行性研究．中国卫生政策研究，2009，2(3)

［26］雷剑峤．大家都在回避烟草税制改革．南方周末，2003-6-5

［27］厉征．烟草税出台保持了烟草税制的完整．中国税务报，2006-5-12

［28］杨功焕．烟草税上调国家盈利控烟无效政企不分成瓶颈．http://business.sohu．com/20090810/n265849199_2．shtml，2009

［29］陶明．专卖体制下的中国烟草业．上海：学林出版社，2005

［30］魏雅华．世界《烟草控制框架公约》与中国烟草业．中国外资，2005

［31］杨功焕．烟草对健康的危害及控烟策略．中国慢性病预防与控制，1997

［32］汪世贵．世界各国是怎样征收卷烟消费税的．中国烟草（经济版），2004(8)

［33］汪世贵，李保江．烟草行业“强者趋弱”的制度性梗阻——从烟草税收及相关财政政策角度分析．中国工业经济，2002(4)

［34］李燕生．遏制烟草流行——政府与烟草控制经济学．北京：中国财政经济出版社，1999

［35］刘虹．控制烟草消费的税收政策研究．广州：中山大学出版社，2009

［36］周克清．“重税控烟”与中国烟草业的发展．财贸经济，2007

［37］陈彬,杨廷忠,王红妹,戴迪．烟草税在控烟中的应用．中国社会医学杂志，2007，24(2)

［38］Bai, Y.& Zhang, Z. “Aggregate Cigarette Demand and Regional Differences in China.” Applied Economics, 2005, 37: 2523-2528

［39］Lance, P.M., Akin, J. S., Dow, W. H., & Loh, C. “Is Cigarette Smoking in Poorer Nations Highly Sensitive to Price? Evidence from Russia and China.” Journal of Health Economics, 2004, 23(1): 173-189

［40］Nikolay Gospodinov and Ian Irvine, “A ‘Long March’ Perspective on Tobacco Use in Canada”, Canadian Journal of Economics, Vol.38, No.2 (May, 2005), pp, 366-393

[41] Atul Sarma, “Regulating Tobacco Use: Role of Taxes”, Economic and Political Weekly, Vol. 35, No. 52/53 (Dec. 30, 2000-Jan. 5, 2001), pp. 4613-4616

[42] Chaloupka, F. J. & Warner, K. E. “The Economics of Smoking.” in: Culyer, A. J. &Newhouse, J. P. (Eds.), Handbook of Health Economics, 2000, vol.1, pp. 1539-1627

[43] Chapman, S. & Richardson, J. “Tobacco Excise and Declining Tobacco Consumption: the Case of Papua New Guinea.” American Journal of Public Health, 1990, 80(5): 537 · 40

[44] John, R.M. “Price elasticity estimates for tobacco and other addictive goods in India.” Working Papers 2005-003, Indira Gandhi Institute of Development Research, Mumbai, India

[45] Sayginsoy, Y., & De Beyer, J. “Cigarette Demand, Taxation, and the Poor.” World Bank, Economics of Tobacco Control Paper, 2002, No.4